VR BOOK

VR BOOK

기술과 인지의 상호작용, 가상 현실의 모든 것

제이슨 제럴드 지음 · 고은혜 옮김

에이콘

에이콘출판의 기틀을 마련하신 故 정완재 선생님 (1935-2004)

이 책을 모든 VR 연구자, 개발자, 디자이너, 기업가, 매니저, 마케터, 사용자에게 바친다. 이 책은 VR에 대한 모두의 열정과 기여 덕분에 탄생할 수 있었다. 커뮤니티의 도움이 없었다면, 나 혼자서는 책을 쓰고 VR이란 흥미로운 틈새 연구를 타인과 공유하거나 개선할 수 없었을 것이다. 이 커뮤니티에 합류해 VR 경험을 쌓으려면 굉장한 에너지가 필요하겠지만, 그만큼 보람도 느낄 수 있을 것이다. 아마 가장 큰 보상은 여러분이 만들어낸 경험을 사용자가 경험할 때 맛볼 수 있을 텐데, 제대로 만든 VR은 사용자의 삶을 바꿔주며 그렇게 우리가 세상을 변화시켜 나갈 수 있기 때문이다.

VR 제작에는 올바른 기술 사용부터 시작해 피로에 찌든 밤샘 작업, VR 커뮤니티 내의 근사한 협업에 이르기까지 다양한 측면이 존재한다. 때로는 우리가 한 일에 압도되기도 할 것이다. 이럴 때 나는 벽에 붙여둔 조지 버나드 쇼의 글귀를 읽으며 VR 혁명에 일익을 담당하는 것이 얼마나 기쁜 일인지 상기하곤 한다.

당신 스스로 엄청나다고 느끼는 목적에 쓰여지는 것, 자연의 위대한 힘의 일부가 되는 것이야말로 진정한 삶의 기쁨이다… 나의 삶은 커뮤니티에 속하며, 숨이 붙어있는 한 사회에 할 수 있는 모든 일을 하는 것이 나의 특권이라고 믿는다. 더 열심히 일했다면 더 제대로 산 것이기에 죽음의 그늘이 찾아올 때 나는 온 힘을 다 쏟았기를 바란다. 나는 삶을 그 자체로 찬양한다. 내게 삶이란 '짧은 초 한 토막'이 아니다. 잠시 손에 들고 있는 화려한 횃불이며, 후대에 물려주기까지 가능한 한 밝게 타오르길 바란다.

그래서 이 책을 VR 커뮤니티, 그리고 수많은 가상 세계를 만들어 현실 세계를 변화시킬 미래 세대에 바친다. 이 책을 통해 VR 커뮤니티의 여러분을 반기며, 세상을 변화시키고 지금까지는 가능하다고 생각하지 못한 방식으로 우리가 세상, 그리고 서로와 상호작용하는 방식을 바꿔줄 VR 혁명에 마중물을 붓고자 한다.

지은이 소개

제이슨 제럴드Jason Jerald

넥스트젠 인터랙션스의 공동 설립자이자 최고 컨설턴트다. 넥스트젠 인터랙션스와 고객사에 집중하는 것 외에 디지털 아트폼의 최고 과학자, 워터포드 공과대학교Waterford Institute of Technology의 객원교수, VR 기술이 중심인 여러 기업의 자문단, 리서치트라이앵글 파크Research Triangle Park VR 회합 조직, 그리고 전 세계 여러 VR 행사의 연사로도 활약하고 있다.

20여 년간 VR 시스템과 애플리케이션을 제작해왔다. 밸브Valve, 오큘러스Oculus, 버추익스Virtuix, NASA, 제너럴 모터스, 레이시언Raytheon, 록히드 마틴, 미국 국방 연구소 세 곳, 다섯 개 대학을 비롯한 30여 개의 조직에서 60개가 넘는 VR 관련 프로젝트에 참여했다. 그의 작업은 ABC의 샤크 탱크Shark Tank, 디스커버리 채널, 영국의 '가젯 쇼Gadget Show', 「뉴욕 타임스」, 그리고 「MIT 프레스저널」의 커버 스토리 '존재감: 원격 조작자와 가상 환경Presence: Teleoperators and Virtual Environments'에 소개됐다. 300여 명으로 구성된 팀을 만들어 이끄는 등 기술적 리더로서 다양하게 활동했으며, ACM 시그래프, IEEE 가상 현실, IEEE 3D 사용자 인터페이스 위원회에서 일해왔다.

워싱턴 주립대학교에서 컴퓨터 그래픽을 전공으로, 수학과 전자 공학을 부전공으로 컴퓨터과학 학사 학위를 받았다. 이후 채플힐 노스 캐롤라이나 대학교에서 VR의 동작 인지와 지연 시간 연구로 컴퓨터과학 석사 및 박사 학위를 받았다. 졸업 작품은 전체 지연 시간 8ms 미만의 VR 시스템 구축, 지연 시간, 머리 동작, 씬 모션scene motion, 인지적 한계치에 관련된 수학적 모델 개발, 정신물리학 실험을 통한 해당 모델 검증으로 구성됐다. 20개 이상의 저작물과 VR에 직결된 특허를 보유하고 있다.

감사의 글

이 책을 온전히 나 홀로 써냈다고 하면 거짓말일 것이다. 이 책은 홀로 만들어낸 결과물이 아니며 수년간 VR을 실체화하고자 나만큼 열심히 애쓰는 수많은 멘토, 동료, 친구들의 공이 녹아있다. VR의 모든 것을 다 이야기할 수는 없으므로, 이 책에서 언급하는 300개 이상의 참고 자료와 여러 글을 읽어보길 바란다. 나보다 먼저이 일을 시작한 선배들과 새로 VR에 뛰어드는 이로부터 정말 많은 것을 배웠다. 안타깝게도 이 책에 영향을 준 모든 이를 일일이 다 적기는 불가능하지만, 가장 큰 도움을 준 다음 분들에게 감사를 전한다.

먼저 이 책은 Morgan & Claypool 출판사와 ACM 북스 없이는 그저 자가 출판물에 불과했을 것이다. Morgan & Claypool 출판사의 최고 편집자 다이앤 세라Diane Cerra, 편집 어시스턴트 사만사 드레이퍼Samantha Draper, 카피에디터 사라 크라이스만Sara Kreisman, 프로덕션 매니저 폴 아나그노스토폴로스Paul Anagnostopoulos, 아티스트 로렐 뮬러Laurel Muller, 교열 제니퍼 맥클레인Jennifer McClain, 사장 마이클 모건Michael Morgan께 감사의 말을 전한다. 또한 ACM 북스의 컴퓨터 그래픽 시리즈 편집자인 존 하트John Hart와 총괄 편집자 M. 테이머 오즈수M. Tamer Özsu에게 감사한다.

훌륭한 편집자들의 조언이 있었기에 이 책은 초본보다 훨씬 나은 모습으로 재탄생했다. 리뷰에는 폴 믈리니치Paul Mlyniec(디지털 아트폼 사장), 아룬 요가난단Arun Yoganandan(디지털 아트폼과 디즈니에서 근무했으며, 현재는 삼성 연구 담당 엔지니어로 근무하고 있음), 러셀 테일러Russell Taylor(전 UNC 채플 힐 컴퓨터과학과 교수, 현재 레오믹스Rheomics의 공동 창립자 겸 렐리아 솔브Relia Solve의 독립 컨설턴트), 보 크로닌Beau Cronin(세일즈포스Salesforce의 VR 전문 신경과학자로 역시 VR 서적을 쓰고 있다.), 마이크 맥아들Mike McArdle(가상 현실 러닝 익스피리언스Virtual Reality Learning Experience의 공동 창립자), 라이언 맥마한Ryan McMahan(댈러스 텍사스 대학University of Texas at Dallas 교수), 유진 날리바이코Eugene Nalivaiko(뉴 캐슬 대학New Castle University 교수), 카일 야마모토Kyle Yamamoto(모치 비츠Mochi Bits의 공동 창업자 겸 게임 개발자), 앤 맥나마라Ann McNamara(텍사스 A&M 교수), 마크 파지아노Mark Fagiano(에모리 대학 교수), 잭 웬트Zach Wendt(컴퓨터 게임 구루이자 독립 소프트웨어 개발자), 프란시스코 오르테가Francisco Ortega(플로리다 국제 대학에서 박사후 과정을 밟으며 VR 서적을 쓰고 있음), 매트 쿡Matt Cook(오클라호마 대학교의 신기술 분야 사서), 샤리프 라자크Sharif Razzaque(이너옵틱Inneroptic CTO), 니타 나타Neeta Nahta(넥스트젠 인터랙션스NextGen

Interactions 공동 창립자), 케빈 리오^{Kevin Rio}(마이크로소프트 UX 연구원), 크리스 푸스착^{Chris} Pusczak(번아웃 게임 벤처스 앤 심비오 VR^{Burnout Game Ventures and Symbio VR}의 프로젝트 매니저), 다니엘 애클리^{Daniel Ackley}(심리학자), 어머니 수잔 제럴드^{Susan Jerald}(행동 심리학자), 그리고 아버지 릭 제럴드^{Rick Jerald}(인바이로셉트^{Envirocept} CEO)가 도움을 주셨다.

마크 볼라스^{Mark Bolas}(USC 교수), 닐 슈나이더(멘트 투 비 씬^{Meant to be Seen} 창립자 겸 이머시브 테크놀러지 얼라이언스^{Immersive Technology Alliance} 창립자), 에릭 그린바움^{Eric} Greenbaum(제마 VR의 변호사 겸 창립자), 존 베이커(초즌 리얼리티^{Chosen Reality} COO), 데니 엉거^{Denny Unger}(클라우드헤드 게임스^{Cloudhead Games} 창립자 겸 사장), 앤드루 로빈슨^{Andrew} Robinson과 지구두르 구나르손^{Sigurdur Gunnarsson}(CCP 게임스 개발자), 맥스 라이너^{Max} Rheiner(솜니액스^{Somniacs} 창립자 겸 CTO), 채드윅 윙그레이브^{Chadwick Wingrave}(콘퀘스트 크리에이션스^{Conquest Creations} 창립자), 배리 다운스^{Barry Downes}(TSSG CEO), 데니스 퀘스넬^{Denise Quesnel}(에밀리 카 예술 디자인 대학 연구 교수이자 캐나다 앤 어드밴스드 이미징 소사이어티 공동 설립자 겸 시그래프 VR 빌리지 공동 의장), 닉 잉글랜드^{Nick England}(서드테크^{3rdTech} 창립자이자 CEO), 제시 주드리(VR 챗^{VR Chat} CEO이자 제스피오나지 엔터테인먼트^{Jespionage} Entertainment CTO), 데이빗 콜로디^{David Collodi}(CI 다이내믹스^{CI Dynamics} 공동 창립자 겸 CTO), 데이빗 비버^{David Beaver}(오버뷰 인스티튜트^{Overview Institute} 공동 창립자), 빌 하위^{Bill Howe}(그로우스 엔진 그룹^{Growth Engine Group} CEO)에게서도 많은 정보를 얻었다.

나는 멋진 조직과 함께 VR 분야에서 세계 선두를 다투는 멋진 상사들 밑에서 일하는 행운을 누렸다. 바텔 퍼시픽 노스웨스트 내셔널 랩의 리차드 메이^{Richard May}(현 내셔널 비주얼라이제이션 앤 애널리틱스 센터 이사), 아곤 내셔널 래보라토리^{Argonne National} Laboratories의 마이클 팝카^{Michael Papka}, HRL 래보라토리의 마이크 데일리^{Mike Daily}, 해군 리서치 랩의 그레그 슈미트^{Greg Schmidt}, NASA 에임스의 스티브 엘리스^{Steve Ellis}와 도브 아델스타인^{Dov Adelstein}, 디지털 아트폼의 폴 믈리니치, 밸브의 마이클 애브래시^{Michael} Abrash(현재 오큘러스 근무) 등은 내가 사랑하는 일을 하면서 경력을 쌓아갈 기회를 줬고, 이 분들과 한 작업이 이 책의 밑거름이 됐다.

위에 언급한 분 외에도 HRL 래보라토리 연구 프로젝트 매니저이자 지금은 스리 버즈 시스템^{Three Birds Systems}의 CEO인 하워드 닐리^{Howard Neely}, HRL 랩의 선임 연구 스태프였으며 지금은 인텔에 있는 론 아주마^{Ron Azuma}, UNC 채플 힐 교수인 프레드 브룩스Fred Brooks, 헨리 푸치스Henry Fuchs, 매리 휘튼Mary Whitton, 안셀모 라스트라Anselmo Lastra, 그리고 디지털 아트폼의 리드 엔지니어와 식스센스 CTO를 거쳐 현재는 밸브에 근무하는 제프 벨링하우젠Jeff Bellinghausen, 식스센스 CEO 아미르 루빈Amir Rubin 등이 수년간 VR 조언자/멘토로서 개인적 도움을 주셨다.

또한 식스센스, 밸브, 오큘러스에서 함께 작업한 팀에도 감사한다. 최고 품질의 소프트웨어와 하드웨어를 만들어내고자 하는 이들의 헌신은 놀라울 정도며, VR을 부활시켰을 뿐 아니라 이전 그 어느 때보다 높은 수준의 관심을 끌어 왔다.

그 외 이 책에 영향을 준 (함께 작업했던) 이들로는 번아웃 게임 벤처스의 루퍼트 메그놋Rupert Meghnot과 그의 팀, 특히 심비오Symbio VR 팀의 크리스 퍼스잭Chris Pusczak, 버추익스의 얀 괴트겔루크Jan Goetgeluk, 버추익스 옴니Virtuix Omni, 사이버리스 버추얼라이저Cyberith Virtualizer, 식스센스 STEM 등 최대의 VR 킥스타터를 마케팅한 킥스타터 구루 사이먼 솔로트코Simon Solotko, UNC 이펙티브 버추얼 인바이런먼트UNC Effective Virtual Environments 팀, 지역 모임을 처음 만들어 전 세계로 퍼져 나가게 한 선구자인 실리콘 밸리 버추얼 리얼리티Silicon Valley Virtual Reality의 칼 크란츠Karl Krantz, 그리고 저자가 현재 이끌고 있는 RTP 버추얼 리얼리티 인수지애스츠RTP Virtual Reality Enthusiasts의 창립자 헨리 벨리즈Henry Velez가 있다.

또한 나는 ACM 시그래프, IEEE VR, IEEE 3DUI에서 자원 봉사 학생부터 컴퓨터 그래픽과 VR의 전설에 이르기까지 말 그대로 수천 명의 자원 봉사자와 일하는 기쁨도 누렸다. 특히 지난 20년간 시그래프 콘퍼런스 위원회에서 일하신 분들께 감사를 전하고 싶다. 물론 학계부터 스타트업까지 콘퍼런스 외부 인물과의 작업도 즐거웠다. 또한 중학생부터 VR 전문가까지 VR 프로젝트에 소중한 피드백을 준 분들께도 감사한다.

세일즈, 재정 분석, 기업 이사진이라는 완전히 다른 세계에서 온 사업과 삶의 동반자 니타 나타Neeta Nahta에게도 특별히 감사의 마음을 전한다. 니타의 의견 덕분에 VR 커뮤니티의 대다수와 다른 관점에서 VR을 볼 수 있었다. 진짜 가치를 더해주는 지속 가능하며 수익성 있는 사업으로 VR을 바라보니, 이제는 VR의 발전이 지속되리라고 자신할 수 있다.

지연 시간 연구와 단축 대학원 과정을 진행할 수 있게끔 고급 시뮬레이션과 훈련 장학금을 지원해준 링크 재단^{Link Foundation}에도 감사한다. 1928년 최초의 VR 시스템으로 간주되는 세계 최초의 기계식 비행 시뮬레이터(그림 3.5 참조)를 만들었을 뿐 아니라 그 자신도 장학금을 받았고, 세계적인 VR 전문가로 인정받는 에드윈 A. 링크^{Edwin A. Link}가 시작한 재단의 기금을 받는 것은 영광이었다. 논문 주제를 이미 선택한 대학원생 독자라면 링크 재단 장학금에 도전해볼 것을 권한다(2016년도 장학금은 28,500달러였다). 장학금에 대한 자세한 내용은 http://www.linksim.org에서 찾아볼 수 있다.

옮긴이 소개

고은혜(eunego91@gmail.com)

동국대학교에서 영어영문학을 전공했다. 졸업 후 12년간 서구권 TV 애니메이션 제작사의 번역 팀에서 미디어 콘텐츠 통번역 경력을 쌓았다. 이후 게임 개발/퍼블리셔 웹젠^{Webzen}에서 영미권 개발 스튜디오의 게임 개발 자료^{design documents} 번역을 시작으로 게임 한글화로 영역을 넓혔다. 라이엇 게임즈^{Riot Games}에서는 로컬라이제이션 팀장으로 온라인 게임 〈리그 오브 레전드^{League of Legends}〉의 한국 런칭부터 콘텐츠 한글화를 맡아 일했다.

현재는 반려견과 함께 조용한 마을에서 프리랜서 번역가로 살고 있다. 번역서로는 『Game Mechanics』(에이콘, 2016), 『게임, 디자인, 플레이』(정보문화사, 2017), 『Augmented Reality』(에이콘, 2017) 등이 있다.

옮긴이의 말

5G 시대가 열렸다. TV 광고에서는 통신 3사가 앞다퉈 5G와 함께 온갖 신기술이 쏟아져 나오리라는 장밋빛 마법을 진열한다. 5G에서 가장 기대되는 기술은 역시 VR이다. 북미 시장 조사업체인 슈퍼데이터는 글로벌 VR 시장 규모가 2019년 62억 달러 수준에서 2022년 163억 달러 수준으로 크게 증가할 것이라고 예측했다.

4G 기술인 LTE가 제공하는 데이터 전송 속도와 지연 시간은 대용량의 VR 콘텐츠를 무리 없이 재생하기에 역부족이었으나, 이제 5G 전국망 보급을 앞두고 통신사들은 모두 VR 개발 플랫폼 지원과 함께 일반 이용자를 위한 콘텐츠 시청 플랫폼을 마련하느라 분주하다. 또한 VR 노래방, 넥슨 VR 게임, 도심형 VR 테마파크, MR 스포츠 체험존, 실시간 상호작용 기반의 VR 프리미엄 콘텐츠 개발에 나설 방침이라고 한다. 아직 VR 콘텐츠가 절대적으로 부족한 현실에서 통신사가 먼저 생태계 구축에 나서는 모양새다.

그렇다면 VR 콘텐츠를 만들어야 하는 개발자들은 이런 변화에 준비돼 있을까? VR은 단순히 기술과 환경만 구축되면 어떤 기존 콘텐츠든 포팅해내는 방식으로 단순히 이뤄질 수 없다. 사용자가 지금까지처럼 수동적으로 주어지는 콘텐츠를 소비하는 데 끝나지 않고 적극적으로 콘텐츠를 '경험'한다는 것이 VR의 핵심이며, 경험은 우리의 감각을 통해 이뤄지기 때문에 그저 눈과 귀로 이미지와 소리를 흡수하는 개념으로는 충실한 경험을 만들 수 없기 때문이다.

경험은 우리의 감각 기관을 통해 두뇌가 해석해내는 일련의 과정이며, VR 기술은 오랜 진화에서 우리가 발달시킨 감각과는 다른 완전히 새롭고도 강렬한 자극을 주게 된다. 우리 뇌와 감각 기관이 여기에 어떻게 적응할 수 있을지, 기존의 경험은 어떤 과정과 원리로 체험하는지 근본적으로 이해해야만 초기 단계에서 실패하지 않는 편안하고도 즐거운 경험을 만들어낼 수 있다.

이 책은 인지 과학에 관한 총서라고 해도 무리가 없을 정도로 인지적 배경을 충실히 설명하는 드문 책이다. 혼란스럽고 피로감이 큰 결과물을 피할 수 있게끔, 독자가 먼저 경험 설계에 대한 탄탄한 이해를 갖출 수 있는 길잡이로서 활용되길 기대한다.

차례

지은이의 말

꽤 오랫동안 VR을 주제로 하는 책을 쓰고 싶었다. 하지만 단순한 VR 관련 서적을 펴 내기보다는 독특한 관점을 선보이고 싶었다. 그러다 2014년 오큘러스 커넥트^{Oculus} ^{Connect} 행사에서 아이디어가 번뜩 떠올랐다. 오큘러스 크레센트 베이^{Oculus Crescent Bay} 데모를 체험한 후, 하드웨어 수준이 정말 높아지고 있다는 것을 깨달았기 때문이다. 이는 우연히 벌어진 일이 아니라, 세계 최고를 다투는 엔지니어들이 쉴 새 없이 기 술적 난관을 극복해낸 덕분이다. 커뮤니티는 이제 VR에 적용되는 사람의 인지를 이 해해 편안한(즉, 멀미가 나지 않는) 경험을 디자인하고, 몰입형 작품 안에서 직관적인 상호작용을 만들어낼 수 있는 콘텐츠 개발자가 절실히 필요한 상황이다. 이런 생각 은 기술적 적용에 초점을 맞추는 대신 VR과 그 디자인의 발전에 초점을 맞추는 것 이 좋겠다는 깨달음으로 이어졌다. 이런 난관을 극복하는 것이 지금 VR 커뮤니티에 가장 필요한 사항이라 새로운 VR 책이 필요하다는 결론을 내렸다.

애초에는 새 VR 책의 아이디어를 출판사들에 설명하느라 엄청난 시간만 낭비하고 결국은 수포로 돌아갈 것이 뻔하므로 자비 출판을 고려했다. 그런데 정말 멋진 일이 일어났다. 새 책의 구상을 마치고 저작에 착수한 지 불과 며칠 후, 학부 시절 담임 교수셨고 지금은 어바나 샴페인의 일리노이 대학교에서 컴퓨터과학 교수로 재직하 며 ACM 북스의 컴퓨터 그래픽 시리즈 편집자로도 활동 중인 존 하트^{John Hart} 박사가 갑자기 연락을 해왔다. Morgan & Claypool 출판사의 마이클 모건이 VR 콘텐츠 제 작에 관한 책을 내고 싶어 하는데, 내가 적임자라는 생각이 들었다는 것이다. 내가 구상하던 것과 지향점이 같았기 때문에 둘의 제안에 기꺼이 동의했다.

이 책에는 20년간의 경험과 30,000시간의 연구, 적용, 메모, VR 멀미가 녹아있다. 20여 년간 쌓아왔던 VR 경력을 2015년 1월부터 7월까지 여섯 달 동안 압축적으로 담아냈다. VR 분야에서 노력을 경주하는 이들은 알겠지만 두어 건의 계약을 마친 지금에 와서야, 다른 모든 일은 일단 중단하고서(이해해준 고객사에 감사를 전한다!) 어 떨 때는 일주일에 75시간 이상씩 글을 썼다. 이 모든 것이 맞아떨어져 서둘러 써내 려가기는 했지만, 그렇다고 전반적인 품질을 훼손하지는 않았기를 바라며, 독자 여 러분의 피드백은 언제든 환영한다. 오류나 불분명한 내용, 혹은 중요한 사항을 놓친 것을 book@nextgeninteractions.com으로 알려주시면 개정판에 반영할 것을 약속 한다.

모든 것의 시작 1980년

VR 시스템과 애플리케이션 개발에 대한 열정은 부모님의 영향이 크다. 내가 여섯 살 때 아타리 게임 시스템이 나왔고, 당시 그것을 선뜻 사주실 만큼 부모님의 형편이 넉넉치 못했다. 그럼에도 나는 그 게임을 너무나 갖고 싶었는데, 1980년 크리스마스에 드디어 선물로 손에 넣었다. 그러고는 1986년 어머니가 내 게임 중독을 치료하겠다며 게임 팩을 압수하시자, 자연스럽게 내 스스로 가족의 코모도어 64로 게임을 (그것도 움직이는 고급 2D 스프라이트로!) 만들기에 이르렀다. 나는 독학으로 프로그래밍과 간단한 컴퓨터 그래픽 및 충돌 감지 같은 필수 소프트웨어 디자인 개념을 배웠는데 VR 개발에는 매우 중요한 것이었다. 이쯤 되자 감사하게도 어머니가 내 중독을 고쳐보려는 노력을 포기해주셨다. 1992년 여름, 고등학교 2학년을 마쳤을 때 아버지께서 근무하시는 디자인 회사에서 처음으로 인턴 근무를 할 수 있게 해주셨다. 당시 나는 프린터에서 나온 도면을 디자이너에게 전달하는 일을 맡았다. 인턴 근무 중에도 시간적으로 여유가 있어서, 오토캐드^{AutoCad}와 3D 스튜디오 R2(요즘 사용되는 3ds 맥스의 아주 오래된 버전이다!)도 써볼 수 있었다. 이내 저녁이나 주말이면 2D 도면을 3D 월드와 흉측하고 밋밋한 폴리곤 애니메이션으로 서툴게 바꿔보는데 재미를 붙이게 됐다.

시그래프 1995와 1996

시그래프^{SIGGRAPH} 1994 행사를 놓친 것을 후회하던 나는 가상 세계 관련 콘셉트 창작을 다룬 콘퍼런스의 강의 노트를 입수하게 됐다. 그러고는 시그래프 학생 자원봉사 프로그램을 발견하고 콘퍼런스에 갈 길을 찾았다. 한 번 놓친 것으로 충분했으니 운에 맡겨둘 수만은 없었다. 그래서 시그래프에 깊이 관여하고 계신 존 하트 교수님께 추천을 부탁했다. 그 분 강의를 아직 들어본 적이 없었는데도, 컴퓨터 그래픽에 대한 내 의지와 열정을 보고 훌륭한 추천서를 써주신 것이 분명했다. 존은 후에 내 학부 담임 교수가 됐고 이 책의 편집까지 맡아주셨다. 학부 수년과 시그래프에 대한 그 분의 조언은 내 경력에 엄청난 영향을 미쳤다. 10여 년 후 나는 시그래프가 컴퓨터 그래픽 분야 경력에 줄 수 있는 영향과 영감을 감안해 시그래프 학생 자원봉사 프로그램을 이끌게 됐다.

그리고 1995년 로스 앤젤레스 시그래프 학생 자원봉사 프로그램에 참여한 일은 처음으로 VR을 체험해 푹 빠져들게 된 계기가 됐다. 그때까지 내가 열정을 가진 콘퍼런스에 참여하는 기회를 가져보지 못했기에 강연자와 그 숫자에 완전히 압도돼

버렸다. 난 더 이상 혼자가 아니었다. 마침내 '내 분야 사람들'을 발견하게 된 것이다. 그 후 곧 내 첫 VR 멘토이자 이제는 국립 시각화 및 분석 센터National Visualization and Analytics Center 의 이사인 리차드 메이Richard May를 만났다. 나는 바텔 퍼시픽 노스웨스트 내셔널 랩Battelle Pacific Northwest National Laboratories에서 세계 최초의 VR 의료 애플리케이션 구축을 돕게 됐다. 리차드와 나는 1996 뉴 올리언즈 시그래프에서 다시 VR을 둘러봤다. VR은 규모가 더 없이 커져 있었으며, 이 콘퍼런스에서 내 미래를 결정한 두 가지 전시를 보게 됐다. 하나는 전설적인 프레드릭 P. 브룩스 주니어 박사Dr. Frederick P. Brooks, Jr.와 그의 학생 마크 미네Mark Miné의 VR 상호작용 코스였다. 또 하나는 오늘까지도 생생하게 기억나는, 그리고 지금까지도 가장 매력적인 데모로 자리매김하고 있는 VR 데모다. 바로 사용자가 레고와 레고 마을을 직관적으로 거의 아무 노력도 들이지 않으면서 집어들어 자기 주위에 레고 세계를 쌓는 가상 레고랜드다.

1996년 이후

시그래프 1996은 내 인생을 어디에 걸어야 할지 결정지은 터닝 포인트였다. 이후로 영감을 주는 많은 사람과 작업을 알게 되는 행운을 누렸다. 이 책은 대부분 그 분들의 작업과 멘토링에 힘입었다.

1996년 이후 브룩스 박사에게 영감을 받은 나는 1990년대 후반 HRL 랩에서 꿈에도 그리던 전업 VR 일을 하다가 UNC 채플 힐로 한 단계 올라갔다. 그곳에 가서 VR 지연 시간latency을 연구하는 박사 과정의 지도 교수를 맡아주실 것을 브룩스 박사에게 요청하고 마침내 설득해낼 수 있었다. 내 경력에도 많은 영향을 주셨지만, 박사님이 내신 두 권의 책 『맨먼스 미신The Mythical Man Month』과 더 최근작인 『디자인 오브 디자인The Design of Design』은 6부, '반복 적용 디자인'을 저술하는 데 큰 참고가 됐다. 또 2부, '인지'와 특히 15장, '지연 시간' 역시 박사님이 크게 도움을 주신 결과 써냈던 내 논문에서 일부 내용을 빌려왔다. 마크 미네의 획기적인 VR 상호작용 연구 지도 역시 5부, '상호작용'에 간접적으로 기여했다. 브룩스 박사 이전에는 바이트(모든 디지털 기술의 분자)가 오늘날의 정의처럼 늘 8비트 사이즈가 아니었다는 사실은 아직도 이해하기 어렵다. 우리 모든 컴퓨터 과학자가 원래 그런 것이라고 생각하는 8비트 설계 결정은 1960년대에 이뤄졌는데, 컴퓨터과학 전반뿐 아니라 VR 연구에도 크게 공헌했다. 나처럼 촌구석에 있는 인구 1,200명에 불과한 작은 마을 출신이 ACM 튜링상(컴퓨터과학 쪽에서는 노벨상에 맞먹는다.) 수상자 밑에서 공부하게 됐다는 점이 더욱 가슴 벅찼다. 그런 점에서 입학을 허가해준 브룩스 박사와 UNC-채플 힐 컴퓨터과학과에 언제나 감사할 것이다.

2009년에는 디지털 아트폼의 사장인 폴 믈리니치^{Paul Mlyniec}를 인터뷰했다. 인터뷰 중 그 분이 10여 년 넘게 내게 영감이자 동기가 돼줬던 시그래프의 VR 레고 작업을 이끌었다는 사실을 알게 됐다. 레고 데모의 인터페이스는 28.3.3절에서 다루는 3D 멀티 터치 패턴의 최초 구현으로, 무려 20년이나 시대를 앞선 것이었다. 그 후 지금 까지 6년 동안 폴 및 디지털 아트폼과 3D 멀티 터치 개선을 포함해(식스센스의 메이 크 VR은 같은 시점 컨트롤 구현을 이용한다.) 다양한 프로젝트에서 밀접하게 일해왔다. 지금은 함께(식스센스와 웨이크 포레스트 의과 대학^{Wake Forest School of Medicine}과 더불어) 국 립 건강 재단^{National Institutes of Health}이 기금을 대는 신경과학 교육을 위한 몰입형 게임 을 만들고 있다. 이런 게임 외에도 디지털 아트폼의 여러 작품은(폴이 자회사 식스센 스와 함께 진행 중인 작업이 도움을 줬다.) 이 책 전반에서 소개했다.

오늘날의 VR

1990년대 이후로 오랫동안 VR 기근이 이어졌지만 시그래프에서 VR의 비중은 더 없이 높아지고 있다. VR 빌리지라는 행사장 전체가 VR로만 구성돼, 몰입형 현실 콘 테스트를 이끄는 영광도 얻었다. 오랜 시간 시그래프 인원들과 깊은 친분을 맺었기 에 이 책을 내고 시그래프와 VR을 처음 접한 지 20주년이 되는 해를 기념해 시그래 프 서점에서 소개하는 것이 잘 어울린다고 생각했다.

헤드마운트 디스플레이의 지연 시간 인지에 관한 박사 논문을 쓸 때만 해도 VR 지 연 시간을 신경 쓰는 사람은 세상에 열 명 정도밖에 없고, 그중 다섯 명은 내 위원회 사람들이라고(게다가 무려 세 나라에 걸쳐 있다고!) 농담 삼아 말했었다. 그러다 2011 년이 되자 사람들이 더 많은 정보를 찾기 시작했다. 식스센스의 CEO 아미르 루딘 ^{Amir Rudin}과의 점심 식사가 기억난다. 그는 게임을 위한 소비자용 HMD에 대해 물었 다. 나는 정신 나간 생각이라 여겼다. 실험실에서도 겨우 VR이 돌아가는 판국에, 루 딘은 사람들의 거실에 그런 기계를 들여놓으려 한 것이다! 다른 질문은 자연스럽게 밸브나 오큘러스 같은 회사와의 작업으로 이어졌다. 세 회사 모두 고급 VR의 접근 성을 제공하는 데 혁혁한 공헌을 해냈고, 모두가 VR을 체험하고 싶어 했다. 이런 회 사들의 노력 덕분에 VR은 고비를 넘기고, 기술 엘리트만 사용할 수 있는 실험실용 특수 장비에서 어떤 소비자든 사용할 수 있는 주류 콘텐츠 소비의 한 형태로 변화 해가고 있다. 이제 VR 기술 관련자 모두는 VR의 가장 큰 리스크인 지연 시간과 그 과제/위험성, 특히 멀미의 기본은 적어도 이해하고 있다. 게다가 저자가 한때 전 세계를 뒤져봤지만 찾지 못했던 초저지연 하드웨어 기술(예: 저지속성 OLED 디스플레이. 결국 직접 만들고 시뮬레이션할 수밖에 없었는데, 트래킹과 렌더링이 초당 ~1,500 프레임으로 총 지연 시간 7.4ms가 최선이었다.)은 삼성, 소니, 밸브, 오큘러스 같은 거대 기업에 의해 대규모 생산 체제에 들어갔다. 시대가 완전히 변한 것이다!

지난 20년간 VR 추구는 분명 꿈에 불과했다. 그동안 저자는 VR만을 다루는 회사의 창업을 상상하고 진지하게 고민하기도 했지만, 최근까지는 가능성이 희박했다. 하지만 VR 기술이 1990년대에 했던 약속을 차근차근 이뤄가는 오늘날, 이는 그저 환상이 아니라 현실적인 꿈으로 바뀌었다. VR 경험을 설명하는 것은 느낌을 말로 표현하는 것이나 마찬가지다. 말로는 VR 커뮤니티의 일원으로 VR 혁명에 동참하는 것이 어떤지 제대로 전달할 수가 없다. VR 컨설팅과 계약 근무, 넥스트젠 인터랙션스에서의 경험을 통해, 전에는 상상으로만 끝났던 일들을 구현해내는 세계 최고의 회사에서 일하는 영광을 누렸다. 가상 현실은 지금까지 고안된 어떤 기술과도 다르며, 우리가 만들어내는 공상의 가상 세계를 변화시킬 뿐 아니라 사람들의 실제 삶까지 바꿀지도 모른다. 이 커뮤니티가 향후 20년간 무엇을 발견하고 발명할지 기대해 마지 않는다!

들어가며

가상 현실(VR)은 어떤 제약도 없이 우리의 정신을 디지털 매체와 연결해준다. 하지만 매혹적인 VR 경험을 만들어내려면 믿을 수 없을 만큼 복잡한 난관을 헤쳐가야 한다. VR은 잘 만들기만 하면 현실 세계에서 가능한 수준을 뛰어넘는 멋지고 즐거운 경험이 된다. 그런데 VR을 잘못 만들면 단지 사용자의 불만 수준에서 그치지 않고 멀미까지 유발한다. 실패한 VR은 기술의 한계에서 오기도 하지만 주로 인지, 상호작용, 디자인 원칙, 실제 사용자에 대한 이해 부족이 그 원인이다. 이 책은 VR의 인적 요소를 강조함으로써 이런 문제를 논의한다. 사실 우리가 인적 요소를 올바로 알지 못하면 어떤 기술로도 VR은 실험실 안에서나 사용되는 흥미로운 도구 이상이 될 수 없을 것이다.

VR 원칙을 완전히 이해한다 해도 최초 적용은 참신할 때가 드물고, VR은 본래 복잡하며 수많은 가능성을 안고 있기 때문에 이상적으로 완성되는 일도 거의 없다. 독자들은 이 책에서 다루는 VR 원칙을 활용해 현명하게 실험하고, 반복 적용 디자인을 해서 혁신적 경험으로 다듬어갈 수 있을 것이다.

지금까지 대부분의 VR 제작자는 기술과 로직 전문가였지만, 한편으로는 인간에 대한 이해가 제한적인 엔지니어였다(저자도 다를 바 없다). 전에는 VR의 기술적 난관이 너무 커서 엔지니어로서의 배경이 없는 사람은 VR 경험을 구축하기가 어려웠기 때문이다. 하지만 우리 엔지니어들은 종종 "나도 사람이니까, 사람에게 무엇이 맞는지는 당연히 알지."라고 믿는 것이 문제다. 사람의 인지와 세상과의 상호작용 방식은 놀라울 만큼 복잡하고 논리, 수학, 사용자 매뉴얼에 기반하지 않는다. 공학과 논리를 통해 얻은 전문 지식에만 매달린다면 VR의 미래는 분명 암담할 것이다. 인간의 인지와 행동 양식은 논리에 따라서가 아니라 있는 그대로 받아들여야 한다. 공학은 VR 시스템의 모든 것이 구축되는 핵심으로서 늘 필수적인 자리를 차지하겠지만 VR 자체는 기술과 심리학의 매혹적인 상호작용이 일어나는 장이며, 둘 모두를 이해해야 좋은 VR을 만들어낼 수 있다.

기술적으로 사고하는 사람들은 '경험'이라는 단어가 논리적이기보다는 주관적이라는 특성 때문에 이 용어를 싫어하기도 한다. 하지만 가장 좋아하는 툴이나 게임을 물어보면, 예컨대 툴이 어떻게 반응하는지와 같은 감정적인 요소를 이야기할 때가 많다. 의식적으로는 감정의 언어를 사용하고 있다는 점을 깨닫지 못한 채 자기 느낌을 말하는 것이다. 전화기에서 지원되는 엉성하게 디자인된 음성 반응 시스템을 사용할 때 이들이 어떻게 반응하는지 관찰해보라. 아마도 짜증을 부리고, 이 회사 제품은 다시는 안 사겠다며 포기해버릴 것이다. 경험은 매 순간 우리 삶의 질을 결정하기 때문에 엔지니어에게도 대단히 중요하다. 특히 VR에서는 경험이 결정적이다. 수준 높은 VR을 만들려면 자신과 타인에게 우리가 만드는 VR 세계를 우리가 어떻게 인지하는지 끊임없이 물어야 한다. 경험을 이해할 수 있고 즐길 만한가? 아니면 간혹 헷갈리고 가끔은 짜증스러우며 멀미가 일어나는가? VR 경험이 직관적으로 이해할 수 있고 쉽게 조종할 수 있으며 편안하다면, 당연히 '논리적'인 작동 원리가 이해되면서 만족감이 들 것이다. 감정과 인지는 긴밀히 연결돼 있으며, 인지는 우리가 실제로는 감정적으로 내리는 판단을 정당화할 때가 많다. 따라서 감정과 논리 양쪽을 만족시키는 VR 경험을 만들어야 한다.

이 책의 내용

이 책은 사람의 욕구, 능력, 행동 양식을 디자인 철학, 즉 사람 중심 디자인에 초점을 맞춰 살펴본다. 구체적으로 말하면 이 책은 VR의 인적 요소, 즉 사용자의 다양한 리얼리티 기술 인지와 직관적 상호작용, 멀미의 원인, 즐겁고 유용한 콘텐츠 제작, 효과적인 VR 애플리케이션 디자인과 반복 적용법을 중점적으로 다룬다.

좋은 VR 디자인은 기술과 인지 양쪽을 이해하는 것에서 시작한다. 어떤 상호작용이 가능한지, 지금 무슨 일이 일어나고 있는지, 무슨 일이 곧 일어날지 사람과 기계 간의 커뮤니케이션이 잘돼야 한다. 인간 중심 디자인 역시 관찰이 기본인데, 사람은 자신의 인지 과정과 상호작용 방법을 거의 인식하지 못하기 때문이다(최소한 잘 구현된 VR에서는 그렇다). VR 경험은 명세를 만들기가 까다롭고, 처음 몇 개의 프로젝트에 대해서는 제대로 명세를 내놓는 VR 제작자가 드물다. 사실 VR 전문가라 해도 기발한 경험을 만들 때는 프로젝트 시작부터 명세를 완벽하게 정의하는 법이 없다. 인간 중심 디자인 원칙은 린lean 개발법과 마찬가지로, 처음부터 문제를 완전히 정의하는 대신 실제 사용자에게 빠르게 아이디어를 테스트해 초기 모델을 개발하고 이에 대한 수정을 반복하는 것이다.

직관적인 VR 개발은 소프트웨어/하드웨어 공학적 고려만으로 주도돼서는 안 된다(예컨대 가장 최근의 하드웨어 기반으로 가능한 최고 해상도에서 효율적으로 디스플레이하는 방법을 찾아내는 것 이상을 해내야 한다).

이 책의 많은 내용은 사람의 정신이 어떻게 작동하는지를 설명해 독자들이 더 높은 수준의 VR 애플리케이션을 만드는 데 도움이 되고자 한다. 그런데 VR 디자인은 기술과 심리학을 넘어서 굉장히 다양한 직군에 걸쳐 있다. VR 제작은 놀라울 만큼 복잡한 도전이며, 고급 VR 연구, 디자인, 적용을 위해서는 행동과 사회 과학, 신경과학, 정보와 컴퓨터과학, 물리학, 커뮤니케이션, 예술, 심지어 철학까지 포함한 다양한 분야의 이해가 필요하다. VR 디자인과 적용에 대해 윙그레이브와 라비올라[2010]는 "현업 종사자는 목수, 전기 기술자, 엔지니어, 아티스트이자 접착 테이프와 벨크로Velcro 전문가가 돼야 한다."고 말한다. 이 책은 VR 디자인의 다양한 분야에 대한 통찰을 추구하며 폭넓은 관점을 취한다.

요약하자면, 이 책은 기본 이론, VR에 도움이 되는 다양한 개념 설명, 해당 이론과 개념을 쉽게 이해할 수 있는 예제, 유용한 지침, 아직 존재하지 않는 가상 세계 연구 방법과 상호작용 디자인의 기초를 다루고 있다.

이 책이 다루지 않는 내용

VR에 대해서는 정답보다 질문이 더 많은데, 이 책은 그 모든 답을 내놓기 위한 것이 아니다. VR은 현실 세계보다 넓은 다양한 상상의 공간을 아우른다. 현실 세계에 대한 모든 답을 알고 있는 사람도 없는데 가상 세계에 대한 답을 다 찾겠다면 비합리적일 것이다. 대신 이 책은 독자들이 창의적인 답을 찾고, 매력적인 경험을 구축하고 다듬어가는 데 도움이 되고자 한다. 이 책이 VR의 모든 측면을 상세히 다루지는 못하지만, 다양한 주제를 개략적으로 살펴보고 가장 중요한 부분은 더 깊게 들여다본다. 또한 관심 분야의 개념을 더 공부하고자 하는 독자를 위해 전체적으로 참고 자료를 수록했다.

이 책에 소개되는 개념은 널리 자리잡은 원칙이나 결론 도출적 조사conclusive research를 따르기도 한다(하지만 결론 도출적 조사가 모든 조건을 100% 다루는 경우는 드물다). '진실'이 아니라 디자인과 상호 관계를 생각할 때 유용한 개념을 소개하기도 한다. 이론 연구도 유용하기는 하지만, VR 개발에 있어서는 늘 이론보다 실용성을 우선시해야 한다. 프로젝트를 시작하는 요령을 짤막하게 다룬 장도 있고(36장) 어느 정도 수준으로 구현 개념에 대한 팁을 담고는 있지만, 이 책은 VR 시스템을 어떻게 구현하면 되는지 차근차근 따라 하는 안내서는 아니다. 사실 이 책은 어떤 직군이든 이해할 수 있도록 코드나 등식을 완전히 배제했다(더 상세히 알아보고 싶은 독자를 위해 참고 자료는 수록했다). 연구원들이 수십 년간 VR을 실험해오기는 했지만(2.1절 참조), VR의 잠재력에 완전히 도달하려면 아직 멀었다. 아직 알지 못하는 부분이 많을 뿐더러, VR 구현은 프로젝트에 따라 매우 달라진다. 예를 들어 외과 훈련 시스템은 몰입형 영화와는 사뭇 다르다.

이 책의 대상 독자

이 책은 디자이너뿐만 아니라 VR 프로젝트에 종사하는 팀 모두를 위한 것이다. 즉, VR 경험을 제작하는 데 참여하는 사람이라면 누구나 기초로 삼을 수 있도록 구성했다. 또한 학계의 연구와 현실적인 조언 사이를 연결하는 역할을 해서 매력적인 경험을 구축할 수 있도록 도움이 되고자 한다.

팀 전원이 공통적으로 갖춘 VR 지식을 바탕으로 원활하게 이야기를 나눌 수 있도록 만들어진 책으로, 디자이너, 매니저, 프로그래머, 아티스트, 심리학자, 엔지니어, 학생, 교육자, 사용자 경험 전문가 모두가 대상 독자다. VR 프로젝트의 관련자라면 최소한 인지, VR 멀미, 상호작용, 콘텐츠 제작, 반복 적용 디자인의 기본을 알아야 한다. VR에는 다양한 직군의 전문가가 각자 독특한 방식으로 기여해야 하지만, 최소한 인간 중심 디자인을 조금은 알고 있어야 팀원들과 효과적으로 의사소통하고 다양한 부분을 매끄럽게 연계시켜 수준 높은 경험으로 묶어낼 수 있다.

이 책을 읽는 방법

이 책은 각자의 배경, 관심사, 용도에 따라 서로 다르게 활용할 수 있다.

초보자

VR이 처음이어서 개략적인 이해가 필요한 독자라면 1부, '개요 및 배경'이 가장 유익할 것이다. 1부를 읽은 다음에는 7부, '시작되는 미래'로 바로 넘어가도 좋다. 기본적인 내용을 다룬 두 개 부를 읽고 나면 4부, '콘텐츠 제작'의 대부분을 이해할 수 있을 것이다. VR을 더 알아갈수록 다른 부의 내용도 소화하기 쉬워질 것이다.

교사

이 책은 학제 간 VR 과정에 특히 적합하다. 교사라면 개설한 강의 내용을 고려하고 학생의 관심이 가장 큰 장을 고르고 싶을 것이다. VR 강좌라면 프로젝트 중심 접근법을 취하는 것을 권장한다.

이 경우, 교사는 학생과 현업 종사자 양쪽을 위한 아래의 권고를 고려하면 좋겠다. 첫 프로젝트 시작을 위한 개요는 물론 프로젝트의 종류마다 약간 다르기는 하지만 36장에서 소개하고 있다.

학생

학생인 경우, 먼저 1부, '개요 및 배경'을 통해 VR에 대한 대략적 개요를 먼저 살펴보면 핵심적인 내용을 이해하는 데 도움이 될 것이다. 이론을 이해하고 싶은 학생이라면 2부, '인지'와 3부, '건강에 미치는 영향'이 중요할 것이다. VR 프로젝트를 만들고 싶은 학생이라면 이어지는 현업 종사자를 위한 조언을 따르자.

현업 종사자

자신의 VR 제작에 즉시 적용할 가장 중요한 점을 알아보고 싶은 현업 종사자라면 4부에서 6부까지의 현업 종사자를 위한 장부터 읽어도 좋다. 특히 각 부 끝부분에 정리된 디자인 지침에 여러 장의 주요 주제를 각각 담고 있으므로 지침부터 읽어봐도 좋겠다. 대부분의 지침에는 관련 부분에 대한 더 상세한 정보를 알아볼 수 있는 참고 자료가 수록돼 있다.

VR 전문가

VR 전문가라면 아마도 이미 알고 있는 내용을 다시 읽기보다는 이 책을 참고 자료로 사용할 것이다. 수록된 참고 자료들은 VR 전문가가 더 연구해나갈 항목의 역할도 할 것이다. 주로 헤드마운트 디스플레이로 작업하는 전문가라면 1부, '개요 및 배경'이 다른 종류의 VR과 증강 현실(AR)이라는 더 큰 설계 안에서 헤드마운트 디스플레이가 어디에 들어맞는지 이해하는 데 도움이 될 것이다. 이미 구축된 간단한 애플리케이션의 VR 적용에 관심이 있다면 2부, '인지'는 그다지 유용하지 않을 것이다. 하지만 새로운 형태의 VR과 상호작용으로 혁신을 이끌고자 한다면, 우리가 세계를 인식하는 방법을 이해해 신기한 발명을 하는 데 2부의 내용이 큰 도움을 줄 것이다.

일곱 개 부의 개요

1부. 개요 및 배경 VR의 역사, 다양한 형태의 VR 관련 기술, 이후 자세히 다룰 가장 중요한 개념의 개요를 비롯한 VR의 배경을 살펴본다.

2부. 인지 우리가 주위 세계를 어떻게 인지하고 상호작용하는지에 대한 개념과 이론을 VR 제작자에게 알려주는 인간 인지의 배경을 담고 있다. 앞으로 논의할 아이디어의 적용 방법뿐 아니라 기술이 잘 작동하거나 잘 작동하지 못하는 이유를 더 잘 이해하고, 기술을 더 발전시키고, 인적 요인 문제를 일으키지 않으면서 새로운 개념이 더 잘 작동할 수 있는 실험을 가능하게 하며, 어떨 때 규칙을 어겨도 괜찮은지 알게 해주는 지적인 틀의 역할을 한다.

3부. 건강에 미치는 영향 VR 개발의 가장 어려운 과제이자 성공에 가장 큰 걸림돌인 VR 멀미를 설명한다. 누구도 VR 멀미를 겪지 않게끔 제거할 수는 없겠지만, 발생 원인 이론들을 이해하고 나면 여러 방법을 적용해서 극적으로 줄일 수는 있다. 그 외에도 부상, 발작, 후유증 같은 건강상의 부작용을 논의한다.

4부. 콘텐츠 제작 에셋 디자인/구축과 디자인적 선택이 사용자의 행동 양식에 어떻게 영향을 미치는지 논의한다. 예제로 스토리 생성, 핵심 경험, 환경 디자인, 길 찾기 보조물, 소셜 네트워크, 기존 콘텐츠의 VR 포팅을 살펴본다.

5부. 상호작용 사용자가 씬 안에서 자신의 위치를 찾는 상호작용 방법 디자인에 초점을 맞춘다. 많은 애플리케이션은 사용자가 그저 주위를 둘러보는 것 외에 더욱 능동적으로 참여한다는 느낌을 주는 경험을 넣으려고 한다. 사용자가 수동적인 관찰자의 역할을 하는 대신 주위 공간에 손을 뻗고 만져보며 사물을 조작할 수 있게 해보자.

6부. 반복 적용 디자인 VR 디자인을 만들고 실험하며 개선하는 다양한 방법론의 개요를 다룬다. 프로젝트에서 모든 방법론을 다 활용할 수는 없지만, 적절한 상황에서 적용할 수 있게끔 이해해둘 필요는 있다. 예컨대 공식적이고 철저한 사용자 연구를 수행하고 싶지는 않더라도, 교란 요인으로 인해 결론을 잘못 내리지 않도록 그 개념은 알아두고 싶을 것이다.

7부. 시작되는 미래 이 책의 요약을 담았다. VR의 현 상태와 미래를 알아보고 제작에 착수하기 위한 간략한 계획 방법을 소개한다.

PART

개요 및 배경

가상 현실(VR)이란 무엇일까? VR은 무엇으로 이뤄지며 어떤 시뮬레이션에 유용할까?

VR은 도대체 무엇이 다르기에 사람들이 이렇게 관심을 갖는 것일까? 개발자는 사용자를 어떤 식으로 가상 환경에 연결하는 것일까? 먼저 이런 질문에 대한 답을 찾아보고, 후반에서 배우게 될 내용에 대한 기본적인 배경지식을 알아보자. 이 개요 및 배경은 다양한 형태의 가상 현실과 증강 현실(AR), 다양한 하드웨어, 감각에 정보를 제공하는 여러 방법론, 그리고 사용자에게 존재감을 유도하는 방식을 잘 알고 선택할 수 있도록 선택 사항을 담은 간단한 도구 상자 역할을 한다.

1부는 다섯 개 장으로 구성되며, VR의 기본을 다룬다.

> **1장. 가상 현실이란?** 개략적으로 VR이 무엇인지, 어디에 적합하고 효과적인지 설명한다. 여기에는 VR의 핵심을 이루는 다양한 소통 형식, 즉 VR 디자이너가 설계한 사용자와 시스템 간의 커뮤니케이션에 대한 설명도 포함된다.

> **2장. VR의 역사** 1800년대에 만들어진 스테레오스코프까지 거슬러 올라가는 VR의 역사를 다룬다. VR이라는 개념과 그 적용은 사실 새로운 것이 아니다.

> **3장. 다양한 리얼리티 개요** 실제 세계에서부터 AR, 그리고 VR에 이르는 여러 현실 세계의 형태를 논의한다. 이 책은 완전 몰입형 VR을 중점적으로 다루지만, 이 장에서 전체 연관 기술 중 VR이 어디에 속하는지 그 맥락을 파악할 수 있다. 또한 AR과 VR 시스템에서 활용할 수 있는 다양한 입출력 하드웨어는

무엇이 있는지 개략적으로 설명한다.

4장. 몰입, 제시, 현실성 취사선택 자주 언급되는 몰입과 제시라는 용어를 알아본다. 독자 여러분은 리얼리즘^{realism}이 VR의 필수 목표가 아니며, 현실을 완벽하게 묘사한다고 해도 완벽한 리얼리즘 시뮬레이션에는 장단점이 모두 존재한다는 사실에 놀랄 것이다.

5장. 기본: 디자인 지침 개요를 소개하는 부의 마지막 장으로, VR 경험을 구축하려는 이들을 위한 몇 가지 지침을 제공한다.

가상 현실이란?

1.1 가상 현실의 정의

가상 현실(VR)이란 용어는 대중 매체에서 흔히 컴퓨터와 우리의 머릿속에서만 존재하는 상상의 세계를 일컫는 말이다. 하지만 이 용어는 더 정확한 정의가 필요하다. 서먼Sherman과 크레이그Craig[2003]는 저서 『가상 현실 이해Understanding Virtual Reality』에서 웹스터 세계 대사전[1989]이 가상virtual을 '본질 혹은 효력은 있지만 실제는 아닌 것'으로, 현실reality은 '진짜인 상태나 특성. 발상과 관계없이 존재하는 어떤 것. 그저 분명한 무언가와 차별되는 실제, 혹은 구체적인 사물을 구성하는 것'이라고 정의한다는 점을 짚는다. 따라서 가상 현실이란 용어는 그 자체로 형용 모순이다! 다행히 웹사이트 merriam-webster.com[미리엄-웹스터 2015]에서는 최근 가상 현실이란 용어 자체에 '컴퓨터에서 제공하는 감각 자극(시각과 음향)을 통해 경험하는 인위적 환경으로, 사용자의 행동이 이 환경 안에서 일어나는 상황을 일부 결정한다.'라는 정의를 추가했다. 이 책에서 칭하는 가상 현실은 '컴퓨터로 생성된 디지털 환경을 마치 실제인 것처럼 경험하고 상호작용할 수 있는 것'이라고 정의하겠다.

이상적인 VR 시스템은 사용자가 실제로 물체 주위를 걸어 다니고, 이런 사물이 진짜인 것처럼 만져볼 수 있게 해준다. 1960년대에 세계 최초의 VR 시스템을 만든 이반 서덜랜드Ivan Sutherland는 이렇게 말했다[서덜랜드 1965]. "궁극적인 디스플레이라면 당연히 컴퓨터가 사물의 존재를 컨트롤할 수 있는 방이 될 것이다. 이런 방에 디스플레이된 의자라면 앉을 수도 있을 것이다. 또한 디스플레이된 수갑은 구속력이 있고, 총알은 치명적인 결과를 낳을 것이다." 우리는 아직까지 이반 서덜랜드가 내다본 경지에는 근처도 가지 못했고(게다가 꼭 도달해야 하는 목표라고도 할 수 없다!) 아마 이런 날은 영영 오지 않을 것이다. 하지만 현재 상당한 수준의 가상 현실이 나와 있으며, 이 책에서는 그중 다수를 다루겠다.

1.2 VR 커뮤니케이션

보통 커뮤니케이션이라고 하면, 둘 이상의 사람 간 상호작용을 떠올리기 마련이다. 하지만 이 책에서는 **커뮤니케이션**을 좀 더 추상적으로, 한 물체가 다른 물체와 충돌을 일으키고 그 결과가 발생하는 것에 그치는 정도라도 개체 간의 에너지가 이동하는 것이라고 정의한다. 커뮤니케이션은 사람과 기술 간에도 이뤄질 수 있는데, 이것이 VR의 기반이 되는 필수 조건이다. VR 디자인은 가상 세계가 어떻게 작동하는지, 그런 세계와 그 안의 물체들을 어떻게 제어하는지, 또 사용자와 콘텐츠의 관계를 커뮤니케이션으로 풀어놓는 작업이며 이상적으로는 사용자가 기술 자체가 아닌 경험에 집중하도록 만드는 것이다.

잘 설계된 VR 경험이란 소프트웨어와 하드웨어가 잘 어우러지며 직관적 커뮤니케이션 수단을 주는 사람과 기계 간의 협응이라고 생각할 수 있다. 개발자는 복잡한 소프트웨어를 작성해, 잘 설계하기만 하면 보기에 단순한 전달 기능으로 효과적인 상호작용과 흥미진진한 경험을 만들어낸다. 커뮤니케이션은 아래 설명과 같이 직접 커뮤니케이션과 간접 커뮤니케이션으로 나눌 수 있다.

1.2.1 직접 커뮤니케이션

직접 커뮤니케이션은 두 개체 간에 매개체가 없고 해석이 붙지 않으면서 에너지가 직접 이동하는 것이다. 현실에서 의사소통을 목적으로 하지 않는 개체 간의 순수한 직접 커뮤니케이션은 일종의 부작용이다. 하지만 VR에서 개발자는 사용자와 주의 깊게 통제한 감각 자극(형태, 모션, 음향 등) 사이에 인공적인 중개 매체(이상적으로는 인지되지 않는 VR 시스템)를 삽입한다. 목표가 직접 커뮤니케이션일 때 VR 제작자는 이런 중개 매체를 안 보이게 만들어 사용자가 이런 개체들에 직접 접근하는 느낌을 줘야 한다. 그러면 사용자는 가상 세계나 그 속에 있는 개체들과 직접 커뮤니케이션 하는 것처럼 자극을 인식하고 해석하며 상호작용할 수 있다.

직접 커뮤니케이션은 구조적 커뮤니케이션과 본능적 커뮤니케이션으로 이뤄진다.

구조적 커뮤니케이션

구조적 커뮤니케이션은 물리 현상으로, 설명이나 수학적 표현이 아니라 사물 그 자체다[칸트(Kant) 1781]. 구조적 커뮤니케이션의 예로는 손에서 튕겨 나가는 공을 들 수 있다. 우리는 늘 물체들과 관계를 맺고 있으며, 그 관계가 우리의 상태를 규정한다. 손으로 컨트롤러를 감싼 모양이 여기에 해당한다. 세계와 우리 몸은 우리의 감각을 통해 구조를 직접 알려준다. 사고와 느낌은 구조적 커뮤니케이션에 해당되지 않지만, 이런 커뮤니케이션은 인지, 해석, 사고, 느낌의 시작점이 된다.

시간이 흘러도 생각이 지속되려면 이런 생각을 구조화된 형태로 만들어야 하는데, 노먼Norman[2013]은 이것을 세계에 대한 지식이라고 부른다. 저장된 정보와 데이터는 대표적인 구조적 형태지만, 때로 좀 더 미묘한 구조적 형태가 상호작용의 기표와 제약(25.1절 참조)이 되기도 한다. VR을 통한 경험을 유도하기 위해, 우리는 사용자가 감지하고 상호작용할 구조적 자극(예를 들어 디스플레이의 픽셀, 헤드폰에서 나오는 소리, 또는 컨트롤러의 진동)을 제공한다.

본능적 커뮤니케이션

본능적 커뮤니케이션은 어떤 감정과 행동에 대한 합리적 묘사가 아닌 자동으로 일어나는 감정과 본능적 행동 언어다(7.7절 참조). 사람에게는 늘 본능적 커뮤니케이션이 제시되며, 이런 커뮤니케이션은 구조적 커뮤니케이션과 간접 커뮤니케이션의 중간에 있다. 제시(4장 참조)는 (비록 주로 일방향이기는 하지만) 직접 커뮤니케이션을 통해 완전히 몰입하는 행위다. 산 정상에 앉아서, 우주 공간에서 지구를 내려다보면서, 누군가와 (실제 인물이든 VR을 통한 아바타든) 서로 눈을 응시하며 경이로움을 느끼는 것이 본능적 커뮤니케이션의 예다. 이런 본능적 커뮤니케이션 경험은 말로 형언하기 어려우며, 말로 옮기려 하면 어떤 지점에서 간접 커뮤니케이션으로 넘어가기 마련이다. 예컨대 VR을 누군가에게 설명하는 것은 VR을 실제 경험하는 것과 다를 수밖에 없다.

1.2.2　간접 커뮤니케이션

간접 커뮤니케이션은 같은 매개체를 통해 둘 이상의 개체를 연결한다. 중계 매체가 실제로 존재할 필요는 없으며, 사실은 세계와 행동 사이에 있는 그 무엇을 우리 마음이 해석한 것일 때가 많다. 우리는 일단 무엇인가를 해석하고 의미를 부여하고 나면 직접 커뮤니케이션을 간접 커뮤니케이션으로 바꿀 수 있다. 간접 커뮤니케이션에서 언어는 우리가 일반적으로 떠올리는 구어와 문어, 그리고 수화와 생각(머릿속으로 하는 혼잣말)이 포함된다. 간접 커뮤니케이션은 말, 이해, 이야기/역사 구성, 의미 부여, 비교, 부정, 상상, 거짓말, 백일몽으로 이뤄진다. 이런 것들은 객관적인 실제 세계가 아니라 우리 인간이 마음으로 설명하고 만들어내는 것이다. 간접적 VR 커뮤니케이션에는 VR 세계가 어떻게 작동하는지에 대한(예: VR 세계에서 일어나는 일의 해석) 사용자의 내적 심상 모델(7.8절 참조)과 개체의 속성을 조절하는 슬라이더 조작, 시스템 상태를 변경하는 음성 인식, 컴퓨터의 수화라고 할 수 있는 간접적 제스처 같은 간접 상호작용(28.4절 참조)이 포함된다.

1.3 VR이 적합한 용도

최근 매체에서 너나 없이 VR을 다루는 것은 그 잠재력에 대해 큰 흥미를 보이는 대중의 반응에 힘입은 결과다. 이런 기사는 엔터테인먼트 산업, 특히 비디오 게임과 몰입형 영화에 초점을 맞춘다. VR은 엔터테인먼트 산업에 아주 잘 맞고, 분명 단기적으로는 이 분야가 VR의 동력이 될 것이다. 하지만 엔터테인먼트 외의 분야에서는 VR이 어떻게 쓰일 수 있을까? VR은 폭넓은 분야에 엄청난 혜택을 줄 수 있음이 드러났다. VR은 수년간 다양한 산업에서 성공적으로 활용돼왔다. 성공적인 예로 석유와 가스 시추, 과학 시각화, 건축, 비행 시뮬레이션, 치료법, 군사 훈련, 테마파크 놀이 기구, 엔지니어링 분석, 디자인 리뷰를 들 수 있다. 이런 상황에서 VR을 활용하면 제조에 들어가기 전에 디자인 실수를 바로잡을 수 있어 비용 절감 효과가 크고, 반복 재적용 속도가 빨라져서 시장 출시 소요 시간을 단축하며, 위험할 수도 있는 학습 환경에서 안전을 좀 더 보장하고, 공포 자극에 대한 노출을 점차 높여 외상 후 스트레스PTSD 반응을 줄이고, 전통적인 시스템으로는 이해하기 힘든 대규모 데이터의 시각화가 가능하다는 것이 밝혀졌다.

하지만 아직까지도 VR은 자금 지원이 충분한 대학과 기업 실험실에서 제한적으로 활용되고 있어서 접근성이 떨어진다. 하지만 소비자 가격대의 시스템이 널리 보급되면서 이제 변화의 조짐이 보이고 있다. VR 시장은 먼저 엔터테인먼트 산업에서 폭발할 것으로 예상되지만, 곧 다른 산업으로도 크게 확장될 것이다. 엔터테인먼트의 뒤를 이어 교육, 화상 회의, 전문가 훈련이 VR이 활약할 다음 분야가 될 것으로 보인다.

어떤 업계든 VR은 재미있는 이야기나 추상적인 개념, 구체적인 기술 연습에 이해를 돕는 도구로 활용될 것이다. 사람의 감각 능력과 운동 능력을 적극 활용하면 이해/학습 효과를 상당히 높여준다고 알려져 있다[데일(Dale) 1969]. 사람이 정보를 감각하는 폭이 확대되기 때문이기도 하지만, 그보다는 훨씬 많은 요소가 작용한다. 행동을 통해 적극적으로 참여하면 개념이 직관적으로 다가오고, 직접 관여하는 경험을 통해 동기가 부여되며, 머릿속에서 생각이 활발히 이어지면서 그 모든 요소가 이해를 돕는 것이다. 이 책에서는 이런 개념을 어떻게 VR 경험으로 설계하는지에 집중하겠다.

그림 1.1은 에드가 데일^{Edga Dale}의 경험 원뿔 모델이다[데일 1969]. 그림에서 보듯, 목적이 있는 직접 경험이 이해하는 데 가장 도움이 된다. 공자는 "들은 것은 잊어버리고, 본 것은 기억하고, 직접 해본 것은 이해한다^{聽卽振, 視卽記, 爲卽覺}."고 했다. 목적이 있는 직접 경험이 유일한 학습 방식이어야 한다는 것이 아니라, 학습 경험의 진행 방향을 설명한 것이라는 점에 유의하자. 목적이 있는 직접적 VR 경험에 다른 간접 정보를 추가하면 이해도를 더욱 높일 수 있다. 예를 들어 글, 기호, 멀티미디어 같은 추상적 정보를 장면과 가상 물체에 직접 삽입하면 실제 세계에서보다 더 효과적으로 이해할 수 있다.

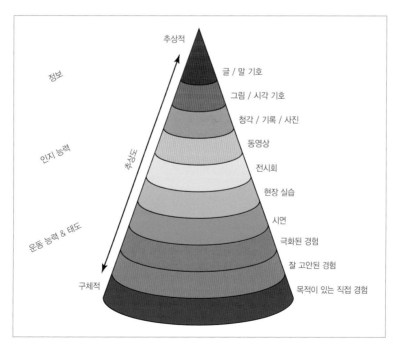

그림 1.1　경험 원뿔 모델. VR은 다양한 수준의 추상화를 활용한다. (데일[1969]에서 발췌)

VR의 역사

뭔가 새로운 것을 만들면 누구나 어린 아이처럼 세상이 새로워 보이면서 자기 자신이 이런 것을 발명했구나 하고 생각하지만, 조금만 들어가봐도 어찌 보면 동굴 벽화를 그린 원시인이야말로 가상 현실을 만들어낸 존재임을 알 수 있다. 새로운 것이라곤 작업을 더 쉽게 만들어주는 좀 더 세련된 도구일 뿐이다.

– 모튼 하일리그(Morton Heilig)[해밋(Hamit) 1993]

오늘날 우리가 VR이라고 생각하는 것은 인류에게 상상력이 생기고 말과 동굴 벽화를 통해 의사소통 능력이 생긴 때까지 거슬러 올라간다. 이 시기의 것은 아날로그 VR이라고 불러도 무방할 것 같다. 이집트인, 바빌로니아인, 유대인, 로마인, 그리스인들은 대중에게 유흥을 제공하고 통제하는 데 마술을 활용했다. 중세에 마술사들은 연기와 오목 거울로 희미한 유령과 악령의 환영을 만들어 순진한 견습생과 대중을 속였다[홉킨스(Hopkins) 2013]. 수백 년이 흐르면서 말과 적용 방식은 달라졌지만, 우리의 상상을 자극하기 위해 환영을 만들어 실제 존재하지 않는 것을 보여준다는 목적은 그대로다.

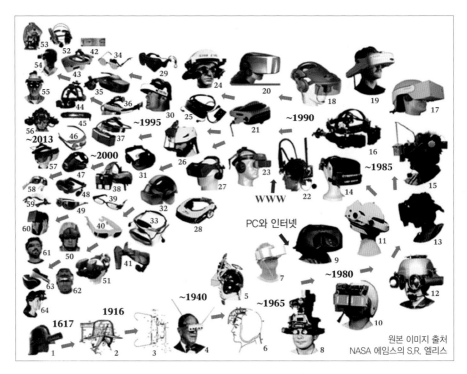

원본 이미지 출처
NASA 에임스의 S.R. 엘리스

그림 2.1   시대별 헤드마운트 디스플레이와 뷰어 (엘리스[2014]에서)

2.1 1800년대

지금 3D 입체 TV라고 부르는 기기의 정적 버전인 스테레오스코프stereoscope는 사진이 발명되기도 전인 1832년 찰스 휘트스톤 경Sir Charles Wheatstone이 발명했다[그레고리(Gregory) 1997]. 그림 2.2의 이 장치는 거울을 45° 각도로 정렬해 왼쪽과 오른쪽에서 이미지를 눈으로 반사해준다.

그 전에 만화경kaleidoscope을 발명한 데이비드 브루스터David Brewster는 렌즈를 활용해 사용자가 더 편리하게 손에 들 수 있는 축소판 스테레오스코프를 만들어냈다. 1851년 수정궁 박람회에서 시연을 보인 브루스터의 스테레오스코프를 빅토리아 여왕이 상당히 좋아했다는 기록도 있다. 이후 시인 올리버 웬델 홈즈는 "… 이렇게 놀라운 그림은 일찍이 본 적이 없다. 그림 속 깊숙이 걸어 들어가는 기분이다."라고 썼다[존(Zone) 2007]. 1856년에 브루스터는 스테레오스코프의 판매고가 50만 대 이상이라고 추산했다[브루스터 1856]. 최초로 유행한 3D 제품으로는 1860년에 나온 판지를 손으로 조립해 만들고, 안에 들어있는 이미지를 손으로 조작해 움직이는 것 등 다양한 형태의 스테레오스코프가 있다[존 2007]. 1862년에는 단 한 개 회사가 100만 대나 되는 스테레오스코프 기기를 판매했다. 브루스터의 디자인은 개념상 20세기의 뷰마스터 View-Master, 그리고 현대의 구글 카드보드와 똑같다. 구글 카드보드, 그리고 그와 비슷한 휴대폰 기반 VR 시스템에서는 휴대폰이 실제 이미지를 대체하는 이미지 디스플레이에 쓰인다.

그림 2.2   찰스 휘트스톤의 스테레오스코프

여러 해가 지나 1895년 샌프란시스코 미드윈터 페어Midwinter Fair에서 전시된 유령 그네Haunted Swing라는 360° VR 타입 디스플레이는 오늘날까지도 가장 매혹적인 기술 데모로 꼽힌다. 이 데모는 방과 40명쯤 탈 수 있는 대형 그네로 구성됐다. 관람객이 앉고 나면 그네가 움직이고, 그네가 흔들리면 엘리베이터에 탄 것 같은 기분이 들어 자기도 모르게 좌석을 꽉 붙들게 됐다. 사실 그네는 거의 움직이지 않고, 대신 그네를 둘러싼 방 자체가 움직이면서 그네가 흔들리는 듯한 기분(9.3.10절 참조)과 멀미를 느끼게 하는 것이었다(12장 참조). 유령 그네는 1995년이 아니라 1895년에 고안됐다[우드(Wood) 1895].

그림 2.3   1860년도 브루어 스테레오스코프 (영국 국립 미디어 박물관/사진 과학 협회 도서관 제공)

영화가 유행하기 시작한 것도 1895년이었다. 관객은 단편 영화《열차의 도착L'Arrivée d'un train en gare de La Ciotat》에서 화면에 다가오는 가상의 열차를 보고는 비명을 지르며 밖으로 달아나기도 했다. 이런 소동은 검증된 기록이 아니라 소문이라고 봐야 하겠지만, 새로운 예술 매체에 대한 홍보 활동과 관심, 두려움은 사실이었으며 아마도 오늘날 VR에 대한 반응이 이와 비슷한 것 같다.

2.2 1900년대

VR의 혁신은 1900년대에도 이어져, 그저 시각적 이미지를 제시하는 데서 한 발짝 더 나아갔다. 오늘날의 VR 시스템에서조차 신기하다고 여겨질 만한 새로운 상호작용 개념이 나타나기 시작했다. 예를 들어 그림 2.4는 알버트 프랫Albert Pratt이 1916년 특허를 낸[프랫 1916] 머리에 쓰는 총기 조준 및 발사 기기다. 이 기기는 사용자가 튜브로 바람을 불어내는 인터페이스가 내장돼 있어 총 발사에 손 트래킹이 필요 없다.

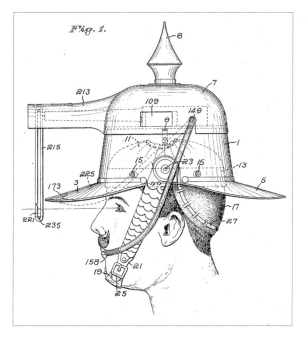

그림 2.4   알버트 프랫의 헤드 마운트 조준 및 총 발사 인터페이스 (프랫[1916]에서 발췌)

프랫이 이 무기 특허를 받고 나서 10여 년이 지난 후, 에드윈 링크^{Edwin A. Link}가 기체처럼 생기고 조종석과 조종간이 있으며 비행하는 모션과 느낌을 만들어내는 최초의 간단한 기계식 비행 시뮬레이터를 개발했다(그림 2.5). 의외로 고객이 되기를 기대했던 군에서 흥미를 보이지 않았기에 링크는 이 기계를 놀이공원에 판매했다. 그러다가 1935년 미 공군에서 여섯 대의 시스템을 주문했고, 2차 대전 말엽에 링크는 10,000대의 판매고를 기록했다. 링크 시뮬레이터는 이후 모션 플랫폼과 실시간 CG 이미지를 갖춘 우주비행사 훈련 시스템과 고급 비행 시뮬레이터로 발전했고, 오늘날 L-3 커뮤니케이션스^{L-3 Communications}의 링크 시뮬레이션 및 트레이닝으로 변모했다. 1991년 이래 링크 재단 고급 시뮬레이션 및 훈련 펠로우십 프로그램은 컴퓨터 그래픽, 지연, 공간 오디오, 아바타, 햅틱을 포함한 VR 시스템의 발전을 추구하는 여러 대학원생을 지원하고 있다.

그림 2.5 1928년 에드윈 링크와 최초의 비행 시뮬레이터 (빙엄턴 대학교, 빙엄턴 대학 도서관 특별 컬렉션 및 대학 자료실 도서관 에드윈 링크와 매리온 클레이튼 링크(Marion Clayton Link) 컬렉션)

20세기 초에 기술이 구현되기 시작하면서, 현실이란 과연 무엇인지 묻는 SF물과 의문들이 인기를 끌게 됐다. 예를 들어 1935년 SF 소설 독자들은 『피그말리온의 안경 Pygmalion's Spectacles』이라는 책을 통해, 지금 우리가 헤드마운트 디스플레이와 여타 장비로 추구하고 있는 것과 놀라우리 만치 비슷한 미래를 열광적으로 보여줬다(그림 2.6). 이야기는 관념론Idealism(궁극적인 실제가 정신으로 구성된다고 주장하는 철학 사조)의 아버지로서, 캘리포니아 버클리 대학교가 이름을 따온 조지 버클리Georgy Barkeley의 교수 친구가 쓴 "그런데 현실이란 무엇인가?"라는 문구로 시작된다. 그런 다음 교수는 실제 세계의 자극을 인위적인 자극으로 대체하는 안경과 여타 장비를 설명한다. 데모는 시각, 소리, 맛, 냄새, 심지어 접촉을 통해 '이 이야기는 당신에 대한 것이고, 당신은 그 안에 있다.'는 쌍방향의 몰입감 있는 세계로 구성돼 있다. 가상 캐릭터 중 월드 '파라코스마Paracosma'가 있는데, 그리스어로 '세상 너머의 땅'이라는 뜻이다. 이 데모는 너무 잘 만들어져, 처음에는 회의적이었던 주인공 캐릭터가 이곳이 환상이 아니라 현실 그 자체라는 것을 깨닫게 된다. 오늘날 현실의 환상illusion of reality을 논하는 책은 철학에서부터 SF까지 셀 수 없이 많다.

그림 2.6 『피그말리온의 안경』은 안경과 기타 감각 장비를 통해 인지하는 대안 세계를 그린 최초의 공상 과학 소설일 듯하다. (와 인바움[1935])

1945년 맥컬럼McCollum은 아마도 피그말리온의 안경에서 영감을 받아, 최초의 TV용 입체 영상 안경의 특허를 냈다. 안타깝게도 이 기기가 실제로 구현됐다는 기록은 찾을 수 없다.

1950년대 모튼 하일리그는 헤드마운트 디스플레이와 월드 고정 디스플레이 두 가지를 모두 디자인했다. 헤드마운트 디스플레이HMD 특허[하일리그 1960]는 그림 2.7과 같이 수평 수직 140° 시야를 보여주는 렌즈, 스테레오 이어폰, 여러 온도의 미풍과 향기를 뿌리는 노즐이 필요하다. 하일리그는 월드 고정 디스플레이를 '센소라마Sensorama'라고 칭했다. 그림 2.8은 몰입형 영화를 위해 입체 컬러 이미지와 광시야각, 입체 음향, 좌석 기울임, 진동, 냄새, 바람 기능을 제공하는 센소라마다.

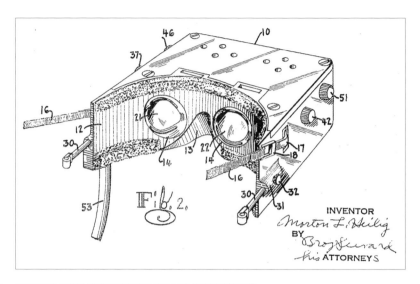

그림 2.7   하일리그의 1960년 입체 3D TV 장치 특허 그림 (하일리그[1960])

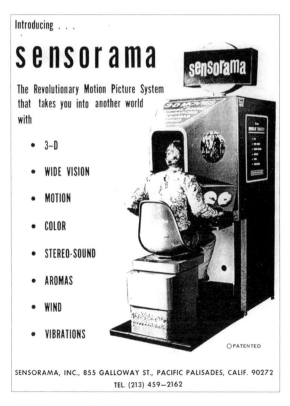

그림 2.8   영화에 완전히 몰입하는 경험을 만들어낸 모튼 하일리그의 센소라마 (모튼 하일리그의 기록)

1961년 필코 코퍼레이션Philco Corporation의 엔지니어들은 헤드 트래킹 기능을 포함한 트래킹 HMD를 사상 최초로 구현해 작동했다(그림 2.9). 사용자가 머리를 움직이면 다른 방에 있는 카메라가 움직여서, 다른 곳에 있는 것처럼 주위를 볼 수 있는 것이다. 세계 최초의 텔레프레즌스telepresence 시스템이다.

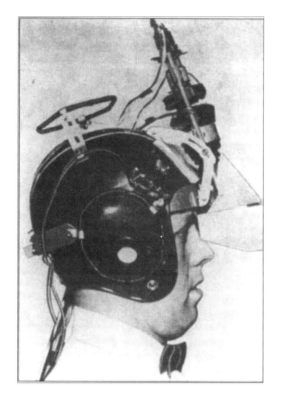

그림 2.9   1961년 필코 헤드사이트(Headsight) (코모(Comeau)와 브라이언(Brian)[1961])

1년 뒤 IBM은 최초의 장갑 입력 기기로 특허를 받았다(그림 2.10). 이 장갑은 키보드 입력을 편하게 대체하게끔 설계된 것으로, 손가락마다 센서가 있어서 여러 손가락 포지션이 인식된다. 양손에 장갑을 끼고 엄지를 제외한 네 개의 손가락 위치를 조합하면 1,048,575개의 가능한 조합이 나온다. 장갑 입력은 굉장히 생소한 접근이었지만, 이후 1990년대의 VR 입력 장치에 흔히 활용됐다.

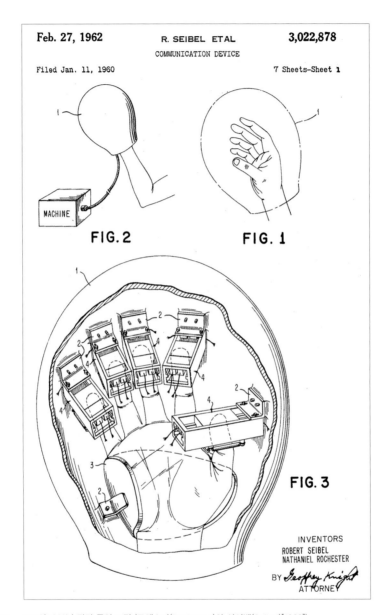

그림 2.10   IBM의 1962년 장갑 특허 그림 (로체스터(Rochester)와 사이벨(Seibel)[1962])

1965년부터 시작해 톰 퍼니스^{Tom Furness} 등은 라이트 패터슨 공군 기지^{Wright-Patterson Air Force Base}에서 헤드마운트 디스플레이로 조종사를 위한 시각 연결 시스템을 만들었다(그림 2.11 왼쪽). 퍼니스가 라이트 패터슨 공군 기지에서 헤드마운트 디스플레이를 개발하는 동안 이반 서덜랜드는 하버드 대학과 유타 대학에서 비슷한 작업을 하고 있었다. 서덜랜드는 헤드 트래킹과 CG 이미지를 활용한 최초의 헤드마운트 디스플레이를 시연한 것으로 알려져 있다[오크스(Oakes) 2007]. 이 시스템은 '다모클레스의 검Sword of Damocles'(그림 2.11 오른쪽)이라고 불렸는데, 머리 위에 날카로운 검을 말총 한 가닥으로 매달아 두고 늘 긴장을 늦추지 않았던 다모클레스 왕 이야기에서 따온 이름이다. 이 이야기는 VR 기술에도 적용되는 은유라 할 수 있다. (1) 큰 힘에는 큰 책임이 따른다. (2) 위태로운 상황은 예지력을 준다. (3) 셰익스피어가 희곡 '헨리 4세[1598]'에서 말했듯, "왕관을 쓴 자는 편히 쉴 수 없다." 모두 오늘날의 VR 개발자와 VR 사용자에게도 해당되는 듯하다.

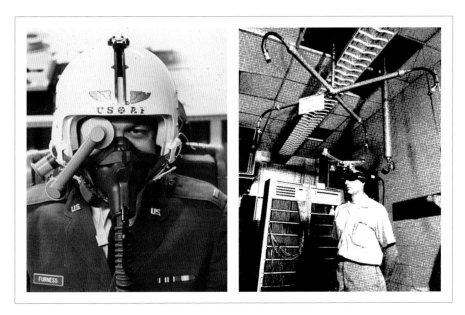

그림 2.11　1967년 라이트 패터슨 공군 기지의 헤드마운트 디스플레이(톰 퍼니스 제공)와 다모클레스의 검[서덜랜드 1968]

프레드릭 브룩스 주니어 박사Dr. Frederick P. Brooks, Jr는 이반 서덜랜드의 얼티밋 디스플레이Ultimate Display[서덜랜드 1965]에서 영감을 받아 노스 캐롤라이나 대학 채플 힐 캠퍼스에 새로운 쌍방향 그래픽 연구 프로그램을 설립했고, 처음에는 분자 그래픽에 중점을 뒀다. 시뮬레이션된 분자들의 시각적 상호작용을 눈으로 볼 수 있을 뿐더러, 포스 피드백force feedback을 통해 시뮬레이션된 분자가 결합되는 곳을 촉감으로 느끼게 해주는 것이다. 그림 2.12는 브룩스 박사와 팀이 구축한 그로프-III Grope-III 시스템이다. UNC는 그 후로 현업 종사자들이 건축 시각화에서부터 외과 수술 시뮬레이션에 이르기까지 폭넓은 현실적 문제를 해결하기 위한 다양한 VR 시스템과 애플리케이션을 구축하는 데 집중해왔다.

그림 2.12 분자 결합을 위한 그로프-Ⅲ 햅틱 디스플레이 (브룩스 등[1990])

1982년에는 전설적인 컴퓨터 과학자 앨런 케이Alan Kay의 지도하에 엔터테인먼트의 미래를 탐구하는 아타리 리서치Atari Research가 설립됐다. 스콧 피셔Scott Fisher, 재론 레이니어Jaron Lanier, 토마스 짐머만Thomas Zimmerman, 스콧 포스터Scott Foster, 베스 웬젤Beth Wenzel이 참여한 아타리 연구 팀은 컴퓨터와 상호작용하며 VR 시스템의 상업화에 곧 필수적이 될 참신한 기술 디자인 방법들을 브레인스토밍했다.

1985년, 지금은 NASA 에임스에서 근무하는 스콧 피셔가 다른 NASA 연구원들과 함께 최초의 상업적 광시야각 입체 헤드 트래킹 HMD '버추얼 비주얼 인바이런먼트 디스플레이VIVED'를 개발했다. 기본적으로는 스쿠버 다이버가 쓰는 페이스 마스크에 두 대의 시티즌 포켓 TV를 부착한 형태였다(스콧 피셔, 사적 대화, 2015년 8월 25일). 스콧 피셔와 베스 웬젤은 소리가 들려오는 위치를 알 수 있도록 3D 사운드를 제공하는 컨볼보트론Convolvotron이란 시스템도 만들었다. HMD가 비교적 구매할 만한 가격대에 제조되고 VR 산업이 탄생한 데 힘입어, 이 VR 시스템은 전례 없는 최초의 기기로 자리매김했다. 그림 2.13은 VIEW(가상 인터페이스 환경 워크스테이션) 시스템이라는 나중에 나온 시스템이다.

그림 2.13   NASA의 VIEW 시스템 (NASA/S.S. 피셔, W. 시슬러(W. Sisler), 1988)

재론 레이니어와 토마스 짐머만은 1985년 아타리를 떠나 VPL 리서치를 설립하고 (VPL은 비주얼 프로그래밍 언어Visual Programming Language의 약어다.) 상업적 VR 글러브와 헤드마운트 디스플레이, 소프트웨어를 만들었다. 이때 재론이 처음으로 '가상 현실virtual reality'이라는 용어를 만들었다. 헤드마운트 디스플레이를 만들어 판매하는 것 외에도 VPL은 NASA의 명세에 따라 광학 플렉스 센서flex sensor가 장착돼 손가락을 얼마나 구부렸는지 측정하고 촉각 진동 피드백을 주는 VR 장갑 데이터글러브Dataglove를 만들었다[짐머만 등 1987].

1990년대에는 다양한 기업이 주로 전문적 연구 시장과 장소 기반 엔터테인먼트에 집중하면서 VR 성장의 폭발기가 왔다. 잘 알려진 신생 VR 기업으로는 버추얼리티Virtuality, 디비전Division, 페이크스페이스Fakespace 등이 창립됐다. 세가Sega, 디즈니, 제너럴 모터스 같은 기존 기업과 수많은 대학, 군대에서도 광범위하게 VR 기술 실험을 시작했다. VR에만 초점을 맞춘 영화도 만들어지고 수많은 책이 쓰였으며 학술지가 등장하고 콘퍼런스가 구성됐다. 1993년 「와이어드Wired」 잡지는 5년 안에 열 명 중 한 명은 HMD를 착용하고 버스, 기차, 비행기를 이용할 것이라고 내다봤다[네그로폰테(Negroponte) 1993]. 1995년 「뉴욕 타임스」는 버추얼리티 상무 이사 조나단 월던Jonathan Waldern이 1998년에는 VR 시장이 40억 달러 규모에 이를 것으로 예측했다고 보도했다[베일리(Bailey) 1995]. 바야흐로 VR이 세상을 바꿀 것이며 무엇도 이를 막을 수 없을 것처럼 보였다. 하지만 안타깝게도 VR에 대한 이런 화려한 약속을 기술력이 받쳐주지 못했다. 1996년 VR 산업이 정점에 달한 다음 서서히 내리막을 걸으면서, 버추얼리티를 포함한 대부분의 VR 기업이 1998년경 문을 닫게 됐다.

2.3 2000년대

21세기의 첫 10년은 'VR의 겨울'이었다. 2000년부터 2012년까지 주류 매체에서는 VR에 별 관심을 보이지 않았지만, VR 연구는 전 세계 기업, 정부, 학계, 군 연구실에서 심도 있게 이뤄졌다. VR 커뮤니티는 사용자 연구에 중점을 둔 인간 중심 디자인으로 방향을 바꿨고, 어떤 형태로든 정식 평가를 포함하지 않은 VR 논문은 콘퍼런스에서 수락하지 않는 분위기가 조성됐다. 이 시기에 나온 수천 건의 VR 관련 연구 논문은 풍성한 지식을 담고 있는데도 오늘날에는 거의 알려져 있지 않으며, VR에 새로 뛰어든 이들에게 무시당하고 있는 실정이다.

1990년대의 소비자 HMD에서 빠진 중요한 요소가 광시야각인데, 광시야각이 아니면 사용자가 '마법처럼' 생생한 느낌을 받을 수 없다(마크 볼라스Mark Bolas, 사적 대화, 2015년 6월 13일). 2006년 USC MxR 연구소의 마크 볼라스와 페이크스페이스 연구소의 이언 맥도웰Ian McDowell은 '와이드5Wide5'라는 이름의 150° 시야각의 HMD를 만들어, 이후 실험실에서 사용자 경험과 행동 양식에 시야가 미치는 영향을 연구하는 데 활용했다. 예컨대 사용자는 시야각이 넓을 때 대상 쪽으로 걸어가며 거리를 더 정확하게 판단할 수 있다[존스(Jones) 등 2012]. 이 팀은 연구 끝에 캘리포니아 오렌지 카운티에서 열린 IEEE VR 2012 콘퍼런스에 선보인 저가의 '필드 오브 뷰 투 고Field of View To Go(FOV2GO)'를 만들어 베스트 데모 상을 받고, 오늘날 대부분의 소비자 HMD의 효시가 된 MxR 연구소의 오픈소스 프로젝트에 들어가기도 했다. 이 시기 해당 연구소의 일원이었던 파머 럭키Palmer Lucky는 멘트 투 비 씬Meant to be Seen(mtbs3D.com)의 프로토타입을 공유해 포럼의 중재자 역할을 하면서, 존 카맥(현 오큘러스 VR의 CTO)을 처음 만나 오큘러스 VR을 만들었다. 얼마 후 럭키는 연구소를 떠나 오큘러스 리프트 킥스타터를 개시했다. 이로써 해커 커뮤니티와 미디어에서도 다시 한 번 VR에 열광하게 됐다. 스타트업부터 포춘 500대 기업에 이르기까지 VR의 가치를 알아보고 VR 개발에 리소스를 투입하기 시작했는데, 그중에서도 페이스북은 2014년 20억 달러에 오큘러스 VR을 인수했다. VR의 새 시대가 열린 것이다.

다양한 리얼리티 개요

이 장에서는 다양한 리얼리티 형태의 대략적인 개요를 소개하고, 더불어 이들 리얼리티 환경을 지원하는 시스템을 구축하는 데 쓰이는 다양한 하드웨어를 알아본다. 책 대부분의 내용이 완전 몰입형 VR에 중점을 두기는 하지만, 이 장에서는 이 분야를 폭넓게 살펴보며 다양한 선택지 중 하나로서 완전 몰입형 VR이 차지하는 자리를 알아본다.

3.1 리얼리티의 형태

리얼리티에는 많은 형태가 있는데, 실제에서 가상으로 이어지는 여러 가상화 범주라고 보면 된다[밀그램(Milgram)과 키시노(Kishino) 1994]. 그림 3.1은 이런 리얼리티 연속체의 다양한 형태를 보여준다. 가상과 증강 현실 사이에 놓인 이런 형태는 넓은 의미에서 '혼합 현실(MR)'이라고 정의하는데, '증강 현실'과 '증강 가상'으로 세분화할 수 있다. 이 책은 증강 가상에서 가상 환경으로 이어지는 스펙트럼의 오른쪽을 중점적으로 다룬다.

그림 3.1 　 가상성 연속체 (밀그램과 키시노[1994]에서 발췌)

실제 환경은 우리가 살아가고 있는 현실 세계다. VR의 목표가 늘 현실 세계의 경험을 그대로 재현하는 것은 아니지만, VR 경험과 관련된 기능을 재현하기 위해서는 현실 세계가 무엇인지, 그리고 우리가 현실 세계를 어떻게 인식하고 상호작용하는지 먼저 이해해야 한다. 어떤 기능을 재현할지는 애플리케이션의 목표에 따라 달라진다. 4.4절에서는 리얼리티에서 현실성과 추상적 적용의 장단점을 더 자세히 알아본다. 2부에서는 더 완전히 몰입할 수 있는 가상 환경을 구축하기 위해 우리가 실제 환경을 어떻게 인식하는지 논의한다.

증강 현실(AR)은 현실을 대체하는 대신 이미 존재하고 있는 실제 세계에 신호^{cue}를 넣는데, 이상적으로 구현된다면 컴퓨터로 생성된 자극과 실제 세계의 자극 간의 구별이 모호해진다. 증강 현실에는 여러 형태가 있으며, 그중 일부는 3.2절에서 설명하겠다.

증강 가상(AV)은 현실 세계의 내용을 포착해 이런 콘텐츠를 VR로 가져온다. 증강 가상의 예로는 몰입형 영화를 들 수 있다. 가장 단순하게는 하나의 시점에서 포착이 이뤄지지만, 실제 세계의 광 파장$^{light\ field}$이나 지오메트리를 캡처해 사용자가 환경 속을 자유롭게 돌아다니면서 어떤 관점에서든 볼 수 있는 경우도 있다. 21.6절에서는 증강 가상의 몇 가지 예를 알아본다.

진정한 **가상 환경**은 현실 세계를 포착하지 않고 인공적으로 만들어진다. 가상 환경의 목표는 사용자를 경험 속으로 완전히 끌어들여 실제 세계는 잠시 잊고 다른 세상 속에 들어와 있는 것처럼 느끼게 하며(4장 참조), 부정적인 영향은 최소화하는 것이다(3부 참조).

3.2 리얼리티 시스템

스크린은 가상 세계를 들여다보는 창이다. 우리가 해결해야 할 문제는 가상 세계가 진짜처럼 보이고, 진짜처럼 작용하며, 진짜처럼 들리고, 진짜처럼 느껴지게 하는 것이다.

– 서덜랜드[1965]

리얼리티 시스템은 완전한 감각 경험이 구현된 하드웨어 및 구동 체제를 말한다. 현실 시스템은 사용자가 실제 세계와 상호작용하는 것처럼 직관적으로 애플리케이션 콘텐츠와 잘 소통하게 해주는 역할을 한다. 사람과 컴퓨터는 사용하는 언어가 다르므로 리얼리티 시스템은 둘 사이의 번역자 혹은 중개자 역할을 해야 한다(리얼리티 시스템에는 컴퓨터도 포함된다는 점을 기억하자). VR 제작자가 해야 할 일은 콘텐츠를 시스템에 통합시켜 중개 매체가 느껴지지 않도록 하면서 물체와 시스템의 행동 양식이 의도한 경험과 일관되도록 보장하는 것이다. 이상적으로 구현된다면 사용자가 기술 자체를 의식하지 못해, 인터페이스를 잊고 인공적 현실을 실제처럼 경험할 수 있다.

사람과 시스템 사이의 커뮤니케이션은 하드웨어 기기를 통해 이뤄진다. 이런 기기는 입력 및 출력을 담당한다. 전달 기능은 상호작용에 해당하며, 사람의 출력을 디지털 입력으로, 디지털 출력을 사람에 대한 입력으로 변환한다. 무엇이 출력이고 무엇이 입력인지는 시스템이냐 사람이냐에 따라 달라진다. 일관성을 위해 입력은 사용자로부터 시스템으로 이동하는 정보, 출력은 시스템으로부터 사용자에게 돌아가는 피드백이라고 간주하자. 이것이 VR 경험이 지속되는 한 계속 일어나는 입력/출력 순환을 이룬다. 이런 순환 고리는 사용자의 인지 과정 중(그림 7.2) 행동과 디지털 자극 단계 사이에서 일어나는 것으로 여겨진다.

그림 3.2는 사용자와 기본 구성 요소인 입력, 애플리케이션, 렌더링, 출력으로 나눠지는 VR 시스템을 시각화한 것이다. **입력**은 사용자의 눈 위치, 손 위치, 버튼 누르기처럼 사용자에게서 나오는 데이터를 수집한다. **애플리케이션**에는 다이내믹 지오메트리dynamic geometry, 사용자 상호작용, 물리 시뮬레이션을 비롯해 가상 세계의 렌더링되지 않는 측면도 포함된다. **렌더링**은 컴퓨터 친화적인 포맷에서 사용자 친화적인 포맷으로 변환해 현실감을 부여하는 과정이며 시각 렌더링, 청각 렌더링auralization(가청화), 햅틱(촉감) 렌더링이 모두 포함된다. 구체를 그려내는 것도 렌더링의 한 예다. 렌더링은 이미 그 의미가 잘 정립돼 있으며(예: 폴리Foley 등 1995), 개략적인 설명과 사용자 경험에 직접 영향을 주는 요소를 넘어서는 기술적 세부 사항은 이 책의 범위를 벗어난다. **출력**은 사용자가 직접 인지하게 되는 물리적 표현이다(예: 디스플레이의 픽셀이나 헤드폰에서 나오는 음파).

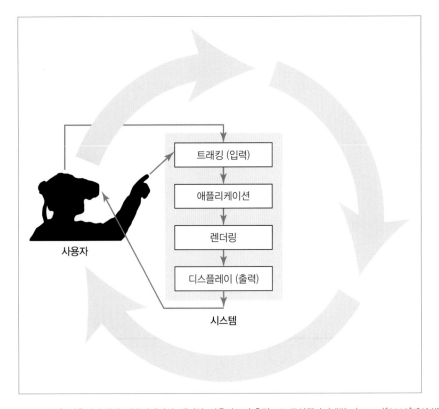

그림 3.2 VR 시스템은 사용자의 입력, 애플리케이션, 렌더링, 사용자로의 출력으로 구성된다. (제럴드(Jerald)[2009]에서 발췌)

VR에 주로 쓰이는 출력 기기로는 시각 디스플레이, 스피커, 햅틱, 모션 플랫폼이 있다. 좀 더 특이한 디스플레이로는 후각(냄새), 바람, 열기 디스플레이 등이 있고, 심지어 맛 디스플레이도 있다. 입력 기기는 27장에서 자세히 다루므로, 이 장에서는 간략하게만 언급하겠다. 적절한 하드웨어 선택은 VR 경험 디자인의 필수 요소 중 하나다. 디자인에 따라 적절한 하드웨어가 달라지기도 한다. 예를 들어, 같은 물리적 공간 안에 많은 관객이 있을 때는 헤드마운트 디스플레이보다 대형 스크린이 적합하다. 흔히 활용되는 VR 하드웨어는 다음과 같다.

3.2.1 시각 디스플레이

현대의 리얼리티 시스템들은 헤드마운트 디스플레이, 월드 고정 디스플레이, 핸드헬드 디스플레이 중 한 가지 방식으로 구현된다.

헤드마운트 디스플레이

헤드마운트 디스플레이(HMD)는 머리에 다소 꽉 맞게 부착하는 시각 디스플레이다. 여러 디스플레이의 예시는 그림 3.3에서 확인할 수 있다. HMD의 위치와 방향 트래킹은 머리와 함께 디스플레이와 이어폰이 같이 움직이기 때문에 VR에서 대단히 중요하다. 가상 물체가 공간에서 안정돼 보이게 하려면, 현재 머리가 취하고 있는 포즈를 디스플레이에 제대로 업데이트하는 기능이 들어가야 한다. 예를 들어 사용자가 머리를 왼쪽으로 돌리면 디스플레이의 CG 이미지가 오른쪽으로 움직여서, 현실 세계의 물체가 사람이 머리를 돌리든 말든 그 위치에 남아있는 것과 마찬가지로 가상 물체가 공간에서 안정된 위치를 점유하는 것으로 보여야 한다. 잘 적용된 HMD는 몰입감이 특히 뛰어나다. 하지만 제대로 된 구현을 위해서는 정확한 트래킹, 낮은 지연율, 주의 깊은 보정 등 까다로운 과제를 여럿 해결해야 한다.

그림 3.3   오큘러스 리프트(위 왼쪽, 오큘러스 VR 제공), 캐스트AR(위 오른쪽, 캐스트AR 제공), 합동군 전투기 헬멧(아래 왼쪽, 해군 매거진 제공), 맞춤형/개량형 HMD(아래 오른쪽, 제럴드(Jerald) 등[2007]).

HMD는 비투과형 HMD, 비디오 투과형 HMD, 광학 투과형 HMD 이렇게 세 가지로
세분화할 수 있다. **비투과형 HMD**는 실제 세계의 모든 신호를 차단하고, VR에만 완전
히 몰입할 수 있는 최적의 조건을 제공한다. **광학 투과형 HMD**는 CG 신호를 활성화
해 실제 세계에 얹어주므로 이상적인 증강 현실 경험을 만들어낸다. 다양한 요건(극
히 낮은 지연율, 고도로 정확한 트래킹, 광학 등)을 만족해야 하기에 광학 투과형 헤드마
운트 디스플레이를 이용해 이상적인 증강 현실 경험을 전달하기는 매우 어렵다. 이
런 어려움 때문에 비디오 투과형 HMD가 사용될 때도 있다. **비디오 투과형 HMD**는 증
강 가상(3.1절 참조)으로 간주될 때도 많고, 증강 현실이나 가상 현실 양쪽 측면에서
모두 장단점이 있다.

월드 고정형 디스플레이

월드 고정형 디스플레이world-fixed display는 머리와 함께 움직이지 않는 표면에 그래픽을,
스피커에 오디오를 렌더링한다. 디스플레이에는 표준형 모니터fish-tank(어항 VR이라
고도 한다.)부터 사용자를 완전히 둘러싸는 디스플레이까지(예: 그림 3.4와 그림 3.5의
CAVE 및 CAVE형 디스플레이) 여러 종류가 쓰인다. 디스플레이 표면은 보통 평면이지
만, 그림 3.6처럼 형태를 잘 정의하기만 한다면 더 복잡한 형태도 활용할 수 있다.
월드 고정 디스플레이에는 헤드 트래킹이 중요한 대신, 머리 움직임에 따라 자극이
변화하지 않기 때문에 정확성과 지연율은 헤드마운트 디스플레이만큼 큰 제약이
되지 않는다. 여러 표면과 프로젝터를 활용하는 고급 월드 고정형 디스플레이는 몰
입감이 높지만, 대신 높은 비용과 넓은 공간이 필요하다.

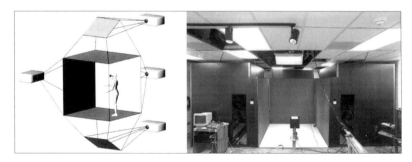

그림 3.4   CAVE의 개념도(왼쪽). 사용자는 상호작용하는 바닥과 벽에 투영되는 정확한 원근법의 입체 이미지에 둘러싸인다.
CABANA(오른쪽)는 벽이나 L자형 같은 색다른 디스플레이 형태로 구성할 수 있게끔 벽 부분을 움직일 수 있다. (크루
즈(Cruz) 등[1992](왼쪽)과 데일리(Daily) 등[1999](오른쪽))

그림 3.5   CABANA 안에서 데스크톱 애플리케이션과 상호작용하고 있는 저자 (제럴드 등[2001])

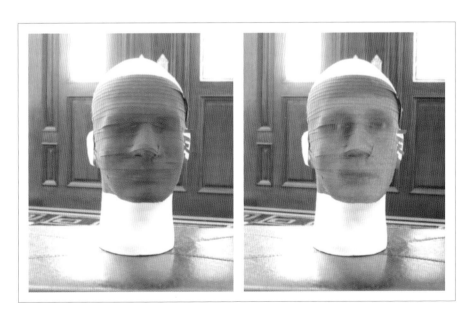

그림 3.6   디스플레이 표면이 반드시 평면이어야 하는 것은 아니다. (크럼(Krum) 등[2012])

월드 고정형 디스플레이는 전형적인 가상 현실과 증강 현실 요소로 간주된다. 실제 세계의 물체들이 경험에 쉽게 접목되기 때문인데, 그림 3.7의 진짜 의자를 보면 알 수 있다. 하지만 사용자의 몸만 현실 세계의 신호에 따라 보이게 쓰는 경우가 많다.

그림 3.7   서던 캘리포니아 대학의 건슬링어(Gunslinger)는 월드 고정형 디스플레이와 현실 세계의 혼합을 활용한다. (USC 크리에이티브 테크놀러지 연구소 제공)

핸드헬드 디스플레이

핸드헬드 디스플레이는 한 손 또는 양손으로 잡는 출력 기기로, 머리/눈과 정렬하거나 정확하게 트래킹할 필요가 별로 없다(사실 핸드헬드 디스플레이에서 머리를 트래킹하는 경우는 드물다). 핸드헬드 증강 현실은 간접 증강 현실이라고도 불리며, 스마트폰/태블릿이 발달하면서 손쉽게 접근할 수 있게 된 덕에 최근 인기를 끌고 있다(그림 3.8). 게다가 사용자의 머리와 눈에는 관계없이 가상 물체를 렌더링하는 간접 뷰를 제공하기에 시스템 요건도 까다롭지 않다.

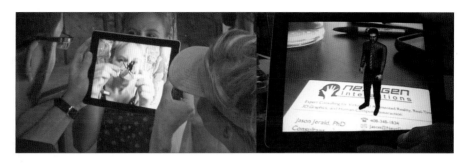

그림 3.8   지오미디어(GeoMedia)의 주-AR(Zoo-AR)과 넥스트젠 인터랙션스(NextGen Interactions)의 명함에 나타나는 가상 비서 (지오미디어(왼쪽)와 넥스트젠 인터랙션스(오른쪽) 제공)

3.2.2   오디오

공간 오디오는 3D 공간의 어디에서 소리가 들려오는지 감지하게 해준다. 스피커는 고정해 두거나 머리와 함께 움직일 수도 있다. 헤드폰은 현실 세계를 좀 더 차단해 주므로 완전 몰입형 시스템에서 더 선호된다. 귀와 두뇌가 사운드를 인지하는 방식은 8.2절에서 상세히 짚어본다. VR을 위한 콘텐츠 제작 측면에서의 오디오는 21.3절에서 논의한다.

3.2.3   햅틱

햅틱haptic은 가상 물체와 사용자의 몸 사이에 작용하는 인위적인 힘이다. 햅틱은 패시브(정지해 있는 실제 물체), 액티브(컴퓨터가 제어하는 물리적 피드백), 택틸tactile(피부를 통하는 것), 자기 수용 감각(관절/근육을 통하는 것), 자기 기반(착용-), 세계 기반(실제 세계에 부착)으로 구분할 수 있다. 많은 햅틱 시스템이 입력 기기로도 활용된다.

패시브 햅틱과 액티브 햅틱

패시브 햅틱은 낮은 비용으로 VR에 촉감을 제공한다. 그저 현실 세계의 물체를 만들어, 이 물체를 가상 물체의 모양에 일치시키기만 하면 된다[린드먼(Lindeman) 등 1999]. 이런 실제 물체는 손에 쥐는 소품이나 실제 세계에서 만질 수 있는 더 커다란 물체가 될 수도 있다. 패시브 햅틱은 존재감을 강화시켜서 환경에 대한 인지적 매핑cognitive mapping을 개선하고 훈련 효율을 높인다[인스코(Ilnsko) 2001].

패시브 햅틱이 적용된 물체를 몇 개 만져보면 나머지 모두가 더 진짜처럼 느껴진다.

아마도 오늘날까지 가장 매혹적인 VR 경험은 전설적인 UNC 채플 힐 핏 데모일 것이다[미한(Meehan) 등 2002]. 사용자들은 먼저 VR 환경과 매칭되는 스티로폼 블록과 여타 현실 세계 물체들의 패시브 햅틱이 포함된 가상의 방을 경험한다. 방 안의 여러 부분을 만져본 다음, 사용자는 두 번째 방으로 걸어 들어가 바닥의 구덩이를 본다. 지금까지 만져본 모든 것이 물리적인 실제감을 줬기 때문에 구덩이는 꽤 그럴듯해 보이고(사용자의 심박수가 실제 상승한다.), 그로 인해 구덩이 역시 물리적 실체가 있다고 추측하게 된다. 가상의 가장자리에 발끝을 대고 실제로 턱을 느껴본 여러 사용자들은 깜짝 놀라는 반응을 보이기도 한다. 그런데 이들이 모르는 것은 6미터 깊이처럼 보이는 이 구덩이가 실은 3센티미터 깊이밖에 되지 않는다는 점이다.

액티브 햅틱은 컴퓨터가 제어하는 가장 흔한 형태의 햅틱이다. 액티브 햅틱은 힘을 가변적으로 제어해 시뮬레이션된 가상 물체에 다양한 느낌을 넣을 수 있다는 장점이 있다. 이제부터는 액티브 햅틱을 중점적으로 살펴보자.

택틸 햅틱과 자기 수용 감각 햅틱

택틸 햅틱은 피부를 통해 촉감을 준다. 진동 촉각 자극은 피부에서 기계의 진동을 이용해 촉각을 일으킨다. 전기 촉각 자극은 전극에서 피부를 통해 흐르는 전류로 촉각을 일으킨다.

그림 3.9는 택티컬 햅틱Tactical Haptic의 리액티브 그립Reactive Grip 기술로, 특히 완전 몰입형 시각 디스플레이와 함께 활용할 때 놀랍도록 실감 나는 촉각 피드백을 제공한다[프로밴처(Provancher) 2014]. 시스템은 핸드헬드 컨트롤러에 추가할 수 있는 슬라이드식 피부 접촉판을 활용한다. 접촉판이 움직이면서 손으로 쥔 길이만큼의 동작과 힘이 해석된다. 다른 접촉판이 반대로 움직이며 힘을 받으면, 가상 물체가 사용자의 손아귀 속에서 비트는 감각을 느낄 수 있다.

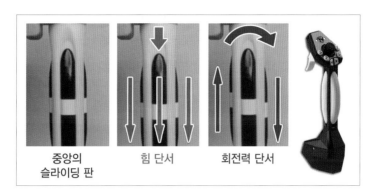

그림 3.9   택티컬 햅틱은 슬라이드식 접촉판을 이용해 위아래로 가해지는 힘과 회전력의 감각을 제공한다. 제일 오른쪽 이미지는
최근의 컨트롤러 디자인에 적용된 슬라이딩 접촉판이다. (택티컬 햅틱스 제공)

자기 수용 감각은 팔다리의 움직임과 근육 저항 감각을 제공한다. 자기 수용 감각 햅
틱은 자기 기반이나 세계 기반 둘 다 가능하다.

자기 기반 햅틱과 세계 기반 햅틱

자기 기반 햅틱self-grounded haptic은 사용자가 착용하거나 들고 이동하는 것이다. 적용되
는 힘은 사용자에 상대적이다. 자기 기반 햅틱의 예로는 외골격이 있는 장갑이나 부
저가 있다. 그림 3.10은 외골격 장갑을 보여준다. 핸드헬드 컨트롤러 역시 자기 기
반 햅틱의 예라고 볼 수 있다. 이런 컨트롤러는 그저 가상 물체의 손잡이 역할을 하
는 수동적 소품이나 진동으로 사용자에게 피드백을 제공하는 진동 컨트롤러(사용자
가 가상 물체를 손에 쥔 느낌을 강조한다.)가 될 수 있다.

그림 3.10   덱스타 로보틱스(Dexta Robotics)의 덱스모 F2(Dexmo F2) 기기는 양쪽 손가락 트래킹과 포스 피드백을 제공한다. (덱
스타 로보틱스 제공)

세계 기반 햅틱^{world-grounded haptic}은 현실 세계에 물리적으로 부착돼 단단한 물체와 똑같은 느낌을 주는데, 이 힘의 원천인 가상 물체의 위치가 세계에 대해 안정적으로 유지되기 때문에 움직이지는 않는다. 물체가 얼마나 움직이기 쉬운지도 느낄 수 있으므로 무게와 마찰도 느껴진다[크레이그(Craig) 등 2009].

그림 3.11은 센서블^{Sensable}의 팬텀^{Phantom} 햅틱 기기로, 공간의 한 점(스타일러스의 팁 부분)에 안정적인 포스 피드백을 제공한다. 그림 3.12는 사이버글러브^{Cyberglove}의 사이버포스^{CyberForce} 장갑으로, 물체가 고정돼 있는 것처럼 손 전체로 실제 물체를 만지는 감각을 제공한다.

그림 3.11   센서블의 팬텀 햅틱 시스템 (이니션(INITION) 제공)

3.2.4 모션 플랫폼

모션 플랫폼은 몸 전체를 움직여서 실제의 움직임과 중력을 느끼게 해주는 하드웨어 기기다. 이런 모션으로 방위, 진동, 가속, 덜컹이는 감각을 전달할 수 있다. 이런 플랫폼은 일반적으로 경주 게임, 비행 시뮬레이션, 위치 기반 엔터테인먼트에서 흔히 활용된다. 또한 VR 애플리케이션의 나머지 부분과 잘 접목하면, 시각적 움직임과 느껴지는 움직임의 차이를 줄여서 멀미를 줄일 수 있다. 멀미를 줄이는 데 모션 플랫폼을 어떻게 활용할 수 있는지는 18.8절에서 논의하겠다.

그림 3.12   사이버글러브의 사이버포스 몰입형 워크스테이션 (로잔 EPFL의 VR랩 제공, 햅틱 워크스테이션과 HMD, 2005)

모션 플랫폼은 액티브나 패시브 둘 다 가능하다. **액티브 모션 플랫폼**은 컴퓨터 시뮬레이션으로 제어한다. 그림 3.13은 유압식 작동기를 통해 기반 플랫폼을 움직이는 액티브 모션 플랫폼의 예다. **패시브 모션 플랫폼**은 사용자가 조작한다. 예를 들어, 그림 3.14의 버들리Birdly처럼 앞으로 몸을 기울이면 패시브 모션 플랫폼이 기울어진다. 여기서 액티브와 패시브는 모두 모션 플랫폼과 시스템 측면에서 본 것이다. 사용자 입장의 패시브는 사용자가 플랫폼에 수동적으로 올라타서 경험에 영향을 미칠 수 없는 것이고, 액티브는 사용자가 경험에 적극적으로 영향을 주는 것이다.

3.2.5 트레드밀

트레드밀treadmill은 실제로는 한 자리에 머무는 데도 걷거나 뛰는 느낌을 준다. 기울임 조정 트레드밀, 양발 플랫폼individual foot platform, 저항을 주는 기계식 테더mechanical tethers는 앞으로 나아가는 데 필요한 물리적 힘을 만들어 발꿈치에 전달해준다.

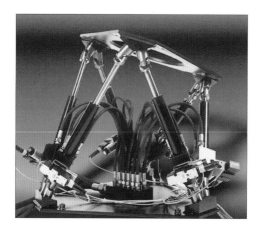

그림 3.13　유압식 작동기를 통해 사용하는 액티브 모션 플랫폼. 플랫폼 위에 의자를 부착할 수 있다. (신사투럴리스트 아트 어소시에이션(Syntharturalist Art Association), 시프츠(Shifz) 제공)

그림 3.14　솜니액스(Somniacs)의 버들리. 이 VR 경험은 시각, 청각, 모션 신호와 함께 맛과 냄새까지 재현한다. (스위스넥스 샌프란시스코(Swissnex San Francisco)와 마일린 홀레로(Myleen Hollero) 제공)

무지향성 트레드밀은 어떤 방향으로든 물리적 이동을 시뮬레이션할 수 있으며, 패시브와 액티브 두 가지 모두 가능하다.

액티브 무지향성 트레드밀은 컴퓨터가 움직이는 부품을 기계적으로 제어한다. 이런 트레드밀은 표면이 움직여 사용자가 위에서 중심을 다시 잡게 만든다(예: 다큰Darken 등 1997, 이와타Iwata 1999). 하지만 이런 중심 재조정은 사용자가 몸의 균형을 잃게 만들 수도 있다.

패시브 무지향성 트레드밀은 움직이는 부품을 기계적으로 제어하는 컴퓨터가 없다. 예를 들어 그림 3.15의 버추익스 옴니^{Virtuix Omni}처럼 마찰이 적은 표면에서는 두 발이 미끄러질 수 있다. 그러므로 사용자가 플랫폼에서 떨어지지 않도록 띠와 보호 장치로 감싼다. 다른 가상 워킹^{walking}과 마찬가지로 패시브 트레드밀에서 걷는 경험은 현실 세계와 완전히 매칭되지 않지만(땅 위를 걷는다기보다 미끄러운 얼음판 위를 걷는 듯한 느낌이다.), 현실감을 상당히 높이고 멀미를 줄일 수 있다.

그림 3.15   버추익스 옴니 (버추익스 제공)

3.2.6 기타 감각 출력

VR은 대부분 디스플레이 컴포넌트에 초점을 맞추지만 맛, 냄새, 바람 같은 컴포넌트를 추가해 사용자에게 더 완전한 몰입감을 줄 수 있다. 그림 3.14는 솜니액스의 버들리인데, VR 경험에 냄새와 바람을 추가한 시스템이다. 맛과 냄새는 8.6절에서 더 살펴본다.

3.2.7 입력

완전 몰입형 VR 경험은 단지 콘텐츠를 제시하는 데 그치지 않는다. 사용자의 몸이 직관적으로 가상 세계와 실제로 상호작용할수록 가상 세계에 더 관여하며 실제감을 느끼게 된다. VR 상호작용은 하드웨어와 소프트웨어가 복잡한 방식으로 긴밀하게 협응하도록 구성되지만, 사용법이 단순하고 직관적일수록 최고의 상호작용 기술이라 할 수 있다. 디자이너는 경험을 설계할 때 입력 기기의 성능을 반드시 고려해야 한다. 입력 기기마다 어떤 상호작용에는 잘 맞지만 다른 상호작용에는 적합하지 않을 수도 있기 때문이다. 물론 폭넓은 입력 기기에 두루 맞는 상호작용도 있다. 5부에서는 여러 장에 걸쳐 상호작용을 다루고, 특히 27장에서는 입력 기기를 중점적으로 살펴본다.

3.2.8 콘텐츠

콘텐츠 없이는 VR도 존재할 수 없다. 콘텐츠가 매력적일수록 경험도 흥미롭고 재미있어진다. 콘텐츠에는 각각의 매체와 그 인지 신호만이 아니라 스토리의 진행 곡선, 환경 디자인/레이아웃, 컴퓨터나 사용자가 제어하는 캐릭터도 포함된다. 콘텐츠 제작은 4부의 여러 장에 걸쳐 다루겠다.

몰입, 제시, 현실성 취사선택

VR은 물리적인 위치와 심적으로 다른 곳에 있는 경험으로, 실제 세계의 복사판이거나 존재하지도 않고 절대 존재할 수 없는 상상의 세계도 될 수 있다. 어떤 경우든 사용자가 지금과 다른 곳에 있는 것처럼 느끼게 하려면 반드시 이해해야 하는 공통적인 필수 개념이 있다. 이 장에서는 몰입, 제시, 현실성을 어떻게 취사선택해야 할지 알아보자.

4.1 몰입

몰입immersion이란 VR 시스템과 애플리케이션이 사용자의 감각 수용기에 얼마나 광범위하게, 환경과 일치하고 사용자를 생생하게 에워싸며 플롯을 알 수 있게끔 쌍방향으로 전달되는지 그 정도를 말한다[슬레이터(Slater)와 윌버(Wilbur) 1997].

광범위함은 사용자에게 제시되는 감각 요소(예: 시각, 청각, 물리적 힘)의 범위다.

일치는 감각 양상 간의 합치를 뜻한다(예: 머리를 움직이거나 자기 몸의 가상 형체에 적절히 상응하는 시각적 표현).

에워싼다는 것은 단서가 얼마나 파노라마식인지를 뜻한다(예: 광시야각, 공간 오디오, 360° 트래킹).

생생함은 시뮬레이션되는 에너지의 품질을 뜻한다(예: 해상도, 조명, 프레임레이트, 오디오 비트 전송률).

쌍방향성은 사용자가 세계를 변화시킬 수 있는지, 가상 개체가 사용자의 행동에 반응하는지, 사용자가 향후 이벤트에 영향을 줄 수 있는지를 말한다.

플롯이란 이야기를 말하며, 메시지나 경험의 일관된 묘사, 일련의 사건이 역동적으로 풀려나가는 것, 그리고 세계와 그 안의 개체들의 행동 양식이다.

몰입은 사용자가 경험에 빠져들도록 하는 잠재력을 지닌 객관적 기술이다. 하지만 주어진 자극을 인지하고 해석하는 주체가 사람이므로 몰입이 VR 경험에만 해당하지는 않는다. 몰입은 마음을 이끌어가지만 마음을 조종하지는 못한다. 사용자가 주관적으로 몰입을 경험하는 것을 존재감이라고 한다.

4.2 존재감

존재감presence이란 간단히 말해, 물리적으로는 다른 장소에 있을지라도 특정 공간 안에 '실제로 있는' 느낌이다. 존재감은 내적 심리 상태며 본능적 커뮤니케이션의 요소이기 때문에(1.2.1절 참조) 말로 설명하기는 어렵다. 직접 경험해야만 이해할 수 있는 것이다. 존재감을 설명한다는 것은 의식이나 사랑이란 느낌의 개념을 설명하려는 것과 마찬가지로 어려울 뿐더러, 논란을 일으킬 수도 있다. 그럼에도 불구하고 VR 커뮤니티에서는 존재감을 정의하려 애쓰는데, 일단 정의를 내리면 VR 경험 디자인에 유용하기 때문이다. 존재감의 정의는 2000년 봄, 존재감 개념에 흥미를 가진 학자 모임 안에서 돌았던 존재감-1 리스트서브listserv(그룹 전원에게 메시지를 전송하는 시스템)를 통해 이뤄졌던 논의를 기반으로 한다. 긴 설명은 ISPR 웹사이트(http://ispr.info)에서 찾아볼 수 있으며, 시작은 이렇다.

존재감은 개인의 신체 일부 혹은 전체가 겪는 현재의 경험이 사람이 만든 기술을 통해 생성 및 필터링된다 하더라도, 이런 경험에서 기술이 맡고 있는 역할을 개인의 신체 일부 혹은 전체가 정확히 알고 인지하지 못하는 심리적 상태 혹은 주관적 인지다. (국제 존재감 연구 소사이어티, 2000)

몰입이 이 기술의 특성이기는 하지만, 존재감은 사용자의 내적인 심리적, 생리적 상태로서, 일시적으로 현실 세계와 경험의 기술적 매체를 잊거나 인지하지 못하는 상태에서 가상 세계 몰입을 겪는다. 사용자는 기술을 인지하거나 그에 주의를 기울이지 않고, 기술이 표현해내는 물체, 이벤트, 캐릭터에 주의를 기울이며 인지한다. 존재감을 크게 느끼는 사용자는 VR 기술이 만들어낸 경험을 수동적으로 인지하는 대신 지금 그곳을 방문하고 있다고 여긴다.

존재감은 사용자와 몰입 양쪽 모두에 해당된다. 몰입은 존재감을 만들어낼 수 있지만 몰입이 늘 존재감을 유도하는 것은 아니며, 사용자가 그냥 눈을 감고서 어딘가 다른 곳에 있는 것을 상상하는 것만으로도 존재감을 느낄 수 있다. 하지만 존재감은 몰입에 의해 제한받으며, 몰입감이 큰 시스템/애플리케이션일수록 사용자가 가상 세계에 존재한다고 느낄 가능성이 커진다.

존재감 이탈break-in-presence은 가상 세계가 빚어내는 환상이 깨지면서 사용자가 사실은 현실 세계에서 HMD를 착용하고 있다는 것을 깨닫는 순간이다. 이런 존재감 이탈은 VR 경험을 깨므로 가능한 한 피해야 한다. 존재감 이탈의 원인으로는 트래킹 실패, 가상 환경의 일부가 아닌 사람의 말 소리, 전선에 발 걸림, 현실에서 울리는 전화벨 소리 등이 있다.

4.3 존재감의 환상

기술이 만들어내는 몰입에 의해 유도된 존재감은 일종의 환상으로 간주할 수 있는데(6.2절 참조), VR 자극은 스크린의 픽셀이나 다른 시간과 장소에서 녹음된 오디오처럼 우리 몸의 수용기에 에너지가 투사되는 것뿐이기 때문이다. 다양한 방식의 여러 존재감 형태를 구분하는 연구자들도 있다. 아래에 구분한 존재감은 존재하지 않는 현실의 환상에 불과한 네 가지 중심 컴포넌트로 나눠진다.

안정된 공간에 있다는 환상

존재감에서는 현실 환경 안에 있다는 느낌이 가장 중요하다. 이것은 슬레이터가 '장소 환상place illusion'[슬레이터 2009]이라고 부른 것의 하위 개념으로, 사용자의 감각 양상 모두가 연합해 사용자에게 제시된 자극이 (이상적으로는 시야의 제한, 머리를 당기는 케이블 같은 방해 요소가 없고 자유로이 움직일 수 있을 때) 삼차원 공간 속 현실 세계의 물체로부터 오는 것처럼 작용할 때 발생한다. 심도 신호depth cue(9.1.3절 참조)는 원격 장소에 있는 느낌을 줄 때 특히 중요하며, 서로에게 일관된 심도 신호가 더 주어질수록 더 좋다. 이런 환상은 긴 지연 시간, 낮은 프레임레이트, 잘못된 보정 등으로 인해 세계가 안정되게 느껴지지 않을 때 깨진다.

자기 구현의 환상

우리는 평생 시야 아래쪽으로 우리 몸을 인식해온 경험을 축적해왔다. 그런데도 많은 VR 경험은 개인의 몸을 포함하지 않아, 공간을 바라볼 때 사용자 자신이 표시되지 않는다. **자기 구현**self-embodiment은 사용자가 가상 세계 안에서 몸을 갖는다는 뜻이다. 자기 몸이 구현되지 않을 때도 사용자는 상당한 존재감을 느끼지만, 자기 움직임에 제대로 맞춰진 가상 신체가 제시되면 여러 차원의 존재감이 있다는 것을 빠르게 깨닫는다. 사용자가 피부에 닿는 시각적 물체를 볼 때 실제 물체가 피부에 닿으면 존재감이 굉장히 강화되고 더욱 빠져드는 경험을 하게 된다(이를 고무 손 환상 rubber hand illusion이라고 한다. 보트비닉Botvinick과 코헨Cohen 1998).

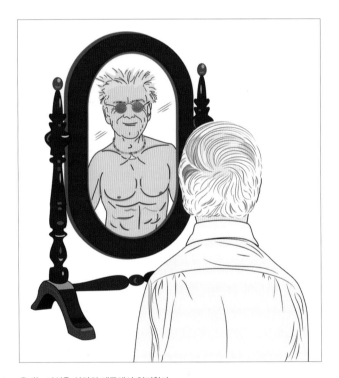

그림 4.1   우리는 자신을 상당히 왜곡해서 인지한다.

놀랍게도, 몸이 자기 평소 모습과 다를 때도 가상 신체는 상당히 그럴듯한 존재감을 준다. 사실 우리가 자신을 반드시 객관적으로 인지하는 것은 아니며, 주관적인 색안경을 끼고 상당히 왜곡된 자아상을 가질 수도 있다(그림 4.1 몰츠Maltz 1960). 마음은 자동으로 몸이 있어야 할 곳에서 보이는 몸의 시각적 특성을 자기 몸에 연관 짓는다. VR에서는 사용자가 자기 자신을 만화 캐릭터나 다른 성별 및 인종의 누군가로 인지할 수 있으며, 그렇게 해도 경험은 상당히 그럴듯하게 느껴진다. 연구에 따르면 '다른 사람의 입장이 되는' 공감 능력을 가르치는 데 이런 방식이 상당히 효과적이며 인종 차별도 줄일 수 있다고 한다[펙(Peck) 등 2013]. 아마도 우리가 자주 옷을 갈아입는 데 익숙하기 때문일 수도 있는데, 옷이 피부와 색이나 질감 면에서 다르기도 하고 어떤 옷을 입었든 그 옷 밑에 있는 것은 우리 몸이라는 사실이 변하지 않기 때문이기도 하다. 몸의 형태와 색이 별로 중요하지 않은 반면에 동작은 극히 중요해서, 시각적인 몸의 움직임이 합리적 수준에서 진짜 몸의 동작과 제대로 일치하지 않으면 존재감이 깨진다.

물리적 상호작용의 환상

주위를 둘러보는 것만으로 다른 세계에 들어와 있다고 믿게 되는 현상은 몇 초 이상 유지되지 못한다. 사실적이지 않다고 해도 어떤 형태든 오디오, 시각적 강조, 컨트롤러의 진동 같은 피드백을 더하면 사용자가 그 세계에 닿아있는 느낌을 갖게 된다. 이상적으로 사용자는 시각적 표현과 일치하는 탄탄한 물리적 반응을 느낄 수 있어야 한다(3.2.3절의 설명 참조). 뭔가를 만지려고 손을 뻗었다가 반응이 없다면 바로 존재감 이탈이 일어날 수 있다. 하지만 강한 물리적 피드백은 이루기 어려우므로 그 대신 감각적 대체(26.8절 참조)가 종종 활용된다.

소셜 커뮤니케이션의 환상

사회적 존재감은 같은 환경 안에 있는 (컴퓨터가 제어하든 사용자가 제어하든) 다른 캐릭터와 (말과 몸짓 모두로) 실제 의사소통하고 있다는 인식이다. 사회적 리얼리즘에는 물리적 리얼리즘이 필요하지 않다. 상대적으로 저충실도low-fidelity의 가상 캐릭터에게 사용자가 고통을 가할 때나[슬레이터 등 2006a] 대중 연설에 대한 두려움이 있는 사용자가 저충실도 관객 앞에서 말해야 할 때는 불안 반응을 보이는 것이 관찰됐다[슬레이터 등 2006b].

사회적 존재감은 행동적 리얼리즘(사람과 물체의 표현물이 현실 세계와 같은 행동 양식을 보이는 정도)을 높여주는데[구아다뇨(Guadagno) 등 2007], 사람 몇 명만 트래킹하고 렌더링하는 정도로도 매력도가 크게 높아진다(9.3.9절 참조). 그림 4.2는 넥스트젠 인터랙션스의 VR 멀티플레이어 게임 장면으로, 플레이어의 머리와 양손은 직접 컨트롤되고 (즉, 트래킹 포인트가 세 개다.) 하체의 방향 바꿈/걷기/달리기 애니메이션은 식스센스

레이저 히드라 컨트롤러Sixense Razer Hydra Controller의 아날로그 스틱을 통해 간접적으로 컨트롤된다.

그림 4.2   디지털 아트폼스(Digital ArtForms) 사장 폴 믈리니치(Paul Mlyniec)가 저자에게 위협을 받자, 인터페이스에 대해 고심할 필요 없이 바로 항복하고 있다. 머리와 손 트래킹만으로도 자연스러운 신체 언어(body language)를 전달할 수 있기 때문에 VR에서는 이 정도로도 대단히 매력적인 소셜 커뮤니케이션이 된다. (넥스트젠 인터랙션스 제공)

4.4 각 리얼리티의 장단점

우리가 VR에서 이루려고 하는 표준은 진짜 현실감을 주는 것이라 생각하는 이도 있지만, 우리가 현실과 일치하는 지점까지만 성취할 수 있다면 무슨 소용이냐며 현실감을 뛰어넘어야 한다고 생각하는 이들도 있다. 그럼 이제 현실을 복제하는 것과 추상적 경험을 만들어내는 방법론의 장단점이 무엇인지 살펴보자.

4.4.1 불쾌함의 골짜기

로봇과 CG 캐릭터가 좀 으스스하게 느껴진다는 사람도 있다. 실제 캐릭터를 시뮬레이션한 캐릭터가 현실에 더 가까워 보일수록 친근감이 높아지기는 하지만, 여기에는 한계가 있다. 실제와 아주 가깝지만 진짜 같지는 않을 때 우리의 감정은 공감에서 혐오로 바뀐다. 이런 으스스한 기분으로의 급변은 마사히로 모리Masahiro Mori[1970]가 최초 제안한 **불쾌함의 골짜기**uncanny valley라고 부른다. 그림 4.3은 인간의 현

실성을 갖춘 가상 인간에 대해 관찰자가 편안하게 느끼는 정도를 그래프로 표시한
것이다. 관찰자는 캐릭터가 더 사람처럼 보일수록 편안해지다가, 사람과 아주 비슷
하되 다소 사람 같지 않아 보이는 특정 지점에 이르면 불편해진다.

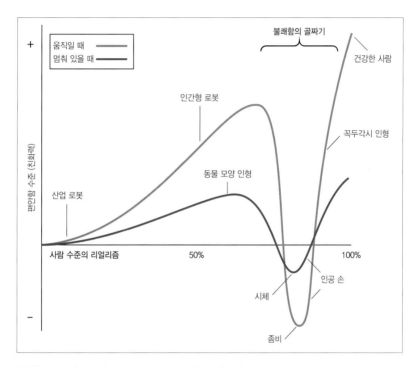

그림 4.3   불쾌함의 골짜기 (호(Ho)와 맥도먼(MacDorman)[2010]에서)

불쾌함의 골짜기는 과학적 근거가 뒷받침되기보다는 간단한 설명에 가까운 이론으
로, 논란이 많은 주제다. 하지만 단순함에는 힘이 있고, 이론 자체도 VR 개체를 어떻
게 디자인하고 캐릭터를 부여할지 생각하는 데 도움이 된다. 만화풍 캐릭터를 만들
면 거의 실제처럼 보이는 사람을 만들어 넣을 때보다 결과가 훨씬 좋을 때가 많다.
이 문제는 22.5절에서 더 자세히 살펴본다.

4.4.2 충실도 연속체

사물을 실제에 가깝게 만드는 것이 꼭 좋지만은 않은 경우가 불쾌함의 골짜기뿐만
은 아니다. VR의 목표가 현실을 복제하는 것일 필요는 없다. 언뜻 생각하는 바와 달
리 존재감에 사진처럼 정확하고 상세한 묘사가 필요하지는 않으며, 오히려 시스템

의 응답성, 캐릭터 모션, 심도 신호 등이 더 중요하다. 공간적 안정감을 제공하는 기본 구조로 된 단순한 세계도 대단히 그럴듯할 수 있고, 세계를 사진처럼 정확히 묘사한다고 해서 반드시 존재감이 커지는 것도 아니다[지몬스(Zimmons)와 팬터(Panter) 2003]. 만화 세상에 들어가 있어도 3D 스캐너로 캡처한 세계만큼 진짜로 느껴질 수 있다.

높은 존재감을 유도하는 경험은 다른 구간으로 구분될 수 있으며, 각 구간의 끝에 있다고 해서 반대쪽 끝보다 반드시 나은 경험이라고 할 수는 없다. VR 제작자가 구간의 어떤 지점을 선택하느냐는 프로젝트의 비전과 목표에 달려 있다.

VR 제작자가 고려해야 할 VR 충실도 구간은 다음과 같다.

> **표현적 충실도**representational fidelity는 VR 경험이 이 세상에 있거나 있을 수 있는 장소를 전달하는 정도다. 이 연속선상의 한쪽 끝에는 현실 세계를 심도 카메라와 마이크로 캡처한 다음 VR로 재창조하는 아주 사실적인 몰입형 영화가 있다. 그리고 반대쪽 끝에는 완전히 추상적이거나 주관적 세계(예: 컬러 덩어리들과 이상한 사운드)가 있다. 현실 세계를 엿보기는 어렵고, 그저 감정을 전달하며 순수한 시각적 이벤트를 탐구하거나 비서사적 가치를 제시하는 것이다(폴 믈리니치, 사적 대화, 2015년 4월 28일). 만화의 세계와 추상적 비디오 게임은 장면과 캐릭터가 현실 세계와 그 속의 인물을 얼마나 닮게 묘사하는지에 따라 가운데 어디쯤에 속한다.

> **상호작용 충실도**interaction fidelity란 가상 과제를 위한 물리적 행동이 그에 상응하는 현실적 과제의 물리적 행동과 닮은 정도를 뜻한다(26.1절 참조). 이 스펙트럼의 한쪽 끝에는 상호작용 충실도가 낮을 때 훈련에 역효과의 우려가 있는 실제 훈련 과제가 있다(15.4.1절 참조). 반대쪽 끝에는 버튼을 누르는 것 이상의 물리적 동작이 필요 없는 상호작용 기술이 있다. 그 중간에는 사용자가 저 멀리 떨어져 있는 사물을 잡을 수 있는 등, 현실 세계에서는 불가능한 일을 할 수 있는 마법적 기술이 있다.

> **경험적 충실도**experiential fidelity란 사용자의 개인적 경험이 VR 창작자가 의도한 경험과 일치하는 정도를 말한다. 제작자가 의도한 바를 아주 가까이 전달하는 VR 애플리케이션은 경험적 충실도가 높다. 가상 세계를 자유로이 돌아다니면서 무한한 가능성이 존재하며 어떤 것을 사용하든 서로 다른 경험을 불러온다면 경험적 충실도가 낮은 것이다.

기본: 디자인 지침

다른 어떤 기술도 VR만큼의 두려움, 달리기, 도망치기를 유발할 수 없다. 또한 VR은 잘 작동하지 않을 때는 짜증과 화를 북돋울 수 있으며, 심지어 적절히 적용하고 보정하지 못할 경우 신체적 부작용까지 유발할 수 있다. 잘 디자인된 VR은 다른 세계에 와 있는 듯한 경탄과 흥분을 자아내고, 수행력을 높이며 비용을 절감하고, 새로운 세계를 경험하게 해주고, 교육을 개선하고, 다른 사람의 입장을 더 잘 이해하게 해준다. 이 장에서 다진 토대를 통해 독자는 책의 후속 부에서 다루는 내용을 더 잘 이해하고 VR 경험 제작을 시작할 수 있을 것이다. VR 제작자로서 우리는 세상을 바꿀 기회를 가지고 있다. 기본을 잘 모르는 탓에 생겨나는 나쁜 디자인과 적용으로 소중한 기회를 놓치지 말자.

5장에서는 VR 경험 제작을 위한 개략적 지침을 다룬다.

5.1 개요 및 배경(1부)

- 잘 알고 선택할 수 있게끔 다양한 형태의 가상 및 증강 현실, 다양한 하드웨어, 감각에 정보를 제시하는 여러 방법, 그리고 사용자에게 존재감을 유도하는 방식 등 VR의 기본을 배워보자.

5.2 VR 커뮤니케이션(1.2절)

- 기술보다 사용자 경험에 집중한다(1.2절).

- 사용자와 기술 간의 커뮤니케이션을 단순하고 조화롭게 만든다(1.2절).

- 사용자와 콘텐츠 간의 중개 역할을 하는 기술을 눈에 띄지 않게 해서, 사용자가 가상 세계와 그 개체들에 직접 접근하는 느낌을 준다(1.2.1절).

- 존재감을 유도하고(4.2절) 사용자가 감탄할 수 있게끔 본능적 커뮤니케이션을 디자인한다(1.2.1절).

5.3 다양한 리얼리티 개요(3장)

- 만들고 싶은 현실의 형태를 선택한다(3.1절). 다양한 스펙트럼 중 어디에 들어가는가?

- 사용할 입력 및 출력 하드웨어의 종류를 선택한다(3.2절).

- VR 애플리케이션이란 단순한 하드웨어와 기술을 넘어서는 것이라는 점을 이해한다. 강력한 스토리를 구상하고, 환경의 디자인이나 레이아웃을 흥미롭게 만들고, 관심 가는 캐릭터를 만든다(3.2.8절).

5.4 몰입, 존재감, 현실성 취사선택(4장)

- 존재감은 사용자와 몰입 양쪽 모두의 영향을 받으므로 완전히 통제할 수 없다. 우리가 통제할 수 있는 몰입에 집중해 존재감을 극대화한다(4.1절).

- 존재감 이탈을 최소화한다(4.2절).

- 존재감을 극대화하려면 먼저 세계를 안정성 있게 만들고 심도 단서를 넣는다. 그런 다음 물리적인 사용자 상호작용, 자기 몸의 단서, 소셜 커뮤니케이션 추가를 고려한다(4.3절).

- 캐릭터가 진짜 사람과 너무 비슷하게 보이지 않도록 해서 불쾌함의 골짜기 현상을 피한다(4.4.1절).

- 원하는 표현적 충실도, 상호작용 충실도, 경험적 충실도의 수준을 선택한다(4.4.2절).

인지

우리는 사물을 그 자체로가 아니라 우리가 어떤가를 기준으로 본다. 즉, 세계를 그 자체로서 보는 것이 아니라 우리 마음속의 개인적 특징에 맞춰 빚어낸 모습으로 보는 것이다.

– G. T. W. 패트릭(G. T. W. Patrick)[1890]

VR 시스템의 성공을 위해 필요한 모든 기술 중 가장 필수적인 컴포넌트가 하나 있다. 다행히 이 컴포넌트는 널리 보급돼 있지만 대부분이 잘 인지하지 못하며, 그 작동 방식을 대강이라도 이해하는 이는 더 적고, 더구나 완전히 이해하는 사람은 하나도 없다. 대부분의 기술이 그렇듯 원래는 아주 간단한 형태로 시작해서 이후 훨씬 정교하고 지능적인 플랫폼으로 진화했다. 사실 현재까지 출현한 그 어떤 시스템보다 복잡하며, 당분간 이를 능가하는 시스템은 나오지 못할 것으로 보인다. 이 시스템이 바로 인간의 두뇌다.

사람의 뇌에는 대략 평균 1,000억 개의 뉴런이 있고, 각 뉴런마다 전자기적 신호를 다른 세포로 전달해주는 구조인 수천 개의 시냅스에 연결돼, 밀리 초^{millisecond}(ms)당 병렬로 연결된 빽빽한 신경망을 통해 수백 조의 시냅스 연결이 동시에 엄청난 양의 정보를 교환하고 처리한다(마로이스^{Marois}와 이바노프^{Ivanoff} 2005). 사실, 두뇌 피질 1 입방 밀리미터당 시냅스 수는 10억 개에 이른다(알론조-낸클레어스^{Alonso-Nanclares} 등 2008). 20세에 이르면 신경망의 백질에는 약 150,000~180,000km(이 정도 길이면 우리 뇌의 백질에 있는 선을 모두 연결할 때 지구를 네 바퀴는 감을 수 있다.)의 유수신경 섬유가 생기며, 이 모든 뉴런 요소가 서로 연결돼 있다. 두뇌에 이런 엄청난 양의 컴포넌트가 있음에도, 각 뉴런은 여섯 단계 이상의 뉴런 내 연결을 넘어가는 뉴런과는 접촉할 수 없는 것으로 추정되는데, 이것이 바로 '6단계 분리 이론six degrees of separation'
이다(드라크만Drachman 2005).

많은 이들이 사람의 행동 양식과 사람의 마음을 잘 알고 있다고 믿는 경향이 있는
데, 결국 우리 모두 사람이기 때문에 우리 자신에 대해 아는 게 당연하다고 느끼는
것이다. 이는 어느 정도 사실이며, 현실 세계에서 제대로 기능하거나 VR을 경험하
기 위한 기본 정도는 다들 알고 있다. 사실, 다른 이들이 이미 구현해둔 것을 단순히
재현하거나 새로 간단한 세계를 만들고자 하는 독자라면 2부는 건너뛰어도 된다(물
론 이론적 배경을 공부하면 작품을 세밀히 조정하는 데 도움이 된다). 하지만 우리가 인지
하고 행동하는 대부분은 무의식의 결과다. VR의 기본을 넘어 작업하기 편안하고 직
관적인 방식으로 가장 혁신적인 경험을 만들어내고 싶다면 인지를 더 잘 알아두는
편이 좋다.

'VR의 기본을 넘는다.'는 것은 과연 무슨 의미일까? VR은 비교적 새로운 매체이자
광활한 공간으로, 이를 통해 만들어낼 수 있는 인공 현실은 거의 미개척이라 할 수
있다. 그러니 우리가 개척해나가야 하는 것이다. 사실, 많은 이들이 VR을 통해 직접
접근할 수 있는 디지털 세계에는 한계가 없다고 믿는다. 그럴 수도 있지만, 그렇다
해서 입력과 출력의 가능한 모든 조합을 넣기만 한다고 수준 높은 VR 경험이 만들
어진다는 뜻은 아니다. 사실, 가능한 입력/출력 조합의 일부만으로도 충분히 이해되
면서 만족스러운 경험을 만들 수 있다. 사용자에게 효과적으로 전달되고 반응하는
진정 혁신적인 VR 애플리케이션을 디자인하려면 우리가 현실을 어떻게 인지하는지
에 대한 이해가 필수적이다. 2부에서 논의할 일부 개념은 현대적 VR에 직접 적용되
며, 다른 콘셉트는 아직 가늠할 수 없는 방식에 적용될 수도 있을 것이다. 인간 인지
의 핵심 개념을 이해하면, VR이 발전하면서 다양하고 새로운 VR 경험이 시도됨에
따라 새로운 기회를 찾을 수도 있다.

인지 연구는 데스크톱 컴퓨터나 휴대용 기기 애플리케이션 등 어떤 제품 디자인에
든 중요한 요소다. 특히 VR에서는 필수적이라 하겠다. 전통적인 소프트웨어 디자인
이 잘못됐다고 해서 누군가 아파지는 경우는 거의 없지만(물론 짜증이 나긴 한다!) VR
디자인이 잘못되면 흔히 멀미를 겪게 된다. VR 디자이너는 하나의 경험에 많은 감
각을 통합하는데, 감각이 일관되지 않으면 사용자가 신체적으로 불쾌감을 느낄 수
있다(이는 3부의 여러 장에서 다룬다). 따라서 전통적 애플리케이션보다는 VR 애플리
케이션에서 하이브리드 상호작용 디자인의 인적 측면을 이해하는 것이 더욱 중요
하다. 이런 지식을 쌓고 나면 더 현명하게 규칙을 실험해볼 수 있다. 간단히 말해,

사람의 인지에 대해 더 잘 파악할수록 수준 높은 VR 경험을 만들고 반복 적용할 수 있다.

2부의 자료를 보면, 현실 세계와 우리가 세계를 인식하는 방법에 대한 경이와 감탄이 커질 것이다. 즉, 다음과 같은 흔치 않은 질문에 대한 답을 배울 수 있다.

- 눈을 굴릴 때 안구에 맺힌 상은 왜 움직이는 것처럼 보이지 않는가? (7.4절 참조)

- 사람 눈의 해상도는 몇인가? (8.1.4절 참조)

- 영화나 게임에서 캐릭터가 카메라로부터 멀리 걸어갈 때, 그 캐릭터가 화면에서 차지하는 비율이 작아짐에도 불구하고 크기가 변하지 않는 듯 보이는 것은 왜일까? (10.1절 참조)

이런 의문을 가지고 그 답을 찾아 이해함으로써(모든 의문에 대한 답을 아는 것은 아니긴 하다!), 더욱 혁신적으로 더 나은 VR 경험을 만들 수 있다.

인지를 제대로 이해하고 싶다면 바로 이 순간 자신이 무엇을 경험하고 있는지 생각해보자. 여러분은 글자와 단어라는 추상적 신호들이 어떻게 여러분의 정신에 그 의미를 전달하는지 의식적으로 사고하지 않은 채 이 페이지를 읽고 있다. 그림을 볼 때도 마찬가지다. **눈속임 그림**Trompe-l'oeil(불어로 '착시'라는 뜻이다.)은 마치 입체처럼 보이는 리얼한 2D 그림 기법이다. 그림 II.1의 로비 눈속임 그림을 보면, 아마 로비 바닥이 뚫려 건물 아래층으로 연결되는 듯이 보일 것이다. 사실은 심도의 착시를 일으키는 여러 2D 평면(이 책 페이지가 들어있는 3D 현실 세계, 혹은 2D 그림이 그려진 로비 표면이 있는 3D 씬의 2D 사진을 띄운 디스플레이 화면)이 보이는 것이다. 하지만 눈속임 그림은 고정된 특정 지점에서 볼 때만 3D 착시를 일으킨다. 몇 센티미터만 이동해도 이 착시는 사라진다. VR은 헤드 트래킹을 이용해 어떤 시점에서 봐도 착시가 유지되며, 걸어 다닐 때도 착시가 유지되는 기술까지 있다.

무의식적 인지는 시각을 뛰어넘는다. 예를 들어 이 책이나 탁자에 닿는 느낌은 이 문장을 읽고 의식적으로 촉감을 생각해볼 때까지는 느끼지 못했을 것이다. 반대로, 앞 줄을 읽기 전에 촉감을 느끼지 못하고 있었다 해도 아무 느낌이 없이 무감각한 기분이라면 그렇다는 점도 지금은 느꼈을 것이다. 대부분의 VR 애플리케이션에 촉감이 결여돼 있다는 점은 실제 세계와 가상 세계 간의 큰 차이며, VR이 해결해야 할 중요한 숙제 중 하나다(26.8절 참조). 그렇기는 하지만, 혁신적이며 자금 지원이 풍족한 기업에서 VR에 부족한 완벽한 피드백 메커니즘을 피해가거나 해결하기 위한 도전을 계속하고 있다. 당연히 난관이 있겠지만, 이 영역에서도 빠른 발전이 이뤄지고 있으므로 이런 문제들은 VR의 확산에서 장애물이라기보다 기회라고 생각할 수 있다.

2부에서는 사람의 인지에 관한 여러 측면을 집중적으로 살펴보자.

    6장. 객관적 현실과 주관적 현실　현실 세계에 존재하는 것과 우리가 존재를 인지하는 방식 사이의 차이를 논의한다. 이 둘은 6장에서 설명하는 다양한 인지적 착각에서 보여주듯 종종 매우 다르다.

그림 II.1　눈속임 그림으로 꾸민 로비

    7장. 인지 모델과 프로세스　사람의 마음이 어떻게 작동하는지에 대한 다양한 모형과 방식을 논의한다. 두뇌는 매우 복잡하기 때문에 하나의 모델로 모든 것을 설명할 수 없으며, 생리적 처리 과정과 인지의 작동 방법을 다양한 관점에서 살피는 것이 도움이 된다.

    8장. 인지 영역　감각 수용기와 이런 수용기에서 신호를 어떻게 시각, 청각, 촉감, 고유 감각, 균형 감각과 물리적 모션, 냄새, 맛으로 변화시키는지를 논의한다.

9장. 공간과 시간 인지 우리를 둘러싼 세계의 짜임새를 우리가 어떻게 인지하는
지, 어떻게 시간을 인지하는지, 물체와 우리 자신의 움직임을 어떻게 인지하
는지 논의한다.

10장. 인지 안정성, 주의, 행동 감각 수용기에 와닿는 신호가 변하는데도 우리가
어떻게 세상을 일관되게 인지하는지, 관심 사항에 집중하면 나머지를 어떻
게 배제하는지, 인지가 어떻게 행동으로 연결되는지를 다룬다.

11장. 인지: 디자인 지침 2부를 요약하고 VR 제작자를 위한 인지 지침을 제공한다.

객관적 현실과 주관적 현실

그런데 현실이란 무엇인가? 그저 예감의 집합일 뿐이다!

– 릴리 톰린(Lily Tomlin)[해밋(Hamit) 1993]

객관적 현실은 의식 있는 개체가 관찰하는 바와 관계없이 존재하는 그대로의 세계다. 하지만 누구든 객관적 현실을 있는 그대로 인지할 수는 없다. 이 장에서는 우리가 객관적 현실을 우리 주관을 통해 어떻게 인지하는지 설명한다. 철학적 논의와 인지적 착각perceptual illusion의 예를 함께 살펴보자.

6.1 현실은 주관적인 것

우리가 눈, 귀, 몸으로 느끼는 감각은 우리를 둘러싼 세계를 단순히 반영하는 것이 아니다. 우리 마음이 우리가 살고 있다고 생각하는 현실을 창조해내기 때문이다. **주관적 현실**은 개인이 마음속에서 외부 세계를 인지하고 경험하는 방식을 칭한다. 우리가 '인지'하는 바는 대부분 과거에 일어난 일에 대한 자전적 이야기의 맥락 속에서 우리가 '진실'이라고 믿는 것이다. 우리 대부분은 깨닫지 못하지만, 우리는 계속해서 현실을 지어낸다.

VR이 적용되지 않는 추상적 철학? 물론 그런 의견도 유효하기는 하다. 그림 6.1을 보자. 객관적 현실이 무엇인가? 노파인가, 젊은 여인인가? 다시 그림을 보며 둘 다 보이는지 확인해보자. 이 그림은 여러 가지로 해석될 수 있는 그림ambiguous image의 전형적인 예다. 하지만 이것은 노파도 젊은 여인도 아니다. 객관적 현실에 실제 존재하는 것은 종이 위에 그린, 혹은 디지털 디스플레이에 픽셀로 표현된 흑백 이미지일 뿐이다. 이것이 우리가 VR로 하는 근본적인 일이며, 인공적 콘텐츠를 만들고 이를 사용자에게 제시해 실제처럼 인지하도록 하는 것이다.

그림 6.1　　노파로도 보이고 젊은 여인으로도 보이는 이미지

그림 6.2는 현실이란 우리가 만들어내는 것임을 보여준다. 이 이미지는 100년도 넘은 인물의 얼굴을 14×18 해상도의 회색 조 픽셀로 표현한 것이다[하몬 1973]. 미국에 살고 있다면 이 인물을 직접 만나본 적이 없는데도 누구인지 알아볼 것이다. 미국인이 아니라면 누구인지 모를 수도 있다. 이 사진은 미화 5달러 지폐의 인물을 저해상도로 표시한 것으로, 바로 에이브러햄 링컨 대통령이다. 문화와 우리의 기억(우리가 직접 경험했든 타인에게서 전달받은 것이든)은 우리가 무엇을 보는지에 큰 영향을 미친다. 이 그림이 에이브러햄 링컨을 닮았기 때문에 링컨을 보는 것이 아니라, 에이브러햄 링컨이 오늘날 생존해 있지도 않고 우리가 만나본 적도 없지만 어떻게 생겼는지 '알기' 때문에 링컨 대통령이 보이는 것이다.

그림 6.2   이 이미지에서 우리는 잘 안다고 생각하는 인물의 모습을 볼 수 있다. (하몬(Harmon)[1973])

아인슈타인과 프로이드는 서로 아주 다른 관점에서 접근했지만, 현실은 가변성이 있어 우리 자신의 관점이 어쩔 수 없이 현실에 영향을 미친다는 똑같은 결론에 도달했다. 이제 우리는 VR을 활용해서 현실을 경험할 뿐만 아니라, 자기의 주관을 통해 다른 이들이 경험할 수 있도록 더 직접적으로 커뮤니케이션하는(책이나 TV를 통한 간접 경험과 대비된다.) 객관적 현실을 만들어낼 수도 있다.

과학이 우리 우주에서 주관성을 제거하려 시도하고는 있지만, 잘 통제된 조건하에서만 가능하다. 실험실을 벗어난 일상생활에서 우리의 인식은 맥락에 따라 달라진다. VR은 실험실에서처럼 조건을 통제함으로써, 합성으로 만든 세계를 통해 주관성을 다소 제거할 수 있게 해준다. 대부분의 VR 경험은 개인의 마음속에서 일어나지만, 다양한 인지 과정이 어떻게 작동하는지 이해하면 우리가 만들어낸 현실을 사람들이 좀 더 우리 의도에 가깝게 마음속에 그려내게끔 인도할 수 있다.

우리는 살아가면서 무의식적으로 감각적 입력을 우리가 만든 '규칙'에 따라 정리하고, 예상되는 결과에 맞춰본다(7.3절 참조). 우유인 줄 알고 오렌지 주스를 마셔본 적이 있는가? 아마 오렌지 주스 맛이 완전히 다르게 느껴졌을 것이다. 우리는 기대한 대로 인지되지 않을 때 사물을 아주 다르게 인식한다. 놀랐거나 더 잘 이해해야 할 때 우리 두뇌는 개념 지식을 통해 데이터를 추가로 변형, 분석, 조작한다. 이럴 때 세계에 대한 우리의 심상 모델mental model은 더 나아간 기대에 맞춰 수정되기도 한다.

VR 구성은 팩트, 알고리즘, 지오메트리만으로 충분하지 않다. 인간의 인지를 더 잘 이해하면, 디지털 비트 정보를 사용자의 마음에 더 잘 들어맞게 조작해 우리가 만들어내는 객관적 현실에 직접 연동되는 VR 애플리케이션을 구축할 수 있다. 우리의 의도를 사용자가 잘 받아들이고 해석할 수 있게끔, 이런 비트 정보를 인간이 어떻게 인지하는지 공부할 필요가 있는 것이다.

VR이 현실을 완벽하게 재현할 필요가 없다는 점은 희망적이다. 그보다는 가장 중요한 자극을 잘 제시해, 사용자가 마음속에서 구멍을 메우도록 하면 된다.

6.2 인지적 착각

대개 우리는 현실에 직접 연결돼 있다고 느낀다. 하지만 이렇게 직접 연결됐다는 느낌을 만들기 위해 뇌는 우리의 기대에 따라 다양한 형태의 감각 입력을 결합한다. 두뇌는 보통, 일생 동안 인지 활동에 반복적으로 노출되면서 특정 물체에 대해 자동으로 정해진 예측을 내리게 된다. 이렇게 내재된 무의식적 지식은 우리가 세계를 해석하고 경험하는 방식에 영향을 미치며 우리의 인식과 사고에 지름길을 내는데, 이때문에 대강 처리할 여지가 커진다. 보통 우리는 이런 지름길을 눈치채지 못한다. 하지만 이례적 자극이 뚜렷할 때는 **인지적 착각**이 나타날 수 있다. 이런 착각을 통해 두뇌의 작동 방식과 지름길을 이해할 수 있다. 어떤 착각은 정말 놀라워서, 보이는 것과 다르다는 사실을 안다 해도 다른 식으로는 인지하기 어려울 때가 생긴다. 의식이 정반대라고 알고 있을 때조차 작용할 정도로 무의식의 힘이 강력한 것이다.

감각으로부터 들어오는 정보의 정체를 알아내기 위해 두뇌는 쉼없이 무의식적으로 패턴을 찾는다. 사실, 무의식은 예상과 맞지 않아 의식으로 통과시킬 수 없는 이상한 것들을 걸러내는 필터라고 생각해도 좋다(7.9.3절과 10.3.1절 참조). 이런 예측 가능한 패턴은 뇌에 내장돼, 현실에 존재하지 않을 때도 이런 패턴을 인지할 때가 많다.

'패턴에 의해 만들어지는 현실의 환상' 개념에 대한 철학적 논의는 플라톤의 국가 The Republic(350 BC)에서 처음 나왔다. 플라톤은 사람이 동굴 깊숙한 곳에서 살아있는 듯 일렁이는 그림자를 바라보고 있을 때, 이 그림자는 진짜 물체가 무엇인지 추측하는 기반이 될 뿐이라는 비유를 쓴다. 플라톤의 동굴은 사실 1990년대에 CAVE VR 시스템을 만들어[크루즈 등 1992] 사용자를 둘러싼 벽에 빛을 영사해 몰입형 VR 경험을 만들어냈던 혁신적 VR 산업의 동기로 작용했다(3.2절 참조).

인지적 착각 개념을 잘 알아두면 VR 시스템 디자인에도 도움이 되지만, VR 제작자가 사람의 인지를 더 잘 이해하고 테스트 추정 내역을 식별하며, 실험 결과를 해석하고, 월드 디자인을 개선하고, 문제를 발견한 후 이를 해결할 수도 있다. 그럼 이제 사람의 인지에 대한 기초가 돼줄 가상의 착각을 하나씩 살펴보자.

6.2.1   2D 착시

우리는 단순한 2D 형태조차 제대로 인지하지 못할 수 있다. 재스트로 착시^{Jastrow} ^{illusion}는 크기가 어떻게 잘못 해석되는지 보여준다. 그림 6.3을 보고 어느 쪽이 더 큰지 판단해보자. 사실 둘은 모양이 똑같고, 실제로 각각 높이와 너비를 재보면 둘 다 정확히 같은 크기지만 아래쪽이 훨씬 커 보인다.

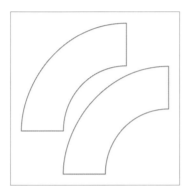

그림 6.3   재스트로 현상. 두 도형의 크기는 정확히 같다.

헤링 착시^{Hering illusion}(그림 6.4)는 기하학적 착시로, 직선이 늘 직선으로 보이지 않는다는 것을 보여준다. 평행한 두 직선을 방사형 배경 위에 얹으면 두 평행선은 밖으로 휜 것처럼 보인다.

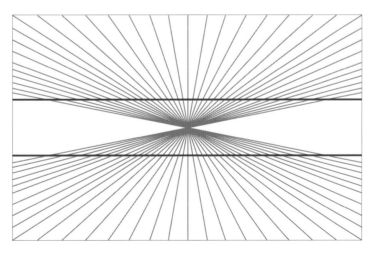

그림 6.4   헤링 착시. 가로로 있는 두 선은 완벽한 평행이지만 구부러져 보인다. (피보나치(Fibonacci) 제공)

이런 단순한 2D 착시는 VR 시스템을 보정할 때 주위 맥락에 따라 판단이 왜곡될 수 있으므로 우리의 인지 하나만 믿어서는(물론 시작점으로는 좋지만) 안 된다는 점을 증명한다.

6.2.2 가장자리 완성 착시

그림 6.5의 이미지 세 개에는 각각 1980년대 유행했던 고전 비디오 게임 〈팩맨〉의 캐릭터와 비슷한 모양이 세 개씩 있다. 제일 왼쪽 세 개의 팩맨 사이에서는 아마 커다란 흰색 삼각형이 좀 더 어두운색의 뒤집힌 삼각형 위에 얹혀져 보일 것이다. 이 삼각형 착시는 카니자 착시Kanizsa illusion라고 하는데, 실제 가장자리가 없는 곳을 가장자리로 인지하면서 **가상 윤곽**을 보게 되는 현상이다. 팩맨 모양을 가리면 가장자리와 삼각형으로 보이던 것이 사라진다. 가운데 그림을 보면 렌더링한 방의 모서리에 가져갔을 때 삼각형이 어떻게 보이는지 알 수 있다. 오른쪽 그림에서는 실제 존재하지 않는 가상 형태가 현실의 배경으로도 보이는 것을 알 수 있다.

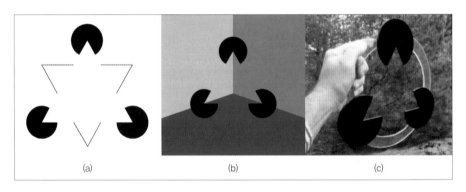

그림 6.5   카니자 착시의 (a) 고전적 형태 (b) 3D 입체(가르디니(Guardini)와 감베리니(Gamberini)[2007]) (c) 현실 세계(레하 (Lehar)[2007]). 실제로는 존재하지 않는 삼각형이 인지된다.

그림 6.6은 마음속에서 실제로는 존재하지 않는 형태를 만들어 입체 형태가 인지되는 윤곽 착시 이미지 두 개다. 게슈탈트 이론Gestalt theory[1]은 전체가 부분의 합보다 크다고 선언하는데, 이는 20.4절에서 살펴본다.

---

1 정신의 대상은 직접 경험에 즉시 표상돼, 부분으로 나눠지지 않는 완전한 전체 또는 형태로서 나타난다고 주장하는 심리학 이론 - 옮긴이

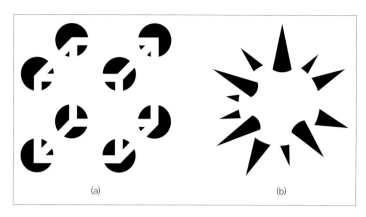

그림 6.6   네커 큐브(a)와 뾰족한 구체 착시(b). 카니자 착시와 비슷하게, 형태가 존재하지 않는 곳에서 형태가 보인다. (레하
[2007]에서)

윤곽 착시는 완벽하게 현실을 복제하는 대신, 사용자가 머리로 물체를 떠올릴 수 있
도록 필요한 자극을 제시해야 한다는 점을 보여준다.

6.2.3 맹점

간혹 우리 바로 앞에 뭔가 있는데도 텅 빈 것처럼 인지할 때도 있다. 맹점은 망막에
서 혈관이 눈 밖으로 연결되는 지점으로, 여기에는 감광 수용체가 없다. 맹점은 굉
장히 커서, 방 건너편에 앉아있는 사람의 머리가 통째로 없어져 보이기도 한다[그레고
리(Gregory) 1997]. 그림 6.7처럼 간단한 그림을 통해 맹점을 확인할 수 있다.

그림 6.7   맹점을 확인할 수 있는 간단한 그림. 오른쪽 눈을 감는다. 왼쪽 눈은 빨간 점에 고정하고서 천천히 그림에 가까이 가보
자. 두 개의 파란 선이 하나로 합쳐져 보일 것이다!

6.2.4 심도 착시

폰조 기차길 착시

그림 6.8은 위쪽의 노란색 직사각형이 아래쪽 노란색 직사각형보다 커 보이는 폰조
기차길 착시Ponzo railroad illusion다. 사실 두 노란색 선/직사각형은 형태가 정확히 일치
한다(직접 측정해보시길). 이런 현상은 평행선 때문에 선형 원근법에 따라 위로 좁아

지는 세로 선들을 점차 멀어지는 것으로 해석하기 때문에 일어난다(9.1.3절 참조). 같은 맥락에서 우리는 위쪽 노란색 직사각형이 더 멀리 있는 것으로 해석하고, 망막에 맺히는 이미지가 똑같을 때는 실제 크기와 관계없이 멀리 있는 물체가 가까이 있는 물체보다 크다고 받아들이기 때문에 착시가 생기는 것이다.

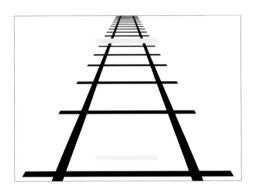

그림 6.8　폰조 기차길 착시. 위쪽의 노란색 직사각형은 아래의 노란색 직사각형과 크기가 같은데도 위쪽이 더 커 보인다.

애이미의 방

그림 6.9의 애이미의 방^Ames room에서는 한쪽 모서리에 선 사람이 거인으로 보이고, 다른 쪽 모서리에 있는 사람은 말도 안 되게 작아 보인다. 이 착시는 너무 그럴듯해서, 왼쪽 모서리에서 오른쪽 모서리로 걸어가면 그 사람이 급격히 작아지거나 커지는 것처럼 보인다.

애이미의 방은 정해진 관점에서 보면 보통의 방처럼 보이도록 설계되어 있다. 하지만 사실은 원근법의 착시를 이용한 것으로, 이 방의 진짜 모양은 사다리꼴이며 벽과 바닥은 기울어져 있고, 오른쪽 모퉁이는 왼쪽 모퉁이보다 훨씬 가까이 있다(그림 6.10). 그래서 우리의 인식은 주변 맥락의 영향을 받는다는 점을 증명하는 착시가 만들어진다. 입체 영상이나 운동 시차^motion parallax 신호를 피하기 위해 작은 구멍을 통해 한 눈으로 이 방을 봐도 역시 착시가 일어난다. VR 세계를 만들 때 조심하지 않으면 이런 착시가 일어날 수 있으므로 여러 감각 자극이 일관되게끔 주의를 기울여야 한다. 그렇지 않으면 애이미의 방보다 더 이상한 착시가 발생할 수도 있다!

사람 A

사람 B

그림 6.9   애이미의 방은 사람들의 크기를 극적으로 달라 보이게 만든다. 논리적으로는 사람의 몸집이 이렇게까지 차이가 날 수 없는데도, 장면이 그럴듯하게 느껴진다. (피터 엔딩(PETER ENDING)/AFP/게티 이미지(Getty Image) 제공)

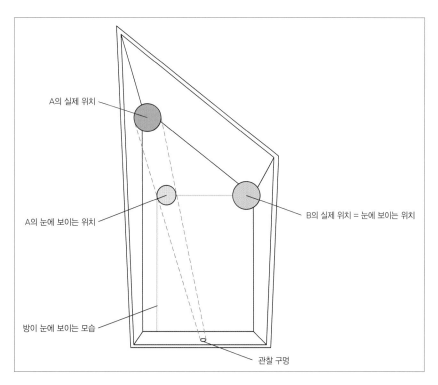

A의 실제 위치

A의 눈에 보이는 위치

B의 실제 위치 = 눈에 보이는 위치

방이 눈에 보이는 모습

관찰 구멍

그림 6.10   애이미의 방의 실제 모양

6.2.5 달 착시

달 착시는 관찰자로부터의 거리가 변하지 않고 시야각도 동일한데 달이 지평선에 있을 때는 하늘 높이 떴을 때보다 커 보이는 현상이다. 달 착시에는 몇 가지 설명이 가능한데(그림 6.11 참조), 가장 그럴듯한 답은 달이 지평선 가까이 있을 때는 지형 외에 달과 직접 비교할 만한 다른 특징이 없기 때문이라는 것이다. 지형과 지평선이 보내는 거리 신호 때문에 달이 멀리 있다는 점은 잘 알 수 있다. 거리 신호가 많을수록 이런 착시도 심해진다. 폰조 기차길 착시(6.2.4절 참조)와 비슷하게, 달이 망막에서 차지하는 비중은 똑같이 유지되지만 높이 뜬 달보다는 지평선 쪽에 있을수록 더 크게 여겨지는 것이다(우리는 하늘이 지평선보다 가깝다고 인식한다).

그림 6.11　달 착시는 달이 하늘에 높이 떴을 때보다 지평선에 걸렸을 때 더 크게 느껴지는 현상이다. 이런 착시는 이 그림처럼 앞에 가리는 물체가 있을 때 더 큰 심도 신호를 주므로 훨씬 심해진다.

6.2.6 잔상

음성 잔상negative afterimage은 이미지가 실제로 더 이상 놓여 있지 않은 곳에 반대 색의 이미지가 계속 보이는 착시 현상이다. 잔상은 그림 6.12에 있는 여성의 눈 밑 작은 빨간색, 녹색, 노란색 점을 응시하면 확인할 수 있다. 30~60초간 점을 응시하다가 그림 옆 공백에 있는 x자를 보자. 진짜 같은 색감의 여성 모습이 보일 것이다. 어떻게 이런 일이 발생하는 것일까? 우리 눈의 광수용 세포photoreceptive cell는 정해진 시간이 지나면 색깔에 덜 민감해지는데, 이때 흰 부분을 바라보면(모든 색상을 합치면 흰색이 된다.) 차단됐던 색상이 보이므로 반대 색이 남는 것이다.

양성 잔상positive afterimage은 원래의 이미지가 더 이상 없는데도 눈에 똑같은 색상이 잠

깐 동안 유지되는 현상이다. 디스플레이에서 하나의 물체가 가로질러 갈 때 여러 물
체로 인지되는 결과를 낳기도 한다(이를 스트로빙strobing이라고 한다. 9.3.6절 참조).

그림 6.12 　 잔상 효과. 눈 바로 밑에 있는 빨간색, 녹색, 노란색 점을 30~60초 동안 응시한다. 그런 다음 x자가 있는 오른쪽의 공
백을 바라보자. (이미지 저작권 2015 시각과 안과 연구 협회)

6.2.7 운동 착시

운동 착시motion illusion는 VR에서 분명 발생할 수 있으며, 이런 착시는 방향 감각 상실
과 멀미를 일으킬 수 있다(12장 참조). 한편, 운동 착시를 활용해서 벡션vection이라고
부르는 자기 운동감을 만들어낼 수도 있다(9.3.10절 참조).

오우치 착시

그림 6.13의 오우치 착시Ouchi illusion를 보면 원이 왼쪽이나 오른쪽으로 움직이는 것
처럼 느껴질 것이다. 눈을 원에 고정시킨 채로 고개를 왼쪽/오른쪽으로 돌리면, 배
경은 안정돼 있지만 앞의 원은 움직이는 것처럼 보일 것이다. 이런 운동 착시에는
여러 가지 설명이 가능하며, 움직이는 듯 보이는 종류도 여러 가지다. 한 가지 설명
은 다른 두 방향의 선들이 다양한 심도 층으로 인식돼 눈이 움직임에 따라 서로 다

르게 움직이는 듯이 보이게 한다는 것이다(선들이 위치한 심도 평면이 실제로 다를 때
발생하는 것과 비슷한 현상이다).

그림 6.13   오우치 착시. 정지 이미지인데도 직사각형들이 움직이는 것처럼 보인다.

운동 잔상

운동 잔상motion aftereffect은 30초 이상 같은 방향으로 움직이는 자극을 본 후에 일어
나는 착시다. 30초 이상 경과하면 동작 감지 뉴런이 피로해져서 동작이 느려지거
나 멈추는 것처럼 느껴지기도 한다(감각 적응의 한 형태. 10.2절 참조). 동작이 멈추거
나 움직이는 자극에서 움직이지 않는 자극으로 시선을 돌리면, 이전에 움직이던 자
극의 반대 방향으로 움직임을 인지할 수 있다. 그러므로 VR 콘텐츠를 디자인하거나
인지할 수 있는 동작을 측정할 때는 주의를 기울여야 한다. 가상 세계에서 흐르는
물처럼 일관되게 움직이는 질감을 넣을 때가 바로 이런 경우다. 잘못하면 사용자들
이 장시간 이런 곳을 보고 있다가 의도치 않게 움직이는 착시를 느낄 수도 있다.

달-구름 착시

달-구름 착시는 달이 멈춰 있고 구름이 움직이는데도, 구름이 멈춰 있고 달이 움직
이는 것처럼 느끼는 운동 착시 유도의 대표적인 예다. 이 착시는 마음속에서 작은

물체는 이를 둘러싸고 있는 더 큰 물체보다 움직일 가능성이 높다고 가정하기 때문에 일어난다(9.3.5절 참조).

자동운동 효과

수의 운동이라고도 하는 **자동운동 효과**autokinetic effect는 다른 시각적 신호가 없을 때 멈춰 있는 하나의 점광원point-light이 움직이는 것처럼 보이는 것이다. 이 효과는 머리를 고정시켰을 때도 일어난다. 이 효과는 눈이 의도치 않게 천천히 조금 움직이는 것을 뇌가 직접 인지하지 못하며(8.1.5절 참조) 움직임이 있는지 판단할 다른 주위의 시각적 맥락이 없기 때문에(즉, 물체와 관련된 동작 신호가 주어지지 않을 때. 9.3.2절 참조) 운동 여부가 불명확해서, 다시 말해 눈이 움직였기 때문인지 점광원이 움직였기 때문인지 판단할 수 없어서 생긴다. 관찰자는 그 답을 알지 못하고, 인지되는 움직임의 정도와 방향은 다양하게 나타난다. 타깃의 크기가 커질수록 자동운동 효과는 줄어드는데, 시야에서 물체가 차지하는 비중이 커지면 뇌의 가정이 안정화되기 때문이다.

자동운동 효과 때문에 정지 상태의 세계를 만들어낼 때는 그 주위를 감싸는 커다란 부분을 넣어야 한다(12.3.4절 참조).

인지 모델과 프로세스

사람의 뇌는 아주 복잡해서 하나의 모델이나 프로세스로 설명할 수 없다. 이 장에서는 몇 가지 모델과 프로세스를 통해 우리 마음이 작동하는 방식에 대한 다양한 관점을 제공한다. 이런 개념을 절대적인 '진리'로 받아들이는 대신, 인지에 대해 생각해볼 때 유용한 단순한 모델로 생각하는 편이 좋다. 이런 개념은 사람의 인지와 행동 양식에 영향을 미치는 요인을 설명하고, 사용자와 더 잘 소통할 수 있는 가상 환경을 만들 수 있게 해주며, 환경이 이를 이용하는 사용자에게 더 잘 응답할 수 있는 상호작용을 잘 프로그래밍하게 돕고, 사용자의 마음에 드는 흥미롭고 만족스러운 경험을 유도하게 해준다.

7.1 원격 자극과 근접 자극

인지를 이해하려면 먼저 원격 자극^{distal stimuli}과 근접 자극^{proximal stimuli}을 구분할 수 있어야 한다.

> **원격 자극**은 실제 물체와 이벤트가 세계의 먼 곳에 있는 것이다(객관적 현실).
>
> **근접 자극**은 실제 감각 기관(눈, 코, 피부 등)에 닿는 원격 자극의 에너지다.

인지가 주로 하는 일은 세계로부터 들어오는 원격 자극을 해석해 효과적인 생존과 생산, 목표에 부합하는 행동으로 연결하는 것이다. 그런데 여기서 한 가지 어려운 일은 근접 자극이 항상 원격 자극에 대한 이상적인 정보의 원천이 되지는 않는다는 점이다. 예를 들어 원격 물체에서 오는 광선은 안구 뒤에 있는 망막에 상을 형성한다. 하지만 이 상은 조명이 변하고 우리가 움직이고 눈을 돌리는 데 따라 계속 변한다. 이런 근접 이미지가 뇌로 가는 뉴런 신호를 발동하기는 하지만, 우리는 전반적인 이미지를 잘 알아채지 못하거나 그다지 주의를 기울이지 않을 때가 많다(10.1절 참조). 대신, 우리는 근접 자극이 대변하는 원거리 물체를 인지하고 이에 반응한다.

원격 자극을 특징 짓는 요인으로는 맥락, 사전 지식, 예상, 그 밖의 감각 입력이 있다. 인지 과학자들은 제한되고 불충분한 정보로부터 뇌가 어떻게 정확하고 안정된 물체와 사건을 인지하는지 이해하기 위한 연구를 계속하고 있다.

VR 제작자로서 우리가 할 일은 인공적 가상 세계를 만든 다음 이 가상 세계를 우리의 감각에 원거리로 투영하는 것이다. 우리 몸과 뇌가 예상하는 바에 맞게 이 일을 잘 해낼수록 사용자도 가상 세계에서 존재감을 느끼게 될 것이다.

7.2 감각과 지각

감각은 근접 자극을 통해 원격 자극을 자세히 알아볼 수 있게 해주는 기초적인 과정이다. 예를 들어 시각이라면, 망막에 광자^{photon}가 떨어질 때 감각이 발생한다. 청각에서는 공기를 울리는 파장이 외이에 모여서 중이/내이의 뼈를 통해 달팽이관에 도달할 때 감각이 발생한다.

인지는 감각을 통해 모인 정보를 합치고 거르며 조직화하고 해석해서 이런 감각에 의미를 부여하고, 주관적이며 의식적인 경험을 만들어내는 고차원적 과정이다. 우리는 이런 과정을 통해 우리를 둘러싼 세상을 알게 된다. 두 사람이 똑같은 감각 정보를 받았다 해도 둘이 인지하는 바는 다를 수 있다. 게다가 같은 사람이 똑같은 자극을 서로 다르게 인지할 수도 있다(즉, 그림 6.1에서 봤던 것처럼 여러 가지로 보일 수 있는 그림을 보거나 똑같은 노래를 들어도 때에 따라 감정적 반응이 달라질 수 있다).

7.2.1 결속

형태, 색상, 모션, 오디오, 고유 감각, 전정 기관 신호, 촉감 같은 감각은 모두 두뇌 피질의 다른 곳에 있는 뉴런을 독립적으로 발화시킨다. **결속**^{binding}이란 자극에 의해 일관된 물체, 예를 들어 '빨간색 공' 같은 것에 대해 우리가 의식적인 인지를 결합하고 만들어내는 과정을 일컫는다. 우리는 물체의 모든 특징을 하나로 모아서 해당 물체에 대한 하나의 일관된 인지를 형성한다. 바인딩은 하나의 개체에서 나오는 다양한 사건을 인지하는 데도 역시 중요하다. 하지만 때로 한 개체의 특징을 다른 개체의 특징으로 잘못 배정할 때도 있다. 사람들이 실은 다른 곳에서 들려오는 소리를 엉뚱한 개체에서 들린다고 믿는 복화술 효과가 바로 이런 예다(8.7절 참조). 이런 착각 접합은 특히 빠르게 일어난 사건(범죄 사건의 목격자가 잘못 진술하는 경우)이나 관찰자에게 장면을 아주 잠깐 보여줄 때 일어난다. 여러 감각 기관에서 공간과 시간이 부합할 때(25.2.5절 참조) 결속이 더 강해지며, 이는 직관적인 VR 상호작용의 극대화뿐 아니라 멀미의 최소화에도 특히 중요하다(12.3.1절 참조).

7.3 상향식 처리와 하향식 처리

상향식 처리(데이터 기반 처리라고도 함)는 인지의 시작점이 되는 원격 자극에 기반한 처리다[골드스타인(Goldstein) 2014]. 감각 자극에서 시작해 신경 정보 처리^{neural processing}로의 이행을 쫓아가는 인지 과정은 상향식 처리의 예다. VR은 충분히 그럴듯한(즉, 존재감을 만들어내는) 상향식 자극(예: 디스플레이의 픽셀)을 이용해 우리가 그저 HMD를 쓰고 있을 뿐이라는 하향식 데이터를 극복한다.

하향식 처리(지식 기반 및 개념 기반 처리라고도 함)는 지식에 기반한 처리, 즉 관찰자의 경험과 기대가 그 자신이 인지하는 바에 영향을 미치는 처리 과정을 일컫는다. 관찰자에게는 세계에 대한 심상 모델^{mental model}(7.8절 참조)이 있다. 예를 들어, 우리는 경험을 통해 물체의 속성에는 항상성이 있다는 것을 안다(10.1절 참조). 반면, 우리는 상황적인 속성이나 환경의 변화하는 측면에 따라 기대하는 바를 조금씩 바꾼다. 원격 자극의 인지는 이런 내적 모델에 의해 강한 편향을 나타낸다[골드스타인 2007, 그레고리 1973]. 자극이 복잡해질수록 하향식 처리의 역할이 커진다. 세상에서 사물이 어떻게 작동하는지에 대해 우리가 알고 있는 바가 우리가 무엇을 인식할지에 중요한 역할을 하는 것이다. VR 제작자로서 우리는 하향식 처리(즉, 사용자가 현실이나 가상 세계에서 경험하는 바)를 활용해 흥미로운 콘텐츠와 더 몰입감 있는 이야기를 만들어낼 수 있다.

7.4 구심성과 원심성

구심 신경^{afferent nerve} 자극은 감각 수용기로부터 안쪽에 있는 중앙 신경계로 이동한다. **원심 신경**^{efferent nerve} 자극은 중앙 신경계에서 근육 등의 바깥쪽 반응기를 향해 이동한다. **원심성 신경 복사**는 원심 신경과 동일한 신호를 구심성을 예측하는 두뇌 부위에 보낸다. 이 예측은 감각 피드백이 일어나기 전에 중앙 신경계가 반응을 시작하게 해준다. 뇌는 들어오는 구심 신경 신호와 원심 신경 복사를 비교한다. 두 신호가 일치하면 구심 신경이 관찰자의 행동에 전적으로 의존한다는 뜻이 된다. 구심 신경이 의도된 행동이 일어났음을 재확인해주는 것이므로 이것을 **재구심**reafference이라고 한다. 원심 신경 복사와 구심 신경이 일치하지 않으면 관찰자는 자극이 자신(실제 움직임)이 아니라 외부 세계의 변화(수동적 움직임) 때문에 생겼다고 인지하게 된다.

구심 신경과 원심 신경 복사는 자극이 능동적으로 혹은 수동적으로 적용되는지에 따라 세계가 다르게 인지되도록 만든다[그레고리 1973]. 예를 들어 눈 근육이 눈을 움직일 때(원심 신경), 원심 신경 복사는 망막에서 기대되는 이미지의 움직임과 일치하므로(재구심성) 세계는 시각적으로 안정된 것으로 인지된다(그림 7.1). 하지만 외부의 힘에 의해 눈이 움직이면 세계가 움직이는 것처럼 보인다. 한쪽 눈을 감고서 뜨고 있는 눈을 덮고 있는 피부를 관자놀이 근처에서 부드럽게 밀어보면 이 효과를 확인할 수 있다. 보통은 뇌가 눈의 움직임을 조절하기 때문에 손가락으로 눈을 움직이는 행동은 수동적인 것으로 간주된다. 이때 인지되는 장면의 모습이 움직이는 것은 뇌가 눈 근육을 움직이도록 내린 명령에 대한 구심 신경 복사를 뇌가 받지 못했기에 생긴다. 이때 구심 신경 반응(망막에서 장면이 움직인 것)은 0인 원심 신경 복사보다 크므로, 외부 세계가 움직인다고 인식된다.

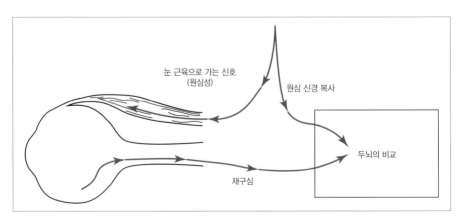

그림 7.1   눈을 돌리는 동안 일어나는 원심성 신경 복사 (라자크(Razzaque)[2005], 그레고리[1973]에서 발췌)

7.5 반복적인 인지 처리

간단히 말해, 인지란 그림 7.2처럼 계속해서 발전하는 일련의 처리 과정이라고 할 수 있다.

대략적으로 골드스타인의 **반복적인 인지 과정**iterative perceptual process은 다음과 같다[골드스타인 2007].

1. 자극에서 생리로: 외부 세계가 우리의 감각 수용기로 들어옴

2. 생리에서 인지로: 이런 신호에 대한 우리의 인지적 해석

3. 인지에서 자극으로: 외부 세계에 영향을 미치는 우리의 행동 양식. 이렇게 우리가 삶이라고 부르는 끝없는 순환이 일어난다.

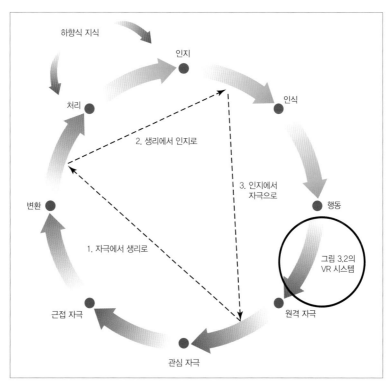

그림 7.2 인지는 역동적이며 계속 변화하는 지속적인 과정이다. 보라색 화살표는 자극, 파란색 화살표는 감각, 주황색 화살표는 인지를 나타낸다. (골드스타인[2007]에서 발췌)

이 단계를 더 세분화할 수도 있다. 우리는 세상을 살아가면서 복잡한 물리적 환경과 마주치게 된다(원격 자극). 세상에서는 워낙 많은 일이 일어나기 때문에, 우리는 장면을 훑어보고서 우리의 관심을 끄는 것을 바라보고, 귀기울여 듣고, 느껴본다(관심 자극). 광자, 진동, 압력이 우리 몸에 가해진다(근접 자극). 이런 물리적 속성을 감지하는 우리의 장기는 이를 전기화학적 신호로 바꾼다(변환). 이런 신호는 이제 우리의 과거 기억에 의해 영향을 받는 복잡한 신경계 상호작용(처리)을 거친다(하향식 지식). 그 결과 우리는 의식적 감각 경험을 한다(인지). 그리고 나서 이런 인지 결과를 분류하고 의미를 부여할 수 있게 된다(인식). 이 모든 것이 우리의 행동을 결정 짓는데, 그것이 다시 원격 자극에 영향을 미치고 이 과정이 계속된다.

VR에서는 현실 세계의 자극을 가져와서 컴퓨터가 생성한 지오메트리 모델과 알고리즘 함수로 된 원격 자극으로 대체한다. 우리의 모델과 알고리즘으로 현실 세계를 어떻게든 완벽하게 복제할 수 있다면, VR은 현실과 구분할 수 없게 될 것이다.

7.6 무의식과 의식

사람의 마음은 무의식과 의식 두 층위로 나눌 수 있다. 표 7.1은 무의식과 의식의 특징을 요약한 것이다[노먼 2013].

무의식은 마음속에서 생겨나, 자각하지 못해도 우리의 감정과 행동에 많은 영향을 미치는 모든 것을 일컫는다. 무의식 처리는 우리의 자각과 병행해 일어나기 때문에, 처리 자체가 자연스럽고 아무 노력을 기울이지 않아도 자동으로 진행된다고 여겨진다. 무의식은 패턴 검색이나 마찬가지로, 들어오는 자극을 과거의 맥락에서 일반화한다. 무의식은 강력하기는 하지만, 잘못된 경향을 기반으로 하는 편향도 있어서 부적절한 행동으로 이끌기도 한다. 또한 무의식은 기호를 지능적으로 배열하거나 두어 단계 이상의 미래까지 계획할 수 없다는 점에서도 제약이 있다.

우리가 무언가를 자각하게 되면 이는 의식의 일부가 된 것이다. **의식**은 우리의 마음이 느끼는 감각, 인지, 아이디어, 태도, 느낌의 총체다. 의식은 숙고, 사고, 분석, 비교, 설명, 합리화에 적합하다. 하지만 정신은 주로 순차적인 방식으로 처리하기 때문에 속도가 느리고 압도당할 수 있어서, 분석 불능^{analysis paralysis} 상태가 발생하기도 한다. 문자, 수학, 프로그래밍은 의식이 사용하는 도구다.

무의식과 의식 모두 실수, 오해, 최적이 아닌 해결책을 내놓을 수 있지만, 각각의 강점이 서로의 단점을 보완해 균형을 이룬다. 무의식과 의식이 잘 결합될 때만 통찰과 혁신이 만들어진다.

표 7.1   무의식과 의식 (노먼[2013]에서)

무의식	의식
빠름	느림
자동	통제됨
다양한 자원	제한된 자원
숙련된 행동 제어	학습할 때, 위험할 때, 일이 잘못될 때 새로운 상황을 불러옴

7.7 본능적, 행동적, 사색적, 감정적 처리

사람의 인지와 반응을 유용하고 비슷하게 재현한 모델은 처리 과정을 본능, 행동, 사색, 감정이라는 네 가지 단계로 나눈다[노먼 2013]. 네 가지 모두 패턴 인식과 예측의 다양한 형태라 생각할 수 있으며, 모두가 어우러져서 한 사람의 상태를 결정한다. 고차원의 인지적 성찰과 감정은 저차원의 본능과 생리적 반응을 유발할 수 있다. 반대로, 저차원의 본능적 반응이 고차원의 성찰적 사고를 발동할 수도 있다.

7.7.1 본능적 프로세스

'파충류의 뇌'라고도 불리는 **본능적 프로세스**는 운동 신경과 긴밀히 연결돼 생사의 갈림길에서 도움이 되는 반사적 방어 메커니즘을 담당한다. 이 뇌는 본능적 커뮤니케이션(1.2.1절 참조) 상황에서나 사람이 위험에 빠졌을 때 즉시 반응하고 판단한다. 본능적 반응은 즉시 발동하며, 여기에는 이유 또는 원인을 찾거나, 심지어 어떤 감정을 느낄 여유도 없다. 본능적 반응은 많은 감정의 전조며, 감정에 의해 유발되기도 한다. 고차원적 학습은 본능적 프로세스를 통해 일어나지 않지만, 감각 순응을 통해 민감화와 탈감각화가 일어날 수도 있다(10.2절 참조).

본능적 반응의 예로는 예상치 못한 사건으로 흠칫 놀라는 반응, 싸우거나 도망치는 반응, 고소 공포증, 불을 껐을 때 어린이가 느끼는 불안감 등이 있다. 본능적으로 높은 곳을 두려워하는 감정은 특히 VR의 위력을 보여준다(고층 건물 꼭대기 가장자리에서 세상을 내려다보는 등의 콘텐츠).

본능적 프로세스는 매력이나 혐오를 느끼는 초기 반응을 결정하며, VR 경험이 얼마나 사용성이 뛰어나고 효과적인지, 제품의 이해에 도움이 되는지와는 관련이 적다. 자신을 '똑똑하다.'고 여기는 많은 이들이 본능적 반응을 무시하며, '기분이 좋아지게' 하는 경험의 중요성을 이해하지 못한다. 훌륭한 디자이너는 미적 직관을 활용해서 긍정적 상태를 낳는 본능적 반응을 통해 사용자로부터 큰 사랑을 받는다.

7.7.2 행동적 프로세스

행동적 프로세스는 저장된 신경 패턴과 일치하는 상황에 의해 발동되는 학습된 기술과 직관적 상호작용으로, 대체로 무의식적이다. 우리는 보통 우리가 취하는 행동을 인지하지만 세부적 사항까지 인지하지는 못할 때가 많다.

의식적으로 행동할 때는 그저 목표만 생각하면 되고, 이런 행동의 세부적 내용은 인식하지 않아도 몸과 마음이 대부분을 처리한다. 예를 들어 물건을 집어 들 때, 먼저 이런 행동을 할 의지를 갖고 나면 의식적으로 손의 방향과 위치를 제어하지 않아도 단순히 이런 행동이 이뤄진다. VR 사용자가 가상 세계 안에 있는 물체를 잡고 싶을 때는 그저 물체를 잡고 싶다고만 생각하면 손이 물체 쪽으로 움직이고, 물체와 교차할 때 버튼을 눌러서 집어 들 수 있다(트래킹되는 컨트롤러의 사용법은 먼저 배워야 한다).

환경을 제어하려는 욕구가 새로운 행동 양식을 배우는 동기가 된다. 제어할 수 없다거나 사물이 계획한 대로 움직이지 않으면 보통 짜증이 나거나 화가 난다. 특히 어떤 것이 제대로 작동하지 않는 이유를 알 수 없어서 유용한 새 행동을 배울 수 없을 때 이런 감정 상태가 된다. 새로운 인터페이스를 배울 때는 부정적인 것일지라도 피드백(25.2.4절 참조)이 대단히 중요한데, VR 애플리케이션은 항상 어떤 형태로든 피드백을 제공해야 한다.

7.7.3 사색적 프로세스

사색적 프로세스는 기초적인 의식적 사고부터 자신의 사고와 느낌을 생각하고 검토하는 고차원적 과정까지 다양하다. 고차원적 사색은 이해에 이르는 과정이며 논리적 판단을 내리게 해준다. 사색적 프로세스는 본능이나 행동적 프로세스보다 훨씬 느리며, 어떤 사건이 일어난 다음에 주로 발생한다. 사색적 프로세스에는 말이나 마음속 생각(혼잣말) 등의 간접 커뮤니케이션(1.2.2절 참조)이 쓰인다. 본능적 프로세스와는 대조적으로, 사색적 프로세스는 상황을 평가하고, 원인을 정하며, 잘잘못을 따진다.

사색적 프로세스는 우리가 마음속으로 이야기를 만들어내는 것이다(실제 일어난 일과는 거리가 멀 수도 있다). 사색적 이야기와 기억은 이전에 실제로 일어난 일보다 더 중요할 때가 많은데, 과거는 더 이상 존재하지 않으며 그보다는 우리가 구성한 이야기에 따라 미래를 예측하고 계획하는 것이 더 중요하기 때문이다. 사색적 이야기는 가장 높은 차원의 감정을 만들어내, 기억하거나 기대되는 사건에 대해 감정 기복을 자아낸다. 감정과 인식은 생각보다 훨씬 밀접하게 연관돼 있다.

7.7.4 감정적 프로세스

감정적 프로세스는 강력하게 데이터를 처리하는 의식의 정서적 측면으로, 생리적이고 심리적으로 본능적이며 행동적인 반응을 낳는다. 사색적 사고보다 노력이 덜 필요하고 더 빠르게 처리돼, 직관적 통찰을 제공해 상황이나 목표가 추구할 만한지 아닌지 판단한다.

감정은 주관적 가치와 판단을, 이성적 사고는 객관적 이해를 담당하므로 사람에게 감정이 없다면 결정을 내리기 어려워질 것이다. 또한 감정은 감정과 결부되지 않은 객관적 사실보다 더 쉽게 떠오른다. 논리는 이미 감정적으로 내린 결정에 대한 사후 합리화에도 종종 활용된다. 우리는 먼저 감정적 판단을 내리고 나서 중요한 사건이나 통찰이 일어나면 그 판단을 바꾼다. 사람들은 논리적 사고를 추구하는 데 감정을 활용하며, 이는 수학, 예술, VR 연구의 동기가 되기도 한다. 인류의 감정은 단순한 생존을 넘어 장기적 목표를 성취하기보다는 당장의 생존과 번식 확률을 극대화하는 쪽으로 진화했기 때문에 실제로는 우리에게 유해할 수 있다.

VR 경험에서 감정적 연결은 무엇을 기억하는지 결정하기도 하므로 최종 경험이 좋으면 기억도 긍정적으로 남지만, 사용자가 반드시 좋은 느낌을 받아야 한다. 반대로 한 번의 좋지 않은 초기 노출만으로 그런 애플리케이션을 다시는 쓰지 않기로 마음먹을 수도 있고, 최악의 경우 다시는 어떤 VR 경험도 하지 않게 만들 수도 있다.

7.8 심상 모델

심상 모델mental model이란 세계 혹은 그 속의 특정 측면이 어떻게 작용하는지 마음속에서 단순화한 설명이라 할 수 있다. 심상 모델의 주된 목적은 예측이며, 최고의 모델은 상황이 어떻게 될지 예측해 적절한 행동을 취할 수 있게 해주는 가장 단순한 것이다.

심상 모델은 비유하자면 현실 세계를 물리적 지도로 표현한 것이라 할 수 있다. 지도는 땅이 아니며, 객관적 현실(땅)의 주관적 표현(지도)을 만들어낸 것이다. 이때 지도에 나온 장소는 실제의 그 장소는 아니지만 대체로 정확하게 표현한 것이듯 표현은 실제의 현실이 아니다[코르지브스키(Korzybski) 1933]. 대부분은 실제의 맵과 실제 그 자체를 혼동한다. 어떤 사람이 마음속에서 만들어낸 해석/모델(지도)은 실제를 단순화했을지는 몰라도 실제(땅)는 아니다. 모델의 가치는 만들어내는 결과(예: 즐거운 경험이나 새로운 기술 습득)에 달려 있다.

우리는 모두 자신, 우리가 상호작용하는 타인, 환경, 사물의 심상 모델을 만든다. 사람마다 똑같은 사물이라 해도 각기 다른 심상 모델을 갖곤 하는데, 이런 모델은 이전의 경험, 훈련, 지시가 각기 다르기 때문에 하향식 과정을 통해 만들어진다. 사실, 한 개인이 똑같은 사물에 대해 여러 가지 모델을 갖고 서로 다른 측면을 대할 때 각기 다른 모델을 사용하기도 한다[노먼 2013]. 이런 모델들이 서로 충돌을 빚을 수도 있다.

좋은 심상 모델은 유용하기만 하면 완전하거나 정확하지 않아도 된다. 이상적으로는 복잡한 것을 원하는 결과에 도달할 만큼 간단한 심상 모델을 통해 직관적으로 이해할 수 있으면 되고, 단순하다고 좋은 것은 아니다. 과도하게 단순화한 모델은 내재된 가정이 유효하지 않을 때 오류를 낳고 문제를 일으킬 수 있으므로 위험하기까지 하다. 유용한 모델은 세계와 그 세계에서 물체가 어떻게 작동하며, 목표를 달성하기 위해 세상과 어떻게 상호작용하는지 이해하는 데 도움이 된다. 이런 심상 모델이 없다면 우리는 어째서 무엇은 작동하는지, 우리의 행동에서 무엇을 기대할 수 있는지 완전히 이해하지 못한 채 무턱대고 더듬거리게 될 것이다. 지시를 정확히 따라서 겨우 무언가 해낼 수는 있겠지만, 문제가 발생하거나 예상치 못한 상황이 발생할 경우 좋은 심상 모델이 필수적이다. VR 제작자는 사용자가 수준 높은 심상 모델을 만들어 가정을 명확한 것으로 바꿀 수 있도록 신호, 피드백, 제약(25.1절 참조)을 활용해야 한다.

학습된 무기력증은 개인이 무언가를 할 수 없다고 판단해, 통제력 박탈을 인지함으로써 포기하게 만드는 판단이다. 이 현상은 VR이 널리 활용되지 못하는 원인이 돼 왔으며, 인터페이스 설계가 엉성할 때 심화된다. 단 한 과제에 대한 상호작용만 잘못되더라도 학습된 무기력 상태가 유발될 수 있으며, 두어 번 실패하고 나면 특정 과제에 대한 자신감이 무너지는 것이 아니라 VR과의 상호작용은 어렵다는 일반화된 믿음을 갖게 된다. 최소한 조금이라도 성공했다는 피드백을 보내지 않는다면 사용자는 지루해지고, 할 수 있는 것이 더 많다는 점을 깨닫지 못해서 마음속으로나 실제로나 VR 경험을 피하게 된다.

7.9 신경 언어 프로그래밍

신경 언어 프로그래밍 Neuro-Linguistic Programming(NLP)은 심상 모델 개념을 기반으로 하는 커뮤니케이션, 자기 계발, 심리 치료 등의 심리적 접근법이다(7.8절 참조). NLP 자체는 사람이 감각을 통해 들어오는 자극을 어떻게 처리하는지, 우리가 어떻게 인식하고 소통하고 배우고 행동하는지 설명해준다. 이 개념을 만들어낸 리처드 밴들러Richard Bandler와 존 그라인더John Grinder는 NLP가 신경 프로세스를('신경') 언어에('언어') 연결하며 우리의 행동은 경험에 의해 구축된 심리적 '프로그램'의 결과라고 주장한다. 나아가, 이들은 전문가의 신경 언어 패턴 모델링을 통해 이런 전문가의 기술을 획득할 수 있다고 주장한다. NLP는 논란이 상당하고 일부 주장/세부 내용에 대한 반박도 있다. 하지만 NLP의 일부 세부 사항이 신경학적 프로세스를 정확하게 설명하지 못한다 해도, NLP의 대략적인 개념 중 일부는 사용자가 VR 애플리케이션에서 제시되는 자극을 어떻게 해석하는지 생각하는 데 유용하다.

사람은 같은 상황에서도 각자 고유한 방식으로 인지하고 행동한다. 사람은 자신의 '프로그램'에 따라 순수하게 감각적인 정보를 조작하기 때문이다. 각 개인의 프로그램은 개인의 일생을 통해 쌓은 경험의 총합에 의해 결정되기 때문에 각각의 프로그램은 고유하다. 그런데 프로그램에는 패턴이 있고, 마음속의 프로그램을 이해하면 다양한 사람이 어떤 사건에 대해 겪는 경험이 더 일관될 수 있다. VR의 경우에는 사용자에게 어떤 자극이 제시되는지 제어할 수 있고, 그 사람의 경험을 통제하는 것이 아니라 그에 영향을 줄 수도 있다. 감각 신호가 어떻게 마음에서 통합되고 정확하게 자극을 제어할 수 있는지 파악하면 일관된 직접 커뮤니케이션이 가능해, 사용자의 경험에 영향을 줄 수 있다. 이런 이해를 통해 사용자의 행동 양식과 개인적 선호도를 기반으로 각기 제시물을 변경할 수도 있다.

7.9.1 NLP 커뮤니케이션 모델

NLP 커뮤니케이션 모델은 외부 자극이 우리의 내적 상태와 행동 양식에 어떻게 영향을 주는지 설명해준다. 그림 7.3처럼 NLP 커뮤니케이션 모델은[제임스(James)와 우즈몰(Woodsmall) 1988] 외부 자극, 필터, 내적 상태라는 세 개의 컴포넌트로 나눌 수 있다.

외부 자극은 우리의 감각 기관으로 들어온 다음 다양한 방식으로 걸러진 후 우리의 내적 상태로 통합된다. 그런 다음 우리는 무의식적/의식적으로 외부 자극을 수정하는 방식으로 행동하며, 이렇게 커뮤니케이션 사이클은 계속 반복된다.

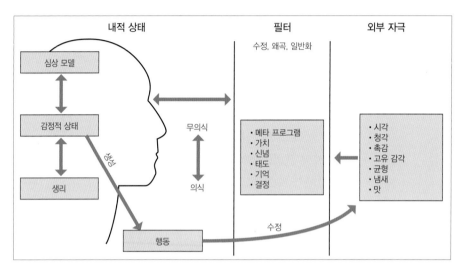

그림 7.3　NLP 커뮤니케이션 모델은 외부 사건이 마음속으로 받아들여지면서 걸러진 다음, 개인의 특정 행동을 낳는 것을 보여준다. (제임스와 우즈밀[1988]에서 발췌)

7.9.2 외부 자극

NLP에서는 우리가 감각 입력 채널을 통해 사건과 외부 자극을 인지한다고 주장한다. 더 나아가 개인마다 지배적이거나 선호되는 감각 양상이 있다. 개인별로 선호하는 감각 양상을 더 잘 인식할 뿐 아니라, 주된 사고 방법 역시 그런 감각 양상에 따라 달라진다. 그래서 시각적인 사람은 소리에 의한 사고가 발달한 청각적인 사람보다 그림을 보면서 더 많은 생각을 한다. 외부 자극이 단 한 가지 형태라 해도 종종 부분적으로 선호하는 감각 양상이 인지된다. 예를 들어, 시각이 우세한 사람이라면 색깔이나 형태를 전달하는 시각적 단어에 더 반응할 것이다. 이런 선호 감각 양상 개념은 교육에서 특히 중요한데, 학생마다 서로 다른 방식으로 배워나가기 때문이다. 모든 감각 양상에 걸친 감각 신호를 주면 제시된 개념을 더 잘 이해할 수 있게 된다. 예컨대 운동 감각 지향적인 학생은 보거나 듣기보다 직접 해볼 때 가장 잘 배운다. VR 제작자가 종종 빠지는 함정은 시스템을 사용할 여러 사용자마다 선호 감각 양상이 각기 다를 수 있는데도 자신이 선호하는 감각 양상에만 집중하는 것이다.

VR 제작자는 더 폭넓은 사용자를 포용하기 위해 모든 감각 양상을 아우르는 감각 신호를 제시해야 한다.

7.9.3　필터

우리가 받아들이는 감각 정보의 대다수는 마음속에서 무의식적으로 소화된다. 우리는 주변에서 일어나는 일의 큰 부분을 무의식에서 흡수하고 저장할 수 있지만, 의식에서는 약 7±2의 '덩어리'만 처리할 수 있다[칙센트미하이(Csikszentmihalyi) 2008]. 게다가, 우리의 마음은 맥락과 과거 경험에 따라 들어오는 데이터를 다양한 방식으로 해석해 세계의 복잡성을 이해하고 파악하며 활용한다. 마음이 모든 정보를 객관적으로 받아들인다면 삶은 말 그대로 우리를 압도해, 우리 자신이나 사회를 유지할 수 없을 것이다. 이런 처리 과정은 삭제, 왜곡, 일반화라는 세 가지 작업을 하는 지각 필터 perceptual filter라고 생각할 수 있다.

> **삭제**는 세계의 일부에만 선별적으로 관심을 기울임으로써 들어오는 감각 정보의 특정 측면은 누락하는 것이다. 매순간 우리는 정보에 압도되지 않게끔 가장 중요한 것에 집중하고 나머지는 의식적 지각에서 삭제한다.

> **왜곡**은 환경과 이전 경험의 맥락을 감안해 들어오는 감각 정보를 수정한다. 유익할 때도 많지만, 세상에서 생기는 일이 늘 세계에 대한 개인의 심상 모델과 일치하지는 않기 때문에 우리를 기만하기도 한다. 우리가 들어오는 정보를 왜곡하는 경우는 기술에 위협을 느낄 때, 논리적으로는 진짜가 아니라는 것을 알고 있는 상황에서 겁을 먹을 때, 시뮬레이션에서 발생한 일을 잘못 해석할 때 등이 있다. 왜곡은 양극화(사물을 양극단으로 생각하는 것, 즉 게임(혹은 전쟁) 속 적이 사악하다고 보기), 독심술(저 아바타가 나를 좋아하지 않는다는 생각), 파국화(저 고블린에게 맞으면 내가 죽을 것이라는 생각)가 있다.

> **일반화**는 하나 이상의 경험을 기반으로 전체적인 결론을 끌어내는 과정이다. 일반화는 대개 이롭다. 예를 들어, 처음으로 문 여는 법을 알려주는 튜토리얼을 작동해본 사용자는 빠르게 새로 익힌 능력을 일반화해 그때부터 모든 종류의 문을 열 수 있게 된다. VR 경험을 일관되게 설계하면, 시간이 지나면서 사용자들이 이런 사건과 상호작용 개념을 일반화하는 필터를 형성할 수 있다. 한편 일반화는 학습된 무기력 같은 문제의 발생 원인이 되기도 한다(7.8절 참조). 예를 들어, 두어 번 시도해도 실패한다면 VR 조작은 까다롭다는 기억의

일반화가 생길 수 있다.

삭제, 왜곡, 일반화 필터는 깊은 무의식적 처리에서 의식적 처리에 이르기까지 다양하다. 다양한 사람은 똑같은 사물을 감각할 때 서로 다른 방식으로 사물을 인지한다. 아래는 의식이 늘어나는 순으로 이런 필터를 설명한 것이다.

메타 프로그램은 가장 무의식적인 필터로, 콘텐츠와 관계없이 모든 상황에 적용된다. 메타 프로그램을 개인이 타고나며 바꾸기 어려운 '하드웨어'로 간주하는 이도 있다. 메타 프로그램은 개성과도 비슷하다. 메타 프로그램의 예로는 상황에 관계없이 낙관적인 '낙관주의'가 있다.

가치는 자동으로 어떤 것이 좋은지 나쁜지, 옳은지 그른지를 판단하는 필터다. 역설적이게도, 가치는 맥락에 따라 달라지기 때문에 개인의 인생에서 중요한 어떤 부분이 그의 삶의 다른 영역에서는 중요하지 않을 수도 있다. 비디오 게임 플레이어가 게임 캐릭터에게 부여하는 가치는 그 사람이 살아있는 진짜 사람에게 매기는 가치와 사뭇 다르다.

신념은 세상에서 무엇이 진실이고 팩트인지에 대한 확신이다. 깊은 신념은 의식적으로 깨닫지 못하는 가정이다. 약한 신념은 의식적 사고와 다른 이의 질문을 통해 수정될 수 있다. 신념은 VR의 성능을 크게 강화하거나 약화시킬 수 있다(예: "난 별로 똑똑하지 않아."라고 생각하면 실력이 눈에 띄게 줄어들 수 있다).

태도는 특정 주제에 대한 가치와 신념 체계다. 태도는 의식적일 때도 있고, 무의식적일 때도 있다. "훈련의 이 부분은 싫다."라는 것이 태도의 한 예다.

기억은 현시점에서 의식적으로 재연되는 과거의 경험이다. 개인적 및 집단적 경험이 현재의 인식과 행동 양식에 영향을 준다. 디자이너는 사용자가 과거의 사건을 떠올릴 수 있는 신호를 환경 안에서 제공함으로써 장점을 취할 수 있다.

결정은 숙고하고 고려한 다음 도달한 결론과 결심이다. 과거의 결정은 현재의 결정에 영향을 미치며, 사람들은 한 번 결정을 내리면 고수하려는 경향을 보인다. 과거의 결정은 가치, 신념, 태도를 만들어내며, 따라서 현재 어떻게 결정을 내리고 현 상황에 어떻게 반응할지에도 영향을 준다. 최초의 VR 경험이 좋다고 판단한 사람은 새로운 VR 경험에도 더 열린 태도를 보일 것이 분명하지만, 처음에 VR 경험이 좋지 않았다면 이후 수준 높은 경험을 한다 하더라도 VR이 미래의 대세가 된다고 믿기 어려울 것이다. 사용자가 매 세션 시

작마다 긍정적인 경험을 하도록 해서 전반적인 경험을 더 좋다고 판단하게
끔 유도해야 한다.

VR 제작자가 사용자의 필터를 통제할 필요는 없지만, 타깃 사용자의 일반적인 가치
관, 신념, 태도, 기억을 알아두면 VR 경험을 만드는 데도 도움이 된다. VR 애플리케
이션에서 사용자의 니즈^{needs}에 더 부합하는 페르소나^{persona}를 만드는 방법은 31.10
절에서 자세히 다루겠다.

7.9.4 내적 상태

들어오는 정보가 우리의 필터를 통과할 때 심상 모델의 형태로 사고가 구성되는 것
을 내적 표상^{internal representation}이라고 한다. 이 내적 표상은 외부 자극으로 존재할 수
도, 그렇지 않을 수도 있는 감각 지각의 형태(예: 소리, 맛, 냄새가 있는 시각적 장면)를
취한다. 이 모델은 감정 상태에 의해 발동되고, 그러면 생리 상태가 변화하며 행동
이 촉발된다. 내적 표상과 감정 상태는 직접 측정할 수 없지만, 생리적 상태와 행동
은 측정할 수 있다.

인지 영역

정신과 기계의 협응에는 양방향 채널이 필요하다. 정신으로의 넓은 길은 눈을 통해 나 있다. 하지만 눈이 유일한 경로는 아니다. 귀는 상황 인지, 경보 감시, 환경적 변화 감지, 대화에 특히 적합하다. 햅틱(느낌)과 후각 시스템은 의식의 더 깊은 층위에 접근할 수 있는 듯 보인다. 우리의 언어는 이런 깊이를 암시하는 메타포로 가득하다. 우리에게는 수상한 '냄새'를 맡았기 때문에 '손 댈' 필요가 있는 복잡한 인지적 상황에 대한 '감'이 있기 때문이다.

– 프레드릭 P. 브룩스 주니어(Frederick P. Brooks, Jr.)[2010]

우리는 시각, 청각, 촉각, 고유 감각, 균형/운동, 냄새, 맛으로 세상과 상호작용한다. 이 장에서는 이 모든 감각에서 VR과 가장 관계 깊은 측면에 초점을 맞춰 살펴본다.

8.1 시각

8.1.1 시각 체계

빛은 눈의 망막에 있는 광수용체에 떨어진다. 이 광수용체는 광자를 뇌의 다양한 경로를 통해 이동하는 전기 화학적 신호로 변환한다.

광수용체: 원추세포와 간상세포

망막은 눈의 뒷면 안쪽을 덮고 있는 여러 겹의 신경망으로, 광자 입력을 처리한다. 망막의 첫 번째 층에는 원추세포와 간상세포라는 두 가지 종류의 광수용체가 있다.

원추세포는 주로 강한 조도에서의 색각, 세밀한 시각을 담당한다. **안와**^{fovea}는 원추세포만이 빽빽하게 모여 있는 망막 중심부의 작은 영역이다. 안와는 시선상에 자리잡고 있어, 우리가 뭔가를 볼 때 그 상이 와에 맺힌다. **간상세포**는 주로 낮은 조도에서의 시야를 맡으며, 안와 및 맹점을 제외한 망막 전체에 분포한다. 간상세포는 밤에 아주 민감하지만, 세밀한 부분을 포착할 정도로 해상도가 높지는 않다. 그림 8.1은 망막에서 간상세포와 원추세포의 분포를 보여준다.

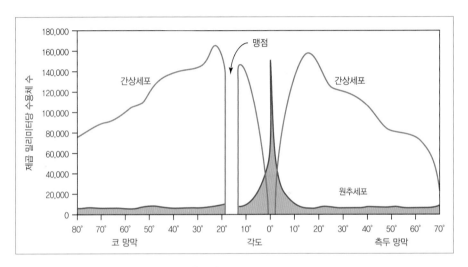

그림 8.1　눈의 간상세포와 원추세포 분포 (코렌(Coren) 등[1999])

여러 광수용체로부터 온 전기 화학적 신호는 망막에 있는 하나의 뉴런으로 합쳐진다. 뉴런 하나에서 합쳐지는 신호의 수는 주변으로 갈수록 많아져서, 빛에 대한 민감도가 높아지는 대신 시각적 정확도는 떨어진다. 안와에 있는 원추세포 일부는 뇌속으로 더 깊이 연결된 '전용선'을 이룬다.

원추세포와 간상세포를 넘어: 소세포와 거대 세포

망막의 첫 번째 층을 지나가면 시각에 연관된 뉴런의 모양과 크기가 다양해진다. 과학자들은 이런 뉴런을 소세포^{parvo cell}와 거대 세포^{magno cell}로 나눈다. 거대 세포보다는 소세포의 수가 더 많고 주변 시야로 갈수록 거대 세포가 더 많이 분포하는 반면, 소세포는 주변 시야로 갈수록 수가 적어진다[코렌 등 1999].

소세포는 거대 세포와 비교해 전도율이 떨어지고(20m/s), 자극이 남아있는 한 신경 활동이 지속되며, 수용 영역(뉴런의 발화에 영향을 미치는 영역)이 더 작고, 색깔에 민감하다. 이런 특징 때문에 소세포는 국지 형태, 공간 분석, 색각, 질감에 최적화돼 있다.

거대 세포는 색맹이고 수용 영역이 넓으며, 전도율이 높고(40m/s), 과도 응답(변화가 일어나면 뉴런이 잠깐 발화한 다음 반응을 멈춤)을 하는 특징이 있다. 거대 세포는 동작 감지, 시간 기록 작업/시간 분석, 심도 인지에 최적화돼 있다. 거대 뉴런은 관찰자가 작고 세세한 부분을 인지하기 전에 커다란 시각적 특징을 신속히 인지하게 해준다.

다중 시각 경로

신호는 망막에서 시신경을 따라 이동하며 다양한 경로로 나눠진다.

원시 시각 경로: **원시 시각 경로**primitive visual pathway('시상 배게'라고도 함)는 시신경 끝에서 분기되기 시작해서(망막 신호의 약 10%, 대부분 거대 세포) 피질보다 진화적으로 훨씬 오래됐고 더 원시적인 시각 중추인 뇌간 바로 위에 있는 **상구**superior colliculus 쪽으로 이어진다. 상구는 움직임에 아주 민감하며 VR 멀미(3부 참조)의 주된 원인이 되는데, 눈/목의 움직임과 고정 여부에 의한 반사 작용을 하고, 수정체의 굴곡을 조정해 사물에 초점을 맞추고(눈 초점 조절), 메스꺼움을 포함한 시각적 자극에 대응해 자세를 조정하고, 구토를 일으키는 횡격막과 복근 조율을 맡는 중요한 기관이다[골드스타인 2014, 코렌 등 1999, 시겔(Siegel)과 사프루(Sapru) 2014, 래크너(Lackner) 2014].

상구는 청각과 체감각(예: 촉감과 고유 감각)뿐 아니라 시각 피질로부터 들어오는 입력도 받는다. 시각 피질로부터 오는 신호는 이미 처리한 적 있는 이전 정보를 기반으로 뇌의 좀 더 고차원인 영역에서 보내는 피드백인 **역투사**back projection라고 부른다.

주 시각 경로: **주 시각 경로**('망막슬 선조'라고도 함)는 시상의 **외측 슬상핵**Lateral Geniculate Nucleus(LGN)을 통과한다. LGN은 시각 신호를 시각 피질의 다양한 곳으로 보내는 전달 기지 역할을 한다. LGN은 주변 시야보다는 중심 시야에 속한다. 눈에서 정보를 받아들이는 외에도 LGN은 피질의 더 높은 시각 중추에서 다량의 정보를(80~90%까지) 받는다(역투사)[코렌 등 1999]. LGN은 경계심과 주의력이 높아질 때 이를 중재하는 뇌 영역인 망상 활성화계reticular activating system에서도 정보를 받는다(10.3.1절 참조). 따라서 LGN 프로세스는 눈만의 기능이 아니라 7.3절에서 설명했던 (망막으로부터 오는) 상향식과 (망상 활성화계에서 피질로 가는) 하향식 프로세스 모두에 영향을 받는 시각 처리 과정이다. 사실 LGN은 피질로 보내는 정보보다 피질에서 받는 정보가 더

많다. 우리가 보는 것은 대체로 우리의 경험과 사고방식에 기반한다.

LGN의 소세포와 거대 세포에서 오는 신호는 시각 피질(그리고 반대로 시각 피질에서 LGN으로의 역투사)로 보내진다. 시각 피질에 도달한 다음, 신호는 측두엽과 두정엽으로 가는 두 개의 경로로 나눠진다. 측두엽으로 향하는 경로는 복부 경로, 혹은 '무엇' 경로라고 한다. 두정엽으로 가는 경로는 등 경로, 혹은 '어디/어떻게/행동' 경로라고 한다. 두 경로가 완전히 독립적이지는 않으며, 신호는 각 방향으로 가는 동시에 둘 모두로도 흐른다는 점에 유의하자.

무엇 경로: 복부 경로ventral pathway는 측두엽으로 이어지는데, 이 부위는 사물의 정체를 인식하고 판단하는 역할을 한다. 측두엽에 손상을 입으면 볼 수는 있어도 줄지어 있는 점무늬를 세거나, 새로 보는 얼굴을 알아보거나, 의미 있는 이야기나 패턴의 그림을 순서대로 배열하는 데 어려움을 겪는다[코렌 등 1999]. 그래서 복부 경로는 흔히 '무엇' 경로라고 불린다.

어디/어떻게/행동 경로: 등 경로dorsal pathway는 두정엽으로 이어지는데, 이 부위는 사물의 위치를 판단하는 역할을 한다. 물체를 집어 들려면 물체가 어디에 위치해 있는지뿐 아니라 손이 어디에 있고 어떻게 움직여야 하는지도 알아야 한다. 이 경로의 끝에 있는 두정 부위는 뇌에서 손을 뻗어 잡는 행동을 제어한다[골드스타인 2014]. 따라서 등 경로는 흔히 '어디', '어떻게', 혹은 '행동' 경로라고 부른다. 10.4절에서는 등 경로의 영향을 크게 받는 행동을 자세히 알아본다.

중심 시야와 주변 시야

중심 시야와 주변 시야는 망막뿐 아니라 위에서 설명한 바와 같이 서로 다른 시각 경로 때문에도 서로 그 속성이 다르다. 중심 시야는

- 시각적으로 매우 예리하고
- 밝은 낮시간대에 최적화돼 있으며
- 색을 인지한다.

주변 시야는

- 색을 구분하지 못하고

- 어두운 환경에서 중심 시야보다 빛에 더 민감하며

- 긴 파장(예: 빨간색)에 덜 민감하고

- 반응이 빨라 빠른 움직임과 깜박임에 더 민감하고

- 느린 움직임에 덜 민감하다.

중심 시야와 주변 시야에서의 동작 민감성은 9.3.4절에서 더 상세히 살펴본다.

시야와 전체 시야

우리는 자세히 보기 위해 중심 시야를 사용하지만, 현실이나 가상 세계에서 주변 시야는 극히 중요한 기능을 한다. 사실 주변 시야는 매우 중요하기 때문에 미국 정부에서는 시력이 좋은 쪽 눈으로 20° 이상 볼 수 없는 사람은 법적 맹인으로 정의하고 있다.

시야^{field of view}는 어떤 시점에 우리가 볼 수 있는 각도치다. 그림 8.2와 같이 사람의 눈은 수평 시야가 160°며 똑바로 앞을 향할 때 두 눈으로 보는 지점이 120° 겹쳐진 다[배드콕(Badcock) 등 2014]. 정면을 볼 때의 총 수평 시야는 200° 정도이므로, 우리는 머리 양쪽 면에서 뒤로 10°까지는 볼 수 있다! 눈을 왼쪽 오른쪽으로 굴려보면, 양 측면에서 50°를 더 볼 수 있다. 따라서 가능한 시야를 전부 덮는 HMD라면 수평 시야가 300°가 돼야 한다! 물론 몸과 고개를 돌리면 사방 360°를 다 볼 수 있다. 물리적으로 눈, 머리, 몸을 돌려서 볼 수 있는 각도의 총합을 전체 시야^{field of regard}라고 한다. 완전 몰입형 VR은 수평과 수직 전체 시야 360°를 제공한다.

우리 눈은 이마와 상체가 가리고 두 눈이 수직으로 배열돼 있지 않기 때문에 수직 방향으로는 그리 많이 볼 수 없다. 이마가 걸려서 위로는 60°, 아래로는 75°를 볼 수 있으며, 총 수직 시야는 135°가 된다[스펙터(Spector) 1990].

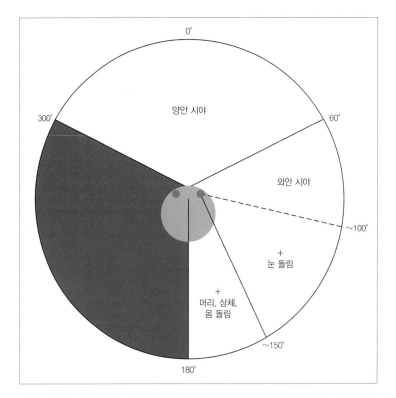

그림 8.2　정면으로 몸을 고정한 상태(그림 상단을 바라본다.)로 최대 측면 눈 돌림, 최대 측면 고개 돌림을 고려한 오른쪽 눈 수평 시야 (배드콕 등[2014]에서)

8.1.2 명도와 밝기

밝기는 시야에 있는 한 구역을 비추는 빛의 강도를 뜻한다. 이상적인 상태에서는 하나의 광자가 간상세포 하나를 자극하고 여섯 개의 간상세포에 부딪히는 여섯 개의 광자를 인식할 수 있을 것이다[코렌 등 1999]. 조도가 높을 때라도, 몇 개의 광자가 파동을 일으키기만 하면 밝기의 인식에 영향을 줄 수 있다.

밝기는 단순히 눈에 도달하는 빛의 양만으로 설명할 수 없고 여러 가지 요인에 영향을 받는다. 다양한 파장마다 다양한 밝기로 인지된다(예: 노란 빛은 파란 빛보다 더 밝게 보인다). 주변 시야는 중심와 시야보다 더 민감하지만(어둑어둑한 별을 똑바로 바라보면 사라진다.), 중심와 시야에서 붉게 보이는 긴 파장은 예외다. 어두운 곳에 적응한 시야는 빛에 적응한 시야보다 민감도가 여섯 자릿수 더 높다(10.2.1절 참조). 짧은 발광보다 오래 발광할수록(최대 약 100ms) 쉽게 감지되며, 자극의 규모가 최대 약

$24°$까지 늘어날수록 쉽게 감지된다. 주변 자극 역시 밝기의 인지에 영향을 미친다. 그림 8.3은 주위 배경을 어둡게 만들면 밝은 네모가 더 어두워 보인다는 것을 보여준다.

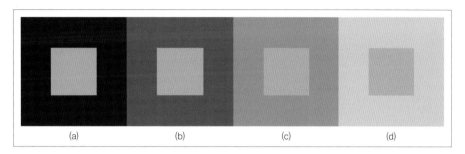

그림 8.3   주변 자극의 휘도는 우리가 인지하는 밝기에 영향을 미친다. 안의 작은 네모는 모두 휘도가 같지만, (d)가 제일 어둡게 인식된다. (코렌(Coren) 등[1999])

명도(백색도라고도 한다.)는 표면의 반사율로, 빛을 소량만 반사하는 물체는 어두워 보이고 빛을 다량 반사하는 물체는 밝게/희게 보이는 현상이다. 물체의 명도는 눈에 닿는 빛의 양보다 많은 역할을 한다. 눈에 도달하는 빛의 양이 변해도 물체가 똑같은 명도로 보이는 것을 밝기 항등성이라고 하며, 이 개념은 10.1.1절에서 자세히 알아본다.

8.1.3 색상

색상은 엄밀히 말해 사람을 제외한 세상에는 존재하지 않으며, 우리의 인지 체계에서 만들어진 것이다. 객관적 현실에서 존재하는 것은 다양한 파장의 전자기 복사다. 우리가 색상이라고 부르는 것은 빛의 파장과 체계적인 연관이 있으며, 내재적으로 짧은 파장과 '파란색' 혹은 긴 파장과 '빨간색' 사이에는 아무 관계가 없다.

우리는 360nm(보라색)에서부터 830nm(빨간색)까지의 파장을 색으로 인지하며[포코니(Pokorny)와 스미스(Smith) 1986], 이 범위 안의 파장대들이 서로 다른 색상이 된다. 사물의 색깔은 대체로 물체가 우리의 눈에 반사하는 빛의 파장에 의해 결정되며, 눈에는 다양한 스펙트럼을 흡수하는 세 가지 원뿔 시각 색소가 있다. 그림 8.4는 몇 가지 흔한 물체에서 반사되는 빛 파장의 기능을 보여준다. 검은 종이와 흰 종이는 둘다 모든 파장을 어느 정도 반사한다. 어떤 물체가 일정한 파장을 다른 파장보다 많이 반사하면 우리는 이것을 유채색 혹은 색조라고 부른다.

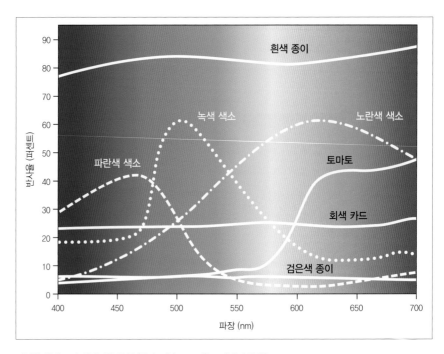

그림 8.4 다양한 색깔 표면의 반사율 곡선 (클러로우(Clulow)[1972]에서 발췌)

강도를 바꾸거나 흰색을 더해서 채도에 변화를 줌으로써(예: 빨간색에 흰색을 더해 분홍색으로 바꿈) 색조를 더 다양하게 만들 수 있다. **색각**은 파장 하나를 기준으로 같은 휘도 자극들을 구분하는 능력이다. 똑같은 강도와 채도일 때 사람들은 200가지 색깔을 구분할 수 있지만, 파장, 강도, 채도에 변화를 주면 100만 가지 색상을 구분할 수 있다[골드스타인 2014]. 색 구별 능력은 휘도가 줄어들 때, 특히 파장이 낮으면 떨어지지만 휘도가 높을 때는 상당히 일관된다. 유채색 구별은 변이가 8°를 넘어서면 어려워진다.

색상은 파장의 물리적 차이만 느끼게 하는 것이 아니며, 무의식적으로 감정을 유발하거나 판단에 영향을 주기도 한다[코렌 등 1999]. 색상은 기분을 좋게도 하며 깊은 인상을 주기도 한다. 세탁 세제의 색깔만 바꿔도 소비자는 세제의 효과를 다르게 평가한다. 알약의 색깔은 환자가 처방약을 복용할지에 영향을 미치는데, 검은색, 회색, 황갈색, 갈색은 꺼리고 파란색, 빨간색, 노란색 알약은 선호한다. 파란색은 시원한 반면, 노란색은 따뜻한 색으로 묘사된다. 사실, 사람은 파란색 방에 들어가면 노란색 방에서보다 히터를 더 높은 온도로 맞춘다. VR 제작자들은 어떤 색이 의도한 경험을 줄 수 있을지 잘 알고 골라야 한다.

8.1.4 시력

시력은 세부에 초점을 맞추는 능력이며 시각으로 표시된다. '경험 법칙'상 팔 길이만큼 떨어져 있는 엄지 손가락이나 동전 한 개는 망막에서 약 2°에 대응한다. 보통의 시력이라면 81미터 거리(풋볼 경기장에 맞먹는 거리)에 있는 동전을 볼 수 있는데, 1아크 분$^{arc\ min}$(1°의 1/60)에 해당한다[코렌 등 1999]. 이상적인 조건에서 우리는 0.5아크 분(1°의 1/7200) 굵기의 선을 볼 수 있다[배드콕 등 2014]!

요인

시력에는 여러 요인이 작용한다. 그림 8.5처럼 시력은 눈의 지점에 따라 대폭 떨어진다. 그림 8.1을 보면 알겠지만 시력은 원추세포의 분포와 상당히 일치한다. 또한 조명, 뚜렷한 명암, 긴 선분일수록 더 잘 보인다. 측정하는 시력의 종류에 따라서도 달라진다.

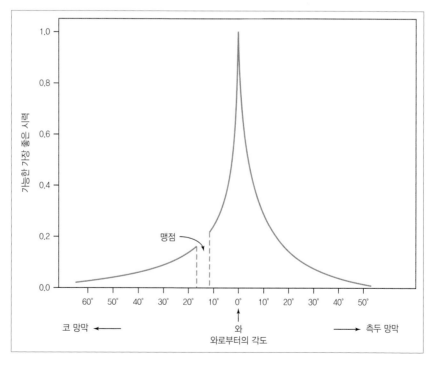

그림 8.5 시력은 와에서 가장 높다. (코렌(Coren) 등[1999])

시력의 종류

시력에는 감지 시력detection acuity, 분리 시력separation acuity, 줄무늬 시력grating acuity, 배열 시력vernier acuity, 인식 시력recognition acuity, 입체 시력stereoscopic acuity이 있다. 그림 8.6에는 이런 시력 중 일부를 측정하는 데 사용하는 기호들이 있다.

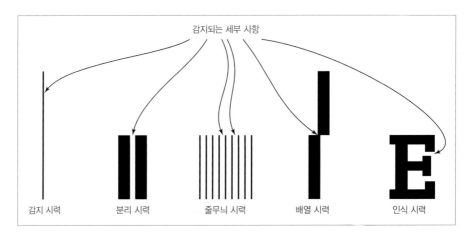

그림 8.6　시력 측정의 다양한 방식에 따른 대표적 시력 측정 기호 (코렌 등 1999에서 발췌)

감지 시력(가시력)은 빈 곳에 시각의 절대 식역absolute threshold을 표시해서 사람이 감지할 수 있는 가장 작은 자극을 넣어 측정한다. 이상적인 조건에서 사람은 0.5아크 분(1°의 1/7200 혹은 0.00014°) 굵기의 선을 볼 수 있다[배드콕 등 2014]. 타깃의 크기는 상대 강도에 해당하는 만큼 늘려간다. 이러는 이유는 감지가 대조에 의해 이뤄지는 메커니즘이며, 작은 물체에서는 최소 가시력이 실제로 선의 폭을 알아차릴 수 없는 데 좌우되지 않기 때문이다. 선의 굵기가 가늘어질수록 흐리게 보이기는 하지만 더 가늘어 보이지는 않는다.

분리 시력(분해능, 해상도 예민성이라고도 함)은 근접한 자극 간의 최소 각 거리angular separation를 분간하는 것으로, 두 개의 자극을 두 개로 인지하는 것이라고 보면 된다. 5,000년 전에 이미 이집트인은 두 개의 별을 구분할 수 있는지 여부로 분리 시력을 측정했다[골드스타인 2010]. 오늘날 최소 분리 시력은 흰 공간으로 나뉘어진 두 개의 검은 선을 구분할 수 있는지로 측정한다. 이 방법을 활용해 관찰자는 1아크 분 주기의 두 선을 구분할 수 있다.

줄무늬 시력은 어두운색과 밝은색의 사각형이 가늘게 세로로 번갈아 있는 모양을 구분할 수 있는 능력이다. 줄무늬 시력은 분리 시력과 비슷한데, 역치가 더 낮다. 이상적인 조건에서 줄무늬 시력은 30아크 초$^{arc\ sec}$다[라이셸트(Reichelt) 등 2010].

배열 시력은 두 개의 줄 정렬이 어긋난 것을 인지하는 능력이다. 최적의 조건에서 배열 시력은 1~2아크 초면 아주 좋은 것이다[배드콕 등 2014].

인식 시력은 단순한 모양이나 글자 같은 기호를 인식하는 능력이다. 인식 시력 측정에는 스넬렌 시력 검사표$^{Snellen\ eye\ chart}$가 가장 흔히 활용된다. 관찰자가 일정 거리에서 차트를 보고 검사자가 묻는 차트의 글자를 구별해야 하며, 구별할 수 있는 가장 작은 글자로 시력이 결정된다. 차트에서 가장 작은 글자는 6미터 거리에서 약 5아크 분이며, 이는 일반적인 독서 거리에서 신문의 평균 활자 크기에 해당한다. 스넬렌 시력표에서 시력은 보통 관찰자의 능력과의 상대치로 측정된다. 6/6(20/20)의 시력은 관찰자가 보통 사람이 6미터 거리에서 알아볼 수 있는 글자를 알아본다는 뜻이다. 6/9(20/30)의 시력은 보통 사람이 9미터 거리에서 알아볼 수 있는 글자를 관찰자는 6미터 거리에서 알아볼 수 있다는 뜻으로, 관찰자의 시력이 그리 좋지 않다는 뜻이다.

입체 시력은 두 눈의 양안 시차로 인해 심도의 작은 차이를 감지할 수 있는 능력이다(9.1.3절 참조). 복잡한 자극에서는 입체 시력이 단안 시력과 비슷하다. 조명 상태가 좋을 때는 10아크 초의 입체 시력 정도가 타당한 것으로 간주된다[라이셸트 등 2010]. 수직 막대 같은 더 간단한 대상에 대한 입체 시력은 2아크 초 정도면 좋은 것이다. 입체 시력에 영향을 주는 요인으로는 공간 빈도, 망막에서의 위치(예: 편심 2°에서 입체 시력은 30아크 초로 감소한다.), 관찰 시간(빠르게 변화하는 장면은 정확히 볼 수 없다.) 등이 있다.

입체 영상은 평면 영상보다 더 또렷이 보인다. 최근의 실험에 따르면, 다른 신호가 제시되지 않을 때 양안 시차에 따른 심도 인지는 40미터 이상에서 일어나는 것으로 나타났다[배드록 등 2014]. 흥미롭게도 입체 영상의 심도 효과는 머리를 움직일 때 일어나는 운동 시차보다 훨씬 더 크다.

8.1.5 눈 움직임

여섯 개의 외안근이 세 개의 축을 따라 양쪽 눈의 회전을 각각 제어한다. 눈 움직임은 여러 가지 방식으로 분류할 수 있다. 여기서는 응시 이동$^{gaze\ shifting}$, 고정적, 응시 안정 눈 움직임으로 나눈다.

응시 이동 눈 움직임

응시 이동 눈 움직임은 움직이는 물체를 따라가거나 다른 물체를 쳐다볼 수 있게 해준다.

추적은 자발적으로 시각적 타깃을 눈으로 쫓는 것이다. 추적의 목적은 대상을 중심와 부위에 안정시켜서 최대 해상도를 유지하고 모션 블러motion blur를 방지하기 위한 것인데, 중심와에 놓인 이미지가 초당 몇 도 이상으로 빠르게 움직이면 두뇌가 세부 사항을 완전히 처리할 수 없기 때문이다.

단속성 운동은 장면의 여러 부분이 중심와에 들어오도록 눈이 수의적/불수의적으로 빠르게 움직이는 것으로, 훑어보는 작업에 중요하다(10.3.2절 참조). 단속성 운동은 신체의 외부 기관 중에서는 가장 빠른 움직임으로, 최대 초당 1,000회까지 가능하며 일단 대상까지의 궤적이 시작되면 바뀌지 않는다[브리지먼(Bridgeman) 등 1994]. 지속 시간은 약 20~100ms로서 대부분 약 50ms로 유지되고[할렛(Hallett) 1986], 진폭은 최대 70°에 이른다. 단속성 운동은 일반적으로 초당 3회 정도 일어난다.

단속성 운동 억제는 단속성 운동이 일어나는 중이나 직전에 시야를 대폭 좁혀서, 사실상 관찰자가 볼 수 없게 된다. 관찰자가 의식적으로 이런 시각 상실을 눈치채지는 못하지만, 이런 단속성 운동 도중 어떤 일이 벌어지면 관찰자는 그 사건을 보지 못한다. 단속성 운동 중에는 관찰자가 알아차리지 못하는 가운데 눈 회전의 8~20%가량 장면이 회전할 수 있다[월라크(Wallach) 1987]. VR에서 눈 트래킹이 가능하다면 아마도 시스템에서 (걷는 방향을 조정하기 위해, 28.3.1절 참조) 단속성 운동 도중에 장면을 움직여, 사용자가 이런 움직임을 인지하지 못하게 할 수도 있을 것이다.

이접 운동은 다양한 심도에 있는 물체들을 양안시로 보거나 그 상태를 유지하기 위해 두 눈이 동시에 서로 반대 방향으로 회전하는 것이다. **눈 모임**convergence(어근인 con은 '향함'을 뜻함)은 두 눈이 서로 가까이 회전하는 것이다. **눈 벌어짐**divergence(어근인 di는 '떨어짐'을 뜻함)은 눈이 더 먼 곳을 보기 위해 서로 먼 쪽으로 회전하는 것이다.

고정 눈 움직임

고정 눈 움직임은 사람이 고개를 똑바로 유지한 채 한 방향을 보고 있을 때 시야를 유지하게 해준다. 이런 작은 움직임은 간상세포와 원추세포의 탈색을 방지한다. 사람은 이런 작고 불수의적인 눈 움직임을 의식 수준에서 알아채지 못하지만, 이런 눈 운동이 없다면 장면이 흐려져서 아무것도 보이지 않게 된다.

작고 빠른 눈 운동은 상시 미동(1아크 분에 30~100Hz)과 미세환속운동(5아크 초에 다양한 속도)이라고 분류할 수 있다[할렛(Hallett) 1986].

안구 표류ocular drift는 눈이 느리게 움직이는 것이며, 관찰자가 알지 못하는 사이 눈은 1°까지 움직일 수 있다[메이(May)와 배드콕 2002]. 꾸준히 고정하려 애쓰는 동안 불수의적으로 움직이는 이 운동은 중간값이 2.5아크 분이며 속도는 초당 약 4아크 분이다[할렛 1986]. 어두울 때는 이 표류 운동이 더 빨라진다. 안구 표류는 6.2.7절에서 설명한 자동운동 착시에서 중요한 역할을 한다. 6장에서 설명했듯이, 위치 일관성 판단에도 중요한 역할을 할지 모른다(10.1.3절 참조).

응시 이동 안구 운동

응시 이동 안구 운동은 고개를 움직일 때도 사물을 분명히 볼 수 있게 해준다. 응시 이동 안구 운동은 위치 일관성 적응에 중요한 역할을 하며(10.2.2절 참조), 멀미 안구 운동 이론(12.3.5절 참조)에서는 응시 이동 안구 운동으로 멀미가 일어날 수 있는 문제를 명시하고 있다.

망막 상 유동retinal image slip은 시각 자극을 보고 있는 동안 이에 상대적으로 움직이는 망막 운동이다[스토프레겐(Stoffregen) 등 2002]. 망막 상 유동의 가장 큰 잠재적 원인은 머리 회전이다[로빈슨(Robinson) 1981]. 머리를 움직일 때는 전정 안구 반사vestibulo-ocular reflex와 시운동성 안구 반사optokinetic reflex라는 두 메커니즘이 함께 응시 방향을 안정시킨다.

전정 안구 반사: 전정 안구 반사(VOR)는 전정 기관의 입력에 따라 눈을 회전시키며, 시각 자극이 없는 어두운 곳에서도 일어난다. VOR로 인한 안구 회전은 최대 초당 500°까지 부드럽게 가속될 수 있다[할렛 1986]. 이 빠른 반사는 (머리가 움직이기 시작한 지 4~14ms) 망막 상 유동이 시운동성 안구 반사(아래 설명 참조)가 민감한 낮은 빈도 대를 유지하도록 한다. 이 두 운동이 함께 일어나 고개를 돌리는 동안 시야를 안정시킨다[라자크(Razzaque) 2005]. 목, 상체, 심지어 다리 동작을 활용하는 VOR과 유사한 자기 수용성 안구 운동 반사도 시야를 안정시킨다.

시운동성 안구 반사: 시운동성 안구 반사(OKR)는 망막 전체로부터의 시각 입력에 따라 망막 응시 방향을 안정시킨다. 망막에서 일률적으로 움직이는 시각적 장면이 포착되면 눈은 반사적으로 회전해 이를 보정한다. OKR로 인한 안구 회전은 최대 초당 80°까지 부드럽게 가속될 수 있다[할렛 1986].

안구 회전 이득: 안구 회전 이득eye rotation gain은 안구 회전 속도를 고개 회전 속도로 나눈 값이다[할렛 1986, 드레이퍼(Draper) 1998]. 이득이 1.0이라면 고개를 오른쪽으로 회전할 때 오른쪽 눈이 그만큼 왼쪽으로 회전해 고개를 돌리기 시작했을 때 보고 있던 방향을 눈이 계속 보고 있다는 뜻이다. VOR만으로 인한 이득은 (어두운 곳에서는) 약 0.7이다. 관찰자가 월드 안의 안정돼 있는 대상을 상상하면 이득은 0.95로 늘어난다. 관찰자가 고개를 돌리면서 함께 돌아가는 대상을 상상하면 이득은 0.2 이하로 억제된다. 이렇게 VOR은 완벽하지 않으며, OKR이 여분의 오류를 수정한다. VOR은 1~7Hz일 때 가장 효과적이며(즉, VOR은 걷거나 뛸 때 물체를 고정해서 볼 수 있게 해준다.) 낮은 주파수, 특히 0.1Hz 이하에서는 점점 효과가 떨어진다. OKR은 0.1Hz 이하의 주파수에서 가장 효과적이고 0.1~1Hz에서는 효과가 떨어진다. 이렇게 VOR과 OKR은 머리를 움직일 때 서로 보완하는 관계로, 머리를 얼마나 움직이든 VOR과 OKR을 합쳤을 때 이득은 1에 가까워진다.

이득은 보고 있는 대상과의 거리에 따라서도 달라진다. 무한대의 거리에 있는 물체라면, 두 눈은 평행으로 똑바로 앞을 바라본다. 이 경우 이득은 이상적으로 1.0이어서 대상 이미지가 중심와에 머물게 된다. 대상이 더 가까이 있을 때는 안구 회전이 머리 회전보다 커야만 이미지가 중심와에 유지된다. 이런 이득 차이는 머리의 회전축이 안구의 회전축과 다르기 때문에 발생한다. 이득 차이는 눈앞에 손가락 하나를 들고 초점을 맞춘 채 저 멀리 있는 물체에 비교해서 눈의 움직임을 살피면 바로 확인할 수 있다.

능동적, 수동적 고개 및 안구 운동: 관찰자가 능동적으로 고개를 돌리면 외력에 의한 수동적 움직임에 의할 때보다 VOR 이득과 위상 지연이 탄탄하고 더 일관돼진다. 마찬가지로, 고개를 돌릴 때 시각적 장면 움직임에 대한 민감도는 고개를 능동적으로 움직였는지 수동적으로 움직여졌는지에 따라 달라진다[하워드(Howard) 1986a, 드레이퍼 1998]. 구심성과 원심성은 능동적 안구 운동을 감안해 동작 인지를 설명한다. 7.4절의 원심성과 구심성에 대한 설명을 보면, 눈이 움직이는데도 세상이 안정적으로 보이는 이유를 알 수 있다.

안진: 안진nystagmus은 주기적이고 불수의적으로 안구가 떨리는 것으로[하워드 1986a] 응시를 안정시켜주는 VOR과 OKR[라자크 2005]에 의해 유발된다. 연구자들은 보통 관찰자가 일정한 각속도로 계속 회전할 때 일어나는 안진을 논한다. 느린 안진은 의자가 돌아갈 때 관찰자가 눈앞의 세상을 똑바로 보기 위해 안구를 회전하는 것이다. 눈이 안와에서 회전할 수 있는 최대치에 도달하면 단속 운동에 의해 눈이 다시 머리에

대해 정면 앞쪽을 보게 된다. 이 회전을 빠른 안진 단계라고 한다. 이 패턴이 반복되면서 눈이 규칙적으로 회전하게 된다. 안진은 전정계에 자극을 주는 회전 운동으로, 어지러워진 사람의 눈을 볼 때도 확인할 수 있다[코렌 등 1999].

진자 안진pendular nystagmus은 고정된 빈도로 고개를 앞뒤로 돌리면 일어난다. 이 행동은 빠른 단계가 없이 느린 단계가 계속해서 변화한다. 진자 안진은 걸을 때와 달릴 때 생긴다. HMD의 지연율을 찾는 사람들은 종종 빠르게 고개를 앞뒤로 움직여, 고개를 움직일 때 장면이 어떻게 보이는지 확인하는 방식으로 지연율을 추정해본다. 이렇게 HMD처럼 지연율이 유도되는 장면의 움직임을 인식할 때 안진이 어떻게 작용하는지는 알려진 바가 거의 없다(15장 참조). 사용자가 장면의 움직임을 확인하려 할 때는 (VOR 때문에) 눈의 응시가 공중에 고정된 채 있으면서 망막 상 유동이 일어날 수도 있고, (OKR 때문에) 장면을 따라가면서 망막 상 유동은 일어나지 않을 수도 있다. 이는 고개가 얼마나 움직이는지, 과제 종류가 무엇인지에 따라 달라지며 개인 차 등도 작용한다. 눈 트래킹은 연구자가 이를 상세히 연구할 수 있게 해준다. 한 지연율 실험 주제는[엘리스(Ellis) 등 2004] 시야가 움직일 때 하나의 특징에 집중한다고 주장한다. 하지만 일화적 증거일 뿐이며 검증된 바는 없다.

8.1.6 시각 디스플레이

안구 회전과 2아크 초 배열, 입체 시각을 가정할 때 안구는 각각 $210°$씩 볼 수 있으므로, 디스플레이는 눈 각각에 대해 수평 해상도 378,000픽셀에 달해야 우리가 현실에서 보는 것에 필적하는 수준이 된다! 이런 수치는 극도로 단순한 분석일 뿐이며 완벽하게 이상적인 상황을 가정한 것이므로 다양한 상황적 한계를 감안해 설계하면 된다. 예를 들어, 중심 시야 바깥에서는 이렇게 높은 해상도로 인지하지 않으므로 눈 트래킹을 이용해서 사용자가 보고 있는 곳에만 고해상도 렌더링을 적용할 수 있다. 이러려면 새로운 알고리즘, 비균일 디스플레이 하드웨어, 빠른 눈 트래킹이 필요하다. 분명, 가상 현실을 제대로 시뮬레이션하는 지점에 도달하려면 해결해야 할 일이 많다. 이 경우, 사용자가 특정 장소를 바라볼 때 고해상도를 디스플레이하려면 시스템이 눈과 일종의 경주를 벌여야 하기 때문에 지연율 문제는 더 커질 것이다.

8.2 청각

청각 인지는 상당히 복합적이며 머리의 포즈, 생리학, 기대, 그리고 다른 감각 신호
와의 관계에 영향을 받는다. 우리는 소리로부터 환경의 품질을 추정할 수 있으며
(예: 큰 방과 작은 방에서는 소리가 달라진다.), 소리 하나만으로도 물체가 어디에 있는지
판단할 수 있다. 아래에서는 일반적인 소리의 개념을 설명하며, VR에 적용되는 오
디오는 21.3절에서 자세히 논의하겠다.

8.2.1 소리의 속성

소리는 물리적 측면과 인지적 측면 두 가지로 뚜렷하게 나눌 수 있다.

물리적 측면

숲에서 나무가 쓰러질 때 그 소리를 들으려면 꼭 근처에 있어야 하는 것은 아니다.
물리적 소리는 물체가 빠르게 앞뒤로 진동할 때 생겨나는 매개체(예: 공기)의 압력파
다. **음향 주파수**는 반복되는 압력이 변화하는 진동 혹은 초당 사이클 수(헤르츠^{Hz})다.
음폭은 음파에서 고점과 저점 사이의 압력 차다. 데시벨^{dB}은 음폭의 로그 변환으로,
음폭이 두 배가 되면 3dB이 증가한다.

인지적 측면

물리적 소리는 귀로 들어와서 고막을 자극하고, 그다음 수용기의 세포들이 이런 소
리의 진동을 전기 신호로 변환한다. 그러면 뇌에서 이런 전자 신호를 세기, 피치, 음
색 같은 소리의 특색으로 처리한다. 소리의 세기는 소리의 진폭에 가장 밀접히 연관
되는 인지적 특징이지만, 주파수도 세기에 영향을 미칠 수 있다. 10dB이 커지면(음
폭을 세 배 좀 넘게 키우면) 주관적 소리의 세기는 약 두 배가 된다.

피치는 기본 진동수에 가장 밀접하게 연관되는 물리적 속성이다. 낮은 주파수는 낮
은 피치와 연관되고 높은 주파수는 높은 피치와 연관된다. 현실에서 듣는 대부분의
소리는 엄격한 주기를 지키지 않는데, 한 사이클에서 다음 사이클로 반복되는 시간
적 패턴이 아닌 파동이기 때문이다. 이런 불완전한 사운드 패턴에서 인지되는 피치
는 주기적 변동의 평균 시간이다. 소음 같은 다른 소리는 비주기적이고 피치가 인지
되지 않는 것이다.

음색은 소리의 화성 구조(화성의 강도와 화성 수)와 밀접하게 연관되며, 세기, 피치,

길이는 같지만 다르게 들리는 두 개의 톤을 구분하는 특징이다. 예를 들어 기타의 화성은 바순이나 알토 색소폰보다 주파수가 높다[골드스타인 2014]. 또한 음색은 어택 attack(톤이 시작되는 부분에서 소리를 증강하는 것)과 톤의 쇠퇴(톤의 끝부분에서 소리가 줄 어드는 것)에 따라서도 달라진다. 피아노 연주 녹음을 거꾸로 재생하면 오르간 소리 처럼 들리는데, 원본의 톤 쇠퇴가 어택으로, 어택은 톤 쇠퇴로 바뀌기 때문이다.

청각 역치

사람이 들을 수 있는 주파수는 약 20~22,000Hz로[볼랜더(Vorlander)와 신 커닝햄(Shin-Cunni ngham) 2014], 말을 들을 때 가장 중요한 주파수대인 2,000~4,000Hz에서 가장 민 감도가 높다[골드스타인 2014]. 우리는 약 120dB까지의 소리를 들을 수 있으며, 이 대 역을 넘어서면 고통이 유발된다. 우리가 일상에서 듣는 대부분의 소리는 80~ 90dB 범위의 다양한 강도. 그림 8.7은 우리가 들을 수 있는 진폭과 주파수, 또한 인지되는 볼륨이 주파수에 얼마나 의존적인지 보여준다. 저주파와 고주파 소리를 똑같은 세기로 들으려면 중간 주파수대보다 진폭이 훨씬 커야 한다. 이런 현상은 외 이도가 중간 주파수대를 강화/증폭하기 때문에 일어난다. 흥미롭게도, 음악의 선율 을 들을 때는 피치가 5,000Hz 이하인 부분만 인지할 수 있다[어트니브(Attneave)와 올슨 (Olson) 1971].

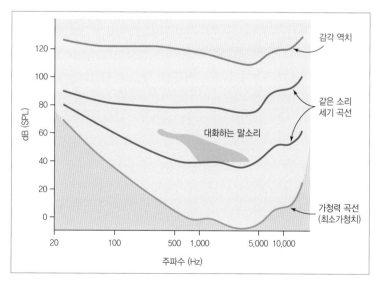

그림 8.7　가청력 곡선과 청각 반응 영역. 가청력 곡선 위의 영역은 우리가 들을 수 있는 크기와 주파수다. 감각 역치 위의 영역은 감각이 고통을 받는 대역이다. (골드스타인 [2014]에서 발췌)

청각 채널auditory channel은 시각과 고유 감각보다 시간적 변화에 훨씬 민감하다. 예를 들어, 50Hz의 진폭은 변동을 감지할 수 있고[요스트(Yost) 2006] 1,000Hz에 이르는 시간적 변동까지 감지할 수 있다. 청취자는 빠른 변동을 감지할 뿐 아니라 반응도 빠르게 할 수 있다. 청각 자극에 대한 반응 시간은 시각적 반응보다 30~40ms 더 빠르다[웰치(Welch)와 워렌(Warren) 1986].

8.2.2 양이 단서

양이 단서binaural cue(입체 음향 단서)는 양쪽 귀에서 각기 다른 청각 신호를 듣고 소리의 위치를 판단하는 것이다. 양쪽 귀는 각각 약간 다른 소리, 즉 타이밍과 크기가 다른 소리를 듣게 된다. 이런 두 귀의 시차는 저주파 음향이 어디서 들려오는지에 대한 효과적인 단서가 되며, 10ms 이하의 시차까지도 판별이 가능하다[클럼프(Klumpp) 1956]. 양쪽 귀 강도 차이interaural level difference(음향 음영이라고 함)는 머리에서 반사되고 회절하는 음향 에너지 때문에 발생하며, 2kHz 이상의 소리가 어디에서 들려오는지 찾는 데 효과적인 단서가 된다[보우먼 등 2004].

단이 단서monaural cue는 (귀의 모양으로 인해) 귀로 들어오는 주파수의 분포(혹은 스펙트럼) 차이를 활용한다. 단이 단서는 양이 단서가 도움이 되지 않을 때 소리의 고저(위/아래) 방향을 판단할 수 있게 해준다. 머리의 움직임 역시 두 귀의 시차, 두 귀의 강도 차이, 한쪽 귀의 스펙트럼 단서 변화를 만들어 소리가 오는 방향을 판단할 수 있게 해준다. 머리 관련 전달 함수는 21.3절을 참조하자.

청각 체계의 공간 예민성Spatial acuity은 시각만큼 뛰어나지 않다. 우리는 우리 앞이나 뒤에서 소리가 1° 차이 나면 이를 알 수 있지만, 소리가 멀리 왼쪽/오른쪽에서 들릴 때는 10°, 위/아래에서 들릴 때는 15° 차이가 나야 이를 감지한다. 이럴 때는 소리의 근원을 찾는 데 시각이 도움이 될 수 있다(8.7절 참조).

8.2.3 말소리 인지

음소phoneme는 언어에서 비슷하게 들리는 단어를 인지해 구분할 수 있게 해주는 최소한의 소리 단위다. 음소가 합쳐져 형태소morpheme, 단어, 구문이 된다. 다양한 언어마다 소리도 다양하므로, 음소의 개수는 언어마다 다르다. 예를 들어 미국식 영어에는 47개, 하와이어에는 11개, 일부 아프리카 언어에는 60개의 음소가 있다[골드스타인 2014].

형태소는 언어의 문법적 최소 단위로, 각 형태소는 더 작은 독립적 문법 요소로 나눌 수 없는 단어나 의미 있는 단어의 일부로 이뤄진다. 형태소는 단어의 부분 집합일 수 있지만 반드시 그런 것은 아니다(즉, 모든 단어는 하나 혹은 그 이상의 형태소로 이뤄져 있다). 형태소 그 자체만 있을 때는 의미를 띠므로 어근으로 간주된다. 형태소에 다른 형태소가 붙어야만 개념을 표현할 수 있다면 문법적 기능이 있으므로 접두사다. 형태소를 다른 형태소와 결합하는 방법이 많을수록 형태소의 생산성도 커진다. 음소와 형태소를 인식하는 것은 말 소리, 즉 단어가 자연스러운 말에서 구성되는 발성을 구별하는 능력이다.

말소리 분할speech segmentation은 대화에서 음향 신호가 계속될 때도 각각의 단어를 인지하는 것이다. 우리의 단어 인지는 신체 수용기의 에너지 자극에만 기반하지 않으며, 소리와 소리 간의 관계에 대한 과거 경험에 큰 영향을 받는다. 낯선 외국어를 듣는 사람에게는 단어들이 분절되지 않고 하나의 길게 이어지는 소리로 빠르게 이어지는 것으로 들린다.

의미 있는 맥락이 주어질 때 음소 인지가 더 쉬워진다. 워렌[1970]은 피실험자에게 "The state governors met with their respective legislatures convening in the capital city(주지사는 수도에 소집된 각자의 국회의원과 만났다)."라는 문장을 들려줬다. 그러면서 'legislatures'의 첫 번째 s자를 기침 소리로 바꿔 넣었지만, 피실험자 중 누구도 기침 소리가 문장 어디에서 들렸거나 'legislatures'에서 s자가 빠졌다고 말할 수 있는 사람은 없었다. 이 현상을 **음소 복원 효과**라고 한다.

새뮤얼Samuel[1981]은 음소 복원 효과를 이용해서 말소리 인지는 음향 신호(상향식 프로세스)와 청자의 기대를 만들어내는 맥락(하향식 프로세스) 양쪽 모두에 의해 결정된다는 점을 보여줬다. 또한 새뮤얼은 긴 단어일수록 음소 복원 효과의 발생 가능성이 늘어난다는 것도 발견했다. 문장 안에서 말해진 단어의 의미 파악과 문법 지식에서도 비슷한 현상이 발생하는데, 익숙한 문법으로 된 문장 안에서 들을 때 말해진 단어를 더 쉽게 인지할 수 있다[밀러(Miller)와 이사드(Isard) 1963].

8.3 촉감

우리가 뭔가를 만질 때나 건드려질 때, 피부의 수용기는 우리 피부에 무슨 일이 일어나고 있는지와 함께 피부에 닿은 물체에 대한 정보를 제공한다. 이런 수용기는 우리가 세세한 사항, 진동, 텍스처, 모양, 잠재적으로 해를 입히는 자극인지에 대한 정보를 전달한다.

청각 장애인이나 시각 장애인은 놀라울 만큼 잘 적응하지만, 감각을 잃는 희귀한 조건을 가진 사람은 촉감과 통증이 주는 경고를 받지 못해 계속 멍이 들고 화상을 입고 골절을 입는 등 어려움을 겪는다. 촉감을 잃게 되면 환경과의 상호작용도 어려워진다. 촉감 피드백이 없으면 물건을 집어 들거나 키보드를 타이핑하는 간단한 행동도 어렵게 느껴질 수 있다. 안타깝게도 촉감은 VR에 적용하기가 극히 어렵지만, 우리가 촉감을 어떻게 인지하는지 이해하면 최소한 일부 단순한 단서를 제공하는 정도로도 혜택을 줄 수 있다.

성인의 피부 넓이는 1.3~1.7평방미터에 달한다. 하지만 두뇌는 피부의 모든 부분을 똑같이 간주하지 않는다. 사람은 말과 손을 사용한 물체 조작에 굉장히 의존하므로, 우리 뇌의 큰 부분이 두 손에 배정돼 있다. 그림 8.8의 오른쪽은 감각의 호문쿨루스 homunculus(라틴어로 '작은 사람'을 뜻함)로, 감각 피질에서 다양한 신체 부위가 배정된 위치를 보여준다. 감각 피질이 각 신체 부위에 배정된 비율은 해당 신체 부위에 있는 촉각 수용기의 밀도와 비례한다. 왼쪽 그림은 동작의 계획과 수행을 돕는 운동 호문쿨루스(신체 운동 뇌도)다. 일부 신체 부위는 감각과 운동 피질에서 불균형하게 큰 영역을 차지하고 있는데, 특히 입술과 혀, 손이 그렇다.

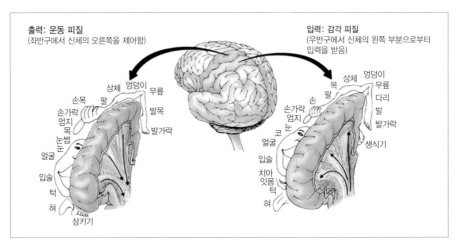

그림 8.8　이 운동과 감각 호문쿨루스는 '두뇌 안의 신체 부분'을 표시한 것이다. 그림에서 신체 부위의 크기는 해당 신체 부위에 배정된 대뇌 피질의 양을 보여준다. (버튼(Burton)[2012]에서)

8.3.1 진동

피부는 공간적 세부 사항뿐 아니라 진동도 감지할 수 있다. 바로 파시니안 소체 Pacinian corpuscles라고 하는 기계자극 수용기 때문이다. 혈구 안에 있는 신경 섬유는 느리거나 계속해서 미는 압력에 천천히 반응하지만, 높은 진동수에는 잘 반응한다.

8.3.2 질감

질감을 인지할 때 시각만으로는 불충분한데, 질감을 눈으로 볼 때는 조명에 따라 달라지기 때문이다. 또한 촉감으로도 질감을 인지할 수 있다. 튀어나온 곳과 패인 곳 같은 표면 요소에 의해 공간적 단서도 주어져서 표면 요소의 형태, 크기, 분포를 파악할 수도 있다.

피부가 질감 있는 표면을 스칠 때는 시간적 단서가 생기며, 이는 진동 형태로 발생한다. 섬세한 질감은 종종 표면에 손가락을 미끄러뜨려봐야만 느껴진다. 시간적 단서는 도구를 통해 간접적으로 표면을 느껴볼 때도 중요한데(예: 울퉁불퉁한 표면 위로 막대기를 끌어보기), 손가락이 표면을 건드리지 않는데도 도구의 진동으로 느껴지는 대신 표면 질감으로 느껴진다.

대부분의 VR 제작자는 물리적 질감을 고려하지 않는다. 질감은 실물 기기(예: 핸드헬드 컨트롤러나 조종 시스템)나 사용자가 몰입 상태에서 상호작용하는 현실 세계의 표면을 구축할 때 수동적 햅틱(3.2.3절 참조)으로만 고려된다.

8.3.3 수동적 터치와 능동적 터치

수동적 터치는 피부에 자극이 적용될 때 일어난다. 수동적 터치는 VR에서 시각과 합쳐질 때 매력이 커진다. 예를 들어, 사용자의 몸을 가상의 깃털이 스칠 때 피부에 진짜 깃털을 문질러주면 사용자가 아바타를 효과적으로 자신과 동일시할 수 있다.

능동적 터치는 보통 손가락과 손으로 물체를 적극적으로 만져볼 때 일어난다. 수동적 터치와 능동적 터치를 3.2.3절에서 논의한 수동적 및 능동적 햅틱과 혼동하지 말자. 사람은 능동적 터치를 활용할 때 세 가지 시스템을 이용한다.

- 감각 시스템: 터치, 온도, 질감, 손가락의 위치/움직임 같은 피부의 감각 탐지에 활용된다.
- 운동 시스템: 손가락과 손을 움직일 때 활용된다.

- 인지 시스템: 감각 시스템과 운동 시스템에 의해 제공되는 정보에 대해 생각하는 데 활용된다.

이런 시스템은 함께 작용해 수동적인 터치와는 상당히 다른 경험을 만들어낸다. 수동적 터치에서 감각은 주로 피부에서 경험되는 반면, 능동적 터치에서는 만져지는 사물을 인지한다.

8.3.4 통증

통증은 위험한 상황에 대한 경고 기능을 한다. 통증에는 세 가지 종류가 있다.

- 병변, 반복 작업(예: 손목 터널 증후군), 혹은 신경계의 손상(예: 척수 손상 혹은 발작)에 의한 신경성 동통
- 통각수용기라는 피부의 수용기가 활성화돼 생기는 통증으로 열기, 화학 작용, 압력, 추위 등으로 인한 조직 손상이나 잠재적 손상에 특화된 반응
- 이전의 조직 손상, 관절염, 종양세포에서 유발된 염증성 통증

통증 인지는 피부 자극만이 아니라 예상, 집중, 산만하게 하는 자극, 최면 같은 요인에도 큰 영향을 받는다. 환상 사지통phantom limb pain의 예를 보면, 팔이나 다리가 절단된 사람이 절단된 팔이나 다리가 아직 있는 것처럼 느끼고, 일부는 없는 팔이나 다리에서 계속 통증을 느끼기도 한다[라마찬드란(Ramachandran)과 허스타인(Hirstein) 1998]. VR을 이용한 통증 경감의 예로는 화상 환자의 붕대를 제거할 때 의사들이 활용하는 VR 게임이 있는데, 냉감을 전달하는 환경에서 진행돼 환자의 주의를 분산시킨다[호프먼(Hoffman) 2004].

8.4 고유 감각

고유 감각은 팔다리와 전신에 있는 감각으로 근육, 힘줄, 관절낭의 수용기에서 오는 전신의 자세와 운동 감각이다. 고유 감각 덕분에 우리는 눈을 감고도 손으로 코를 만질 수 있다. 고유 감각에는 의식적 요소와 무의식적 요소가 모두 있으며, 우리가 팔다리의 위치와 운동을 감지할 수 있게 해줄 뿐 아니라 힘을 발생시키는 감각도 제공해 힘의 강도를 조절하게 해준다.

만지는 행동은 보통 그 결과적 감각을 인식할 수 있기에 분명하게 느껴지지만, 고유 감각은 우리가 일상생활에서 잘 인지하지 못하고 당연히 받아들이기 때문에 신비한 면이 있다. VR 제작자로서 사용자가 가상 환경과 상호작용할 때 실제 어떻게 움직이는지 이해하려면 고유 감각을 잘 알아야 한다(최소한 직접 연결되는 신경 인터페이스가 상용화될 때까지는 달리 방법이 없다). 여기에는 머리, 눈, 팔다리, 전신의 움직임이 포함된다. 감촉과 고유 감각이 없다면, 우리는 물건을 집어 들면서 으스러뜨리고 말 것이다. 고유 감각은 VR 놀이 기구 설계에 아주 유용하며, 이 부분은 26.2절에서 상세히 논의하겠다.

8.5 균형과 신체 움직임

전정계는 기계적 운동 감지 역할을 맡는 내이의 미로 같은 기관으로(그림 8.9), 균형과 신체 움직임에 대한 입력을 제공한다. 전정계의 기관은 이석 기관$^{otolith\ organs}$과 반고리관으로 구성된다.

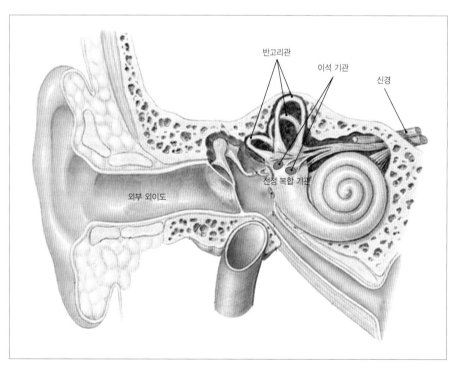

그림 8.9   전정계가 보이는 외이, 중이, 내이의 단면도 (제럴드(Jerald)[2009], 마르티니(Martini)[1998]에서 발췌)

두 **이석 기관**은 (오른쪽과 왼쪽) 각각 삼축 가속계 역할을 해서 선형 가속을 측정한다. 선형 운동의 중단은 거의 즉시 이석 기관에서 감지된다[하워드 1986b]. 이석 기관 신호를 신경계에서 해석할 때는 가속 정도가 아니라 거의 전적으로 방향에 의존한다[라자크 2005].

서로 거의 직각으로 있는 세 개의 **반고리관**은 삼축 자이로스코프 역할을 한다. 세반고리관은 주로 각속도를 측정하는 자이로스코프 역할을 하지만, 속도가 일정할 때 일정 시간 동안만 가능하다. 3~30초가 지나면 속도가 없는 것과 일정한 속도가 있는 것의 차이를 분명히 구분할 수 없다[라자크 2005]. 실제와 가상 세계에서 머리의 각속도는 0일 때를 제외하고는 일정할 때가 거의 없다. 반고리관은 0.1~5.0Hz 사이에서 가장 민감하다. 0Hz 이하에서는 출력이 각 가속도와 대략 같고, 0.1~5.0Hz는 각 가속도와 대략 일치하며 5.0Hz 이상일 때는 각 변위angular displacement와 대략 같다[하워드 1986b]. 0.1~5.0Hz 범위는 보통의 머리 움직임에 잘 맞는데, 걸을 때 머리 움직임은(최소한 한 발은 늘 지면에 닿아있다.) 1~2Hz 범위고, 달릴 때는(두 발이 다 지면에서 떠있는 순간이 생긴다.) 3~6Hz에 달한다[드레이퍼 1998, 라자크 2005].

평범한 상황에서 우리는 일반적으로 전정계에 대해 인식하지 않지만, 뭔가 잘못됐을 때 비정상적 상황은 아주 잘 인지하게 된다. 전정계에 대한 이해는 전정 기관 자극이 다른 감각에서의 자극과 일치하지 않을 때 멀미가 유발되기 때문에 VR 콘텐츠 제작에 지극히 중요하다. 전정계와 멀미의 관계는 12장에서 상세히 다루겠다.

8.6 냄새와 맛

냄새와 맛은 둘 다 화학 수용체를 통해 작용하며, 화학 수용체는 환경 속의 화학 자극을 감지한다.

냄새(후각 인지라고도 함)는 공기 중의 냄새 분자가 코에 밀집한 후각 수용체의 특정 위치에 결합할 때 냄새를 인지하는 능력이다. 후각을 통해 우리는 아주 낮은 농도의 물질도 감지할 수 있다. 후각계에서 구분할 수 있는 냄새의 수는 연구자에 따라 달리 주장하는데, 수백에서 수조까지에 이른다는 의견을 두고 열띤 논쟁이 벌어진다. 인종적 차이로 인해 사람마다 서로 다른 냄새를 맡는다.

맛(미각 인지라고도 함)은 혀에서 느끼는 물질의 화학적 감각이다. 사람의 혀 자체는 다섯 가지 기본 맛인 단맛, 신맛, 쓴맛, 짠맛, 감칠맛을 구분할 수 있다.

냄새, 맛, 온도, 질감이 모두 어우러져 풍미라는 감각을 제공한다. 맛 자체가 풍미를 결정하는 것이 아니라면, 이런 다양한 감각이 결합될 때 훨씬 다양한 풍미가 된다. 사실, 미각을 흉내 내는 VR 시스템은 다양한 시각과 냄새 단서를 제공함으로써 사용자가 평범한 쿠키를 다양한 맛이라고 생각하도록 한 바 있다[미야우라(Miyaura) 등 2011].

8.7 복합 감각

다양한 감각의 적용은 자동으로 일어나며, 단 한 감각만으로 인지가 일어나는 일은 드물다. 각 감각이 다른 감각과 독립적인 것처럼 검토하면, 일상의 인지 경험에 대해 부분적으로만 이해하는 결과를 낳게 된다[웰치와 워렌 1986]. 셰링턴Sherrington[1920]은 "신경계의 모든 부분은 연결돼 있으며, 어떤 부분도 여러 다른 부분에 영향을 주고 받지 않고서는 아마도 작동할 수 없을 것이다."라고 말했다.

한 감각의 인지는 다른 감각에 영향을 줄 수 있다. 놀라운 예로, 음향 단서를 시각 단서와 정확히 동기화하지 않으면 시각 인지가 그 영향을 받을 수도 있다. 예컨대 음향 자극이 시각적인 점멸융합 주파수flicker-fusion frequency(주체가 시각 자극의 번쩍임을 알아채기 시작하는 주파수, 9.2.4절 참조)에 영향을 줄 수 있다[웰치와 워렌 1986].

세쿨러Sekuler 등[1997]은 두 개의 움직이는 형체가 디스플레이에서 교차할 때, 대부분의 주체는 이런 형체가 각자를 지나가며 직선 운동을 계속하는 것으로 인식한다는 것을 발견했다. 형체들이 서로 인접해 보일 때 '딸깍' 소리가 나면, 대부분은 형체들이 충돌해 반대 방향으로 튕겨가는 것으로 인식했다. 이는 현실 세계에서 전형적으로 일어나는 일과 동일한데, 두 개의 움직이는 물체가 서로에게 가까워질 때 소리가 났다면 이런 소리를 유발하는 충돌이 일어났을 가능성이 높다.

말소리 인지는 청각과 시각이 모두 관계되는 복합 감각 경험일 때가 많다. **립 싱크**는 화자의 입술 움직임과 말하는 음성 사이의 동기화를 일컫는다. 말소리 동기화의 인지 역치는 시청각적 이벤트의 복잡도, 일치, 예측성과 더불어 그 맥락과 적용되는 실험 방법론에 따라 크게 좌우된다[에그(Eg)와 베네(Behne) 2013]. 보통 우리는 소리보다 시각이 앞서는 것을 용인하고, 소리가 복잡해질수록 그 역치가 커진다(예: 우리는 음절보다 문장에서 불일치를 덜 민감하게 알아챈다). 한 연구에서는 오디오가 비디오보다 5 비디오 필드(약 80ms) 앞서 나올 때, 시청자들은 의식적으로 불일치를 알아차리지 못하더라도 화자를 더 부정적으로 평가(예: 흥미가 떨어짐, 불편함, 영향력이 적음, 불안함, 성공적이지 않음)했다[리브스(Reeves)와 뵐커(Voelker) 1993].

맥거크 효과[McGurk effect][맥거크와 맥도널드(MacDonald) 1976]는 시각 정보가 청각보다 얼마나 큰 영향을 주는지 여실히 보여준다. 예를 들어, /바-바/라는 소리가 들릴 때 이 소리를 내는 입술 모양이 /가-가/로 보이면 청자에게는 실제로 /다-다/라는 소리로 들린다.

시각은 다른 감각 기관을 압도하는 경향이 있다[포스너(Posner) 등 1976]. 예를 들어 시각은 공간 음향보다 우세하다. **시각 포착**이나 복화술 효과는 한 곳에서 소리가 들려오는데(예: 극장의 스피커) 시각적 동작이 일어나는 곳에서(예: 화면에 보이는 배우의 입에서) 들리는 것으로 위치를 잘못 판단할 때 발생한다. 이런 상황은 우리가 소리를 만들어낼 수 있는 시각적 사건이나 물체를 식별하려는 경향 때문에 생긴다.

많은 경우, 시각과 고유 감각이 불일치할 때 우리는 시각이 알려주는 지시점을 맞는 것으로 인지하는 경향이 있다[깁슨(Gibson) 1933]. 특정 조건에서는 VR 사용자에게 손으로 느껴지는 모양과 다르게 생긴 형태를 만지고 있다고 믿게 만들 수 있다[콜리(Kohli) 2013]. 또한 VR 사용자는 시각적으로 보이는 손이 고유 감각으로 느끼는 손과 일치하지 않을 때보다 가상 손이 시각적으로 가상 물체를 뚫고 들어가는 데 더 민감하게 반응한다[번즈(Burns) 등 2006]. VR 시스템에 물리적 촉감이 없는 점을 보완하기 위해 부분적인 감각 대체를 이용할 수 있으며, 자세한 내용은 26.8절에서 살펴본다.

시각과 고유 감각 단서의 불일치는 멀미를 유발할 수 있기 때문에 VR이 풀어야 할 큰 과제다. 12장에서 이런 단서 불일치를 자세히 살펴본다.

8.7.1 보완 관계에 있는 시각 단서와 전정 기관 단서

전정계는 주로 각속도와 선형 가속의 일차적 근사치를 제공하며, 시간이 흐르면서 서서히 변하는 위치 변화를 알려준다[하워드 1986b]. 따라서 전정 기관 단서 하나만으로는 절대 위치나 방향을 판단할 수 없다. 시각 단서와 전정 단서가 합쳐져서 사람들은 움직이는 자극과 자신의 운동을 구별할 수 있게 된다.

시각 체계는 저주파 운동을 포착하는 데 좋은 반면, 전정계는 고주파 운동 감지를 더 잘한다. 전정계는 기계적 시스템이며 눈의 느린 전기 화학적 시각 반응보다 반응 속도가 빠르다(3~5ms!). 따라서 전정계는 처음에는 갑작스러운 물리적 운동 시작에 더 기민하게 반응한다. 지속되는 일정한 속도가 일정 시간 유지되면 전정 기관 단서가 줄어들고 시각적 단서가 이를 대신한다. 중간 주파수대는 전정 단서와 시각 단서를 모두 사용한다.

조종사의 경우 전정 기관 단서가 없거나 오해의 소지를 줄 때 목숨을 위협하는 운동 착시로 이어지기도 한다[라자크 2005]. 예를 들어, 전정 이석 기관은 선형 가속과 기울어짐을 구분하지 못한다. 그래서 반고리관이 예민한 범위 안에서는 반고리관이 이런 구분을 담당한다. 하지만 민감 범위를 벗어나면 시각 단서가 이런 구분을 맡는다. 수많은 인명을 앗아간 비행기 사고는 시각 단서가 없어 구분이 되지 않은 탓에 발생했다(예: 시계 악화). 이런 구분 불가능성을 활용해, 기울어지는 모션 플랫폼을 통해 전방 가속의 느낌을 줘서 아주 매력적인 VR 기능을 넣을 수 있다.

공간과 시간 인지

우리는 주위에 있는 여러 사물의 레이아웃, 타이밍, 움직임을 어떻게 인지할까? 이 질문은 새로운 것이 아니며 수 세기 동안 예술가, 철학자, 심리학자들을 매료시켜왔다. 그림, 사진, 영화, 비디오 게임, 그리고 새로운 VR의 성공은 대체로 공간 3D와 그 타이밍을 그럴듯하게 묘사하는 것에 달려 있다.

9.1 공간 인지

눈속임 그림(그림 II.1)과 애이미의 방(그림 6.9)은 공간 인지에서 눈을 속일 수 있다는 점을 증명한다. 하지만 이런 착시는 아주 제한적이며 특정 시점에서 볼 때만 작용한다. 관찰자가 움직이면서 인지를 위한 정보를 더 찾으면 착시가 깨지고 진실이 선명하게 드러난다. 한 시점에 있는 관찰자를 속이는 것은 VR 사용자를 다른 세계에 와 있다고 속이기보다 비교적 쉽다.

감각을 속여서 공간을 잘못 해석하게 할 수 있다면, 우리의 감각이 언제나 우리를 속이고 있는 것이 아니라고 어떻게 믿을 수 있을까? 아마 우리 주위의 공간을 100% 믿을 수는 없을 것이다. 하지만 진화 과정을 보면 우리의 인지를 어느 정도 믿을 수밖에 없는데, 우리의 인지가 과도하게 착각에 취약하다면 오래전에 멸종했을 것이기 때문이다[커팅(Cutting)과 비쉬튼(Vishton) 1995]. 아마도 VR의 목적은 공간을 속이는 것이고, 언젠가 VR의 숙제를 완전히 극복하게 된다면 진화적 논쟁도 굴복시키고, 그 과정에서 멸종을 맞는 일도 피할 수 있을 것이다.

다중 감각 기관이 함께 작용해 공간적 위치감을 줄 때가 많다. 시각은 좀 더 정확하고 장소 인지에 더 빠르며(감지에는 청각이 더 빠르긴 하다.), 세 방향 모두에 정확하며(반면 청각은 측면 방향에만 더 정확하다.), 원거리에도 잘 맞아 더 뛰어난 공간 감각이다.

우리 주위의 공간 인식에는 수동적 인지뿐 아니라 세상을 능동적으로 이동해갈 때의 능동적 인지(10.4.3절 참조)와 상호작용(26.2절 참조)도 있다.

9.1.1 세계 중심적 판단과 자기 중심적 판단

객체 관련 판단이라고도 하는 **세계 중심적 판단**exocentric judgement은 물체가 다른 물체, 세계, 혹은 그 외의 외적 참조물과 비교해서 어디에 있는가 하는 감각이다. 세계 중심 판단에는 중력, 지리적 방위(예: 북쪽), 두 물체 간의 거리 감각이 포함된다. 고겔Gogel의 인접 원칙에서는 '상대적 단서를 만들어내는 인지되는 물체 간의 거리가 늘어날수록 상대적 단서의 효과가 줄어든다.'고 말한다[맥(Mack) 1986]. 즉, 물체들이 서로 멀리 떨어져 있을수록 비교하기가 더 어렵다.

이런 물체들의 위치 인식에는 방향과 우리 몸과의 거리도 포함된다. 주체 관련 판단이라고도 하는 **자기 중심적 판단**egocentric judgement은 관찰자에 상대적으로 사물이 어디에 있는가(방향과 거리) 하는 감각이다. 왼쪽/오른쪽과 앞/뒤라는 판단이 자기 중심적 판단이다. 자기 중심적 판단은 시각, 청각, 고유 감각, 촉감 기관이 주로 수행한다.

우리의 자기 중심적 인지에는 여러 변수가 영향을 준다. 더 많은 감각이 주어질수록 판단은 더욱 안정적이 되는데, 어두울 때는 자동운동 효과에서 보듯 판단의 안정성이 훨씬 떨어진다(6.2.7절 참조). 시야 중심에 위치하지 않는 자극(예: 중심에서 벗어난 사각형)은 똑바른 모습이 중심에서 벗어난 자극으로 편향돼 인지되는 결과가 나타날 수 있다. **우세안**dominant eye은 사물을 보는 데 사용되며, 방향을 판단하는 데도 영향을 준다. 눈의 움직임(8.1.5절 참조)은 정면에 대한 우리의 판단에도 영향을 준다.

VR과 관련된 세계 중심과 자기 중심적 공간의 기준틀은 26.3절에서 논하겠다. 이런 기준틀은 VR 인터페이스 디자인에 특히 중요하다.

9.1.2 우리 주위의 공간 분할

우리 각자를 둘러싼 공간의 레이아웃은 사적 공간, 행동 공간, 조망 공간이라는 세 가지 자기 중심적 영역의 원으로 구분할 수 있다[커팅과 비쉬튼 1995].

사적 공간은 보통 자연스럽게 팔을 뻗은 상태를 조금 넘어가는 범위로 간주된다. 보통 이 공간 안에 남이 침범할 때는 친근한 사람이나 공공 장소에서 필요에 의할 때만(예: 지하철이나 콘서트장) 편안할 수 있다. 이 공간은 자신의 시점에서 2미터 안쪽인데, 사용자가 서있는 상태의 두 발이 포함되며 걸음을 옮기지 않고도 사물을 조작할 수 있는 공간이다. 사적 공간 안에서는 고유 감각 단서를 얻고, 손의 움직임과 물체의 움직임 간에 더 직접적인 매핑이 가능하며, 입체 영상과 머리의 운동 시차 단서가 강해지고, 운동의 각 정확도angular precision가 더 섬세해지는 이점이 있다[미네(Miné) 등 1997].

사적 공간을 넘어가면 공적인 행동이 이뤄지는 **행동 공간**action space이 된다. 행동 공간에서 우리는 비교적 빠르게 움직이고, 남에게 말을 하고, 물건을 건넨다. 이 공간은 사용자에게서 2~20미터 정도 떨어진 범위 내를 의미한다. 20미터를 넘으면 **조망 공간**이 되는데, 직접 조작할 수 없고 인지 단서가 상당히 일관된 범위다(예: 양안시는 거의 성립할 수 없다). 이 범위에서는 효과적인 심도 단서가 회화적이 되므로, 이 범위에 있는 대형의 2D 눈속임 그림은 그림 9.1의 안드레아 포조Andrea Pozzo가 그린 비엔나 예수회 성당 천장화처럼, 이 공간이 진짜라는 착시를 일으키기에 최적이 된다.

그림 9.1   비엔나 예수회 성당의 이 눈속임 그림은 멀리에서는 2D 그림을 3D 조형과 구분하기 어렵다는 점을 여실히 보여준다.

9.1.3 심도 인지

독자들은 지금 이 페이지의 내용을 1미터 이내에서, 단어와 글자들이 1센티미터 안쪽으로 보이는 상태로 읽고 있을 것이다. 좀 더 먼 곳을 보면 벽, 창문, 그리고 1미터보다 먼 여러 물체가 보일 것이다. 이런 물체는 눈의 망막에 투영된 2D 이미지인데도, 여러분은 직관적으로 이런 거리를 가늠해 거리를 곰곰이 생각해보지 않고도 물체와 상호작용할 수 있을 것이다. 이렇게 망막 표면에만 투영된 세상의 장면을 기반으로 우리는 물체가 얼마나 멀리 떨어져 있는지 직관적으로 인지해낸다.

망막 표면에 떨어지는 개별 광자만 가지고 어떻게 입체적인 세계를 재구성하고 이해할 수 있는 것일까? 공간 인지가 양쪽 눈 각각의 망막에 맺히는 2D 이미지만으로 기능한다면(8.1.1절 참조), 특정한 시각 자극이 30센티미터 거리에 있는지 1킬로미터 밖에 있는지 알 방도가 없을 것이다. 분명 단순히 망막에 맺히는 빛의 점들을 감지하는 것 이상의 뭔가가 있다.

표 9.1 9장의 심도 단서와 요인 정리

- 회화적 심도 단서
  - 가림
  - 직선 원근법
  - 상대적/익숙한 크기
  - 그림자/음영
  - 텍스처 경사
  - 지평선에 상대적인 높이
  - 대기 원근법
- 운동 심도 단서
  - 운동 시차
  - 운동 심도 효과
- 양안 심도 단서
- 안구 운동 심도 단서
  - 이접 운동
  - 초점 조절
- 맥락적 거리 요인
  - 의도된 행동
  - 두려움

표 9.2 사적 공간, 행동 공간, 조망 공간에서 자기 중심적 거리 인식을 위한 시각 단서의 중요도(1이 가장 중요)

정보의 원천	공간		
	개인 공간	행동 공간	조망 공간
가림	1	1	1
양안	2	8	9
운동	3	7	6
상대적/익숙한 크기	4	2	2
그림자/음영	5	5	7
텍스처 경사	6	6	5
선형 원근법	7	4	4
안구 운동	8	10	10
지평선에 상대적인 높이	9	3	3
대기 원근법	10	9	8

3D 세계의 인지는 고차원적 프로세스의 결과다. 인지는 우리가 공간, 형체, 거리를 인지하는 수많은 방식에 의존한다. 이 장에서 설명하는 여러 단서는 우리가 자기 중심적인 심도 혹은 거리를 이해하게 해주는 것들이다. 더 많은 단서가 주어지고 서로 일관될수록 심도 인지는 더욱 강해진다. VR 시스템에서 잘 적용되기만 하면 이런 심도 단서는 존재감을 상당히 더해줄 수 있다.

심도 단서는 회화적 단서pictorial cue, 운동 단서, 양안 단서, 안구 운동 단서oculomotor cue 이렇게 네 가지로 나눌 수 있다. 맥락이나 사용자의 심리적 상태 역시 심도/거리 판단에 영향을 미칠 수 있다. 표 9.1은 이 장에서 설명하는 단서와 요인을 정리한 것이며, 표 9.2는 여러 단서를 중요도순으로 보여준다.

회화적 심도 단서

회화적 심도 단서는 원격 자극에서 광자가 망막에 투영돼(근접 자극) 2D 이미지가 생기는 것이다. 이런 회화적 단서는 한쪽 눈으로만 볼 때, 그리고 그 눈이나 시야에 들어오는 어떤 것도 움직이지 않을 때도 주어진다. 아래에 중요도순으로 회화적 단서를 소개한다.

가림: 가림occlusion은 가까이 있는 불투명한 물체가 멀리 있는 다른 물체를 늘 가리는 현상을 일컬으며, 인지되는 거리의 전 범위에 효과가 미치는 가장 강력한 심도 단서다. 그런데 중요한 심도 단서이기는 하지만 상대적인 심도 정보만 제공하기 때문에, 정확도는 장면 안에 있는 물체의 숫자에 따라 달라진다.

가림은 VR 디스플레이 디자인에서 특히 중요한 개념이다. 많은 2D 비디오 게임에 쓰이는 다양한 헤드업 디스플레이(HUD)가 오클루전, 운동, 생리, 양안 단서와 충돌을 빚으므로 VR 디스플레이에는 잘 맞지 않는다. 이런 충돌 때문에 2D 헤드업 디스플레이는 시점으로부터 일정 거리가 있는 3D 지오메트리로 변환돼야만 가림 현상을 적절히 처리할 수 있다. 그렇지 않으면 멀리 있는 것으로 보이는 텍스트와 지오메트리가 가까이 있는 물체에 가려지지 않아 혼동되고, 사용자가 눈의 피로와 두통을 겪을 수 있다(13.2절 참조).

선형 원근법: 선형 원근법은 멀리 물러나는 평행선들이 소실점이라는 한 지점에서 모이는 듯이 보이게 한다(그림 9.2). 그림 6.8의 폰조 기차길 착시는 직선 원근법이 얼마나 강력한지 보여준다. 직선 원근법이 전달하는 심도 감각은 너무 강력해서 비사실적인 격자 패턴이 카펫이나 편평한 벽 같은 세부가 보이는 더 흔한 질감보다 효과적인 공간감을 줄 수도 있다.

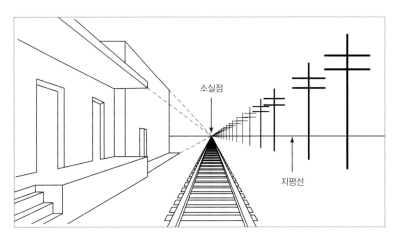

그림 9.2   선형 원근법은 멀리 물러나는 평행선들이 소실점에서 모이는 듯이 보이게 한다.

상대적/익숙한 크기: 같은 크기의 물체 두 개가 있을 때 더 멀리 있는 물체가 망막에 투영된 이미지는 가까이 있는 물체보다 시각도visual angle를 덜 차지한다. **상대적/익숙**

한 크기는 사전 지식이나 장면 속 다른 물체와의 비교를 통해, 혹은 물체의 크기를 알고 있을 때 거리를 추정하게 해준다. 자신의 몸 일부를 볼 수 있으면 존재감이 더 해질 뿐더러(4.3절 참조), 사용자가 자기 몸 크기를 알고 있기 때문에 상대적 크기의 심도 단서도 될 수 있다.

그림 9.3   상대적/익숙한 크기. 크기를 알고 있는 한 물체의 시각도는 해당 물체의 거리 감각도 제공한다. 두 개의 동일한 물체의 시각도 크기가 서로 다르다는 것은 작은 물체가 더 멀리 있다는 점을 암시한다.

그림자/음영: 그림자와 음영은 물체의 위치에 대한 정보를 제공한다. 그림자는 물체가 바닥에 놓여 있는지 공중에 떠있는지 알려준다(그림 9.4). 또한 그림자는 형체(그리고 한 물체의 여러 심도)에 대한 단서도 준다.

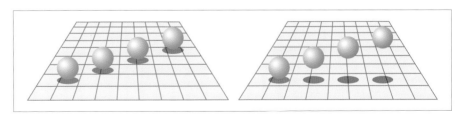

그림 9.4   그림자가 어디에 있는지에 따라 물체의 다양한 심도와 높이가 어떻게 보이는지를 나타내는 예 (커스텐(Kersten) 등[1997])

텍스처 경사: 대부분의 자연적 물체에는 시각적 질감이 있다. 텍스처 경사^{texture gradient}는 선형 원근법과 비슷하다. 질감의 밀도는 눈과 물체의 표면 사이의 거리에 비례해 높아진다(그림 9.5).

그림 9.5   물체의 질감은 형체와 심도감을 제공할 수 있다. 이미지 중앙이 가장자리보다 가깝게 보이는 것은 텍스처 경사 때문이다.

지평선에 상대적인 높이: 지평선에 **상대적인 높이**는 물체가 지평선에 가까울수록 더 멀리 떨어져 있는 것처럼 보이게 한다(그림 9.6).

그림 9.6   지평선에 가까이 있는 물체는 더 멀리 있는 듯한 원근감을 준다.

대기 원근법: 색 투시라고도 하는 대기 원근법^{aerial perspective}은 대비가 강한(예: 밝은, 예리한, 더 색채감이 있는) 물체가 흐릿한 물체보다 더 가까워 보이게 하는 심도 단서다 (그림 9.7). 이런 현상은 대기 중에 빛의 입자가 퍼져서 생긴다.

그림 9.7   대기 원근법 때문에 멀리 떨어진 물체는 색상과 세부 묘사가 흐려진다. (넥스트젠 인터랙션스 제공)

운동 심도 단서

운동 단서는 망막에서의 이동에 비례한다.

운동 시차: 운동 시차motion parallax는 원격 자극을 망막에 투영하는 이미지가 거리에 따라 다른 속도로 움직이는 데서 오는 심도 단서다. 예를 들어 달리는 차에서 옆 유리창을 내다보면, 가까이 있는 물체는 형체가 뿌옇게 보일 만큼 빠르게 지나가지만 멀리 있는 물체는 더 천천히 움직이는 것처럼 보인다. 움직이는 동안 한 지점에 초점을 맞추는 것을 응시점fixation point이라고 하는데, 응시점보다 멀고 가까운 물체들은 서로 반대편으로 움직이는 듯이 보인다(가까운 물체는 실제 움직임의 반대 방향으로, 먼 물체는 실제 움직임의 방향으로 움직인다). 운동 시차는 물체들을 둘러볼 수 있게 해주며, 상대적인 심도 인지를 위한 강력한 단서가 된다. 운동 시차는 모든 방향으로 똑같이 작용하지만, 양안 시차는 머리의 수평 방향으로만 일어난다. 숨 쉬는 것 같은 작은 머리 움직임으로도 미묘한 운동 시차가 생겨서 존재감이 더해질 수 있다(앤드루 로빈슨Andrew Robinson과 지구두르 구나르손Sigurdur Gunnarsson, 사적 대화, 2015년 5월 11일).

운동 시차는 관객은 여럿인데 한 사람의 시점만 트래킹하는 월드 고정 디스플레이world-fixed display(3.2.1절 참조)에서 문제가 된다. 트래킹이 이뤄지는 사람에게는 장면의 형태와 움직임이 정확히 보이지만, 트래킹이 되지 않는 관객에게는 왜곡과 물체의 흔들림이 보이기 때문이다.

운동 심도 효과: 운동 심도 효과는 물체가 움직일 때 3D 구조 형태가 어떻게 인지되는지 설명하는 운동 시차의 특수한 형태다. 예를 들어, 관찰자는 철사로 된 물체에서 드리워진 그림자가 회전해 모양이 일그러지는 것만 보고도 그 물체의 3D 구조를 인지할 수 있다.

양안 심도 단서

건강한 눈을 가진 사람은 양쪽 망막 각각에 세상이 약간 다르게 비치며, 이런 차이가 거리를 알려준다. **양안 시차**는 왼쪽과 오른쪽 눈에 보이는 이미지의 위치 차가 자극이 돼서 두 눈이 수평으로 떨어진 정도와 거리 자극이 생기는 것을 뜻한다. **입체 영상**(양안 융합이라고도 함)은 양쪽 눈에 보이는 서로 분리되고 약간 다른 이미지를 두뇌가 합쳐 심도가 생생한 하나의 표상을 형성하는 것이다.

거리가 떨어져 있는 자극이 공간에서 표면을 형성할 차이를 나타내지 못할 때 이를 **단시궤적**horopter이라고 한다(그림 9.8). 우리가 인지하는 입체 영향에서 앞에는 공간이 감싸고 있고 뒤에는 단시궤적이 있는 것을 **파넘 융합 영역**Panum's fusional area이라고 한다. 파넘 융합 영역 밖의 부분은 융합하기에 차이가 너무 커서 두 개로 보이며, 이를 복시diplopia라고 한다.

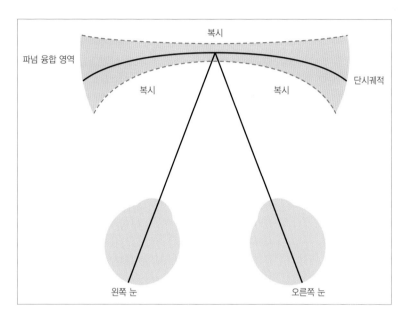

그림 9.8   단시궤적과 파넘 융합 영역 (머제이(Mirzaie)[2009])

HMD는 **단안식**(한쪽 눈에만 하나의 이미지), **쌍안식**(한쪽 눈에 하나씩 동일한 이미지), 혹은 **복안식**(각 눈에 두 개의 서로 다른 이미지를 보여서 입체 영상을 제공)일 수 있다. 복안식 이미지는 초점 조절, 이접 운동, 차이 같은 충돌을 일으킬 수 있다(13.1절 참조). 쌍안식 HMD는 운동 시차와 충돌을 일으킬 수 있지만, 이런 충돌에 대해 불만을 표시하는 이는 적다.

복안식 단서의 가치는 입체 디스플레이와 VR에서 종종 논쟁의 대상이 된다. 일정 정도는 **입체맹**stereoblind을 앓고 있는 인구 때문인 것 같은데, 현대적 3D 디스플레이에서 불일치의 차이로만 심도 신호를 추출하지 못하는 인구는 3~5%로 추정된다[배드록 등 2014]. 입체맹 같은 상태는 나이가 들수록 발생률이 커지며, 여러 수준의 입체 맹을 감안하면 3~5%의 인구를 넘어서기에 복안식 디스플레이의 가치에 이견을 낳을 수 있다.

대부분의 보통 사람에게는 특히 다른 심도 단서가 강하지 않을 때, 손을 사용하는 사적 공간 내의 상호작용 시 입체 영상이 중요하다. 우리는 더 먼 거리에서도 다소의 양안 심도 단서를 인지하지만(이상적인 조건에서 최대 40미터. 8.1.4절 참조), 이런 거리에서는 입체 영상의 중요도가 훨씬 덜하다.

안구 운동 심도 단서

눈의 근육계, 특히 초점 조절과 이접 운동을 처리하는 근육은 최대 2미터 거리까지 미묘한 심도 단서를 제공할 수 있다. 현실 세계의 보통 조건에서 멀리 있는 물체를 바라볼 때는 초점 조절과 이접 운동이 자동으로 함께 이뤄지는데, 이를 조절 반사 accommodation-vergence reflex라고 한다. VR에서 디스플레이 초점이 눈이 보고 싶어 하는 곳과 다르게 원거리에 맞춰져 있으면, 초점 조절과 이접 운동이(그리고 다른 양안 단서도) 마찰을 빚을 수 있다(13.1절 참조).

이접 운동: 8.1.5절에서 논의했듯이 이접 운동은 두 눈이 서로 반대편으로 동시에 회전하는 것으로서 망막 부등retinal disparity 때문에 유발되며, 주된 목적은 또렷하면서 편안한 양안시를 획득하고 유지하는 것이다[라이셀트 등 2010]. 우리는 심도 단서를 제공하는 안쪽을 향한(모임), 그리고 바깥을 향한(벌어짐) 눈 움직임을 느낄 수 있다. 증거에 따르면 눈 모임 하나만 심도 정보의 출처로 사용할 때의 효율은 약 2미터로 제한되는 것으로 보인다. 눈 모임은 아래에 설명하듯, 초점 조절의 효과적인 단서다.

초점 조절: 우리 눈에는 굴곡이 변하는 탄성 수정체가 있어서 망막에 물체의 상 초점이 또렷이 맞게 해준다. **초점 조절**은 서로 다른 거리에 있는 물체가 망막에 또렷이 초점이 맞도록 눈에서 광학 배율을 바꾸는 메커니즘이다. 우리는 수정체가 모양을 바꿔서 근처의 물체에 초점을 맞출 때 눈 근육이 팽팽해지는 것을 느낄 수 있고, 이런 근육 수축은 최대 2미터가량까지 거리 단서 역할을 한다[커팅과 비쉬튼 1995]. 완전한 초점 조절 반응에는 최소 1초 혹은 조금 넘는 고정 시간이 필요하며, 주로 망막의 흐릿함 때문에 유발된다[라이셀트 등 2010]. 일단 특정 거리에 초점 조절이 되고 나면 해당 거리보다 훨씬 가깝거나 먼 물체들은 초점이 맞지 않게 된다. 이런 흐릿함은 또한 미세한 심도 단서를 제공하기도 하지만, 흐릿해진 물체가 초점이 맞는 물체보다 더 가까이 있는지 멀리 있는지는 정확히 구분되지 않는다. 대비가 낮은 물체는 초점 조절 자극이 약하다.

초점 조절 능력은 나이가 들수록 줄어들며, 대부분의 사람은 짧은 시간 이상은 가까운 거리의 초점 조절을 유지할 수 없다. VR 디자이너는 계속 눈 가까이에서 봐야 하는 필수 자극을 넣어서는 안 된다.

맥락적 거리 요인

시각적 심도 단서에 대한 연구는 수백 년간 이어지고 있지만, 최근의 연구를 보면 거리 인지가 시각적 단서뿐 아니라 환경적 맥락과 개인별 변수에도 영향을 받는다는 것을 알 수 있다. 예를 들어, 거리 인지의 정확도는 판단할 물체가 실내에 있는지 실외에 있는지에 따라, 실내 환경에서도 다양한 변화에 따라 달라진다는 것이 드러났다[라이너(Reinner) 등 2013].

미래 영향 거리 단서는 거리가 향후에 관찰자에게 개인적으로 어떤 영향을 미칠 것이라는 심리적 믿음이다. 그런 단서에는 의도한 행동과 두려움이 포함된다.

의도된 행동: 인지와 행동은 밀접하게 얽혀 있다(10.4절 참조). **의도된 행동의 거리 단서**는 거리 인지에 영향을 미치는 미래 행동의 심리적 요인이다. 같은 상황에 놓인 사람도 자신이 하려는 행동과 그런 행동의 혜택/비용에 따라 세상을 다르게 인식한다[프로핏(Proffitt) 2008]. 우리가 어딘가에 닿으려고 할 때는 '가는 사람들'만 보이고, 뭔가 던지려 할 때는 '던지는 사람들'만 보이며, 걸어가려 할 때는 '걷는 사람들'만 보인다. 손 닿는 거리에 있는 물체들은 그 바깥에 있는 것보다 더 가까워 보이고, 손에 쥔 도구를 이용해서 닿으려 할 때는 이 확실한 거리가 더 짧게 줄어든다. 언덕은 실제 경사보다 더 가파르게 보인다. 5° 경사의 언덕은 보통 20°로, 10° 경사의 언덕은 30°로 보인다[프로핏 등 1995]. 걸어가는 데 얼마나 힘이 들지에 따라 걸어가려는 사람의 거리 인지에 영향을 미치는 것이다. 이런 과대 평가는 무거운 배낭을 매거나, 피곤하거나, 체력이 낮거나, 나이가 들었거나, 건강이 나빠진 이들일수록 커진다[발라(Bhalla)와 프로핏 1999]. 걷는 데 예상되는 물질 대사 에너지량이 늘어날수록 언덕은 더 가파르게 보이고 자기 중심적 거리는 더 멀게 느껴진다.

두려움: **두려움에 기반한 거리 단서**는 높다는 느낌이 더 커져서 두려움을 유발한다. 우리는 수직 거리를 과대 평가하며, 이런 과대 평가는 아래에서 위를 볼 때보다 위에서 내려다볼 때 훨씬 커진다. 태평하게 상자 위에 서있는 사람에 비해 스케이트보드를 타고 있는 사람에게 보행로는 더 가팔라 보인다[스테파누치(Stefanucci) 등 2008]. 아마도 수직 높이 인지는 추락을 피하기 위한 동기로 인해 진화적으로 선택 적응된 결과일 듯하다. 두려움은 공간 인지에 영향을 준다.

9.1.4 심도 인지 측정

거리 인지 실험에는 여러 방법이 있으며, (1) 언어적 추정, (2) 인지적 매칭, (3) 시각적으로 유도되는 행동이라는 세 가지 범주로 나눌 수 있다[레너 등 2003]. 다양한 방법에 따라 종종 다른 추정치가 나온다. 동일한 방법이라도 지시문이 거리 추정을 어떻게 할지에 영향을 줄 수 있다. 예를 들어 '물체가 시각적으로 얼마나 멀어 보이는가?', '실제로 물체가 얼마나 멀리 떨어져 있는가?'라는 두 질문의 답은 서로 다를 수 있다. 방법을 주의 깊게 설계하면 최대 20미터까지의 심도 인지는 상당히 정확해질 수 있다.

9.1.5 공간 인지에서 VR의 숙제

VR에서 자연스러운 공간 인지는 아직도 디스플레이 기술에서나 콘텐츠 제작에서나 도전 과제로 남아있다. 예를 들어 자기 중심적 거리 인지는 현실 세계에서는 상당히 좋을 수 있지만, VR에서는 자기 중심적 거리 측정이 상당히 축소되는 것으로 보고되고 있다[루미스(Loomis)와 냅(Knapp) 2003, 레너 등 2013]. 모든 VR 애플리케이션에서 현실적인 공간 인지가 필수적이지는 않지만, 건축, 교통, 군사 애플리케이션처럼 거리와 물체의 크기 인지가 필수적인 경우는 다르다.

9.2 시간 인지

시간은 한 개인의 연속적으로 변화하는 인지나 경험으로 여겨진다. 객관적으로 측정한 시간과는 달리, 시간 인지는 뇌에서 구성하는 것이므로 특정 조건에서 조작할 수도 있고 왜곡될 수도 있다. 시간 개념은 대부분의 문화권에서 필수적이며, 여러 언어에서 과거, 현재, 미래 시제가 뚜렷하고 또한 '언제'를 정확히 특정하는 수식어도 많다.

9.2.1 시간의 분할

주관적인 현재는 우리가 계속 의식하는 경험에서 지난 몇 초로 이뤄진다. 이런 현재와 과거, 미래 외에는 아무것도 존재하지 않는다. 주관적 현재는 (1) '지금' - 즉 현 시점, (2) 지나가는 시간의 경험으로 이뤄진다[코렌 등 1999]. 또한 지나가는 시간은 (a) 지속 시간 추정, (b) 순서/시퀀스(동시적 및 연속적으로 구성), (c) 근미래의 기대/

계획(예: 악기에서 다음에 어떤 음이 나올지 아는 것)으로 세분화할 수 있다.

심리적 시간은 연속적 경험 대신 순간들의 순서로 간주할 수도 있다. **인지적 순간**은 관찰자가 감각할 수 있는 최소한의 심리적 시간 단위다. 동일한 인지적 순간 안에서 제시되는 자극은 동시에 일어나는 것으로 인지된다. 여러 연구 결과를 바탕으로, 스트라우드Stroud[1986]는 인지적 순간은 지속 시간 범위가 100ms 이내라고 추정했다. 이런 인지적 순간의 길이는 감각 기관, 자극, 과제 등에 따라 약 25~150ms에 이른다. 증거들을 보면, 예컨대 소리와 빛이 제시되는 순서를 판단할 때처럼 하나 이상의 감각 양상을 판단할 때 인지적 순간이 불안정해지는 것으로 보인다[울리히(Ulrich) 1987].

사건이란 시간의 흐름에 따라 전개되는 인지적 순간들의 시작과 끝, 혹은 그 연속체가 인지되는 특정 장소에서의 시간 구간이다. 행동과 물체 간의 관계를 이해하는 우리의 능력은 이런 전개에 의존한다. 사건이란 언어에서 명사와 동사의 순서와 타이밍이 의미를 결정하는 문장 및 구문과 비슷하다. '곰이 사람을 먹는다.'와 '사람이 곰을 먹는다.'에는 엄청난 차이가 있다. 두 문장에 들어간 요소들은 똑같지만, 이런 자극이 눈이나 귀에 전해지는 순서와 타이밍이 의미를 결정하는 것이다.

9.2.2 두뇌와 시간

인식 지연

대다수가 믿는 바와 달리, 우리는 모두 현실보다 지연되는 의식의 과거를 살아간다. 시각 신호가 LGN(8.1.1절 참조)에 도달하려면 10~50ms가 걸리고, 이런 신호가 시각 피질에 닿는 데는 또 20~50ms가 걸리며, 행동과 계획을 담당하는 두뇌 부위에 닿으려면 또 50~100ms가 소요된다[코렌 등 1999]. 따라서 응답 시간이 극히 중요할 때 문제가 생길 수 있다. 예를 들어, 운전자가 브레이크를 밟을지 말지 결정해야 하는 자극을 인지하는 데는 200ms 이상이 걸린다. 이 수치는 운전자가 어둠에 적응해 있을 때 더 커진다(10.2.1절 참조). 자극을 인지한 다음 근육 반응을 개시하는 데는 비교적 짧은 시간인 10~15ms가 걸린다. 시속 100km로 달리는 운전자의 발이 브레이크 쪽으로 움직이기 시작하기 전에, 차는 이미 6미터를 진행한 상태가 된다. 우리가 사건을 예상하는 경우에는 하향식 처리가 이뤄져 세포가 더 빠르게 반응하도록 준비돼 있기에 이런 지연이 줄어든다.

우리가 200ms 정도 과거를 살아가기는 하지만, VR 시스템에서도 200ms의 지연이 용인된다는 뜻은 아니다. 이렇게 외부로부터 몸으로의 지연이 더해지면 15장에서 논의할 멀미의 주원인이 된다.

지속

인지 지연에 더해, 경험의 길이는 꼭 자극의 지속 시간이 아니라 신경 활동에 좌우된다. **지속**은 양성 잔상positive afterimage(6.2.6절 참조)이 시각적으로 지속되는 듯 보이는 현상이다. 1ms 동안 빛이 한 번 번쩍이면 관찰자가 빛에 적응한 상태에서는 100ms, 어둠에 적응한 상태에서는 400ms 동안 인지적으로 이 순간을 경험하게 된다[코렌 등 1999].

시간과 공간 차가 적은 두 자극이 주어지면 하나의 움직이는 자극으로 인지될 수 있다(9.3.6절 참조). 예를 들어, 다른 순간 다른 곳에 디스플레이되는 여러 픽셀이 하나의 움직이는 자극으로 나타나는 것이다. 두 자극 중 하나(보통 시각이나 소리)가 인지되지 않을 때는 **매스킹**masking도 일어난다. 시간이 역순으로 작용해 첫 번째 자극을 지우기 때문에 일반적으로 두 번째 자극이 더 정확하게 인지된다(백워드 매스킹 backward masking).

인지적 연속성

인지적 연속성은 특정 순간에 세상으로부터 우리의 감각 수용기에 자극의 일부만 닿더라도 이를 연속되고 완전한 것으로 착각하는 것이다[코렌 등 1999]. 두뇌는 종종 여러 자극이 제시된 다음 사건을 구성해, 환경에서 관련 없는 자극 때문에 발생하는 중단이나 방해가 있어도 한 사건을 연속적으로 인지한다.

음소 복원 효과(8.2.3절 참조)는 말에서 빠진 부분을 인지해 우리가 들은 내용에서 빠진 것을 맥락에 따라 채워 넣는다. 시각 체계도 이와 비슷한 방식으로 작동한다. 물체가 다른 물체 뒤로 움직여서 가려지고 나면, 가려진 물체가 완전하게 보인 순간이 한 번도 없다 해도 우리는 물체의 전체를 인지한다. 약간 열린 문에 의해 생긴 좁은 틈을 통해 보면 이 현상을 체험할 수 있다(예: 틈새가 1mm만 열려 있어도 우리는 물체를 볼 수 있다). 머리를 움직이거나 이런 틈 뒤로 물체가 이동하면, 두뇌가 시간 경과에 따른 자극을 한데 연결하므로 전체 장면이나 물체가 제시된 것처럼 인지된다. 인지적 연속성은 우리가 평소 맹점을 알아채지 못하는 이유기도 하다(6.2.3절 참조).

9.2.3 시간 경과 인지

감각 양상과는 달리, 우리가 시간의 경과를 인지할 수 있게 해주는 뚜렷한 시간 인지 기관은 없다. 대신 우리는 변화를 통해 시간을 인지한다. 우리가 생체 시계와 인지적 시계로 어떻게 시간을 인지할 수 있는지 설명하는 데는 두 가지 가설이 있다[코렌 등 1999].

생체 시계

세계와 그 안에 살고 있는 생물은 저마다 낮과 밤의 주기, 달 주기, 계절의 순환, 생리적 변화를 포함한 각각의 변화 주기가 있다. **생체 시계**는 주기적으로 작용하는 신체의 메커니즘으로, 각 주기가 시계의 초침 이동 역할을 해서 시간 경과를 감지하게 해준다. 우리의 생체 리듬이 바뀌면 시간의 속도에 대한 인식도 바뀐다.

생체 리듬circadian rhythm('대략'이라는 뜻의 어근 circa와 '하루'라는 뜻의 dies가 합쳐진 라틴어)은 자연의 24시간 주기가 생체적으로 반복되는 것이다. 생체 리듬은 대체로 몇천 개의 세포만으로 이뤄진 시신경 교차optic chiasm 근처의 작은 기관인 시교차 상핵 SCN, Supra Chiasmatic Nucleus에서 제어한다. 생체 리듬은 낮밤 주기를 관장하며 잠들고 깨는 시간에 따른 행동 양식을 낳는다. 생체 리듬은 내인성이기는 하지만 차이트게버 zeitgebers(시간을 준다는 뜻의 독일어)라고 하는 외부 단서에 의해 바뀌기도 하며, 가장 중요한 영향을 주는 요인은 빛이다. 빛이 없다면 우리 대다수는 25시간 주기로 생활할 것이다.

맥박, 혈압, 체온 같은 생체 프로세스는 낮밤 주기에 따라 변화한다. 우리의 마음과 신체 상태에 대한 다른 영향으로는 기분 변화, 각성도, 기억, 인식 운동 작업, 인지, 공간적 방위, 자세 안정성, 전반적 건강 등이 있다. VR 사용자가 평소 잠자는 시간대에 이뤄진다면, VR 경험이 그리 좋지 않을 가능성이 있다.

생체 주기가 느리면 짧은 시간 단위의 인지에 도움이 되지 않는다. 우리에게는 다양한 시간 정도와 다양한 행동 양식을 판단하기 위한 여러 생체 시계가 있다. 단기 생체 타이머는 심장 박동, 두뇌의 전기 작용, 호흡, 신진 대사, 걸음을 포함한 내적 생체 타이밍 메커니즘이 작용하는 듯하다.

우리의 시간 인지는 생체 시계가 변할 때도 바뀌는 것 같다. 평소보다 단위 시간당 생체의 초침이 빠르게 가서 생체 시계가 빨라지면 지속 시간이 더 길게 느껴진다. 반대로, 우리의 내부 시계가 너무 느려지면 시간이 획 지나가는 것처럼 느껴진다.

경과 시간 추정에 영향을 주는 것은 체온, 피로도, 약물이라는 증거가 나와 있다.

인지 시계

인지 시계는 시간 간격 동안 일어나는 심적 프로세스를 기반으로 한다. 시간은 직접 인지되는 것이 아니라 구성되거나 추론된다. 현재 하고 있는 작업이 시간의 경과 인지에 영향을 준다.

시간 인지에 영향을 주는 인지 시계 요인은 (1) 변화의 양, (2) 처리되는 자극 사건의 복잡도, (3) 시간 경과에 기울인 주의의 양, (4) 나이가 있다. 이 모든 것이 시간 경과 인지에 영향을 주며, 인지 시계의 초침 속도가 내적 사건 처리에 어떻게 영향을 받는가 하는 개념은 모두 일관적이다.

변화: 인지적 시계의 초침 속도는 일어나는 변화의 숫자에 따라 달라진다. 중간 간격 동안 일어나는 변화가 많을수록 시계의 초침 속도도 빨라지고, 이에 따라 경과한 시간의 양도 길다고 추정된다.

시간 메움 착각filled duration illusion은 자극이 비어있는 기간과 똑같은 시간만큼 자극으로 메워진 기간이 인지되는 현상이다. 예를 들어, 음조가 적은 중간 간격보다 음조가 많이 들린 중간 간격이 더 길게 느껴진다. 빛의 섬광, 단어, 그림의 경우도 마찬가지다. 반대로, 방음 처리된 암실 안에서 보낸 시간은 과소 평가된다.

처리 노력: 인지적 시계의 초침 속도는 인지 활동에 따라서도 달라진다. 처리하기 더 까다로운 자극은 더 긴 시간이라는 판단을 일으킨다. 마찬가지로, 정보를 처리할 때 기억에 저장할 양이 늘어나면 더 긴 시간이라는 판단을 일으킨다.

주의를 기울인 시간: 관찰자가 과제에 집중하는 방식에 의한 시간 인지는 복잡하다. 시간 경과에 주의를 더 기울일수록 중간 간격은 더 길게 느껴진다. 시간에 주의를 기울이면, 시간 경과에 신경 쓰면서 동시에 많은 사건을 처리하기 어려워지므로 위에서 언급한 시간 메움 착각이 반대로 일어나기도 한다.

관찰자가 한 과제에 걸린 시간을 판단하게 될 것이라는 지시를 들은 후에는 한 과제를 완수한 다음 걸린 시간을 판단해보라는 요청을 갑자기 받을 때보다 걸린 시간을 더 길게 판단하는 경향이 있다. 아마도 시간에 주의를 기울였기 때문일 것이다.

반대로, 시간 경과에 주의를 기울이지 못하게 만드는 일은 그것이 무엇이든 시간이 더 빠르게 지난 것으로 인지하게 만든다. 일반적으로 어려운 작업을 하면 쉬운 작업보다 기간을 더 짧게 추정하는데, 시간과 어려운 작업 양쪽 모두에 주의를 기울이기는 어렵기 때문이다.

연령: 사람이 나이가 들면 더 큰 시간 단위(즉 하루, 한 달, 심지어 1년)가 더 빠르게 지나는 듯 느껴진다. 이에 대한 한 가지 설명은 개인이 지금까지 경험한 총시간이 기준이 되기 때문이라는 것이다. 네 살 아이의 1년은 살아온 시간의 25%이므로 정말 천천히 지나가는 듯이 느껴진다. 하지만 50세에게 1년은 전체 삶의 2%에 불과한 시간이므로 더 빠르게 지나가는 것이다.

9.2.4 깜박임

깜박임flicker은 번쩍임이나 시각적 강렬함의 교차가 반복되는 것이다. 망막 수용기는 초당 최대 수백 번 사이클로 깜박이는 빛에 반응하지만, 시각 피질의 민감도는 이보다 떨어진다[코렌 등 1999]. 깜박임의 인지는 어둠에 대한 적응, 빛의 강도, 망막 위치, 자극의 크기, 자극 사이의 공백, (생체 주기에 따른) 하루 중의 시간대, 성별, 연령, 신체 기능, 파장을 포함한 많은 요인에 따라 다양한 범위를 포함한다. 우리는 몸이 깨어있을 때 빛에 적응해 있는 상태에서 넓은 시야에 걸친 강한 강도의 빛에 가장 민감하다. **점멸융합 주파수 한계치**는 깜박임을 시각적으로 인지할 수 있게 되는 깜박임 주파수다.

9.3 운동 인지

인지는 고정된 것이 아니라 시간의 흐름에 따라 계속 변한다. 운동 인지는 처음에는 꽤 사소해 보인다. 예를 들어, 단순히 망막을 지나가는 자극의 감지로도 시각적 운동을 느낄 수 있다. 하지만 운동 인지는 복잡한 프로세스로 여러 감각 체계와 생리적 요소가 관여된다[코렌 등 1999].

우리는 눈으로 움직이는 물체를 쫓을 때처럼, 망막에서 자극이 고정돼 있을 때조차 움직임을 인지할 수 있다(비교할 다른 맥락의 자극이 없을 때도 그렇다). 또한 자극이 망막에서는 움직이지만 운동은 인지할 수 없을 때도 있는데, 눈이 다른 물체를 검토하려고 움직일 때가 그렇다. 이때 우리 망막에서는 세상의 이미지가 움직이는데도, 우리가 인지하는 세계는 안정돼 있다(10.1.3절 참조).

세계가 움직임이 없는 것으로 인지되면 불편하기도 하지만 위험해진다. 동작맹(움직임을 보지 못하는 증상)을 앓는 사람은 사람이나 물체가 다가오는 과정을 보지 못하고 그저 나타났다가 사라지는 것처럼 본다. 이런 사람은 커피를 따르는 간단한 일도 거의 할 수 없다. 동작 인지가 되지 않으면 사회 생활이 불편할 뿐 아니라 계속 위험에 처하게 된다. 횡단보도를 건너가는데 멀리 있었던 차가 갑자기 눈앞에서 다시 보인다고 상상해보면 이해할 수 있을 것이다.

9.3.1 생리

두뇌를 통과하는 원시 시각 경로(8.1.1절 참조)는 대체로 동작 인지와 눈 및 고개의 움직임 같은 반사적 반응의 제어에 특화돼 있다. 주 시각 경로는 또한 거대 세포를 통해(또한 그보다는 적지만 소세포를 통해서도), 그리고 복부 경로('무엇' 경로)와 등 경로('어디/어떻게/행동' 경로) 양쪽을 통해서도 운동 감지에 기여한다.

영장류의 두뇌에는 운동 감지에만 할당된 시각 수용기 체계가 있어[리스버거(Lisberger)와 모브숀(Movshon) 1999], 인류는 이를 통해 움직임을 인지한다[나카야마와 타일러 1981]. 영장류의 두뇌는 시각적 속도(즉, 망막에 비친 시각적 자극의 속도와 방향)는 직접 감지하지만 시각적 가속은 속도 신호 처리를 통해 추론한다[리스버거와 모브숀 1999]. 시각 인지 과학자들은 대부분의 운동 인지에서 시각 가속이 시각 속도만큼 중요하지 않다는 점에 대개 동의한다[리건(Regan) 등 1986]. 하지만 전정계에서 감지하는 선형 가속과 시각적 선형 가속이 맞아떨어지지 않을 때는 시각적 선형 가속이 시각적 선형 속도보다 더 멀미를 유발할 수 있다(18.5절 참조).

9.3.2 객체 관련 운동 vs. 주체 관련 운동

객체 관련 운동(세상 중심 판단과 유사함. 9.1.1절 참조)은 자극의 변화 사이에 공간적 관계가 있을 때 발생한다. 이런 관계는 상대적이므로 물체의 움직임은 여러 가지로 해석할 수 있다. 시각적 객체 관련 판단은 망막에 맺히는 자극에만 의존하며, 눈과 머리의 움직임 같은 망막 외적인 부분의 정보는 고려하지 않는다.

주체 관련 운동(자기 중심 판단과 유사함. 9.1.1절 참조)은 자극과 관찰자의 변화 사이에 공간적 관계가 있을 때 발생한다. 시각 인지의 주체 관련 기준틀은 전정 기관 입력 같은 망막 외적 정보가 제공한다. 사용자가 머리를 움직이지 않을 때도 전정계는 입력을 받는다. 객체 관련 단서가 없는 순전한 주체 관련 단서는 하나의 시각적 자극이 주어지거나 모든 시각적 자극이 동일한 움직임을 보일 때 일어난다.

사람은 외부 세계의 움직임을 판단할 때 객체 관련 단서와 주체 관련 단서를 모두 이용한다. 아주 짧은 간격을 제외하고는, 사람은 속도보다 시각적 맥락에 관련된 차이를 인지하기 때문에 주체 관련 운동보다 객체 관련 운동에 훨씬 민감하다[맥 1986]. 예를 들어, 한 연구에 따르면 어둠 속에서 움직이는 빛의 점은 (주체 관련) 초당 0.2° 정도 인지하는 반면에 정지한 시각적 맥락에서 (객체 관련) 움직이는 대상은 초당 0.03° 정도 감지할 수 있다.

증강 현실의 시각 이미지는 현실 세계 단서에 대한 객체 관련 시각의 극단으로 간주되는데, 이런 시각 이미지는 현실 세계와 직접 비교될 수 있기 때문이다. 정확하지 않게 움직이는 시각 이미지는 비투과식 HMD보다 광학 투과형 HMD(증강 현실)에서 더 쉽게 알아챌 수 있는데, 사용자가 현실 세계와 렌더링된 시각 이미지를 직접 비교할 수 있으므로 거짓된 객체 관련 운동을 볼 수 있기 때문이다. VR에서 지연 시간과 오보정 같은 문제 때문에 일어나는 시각 오류는 보통 주체 관련인데, 이런 오류는 사용자가 고개를 돌릴 때 장면 전체가 움직인다(운동 시차의 경우를 빼고는 시각 이미지는 시점 해석과 심도에 따라 다르게 움직인다).

9.3.3 광학적 흐름

광학적 흐름은 망막 위 시각적 움직임의 패턴으로, 사람과 장면 간의 상대적 움직임에 의해 망막에 맺히는 물체, 표면, 가장자리가 움직이는 패턴이다. 왼쪽을 쳐다보면 광학적 흐름은 오른쪽을 향한다. 그리고 앞으로 나아가면 광학적 흐름이 방사상으로 확장된다. **경사 흐름**gradient flow은 망막 이미지의 다양한 부분이 서로 다른 속도로 흐르는 것으로, 관찰자 근처에서는 빠르게, 멀리서는 느리게 움직인다. **확산점**focus of expansion은 다른 모든 자극이 확장돼 그쪽으로 전진하는 것처럼 보이는 공간 속의 한 지점이다.

9.3.4 운동 인지의 요인

많은 요소가 운동 인지에 영향을 미친다. 예컨대, 우리는 대조가 커질수록 시각적 운동에 더 민감해진다. 다음과 같은 몇 가지 다른 요인도 있다.

주변 vs. 중심 시야 운동 인지

눈의 이심률(망막에 맺힌 자극의 중심와로부터의 거리)에 따라 운동 포착의 민감도가 늘어나거나 줄어든다는 의견은 여러 논문에서 상충되는 주제다. 이 주장이 충돌을 빚는 것은 실험적 조건의 차이와 그 해석이 다르기 때문인 것 같다.

안스티스^{Anstis}[1986]는 주변 시야가 중심 시야보다 동작에 더 민감하다고 잘못 주장될 때가 있다고 말한다. 사실, 느리게 움직이는 자극을 감지하는 능력은 실제로 눈의 이심률에 따라 쭉 줄어든다. 하지만 정지된 세부 묘사에 대한 민감도는 더 빠르게 줄어들기 때문에 주변 시야는 형태보다 동작을 감지하는 데 더 낫다. 주변 시야에서 움직이는 물체는 뭔가 움직이는 것으로 인식되지만, 그 물체 자체가 무엇인지 알아보기는 더 어렵다.

코렌 등[1999]은 움직임 감지는 움직이는 자극의 속도와 눈의 이심률 둘 모두에 달려 있다고 말한다. 우리가 천천히 움직이는 자극을 감지하는 능력은 (초당 1.5° 미만) 눈의 이심률에 비례해 줄어드는데, 이는 안스티스의 주장과 일치한다. 하지만 더 빠르게 움직이는 자극에서 동적 자극을 감지하는 능력은 눈의 이심률에 비례해 커진다. 이런 차이는 등쪽 혹은 '행동' 경로의 주변 시야 우세(8.1.1절 참조)에 기인하는데, 이 부분에 과도 세포$^{transient\ cell}$(빠르게 변하는 자극에 가장 잘 반응하는 세포)가 더 많기 때문이다. 주변 시야 장면의 운동은 자신의 동작 감지에도 중요하다(9.3.10절 및 10.4.3절 참조).

동작 판단에는 그저 움직이는 자극을 찾는 것보다 더 많은 요소가 관여한다. 정성적 증거를 보면 주변 시야에서 약간의 시각적 움직임은 '느낌'에 의해 더 쉽게 판단될 수 있는 반면(예: 9.3.10절에서 논의한 전파), 중심 시야에서 약간의 움직임은 직접적인 시각과 논리적 사고에 의해 더 쉽게 판단할 수 있다. 예를 들어, VR 장면에서 동작을 찾아보라는 과제를 받은 두 피험자는 다음과 같이 말했다[제럴드 등 2008].

> 저는 대부분 약간 어지러운 느낌으로 움직임이 있는 씬을 알아챘습니다. 아주 약간만 움직이는 씬에서는 으스스한 느낌과 '서스펜스'가 느껴졌고, 정지돼 있으면서도 살짝 흐르는 것처럼 느껴졌어요.

> 각 실험이 시작될 때는 [세션 처음: 적응 단계로 인해 장면 속도가 가장 클 때] 시각으로 동작을 판단했고, 좀 지나갈수록 [세션 후반에서] 움직임을 시각적으로 구분하기 어려워져서 속이 울렁거리는 느낌으로 판단했습니다.

이런 시각적 움직임의 서로 다른 판단은 시각 경로의 차이에서 비롯된 것일 듯하다(8.1.1절 참조).

동작 인지를 억제하는 머리 동작

머리를 움직이면 시각적 동작 인지가 억제되지만, 머리를 움직이고 있을 때도 시각적 동작 인지는 놀랍도록 정확하다. 루스^{Loose}와 프롭스트^{Probst}[2001]는 머리의 각속도가 늘어나면 머리에 상대적인 시각적 동작 감지 능력이 상당히 억제된다는 것을 발견했다. 아델스틴^{Adelstein} 등[2006]과 리^{Li} 등[2006] 역시 머리를 움직이면 시각적 동작 인지가 억제된다는 것을 증명했다. 이들은 머리의 상대적인 작은 동작을 감지하는, 헤드 트래킹 기능이 없는 HMD를 사용했다. 제럴드[2009]는 현실 세계에 일어나는 약간의 동작 감지가 머리를 움직이는 데 따라 어떻게 시각적 동작 인지를 억제하는지 측정한 다음, 수학적으로 이런 억제를 지연 시간 인지에 연관 지었다.

동작 인지에 영향을 주는 심도 인지

중심축 가설^{pivot hypothesis}[고겔 1990]은 멀리에 점 자극이 있을 때 고개를 움직이면 점까지의 거리 인지가 실제 거리와 달라지면서 점이 움직이는 것처럼 보인다는 것이다. 이 효과를 확인하려면 눈앞의 손가락에 초점을 맞춘 채 고개를 움직여보자. 손가락보다 멀리 있는 배경이 움직이는 것처럼 보일 것이다. 마찬가지로 배경에 초점을 맞춘 채 고개를 움직이면 눈앞의 손가락이 반대편으로 움직이는 것처럼 보인다.

HMD를 통해 보는 물체들은 의도된 거리보다 사용자에게 더 가깝게 보이는 경향이 있다(9.1.5절 참조). 중심축 가설에 따르면 사용자는 가까이 있는 물체를 본다고 인식하는데, 시스템은 사용자가 고개를 돌릴 때 HMD의 물체 이미지를 더 멀리 떨어진 것처럼 움직여서 물체가 고개와 같은 방향으로 움직이는 것이다(위의 손가락 예와 비슷하다).

9.3.5 유도된 운동

유도된 운동^{induced motion}은 한 물체의 움직임이 다른 물체가 움직이는 듯한 인지를 유도할 때 발생한다.

다른 것은 모두 똑같은 시야 안에서 기존 점 근처에 있는 점 하나가 움직이면, 두 점 중 하나가 움직이는 것은 분명한데 둘 중 무엇이 움직이는지 식별하기 어려울 때가 많다(객체 관련 단서가 물체가 서로에 비교해서 움직인다는 것은 알려주지만, 세계에 비교해서는 단서가 없기 때문이다). 하지만 직사각형 틀과 점을 관찰할 때는 점이 멈춰 있고 틀이 움직인다 해도 점이 움직이는 것으로 인지되는 경향이 있다. 우리 마음속에서 작은 물체는 이를 둘러싸고 있는 더 큰 자극보다 움직일 가능성이 더 높다고 가정하며, 둘러싸고 있는 더 큰 자극이 안정된 맥락의 역할을 하기 때문에 일어나는 현상이다(12.3.4절 참조).

유도된 운동 효과는 맥락이 천천히 움직일 때, 사각형과 원형이 있을 때, 둘러싼 부분이 더 클 때, 대상과 맥락이 관찰자로부터 같은 거리에 있을 때 가장 극적이다.

9.3.6 시운동

자극이 계속해서 움직여야만 운동이 인지되는 것은 아니다. **시운동**apparent motion(스트로보스코프)은 실제로 움직이는 것이 없는데도 시간과 공간에서 자극이 적절히 대체돼 시각적 움직임이 인지되는 것이다[안스티스 1986, 코렌 등 1999]. 우리의 뇌는 비슷해 보이는 두 자극이 가까운 시간 안에 사라졌다가 나타나는 일이 발생한다는 결론을 내리고 싶어 하지 않는 듯하다. 그래서 원래의 자극이 새로운 곳으로 이동했음이 분명하다고 결론짓는 것이다.

연속적이지 않은 변화를 연속적인 운동처럼 보는 우리의 경향은 1800년대부터 오늘날까지 번쩍이는 네온 사인(예: 예전에 유행했던, 깜박이며 움직이는 것 같은 착시를 주는 간판)으로부터 텍스트가 지나가는 디스플레이, TV, 영화, 컴퓨터 그래픽, VR까지 다양한 기술의 바탕이 돼왔다. VR 제작자라면 시운동과 실제로는 비어있는 운동 정보를 채워 넣는 두뇌의 시각 운동 인지 법칙을 이해해야만 픽셀 배열을 통해 움직이는 느낌을 줄 수 있을 뿐 아니라, 머리가 움직일 때 픽셀을 이에 맞춰 변경해 공간을 안정적으로 유지할 수도 있다.

우리는 두 개의 인접한 자극 사이에서 거의 최단 거리를 따라 시운동을 인지한다. 하지만 운동의 경로 인지가 두 개의 번쩍이는 자극 사이에 있는 물체를 빙 돌아가는 듯이 보이는 경우도 있다. 마치 두뇌가 A 지점에서 B 지점으로 물체가 어떻게 갔는지 알아내려고 하는 것만 같다. 다른 형태, 방향, 밝기, 색깔의 두 자극은 움직이면서 변하는 하나의 자극으로 인지될 수도 있다.

스트로빙과 저더

스트로빙strobing과 저더judder는 머리와 눈이 화면과 자극에 상대적으로 움직이기 때문에 HMD에서 문제가 될 수 있다.

스트로빙은 망막에 자극이 유지돼서 시간 간격을 두고 일어나는 여러 자극이 동시에 일어나는 것처럼 인지되는 것이다. 인접한 두 자극이 너무 빠르게 번쩍이면 스트로빙이 일어날 수 있다. 거리가 더 멀리 떨어진 자극에서 동작이 인지되려면 더 긴 시간 간격이 필요하다.

저더는 시각적 동작이 덜컹이거나 부드럽지 않게 보이는 것이다. 인접한 자극이 너무 느리게 번쩍이면 저더가 생길 수 있다(구식 비디오에서는 다른 타이밍 포맷으로 전환할 때도 저더가 생길 수 있다).

요인

그림 9.9처럼 시운동의 시간적 측면에는 세 가지 변수가 관련된다.

- **자극 간 간격**: 자극 사이가 비어있는 시간. 공백 시간이 길어지면 스트로빙이 늘어나고 저더가 줄어든다.
- **자극 지속 시간**: 각각의 자극이 디스플레이되는 시간. 자극 지속 시간이 길어지면 스트로빙이 줄어들고 저더가 늘어난다.
- **자극 시차**: 자극이 발생하고부터 다음 자극이 발생할 때까지 경과한 총시간(자극 간 간격 + 자극 지속 시간). 디스플레이 주사율의 반대다.

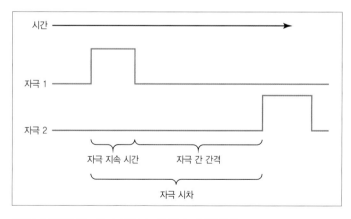

그림 9.9   시운동에 영향을 주는 세 가지 변수 (코렌 등[1999]에서 발췌)

저더나 스트로빙을 인지하는 데는 타이밍뿐 아니라 대조나 자극 간의 거리 같은 자극의 공간적 속성도 영향을 미친다. 영화 제작자들은 제한된 카메라 모션, 물체의 움직임, 조명, 모션 블러를 통해 이런 난관을 많이 통제한다. 자극 시차 인지를 위해

서는 카지노 네온 사인의 경우 200ms, 고화질 HMD의 부드러운 움직임을 위해서
는 ~10ms가 요구된다. VR은 사용자의 시점 컨트롤이 상당히 빠른 편이므로 훨씬
까다롭다. VR에서 저더를 최소화하는 가장 좋은 방법은 자극 시차와 자극 지속 시
간을 최소화하는 것이지만, 자극 지속 시간이 너무 짧으면 스트로빙이 나타날 수 있
으므로 주의가 필요하다[애브래시(Abrash) 2013].

9.3.7 운동 일관성

개별 프레임에 무작위적으로 배치된 듯 보이는 점들이 틀을 가로질러 일관되게 움
직일 때는 형태와 운동성이 있는 것처럼 인지된다. **운동 일관성**motion coherence은 연속
적인 이미지에서 점들의 움직임 간의 연관성이다. 프레임 사이에서 점들의 움직임
이 완전히 무작위적이라면 운동 일관성이 0%, 모든 점이 같은 방향으로 움직이면
100%다. 사람은 운동 일관성에 매우 예민하며, 우리는 불과 3% 일관성을 보이는
형태와 움직임도 볼 수 있다[코렌 등 1999]. 운동 일관성을 인지할 수 있는 최적 조건은
점들이 초당 2° 움직일 때다. 운동 일관성의 민감도는 시야 크기가 최대 직경 20°로
늘어날 때까지 증가한다.

9.3.8 모션 스미어

모션 스미어motion smear는 움직이는 물체에서 남겨지는 인지 연속성의 흔적이다[코렌 등
1999]. 빠르게 지나가는 동작의 잔존은 지속 시간이 충분히 길어 그 경로가 보인다.
담뱃불 끝이나 뜨거운 모닥불에서 재가 튀어 움직이는 동작을 볼 수 있기는 하지만,
모션 스미어가 보이려면 반드시 어두워야 한다거나 밝은 자극이 있어야 하는 것은
아니다. 예를 들어 눈앞에서 손을 앞뒤로 흔들면 모션 스미어가 발생해, 손이 동시
에 여러 곳에 있는 것처럼 보인다. 연구에 의하면 움직이는 자극이 예상 가능한 경
로를 따라갈 때는 상당한 정도로 모션 스미어가 억제되므로, 모션 스미어가 망막 지
속이라는 한 요인 때문에 일어나는 것은 아님을 알 수 있다.

9.3.9 생물성 운동

사람은 특히 사람의 동작을 알아보는 인지 기술이 미세하게 발달했다. **생물성 운동
인지**는 이런 움직임을 감지하는 능력을 일컫는다.

요한손Johansson[1976]은 일부 관찰자가 200ms라는 짧은 시간 동안 열 개의 움직이는

점으로 표현한 사람의 동작을 식별할 수 있었고, 실험에 참가한 모든 관찰자가 약 400ms 이상 보고 나서 아홉 가지 서로 다른 동작 패턴을 완벽히 알아본다는 점을 발견했다.

또 다른 연구에서는 서로 잘 아는 사람들을 관절 여러 곳만 비추며 촬영했다. 몇 달 뒤, 참가자들은 움직이는 밝은 관절 부분만 보고도 여러 실험에서 자신과 다른 이들을 알아볼 수 있었다[코렌 등 1999]. 어떻게 판단했는가 하는 질문에 피험자는 속도, 탄력, 리듬, 팔 흔들기, 보폭 같은 다양한 동작 요소들을 언급했다. 다른 연구들에서 피험자는 발목만 보여줬는데도 5초 내에 움직이는 점 패턴이 남성인지 여성인지 판단할 수 있었다!

이런 연구들은 VR에서 아바타의 동작이 극히 중요하다는 것을 암시하며, 아바타가 잘 보이지 않거나 짧은 시간만 제시된다고 해도 이는 달라지지 않는다. 사람의 동작 시뮬레이션이라면 무엇이든 정확해야만 한다.

9.3.10 벡션

벡션vection은 실제 인지할 움직임이 없을 때 자신이 움직이는 것으로 착각하는 것이다. 벡션은 유도 운동(9.3.5절 참조)과 비슷하지만, 작은 시각적 자극이 움직이는 듯이 보이는 대신 자신이 움직이는 것으로 착각하게 만든다. 현실 세계에서는 차에 앉아있는데 멈춰 있던 옆 차가 움직이기 시작하면 벡션이 발생한다. 실제로는 멈춘 차에 앉아있는데도, 옆 차가 움직이는 반대 방향으로 내 차가 움직이는 느낌을 받는 것이다.

벡션은 사용자가 실제로 움직이지 않는데도 사용자를 둘러싼 시각 세계 전체가 움직이는 VR에서 종종 발생한다. 이런 현상은 움직이는 자극의 반대 방향으로 자신이 움직이는 듯한 매혹적 착시 때문에 경험하게 된다. 시각적 장면이 왼쪽으로 움직인다면 사용자는 오른쪽으로 움직이거나 기울어진다고 느껴서, 움직이는 장면 방향(왼쪽)으로 몸을 기울이게 된다. 사실 세심하게 설계된 VR 경험에서의 벡션은 실제 자신의 움직임과 구별이 안 될 정도다(예: 2.1절에서 설명한 유령 그네).

시각만큼 강하진 않지만, 다른 감각 양상도 벡션에 기여할 수 있다[헤팅어(Hettinger) 등 2014]. 청각 벡션은 다른 감각 자극이 없을 때 자체적으로 벡션을 만들어내거나, 다른 감각 자극이 제공한 벡션을 강화한다. 서있거나 앉은 상태로 러닝 머신에서 계속 걸음을 옮길 때, 심지어는 정지한 표면 위에 선 상태에서도 생화학적 벡션이 생길 수 있다. 사용자를 둘러싸고 회전하는 드럼을 만질 때, 혹은 그런 선풍기의 바람을 통한 햅틱/촉감 단서도 벡션의 느낌을 더해줄 수 있다.

요인

벡션은 주변 시야에서 큰 자극이 움직일 때 발생 가능성이 높아진다. 시각적 움직임을 초당 $90°$ 가량까지 증가시키면 벡션 효과가 커진다[하워드 1986a]. 공간 빈도가 높은 시각적 자극 역시 벡션 효과가 커진다.

일반적으로 사용자들은 벡션이 발생하기 전에 자신이 멈춰 있는 상태며 시각 요소가 움직이는 것이라는 점을 올바르게 인지한다. 이런 벡션 지연은 몇 초간 지속된다. 하지만 약 $5°$/s보다 작은 자극 가속에서는 가속도보다 인지되는 자극 운동의 기간이 크므로 벡션 지연이 없다[하워드 1986b].

벡션은 저차원의 상향식 프로세스에만 기인한 것이 아니다. 연구에 따르면 신뢰할 수 있는 정지 좌표계 전체가 일관된 자연스러운 장면에서 고차원의 하향식 벡션(12.3.4절 참조)은 저차원의 상향식 벡션 프로세싱을 압도한다[리에케(Riecke) 등 2005]. 더 멀리 떨어진 것으로 인지되는 자극은 가까이 있는 자극보다 벡션을 더 일으키는데, 아마도 실생활에서 배경 물체가 일반적으로 더 안정적이라는 것을 알기 때문인 것 같다. 움직이는 소리는 보통 현실 세계의 주요 지형지물(예: 교회 종소리)로 인지되며, 인공적 소리나 움직이는 물체에서 나오는 소리보다 큰 벡션을 일으킨다.

벡션이 안정된 환경 가정에 좌우된다면, 자극이 고정적인 것으로 받아들여질 때는 벡션 감각이 강화될 것이라 기대할 수 있다. 반대로, 세계를 조작할 수 있는 물체라고 생각하도록 이 가정을 뒤집을 수 있다면(예: 세상을 집어서 3D 멀티 터치 패턴에서 하듯 우리 쪽으로 가져올 수 있다면. 28.3.3절 참조) 벡션과 멀미가 줄어들 수 있다(18.3절 참조). 이런 식으로 조작할 수 있는 세계를 사용해본 이들의 신뢰할 만한 피드백을 보면 이런 일이 실제로 가능할 것 같다. 하지만 어느 정도까지 가능할지는 추가 연구가 필요하다.

인지 안정성, 주의, 행동

10.1 인지적 항상성

세계와 그 안의 물체에 대한 우리의 인지는 비교적 변하지 않는다. **인지적 항상성**은 조건(예: 조명 변화, 보는 위치, 고개 돌림)이 변하더라도 어떤 물체가 불변하는 경향이 있다는 인상을 의식적으로 갖는 것이다. 인지적 항상성은 부분적으로 물체는 세계 안에서 일정하게 유지되는 경향이 있다는 관찰자의 이해와 기대에 기인해 발생한다.

인지적 항상성에는 크게 등록과 이해라는 두 단계가 있다[코렌 등 1999].

> **등록**^{registration}은 근접한 자극 변화가 신경계 안에서 처리되게끔 암호화되는 과정이다. 개인이 의식적으로 등록을 자각할 필요는 없다. 등록은 보통 초점 자극, 즉 주의를 기울이는 물체에 맞춰 이뤄진다. 주변을 둘러싼 자극은 맥락 자극이다.

> **이해**^{apprehension}는 의식할 수 있고 설명할 수 있는 실제 주관적인 경험이다. 이해하는 과정의 인지는 객체 속성과 상황 속성이라는 두 가지 요소로 나눌 수 있다. **객체 속성**은 시간이 흘러도 불변하는 경향이 있다. **상황 속성**은 물체에 대한 자신의 위치나 조명 설정처럼 더 가변적이다.

표 10.1은 아래에서 더 설명할 흔한 인지적 항상성을 요약한 것이다[코렌 등 1999].

표 10.1   인지적 항상성 (코렌 등[1999]에서 발췌)

항상성	등록된 자극 (무의식적일 수 있음)		이해된 자극(의식적)	
	시각 자극	맥락	상수	변화
크기 항상성	망막 상 크기	거리 단서	물체의 크기	물체의 거리
형태 항상성	망막 상 형태	방향 단서	물체의 형태	물체의 방향
위치 항상성	망막 상 위치	감지된 머리나 눈의 포즈	공간에서 물체의 위치	머리나 눈의 포즈
밝기 항상성	망막 상 강도	빛 단서	표면 백색도 강도	시조명
색상 항상성	망막 상 색상	빛 단서	표면 색상	시조명 색상
소리 세기 항상성	귀의 소리 세기	거리 단서	소리의 세기	소리로부터의 거리

10.1.1   크기 항상성

우리가 물체를 향해 걸어갈 때는 왜 그 크기가 변하는 듯이 보일까? 망막에 투영된 물체의 크기는 우리가 그쪽으로 걸어가거나 그로부터 멀어질 때 변하게 된다. 예를 들어, 저 멀리 있는 동물 쪽으로 걸어갈 때도 우리는 몸집이 부푸는 괴물을 본 듯 놀라지 않는다. 감각적 현실에서 우리 망막에 투영된 동물은 그쪽으로 걸어갈 때 커지지만, 우리는 이 동물의 크기가 변한다고 인지하지 않는다. 과거 경험과 세계의 심상 모델이 우리가 그쪽으로 걸어간다고 해서 사물의 크기가 변하지 않는다는 것을 알려주며, 우리가 세상에서 움직이는 것과 관계없이 사물의 속성은 그대로 유지된다는 것을 이미 학습했기 때문이다. 물체는 항상 같은 크기를 유지한다는 이런 경험 칙을 **크기 항상성**size constancy이라고 한다.

크기 항상성은 대체로 물체의 시거리 정확성에 좌우되며, 사실 잘못 인지한 거리 변화로 인해 인지된 크기가 변화할 수 있다. 거리 단서가(9.1.3절 참조) 더 주어질수록 크기 항상성도 개선된다. 적은 수의 심도 단서만 있을 때, 멀리 있는 물체들은 작게 인지된다.

크기 항상성은 모든 문화권에서 일관되지는 않은 듯하다. 열대 아프리카의 우림 깊은 곳에 사는 피그미 족은 넓은 개활지에 노출될 때가 많지 않아 크기 일관성을 학습할 기회를 별로 갖지 못한다. 색다른 환경을 접한 한 피그미 족이 멀리 있는 물소 떼를 보고서 벌레 떼라고 확신했다는 일화는 유명하다[턴불(Turnbull) 1961]. 차가 물소 떼 쪽으로 다가가자, 이 피그미 족은 겁을 먹고는 벌레가 '커져서' 물소가 된 것이 마법 때문이라고 확신했다.

크기 항상성은 현실 세계에서만 일어나지는 않는다. 입체 단서가 없는 일인칭 비디오 게임에서 우리는 화면 크기가 달라져도 다른 캐릭터와 물체가 같은 크기를 유지하는 것으로 인지한다. VR에서 크기 항상성은 운동 시차와 입체 단서 때문에 더욱 강해질 수 있다. 하지만 이런 단서가 서로 일관되지 않으면 크기 항상성 인지가 깨질 수 있다(예: 물체가 화면에서는 작아 보이지만, 입체 시야는 물체가 다가오고 있다고 알려주는 경우). 동일한 원칙이 아래 설명하는 형태 항상성과 위치 항상성에도 적용된다.

10.1.2 형태 항상성

형태 항상성은 다른 각도에서 봐서 망막에 맺힌 이미지의 형태가 변하더라도 물체가 그 형체를 유지하는 것으로 인식하는 것이다. 예를 들어, 우리는 커피잔의 테두리가 똑바로 내려다볼 때만 원형인데도 늘 동그랗게 인지한다(다른 각도에서 보면 타원형, 잔 높이에서 볼 때는 직선으로 보이는데도 그렇다). 경험상 컵은 둥글어서 우리 마음속에서 컵의 테두리가 원형이라고 딱지를 붙여 놓았기 때문이다. 우리가 변화하는 매 순간 망막에 비친 모양대로 물체를 설명한다면 어떤 혼돈이 일어날지 상상해보자.

형태 항상성은 물체에 대한 일관된 인지를 제공할 뿐 아니라, 그런 물체의 방향과 상대적 심도를 판단하게 해준다.

10.1.3 위치 항상성

위치 항상성은 눈과 머리가 움직일 때도 물체는 정지한 것으로 인지하는 것이다[맥과 허먼 1972]. 망막에서의 움직임과 망막 외부 단서를 인지적으로 일치시키는 과정에서 움직임은 무시된다.

사람이 고개를 돌려도 현실 세계는 안정된 채 유지된다. 고개를 오른쪽으로 $10°$ 돌리면, 시야는 왼쪽으로 $10°$ 돌아간다. **변위비**displacement ratio는 머리를 돌린 각도에 대해 환경 변위가 이뤄진 각도의 비율이다. 현실 세계의 안정성은 머리 동작에 대해 독립적이므로, 변위비가 0이다. 환경이 머리와 함께 돌아가면 변위비는 양의 값이 된다. 마찬가지로, 환경이 머리 방향과 반대로 회전하면 변위비는 음의 값이 된다.

근시 안경, 즉 오목 렌즈로 된 안경은 변위비를 증가시키고 물체가 머리의 회전에 맞춰 움직이는 듯이 나타나게 한다. 돋보기는 변위비를 0 이하로 줄여 물체가 머리의 회전과 반대 방향으로 움직이는 듯이 보이게 한다. 디스플레이된 시야와 다른 시야를 렌더링하면 근시 안경/돋보기 안경과 비슷한 효과를 얻을 수 있다. HMD에서는 이것이 멀미를 일으킬 수 있는 씬 모션^scene motion 으로 인지된다(12장).

부동 범위^range of immobility 는 위치 항상성이 인지되는 변위율의 범위다. 월락^Wallach 과 크라비츠^Kravitz [1965b]는 부동 범위가 0.04~0.06의 변위율이라는 것을 밝혀냈다. 관찰자가 고개를 오른쪽으로 100° 돌리면 환경은 고개 돌린 방향이나 그 반대 방향으로 최대 2~3° 움직이는데, 관찰자는 이를 눈치채지 못한다. 트래킹 기능이 없는 HMD에서는 장면이 사용자의 머리와 함께 움직이며 변위율은 1이다. 트래킹 기능이 있지만 지연율이 있는 HMD에서는 장면이 처음에는 고개를 돌리는 방향으로(양의 변위율) 움직인 다음, 고개 돌리는 속도가 줄어들어 시스템이 사용자를 따라잡고 나서 다시 올바른 위치로, 즉 고개 돌린 반대 방향으로(음의 변위율) 다시 움직인다[제럴드 2009].

위치 항상성 부족은 여러 요인이 영향을 주며, 3부에서 논의하겠지만 멀미의 주된 원인일 수 있다.

10.1.4 밝기 항상성과 색상 항상성

밝기 항상성이란 물체의 밝기(8.1.2절 참조) 인지는 눈에 도달하는 빛의 양보다 물체의 반사율과 주변 자극의 강도에 더 좌우된다는 것을 의미한다[코렌 등 1999]. 예를 들어, 조명 조건이 변하더라도 흰 종이와 검은 석탄은 변함없이 흰색과 검은색이다. 주변 물체에 대한 상대적 강도에 기반한 밝기 항상성은 100만:1의 조명 범위에서도 유지된다. 밝기 항상성은 그림자, 물체의 형태와 그곳에 비친 조명의 분포, 그리고 물체들 사이의 상대적인 공간적 관계에도 영향을 받는다.

색상 항상성이란 친숙한 물체는 조명이 변하더라도 비교적 변함없는 색으로 인지되는 것을 의미한다. 책에 부분적으로 그림자가 질 때, 우리는 책에서 그림자 진 부분의 색깔이 변한 것으로 인지하지 않는다. 밝기 항상성처럼, 색상 항상성은 대체로 주위를 둘러싼 자극과의 관계에 기인한다. 장면에서 비교 자극의 역할을 할 물체와 색상 수가 더 많을수록 색상 항상성 인지도 더 커진다. 이전 경험(예: 하향식 프로세스) 또한 색상 항상성 유지에 활용된다. 바나나가 다양한 조명 조건에서도 늘 노란색으로 보이는 이유는 바나나가 노랗다는 사실을 우리가 알고 있기 때문이다.

10.1.5 소리 세기 항상성

소리 세기 항상성이란 소리의 원천으로부터 청자가 멀어져서 귀에 들리는 소리의 크기가 줄어들어도 원천의 소리 세기가 그대로 인지되는 것을 의미한다. 다른 항상성과 마찬가지로, 소리 세기 항상성은 일정 한계치까지만 작용한다.

10.2 적응

사람이 생존하려면 새로운 상황에 적응해야 한다. 우리는 늘 변화하는 환경에 적응해야 할 뿐 아니라, 평생에 걸쳐 변화하는 신경 처리 시간과 두 눈 간의 거리 같은 내적 변화에도 적응해야 한다. VR 인지를 연구할 때, 연구원들은 측정치를 혼동시키고 인지를 변화시킬 수도 있기 때문에 적응을 잘 알고 있어야 한다.

적응은 감각 순응과 지각 순응 두 가지로 나눌 수 있다[윌라크 1987].

10.2.1 감각 순응

감각 순응은 자극을 감지하는 민감성을 바꾼다. 민감성은 시간이 흐름에 따라 증가하거나 감소하는데, 꾸준한 자극 강도로 일정 시간이 지나거나 자극이 제거되고 나면 자극 감지가 시작되거나 중지된다. 감각 순응은 보통 국지적이며 짧은 시간 동안만 유지된다. 어둠 적응은 감각 순응의 한 예다.

어둠 적응은 어둠 속에서 빛에 대한 민감성을 늘려준다. **빛 적응**은 밝은 곳에서 빛에 대한 민감성을 줄여준다. 눈의 민감도는 환경의 조도에 따라 여섯 자릿수까지 변한다.

눈의 원추세포(8.1.1절 참조)는 어둠 적응이 시작된 후 10분 정도 지나면 최대 어둠 적응에 도달한다. 간상세포는 어둠 적응이 시작된 후 30분 정도 지나면 최대 어둠 적응에 도달한다. 완전한 빛 적응은 적응이 시작된 지 5분 안에 일어난다. 어둠 적응은 자극에 대한 인지가 느려지게 만드는데, 자세한 내용은 15.3절에서 다루겠다. 가끔씩 밝고 큰 자극을 제시하면 사용자가 빛 적응을 유지할 수 있다. 간상세포는 붉은 빛에 비교적 둔감하므로, 붉은 빛을 사용하면 간상세포가 어둠에 적응하는 한편 원추세포는 높은 예민성을 계속 유지할 수 있다.

10.2.2 지각 순응

지각 순응은 인지 프로세스를 바꾼다. 웰치[1986]는 **지각 순응**을 '감각 양상 간, 혹은 한 양상 내의 등록된 차이, 혹은 이 차이에서 유발되는 행동의 오류를 줄이거나 제거하는 인지의 반영구적 변화나 지각과 운동의 조율'이라고 정의한다. 지각 순응을 촉진하는 주된 요인에는 여섯 가지가 있다[웰치와 몰러 2014].

- 안정적 감각 재배열
- 적극적 상호작용
- 오류 수정 피드백
- 즉각적 피드백
- 여러 세션에 걸쳐 분산된 노출
- 점진적 재배열에의 노출

듀얼 적응dual adapdation은 둘 이상의 상호 충돌하는 감각 환경이 자주 번갈아 바뀐 다음 발생하는 인지 적응이다. 경험 많은 사용자들이 VR 경험과 현실 세계의 경험을 오갈 때는 문제가 덜 생긴다.

극단적인 지각 순응의 첫 번째 사례는 1800년대 후반에서 찾을 수 있다. 조지 스트래튼George Stratton은 위아래와 좌우가 반전돼 보이는 고글을 착용하고 8일을 보냈다[스트래튼 1897]. 처음에는 모든 것이 거꾸로여서 무슨 일이든 제대로 하기 어려웠지만, 며칠이 지나며 서서히 적응했다. 스트래튼은 점차 좌우가 반전돼 보이는 데에 거의 완전히 적응해서 반전 고글을 착용한 채로 무엇이든 다 해낼 수 있게 됐다.

위치 항상성 적응

고개를 돌리는 동안 환경이 인지적 안정을 유지하는 보정 프로세스는 지각 순응에 의해 바꿀 수 있다. 월라크[1987]는 이런 시각 전정 기관 감각 재배열을 '시각 방향의 항상성 적응'이라고 칭하는데, 이 책에서는 10.1.3절에서 설명한 위치 항상성과 일관성을 유지하기 위해 '위치 항상성 적응'이라고 부르겠다.

VOR(8.1.5절 참조) 적응이 위치 항상성 적응의 예다. 아마도 가장 흔한 위치 항상성 적응의 형태는 안경을 처음 쓸 때 고개를 돌리면 정지한 환경이 움직이는 것처럼 보이다가, 계속 쓰다 보면 차차 안정된 상태로 인지되는 것이다. 극단적인 경우로,

윌라크와 크라비츠[1965a]는 고개를 돌릴 때 시각적 환경이 1.5의 변위율로 반대 방향으로 움직이는 기기를 만들었다(10.1.3절 참조). 두 사람은 단 10분만 지나도 고개를 돌릴 때 이렇게 환경이 움직이는 인지 상황에 어느 정도 적응하는 것을 발견했다. 또한 기기를 벗고 나면 고개를 돌릴 때 평균 변위율 0.14로 안정되게 나타나는 사후 부작용을 보고했다(10.2.3절 참조) 드레이퍼[1998]도 HMD를 착용한 피험자들은 HMD의 정확한 시야와 다르게 의도적으로 시야를 변경해서 렌더링해도 비슷하게 적응하는 것을 발견했다.

사람은 단서가 있을 때는 다른 변위율의 안정된 세계를 인지할 수 있도록 위치 안정성의 듀얼 적응을 해낼 수 있다(예: 안경 착용 혹은 스쿠버용 페이스 마스크. 웰치 1986).

시간적 적응

9.2.2절에서 논의했듯, 우리의 자각은 실제보다 수백 밀리 초 느리다. **시간적 적응** temporal adaptation은 우리의 과거 자각 시간 지연을 변화시킨다.

비교적 최근까지 어떤 연구도 지연 시간의 적응을 보여주지 못했다(15.3절의 풀프리히 효과에서 어둠 적응은 어느 정도 시간적 적응을 유발한다는 점을 암시하기는 한다). 커닝햄 등[2001a]은 사람이 지연된 시각 피드백에 의해 새로운 감각 간 시각-시간의 관계에 적응할 수 있다는 행동적 증거를 발견했다. 표준 모니터에 일정한 속도로 내려오는 가상의 비행기가 디스플레이되고, 피험자는 좌우로만 조작할 수 있는 마우스 컨트롤로 시야에 들어오는 장애물을 피해 조종했다. 피험자들은 처음의 사전 테스트에서는 35ms의 시각 지연으로 과제를 수행했다. 그런 다음 시스템에 추가로 200ms의 지연 시간이 적용돼 같은 과제를 수행하도록 훈련했다. 마지막에는 원래대로 최소 지연 시간 35ms로 사후 테스트에서 과제를 수행했다. 피험자들은 사전 테스트보다 사후 테스트에서 수행력이 훨씬 떨어졌다.

훈련 말미에 가서 지연 시간이 235ms가 됐을 때, 여러 피험자는 자발적으로 시각과 촉각 피드백이 동시에 이뤄지는 것 같다고 보고했다. 모든 피험자는 강한 사후 부작용을 보였다. 사실 지연 시간이 없어졌을 때 일부 피험자는 시각 자극을 손으로 제어하기도 전에 시각 자극이 움직이는 것 같다고 보고했는데, 다시 말해 원인 전에 영향이 먼저 발생하는 듯한 역인과성이 발생한 것이다.

두 저자는 시간 지연에 대한 감각 운동 적응이 되려면 차이에 순서대로 노출돼야 한다고 추론했다. 이전 연구에서 피험자들은 지연이 일어날 때 동작을 느리게 해서 차이를 줄일 수 있었지만, 이 연구의 피험자들은 비행기가 일정하게 하강하는 속도를 늦추도록 허락되지 않았다.

이런 결과를 보면 VR에서는 지연 시간에 적응할 가능성이 있으며, 그렇게 함으로써 시간이 흐름에 따라 지연 시간 한계치를 변화시킬 수 있을 것으로 보인다. 일반적인 VR 멀미 민감성은 분명 많은 사람이 줄여갈 수 있을 것이며, VR의 지연 시간으로 인한 멀미는 특히 줄일 수 있을 것이다. 하지만 VR에서 지연 시간에 대한 인지 적응이 정말 일어나는지는 확실하지 않다.

10.2.3 부작용

부작용은 적응한 자극이 제거된 다음에도 원래의 자극에 대한 인지가 변하는 것을 뜻한다. 부작용은 감각 순응과 지각 순응 둘 모두에서 발생한다. 이런 부작용을 참고해서 가장 흔한 적응 대책을 만들 수 있다[커닝햄 등 2001a]. VR 사용과 관련된 부작용은 13.4절에서 논의하겠다.

10.3 주의

감각은 우리가 한꺼번에 인지할 수 없을 정도로 엄청난 양의 정보를 끊임없이 제공한다. **주의**는 인지할 수 있는 일부 정보를 눈치채고 집중하며 다른 정보는 버리는 과정이다. 주의는 그저 사물을 둘러보는 것 이상의 작업으로, 주의를 기울이면 한 물체에 대한 처리와 인지를 강화함으로써 해당 물체가 우리 인식의 최전선에 배치된다. 주의를 더 기울일수록 우리는 더 많은 세부 사항을 알아채기 시작하고, 처음에 생각했던 것과는 다르다는 점을 깨닫기도 한다. 우리의 인지와 사고는 예리하고 분명해지며, 경험을 회상하기도 쉬워진다. 주의는 무슨 일이 일어나고 있는지 알려주고, 세세한 내용을 인지할 수 있게 하며, 반응 시간을 줄여준다. 주의는 또한 형태, 색깔, 동작, 위치 같은 다양한 특징을 인지 가능한 물체로 묶어내는 데도 도움을 준다(7.2.1절 참조).

10.3.1 제한된 자원과 필터링

우리의 두뇌는 생체적 능력과 처리 능력에 제한이 있으며, 주의는 이런 제한된 자원을 잘 배당하는 것이라고 생각할 수 있다. 과부하를 막기 위해 몸과 마음은 한 번에 관심 부분 하나에 더 많은 자원을 적용하도록 진화해왔다. 예를 들어 중심와는 망막에서 고해상도 시력을 제공하는 유일한 부분이다. 또한 현재 관심사와 관계없는 사건들은 걸러내며, 세계에 대해 가용한 여러 정보 원천 중 하나만 신경 쓴다.

인지 수용량perceptual capacity은 한 사람이 인지할 수 있는 총량이다. **인지 부하량**perceptual load은 한 사람이 현재 사용하고 있는 인지 수용량이다. 쉽거나 잘 연습해둔 과제는 인지 부하가 낮지만, 새로운 기술을 배우는 등의 어려운 과제는 인지 부하가 크다.

7.9.3절에서 논의했듯이, 삭제 필터링은 세계의 일부에만 선별적으로 관심을 기울임으로써 들어오는 데이터의 특정 측면을 누락하는 것이다. 우리가 신경 쓰지 않는 것들은 덜 뚜렷하고 기억하기 더 어렵다(혹은 아래에서 설명하는 무주의 맹시처럼 인지조차 되지 않는다). 정보를 걸러내면 이런 정보에서 지속되는 인상이 거의 남지 않는다.

자기 계발 산업에서는 망상 활성화계reticular activating system가 우리가 주의를 우선적으로 기울여 생각하는 것 외에 신경 쓰지 않는 것들을 걸러냄으로써 자동 목표 추구 메커니즘 역할을 한다고 주장한다. 안타깝게도 이런 '과학적 증거로 뒷받침된' 설은 자료를 제시하지도 않고, 논문을 뒤져봐도 이런 주장을 지지하는 과학적 증거는 거의 혹은 전혀 찾을 수 없다. **망상 활성화계**가 각성과 전반적 기민성을 향상시키지는 않지만, 두뇌의 이 부분은 주의력 퍼즐의 아주 작은 한 조각일 뿐이다. 두뇌의 어떤 부분이 우리의 주의력을 제어하든 간에, 우리가 무엇이 중요하다고 인지하고 주의를 기울이는지의 개념은 중요하다.

칵테일파티 효과

칵테일파티 효과cocktail party effect란 같은 방에서 들려오는 다른 많은 대화를 걸러내고 특정 대화에만 청각적 주의를 집중하는 능력을 일컫는다. **섀도잉**shadowing은 받아들이는 언어 입력을 반복하는 행동으로서, 다른 대화들 사이에 종종 일어난다. 섀도잉은 메시지가 서로 다른 두 공간에서 올 때, 피치가 다를 때, 서로 다른 속도로 제시될 때 더 쉽게 일어난다.

무주의 맹시

무주의 맹시inattentional blindness는 주의를 기울이지 않아서 한 물체나 사건을 인지하지 못하는 것으로, 직접 목격하고 있을 때조차 일어날 수 있다. 연구자들은 두 팀이 농구 비슷한 게임을 하는 동영상을 만들고 관찰자들에게 패스 횟수를 세도록 해서 둘 중 한 팀에 주의를 기울이도록 만들었다[시몬스(Simons)와 샤브리스(Chabris) 1999]. 45초 경과 시점에 약 5초 동안 우산을 쓴 한 여자나 고릴라 탈을 쓴 남자가 경기장을 가로질러 걸어간다. 놀랍게도 관찰자의 절반가량이 여자나 고릴라를 보지 못했다. 무주의 맹시는 더 특정한 종류의 인지맹을 일컫기도 한다. 아래에서 변화맹, 선택맹, 동영상 오버랩 현상, 변화농에 대한 설명을 보자.

변화맹: **변화맹**change blindness은 디스플레이상의 한 항목이 한 순간에서 다음 순간으로 변할 때 이를 눈치채지 못하는 것이다. 변화맹은 디스플레이가 빈 상태에서 장면에 변화를 넣거나 이미지 사이에 섬광을 넣어 쉽게 보여줄 수 있다. 배경에서 일어나는 변화는 전경의 변화보다 덜 눈에 띈다.

변화맹은 관찰자에게 변화를 주의해서 보라고 지시해도 일어날 수 있다. **지속성 오류**continuity error는 영화의 쇼트 사이에 변화가 일어나는데 관객들이 그런 중요한 변화를 알아채지 못하는 것이다. 관객은 변화가 눈의 단속성 운동saccadic eye movement 동안 들어갈 때도 이런 변화를 놓친다.

대부분은 자신이 변화를 잘 탐지한다고 믿으며, 변화맹이 있는 줄 모른다. 이런 의식 부족을 **변화맹 맹시**라고 한다.

선택맹: **선택맹**choice blindness은 결과가 자신이 이전에 선택한 것이 아님을 눈치채지 못하는 것이다. 자신의 선택이 아닌 결과물을 자신의 선택이라고 믿을 때, 사람들은 종종 선택하지 않았던 결과물을 왜 '선택했는지' 정당화하는 논리를 찾아내곤 한다.

동영상 오버랩 현상: **동영상 오버랩 현상**video overlap phenomenon은 칵테일파티 효과가 시각적으로 일어난 것이라고 생각할 수 있다. 관찰자들이 다른 동영상 위에 겹쳐서 보여주는 동영상에 주의를 기울이고 있을 때 한 동영상의 사건은 쉽게 따라갈 수 있지만, 두 영상의 사건을 모두 다 쫓아가지는 못한다.

변화농: **변화농**change deafness은 청각 자극의 물리적 변화를 청자가 눈치채지 못하는 것이다. 변화농에는 주의력이 영향을 미친다.

10.3.2 주의 유도

장면의 '요지'를 파악하는 데 의식적 주의가 필요하지는 않지만, 상세 사항을 인지하려면 장면의 특정 부분에 주의를 기울이고 나머지 부분은 무시해야 한다.

주목

주목attentional gaze[코렌 등 1999]은 장면의 특정 장소나 사물에 어떻게 주의가 기울여지는 지를 보여준다. 정보는 주의를 향하는 곳에서 더 효과적으로 처리된다. 주의는 스포 트라이트 내지는 줌 렌즈로 특정 장소에 대한 처리를 향상시키는 것과 같다. 은밀히 주의를 집중할 수 있는 능력 덕분에, 눈으로 보고 있는 곳과 주목하는 곳이 반드시 대응하지는 않는다. 주목은 장면의 국지적/작은 측면이나 더 전체적/넓은 영역으로 향할 수 있다. 또한 물체의 전체보다는 질감이나 크기 같은 하나의 특징을 선택적으로 주목할 수도 있다. 하지만 보통 한 시점에 하나 이상의 장소에 주의를 기울일 수는 없다.

주목은 눈보다 더 빠르게 옮겨갈 수 있다. 시각 자극의 결과인 주목은 원시 시각 경로(8.1.1절 참조)에서 시작돼 대상이 번쩍거린 다음 불과 50ms 만에 세포가 발동되는 반면, 눈의 단속적 운동은 그런 자극 쪽으로 움직이기 시작하기에 200ms 이상 걸릴 때가 잦다.

청각적 주목 역시 방향이 있는 듯 작동하며 특정 공간적 위치로 이끌릴 수 있다.

적극적인 주의

우리는 수동적으로 보거나 듣는 것이 아니라, 보고 듣기 위해 적극적으로 정보를 흡수한다. 우리는 대체로 주의를 기울이기로 한 것을 경험하며, 그저 수동적으로 앉아서 우리의 마음속으로 모든 것이 들어오도록 두지는 않는다. 오히려 우리에게 중요한 것, 즉 하향식 프로세스를 이끄는 우리의 관심과 목표에 적극적으로 주의를 집중한다.

주의에 관련된 하향식 프로세스는 장면 개요에 연관된다. **장면 개요**scene schema는 관찰자가 현재 있는 환경에 무엇이 들어있는지에 관한 맥락 혹은 지식이다. 우리는 제자리에서 벗어난 듯한 사물을 더 오래 바라보는 경향이 있다. 또한 건물 사이에서보다 교차로에서 신호등을 찾는 것처럼, 있을 법한 곳에 있는 사물을 알아본다.

때로는 과거 경험이나 단서를 통해 가까운 미래에 중요한 사건이 어디에서 언제 일어날 수 있을지도 알 수 있다. 우리는 기대되는 장소와 시간에 맞는 사건에 주의를 기울여 사건 발생에 대비한다. 그런 준비는 사람의 주의 상태를 변화시킨다. 청각 단서는 특히 사용자가 중요한 사건에 대비하도록 주의를 끄는 데 적합하다.

또한 주의력은 수행하는 과제에도 영향을 받는다. 우리는 거의 항상 어떤 물체에 대해 행동을 취하기 전에 물체를 바라보며, 눈의 움직임은 보통 운동보다 몇 분의 1초 앞서 상호작용에 필요한 정보를 제공한다. 관찰자들은 역동적으로 일어나는 사건의 개연성 추정에 따라서도 주의를 기울인다. 예컨대, 사람들은 야생 동물이나 수상하게 움직이는 누군가에게 더 주의를 집중한다.

주의 끌기

주의 포획attentional capture은 부각된 것에 비자발적으로 갑자기 주의가 이동하는 것이다. **부각**salience은 주변에서 두드러져 보이게 해서 사람의 주의를 붙드는 것으로, 갑작스러운 섬광, 밝은 색깔, 시끄러운 소리 등이 있다. 주의 포획 반사는 두뇌가 가능한 한 빠르게 세계에 대한 심상 모델에서 어긋나는 사항을 업데이트해야 하기 때문에 일어난다[코렌 등 1999]. 똑같은 자극이 반복적으로 일어나면 이것은 심상 모델의 일부로 기대하게 되며, 따라서 지향 반사는 약화된다.

돌출 맵saliency map은 장면의 부분들이 어떻게 두드러져 주의를 포획하는지 시각적으로 표시한 이미지다. 돌출 맵은 장면에서 나머지 부분과는 다른 색채, 대조, 방향, 동작, 갑작스러운 변화 같은 특징을 활용해 생성한다. 관찰자들은 먼저 돌출 맵의 강한 영역들과 연관된 부분에 집중한다. 이런 초기 반사 작용 후에는 주의력이 더 능동적이 된다.

주의력 맵attention map은 사용자들이 실제로 무엇을 바라보는지 정보를 제공한다(그림 10.1). 주의력 맵을 측정해 시각화하면 실제 사용자의 주의를 끄는 것이 무엇인지 판단하는 데 아주 유용하다. 제작자가 원하는 행동 쪽으로 사용자를 이끌 유인책에 대한 제작자의 이해를 증진시킬 수 있어서 반복적인 콘텐츠/상호작용 제작 과정의 일부로도 극히 유용하다. 질 좋은 주의력 맵을 만드는 데는 눈 트래킹이 이상적이지만, HMD에서 사용자가 대체로 주의를 기울이는 시야 중심을 추정하는 방식으로 다소 덜 정확한 주의력 맵을 만들 수도 있다.

과제와 관련 없는 자극은 우리가 관여하고 있는 과제와 관계가 없어서 주의를 분산시키고 수행력을 떨어뜨릴 수 있는 정보다. 고도로 돌출되는 자극은 주의를 산만하게 만들 가능성이 더 높다. 과제와 무관한 자극은 과제가 쉬울 때 수행력에 더 많은 영향을 준다.

그림 10.1   사용자가 가장 주의를 기울이는 부분을 보여주는 3D 주의력 맵 (파이퍼(Pfeiffer)와 메밀리(Memili)[2015])

우리는 꾸준히 공공연함과 은밀함을 오가며 환경을 관찰한다. **명백한 지향**overt orienting 은 한 사건에 대한 중요한 정보로 인지되는 자극을 감각 수용기가 물리적으로 향하는 것이다. 눈과 고개는 반사적으로 두드러진 자극 쪽으로 돌아간다(눈이 먼저 가고, 이어서 고개가 뒤따라간다). 지향 반사에는 자세 조정, 피부 전도율 변화, 동공 수축, 심박수 감소, 숨 멈춤, 말단 혈관 수축 등이 있다.

은밀한 지향covert orienting은 마음속으로 주의를 기울이는 곳을 바꾸는 것이므로 감각 수용기에 변화가 필요 없다. 명백하거나 은밀한 지향은 함께 인지력을 향상시키고 식별 시간을 단축시키며 사건에 대한 인지를 향상시킨다. 겉으로는 무엇을 하는지 표시 나지 않게 속으로만 향하는 것도 가능하다. 주의를 기울인 청취는 보는 행위보다 은밀할 때가 많다.

훑어보기와 찾아보기

훑어보기visual scanning는 중심와에서 흥미로운 항목을 가장 분명히 볼 수 있게끔 이리저리 둘러보는 것이다. **고정**은 관심 항목에서 잠시 멈추는 것이며, 단속적 운동은 눈이 한 고정점에서 다음 고정점으로 건너뛰는 것이다(8.1.5절 참조). 우리는 눈의 단속성 운동을 깨닫지 못할 때가 많지만, 초당 세 번 정도 이런 운동을 한다. 훑어보기는 명백한 지향의 한 형태다. **회귀 억제**inhibition of return는 이미 바라보고 있던 무언가를 보기 위해 눈을 덜 움직이게 되는 것이다.

찾아보기searching는 환경에서 유관 자극을 능동적으로 추적하는 것으로, 어떤 특징이나 특징의 조합을 감각 세계에서 샅샅이 뒤지는 것이다.

시각 검색visual search은 자극 장에서 한 특징이나 물체를 찾는 것으로 특징 검색이나 연결 검색 어느 것이든 될 수 있다. **특징 검색**은 주위의 해당 특징이 없는 요소로부터(예: 기울어진 선) 특별한 특징을 찾는 것이다. **연결 검색**은 특별한 특징의 조합을 찾는 것이다. 특징 검색은 보통 연결 검색보다 더 쉽다.

특징 검색에서 답에 맞지 않는 항목 수는 검색 속도에 영향을 주지 않으며, 검색은 병렬적으로 이뤄진다고 한다. 사실, 특징 검색은 때때로 찾고자 하는 물체가 무관한 특징을 가진 흐릿한 주변 물건들 속에서 '튀어나와' 보이게 만들기도 한다. 이런 현상에 대한 하나의 설명은 우리의 인지 체계가 비슷한 항목을 하나로 묶고 장면을 형태와 바닥으로 나눠(20.4절 참조) 그중 형태를 검색하는 것이다.

연결 검색에서는 각 물체를 우리가 찾는 것과 비교하고, 일치 사항을 발견할 때만 반응한다. 따라서 연결 검색을 때로는 계열 탐색serial search이라고도 일컫는다. 연관 검색은 계열 순서로 수행되므로 형태 탐색보다 느리고 탐색되는 항목 수에 좌우된다.

경계vigilance는 위험, 어려움, 혹은 인지 작업이 일어나는 데 대비해 주의를 기울이고 집중 상태를 유지하는 것으로, 사건이 자주 일어나지 않고 오랜 기간 유지될 때가 많다. 경계 과제를 수행하기 시작한 후 시간이 지나면 피로해지기 때문에 점점 자극에 대한 민감도가 줄어든다.

몰입

몰입flow 상태에서 사람들은 시간이 흐르는 것을 잊고 수행하는 과제 이외의 것은 신경 쓰지 않게 된다[칙센트미하이(Csikszentmihalyi) 2008]. 즉, 물아일체가 되는 것이다. 몰입은 적정한 난이도에서만 발생하는데, 계속 주의를 기울여야 할 만큼 도전적이면서도 짜증과 불안을 야기할 만큼 어렵지는 않을 때가 그렇다.

10.4 행동

인지는 환경에 대한 정보를 줄 뿐 아니라 행동에 영감을 주기도 함으로써, 그렇지 않았다면 수동적이었을 경험을 능동적인 것으로 바꿔준다. 사실, 일부 연구자들은 시각의 용도가 세상에 대한 표현이 아니라 행동을 이끌기 위한 것이라고 믿는다. 우리의 감각으로부터 들어온 정보에 대해 행동을 수행하면 나중에 이를 인지할 수 있어 생존에 도움이 된다. 그럼 이제 행동에 대해, 그리고 행동이 인지에 어떻게 연관되는지에 대해 대략적인 개요를 살펴보자. 5부는 사용자가 상호작용하는 VR 인터페이스를 어떻게 디자인할지에 초점을 맞춘다.

상호작용의 연속 사이클은 목표 형성, 행동 수행, 그리고 결과 평가(인지)로 구성되며, 이 부분은 25.3절에서 더 자세히 세분화해본다. 어떤 행동의 결과 예측 또한 인지의 중요한 한 측면이다. 예측과 기대하지 못한 결과가 어떻게 관찰자의 주위에서 돌아가는 세상에 대한 오해를 낳는지에 대한 예는 7.4절을 보자.

9.1.3절에서 논의한 것처럼 의도된 행동은 거리 인식에 영향을 미친다. 수행력 역시 인지에 영향을 줄 수 있는데, 예를 들어 잘 맞히는 타자들은 성적이 저조한 타자에 비해 공이 더 커 보이고, 최근의 테니스 우승자들은 네트를 더 낮게 느낀다고 응답했으며, 우수한 미식축구의 필드골 키커들은 골 포스트 간의 거리를 더 널찍하다고 생각한다[골드스타인 2014]. 물체와 어떻게 상호작용할지에 대한 인지가(25.2.2절 참조) 물체에 대한 우리의 인지에 영향을 미칠 수 있다. 시각 운동은 벡션(자기 운동 감각. 9.3.10절 참조)과 자세 불안정(12.3.3절 참조)도 유발할 수 있다.

10.4.1 행동 vs. 인지

시각이 이끄는 행동은 주로 등 경로를 따라 흐르고, 행동이 없는 시각적 인지는 주로 복부 경로를 따라 처리된다는 수많은 증거가 있다(8.1.1절 참조). 그래서 순전히 관찰만 하고 있는지 아니면 행동도 취하고 있는지에 따라 사람은 다양한 기준과 참조 틀을 이용하게 된다. 예를 들어, 시각적으로 폰조 착시를 관찰할 때(6.2.4절 참조)는 길이 추정이 편향되지만, 폰조의 선을 잡기 위해 손을 뻗을 때는 손이 착시의 영향을 받지 않는다[가넬(Ganel) 등 2008]. 즉 착시는 인지에 복무하지(길이 추정 과제), 행동에 복무하지는(집는 과제) 않는다.

10.4.2 거울 뉴런 시스템

거울 뉴런에 대해서는 많은 논란이 있고 개개의 거울 뉴런이 사람에게 있다는 것은 아직 증명되지 않았지만, 그럼에도 거울 뉴런이란 개념은 행동과 인지가 어떻게 연결되는지 생각하는 데 유용하다. **거울 뉴런**은 행동을 수행하거나 똑같은 행동이 목격될 때나 마찬가지로 반응한다[골드스타인 2014]. 즉, 거울 뉴런은 행동을 누가 수행하는지와 관계없이 무슨 일이 일어나는지에 반응하는 듯하다. 대부분의 거울 뉴런은 '헉' 소리나 어딘가에 물체를 놓는 것 같은 한 종류의 행동에만 반응이 특화돼 있고,

행동이 취해지거나 관찰된 물체의 종류는 뉴런의 반응에 별 영향을 주지 않는다. 거울 뉴런은 다른 이들의 행동과 의도를 이해하고, 흉내를 냄으로써 새로운 기술을 습득하고, 공감 같은 감정을 소통하기 위해 중요하다.

개별적인 거울 뉴런이 실제로 사람에게 존재하는지와 관계없이, 이런 개념 자체는 VR 상호작용을 디자인할 때 유용하다. 예컨대 컴퓨터가 제어하는 캐릭터의 행동 수행을 지켜보면 새로운 상호작용 기법을 쉽게 배울 수 있다.

10.4.3 내비게이션

내비게이션은 의도한 장소까지의 코스나 경로를 판단하고 유지하는 것이다.

내비게이션 과제는 탐험 과제와 탐색 과제로 나눌 수 있다. **탐험**은 특별한 목표물이 없이 공간을 둘러보고 환경에 대한 지식을 구축하는 데 활용된다[보우먼 등 2004]. 탐험은 보통 새로운 환경에 들어서서 세상과 그 부속물에 대한 자신의 방향을 가늠할 때 일어난다. 탐색(10.3.2절 참조)에는 특별한 목표물이 있으며, 그 위치가 알려져 있을 수도(나이브 탐색) 있고 이전에 알려진 것일 수도(프라임 탐색) 있다. 극단적인 나이브 탐색naive search은 특정 목표가 있기는 하지만 단순한 탐험이다.

내비게이션은 길 찾기wayfinding(정신적 부분)와 여행(운동 부분)으로 이뤄지며, 둘은 서로 긴밀히 연결된다[다큰(Darken)과 피터슨(Peterson) 2014].

길 찾기는 실제로 신체적인 움직임은 전혀 없이 움직임을 이끄는 생각만으로 이뤄지는 내비게이션의 정신적 요소다. 길 찾기에는 자신의 현 위치 판단, 환경의 인지적 지도 구성, 그리고 현재 위치에서 목표 위치로 가는 계획/결정 같은 공간적 이해와 고차원적 사고가 연관된다. 주요 지형지물(환경 속의 뚜렷한 단서)과 기타 길 찾기 보조 수단은 21.5절과 22.1절에서 자세히 다루겠다. 안구 운동과 기능성 자기공명 영상 스캔을 보면 사람들은 장면의 다른 부분보다는 환경적 길 찾기 보조 수단을 더 자주 바라보며, 두뇌는 자동으로 내비게이션을 인도할 판단 지점 장소/단서를 구별해낸다[골드스타인 2014].

길 찾기는 다음을 통해 작동한다.

- **인지**: 루트를 따라 단서를 인지하고 알아본다.
- **주의**: 지형지물 역할을 하는 특정 자극에 주의를 기울인다.
- **기억**: 동일 환경을 통과한 과거 여행에서 저장된 하향식 정보를 이용한다.

- 이런 모든 정보를 합쳐 인지적 지도를 만들어서 현재 있는 곳과 다음에 가고
자 하는 곳을 연관시키는 데 도움을 준다.

여행은 한 장소에서 다른 장소로 이동하는 행동으로, 다양한 방법으로(예: 걷기, 수영, 운전, VR 이용 시에는 손짓으로 날기) 수행될 수 있다. 여행은 수동적 이동에서 능동적 이동까지의 연속체로 볼 수도 있다. 수동적 이동의 극단은 사용자의 직접 조종이 없이 자동으로 일어난다(예: 몰입형 영화). 능동적 이동의 극단은 신체를 사용해 걷는 것으로 이뤄지며, 그보다 덜한 것으로는 사람의 두 발 보행을 대체하는 인터페이스가 있다(예: 러닝 머신 걷기나 제자리 걷기). 대부분의 VR 여행은 '포인트 투 플라이'나 조이스틱을 이용한 시야 컨트롤처럼 수동적인 것과 능동적인 것의 중간쯤에 있다. 다양한 VR 여행 기법은 28.3절에서 논의하겠다.

사람들은 목표물 쪽으로 여행할 때 보조적으로 시각적 흐름(9.3.2절 참조)과 자기 중심적 방향(몸에 비교한 목표의 방향. 9.1.1절과 26.2절 참조) 모두에 의존해, 그 결과 탄탄한 운동 조절이 이뤄진다[워렌 등 2001]. 광학 흐름이 줄어들거나 왜곡되면 행동이 자기 중심적 방향에 더 영향을 받게 된다. 광학 흐름과 운동 시차가 클수록 행동은 광학 흐름에 더 영향을 받게 된다.

많은 감각이 시각, 전정 기관, 청각, 촉각, 고유 감각, 발 운동을 포함한 여행 인식에 기여한다. 시각 단서는 이동 인지에서 주도적인 감각 양상이다. 12장에서는 시각 단서가 다른 감각 양상과 일치하지 않을 때 어떻게 멀미가 발생하는지 논의한다.

인지: 디자인 지침

객관적 진실은 늘 우리가 인지하는 방식, 혹은 직관적으로 그러리라 생각하는 방식으로 작동하지는 않는다. VR 경험을 만들 때는 다른 매체 제작보다 우리의 인지 방식에 대한 이해가 더 중요하다. VR 제작자가 사람의 인지를 공부하면 경험을 최적화하고, 사람들이 즐거워할 혁신적인 기술을 개발하고, 인지적 문제를 해결하는 데 도움이 될 것이다.

사람의 인지 개념을 적용해 VR 경험을 만들어내는 일반 지침을 다음과 같이 장별로 정리했다.

11.1 객관적 현실과 주관적 현실(6장)

- 인지적 착각을 연구해(6.2절) 사람의 인지를 더 잘 이해하고, 테스트 추정 내역을 식별하고, 실험 결과를 해석하고, VR 세계를 더 잘 디자인하고, 문제를 발견한 후 해결한다.

- 감각 양상들의 공간과 시간적 감각 단서를 일관되게 해서, 의도치 않게 현실 세계보다 이상한 착각이 일어나지 않도록 한다(6.2.4절과 7.2.1절).

11.2 인지 모델과 프로세스(7장)

- 본능적이고(7.7.1절) 감정적인(7.7.4절) 프로세스를 무시하지 않는다. 처음의 매력과 긍정적 감정을 이끌어내기 위해 미적 직관을 이용한다.

- 긍정적/부정적 피드백 모두를 활용해 사용자의 불만을 최소화하고 사용자의 행동 양식을 바꾼다(7.7.2절).

- 사용자가 감정적 고양 상태에서 VR 경험을 끝내도록 한다. 경험의 마지막이 가장 기억에 잘 남기 때문이다(7.7.4절).

- 사용자에게 암시하는 단서를 제공해 이전의 긍정적 경험을 회상하게끔 유도한다(7.7.3절). 예를 들어 사용자가 VR 경험을 끝마칠 때 자신의 성과 중 하일라이트를 삼인칭 시점으로 보여준다.

- 원하는 결과를 달성할 수 있을 만큼, 그러나 지나치게 단순하지는 않은 심상 모델을 통해 직관적으로 인터페이스를 이해할 수 있게 한다(7.8절). 그러면 학습된 무기력증을 최소화할 수 있다.

- 사용자가 수준 높은 심상 모델을 만들어 가정을 명확한 것으로 바꿀 수 있도록 신호, 피드백, 제약을 활용한다(7.8절과 25.1절).

- 자신이 선호하는 감각 양상에만 집중하는 우를 범하지 않는다. 모든 감각 양상을 아우르는 감각 신호를 제시해 더 폭넓은 사용자를 포용한다(7.9.2절).

- 사용자들이 사건과 상호작용 개념을 일반화하는 필터를 형성할 수 있도록 일관성을 활용한다(7.9.3절).

- 경험을 이전의 현실 상황이나 가상 사건과 연관시킬 수 있게끔 기억을 불러오는 단서를 제공한다(7.9.3절).

- 사용자는 VR 경험 초반에 판단을 내리며, 이런 판단을 바꾸기보다는 고집할 가능성이 높다는 점을 숙지한다(7.9.3절). 사용자가 처음부터 이 경험이 마음에 든다고 생각하게 만든다.

- 페르소나를 정의해(31.10절) VR 경험이 타깃 소비자층의 일반적 가치, 신념, 태도, 기억의 장점을 활용할 수 있도록 디자인한다(7.9.3절).

11.3 인지 영역(8장)

- VR 제작자들은 어떤 색이 의도한 결과를 줄지 잘 알고 골라야 한다(8.1.3절).

- 머리 포즈에 맞는 양이 단서를 이용해 소리의 방향을 감지할 수 있도록 한다 (8.2.2절).

- 정확한 타이밍이 중요할 때는 오디오를 이용하고(8.2절), 정확한 위치가 중요할 때는 시각을 활용한다(8.1.4절).

11.4 공간과 시간 인지(9장)

- 환경과 상호작용을 디자인할 때는 사적 공간, 액션 공간, 조망 공간 면에서 사고한다(9.1.2절).

- 심도 단서가 거리에 따라 변하는 것이 상대적으로 어떻게 중요한지 고려한다. 다양한 거리에 따라 더 관계가 커지는 심도 단서가 있다(표 9.2).

- 다양한 심도 단서를 활용해 공간적 판단을 향상시키고 존재감을 강화한다 (9.1.3절).

- 2D 헤드업 디스플레이 대신 공간에 텍스트를 배치해 텍스트가 사용자에게서 일정 거리를 두고 적절히 가려지도록 한다(9.1.3절).

- 계속 눈 가까이에서 봐야 하는 필수적 자극을 넣지 않는다(9.1.3절).

- 심도가 시각 자극만으로 주어지지는 않는다는 점을 잊지 않는다. 사용자는 의도와 두려움에 따라 심도를 달리 인지한다(9.1.3절).

- 두 가지 비주얼이나 사운드가 시간적으로 너무 붙어서 발생하면 마스킹 때문에 두 번째 자극이 인지적으로 이전의 자극을 지워버릴 수 있으므로 주의한다(9.2.2절).

- 이벤트의 순서와 타이밍에 유의한다. 순서를 바꾸면 의미가 완전히 바뀔 수도 있다(9.2.1절).

11.5 인지 안정성, 주의, 행동(10장)

- 충분한 수의 거리 단서를 넣고 각각의 크기 항상성, 형태 항상성, 위치 항상성을 일관되게 유지한다(10.1절).

- 어두운 씬에서는 주로 붉은 색상과 조명을 사용해 어둠 적응을 유지하면서 중심와 시야의 시력이 또렷하게 유지되도록 하는 방법을 고려한다(10.2.1절).

- 사용자가 시야에 들어온다는 이유만으로 이벤트를 알아차리거나 기억하리라고 기대하지 않는다(10.3.1절). 부각(예: 빛나는/색깔이 도드라지는 물체나 공간 사운드)을 이용해 사람의 주의를 끈다(10.3.2절).

- 먼저 공간 오디오를 통해 사용자의 주의를 끌어서 이들이 이벤트에 미리 대비하도록 하는 방법을 고려한다(10.3.2절).

- 물체를 엉뚱한 곳에 놓거나 어떤 물체를 있음직한 곳에 놓는 것으로도 주의를 끌 수 있다(10.3.2절).

- 수행력을 높이기 위해서는 (특히 아주 돌출되는 자극이나 과제가 쉬울 때) 과제와 무관한 자극을 제거한다. 과제의 난이도를 높이려면 주의를 분산시키는 자극 추가를 고려하자(10.3.2절).

- 사용자의 주의를 실제로 끄는 것이 무엇인지 알아보기 위해 데이터를 수집해 주의력 맵을 만든다(10.3.2절).

- 검색을 최적화하기 위해 찾는 물체를 주위 자극에서 돋보이게 하는 특징 검색을 강조해(예: 주위에 각진 선이 포함되지 않는 곳에 각진 선의 물체를 둠) 찾는 아이템이 주변의 무관한 특징들은 흐릿한 가운데 '튀어' 보이도록 만든다(10.3.2절).

- 찾는 과제의 난이도를 높이려면 찾는 물체가 어떤 특징들의 조합이 되게끔 만들고 비슷한 물체들 사이에 배치해 인접 검색을 강조한다(10.3.2절).

- 몰입을 극대화하기 위해 개인의 실력 수준에 맞춘 난이도를 제시한다(10.3.2절).

- 컴퓨터가 조종하는 캐릭터가 상호작용하게 해서 사용자가 똑같은 상호작용을 배우도록 한다(10.4.2절).

건강에 미치는 영향

많은 사용자가 VR 경험을 즐긴 후에 멀미를 보고하는데, 이 문제는 아마도 VR이 넘어야 할 가장 큰 산일 것이다. 예를 들어, 8개월 이상에 걸쳐 55세가 넘은 여섯 명이 100만 달러짜리 VR 놀이 기구인 월트 디즈니의 '미션: 스페이스'를 탄 후 가슴 통증과 메스꺼움 증상으로 병원에 실려 갔다. 플로리다의 주요 테마파크들이 2001년 심각한 부상 건을 주에 신고하기로 협의한 이래, 한 개의 놀이 기구 이용자가 병원 진료를 받은 것으로는 가장 많은 숫자다(존슨^{Johnson} 2005). 디즈니는 이 놀이 기구에 구토용 봉지를 비치하기 시작했다. 더 최근에는 전설적인 비디오 게임 개발자이자 오큘러스의 최고 기술 책임자 존 카맥^{John Carmack}이 소비자용 VR 하드웨어를 너무 빨리 도입함으로써 '우물에 독을 풀고'(즉, 대규모의 멀미 유발) 싶지는 않다고 회사의 입장을 표명했다(카맥 2015).

3부에서는 VR이 건강에 미치는 부작용과 그 원인을 집중적으로 살펴본다. **건강상의 부작용**은 VR 시스템이나 그 애플리케이션이 메스꺼움, 눈의 피로, 두통, 현기증, 부상, 전염병 등과 같이 사용자의 건강을 해치는 모든 문제를 통칭한다. 그 원인을 살펴보면, 환경으로 인해 자신이 움직이는 것으로 인지하는 것, 부정확한 보정, 지연 시간, 물리적 위험 요소, 위생 불량 등이 있다. 또한 이런 난제는 간접적으로 건강 문제를 넘어 다른 부작용도 줄 수 있다. 사용자가 행동 양식을 조정해서 멀미를 피할 수도 있겠지만, 그러면 현실 세계에서의 과제에 대한 훈련이 부정확하게 고착될 수 있다(케네디^{Kennedy}와 포크스^{Fowlkes} 1992). 비단 사용자만 위험한 것이 아니라, VR 사용의 부작용(13.4절 참조)은 공공의 안전 문제로까지 이어질 수 있다(예: 자동차 사고). 모든 사용자가 VR의 부작용을 겪지 않도록 하는 일은 불가능할지도 모르지만,

문제와 그 원인을 이해함으로써 최소한 심각성과 지속 시간을 줄일 수 있도록 VR 시스템과 애플리케이션을 디자인할 수는 있다.

VR 멀미

VR에 기인한 멀미는 멀미, 사이버 멀미, 시뮬레이터 멀미 등 여러 이름으로 불린다. 이런 용어는 혼용되기도 하지만 완전히 같은 의미는 아니며, 주로 그 원인에 따라 차이가 있다.

멀미[motion sickness]는 실제(물리적이거나 시각적이거나)와 분명한 움직임에 노출되는 데 연관된 부작용 증상과 바로 관찰할 수 있는 징후를 일컫는다.

사이버 멀미[cybersickness]는 컴퓨터로 생성된 가상 세계에 몰입한 결과, 시각적으로 유발되는 멀미다. 사이버 멀미라는 용어 자체가 컴퓨터나 VR이 멀미를 일으키는 것처럼 들리지만(사이버라는 단어는 컴퓨터와 관계된 것이지 동작과 관계 있는 것이 아니다.), 여러 논문에서 사이버 멀미는 VR을 사용한 결과로 나타나는 멀미로만 정의된다. 이런 정의는 초점 조절과 이접 운동 간의 충돌, 디스플레이 깜박임, 피로, 위생 불량처럼 VR이 안고 있는 동작과 관계없는 과제에는 책임이 없기에 상당히 제한된 것이다. 예를 들어 VR을 경험할 때 장면에 움직임이 없는데도 초점 조절과 이접 운동 충돌에서 오는 두통은 사이버 멀미가 아니다.

시뮬레이터 멀미[simulator sickness]는 시뮬레이션되는 실제 상황이 아니라 시뮬레이션의 결점 때문에 생기는 멀미다(파우쉬[Pausch] 등 1992). 예를 들어 불완전한 비행 시뮬레이터는 멀미의 원인이 될 수 있지만, 이런 시뮬레이터 멀미가 사용자가 진짜 비행기를 타고 있을 때 실제 발생하지는 않는다(시뮬레이터와 무관한 멀미는 발생할 수도 있다). 시뮬레이터 멀미는 종종 물리적 운동과 일치하지 않는 명백한 운동에서 발생하는 멀미라고 칭해지지만(물리적 운동은 실제 일어나지 않을 때, 사용자의 운동일 때, 모션 플랫폼에서 만들어진 운동일 때), 초점 운동과 이접 운동의 충돌(13.1절 참조)과 깜박임(13.3절 참조)이 원인이 될 수도 있다. 시뮬레이션되는 경험 때문에 나오는 결과적 멀미는 시뮬레이터 멀미에 포함되지 않기 때문에, 극히 스트레스를 주는(예: 생사를 가르는 상황의 시뮬레이션) 게임에서 발생하는 멀미는 시뮬레이터 멀미가 아니다. 예를 들어, 가상의 절벽에서 아래를 봐서 생긴 고소공포증과 현기증은 시뮬레이터 멀미(혹은 사이버 멀미)로 간주되지 않는다. 일부 전문 연구자들은 시뮬레이터 멀미를 월드 고정형 디스플레이에 적용된 비행 시뮬레이터에서 생기는 멀미라고 하며, HMD 사용에서 오는 멀미에는 이 용어를 쓰지 않는다(스태니[Stanney] 등 1997).

VR 사용에서 오는 모든 멀미를 포괄하는 것으로 수용되는 용어는 현재 없으며, 대부분의 사용자는 정확한 용어를 알지도 못하고 신경 쓰지도 않는다. 그래서 특별한 원인에만 한정되지 않는 일반적인 용어가 필요하다. 이 책에서는 사이버 멀미나 시뮬레이터 멀미라는 용어는 쓰지 않고, VR 사용이 원인인 멀미를 논할 때는 멀미의 특정 원인과 관계없이 'VR 멀미' 혹은 단순히 '멀미'라고 칭하겠다. 움직임 때문에 유발되는 멀미는 '동작 멀미'라고 부르겠다.

3부 개요

3부에서는 여러 장에 걸쳐 VR 제작자가 알아야 할, VR이 건강에 미치는 부작용을 다룬다.

- **12장. 멀미** 씬 모션을 다루고 이런 모션이 어떻게 멀미를 일으키는지 살펴본다. 그리고 동작 멀미가 왜 일어나는지에 대한 여러 이론을 설명한다. 또한 이 모든 이론을 연결하는 멀미의 통합 모델을 제시한다.

- **13장. 안구 피로, 발작, 부작용** 움직이지 않는 자극으로도 어떻게 불편함과 건강의 부작용이 유발될 수 있는지 논의한다. 알려진 문제로는 초점 조절-이접 운동 충돌, 양안-가림 충돌, 깜박임이 있다. 간접적인 장면 움직임과 움직이지 않는 시각 자극에서 연유하는 부작용 역시 논의한다.

- **14장. 하드웨어적 과제** VR 장비 사용과 관련된 물리적 난제를 논의한다. 이 장에서는 신체적 피로, 헤드셋 착용감, 부상, 위생을 알아본다.

- **15장. 지연 시간** 의도치 않은 씬 모션을 자세히 살피면서 지연 시간이 어떻게 멀미를 일으키게 되는지 논의한다. 지연 시간은 VR 멀미의 주된 원인이므로, 지연 시간과 그 원인을 상세히 알아본다.

- **16장. 멀미 측정** 연구원들이 VR 멀미를 측정하는 방법을 다룬다. 사용자의 멀미 정도를 판단하기 위한 데이터 수집은 VR 애플리케이션 디자인을 개선하고 VR 경험을 더 편안하게 만드는 데 중요한 도움을 줄 수 있다. 이 장에서 다루는 세 가지 VR 멀미 측정 방법은 케네디 시뮬레이터 멀미 질문지, 자세 안정성, 생리적 측정이다.

- **17장. 부작용 요인 요약** VR에 노출됨으로써 발생하는 여러 부작용의 주된 원인을 요약한다. 크게 시스템 요인, 개별 사용자 요인, 애플리케이션 디자인 요인으

로 나눠서 생각해볼 수 있다. 또한 존재감과 멀미 간의 취사선택 요령 역시 간단히 다룬다.

18장. 부작용 감소의 예 사용자가 좀 더 편안해 하고 건강상의 부작용을 줄이는 데 활용되는 몇 가지 구체적인 기술을 다룬다.

19장. 건강에 미치는 영향: 디자인 지침 이전 일곱 개 장의 내용을 요약하면서 더욱 편안하고도 부작용이 줄어들도록 활용할 수 있는 지침 목록을 제공한다.

멀미

멀미motion sickness는 실제적이고 분명한 움직임에 노출되는 데 따른 부작용 증상과 바로 관찰할 수 있는 징후를 일컫는다[로슨(Lawson) 2014]. 명백한 운동에서 오는 멀미(사이버 멀미라고도 함)는 VR 사용이 유발하는 가장 흔한 건강상의 부작용이다. 이런 멀미의 증상으로는 불편함, 메스꺼움, 어지럼증, 두통, 방향 감각 상실, 현기증, 졸림, 창백함, 식은땀, 그리고 간혹 최악의 경우에는 구토가 포함된다[케네디와 릴리엔탈(Lilienthal) 1995, 콜라진스키(Kolasinski) 1995].

시각적으로 유도된 멀미는 시각적 운동 하나만으로 발생하는 반면, 물리적으로 유도된 멀미는 물리적 운동 때문에 생긴다. 시각적으로 초래된 움직임은 눈만 감으면 멈출 수 있지만 물리적으로 초래된 움직임은 그럴 수 없다. 차멀미는 멀미의 일종으로 자동차, 배, 비행기 등 어떤 종류든 간에 탈것으로 이동할 때 경험하는 물리적 움직임 때문에 생기는 것이다. 물리적으로 초래된 멀미는 놀이공원의 기구, 제자리에서 빙빙 돌기, 그네 타기에서도 발생할 수 있다. 시각적으로 초래된 멀미는 물리적으로 초래된 멀미와 비슷하지만, 그 원인과 영향은 서로 상당히 다르다. 예를 들어 시뮬레이터 멀미에서는 전통적인 멀미보다 토하는 증세가 덜 나타난다[케네디 등 1993]. 멀미는 사용자가 물리적으로 움직일 때도 생길 수 있으며, 15장에 열거한 수많은 요인들이 영향을 준다.

이 장에서는 VR에서 일어나는 시각적 장면의 움직임, 벡션이 멀미와 어떻게 연관되는지 살펴보고, 멀미에 관한 이론과 멀미의 통합 모델을 알아본다.

12.1 씬 모션

씬 모션scene motion은 현실 세계에서는 보통 일어나지 않을 완전한 가상 환경에서의 시각적 움직임이다[제럴드 2009]. VR 씬은 다음과 같은 이유로 멈춰 있지 않을 수 있다.

> **의도된 씬 모션**: 가상 세계가 현실 세계와 다르게 움직이도록 시스템에 주입된 것(예: 28.3절에서 살펴볼 가상으로 세계를 내비게이션해 가는 것)

> **의도하지 않은 씬 모션**: 지연 시간이나 부정확한 보정(잘못 맞춰진 시야, 광학적 왜곡, 트래킹 오류, 부정확한 동공 간 거리 등) 같은 기술적 결함으로 인해 고개를 돌릴 때 장면이 움직이는 것

의도된 씬 모션은 코드에서 잘 정의되고 의도하지 않은 씬 모션은 수학적으로 잘 정의되기는 하지만[아델스틴 등 2005, 할로웨이(Holloway) 1997, 제럴드 2009], 씬 모션 인지와 이것이 동작 멀미와 어떻게 관련되는지는 그만큼 널리 이해되고 있지 않다. 연구자들은 눈에 띄는 씬 모션이 동작 멀미를 일으키고, 과제 수행 능력을 떨어뜨리며, 시각적 정확성을 떨어뜨리고, 존재감을 줄임으로써 VR 경험을 악화시킬 수 있다는 점을 알고 있다.

12.2 멀미와 벡션

벡션vection(자신이 움직인다는 착각. 9.3.10절 참조)이 늘 멀미를 일으키는 것은 아니다. 예를 들어 VR에서는 씬이 일정한 선형 속도로 움직일 때도 벡션이 유발될 때가 잦은데, 이런 모션은 딱히 멀미의 요인으로 보이지 않는다. 하지만 씬이 다른 방식으로 움직일 때는 멀미가 큰 문제가 될 수 있다. 왜 이런 것일까?

시각적 동작 인지에는 눈 외의 다른 감각 양상에서 오는 감각도 작용한다. 시각적 장면이 사용자의 물리적 움직임과 별개로 움직이면 보는 것과 물리적인 느낌 사이에 괴리가 생길 수 있다. 이런 괴리는 이석 기관에서(8.5절 참조) 똑같은 가속을 감지하지 못하기 때문에 가상 모션이 가속할 때 특히 거슬린다. 이석 기관은 속도를 감지하지 못해 시각적 속도와 비교할 것이 없으므로, 장면이 일정한 속도로 움직일 때는 이런 괴리가 그다지 거슬리지 않는다. 가상의 회전은 반고리관이 속도와 가속 모두를 감지하기 때문에 더 불편을 유발할 수 있다[하워드(Howard) 1986b]. 일정한 선형 속도보다는 일정한 각속도에서 동작 멀미를 겪을 가능성이 높다.

벡션은 VR에서 이동하는 느낌을 만들어내는 데 쓸 수 있는 강력한 도구다. 하지만 VR 디자이너는 이런 이동하는 느낌을 만들어낼 때, 특히 씬 전체에 선형 가속이 적용될 때와 어떤 종류든 각 운동이 있을 때의 영향도 잘 알아야 한다. 존재감을 더하리라 생각하고 인위적으로 고개 까딱임을 넣으면 심각한 멀미를 유발할 수 있으므로 절대 그래서는 안 된다. 언덕 지형과 계단 역시 정도는 덜하지만 마찬가지로 문제가 된다. 횡이동도 문제가 되는데, 아마도 현실 세계에서 우리가 옆걸음을 치는 일이 거의 없기 때문인 것 같다[오큘러스 모범 사례 가이드 2015].

VR에서는 불완전한 적용 때문에 부정확한 씬 모션도 자주 발생한다. 전정 기관 자극이 벡션을 억제하기는 하지만[래크너(Lackner)와 테익세이라(Teixeira) 1977], 지연 시간과 머리 움직임이 함께 벡션을 만들어낼 수 있어 동작 멀미의 주원인이 된다. 잘못 보정된 시스템 역시 사용자가 머리를 움직일 때 부정확한 씬 모션을 일으킬 수 있다.

12.3 멀미 이론

멀미가 왜 일어나는지 설명하는 여러 이론이 있다. VR 경험을 디자인하고 평가할 때는 이런 이론을 고려하는 편이 좋다.

12.3.1 감각 충돌 이론

감각 충돌 이론[리즌(Reason)과 브랜드(Brand) 1975]은 동작 멀미 증세의 시작에 대해 가장 널리 받아들여지는 설명이다[함(Harm) 2002]. 이 이론에서는 모든 감각 양상(주로 시각과 전정 기관)에서 들어오는 정보가 서로 맞지 않고 우리가 기대한 심상 모델과 일치하지 않는 방식으로 환경이 바뀌는 데서 동작 멀미가 올 수 있다고 말한다.

VR에서는 시뮬레이션에서 시각과 청각 단서가 오는 반면, 전정 기관(8.5절 참조)과 고유 감각(8.4절 참조) 단서는 현실 세계의 몸 동작에서 온다(모션 플랫폼과 햅틱은 시뮬레이션과 현실 세계 양쪽 모두에 해당한다고 볼 수 있다). 그래서 시각적 및 청각적으로 합성된 단서는 종종 고유 감각 및 전정 기관 단서와 맞지 않으며, 이런 불일치가 동작 멀미의 주된 원인이 된다. VR에서 가장 큰 과제는 전정 기관 및 고유 감각 단서와 일관된 시각 및 청각 단서를 만들어서 동작 멀미를 최소화하는 것이다.

동작 멀미의 근원에 있는 두 가지 주된 충돌은 시각과 전정 기관 감각이며, 대부분의 VR 애플리케이션에서 시각 시스템은 동작을 감지하는 반면에 전정 기관은 그렇지 않다. 예를 들어 사용자가 게임 컨트롤러를 앞으로 밀면 현실에서는 앞으로 움직이는 것처럼 보이지만, 실제 몸은 물리적으로 같은 위치에 앉아있다. 이렇게 감각이 일관되지 못하면 동작 멀미가 생길 수 있다.

12.3.2 진화 이론

감각 충돌 이론은 특정 상황, 말하자면 감각 간의 충돌이 일어날 때의 동작 멀미를 설명해준다. 하지만 이 이론은 진화적인 관점에서 동작 멀미가 왜 일어나는지는 설명하지 못한다.

진화 이론[트레이스먼(Treisman) 1977]은 '독 이론poison theory'이라고도 하며, 왜 운동이 우리를 아프게 하는지 그 이유를 알려준다. 생존을 위해서는 우리 몸의 동작과 우리를 둘러싼 세상의 운동을 제대로 인지해야 한다는 것이다. 감각이 상충되는 정보를 받을 때는 우리의 인지와 운동 시스템에서 무언가 잘못됐다는 뜻이다. 우리 몸은 흡수한 독성 물질이 만들어내는 생리적 교란을 최소화해 자신을 보호하도록 진화해왔다. 자기 보호는 다음과 같이 일어난다.

- 움직임을 멈춘다(예: 회복될 때까지 누워 있음).

- 땀을 흘리거나 구토로 독을 배출한다.

- 앞으로 비슷한 독을 섭취하지 못하도록 메스꺼움이나 불안감(약간 혹은 전반적으로 몸이 좋지 않거나 기분이 좋지 않은 느낌)을 일으킨다.

동작 멀미와 관련된 구역 반응은 두뇌가 감각적 불일치를 중독의 징후로 해석해 자기 보호를 위한 메스꺼움/구토 방어 기제를 발동하기 때문에 일어난다.

12.3.3 자세 불안정 이론

감각 충돌 이론에서는 멀미가 경험한 자극과 예상된 자극의 불일치에서 발생한다고 하지만, 어떤 상황이 불일치의 원인이 되는지 또는 멀미가 얼마나 심할지 정확히 예측하지는 못한다.

자세 불안정 이론postural instability theory은 동물에게 자세를 안정되게 유지하는 전략이 부족하거나 아직 그 전략을 배우지 못했을 때 발생하는 멀미를 예측한다[리치오(Riccio)와 스토프레겐(Stoffregen) 1991]. 리치오와 스토프레겐은 자세를 유지하는 것이 동물에게는 주된 목표 중 하나며, 동물이 균형을 유지하는 전략을 배우지 못하는 환경에서는 병에 걸리는 경향이 있다고 한다. 또한 사람이 자세 안정성을 조절하기 위해서는 낯선 상황에서 새로운 패턴을 배울 필요가 있다고 한다. 그런 학습이 완료되기까지는 질병을 앓을 수도 있다. 둘은 자극적인 상황에서 감각이 자극을 받아 질병이 생길 수 있다는 것은 인정하지만, 그런 문제는 자세 불안정으로 인한 것이지 자세 불안정을 유발하지는 않는다고 주장한다. 즉, 자세 불안정은 동작 멀미에 앞서 일어나는 것일 뿐 아니라 그런 증세의 필요 조건이라는 의미다. 나아가, 두 사람은 불안정하게 있는 시간과 불안정의 정도가 동작 멀미의 선제 조건이자 증세의 심각성을 결정한다고 주장한다.

가만히 서있다고 생각하더라도 전혀 아무 동작도 하지 않는 것은 아니며, 우리는 계속 무의식적으로 근육을 조정해 최선을 다해 균형을 잡고 있다. 몸의 현실과 일관되지 않는 시각적 동작이 인지돼 근육을 잘못 제어하면 자세 불안정이 일어난다[라비올라(Laviola) 2000]. 예를 들어 시각적 장면이 앞으로 전진할 때 사용자는 이를 보정하기 위해 종종 몸을 앞으로 기울인다[배드콕 등 2014]. 하지만 사용자가 인지하는 것처럼 앞으로 전진하는 것이 아니라 그저 서있으므로, 앞으로 기울이는 동작은 사용자의 안정성을 떨어뜨리고 자세 불안정과 동작 멀미가 커진다.

배를 타고 여행을 하면서 배의 움직임에 적응하는 '뱃멀미 적응'은 현실 세계에서 자세 불안정에 대처하는 법을 배우는 (적응 메커니즘) 예다. 마찬가지로 VR 사용자들은 시간이 지날수록 자세와 균형을 더 잘 제어하는 방법을 터득해 동작 멀미를 덜 겪게 된다.

12.3.4 정지 좌표계 가설

감각 충돌 이론에 대한 또 한 가지 비판은 질환을 유발하지 않는 단서 충돌도 있다는 점이다. **정지 좌표계 가설**rest frame hypothesis은 동작 멀미가 방향과 동작 단서의 충돌에서 직접 유발되는 것이 아니라, 그런 단서에 담겨 있는 정지 좌표계의 참조 충돌에서 온다고 설명한다.

정지 좌표계 가설은 두뇌에 어떤 물체가 고정돼 있고 어떤 물체가 움직이는지 내부 심상 모델이 있다고 간주한다. **정지 좌표계**는 장면에서 시청자가 고정돼 있다고 간주하고 여기에 비교해 다른 움직임을 판단하는 부분이다. 현실 세계에서는 보통 시각적 배경/맥락/지면이 정지 좌표계다. 사람이 들어가는 방은 고정된 것으로 간주되므로, 방들은 거의 언제나 공간적 방향과 움직임의 기준으로 활용된다. 방에 대한 공의 운동을 생각하는 편이 공에 대한 방의 움직임을 생각하는 것보다 더 직관적이다. 동작을 인지하려면 두뇌는 먼저 어떤 물체가 고정돼 있는지(정지 좌표) 판단해야 한다. 그런 다음, 다른 물체들과 자신의 움직임은 정지 좌표에 비교해 인지된다. 새로 들어오는 운동 단서가 현재의 정지 좌표계 심상 모델과 들어맞지 않을 때 동작 멀미가 일어난다. 동작 멀미는 어떤 것이 정지해 있어야 한다는 개인의 내부 심상 모델과 불가분의 관계로 묶여 있다.

물체와 자신의 움직임은 상대적으로 해석될 수 있다. 예를 들어 오른쪽으로 움직이는 어떤 물체 때문에 몸이 왼쪽으로 움직이는 것처럼 인지될 수 있다. 물체가 정지 좌표로 간주되면, 물체와 자신 간에 일어나는 어떤 움직임도 자신이 움직인 것 때문으로 간주돼 벡션이 일어날 수 있다.

정지 좌표계 가설은 충돌하는 감각 단서들이 정지 좌표의 안정성에 필수적이지 않다면 멀미 없이 그런 충돌을 허용한다. 하지만 정지 좌표로 간주되는 단서들이 충돌을 일으킨다면 멀미가 발생한다. 예를 들어 사용자가 가상 세계를 돌아다닐 때 발밑에서 지면이 움직인다고 하자. 이때 지면이 고정된 정지 좌표로 간주된다면 사용자가 움직이는 것이 틀림없다. 하지만 전정 기관 단서는 두뇌에 실제로는 지면이 움직이지 않는다고 알려주므로 세계에 대한 사용자의 심상 모델이 정보 충돌로 인한 혼동을 겪고, 그 결과로 멀미가 발생한다.

시각 면에서 사람은 장면의 의미 있는 부분과 배경 등은 고정돼 있다는 편견을 갖는다(20.4.2절 참조). 예를 들어 자동운동 효과(6.2.7절 참조)에서 살펴봤듯이, 넓은 배경은 정지한 것으로, 작은 자극은 덜 안정적인 것으로 간주된다.

VR 제작자는 모든 방향과 움직임을 매칭시키는 데 너무 신경 쓰는 대신, 가능한 한 정지 좌표계의 단서 일관성을 유지해야 한다. VR에서 시각 요소는 콘텐츠 요소와 사용자의 실제 관성적 환경에 일치되는 정지 좌표 요소 두 가지로 나눌 수 있다[더(Duh) 등 2001]. 예컨대 사용자는 배경이 정지 좌표계 역할을 하는 데 큰 영향을 받으므로, 배경이 전정 기관 단서와 일치되게 하면 장면의 다른 부분들이 움직일 때도 멀미를 줄일 수 있다. 배경을 전정 기관 단서와 일치시킬 수 없을 때는 더 작은 전경의 단서가 정지 좌표계 역할을 할 수 있다. 후벤Houben과 보스Bos[2010]는 수평선을 볼 수 없는 배의 선실에서 사용하는 '뱃멀미 방지 디스플레이'를 만들었다. 이 디스플레이는 방의 나머지 부분과 달리 전정 기관 단서에 일치하는, 지표면에 고정된 정지 좌표계 역할을 했다. 피험자들은 디스플레이 덕분에 배의 흔들림에 의한 멀미를 덜 겪었다. 이런 정지 좌표계는 (비록 컴퓨터로 만든 것이라 할지라도) 가상 세계에 전정 기관 단서와 일치하는 현실의 공간 고정 시각 단서를 넣는 것으로, 증강 현실의 반대라고 생각할 수 있다(증강 현실에서는 현실 세계에 가상 세계 단서를 추가한다). 18.2절에서 논의하겠지만, 이런 기술은 VR 멀미를 줄이는 데 활용할 수 있다.

멀미는 증강 현실 광학 투과형 HMD에서는 덜한데(비디오 투과형 HMD는 그렇지 않다.), 사용자가 현실 세계를 바로 볼 수 있어 전정 기관 단서와 일관된 정지 좌표계 역할을 하기 때문이다. 멀미는 HMD 가장자리로 주변의 현실 세계를 볼 수 있을 때도 경감된다.

12.3.5 안구 운동 이론

안구 운동 이론은 망막에서 장면의 이미지를 안정적으로 유지하는 데 필요한 부자연스러운 안구 운동 때문에 멀미가 일어난다고 말한다. VR에서 자주 그렇듯, 이미지가 예상과 다르게 움직이면 눈의 예상과 실제 발생하는 일 사이에 충돌이 빚어진다. 그러면 이미지를 망막에서 안정화하기 위해 눈이 현실에서와는 다르게 움직여야 한다. 그래서 괴리가 생기고 멀미가 일어난다. 현실 세계가 움직이는 듯 보이면서 비정상적인 안구 운동으로 벡션 감각이 생기는 데 대해서는 7.4절을 참고하자.

시각과 전정 기관은 전정 안구 반사(VOR)와 시운동성 안구 반사(OKR)를 통한 시각 억제를 낳는 응시 안정 안구 운동에서 볼 수 있듯이 서로 강하게 연결돼 있다(8.1.5절 참조). 시운동성 안진optokinetic nystagmus[에벤홀츠(Ebenholtz) 등 1994]은 감각과 운동 뉴런 모두를 담고 있는 혼합 신경인 미주 신경에 영향을 준다. 이런 신경 분포가 메스꺼움과 구토로 이어진다.

연구 결과는 움직이는 큰 자극 때문에 관찰자가 한 점을 응시해 안구 운동을 줄이면(즉, 역시 8.1.5절에서 설명한 시운동성 안진의 감소) 벡션이 강화된다는 것을 보여준다. 이런 고정된 응시점은 사용자가 정지 좌표계로 해당 지점을 선택한 결과일 수도 있다[케샤바르츠(Keshavarz) 등 2014]. 따라서 VR 사용자가 초점을 잡고 눈의 안정성을 유지할 수 있는 응시점을 제공하면 멀미를 줄이는 데 도움이 된다.

12.4 멀미 통합 모델

이제 세계와 자신의 진짜 상태, 감각 입력, 세계와 자신의 추정 상태, 행동, 구심성과 원심성 신호, 개인의 내적 심상 모델을 포함한 동작 인지와 동작 멀미의 통합 모델을 알아보자[라자크 2005]. 이런 다양한 요소를 한데 접목하는 것은 동작 인지에 중요

할 뿐 아니라 생존, 내비게이션, 균형/자세, 제대로 움직이기 위한 안구 안정화에도
필수적이다. 앞서 설명한 멀미 이론 모두에 부합하는 모델을 활용하면, 동작이 세계
의 외부적인 것으로든 자신의 동작으로든 우리가 동작을 어떻게 인지하는지 이해
할 수 있고, 멀미가 왜 일어나는지도 알 수 있다. 그림 12.1은 아래에서 설명할 다양
한 요소의 관계를 보여준다.

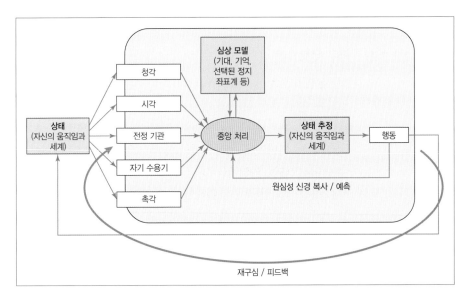

그림 12.1   동작 인지와 동작 멀미의 통합 모델 (라자크[2005]에서 발췌)

12.4.1 세계의 진짜 상태

어떤 순간에든 (자신을 포함한) 세계의 '진실'은 그 안에 있는 모든 것을 설명하는 상
태로 간주될 수 있다. 이 모델에서 상태는 외부 세계(원격 자극)와 신체적 자아 간의
객관적 움직임이다.

12.4.2 감각 입력

사람의 동작 인지는 대체로 여러 감각(근접 자극이 구심 신경 충동으로 변환되는 것)을
통해 들어오는 정보 처리의 결과다. 사람은 균형과 방향을 유지하기 위해, 그리고
외부의 움직임과 자신의 움직임을 구분하기 위해 시각, 청각, 전정 기관, 자기 수용,
촉각 정보에 의존한다.

12.4.3 중앙 처리

두뇌는 여러 감각으로부터 정보를 취합해 무슨 일이 일어나고 있는지 처리한다(상향식 프로세스). 한 감각 양상만으로는 제약이 있으므로, 두뇌는 여러 감각에서 정보를 취합해 세계와 자신에 대해 더 나은 추정을 형성한다. 사실, 모든 감각에서 들어온 정보조차 세계와 자신을 정확히 추정하기에는 불충분하다(그리고 때로 일관되지 못하기도 하다). 그래서 중앙 처리central processing에는 추가적인 입력이 필요하다. 추가적인 입력은 내부 심상 모델(하향식 프로세스)과 더불어 자신의 행동으로부터의 감각 입력 예측(원심성 신경 복사)에서도 온다.

12.4.4 상태 추정

어떤 순간이든 두뇌에는 세계와 자신의 추정이 담겨 있다. 다양한 감각 단서 간의 상호작용은 동작이 세상이 움직인 결과인지, 아니면 자신이 세계 속에서 움직인 결과인지 구분하는 작업을 돕는다. 자신의 동작에 대한 추정은 중앙 처리를 통해 계속 검사되고 수정된다. 부정확한 상태 추정은 벡션 같은 시각적 착시를 낳을 수 있다. 일관되지 못하거나 불안정한 상태 추정(예: 전정 기관 단서가 시각 단서와 일치하지 않을 때)은 멀미를 낳을 수 있다. 입력이 변하지 않을 때도 상태 추정이 일관되게 변하면 지각 순응(10.2.2절 참조)이 일어난 것이다. 상태 추정에는 현재 일어나고 있는 일만 아니라 어떤 일이 일어날 것 같은지도 포함된다.

12.4.5 행동

몸은 상태 추정에 맞추기 위해 물리적 행동을 통해 계속해서 자기 수정을 시도한다. 자기 수정 시도 중에는 여러 행동이 일어날 수 있다. (1) 자세를 바꿔 몸을 안정시키려 시도하거나 (2) 전정-안구 및 시운동성 안구 반사를 통해 망막에 맺힌 가상 세계의 불안정한 이미지를 안정시키기 위해 안구가 회전하거나 (3) 식은땀이나 극단적인 경우에는 구토 같은 생리적 반응이 일어나 몸이 이런 상태 추정 교란의 원인이라고 판단하는 독을 제거하려 한다.

마음과 몸이 행동을 취하는 새로운 방식을 배우거나 적응하고 나면(예: 새로운 내비게이션 기술) 행동, 예측, 피드백, 심상 모델이 더 일관돼지고 멀미가 줄어든다.

12.4.6   예측과 피드백

시각적으로 안정된 세계 인지는 자신의 행동으로 인해 감각 정보가 어떻게 바뀔지 예측하는 데 의존한다. 예를 들어 고개와 눈을 왼쪽으로 돌리면 외부를 향한 원심성 신경 신호 복사(7.4절 참조)는 왼쪽으로의 전정 기관 반응, 왼쪽으로 돌리는 목의 고유 감각, 그리고 오른쪽으로 이동하는 광학 흐름을 예측하는 중앙 프로세스로 보내진다. 이 원심성 신경 복사가 감각에서 들어오는 원심성 신호와 일치하면, 마음은 어떤 변화든 자신의 행동에서 오는 것으로 인지한다(구심성 신호는 구심성 신경에서 의도한 행동이 일어났다는 것을 재확인하므로 재구심이라고 일컫는다). 원심 신경 복사와 구심 신호가 일치하지 않으면, 자극이 관찰자 자신의 움직임이 아닌 외부 세계의 변화(예: 세계 전체가 이상한 방식으로 움직이는 것으로 보임) 때문에 생겼다고 인지된다.

더 높은 수준에서, 탈것의 움직임을 제어하는 운전자와 조종사들은 멀미를 거의 겪지 않지만, 똑같은 사람이 탑승자 입장이 되면 때로 멀미를 겪기도 한다[롤닉(Rolnick)과 루보우(Lubow) 1991]. 이런 결과는 수동적 움직임(10.4절 참조)이나 재구심성 피드백과 다르게 인지 과정을 개시하는 자발적이고 능동적인 움직임과 일관된다. 운전과 비슷하게, VR 사용자가 시점을 능동적으로 조정할 때는 멀미가 생길 가능성이 낮다.

12.4.7   동작의 심상 모델

구심성과 원심성 신호는 완벽하지 않으며, 위치 항상성과 자기 동작을 완전히 설명하지도 못한다. 근육에는 노이즈가 있고, 외부의 힘이 때로 동작을 제한하며, 안구의 단속 운동을 완전히 예측할 수 없는 등 여러 문제가 있다.

우리 각자에게는 예전 경험과 미래 예측을 토대로 세상이 어떻게 돌아가는지 구성한 내부적 심상 모델(7.8절 참조)이 있다. 새로 들어오는 정보는 매번 처음부터 새로운 모델을 계속 구성하는 것이 아니라 이 모델에 의해 평가된다. 새로운 정보가 모델에 부합하지 않을 때는 방향 감각 상실과 혼란이 야기된다. 심상 모델의 일부는 잠깐만 유지되며, 심상 모델은 자주 재평가되고 재학습이 이뤄진다. 하지만 좀 더 영구적/내재적 가정을 유지하는 부분도 있다. 예를 들어 크고 더 멀리 있는 물체는 정지 좌표계로 인지될 가능성이 큰데, 크고 멀리 있는 물체가 실제로 정지해 있지 않을 때는 더 작은 물체들이 움직이는 것처럼 보일 수 있다(9.3.5절 참조). 또 다른 가정은 일관성으로, 사람들은 물체의 속성이 단시간 안에 변하지 않을 것이라 가정한다(10.1절 참조). 정확히 어떤 가정이 오류인지 인식하고 있다 해도 이런 가정이 깨지면 강한 착시로 이어질 수 있는데, 인지 체계는 이성적 사고 피질과 늘 일치하지는 않는다[그레고리 1973].

내적 심상 모델에는 자신의 행동이 세상에 어떻게 영향을 주고 자극이 어떻게 움직일지에 대한 기대가 포함된다. 사람이 행동할 때는 새로 들어오는 인지 단서, 원심성 신경 복사, 심상 모델이 모두 비교되고 심상 모델이 검증, 정제, 재평가된다. 이는 정지 좌표계 가설과 일관되는데, 심상 동작 모델이 새로운 감각 단서에 의해 무효화되면 정지 좌표계가 움직이는 것으로 보여 멀미가 생길 수 있다.

안구 피로, 발작, 부작용

움직이지 않는 시각 자극 역시 불편과 건강상의 부작용을 초래할 수 있다. 알려진 문제로는 초점 조절-이접 운동 충돌, 양안-가림 충돌, 깜박임이 있다. 간접적인 장면 움직임과 움직이지 않는 시각 자극에서 연유하는 부작용 역시 논의되고 있다.

13.1 초점 조절-이접 운동 충돌

현실 세계에서 초점 조절은 이접 운동과 밀접하게 연관돼(9.1.3절 참조) 가까이 있는 물체를 또렷이 볼 수 있게 해준다. 가까이 있는 물체에 초점을 맞추면 눈이 자동으로 안쪽으로 모이고, 멀리 있는 물체에 초점을 맞추면 눈은 자동으로 벌어져 또렷하게 하나로 합쳐진 이미지를 만들어낸다. HMD **초점 조절-이접 운동 충돌**은 현실 세계와 초점 조절과 이접 운동이 일관되지 못하기 때문에 발생한다. 이접 운동과 초점 조절이 생체적으로 연결된 안구 운동 프로세스를 위배하면 눈에 피로와 불편이 생긴다[뱅크스(Banks) 등 2013].

13.2 양안-가림 충돌

양안-가림 충돌은 오클루전 단서가 양안 단서와 일치하지 않을 때, 예컨대 텍스트가 눈에 보이지만 더 가까이 있는 불투명한 물체 뒤에 멀리 떨어져 있을 때 일어난다. 사용자에게는 상당히 혼란스럽고 불편해지는 일이다.

많은 PC 일인칭 슈팅 게임은 2D 오버레이/헤드업 디스플레이를 통해 사용자에게 정보를 제공한다(23.2.2절 참조). 이런 게임이 VR의 일부일 때는 그런 정보를 제거하거나 오버레이에 심도를 적용해 씬 지오메트리 뒤로 올바르게 가려지도록 해야 한다.

13.3 깜박임

깜박임(9.2.4절)은 집중을 흩뜨리고 눈의 피로, 메스꺼움, 어지러움, 두통, 공황, 혼란, 그리고 드물게는 발작과 의식 상실까지 초래할 수 있다[라비올라(Laviola) 2000, 라쉬(Rash) 2004]. 9.2.4절에서 논의했듯, 깜박임의 인지에는 많은 변수가 작용한다. HMD 디자인 시의 결정 때문에 깜박임이 인지되기 쉬우므로(예: 광시야각과 디스플레이 잔상) 깜박임이 건강 문제를 일으키지 않게끔 반드시 높은 주사율을 유지해야 한다. 하지만 깜박임이 디스플레이 주사율 때문인 것만은 아니다. 가상 환경의 섬광이 깜박임을 유발할 수도 있으므로, VR 제작자는 이런 번쩍이는 빛을 넣지 않도록 주의를 기울여야 한다. 어두운 장면을 활용하면 어둠 적응을 향상시켜 깜박임 인지를 줄여줄 수 있다.

광민감성 발작은 현실에서 울타리 옆으로 운전하는 순간이나 VR의 번쩍이는 자극에 노출되는 등의 다양한 상황에서 번쩍이는 불빛에 의해 유발되는 간질로, 인구의 0.01% 정도가 겪는다[비레(Viirre) 등 2014]. 발작이 일어나면 깨어있기는 하지만 반응을 보이지 못하는 짧은 의식 상실이 발생한다. 이런 발작이 늘 경련을 일으키지는 않기 때문에 눈에 띄지 않을 수도 있다. 발작을 반복해서 겪으면 뇌 손상으로 이어질 수 있고, 향후 발작을 일으키는 한계치도 낮아진다. 보고를 보면 발작이 가장 흔히 일어나는 주파수가 1~50Hz까지 다양한데, 조건이 서로 다르기 때문인 것 같다. 특정 HMD나 애플리케이션에서 발작을 일으킬 가능성이 높은 조건은 알려져 있지 않으므로, 어떤 빈도든 깜박임이나 빛 번쩍임은 피해야 한다. 간질 병력이 있는 사람이라면 VR을 이용하지 말아야 한다.

13.4 부작용

VR 사용의 위험성에 단지 몰입형 경험을 하는 즉시 겪는 부작용만 있지는 않다. 사용을 멈추고 현실 세계로 돌아온 다음에도 문제가 지속될 수 있다. VR 사용으로 인한 **VR 부작용**(10.2.3절 참조)은 VR을 사용한 다음 일어나는 부작용 중 VR 사용 중에는 겪지 않는 것이다. 이런 부작용에는 불안정하게 인지되는 세계, 방향 감각 상실, 생생한 회상이 있다.

시뮬레이터를 이용하는 사람들 중 10%가량이 부작용을 경험한다[존슨(Johnson) 2005]. VR에 노출된 동안 멀미를 심하게 겪는 이들은 보통 부작용도 심하게 경험한다. 대부분의 부작용 증상은 한두 시간 안에 사라진다. 여섯 시간 이상 지속되는 증세도 기록된 바 있지만, 다행히 통계적으로는 드물다.

케네디와 릴리엔탈[1995]은 VR 이용 후 자세 안정성 측정을 통해 시뮬레이터 멀미를 알코올 중독의 영향과 비교하고, 알코올 중독에 대한 것과 비슷한 방식의 후속 활동 제한을 제안한다. 이런 영향은 개인 차원을 넘어서서 교통사고 같은 더 광범위한 문제를 일으킬 위험이 있다. 사실, 많은 VR 게임 센터에서는 사용자가 이용 직후 30~45분간은 운전을 하지 못하도록 제한하고 있다[라비올라 2000]. 우리 VR 관련자들도 VR 멀미 최소화뿐 아니라 VR 멀미에 익숙하지 않아 잠재적으로 위험한 부작용을 겪을 수 있는 사람들을 교육하는 등 우리 몫을 다해야 할 것이다.

13.4.1 재적응

10.2.1절의 설명처럼, 지각 순응은 감각적 괴리를 줄이거나 없애주는 인지 변화 혹은 인지-운동 협응이다. **재적응**은 비정상적 상황에 적응한 다음 다시 정상적인 현실 세계의 상황에 적응하는 것을 일컫는다. 예를 들어 배를 타고 나서 많은 여행객은 뭍에 다시 적응해야 하는데, 몇 주에서 심하게는 몇 달까지 걸리기도 한다[케샤바르츠 (Keshavarz) 등 2014].

시간이 흐르면 VR 사용자는 VR의 결함에 적응한다. 그런 결함에 적응한 다음 현실 세계로 돌아오면, 이미 적응해 있던 VR 세계와 비교해 현실 세계가 뭔가 새로운 것으로 취급돼 재적응이 발생한다. 적응과 재적응 발생의 예로는 렌더링된 시야가 물리적인 시야와 일치하도록 제대로 보정되지 않았을 때 HMD의 이미지가 왜곡돼 보이는 상황을 들 수 있다. 이런 왜곡 때문에 사용자가 고개를 돌리면, 디스플레이 중앙을 빼고 모두 이상하게 움직이는 듯이 보인다. 사용자가 이런 이상한 움직임에 적응하고 세상이 안정적으로 보이면 적응이 일어난 것이다. 하지만 부정확한 시야에 적응된 다음 사용자가 현실로 돌아오면 반대 현상이 일어날 수 있다. 즉, 거꾸로 왜곡돼 보이며 고개를 돌릴 때 세계가 불안정하게 보이는 것이다. 이런 적응(위치 항상성 적응, 10.2.2절 참조)은 오목/볼록 렌즈에서도 발생하며[월라크와 크라비츠 1965b] 렌더링된 시야와 물리적 시야가 일치하지 않는 HMD에서도 발생한다[드레이퍼 1998].

사용자가 현실 세계에 재적응하기까지는 졸음, 불안한 보행과 자세, 손과 눈의 협응 불가 같은 부작용이 이어질 수 있다[케네디 등 2014, 케샤바르츠 등 2014].

적응에 대해서는 자연 소멸과 적극적 재적응이라는 두 가지 접근법이 가능하다[디지오(DiZio) 등 2014]. 자연 소멸은 움직임을 최소화하고 눈을 감은 채 쉬는 등 활동을 자제하는 것이다. 이 접근법은 멀미를 덜 유발하지만 재적응이 일어날 때까지 걸리는 시간이 길어진다. **능동적 재적응**은 VR 경험에 영향을 받은 감각 체계에 다시 보정이 일어나도록, 손과 눈의 협응 같은 일상적 활동을 하는 것이다. 이런 활동은 멀미를 유발할 수 있지만 재적응 과정의 속도를 높여준다.

다행히 10.2.2절에서 설명했듯, 사용자는 여러 조건에 적응할 수 있다(듀얼 적응). VR 경험과 현실 세계를 자주 오가는 전문 사용자는 부작용과 여러 형태의 VR 멀미 문제를 덜 겪기도 한다.

하드웨어적 과제

VR 장비 사용에 관련된 신체적 문제도 고려해야 한다. 이 장에서는 신체적 피로, 헤드셋 착용감, 부상, 위생을 알아보자.

14.1 신체적 피로

신체적 피로는 착용한(손에 든) 장비의 무게, 부자연스러운 포즈, 장시간 몸을 움직여야 하는 내비게이션 기술을 포함한 여러 원인에서 올 수 있다.

1990년대에 나온 HMD 중에는 2kg이나 나가는 것도 있었다[코스텔로(Costello) 1997]. 다행히 HMD의 무게는 상당히 줄어들어 이전만큼 큰 문제가 되지는 않는다. HMD의 무게는 본체 중심이 머리의 중심과 (특히 가로 방향으로) 벌어질 때 더 문제가 된다. HMD의 무게중심이 잘 잡혀 있지 않으면 목이 중력에 어긋나게 회전력을 더 써야 한다. 이럴 때 최악의 문제는 머리를 움직일 때 일어난다. 목이 피로해져 두통으로 이어지기 때문이다. 중심이 어긋난 기기는 피로와 두통을 유발할 뿐 아니라 사용자가 거리와 자신의 동작을 인지하는 방식을 바꿀 수도 있다[윌렘슨(Willemsen) 등 2009].

컨트롤러의 무게는 보통 큰 문제가 아니다. 하지만 무게중심이 중앙에서 더 벗어난 기기라면 최종적으로 선정하기 전에 장단점을 주의 깊게 고려해야 한다.

현실 세계에서 우리는 자연스럽게 두 팔을 내려놓고 작업한다. 그런데 많은 VR 애플리케이션에서는 두 팔을 물체 위에 얹도록 하지 않는다. 팔의 피로gorilla arm는 쉬지 않고 과도하게 제스처 인터페이스를 사용할 때 발생하는 팔의 통증이다. 특히 사용자가 허리 위 앞쪽으로 손을 들고 10초 정도 경과하면 시작된다. 핸드 트래킹hand-tracking 기기를 선택할 때는 시선 연결 문제도 고려해(27.1.9절 참조), 사용자가 두 손을 무릎과 몸 옆에 편히 둘 수 있게 해야 한다. 상호작용 기법은 두 손이 사용자 앞 높은 곳에서 한 번에 몇 초 이상 유지될 필요가 없게끔 설계해야 한다(18.9절 참조).

걸음을 통한 내비게이션 중에는(28.3.1절 참조) 일정 시간이 지나면 피곤해지는 것도 있는데, 특히 사용자가 먼 거리를 걸어야 할 때 그렇다. 서있는 것도 피곤해서, 일정 시간이 지나고 나면 앉겠다고 요청할 사용자가 많다. 세션이 길 때는 앉을 수 있는 선택권을 제공해야 하며, 주로 앉아있다가 가끔 일어나 걸어 다니는 경험이 최적일 것이다. 걷는 인터페이스에서는 무게가 더 큰 문제가 된다.

14.2 헤드셋 착용감

헤드셋 착용감이란 HMD가 사용자의 머리에 얼마나 잘 맞는지, 그리고 얼마나 편안하게 느껴지는지를 일컫는다. HMD는 머리와 닿는 접점에서 압력과 조임으로 불편을 유발할 때가 많다. 이런 압력점은 HMD와 사용자에 따라 다르지만, 일반적으로 안구 주위와 귀, 코, 이마, 뒷머리에 있다. 이런 압력은 피부에도 불편하지만 두통도 유발할 수 있다. 헤드셋 착용감은 특히 안경 착용자에게 문제가 된다.

HMD를 느슨하게 한다 해도 사람의 머리에는 피부가 있고 피부가 완전히 팽팽한 것은 아니므로 머리에 쓴 것은 (두개골에 고정하지 않고서야!) 급작스러운 움직임에 흔들리게 된다. 사용자가 머리를 빠르게 움직이면 HMD가 살짝 움직인다. 이렇게 HMD가 미끄러지면 피부를 자극하고 작은 씬 모션이 생길 수도 있다. HMD를 경량으로 만들면 덜 미끄러지기는 하지만, 이를 완전히 없앨 수는 없다. 작은 씬 모션은 그 정도를 계산해 보정할 수 있고, 장면을 적절히 이동시켜 눈에 안정된 것으로 보이게 할 수 있다.

대부분의 HMD는 물리적으로 조정할 수 있으며, 시간이 지날수록 불편이 커질 수도 있을 뿐더러 경험에 몰입해 있을 때는 조정을 잊기 마련이므로 사용자는 꼭 HMD를 잘 맞게 조정한 다음 사용해야 한다. 다만 조정한다고 해서 모든 사용자에게 훌륭한 착용감을 보장할 수는 없다. 기본 머리 사이즈를 다양한 사람에게 사용할 수 있지만, 머리 크기는 단일 측정치로 정하기에는 상당히 차이가 크기 때문이다. 최적의 착용감을 위해서는 머리 스캐닝을 통해 맞춤형 HMD를 디자인할 수 있다[멜처(Melzer)와 모핏(Moffitt) 2011]. 그 밖에 현재 제마 VR^Jema VR(어바웃 페이스^About Face VR 위생 솔루션 제작)의 에릭 그린바움^{Eric Greenbaum}(사적 대화, 2015년 4월 29일)은 펌프 주입식 라이너, 사용자의 얼굴에서 가장 단단한 부분(이마와 광대뼈)을 따라 HMD의 압력을 분산시켜주는 인체공학적 디자인, 다양한 발포 고무 재질을 포함한 여러 보완책을 검토 중이다.

14.3 부상

완전 몰입형 VR은 여러 요인 때문에 다양한 부상의 위험이 있다.

VR을 쓰면 현실 세계를 볼 수도 들을 수도 없기 때문에 현실 세계의 물체들에 부딪혀 **신체적 상해**를 입을 위험이 있다. 서있으면 현실 세계의 벽/물체/케이블에 부딪히거나 걸려서 균형을 잃을 수 있으므로 안전 측면에서는 앉아있는 편이 더 좋다. 사용자가 너무 많이 회전하지 않는다면 천정에서 내려뜨린 줄을 연결해 문제를 줄일수 있다. 이럴 때는 **보조 요원**이 서있거나 걸어 다니는 사용자를 지켜보면서 필요할때 자세를 안정시켜줘야 한다. 하네스, 난간, 보호용 패드 역시 고려할 만하다. HMD 케이블이 짧을 때, 혹은 꼬이거나 어딘가에 걸려서 사용자가 갑자기 움직일 때 머리를 당기면 경미한 목 부상을 일으킬 수 있어 위험하다. 신체적 부상까지는 아니라해도, 물체에 가볍게 부딪히거나 케이블이 피부에 닿으면 존재감 이탈을 유발할 수있다. 액티브 햅틱 기기는 강도가 너무 셀 때 특히 위험하다. 하드웨어 디자이너는물리력이 최대 한계치를 넘어서지 않게끔 기기를 설계해야 한다. 신체 안전 메커니즘 역시 기기에 적용돼야 한다.

오랜 시간 빠르게 손목 등을 움직이는 활동을 반복 수행해서 발생하는 **반복 운동 손상**은 인대 염증, 섬유조직 비후, 인대 부상 같은 근골격과 신경계의 손상을 뜻한다[코스텔로 1997]. 이런 부상은 마우스, 게임패드, 키보드 같은 표준 입력 기기를 사용할 때발생하는 것으로 보고돼왔다. 지속해서 반복적 움직임이 필요한 입력 기술은 현실에서와 마찬가지로 바람직하지 않다. 적절히 설계된 VR 인터페이스는 평면으로 제한되지 않기 때문에 종래의 컴퓨터 마우스/키보드 입력보다 반복 운동 손상의 잠재성이 작다. 버튼을 누르고 있는 동작을 3D로 잘 변환해내기는 몹시 까다로워서(폴믈리니치^{Paul Mlyniec} 사적 대화, 2015년 4월 28일), 상호작용의 직관성과 직접성을 포기하고 손을 이용하지 않는 버튼 누르기를 수행할 수도 있다.

소음성 난청은 커다란 소리에 노출되거나 다소 큰 소리에 장시간 노출될 때 생기는가청 민감성 감소 현상이다. 평균 85dB을 초과하는 소리에 지속적으로 노출되거나

(8시간 이상) 130dB을 초과하는 충격음에 한 번만 노출되더라도 영구적인 청각 손상을 입을 수 있다[새린(Sareen)과 싱(Singh) 2014]. 이상적으로는 사운드가 계속 플레이되지 않고, 최대 오디오 볼륨은 청각 손상을 방지하는 선으로 제한돼야 한다. 하지만 개발자가 사용자가 쓰는 다양한 시스템을 완전히 통제할 수는 없기 때문에 볼륨 최대치 제한을 보장하기는 어렵다. 예컨대 사운드 시스템과 스피커를 직접 세팅해서 사용하는 사용자도 있고, 컴퓨터의 내장 오디오 볼륨도 각기 다르게 설정할 것이기 때문이다. 그래도 소프트웨어에서 오디오 볼륨 최대치를 설정해둘 수는 있다. 예를 들어, 사용자가 소리의 출처에 가까이 다가갈 때 시뮬레이션에서 특정 볼륨 이상으로 커지지 않게끔 확인하는 코드를 작성하면 된다.

14.4 위생

VR 하드웨어는 **비생체 접촉 매개물**로 박테리아, 바이러스, 진균류 같은 병원체가 번식할 수 있기 때문에 같은 기기를 사용하는 여러 사용자에게 질병을 옮길 수 있다. 더 많은 사용자가 같은 HMD를 착용하게 되면서 위생도 중요해지고 있다. 키보드, 마우스, 전화기, 화장실 같은 전통적 기기들도 비슷한 문제를 안고 있으므로 비단 VR만의 숙제는 아니지만, 얼굴에 닿는 기기이므로 더 신경 써야 한다.

얼굴의 피부에서는 피지와 땀이 나온다. 게다가 얼굴 피부에는 다양한 유익균과 병원성 박테리아가 상주한다. 전자 기기에서 발생하는 열과 눈가의 통풍 부족이 합쳐지면 땀이 더 난다. 따라서 사용자 경험이 유쾌하지 못하고, 심하면 건강까지 위협할 수 있다. 케빈 윌리엄스Kevin Williams[2014]는 위생 요소를 젖은 것, 마른 것, 특이한 것으로 나눈다.

- **젖은 것**에는 땀, 피지, 화장품/헤어 제품이 포함된다.
- **마른 것**에는 피부, 두피, 머리카락이 포함된다.
- **특이한 것**에는 이/서캐와 귀지가 포함된다.

일부 전문가는 3D 편광 안경을 자외선 살균기로 소독하기도 하지만, 이 과정에서 플라스틱 재료가 부서지므로(자외선 열화) 여러 번 소독하고 나면 더 이상 사용할 수 없게 된다(에릭 그린바움, 사적 대화, 2015년 4월 29일). 영화 업계에서는 안경을 닦을 때 산업용 세척기를 사용한다. 두 방법 모두 HMD에는 적절하지 않다(저렴한 휴대폰 거치형 HMD는 예외가 될 수 있다).

알코올로 기기 전체를 닦아내면 도움이 되겠지만, 기기의 이음매와 다공성 재질 (HMD에서 피부가 닿는 부분에 자주 쓰이는 재료)은 깨끗이 닦기 어려워 유해한 병원체 가 모두 제거되지도 않는다. 금속, 플라스틱, 고무는 다공성 재질보다 내구성이 강 해 자주 사용되지만, 이런 불투과성 재료는 통기가 안되고 느낌이 편안하지도 않다. 렌즈는 다른 사람이 사용하기 전에 순한 세제/항균 비누를 묻힌 비연마성 마이크로 화이버 천으로 닦아서 말려야 한다. 디즈니에서 쓰는 것처럼, 머리 상단에 기기가 직접 닿지 않도록 개별 착용하는 내부 캡을 쓰면 위험을 줄일 수 있다[파우쉬 등 1996, 마 인(Mine) 2003]. 오디오에서 귓구멍에 넣는 이어버드는 한 사람 이상 재사용하면 안 된 다. 대신 귀 전체를 덮는 커다란 이어폰을 사용해 쉽게 닦아낼 수 있도록 하자.

에릭 그린바움은 어바웃 페이스 VR^{About Face VR}을 통해 HMD에서 제거할 수 있는 여 러 솔루션을 만들었다. 어바웃 페이스 VR은 병원균의 전염을 대폭 감소시키도록 HMD와 얼굴 사이에 부착하는 여러 옵션을 제공한다. 옵션에는 세탁할 수 있는 개 인용 직물 패드/라이너와 공용으로 알코올이나 다른 소독약으로 닦아낼 수 있는 항 균 라이너도 있다.

그림 14.1   어바웃 페이스 VR 인체공학 인서트(중앙 회색)와 탈착/세탁용 라이너(파란색) (제마 VR 제공)

컨트롤러를 사용한다면 사용자가 사용 전후 손을 닦을 수 있도록 손 소독제를 제공 한다. 최악의 경우 사용자가 신체적 증세를 나타내는 사태에 대비해 구토용 봉지, 비닐 장갑, 구강 청결제, 음료수, 가벼운 스낵, 공기 청정기, 세정제를 근처에 구비해 두자. 이런 제품을 눈에 보이게 비치하면 사용자들이 질병에 대해 생각하고, 그 때 문에 몸 상태가 안 좋다고 느낄 수도 있으니 안 보이도록 가려두는 편이 좋다.

지연 시간

VR 시스템의 근본 과제는 사용자가 고개를 움직일 때도 의도치 않은 씬 모션 없이 세계를 보여주는 것이다. 오늘날의 VR 애플리케이션은 공간적으로 불안정한 장면을 만들어낼 때가 종종 있는데, 가장 큰 문제는 지연 시간이다.

지연 시간latency은 시스템이 사용자의 행동에 반응하는 데 걸리는 시간이며, 움직임을 시작한 순간부터 해당 움직임에 픽셀이 반응한 결과까지 걸리는 순 시간이다[제럴드 2009]. 디스플레이 기술에 따라 다양한 픽셀이 서로 다른 시간에 보이고, 올라가고 내려가는 시간도 다를 수 있다는 데 유의하자(15.4절 참조). 예측과 와핑warping(18.7절 참조)은 실제 지연 시간이 0보다 큰 경우에도 현실 공간에서 장면 안정화가 목표일 때 효과적으로 지연 시간을 줄일 수 있다.

15.1 지연 시간의 부작용

~100ms 이하의 지연 시간에서 사용자는 직접적으로 지연을 인지하지 못하는 대신, 사용자가 고개를 움직일 때 정적인 가상 장면이 공간에서 불안하게 보이는 지연 결과를 겪게 된다[제럴드 2009]. HMD 기반 시스템의 지연 시간은 다른 인지 단서에 비해 시각 단서가 늦게 들어와서(예: 시각 단서가 전정 기관 단서와 맞지 않음) 감각 충돌을 일으킬 수 있다. 지연 시간과 고개 동작 때문에 HMD를 착용한 사람에게는 장면이 부정확하게 움직이게 된다. 이렇게 지연 시간에 의한 의도치 않은 씬 모션(12.1절 참조)은 '수영swimming'이라고 하며, 심각한 결과를 초래할 수 있다. VR 지연 시간은

멀미의 주된 원인으로, VR 제작자는 지연 시간을 잘 이해해서 이를 최소화해야 한다. 씬 모션과 멀미 유발 외에, 지연 시간에는 다른 부작용도 있다.

15.1.1 시력 저하

지연 시간은 시력 저하의 원인이 될 수 있다. 지연 시간이 있을 때 HMD 사용자가 고개를 움직이다 멈추면, 멈춘 뒤에도 이미지가 계속 움직이게 된다. 망막의 이미지 속도가 초당 2~3° 보다 크면 모션 블러와 시력 저하가 생긴다. 보통의 고개 동작과 지연 시간은 초당 3° 보다 큰 씬 모션을 낳는다. 예를 들어 지연 시간이 133ms일 때 0.5Hz ±20° 사인 곡선의 고개 동작은 최대 ±8.5°/s의 씬 모션을 낳는다[아델스틴 등 2005]. 사용자의 눈이 장면의 지연되는 이미지를 따라가는 경향으로 망막 이미지 흐름을 낳지는 않는지, 아니면 눈이 허공을 안정적으로 응시하는 경향을 보여 망막 이미지 흐름을 낳는지는 알려져 있지 않다.

15.1.2 수행력 저하

수행력에 부정적 영향을 주는 지연 시간 수준은 인지할 수 있는 지연 시간의 수준 과는 다를 수 있다. 소^{So}와 그리핀^{Griffin}[1995]은 지연 시간과 HMD로 학습하는 조작원의 관계를 연구했다. 과제는 고개로 목표물을 따라가는 것으로 구성됐다. 지연 시간이 ≥ 120ms일 때는 훈련을 통해 성과가 향상되지 않았으며, 피험자들은 과제에서 이런 지연 시간을 보정하는 법을 배우지 못했다.

15.1.3 존재감 이탈

HMD에서 지연 시간은 존재감을 흐트러뜨리기도 한다[미한(Meehan) 등 2003]. 지연 시간과 고개 동작이 합쳐져서 장면이 현실 세계와 일관되지 못하게 움직인다. 이런 부정확한 씬 모션은 가상 환경에서 존재감을 느낄 사용자의 주의를 흐트러뜨려, 이런 환상이 그저 시뮬레이션에 불과하다는 점을 상기하게 만든다.

15.1.4 부정적 훈련 효과

부정적 훈련 효과는 과제 수행 훈련 때문에 의도치 않게 수행력이 오히려 떨어지는 것이다. 지연 시간은 데스크톱 디스플레이에서[커닝햄 등 2001a], 그리고 대형 스크린을 활용한 운전 시뮬레이터에서[커닝햄 등 2001b] 부정적 훈련 효과를 낳는 것이 확인됐다.

15.2 지연 시간 한계치

엔지니어들은 종종 '낮은 지연 시간'이 무엇을 뜻하는지 정의하지도 않고서 이를 목표로 HMD 시스템을 구축한다. 연구자 사이에서도 지연 시간 요건이 어느 정도여야 하는지 거의 합의가 이뤄지지 않았다. 이상적으로 지연 시간은 사용자가 씬 모션을 인지하지 못할 정도로 낮아야 한다. 지연 시간 한계치는 고개 동작이 늘어날수록 낮아지는데, 고개를 빠르게 움직일수록 지연 시간을 감지하기가 훨씬 쉽기 때문이다.

NASA의 에임스 연구 센터에서 이뤄진 다양한 실험에서[아델스틴 등 2003, 엘리스 등 1999, 2004, 매니아(Mania) 등 2004] 유사 사인 곡선의 고개 기울임 동안의 지연 시간 한계치가 보고됐다. 이들은 편향, 고개 동작의 종류, 개인차, 실험 조건의 차이, 기타 알려지거나 알려지지 않은 요인으로 인해 절대 한계치가 85ms의 편차를 보이는 것을 발견했다. 놀랍게도 이들은 하나의 단순한 물체로부터 세밀하고 진짜처럼 렌더링된 환경에 이르기까지 장면의 다양한 복잡성이 지연 시간 한계치에 아무런 차이도 보이지 않는다는 것을 발견했다. 이들은 4~40ms에서 겨우 눈치챌 수 있는 차이가 더 일관되게 나오며, 사용자들은 높은 기준 지연 시간만큼이나 낮은 기준 지연 시간에서도 지연 시간 변화에 똑같이 민감하다는 것을 발견했다. 즉, 평균 지연율이 높을지라도 일관된 지연 시간이 중요한 것이다.

NASA와 함께 고개를 돌릴 때의 동작 한계치 측정 작업을 한 후[아델스틴 등 2006], 제럴드[2009]는 지연 시간 7.4ms의 (시스템 지연) VR 시스템을 만들어 다양한 조건에서 HMD 지연 시간 한계치를 측정했다. 제럴드는 가장 예민한 피험자가 불과 3.2ms의 지연 시간 차이를 구분할 수 있음을 확인했다. 그는 지연 시간, 씬 모션, 고개 동작, 지연 시간 한계치와 관계된 수학 모델을 개발한 다음, 이 모델을 정신물리학적 측정을 통해 검증했다. 이 모델은 고개의 동작이 늘어날수록(9.3.4절 참조) 씬 모션에 대한 우리의 민감성이 줄어들기는 하지만, 지연 시간에 대한 민감성은 늘어난다는 것을 보여준다. 고개 동작이 늘어나면 장면 동작에 대한 민감성이 줄어드는 것보다 지연 시간으로 인한 씬 모션이 더 빠르게 커지기 때문이다.

위의 결과는 완전 몰입형 VR에 적용되는 것이란 점에 유의하자. 광학 투과형 디스플레이는 사용자가 현실 세계의 단서와 합성된 단서의 차이를 직접 구분할 수 있기 때문에(즉, 판단이 주관적이 아니라 객관적으로 이뤄진다. 9.3.2절 참조) 지연 시간 한계치가 훨씬 낮다(1ms 이하).

15.3 어둠 적응에 따른 인지 지연

풀프리히 효과는 한쪽 눈이 다른 눈보다 어둠에 서로 다른 정도로 적응했을 때 발생하는 심도 착시다(10.2.1절 참조)[아르디티(Arditi) 1986]. 평면에서 시선 방향에 직교해 흔들리는 추는 편평한 호형이 아니라 타원형으로 흔들리는 듯 보인다(즉, 원호의 바닥 부분에 가면 최대 속도가 돼 관찰자로부터의 거리가 더 멀거나 가까워진다).

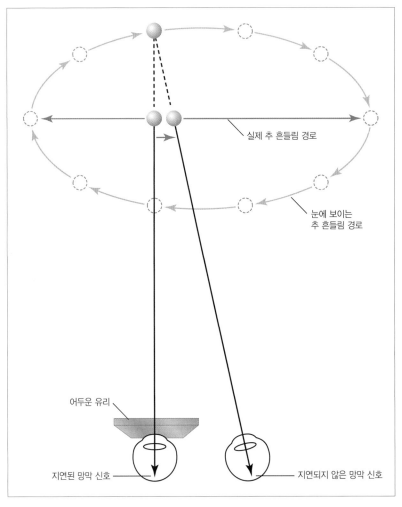

그림 15.1 풀프리히 효과: 시선 방향을 가로질러 똑바로 호를 그리며 흔들리는 추는 한쪽 눈을 어둠에 적응시켰을 때 어둠에 적응한 눈에서 지연이 더 길어지기 때문에 포물선을 그리는 듯이 보인다. (그레고리[1973]에서)

'어두운' 눈은 공간적 및 시간적 정밀함이 줄어들고 빛 민감도가 늘어난다. 어두운 눈의 망막은 들어오는 빛을 오랜 시간 동안 누적하기 때문에 시간 지연이 일어난다. 어두운 눈은 추가 전에 더 멀리 있었다고 인지하게 돼, 밝은 쪽 눈이 보는 진짜 위치보다 더 멀리 있는 것으로 본다. 추가 호의 중간에서 속도가 높아질 때 어두운 눈은 그 위치를 더 먼 곳으로 보며, 밝은 눈보다 더 멀리 인지한다. 이런 위치 인지의 차이가 심도를 가진 타원이라는 착시를 일으키는 것이다. 그림 15.1은 이런 심도 착시를 그림으로 보여준다.

어둠 적응의 인지 지연은 우리가 다양한 조명 조건에서 VR의 지연 시간을 다르게 인지할지, 그렇다면 어떤 식일지 의문을 제기한다. 밝고 어두운 환경 간의 지연 차이는 최대 400ms다[안스티스 1986]. 이런 지연은 침침한 조명에서 자동차 운전자가 반응하기까지 걸리는 시간을 늘린다[그레고리 1973]. 어둠 적응이나 자극 강도의 정도에 따라 시각 지연이 달라진다면, 사람들이 어둠 속에 있을 때나 선글라스를 쓰고 있을 때는 어째서 지연 시간이 있는 HMD 디스플레이를 사용할 때처럼 세상이 불안정하게 인지되거나 멀미를 경험하지 않는 것일까? 여기에는 다음과 같은 두 가지 답이 있을 수 있다[제럴드 2009].

- 두뇌는 더 어두운 자극을 인지하고 적절하게 지연을 보정할 수도 있다. 정말 그렇다면, 사용자는 HMD의 지연 시간에 적응할 수도 있다는 뜻이 된다. 더욱이, 두뇌가 HMD 착용과 지연 시간 간의 관계를 이해하게 되면 위치 항상성이 지연되는 HMD와 현실 세계 양쪽 모두에 존재하게 되고, HMD를 착용하면 두뇌가 더 긴 지연 시간을 예상하게 된다. 하지만 어둠에 적응하고 지극의 강도에 따라 지연이 일어나는 것은 일생에 걸친 학습의 결과다. HMD를 착용할 때 지연이 발생한다는 것을 두뇌가 이해하려면 몇 년이 걸릴지도 모른다.

- 어둠 적응과 낮은 강도에서 오는 지연은 정확한 지연이 아니다. 1ms 동안의 자극도 400ms 동안 지속된 것으로 인지될 수 있다(9.2.2절 참조). 이런 부정확한 지연은 모션 스미어를 낳아(9.3.8절 참조) 움직이는 물체의 정확한 위치 측정이 어려워진다. 아마도 관찰자는 어두운 상황에서는 물체를 더 안정된 것으로 인지하지만, 밝은 HMD 착용에서는 그렇지 않을 수 있다. 그렇다면 장면을 어둡게 만들거나 모션 블러를 넣을 경우 더 안정돼 있다고 느끼고 멀미도 줄어들 것이다(다만 예측을 활용하지 않는 한, 모션 블러를 넣으면 보통 평균 지연 시간이 더 늘어난다).

15.4 지연의 원천

미네[1993]와 올라노^{Olano} 등[1995]은 VR 시스템의 시스템 지연을 특징 짓고 지연 시간을 줄일 여러 방법을 논의한다. **시스템 지연**은 트래킹, 애플리케이션, 렌더링, 디스플레이, 컴포넌트 간의 동기화에서 발생하는 지연의 총합이다. 여기서 시스템 지연이란 용어를 쓰는 것은 지연 시간이 지연 보정 기술을 이용한 사실상의 지연으로, 시스템 지연보다 적을 수 있다고 생각하는 이도 있기 때문이다. 따라서 시스템 지연은 사실상의 지연 시간이라기보다 진짜 지연 시간에 해당한다. 그림 15.2는 총 시스템 지연에 포함되는 다양한 지연 요소를 보여준다.

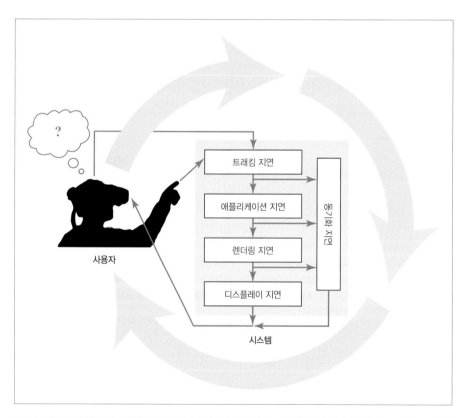

그림 15.2　시스템 지연의 총합은 개별 시스템 컴포넌트와 이런 컴포넌트들의 동기화 지연에서 온다. (제럴드(Jerald)[2009]에서 발췌)

시스템 지연은 갱신율의 역보다 크다는 데 유의하자. 즉, 시스템 파이프라인의 프레임레이트가 60Hz라도 몇 프레임의 지연이 있을 수 있다.

15.4.1 트래킹 지연

트래킹 지연은 트래킹된 신체 부분의 움직임이 트래커 센서에서 동작 정보를 포착해 해당 동작이 애플리케이션이나 VR 시스템의 렌더링 컴포넌트에 입력될 때까지 걸리는 시간이다. 트래킹 제품에는 복잡한 지연 분석 기술이 들어있을 때도 있다. 예를 들어, 많은 트래킹 시스템에는 흔들림 방지를 위한 필터링이 적용된다. 필터를 사용하면 정확한 지연이 제대로 정의되지 않도록 출력 포즈가 가장 최근 트래커가 읽어낸 부분만으로 판단된다. 트래커 중에는 어떤 동작 동안의 지연이 다른 동작 동안의 지연과 다를 수 있으므로, 다양한 상황을 위해 현재의 모션 추정에 의해 선택되는 다양한 필터링 모델을 활용한다. 예를 들어 서드테크 하이볼3rdTech Hiball 트래킹 시스템은 다중 필터링 옵션을 허용한다. 움직임이 적을 때는 저주파 통과 필터가 지터jitter를 줄이는 데 활용되는 반면, 속도가 클 때는 다른 모델이 활용된다.

트래킹은 간혹 애플리케이션을 실행하고 장면을 렌더링하는 컴퓨터와 다른 컴퓨터에서 처리되기도 한다. 그럴 때는 네트워크 지연도 트래킹 지연의 일부로 고려해야 한다.

15.4.2 애플리케이션 지연

애플리케이션 지연은 트래킹 데이터가 렌더링 단계로 보내지기까지 걸리는 시간이다. 여기에는 월드 모델 업데이트, 사용자 상호작용 결과 연산, 물리 시뮬레이션 등이 포함된다. 이 애플리케이션 지연은 과제와 가상 세계의 복잡도에 따라 굉장히 큰 영향을 받는다. 애플리케이션 프로세스는 시스템의 나머지 부분과 비동기식으로 실행될 때가 많다[브라이슨(Bryson)과 요한(Johan) 1996]. 예를 들어, 원격 출처에서 입력을 받는 날씨 시뮬레이션은 몇 초 정도 지연되며 느린 갱신율로 연산되는 반면, 렌더링은 머리의 포즈에 최소한의 지연만으로 조정될 수 있다. 시뮬레이션이 느리다고 해도 사용자는 자연스럽게 주위를 둘러보며 느리게 업데이트되는 시뮬레이션을 볼 수 있다.

15.4.3 렌더링 지연

프레임이란 렌더링된 이미지 전체를 말한다. **렌더링 지연**은 새로운 데이터가 그래픽 파이프라인으로 들어와서 해당 데이터로부터 새로운 프레임이 완전히 그려질 때까지 걸리는 시간이다. 렌더링 지연은 가상 세계의 복잡도, 원하는 결과 이미지의 품질, 렌더링 패스의 수, 그래픽 소프트웨어/하드웨어의 성능에 따라 달라진다. **프레임**

레이트는 시스템에서 초당 씬 전체를 렌더링하는 횟수다. **렌더링 시간**은 프레임레이트의 역으로, 파이프라인으로 구축되지 않은 렌더링 시스템에서는 렌더링 지연에 해당한다.

렌더링은 보통 애플리케이션과 병행하는 방식으로 그래픽 하드웨어에서 수행된다. 단순한 씬이라면 근래의 그래픽 카드에서 프레임레이트 수천 헤르츠까지 처리할 수 있다. 다행히 렌더링 지연은 콘텐츠 제작자와 소프트웨어 개발자가 가장 제어하기 쉬운 부분이다. 지오메트리가 적정하고 애플리케이션이 최적화돼 있으며 고급 그래픽 카드를 사용한다면, 전체적인 지연에서 렌더링이 차지하는 비중은 작다.

15.4.4 디스플레이 지연

디스플레이 지연은 신호가 그래픽 카드에서 나와 그래픽 카드 출력에 정의된 강도의 퍼센티지로 픽셀이 변할 때까지 걸리는 시간이다. HMD에는 CRT(브라운관), LCD(액정 디스플레이), OLED(유기 발광 다이오드), DLP(디지털 라이트 프로세싱) 프로젝터, VRD(가상 망막 디스플레이) 등 다양한 디스플레이 기술이 활용된다. 이런 디스플레이 기술마다 각기 장단점이 있으며, 지연 현상에 관계가 있으므로 제럴드[2009]의 디스플레이 기술 요약을 참고하자. 일반적 디스플레이 지연의 기본 개념은 다음과 같다.

주사율

주사율은 디스플레이 하드웨어가 초당 이미지 전체를 스캔하는 횟수(Hz)다. 15.4.3절에서 설명한 프레임레이트와는 다른 개념이니 주의하자. **새로고침 시간**(자극 시차라고도 함. 9.3.6절 참조)은 주사율의 역이다(새로고침당 소요되는 초). 주사율이 60Hz인 디스플레이의 새로고침 시간은 16.7ms다. 일반적으로 디스플레이 주사율은 60~120Hz다.

더블 버퍼링

메모리 접근 문제를 피하려면 디스플레이가 렌더러에서 쓰여지는 것과 동시에 프레임을 읽어서는 안 된다. 렌더링이 완료되기까지 프레임이 픽셀을 스캔해서는 안 되는데, 그렇지 않으면 지오메트리 프리미티브가 제대로 가려지지 않는다. 나아가 씬의 복잡도, 적용, 하드웨어에 따라 렌더링 시간이 각기 다른 반면, 주사율은 디스플레이 하드웨어 하나로 정해진다.

프레임에 대한 듀얼 액세스dual access 문제를 해결하기 위해서는 **더블 버퍼**double-buffer 설계를 활용하면 된다. 디스플레이 프로세서가 하나의 버퍼를 렌더링하는 동안 새로고침 컨트롤러가 다른 버퍼에서 디스플레이에 데이터를 보내는 것이다. **수직 동기화** 신호는 새로고침 컨트롤러가 디스플레이에서 이미지 스캔을 시작하기 직전에 발생한다. 가장 흔하게는 시스템에서 이 수직 동기화가 버퍼를 교체할 때까지 대기한다. 그러면 이전에 렌더링된 프레임이 디스플레이에서 스캔되고 그동안 새로운 프레임이 렌더링된다. 하지만 수직 동기화 대기는 새로운 프레임 렌더링을 시작하기 전에 렌더링이 최대 16.7ms(60Hz 디스플레이에서) 동안 대기해야 하기 때문에 추가 지연이 일어난다.

래스터 디스플레이

래스터 디스플레이는 왼쪽에서 오른쪽으로, 위에서 아래로 가로 주사선을 순차적으로 주사해 디스플레이의 픽셀을 바꾼다[휘튼(Whitton) 1984]. 이런 패턴을 래스터raster라고 부른다. 메모리에서 화면의 정확한 위치에 픽셀을 그려 넣기 위해 타이밍이 정확히 제어된다.

래스터 디스플레이의 픽셀은 단일 시간 샘플 시점에서 렌더링되지만, 보여지는 시간은 다르기 때문에 일관성 없는 프레임 내 지연이 있다(즉, 프레임의 다른 부분이 다른 지연율을 보임). 시스템이 수직 동기화 대기 중이라면 가장 아래에 있는 픽셀은 제일 윗 줄의 픽셀들이 표시된 후 거의 새로고침 시간이 다 돼서야 표시된다.

테어링: 시스템이 버퍼 교체를 위한 수직 동기화 대기를 하지 않는다면 프레임이 디스플레이 하드웨어에서 주사되는 동안 버퍼 교체가 일어난다. 이럴 때는 시점이나 오브젝트가 움직이는 동안 **테어링**tearing이 일어나, 둘 이상의 프레임(각각 달리 샘플링된 시점에서 렌더링됨)이 같은 이미지상에 표시돼 공간적으로 중간이 어긋나는 이미지가 된다. 시스템이 버퍼 교체를 위한 수직 동기화에 대기하면 테어링이 눈에 띄지 않는데, 디스플레이된 이미지가 렌더링된 하나의 프레임에서 나오기 때문이다.

그림 15.3은 수직 동기화 대기형 시스템에서 시뮬레이션된 이미지 위에 수직 동기화 대기가 없는 시스템의 시뮬레이션 이미지를 겹쳐 표시한 것이다. 그림은 사용자가 오른쪽에서 왼쪽으로 고개를 돌릴 때 정지한 가상 블록이 어떻게 보이는지 나타낸 것이다. 수직 동기화 대기 없이 스왑swap이 일어날 때 테어링이 눈에 띄는데, 네 가지 서로 다른 머리 포즈로 네 가지 이미지 렌더링이 일어나기 때문이다. 따라

서 최신 VR 시스템은 변동적인 프레임 내 추가 지연을 수용하고서라도 테어링을 피한다.

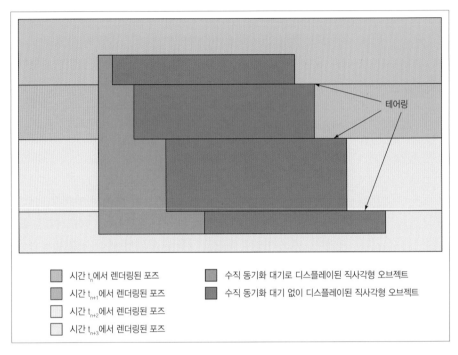

그림 15.3 사용자가 오른쪽에서 왼쪽으로 시선을 돌릴 때 버퍼 스왑을 위한 수직 동기화 대기 유무 상태로 HMD에서 보이는 직사각형 오브젝트의 표현. 버퍼 스왑을 위한 수직 동기화 대기가 없을 때는 이미지 테어링이 발생한다. (제럴드(Jerald)[2009]에서 발췌)

적시의 픽셀: 머리의 포즈 차이를 줄이면 테어링도 줄어든다. 트래킹의 샘플링율이 증가하고 프레임레이트가 증가하면 포즈 일관성도 증가해 테어링이 덜 눈에 띈다. 시스템이 정확한 최신 시점으로 각 픽셀을 렌더링하면 테어링은 픽셀 사이에서 발생할 것이다. 이때 테어링은 픽셀 크기에 비해 작기 때문에 테어링이 인지되지 않는 매끄러운 이미지가 나온다. 미네와 비숍Bishop[1993]은 이를 '**적시의 픽셀**just-in-time pixels'이라고 칭한다.

렌더링은 버퍼가 모든 픽셀에서 스왑되기에 충분히 빠른 속도로 일어날 수 있다. 이미지 전체가 렌더링되지만, 렌더링된 각 이미지의 픽셀 하나만 디스플레이된다. 단, 60Hz 1280×1024 이미지는 78MHz 이상의 프레임레이트가 필요한데, 표준 렌더링 알고리즘과 상용 하드웨어를 이용해서는 가까운 시일 안에 불가능한 수준이다.

매 주사선마다 새로운 이미지를 렌더링한다면 렌더링이 약 1/1000마다 실행돼야 하는데, 이는 78kHz 정도다. 실제 오늘날의 시스템은 단순한 씬을 최대 20kHz로 렌더링할 수 있는데, 그러면 몇 주사선마다 새로운 이미지를 보여줄 수 있다.

일부 VR 시스템에서는 수직 동기화 대기에서 발생하는 지연이 시스템 지연의 가장 큰 이유일 수 있다. 수직 동기화를 무시하면 이미지 테어링이 일어나는 대신에 전반적인 지연이 대폭 줄어든다. 일부 HMD는 지연 보상을 수행하기 위해 수직 동기화에 의존하므로(18.7절 참조), 수직 동기화 대기를 무시하는 것이 모든 하드웨어에 적합한 답은 아니다.

응답 시간

응답 시간은 한 픽셀이 의도된 강도의 일정 비율에 도달하는 데 걸리는 시간이다. 각 기술은 픽셀 응답 시간에 따라 다르게 반응한다. 예를 들어 액정은 바뀌는데 시간이 걸려서 응답 시간이 느리고, 100ms가 넘어갈 때도 있다! 응답이 느린 디스플레이 때문에 지연을 정확히 정의하기는 불가능하다. 응답 시간을 시작 시 기능으로 하고 픽셀당 의도한 강도를 내므로 응답 시간이 정확하지 않을 때가 많기는 하지만, 보통 의도한 강도의 일정 퍼센티지는 정의된다.

지속

디스플레이 지속이란 디스플레이에서 없어지기까지 픽셀이 유지되는 시간을 말한다. 많은 디스플레이가 다음 갱신까지 픽셀 값/강도를 유지하고 일부 디스플레이는 소실 시간이 느려서 시스템이 끄려고 시도한 이후까지 픽셀이 보이며, 이로 인해 지연이 제대로 정의되지 못한다. 그렇다면 지연 시간은 픽셀이 처음 나타날 때까지의 시간일까, 눈에 보이는 평균 시간에 도달할 때까지의 시간일까?

느린 응답 시간 및 디스플레이 잔상은 모션 블러 및 '고스팅ghosting'을 유발할 수 있다. 일부 시스템은 새로고침 시간 동안 일부 픽셀만 빛나게 해서(예: 일부 OLED 적용) 모션 블러와 저더를 줄인다(9.3.6절).

15.4.5 동기화 지연

총 시스템 지연은 단순히 컴포넌트 지연의 총합이 아니다. **동기화 지연**은 파이프라인으로 연결된 컴포넌트 통합 때문에 일어난다. 동기화 지연은 총 시스템 지연에서 컴포넌트 지연의 합을 뺀 것과 같다. 동기화 지연은 새로운 연산 및 컴포넌트 간의 비동기를 시작하려고 신호 대기 중인 컴포넌트 때문에 일어날 수 있다.

파이프라인으로 연결된 컴포넌트들은 이전 컴포넌트의 데이터에 의존한다. 한 컴포넌트가 새로운 연산을 시작하고 이전 컴포넌트에 업데이트된 데이터가 없을 때는 오래된 데이터가 사용될 수밖에 없다. 아니면 컴포넌트가 신호에 대기하거나 입력 컴포넌트가 완료될 때까지 대기할 경우도 있다.

트래커는 동기화 문제의 좋은 예다. 상용 트래커 업체들은 트래커 반응 시간을 기준으로 지연을 보고한다. 지연이 최소라면, 트래커 데이터가 준비되는 대로 읽힌다고 간주할 수 있다. 트래커가 애플리케이션이나 렌더링 컴포넌트와 동기화돼 있지 않다면 트래킹 업데이트 속도 역시 결정적 요인이며, 평균 지연과 지연 일관성 양쪽에 영향을 미친다.

15.5 타이밍 분석

그럼 이제 타이밍 분석의 사례를 보고, 시스템 지연 분석 시 맞닥뜨리는 복잡한 문제를 논의해보자. 그림 15.4는 전형적인 VR 시스템의 타이밍 도표로, 여러 색의 직사각형은 정보가 생성되는 시간이다. 이 예제에서 디스플레이의 주사는 수직 동기화 직후 시작된다. 보통 디스플레이는 개별 픽셀을 다양한 때에 보여주기는 하지만, 디스플레이 단계는 개별 프레임당으로 돼 있다. 이미지 지연은 트래킹 시작부터 디스플레이 주사 시작까지의 시간이다. 디스플레이 응답 시간은 이 도표에 나와 있지 않다.

그림에서 보듯, 비동기화 연산은 새로운 입력이 사용 가능해질 때 반복되는 이미지를 만들어낼 때가 잦다. 예를 들어, 렌더링 컴포넌트는 애플리케이션 컴포넌트가 새로운 정보를 제공하기 전까지는 새로운 결과 연산을 시작할 수 없다. 새로운 애플리케이션 데이터가 아직 준비되지 않았다면 렌더링 단계는 같은 연산을 반복한다.

그림에서 디스플레이 컴포넌트는 가장 최신 렌더링에서 나온 결과의 프레임 n을 디스플레이한다. 모든 컴포넌트 타이밍은 프레임 n과 상당히 잘 맞고, 이미지 i의 지연은 개별 컴포넌트 지연의 합보다 그리 크지 않다. 프레임 $n+1$이 전체 프레임의 디스플레이를 반복하는데, 해당 프레임에서 디스플레이를 시작할 때 새로운 데이터가 준비되지 않기 때문이다. 프레임 $n+1$에는 디스플레이가 시작될 때 새로 렌더링된 프레임이 아직 준비되지 않기 때문에 이미지 i보다 한 프레임 시간이 추가되는 지연 시간이 생긴다. 프레임 $n+4$는 비슷한 이유로 지연이 더 심하다. 프레임 $n+5$에는 복제 데이터가 연산되지 않지만, 이미지 $i+2$ 지연은 렌더링과 애플리케이션 컴포넌트가 새로운 연산을 시작하기 전에 이전 연산을 마쳐야 하므로 상당히 높다.

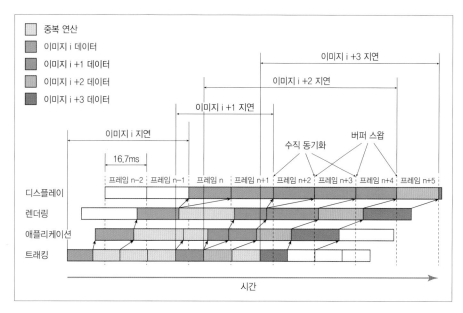

그림 15.4 전형적인 VR 시스템의 타이밍 다이어그램. 비광학식 예제로, 파이프라인의 컴포넌트들은 비동기로 실행된다. 컴포넌트는 이전 컴포넌트가 새로운 결과를 연산할 때까지 새로운 결과를 연산할 수 없다. ([제럴드 2009]에서)

15.5.1 지연 측정

시스템 지연을 더 잘 이해하기 위해, 시작부터 끝까지의 시스템 지연 타이밍뿐 아니라 시스템의 하위 컴포넌트 지연 타이밍을 측정할 수도 있다. 이때 그 수단과 표준 편차는 이런 여러 측정치로부터 도출할 수 있다. 시스템 지연 측정을 위해서는 **지연 시간 미터**latency meter를 활용하면 된다. 오픈소스인 오픈 하드웨어 지연 시간 미터(테일러Taylor[2015])를 참고하자.

타이밍은 파이프라인의 다양한 단계에서 신호를 샘플링해 추가 분석하고 그런 시간차를 측정해 구할 수 있다. 타이밍 신호 출력에는 PC의 병렬 포트를 이용하면 된다. 이런 신호는 프로토콜 스택protocol stack 때문에 추가 지연이 없으므로 정확하게 시간을 측정할 수 있다. 병렬 포트에 대한 쓰기는 메모리에 쓰기와 같다.

파이프라인에서 인접한 두 컴포넌트의 동기화 지연 역시 간접적으로 측정할 수 있다. 개별 컴포넌트의 지연이 알려져 있다면, 인접한 두 컴포넌트의 합을 두 컴포넌트에 걸친 지연과 비교해 측정하면 된다. 그 차이가 두 컴포넌트 간의 동기화 지연이다.

멀미 측정

VR 멀미는 측정하기 어렵다. 복합적인 증상을 보이고 하나의 변수로 측정할 수 없기 때문이다[케네디와 포크스(Fowlkes) 1992]. 또한 개인 간의 편차가 크다는 것도 난제다. VR 멀미의 영향이 나타날 때는 보통 소소하고 약한 정도며, 경험을 마치면 빠르게 사라진다. 많은 참여자들이 결국은 적응하므로, 동일한 피험자를 대상으로 실험해도 문제가 된다. 따라서 연구자들은 주제 연구 디자인을 선택해 활용할 때가 많다(33.4.1절 참조). 이렇게 큰 개인차, 미미한 영향, 적응, 피험자 설계 등의 요인 때문에 불가피하게 방대한 샘플 사이즈가 요구된다. 폭넓은 사용자를 대상으로 실험하기는 어렵기 때문에 실험 대조 조건이 일관되지 못한 문제가 생긴다.

VR 멀미 측정에는 보통 질문지나 증상 목록 체크리스트가 쓰인다. 이런 방식은 비교적 수행하기 쉽고 오래 활용돼왔지만, 주관적이며 피험자가 스스로 신체 변화를 인식해 보고하는지에 의존한다는 한계가 있다. 그래서 객관적이라는 장점이 있는 자세 안정성 테스트와 생리적 측정이 간혹 활용되기도 한다.

16.1 케네디 시뮬레이터 멀미 질문지

케네디 시뮬레이터 멀미 질문지(SSQ)는 열 개의 미 해군 비행 시뮬레이터 사용자 1,119명으로부터 수집한 데이터 분석을 통해 만들어졌다. 공통적으로 겪은 증세 27가지가 식별돼, 그 결과 16가지 증상을 만들어 평가한다[케네디 등 1993]. 16가지 증상은 안구 운동, 방향 감각 상실, 메스꺼움이라는 세 가지 범주로 나눌 수 있다. 안구 운동의 범주에는 눈의 피로, 초점을 맞추기 어려움, 시야 흐릿함, 두통이 있다. 방향 감각 상실의 범주에는 어지러움과 현기증이 있다. 메스꺼움의 범주에는 울렁임, 침 분비 증가, 트림이 있다. 설문 참가자들은 이 16가지 증상에 대해 '없음', '약간', '중간', '심함'으로 구성된 4점 척도를 이용해 응답했다.

SSQ 결과에서는 총 네 가지 점수를 볼 수 있는데 안구 운동, 방향 감각 상실, 메스꺼움이라는 세 가지 하위 점수와 이를 합산한 총 멀미 지수다.

케네디 SSQ는 시뮬레이터 멀미 측정의 표준으로 자리매김해왔으며, 심각성 요인 총합은 VR 멀미에 가장 좋은 지표를 반영할 수도 있다. SSQ를 담고 있는 질문지 예제는 부록 A를 참고하자. 세 개의 하위 범주는 독립적인 것이 아니고, 멀미의 성질에 따라 진단 정보를 제공할 수 있어 VR 애플리케이션에서 어떤 개선이 필요한지를 파악하는 단서가 된다. 이런 점수는 유사한 다른 애플리케이션의 점수와 비교되거나, 시간에 따른 애플리케이션 개선 수치로도 활용될 수 있다. 케네디 등[1993]의 제안과 상반되게, SSQ는 VR 경험에 노출되기 전에 제시돼 경험 후 주어지는 SSQ와 비교할 기준선이 되는 경우가 많다. 영^{Young} 등[2007]은 사전 설문에서 VR을 이용하면 멀미가 날 수 있다고 쓰여 있을 때 사용자가 VR 사용 후 보고하는 멀미의 정도가 더 높은 것을 발견했다. 따라서 이런 편향을 제거하기 위해, 기준점을 미리 설정할 수 없고 VR을 사용하면 멀미를 겪을 수 있다는 것을 사용자들이 미리 알 수 없다는 위험을 감수하고서 경험한 후에 시뮬레이터 멀미 설문을 진행하는 것이 표준 관행이다. VR 경험을 시작하기 전에 건강 상태와 컨디션이 평소보다 좋지 않다면 VR을 사용하지 말아야 하며, SSQ 분석에서는 이들을 배제해야 한다.

16.2 자세 안정성

동작 멀미는 **자세 안정성 테스트**를 통해 행동적으로 측정할 수 있다. 자세 안정성 테스트는 정적 자세 안정성과 동적 자세 안정성으로 나눌 수 있다. 흔한 정적 테스트로는 한 발의 발가락이 앞쪽 발의 발꿈치에 닿도록 서서 두 다리에 체중을 고루 분산하고 두 팔은 가슴 높이에서 팔짱을 끼고 턱을 똑바로 드는 샤픈드 롬버그 자세 Sharpened Romberg Stance가 있다. 피험자의 자세가 흐트러진 횟수가 자세 불안정성 측정치로 쓰인다[프로테로(Prothero)와 파커(Parker) 2003]. 지금은 몸이 흔들리는 것을 평가하는 여러 상용 시스템이 나와 있다.

16.3 생리적 측정

생리적 측정은 VR 경험 전반에 걸친 상세 데이터를 제공할 수 있다. 멀미가 일어날 때 변하는 생리적 데이터의 예로는 심박수, 눈 깜박임 수, 뇌파(EEG), 울렁임이 있다 [킴(Kim) 등 2005]. 멀미가 심해지면 피부색 변화와 식은땀(피부 전도율로 가장 잘 측정할 수 있다.)도 나타난다[함(Harm) 2002]. 대부분의 생리적 멀미 측정을 위한 변화 정도는 개인마다 다르므로, 절대적 변화를 측정하는 것이 좋다. 현재 VR 멀미의 생리적 측정치에 대해서는 연구가 거의 이뤄지지 않았으며, VR 멀미와 개인별 수용성 모두를 확인할 수 있는 좀 더 비용 효율적이고 객관적인 측정치가 필요하다[데이비스(Davis) 등 2014].

부작용 요인 요약

감각 부조화로 인한 건강상의 부작용은 VR에서만 일어나는 것은 아니다. 인구의 90%가량이 어떤 종류든 교통 수단 멀미를 겪고, 1% 정도는 차멀미를 한다[로슨(Lawson) 2014]. 해군 병력의 70% 정도가 뱃멀미를 하며, 배가 작고 바다가 거칠수록 더 심해진다. 배로 항해하는 사람들 중 최대 5%는 일정 내 적응하지 못하며, 여정이 끝난 후 몇 주간이나 증상을 보이는 이도 있는데(육지 멀미라고 한다.) 자세가 불안정하고 자기가 움직일 때 시야가 불안정하게 인지된다. 1990년대의 VR 시스템은 사용자의 80~90%가 멀미 증세를 보고했고, 더 이상의 노출을 중단할 정도로 심각한 증상을 보인 이들도 5~30%에 이르렀다. 다행히 VR 경험으로 구토에 이른 극단적인 경우도 현실의 운동 멀미만큼 심하진 않은데, 뱃멀미로는 75%가 구토를 하는 반면에 시뮬레이터에서는 1%만이 구토에 이른다[케네디 등 1993, 존슨 2005].

이 장에서는 건강상의 부작용을 일으키는 요인을 요약할 텐데, 다수가 이미 다뤄진 것이다. 가장 편안한 경험을 만들고 멀미를 최소화하기 위해서는 이런 요인에 대한 이해가 아주 중요하다. 게다가 요인 간의 상호작용도 복잡하고, 다른 문제와 합쳐져야만 사용자에게 영향을 미치는 것도 있다(예: 빠르게 고개를 움직인다고 해도 지연 시간이 일정 정도를 넘어서야만 문제가 된다). 멀미 요인은 시스템 요인, 개별 사용자 요인, 애플리케이션 디자인 요인이라는 세 가지 범주로 나뉜다. 각 범주 중 하나만 없더라도 부작용을 일으키지 않으므로 모두가 VR 멀미의 중요한 요인이지만(예: 시스템 전원을 끄거나, 콘텐츠를 제공하지 않거나, 사용자가 없거나), 하나라도 뺀다면 VR 경험 자체가 성립할 수 없다. 이 목록은 여러 출간물, 저자의 개인적 경험, 다른 이들과의 토론, 100만 인시man-hour 이상에 걸쳐 65,000명의 군인을 훈련해낸 군 보병 훈련 시스템의 수석 엔지니어였던 초즌 리얼리티 LLC^Chosen Realities LLC 존 베이커^John Baker 의 편집/추가(사적 대화, 2015년 5월 27일)를 통해 취합했다.

17.1 시스템 요인

VR 멀미의 시스템 요인은 엔지니어링을 통해 기술이 발전하면 결국 해결될 기술적 결점이다. 작은 광학적 정렬 불량조차 멀미를 일으킬 수 있다. 각 요인은 중요도에 따라 대략적인 순서로 배열했다.

지연 시간: 대부분의 VR 시스템에서 지연 시간은 다른 모든 오류를 합친 것보다 더 많은 오류를 유발해[할로웨이 1997] VR 멀미의 가장 큰 요인일 때가 많다. 그래서 지연 시간은 15장에서 따로 폭넓게 다뤘다.

보정: 정확한 보정이 되지 않는 것이 VR 멀미의 주요 원인이 될 수 있다. 부정확한 보정의 가장 큰 영향은 사용자가 고개를 돌릴 때 부적절하게 씬이 움직이거나 씬이 불안정해지는 것이다. 정확한 트래커 오프셋^tracker offset(월드-트래커 오프셋, 트래커-센서 오프셋, 센서-디스플레이 오프셋, 디스플레이-눈 오프셋), 일치하지 않는 시야 매개변수, 광학 정렬 불량, 부정확한 왜곡 매개변수 등의 보정이 중요하다. 할로웨이[1995]는 보정 불량으로 인한 오류를 상세히 다루고 있다.

트래킹 정확도: 정확도가 낮은 헤드 트래커를 사용하면 세상이 부정확한 시점에서 보인다. 휴대폰에 사용되는 관성 센서는 시간이 흐름에 따라 요 드리프트^yaw drift가 발생해 시간이 지날수록 기울어지는 정도가 점점 부정확해진다. 자기 탐지기가 지구 자기장을 감지해 이탈을 줄여주지만, 바닥재의 철근, 고층 건물의 I형 빔, 컴퓨터/모니터 등이 사용자가 위치를 바꿀 때 다양한 자기장 왜곡을 일으킨다. 손 트래킹의 오류는 운동 멀미를 일으키지 않는 대신에 사용성 문제를 낳는다.

트래킹 정밀도: 정확도가 낮으면 헤드 트래킹 때문에 세상이 흔들려 보이는 지터^jitter 현상이 일어난다. 정확도/지터는 지연 시간을 양보하면 필터링으로 줄일 수 있다.

포지션 트래킹 부족: 방향(즉 포지션은 트래킹하지 않음)만 트래킹하는 VR 시스템은 사용자가 해석할 때 가상 세계가 함께 움직이는 결과를 낳는다. 예를 들어

사용자가 바닥에 떨어진 것을 주우려고 몸을 굽히면 바닥이 아래로 쭉 늘어나는 것이다. 사용자가 포지션을 최소한으로 바꾸도록 학습할 수는 있지만, 포지션이 조금만 변해도 VR 멀미를 일으킬 수 있다. 포지션 트래킹이 없을 경우 센서-눈 오프셋 보정을 통해 사용자가 고개를 돌릴 때 운동 시차를 추정한다.

시야: 광시야각 디스플레이는 (1) 사용자가 주변 시야의 벡션 현상에 더 민감해지고 (2) 눈의 많은 부분에 걸쳐서 씬이 움직이며 (3) 씬 모션(다른 결점으로 인해 의도되지 않게 일어나거나 설계상 의도된, 예를 들어 월드를 내비게이션할 때) 때문에 멀미가 더 심해진다. 씬 모션이 없는 완벽한 광시야각 VR 시스템은 운동 멀미를 일으키지 않을 것이다.

주사율: 디스플레이 주사율이 높으면 지연 시간, 흔들림, 깜박임이 줄어든다. 이상적으로 주사율은 가능한 한 높을수록 좋다.

흔들림: 흔들림judder은 시각적 움직임이 덜컹대거나 부드럽지 않게 보이는 것이다(9.3.6절 참조).

디스플레이 응답 시간과 지속: 디스플레이 응답 시간은 한 픽셀이 의도된 강도의 일정 비율에 도달하는 데 걸리는 시간이다(15.4.4절 참조). 지속이란 픽셀이 의도된 강도에 도달한 다음 디스플레이에 남아있는 시간을 말한다. 이런 타이밍에는 흔들림, 모션 스미어/블러, 깜박임, 지연 시간의 취사선택이 필요한데, 모두가 문제 요인이 되므로 하드웨어 선택 시 모두 고려해야 한다.

깜박임: 깜박임(9.2.4절과 13.3절 참조)은 주의를 분산시키고 눈의 피로를 불러오며, 발작까지 일으킬 수 있다. 휘도가 높아질수록 깜박임이 더 잘 인지된다. 깜박임은 광시야각 HMD에서도 더 잘 인지된다. 응답 시간이 길고 지속이 긴 디스플레이(예: LCD)는 모션 블러, 지연 시간, 흔들림을 감수하고 대신 깜박임을 줄일 수 있다.

이접 운동/초점 조절 충돌: 이제까지의 HMD에서 초점 조절 거리는 일정한 반면 이접 운동은 그렇지 않다(13.1절 참조). 시각 요소가 눈 가까이에 위치해서는 안 되며, 눈 가까이 배치할 경우에는 단시간만 지속시켜 눈의 피로를 줄여야 한다.

복안식 이미지: HMD는 단안식(한쪽 눈에만 하나의 이미지), 쌍안식(한쪽 눈에 하나씩 동일한 이미지), 혹은 복안식(각 눈에 두 개의 서로 다른 이미지를 보여서 심도를 제

공)이 될 수 있다(9.1.3절 참조). 올바르지 않은 복안식 이미지는 이중으로 보이고 눈에 피로를 줄 수 있다.

두 눈의 거리: 많은 VR 시스템에서 이미지 간 거리, 렌즈 간 거리, 동공 간 거리가 서로 맞지 않는 경우가 많다. 이런 충돌은 시각적 불편함과 사용자의 눈 근육 불균형을 일으킬 수 있다[코스텔로 1997].

현실 세계의 주변 시야: 주변 시야가 열려 있어 사용자가 현실 세계를 볼 수 있는 HMD는 현실 세계가 안정된 정지 좌표계 역할을 하기 때문에(12.3.4절 참조) 벡션 현상을 줄여준다. 이론적으로 이 요인은 완벽하게 보정된 HMD에서는 차이를 일으키지 않는다.

헤드셋 착용감: HMD가 잘 맞지 않을 때(14.2절 참조)는 불편하고 압박감을 느껴 두통이 올 수 있다. 안경을 쓰는 사람들은 HMD가 안경을 눌러서 불편하고 심지어 통증까지 겪을 수 있다. HMD가 잘 맞지 않으면 흘러내려서 그에 따라 씬 모션이 생겨날 수 있다.

무게와 무게중심: 무거운 HMD나 무게중심이 맞지 않는 HMD(14.1절 참조)는 목에 부담을 줘서 두통을 유발하고, 거리와 자신의 움직임을 인지하는 방식에 변화를 줄 수 있다.

모션 플랫폼: 모션 플랫폼은 잘만 적용하면 멀미를 대폭 줄일 수 있다(18.8절 참조). 하지만 잘못 적용할 경우 시각 단서와 다른 물리적 동작 단서가 더해져서 멀미가 심해질 수 있다.

위생: 공용으로 사용할 경우 특히 위생이 중요해진다(14.4절 참조). 냄새 나는 HMD를 쓰고 싶은 사람은 없을 뿐더러, 고약한 냄새로 인해 멀미가 날 수 있으므로 악취 역시 문제다.

온도: 온도가 실온보다 높이 올라가는 것 역시 불편함을 초래한다는 보고가 있다[파우쉬 등 1996]. 통기구를 마련해두지 않으면 눈 근처에서만 열이 발생하기도 한다.

지저분한 화면: 화면이 지저분하면 또렷이 보이지 않아서 눈의 피로가 올 수 있다.

17.2 개별 사용자 요인

VR 멀미에 대한 민감성은 여러 유전자적 특질이며(여러 유전자가 역할을 한다. 멀미를 일으키는 특정 유전자가 있는지는 아직 밝혀지지 않았다.), 아마도 VR 멀미의 가장 큰 요인은 개인에게 있는 것 같다. 사실, 래크너[Lackner][2014]는 취약 인구가 10,000명에서 한 명까지 큰 변동을 보인다고 주장한다. 어떤 사람은 VR 시스템을 이용하면 곧바로 모든 VR 멀미 증상을 보이는가 하면, 얼마간 사용한 후에도 몇 가지 징후만을 보이는 이도 있다. 또한 어떤 사람은 장시간 사용한 후에도 가장 극단적인 조건 외에서는 전혀 멀미를 겪지 않기도 한다. 심한 몸 움직임에 노출되거나 전정 기관과 시각 시스템의 극적 불일치에 노출되면 거의 누구든 어느 정도는 멀미 증세를 보인다. 예외가 있다면 전정 기관 기능을 완전히 상실한 이들뿐이다[로슨 2014].

VR 멀미 민감성은 개인차도 크지만, 개인별로 서로 다른 원인으로 여러 영향을 받기도 한다. 예를 들어 어떤 사용자는 횡으로 이동하는 모션이 불편하지만[오큘러스 모범 사례 가이드 2015], 다른 심한 모션에 취약한데도 이런 모션에는 문제가 없는 이도 있다. 또 초점 조절-이접 운동 충돌에 기인한 문제에 더 취약한 사용자도 있는데, 아마 나이가 들수록 눈의 초점을 맞추는 능력이 떨어지기 때문인 듯하다. 나아가, 새로운 사용자는 거의 예외 없이 숙달된 사용자보다 멀미에 취약하다. 이런 차이 때문에 사용자마다 멀미를 줄이기 위해 중요한 것이 무엇인지에 대해 아주 다른 의견을 내놓는다. 이를 해결하는 방법은 사용자가 다양한 설정을 선택할 수 있게 해서 자신에게 가장 편안한 옵션을 제공하는 것이다. 예를 들어 새로운 사용자에게는 시야가 좁은 편이 더 좋다.

개인차가 극히 크기는 하지만, 멀미의 정도에 영향을 주는 핵심 요인은 세 가지 정도로 보인다[래크너 2014].

- 심한 모션에 대한 민감성
- 적응 정도
- 유발된 증상이 가라앉는 소요 시간

이 세 가지 핵심 요인으로 왜 어떤 사람은 시간이 지나면 VR에 더 잘 적응하는지 설명할 수 있다. 예를 들어 민감도가 높지만 적응력이 빠르고 짧은 시간 안에 증상이 소멸하면, 민감도는 보통이지만 적응력이 낮고 증상 소멸까지 오랜 시간이 걸리는 사람보다 결과적으로 멀미가 덜할 것이다.

다음은 VR 멀미와 관련된 개인적 요인을 더 세분화해 중요도순으로 정리한 것이다.

이전의 멀미 이력: 행동 과학에서 과거의 행동은 미래 행동을 예측하는 가장 좋은 자료다. (물리적으로 유발됐든 시각적으로 유발됐든) 개인의 멀미 이력으로 VR 멀미를 예측할 수 있다[존슨 2005].

건강: 건강 상태와 컨디션이 평소보다 좋지 않다면 VR 멀미에 더 취약하기 때문에 VR을 사용하지 말아야 한다[존슨 2005]. 개인별로 취약성을 높이는 증상으로는 숙취, 독감, 호흡기 질병, 코감기, 중이염, 귀막힘, 배탈, 감정적 스트레스, 피로, 탈수, 수면박탈 등이 있다. (불법 약물을 포함한) 약물이나 알코올의 영향을 받고 있는 사람은 VR을 이용해서는 안 된다.

VR 경험: VR 경험이 늘수록 적응이 일어나 VR 멀미가 점점 줄어든다.

지나친 의식: 멀미가 날 것이라 예상하면 대개 멀미를 겪는다. 사용자에게 멀미가 날 수 있다고 알려주면 부작용을 의식하게 돼, 알려주지 않았을 때보다 상황이 더 나빠진다[영 등 2007]. 그렇다고 고지하지 않으면 사용자에게 문제가 생길 수 있으므로 윤리적 딜레마도 생긴다(예를 들어, 사용자가 충분한 정보를 숙지한 상황에서 몸이 안 좋다고 느껴지면 VR 경험을 멈출 수 있게끔 사전에 이를 알고 있어야 한다). '불편'을 느끼는 사람들이 있으니 부작용이 느껴지기 시작하면 '참으려' 하지 말라는 가벼운 경고는 해야 하지만, 지나치게 신경 쓰지는 않게끔 과하게 강조하지 말자.

성별: 여성은 남성보다 VR 멀미에 세 배나 더 취약하다[스태니(Stanney) 등 2014]. 호르몬 차이, 시야 차이(여성은 시야가 더 넓은데, 이는 VR 멀미의 요인이다.), 편향된 자기 보고 데이터(남성은 증세를 과소 평가해 보고하는 경향이 있다.) 등이 원인일 수 있다.

연령: 물리적 원인의 멀미는 2~12세까지 가장 심하고(어린이들은 차에 타면 멀미를 한다.) 12~21세까지 급격히 줄어들다가 나이가 들수록 서서히 더 감소한다[리즌(Reason)과 브랜드(Brand) 1975]. 그러나 VR 멀미는 나이가 들수록 심해진다[브룩스 등 2010]. 물리적 원인의 멀미와 VR 멀미가 이런 차이를 나타내는 이유는 분명하지 않지만, 경험(비행 시뮬레이터에서는 탑승 시간, 몰입형 엔터테인먼트에서는 비디오 게임을 한 총시간), 흥분도, 이접 운동 능력 부족, 집중도, 평형 감각 등 여러 요인 때문일 수 있다.

심상 모델/기대: 씬 모션이 기대한 바와 다를 때 사용자는 멀미를 더 느끼게 된다(12.4.7절 참조). 예를 들어 일인칭 슈팅 게임에 익숙한 게이머라면 VR에 흔히 쓰이는 내비게이션 방식과는 다른 것을 기대할 수도 있다. 대부분의 일인칭 슈팅 게임은 보는 방향, 무기/팔, 전방이 늘 같은 방향으로 맞춰진다. 그래서 게이머들은 러닝 머신 위에서 걷고 있을 때도 머리 방향으로 몸도 따라가리라 기대할 때가 많다. 내비게이션 방향이 보는(머리가 향한) 방향과 다를 때 이들의 심상 모델이 깨지고 어리둥절해서 멀미를 느낄 수 있다(그래서 이 멀미를 '콜 오브 듀티 증후군Call of Duty Syndrome'이라고도 한다).

동공 간 거리: 대부분의 성인은 눈 사이 거리가 45~80mm며, 5세까지의 어린이는 40mm로 성인보다 좁다[다지슨(Dodgson) 2004]. VR 시스템은 각 개인의 동공 간 거리에 맞게 조절돼야 한다. 그렇지 않으면 눈의 피로, 두통, 불편함 등의 문제가 생긴다.

어떤 것이 올바르게 보이는지 모름: 누군가에게 HMD를 착용하라고만 하면, 머리에 제대로 고정시키지 못하고 올바른 위치를 잡지 못할 수 있다. 사용자의 두 눈이 제자리에 있다 해도 헤드셋의 각도가 틀어져 있거나 헤드셋이 느슨할 수도 있다. 사용자에게 헤드셋 착용법을 미리 알려주고 물체 하나를 바라보면서 "헤드셋이 편안해지고 디스플레이의 물체가 또렷하면서 선명해 보이도록 조정하세요."라고 말해주면 부작용을 줄일 수 있다.

균형 감각: 자세 불안정(12.3.3절 참조)은 멀미와 연관이 깊다. VR을 사용하기 전의 자세 안정성은 케네디 SSQ의 메스꺼움과 방향 감각 상실에 가장 밀접한 연관성을 보인다[콜라진스키(Kolasinski) 1995].

점멸융합 주파수 한계치: 점멸융합 주파수 한계치는 깜박임을 시각적으로 인지할 수 있게 되는 깜박임 주파수다(9.2.4절 참조). 점멸융합 한계치는 시간대, 성별, 연령, 지적 능력에 따라 개인별로 큰 차이를 보인다[콜라진스키 1995].

현실 세계의 과제 경험: 능숙한(비행 시간이 긴) 조종사일수록 시뮬레이터 멀미에 더 민감하다[존슨 2005]. 시뮬레이션 중인 과제가 현실 세계에서는 어떻게 작동하는지 이미 예상하고 있기 때문에 민감도가 높아지는 것으로 보인다.

편두통 병력: 편두통 병력이 있는 사람은 VR 멀미를 더 겪는 경향이 있다[니콜스(Nichols) 등 2000].

이 외에도 VR 멀미에 일조하는 개별 사용자 요인은 더 있다. 예를 들어 인종, 집중력, 두뇌 회전 능력, 장 독립성[field independence][1]이 VR 멀미의 민감도에 연관된다는 가설이 있다[콜라진스키 1995]. 하지만 아직까지 이런 주장을 뒷받침하는 결론적 연구는 거의 없는 상황이다.

17.3 애플리케이션 디자인 요인

모든 기술적 문제가 완벽히 해결된다고 해도(예: 지연 시간 없음, 완벽한 보정, 무제한의 연산 리소스) 콘텐츠 때문에 VR 멀미가 유발될 수도 있다. 이는 사람이 만든 하드웨어의 기술적 한계가 아니라 우리 몸과 두뇌라는 인간의 생체 하드웨어 때문이다. 사용자는 머리 움직임과 내비게이션 기술을 통해 콘텐츠를 구동할 수 있으므로, 이런 동작도 콘텐츠에 포함돼야 한다. 각 요인은 중요도에 따라 대략적인 순서로 배열했다.

> **프레임레이트**: 프레임레이트가 낮으면 지연 시간이 길어진다(15.4.3절 참조). 프레임레이트는 애플리케이션의 씬 복잡도와 소프트웨어 최적화에 따라 달라지므로 여기서는 애플리케이션 요인 대 시스템 요인으로 다뤘다. 프레임레이트가 일정한 것도 중요하다. 프레임레이트가 30Hz에서 60Hz를 빠르게 오가면 일관되게 30Hz일 때보다 더 심한 멀미가 온다.

> **통제 여부**: 자신이 내비게이션을 능동적으로 통제하면 운동 멀미가 줄어든다(12.4.6절 참조). 멀미는 수동적인 부조종사와 승객에 비해 조종사와 운전자가 덜 느낄 때가 많다[콜라진스키 1995]. 조종하는 사람은 잠시 후 일어날 움직임을 미리 알기 때문이다.

> **시각적 가속**: 가상으로 시점에 가속을 하면 멀미가 생길 수 있으므로(12.2절, 18.5절 참조) 시각적 가속은 최소화해야 한다(예: 걷는 동작을 시뮬레이션하는 머리의 위아래 움직임은 진동형 시각 가속을 유발하므로 사용하지 말아야 한다). 시각적 가속을 사용해야만 한다면 가속 시간은 가능한 한 짧아야 한다.

> **물리적 머리 동작**: 불완전한(지연 시간이 있거나 보정이 부정확한) 시스템에서 개인이 머리를 가만히 고정하고 있으면 운동 멀미가 대폭 감소하는데, 고개를 움직일 때만 불완전한 부분이 씬 모션을 일으키기 때문이다(15.1절 참조). 시스

---

1 주변 상황이 개인의 인지적 판단에 영향을 미치지 않는 것을 말한다. - 옮긴이

템 지연 시간이 30ms 이상이라면 콘텐츠 디자인 시 머리 움직임을 가끔씩 느리게만 넣어야 한다. 머리 움직임은 개별 사용자 요인으로 간주되기는 하지만, 콘텐츠에 고개 움직임이 들어갈 수도 있기 때문에 여기에 넣었다.

지속 시간: VR 멀미는 경험 지속 시간이 길수록 커진다[콜라진스키 1995]. 콘텐츠는 짤막하게 구성하고, 세션 사이사이에 쉴 짬을 넣어야 한다.

벡션: 벡션은 실제 움직이지 않는데도 자신이 움직이는 것으로 느끼는 착각이다(9.3.10절 참조). 벡션은 항상은 아니지만 자주 멀미를 유발한다.

양안-가림 충돌: 입체 단서가 오클루전 단서와 일치하지 않으면 눈의 피로와 혼란으로 이어질 수 있다(13.2절 참조). 기존 게임을 포팅한 2D 헤드업 디스플레이에서 이런 문제가 종종 발견된다(23.2.2절 참조).

가상 회전: 시점을 가상으로 회전하면 동작 멀미가 일어날 수 있다(18.5절 참조).

팔의 피로: 쉴 짬이 별로 없이 팔을 허리 위 높이로 올려서 제스처 인터페이스를 과도하게 사용하면 팔에 피로가 올 수 있다(14.1절 참조).

정지 좌표계: 사람에게는 세계가 정지해 있다는 강한 선입관이 있다. 전정계와 일관된 시각 단서를 주면(다른 시각 신호는 그렇지 않을 때도) 멀미를 줄일 수 있다(12.3.4절, 18.2절 참조).

서기/걷기와 앉기: VR 멀미는 앉아있는 사용자보다 서있는 사용자에게서 더 커지는데, 자세 안정성과 관련이 깊다[폴로넨(Polonen) 2010]. 이는 자세 불안정 이론과도 일치한다(12.3.3절 참조). 현실 세계를 볼 수도 없고 들을 수도 없기 때문에, 서있으면 넘어지거나 현실 세계의 물체/케이블에 부딪힐 위험도 더 크다. 사용자가 언제나 서있거나 걷는 형태로 과도하게 내비게이션하도록 만들면 피로까지 유발할 수 있다(14.1절 참조).

지면 위 높이: 시각적 흐름은 속도와 직결되며 고도에는 반비례한다. 비행 시뮬레이터에서 낮은 고도는 시야에 움직이는 자극이 더 많아져 시뮬레이터 멀미의 가장 큰 원인으로 꼽힌다[존슨 2005]. 현실 세계의 고도와 시각적으로 다른 높이에 노출된 사용자는 몸이 좋지 않다고 보고하기도 한다.

과도한 양안 시차: 물체가 눈에 너무 가까이 있으면, 두 눈이 왼쪽과 오른쪽 눈에 각각 맺힌 상을 제대로 융합하지 못해 상이 두 개로 보인다.

VR 시작과 마무리: HMD를 쓰고 벗을 때는 디스플레이에 아무것도 보이지 않거나 사용자가 눈을 감아야 한다. VR 애플리케이션에 속하지 않은 시각 자극이 사용자에게 보이면 안 된다(즉, 애플리케이션을 변경할 때 운영체제 데스크톱 화면이 보여서는 안 된다).

휘도: 휘도는 깜박임과 연관된다. 어두울 때는 지속이 짧고(예: CRT나 OLED) 주사율이 낮은 디스플레이에서 문제가 덜할 수 있다[파우쉬 등 1992].

반복성 긴장: 반복성 긴장 장애는 오랫동안 반복적 활동을 할 때 생긴다(14.3절 참조).

17.4 존재감과 멀미

정지 좌표계 가설(12.3.4절 참조)에서는 존재감(4.2절 참조)이 정지 좌표계의 안정성에 연관된다고 주장한다[프로테로와 파커 2003]. 예를 들어 완벽하게 보정된 시스템에서 현실 세계와 비교해 전체 씬이 정말 안정된 정지 좌표계로 작용할 때(즉, 씬 모션이 없을 때)는 실제로 존재감이 커진다. 하지만 이런 주장이 모든 조건에서 다 참인 것은 아니다. 예를 들어 앞으로 날아가는 장면에서 멀미를 줄이려고(18.2절 참조) 안정된 현실 세계 단서를 억지로 추가하면 존재감이 줄어들 수 있으며, 특히 환경의 나머지 부분이 사실적이면 더 그렇다.

존재감을 강화하는 요인(예: 넓은 시야)은 벡션을 강화할 수 있으며 많은 VR 디자인의 목표가 벡션이다. 안타깝게도 이렇게 존재감을 강화하는 변수들은 멀미 역시 심화할 수 있다. 마찬가지로, 이런 기술은 자신이 움직이는 듯한 착각과 동작 멀미를 줄이는 데 활용할 수 있다. VR 경험을 디자인할 때는 이런 사항을 모두 고려해야 한다.

부작용 감소의 예

이 장에서는 지금까지 다룬 내용을 기반으로 멀미를 줄이는 여러 가지 예제를 살펴본다. 이런 예를 따라 하는 것도 좋지만, 예를 통해 VR 멀미의 이론적 요소를 더 잘이해해서 새로운 기법과 기술을 만들어내도 좋겠다.

18.1 적응 최적화

시각과 인지 운동계는 변화하기 때문에 멀미 역시 듀얼 적응을 통해 감소할 수 있다(10.2절, 13.4.1절 참조). 다행히 대다수는 VR에 적응할 수 있고, VR에 적응할수록 멀미도 덜 겪는다[존슨 2005]. 물론 적응이 즉시 일어나는 것도 아니고, 적응 시간 역시 불일치의 종류에 따라 또 개인별로 다르다[웰치 1986]. 빠르게 적응하는 사람은 어떤 멀미도 겪지 않는 반면, 적응이 느린 사람은 완전히 적응하기 전에 멀미를 겪고 포기할 수도 있다[맥컬리(McCauley)와 샤키(Sharkey) 1992]. 운동 멀미를 줄이려면 점진적으로 여러 번의 노출에 걸쳐 시뮬레이션 강도를 차츰 높이는 것이 효과적이다[래크너 2014]. 적응을 최대화하려면 각 세션을 2~5일 간격으로 진행해야 한다[스태니 등 2014, 로슨 2014, 케네디 등 1993]. 초보 사용자에게 말과 글로 머리는 천천히 움직여야 한다고 알려주는 동시에, 편안하고 안정된 환경에서 세션을 진행하라고 권해주면 좋다. 또한 지연 시간을 일정하게 유지해 시간적 적응을 최대화한다(10.2.2절 참조).

18.2

현실 세계의 안정된 단서

뱃멀미와 차멀미는 탈것의 움직임 때문에 생긴다. 탈것 안에서 책을 읽는 등 정지된 것을 바라보면 시각 단서는 움직임을 감지하지 못하는데, 탈것의 움직임이 전정계를 자극해서 지금 움직이고 있다는 신호를 보낸다. 벡션은 이 과정을 반대로 생각하면 되는데, 눈은 움직임을 보는데 전정계에 자극이 없는 것이다. 서로 반대이기는 하지만, 두 경우 모두 시각 단서와 전정계 단서가 서로 충돌하며 그 결과로 자주 멀미가 발생한다.

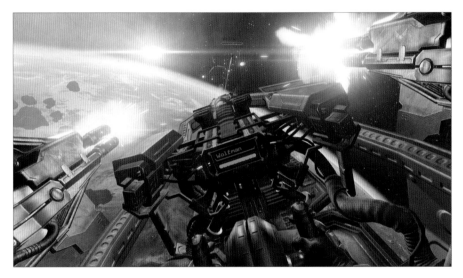

그림 18.1 〈이브 발키리(EVE Valkyrie)〉의 조종석은 정지 좌표계 역할을 해서 사용자가 안정된 느낌을 받고 멀미가 줄어들게 한다. (CCP 게임즈 제공)

차창 밖을 내다보거나 배에서 수평선을 보면 전정계 단서와 일치하는 시각적 운동단서가 보인다. 그러면 전정계 단서와 시각 단서가 더 이상 충돌하지 않으므로 운동멀미가 극적으로 감소한다. 반대로, 운동 멀미는 가상 환경에(지연 시간이 작고 시스템 보정이 잘됐다는 가정하에) 정지 좌표계 역할을 하는 안정된 시각 단서를 추가함으로써 줄일 수 있다(12.3.4절 참조). 현실 세계보다 상대적으로 안정된 조종석은 운동 멀미를 상당히 줄여준다. 탈것을 우주 공간에서 조종해 갈 때 조종석 밖의 가상 세계가 변하기도 하지만, 국지적인 조종석 내부는 현실 세계와 사용자에 비해 안정돼 있다(그림 18.1). 시각 단서는 현실 세계와 사용자에 비해 안정된 채 유지되지만, 조종석 전체 역시 사용자가 공간에서 더 안정된 느낌을 주고 운동 멀미를 줄여주는 데

활용된다. 그림 18.2가 그런 예로, 파란색 화살표는 사용자가 가상으로 방향을 바꾸
든 걸어가든 현실 세계에 비해 안정적으로 유지된다. 또 다른 예로는 사용자를 둘러
싸고 마크가 그려진 안정된 거품을 넣는 것이 있다.

그림 18.2   지연 시간이 낮고 보정이 잘된 시스템에서는 파란색 화살표가 현실 세계에 비해 정적으로 유지되며, 사용자가 가상 세
계에서 방향을 바꾸거나 걸어 다니더라도 전정계 단서와 일관된다. 이 경우 파란색 화살표는 어느 쪽으로 걸어가야 하
는지 알려주는 역할도 한다. (넥스트젠 인터랙션스 제공)

18.3 물체처럼 조작되는 월드

현실 세계의 작동 원칙과는 상당히 다르지만, 3D 멀티 터치(28.3.3절 참조)는 사용자
가 두 손으로 시점을 밀고 당기고 방향을 전환하고 시점을 늘려볼 수 있게 해준다.
이런 시점 컨트롤은 두 가지 미묘하게 다른 방식으로 인지된다.

- 자기 동작: 사용자가 세계를 관통해 자신을 끌어당긴다.
- 월드의 동작: 사용자가 세계를 마치 물체인 것처럼 밀고 당긴다.

이런 두 가지 해석은 기술적으로 볼 때 사용자와 월드의 상대적 움직임으로 똑같은
것 같지만, 일화적 증거를 보면 후자처럼 생각할 때 운동 멀미가 더 심해진다. 사용
자가 정지한 관점에서 월드를 하나의 물체처럼 조작한다고 시점 변화를 생각하면
(즉, 사용자가 중력과 자신의 몸을 정지 좌표계로 간주하면) 정신은 전정계가 자극되리라

는 예측을 덜 하게 된다. 사실, 폴 플리니치(사적 대화, 2015년 4월 28일)는 "최소한 요동이 없는 상태에서는 사용자가 현실 세계에서 커다란 물체를 집어 들 때처럼 시각과 전정계의 충돌이 없다."라고 주장한다. 세계를 물체로 취급하는 심상 모델을 유지하기란 일부 사용자에게는 아주 어려운 일이므로, 그런 심상 모델을 뒷받침할 시각 단서가 중요하다. 예를 들어 두 손 사이의 회전축 및 중심점에서의 확대/축소는 사용자가 더 쉽게 동작을 예측하며, 직접적이고 적극적으로 컨트롤한다는 느낌을 주므로 중요하다. 초보 사용자를 위해서는 제약을 추가해도 좋다. 예컨대 세계를 수직으로 똑바른 상태로 유지하면 통제감이 커지고 방향 감각 상실이 줄어든다.

18.4 선행 지표

사전에 계획한 이동 경로를 사용해야 할 때는 잠시 후 시점이 어떻게 변할지 사용자가 확실히 예측할 수 있게 도와주는 단서를 넣으면 불편을 줄일 수 있다. 이를 **선행 지표**leading indicator라고 한다. 예를 들어, 수동적인 사용자보다 가상 씬의 동작 경로를 따라 500ms 앞서 인도하는 표시 오브젝트를 넣으면(운전할 때 다른 차를 따라가는 운전자와 마찬가지다.) 멀미가 완화된다[린(Lin) 등 2004].

18.5 시각 가속과 회전 최소화

일정한 시각 속도(예: 일정한 속도로 똑바로 가는 가상의 움직임)는 전정계가 선속도linear velocity를 감지할 수 없기 때문에 멀미의 주된 원인이 아니다. 하지만 시각 가속(예: 가상의 움직임이 없다가 전방으로 가상 이동이 시작되는 것)은 더 문제가 될 수 있으므로 최소화해야 한다(모션 플랫폼은 사용하지 않는다고 가정한다). 설계상 시각 가속이 필요하다면, 드물게 들어가고 가능한 한 빠르게 일어나야 한다. 예를 들어 어느 정도 일정한 속도로 안정된 포지션에 있다가 전환이 일어날 때, 일정 속도가 될 때까지 가속이 일어나는 부분은 빨리 끝내야 한다. 방향 전환이 전방 선형 가속만큼 멀미가 유발되는지 분명치 않기는 하지만, 움직이다가 방향을 바꾸는 것 역시 속도가 일정할지라도 가속의 일종으로 볼 수 있다.

가속과 회전을 최소화하는 것은 사용자가 적극적으로 시점을 컨트롤하지 않는 수동적 모션(예: 캡처 지점이 움직이는 몰입형 영화)에서는 특히 중요하다. 방위 변화를 천천히 하면 빠르게 전환할 때보다는 문제가 덜 한 것으로 보인다. 현실 세계의 파노라마 캡처(21.6.1절 참조)에서는 카메라를 세밀하게 조종할 수 없는 상황에서 테스트를 통해 모션이 편안하게 조금만 일어나도록 할 수도 없다면, 반드시 가속과 회전이 일어나야 할 때 일정한 선속도로만 적용해야 한다. 마찬가지로 CG 씬에서도 시스템이 아바타의 머리 포즈에 영향을 줄 수 있으므로(예: 물리 효과 시뮬레이션) 사용자의 시점을 사용자 자신의 아바타 머리에 고정하지 말아야 한다.

시각 가속은 사용자가 적극적으로 시점을 컨트롤할 때 문제가 덜하기는 하지만 (12.4.6절 참조), 그래도 메스꺼움을 유발할 수 있다. 게임패드의 아날로그 스틱을 사용하든 다른 조종 기법을 사용하든(28.3.2절 참조) 둘을 비연속적인 속도로 처리하고, 속도가 변하는 구간을 빠르게 처리하는 것이 가장 좋다.

하지만 VR에서 허용되는 수치는 발표된 바가 없다. VR 제작자는 여러 사용자(특히 VR을 처음 써보는 사용자)에게 광범위한 테스트를 수행해서 특정 적용 건에 대해 가장 편안한 수치가 무엇인지 판단해야 한다.

18.6 라체팅

데니 웅거^Denny Unger(사적 대화, 2015년 3월 26일)는 **라체팅**^racheting이라고 부르는 불연속 가상 방향 전환(예: 즉시 30° 회전)이 매끄러운 가상 방향 전환에 비해 멀미 보고 건수가 적은 것을 발견했다. 이 기법은 익숙하지 않은 사용자에게는 존재감을 깨뜨리며 상당히 이상하게 느껴지지만, 멀미를 줄여주는 만큼 사용할 만한 가치가 있다. 흥미롭게도 어떤 각도든 다 적용되는 것은 아니다. 데니는 실험을 통해 30°라는 결과 값을 얻을 때까지 회전을 섬세하게 조정해야 했다. 다른 값만큼 회전하면 오히려 멀미가 더 심해졌다.

18.7 지연 보상

연산이 즉시 이뤄지지 않으므로 VR에는 언제나 지연이 있다. **지연 보상 기법**은 시스템 지연의 악영향을 줄이고, 실질적으로 지연 시간을 줄여줄 수 있다[제럴드 2009]. 예측과 포스트 렌더링 기법은 아래에서 설명하겠다. 먼저 예측한 다음 포스트 렌더링 기술로 그런 예측의 오류를 바로잡음으로써 두 가지를 함께 활용할 수 있다.

18.7.1 예측

머리 모션 예측은 HMD 시스템에서 흔히 쓰이는 지연 보상 기법이다. 예측을 통해 낮은 시스템 지연이나 느린 머리 움직임의 합리적 결과를 낼 수 있다. 하지만 예측은 모션이 지나치게 진행되는 확률을 높이고 센서 노이즈도 증폭된다[아주마(Azuma)와 비숍 1995]. 머리의 각운동 빈도의 제곱과 예측 간격의 제곱만큼 변위 오차는 커진다. 30ms 이상의 예측은 빠른 머리 동작에는 예측을 하지 않는 것보다 더 해롭다. 더욱이 예측으로는 빠른 변화를 보완할 수 없다.

18.7.2 포스트 렌더링 기법

포스트 렌더링 지연 시간 경감post-rendering latency reduction 기술은 먼저 최종 디스플레이보다 지오메트리를 많이 렌더링한 다음, 디스플레이 과정에서 사용자에게 제시할 적절한 부분 집합을 선택하는 것이다.

가장 간단한 포스트 렌더링 지연 시간 경감 기술로 **2D 와프**2D warp(오큘러스의 타임 와핑time warping)가 있다[카맥(Carmack) 2015]. 시스템은 표준 렌더링처럼 먼저 씬을 하나의 이미지 면으로 렌더링한다. 그런 다음 픽셀이 디스플레이되기 직전에 새로 원하는 관람 매개변수에 따라 큰 이미지 면에서 픽셀들이 선택되거나 영사된다[제럴드 등 2007].

단일 이미지 면 대신 퀵타임 VR 같은 원통형 파노라마나[첸(Chen) 1995] 구체 파노라마를 이용해 회전으로 인한 오류를 제거할 수도 있다. 하지만 표준 그래픽 파이프라인은 파노라마나 구체 렌더링에 최적화돼 있지 않아 연산력이 많이 요구된다.

단일 이미지 면과 구체 파노라마 사이의 타협점이 **큐빅 환경 맵**cubic environment map이다. 이 기법은 씬을 커다란 입방체의 여섯 면에 렌더링함으로써 이미지 면 기법을 확장한 것이다[그린(Greene) 1986]. 고개 돌림은 단순히 디스플레이 메모리에서 액세스할 부분만 바꾸는 것이며, 다른 연산은 필요하지 않다.

리건Regan과 포즈Pose[1994]는 한 발 더 나아가 시점을 둘러싸고 중심이 같은 큐브들에 지오메트리를 영사하는 환경 매핑을 사용했다. 시점에서 멀리 떨어진 곳에서 영사된 지오메트리를 담은 더 큰 큐브들은 시점에 가까이 있는 더 작은 큐브만큼 자주 다시 렌더링할 필요가 없다. 해석할 필요가 커지거나 가까이 있는 오브젝트 때문에 생기는 오류를 최소화하려면 완전한 3D 와프나[마크(Mark) 등 1997] 사전에 연산한 라이트 필드light field가[리건 등 1999] 필요하며, 이런 기법에서 다른 종류의 결함이 생기기도 한다.

18.7.3 지연 보상 문제

위에서 설명한 지연 보상 기법 중 완벽한 것은 없다. 예를 들어 단일 이미지 면의 2D 와핑은 디스플레이 중앙의 오류를 최소화하지만 주변으로 갈수록 오류가 커진다[제럴드 등 2007]. 울트라 광시야각 HMD는 특히 이런 주변부 오류 때문에 고개를 돌릴 때와 주변 움직임에 신경 쓸 때 부정확한 모션을 만들어낸다. 큐빅 환경 매핑은 주변부 오류를 줄여주지만, 이런 기법은 회전에 대해서만 보정해주므로 자연스럽게 고개를 돌릴 때는 다소 운동 시차가 발생한다. 따라서 지오메트리가 시점에 가까워질수록 시각적 결함이 심해진다. 더욱이 많은 지연 보상 기법은 정적인 씬을 가정하며, 오브젝트의 모션은 수정되지 않는 경우가 잦다. 어쨌든 대부분의 보상 기법은 잘 적용하기만 하면 시각적 결함이 생기는 오류를 줄여주므로, 수정이 없는 것보다는 낫다.

18.8 모션 플랫폼

모션 플랫폼(3.2.4절 참조)은 잘만 적용하면 전정계 단서와 시각 단서 사이의 불일치를 줄여서 시뮬레이터 멀미를 줄여줄 수 있다. 하지만 모션 플랫폼은 (1) 물리적 모션과 시각적 모션의 불일치를 낳고(가장 큰 원인) (2) 시각 요소가 움직이는 것과 관계없이 물리적으로 인한 운동 멀미가 늘어나서(덜 중요한 원인) 멀미의 위험을 더하기도 한다. 이렇게 모션 플랫폼이 멀미를 줄여주는 즉효약은 아니며, 설계에서부터 주의 깊게 접목해야만 한다.

패시브 모션 플랫폼(3.2.4절 참조)도 멀미를 줄여줄 수 있다(맥스 라이너$^{Max Rheiner}$, 사적 대화, 2015년 5월 3일). 솜니액스^{Somniacs}의 버들리^{Birdly}(그림 3.14)는 사용자가 새가 돼서 샌프란시스코 상공을 날아가는 비행 시뮬레이션이다. 사용자가 몸을 기울이면 플랫폼도 기울어진다. 팔을 이용해 능동적으로 나는 동작을 컨트롤해도 운동 멀미가 줄어든다. 사용자가 엎드려 있어서, 서있는 것보다 자세 불안정이 일어나지 않기 때문에 멀미가 더욱 줄어든다.

18.9 팔의 피로 경감

VR 기기를 사용하면 사용자가 앞으로 팔을 뻗어 컨트롤러를 오랫동안 잡고 있어야 하므로 지칠 수 있다(14.1절 참조). 양팔을 거의 옆이나 무릎 위에 편하게 얹은 채로 상호작용하도록 디자인하면 몇 시간이라도 팔이 무거워지지 않고 경험을 즐길 수 있다[제럴드 등 2013].

18.10 경고용 그리드와 페이드아웃

트래킹 영역의 가장자리, 가상 세계에는 표시되지 않는 현실 세계의 물체(예: 벽), 안전지대의 가장자리에 다가가는 사용자에게 **경고용 그리드**(그림 18.3)나 현실 세계가 서서히 비쳐 보이게 해서 사용자에게 물러나야 한다는 단서를 제공할 수 있다. 이런 피드백은 존재감 이탈을 불러오기는 하지만, 신뢰할 수 있는 트래킹을 포기해 더 큰 존재감 이탈과 부상을 감수하는 것보다는 낫다.

그림 18.3   사용자가 트래킹되는 공간의 가장자리로 갈 때나 물리적 장벽/위험 요인에 다가갈 때 이를 알리는 경고용 그리드를 사용할 수 있다. (식스센스 제공)

트래킹이 더 이상 탄탄하게 이뤄지지 않거나 지연 시간이 일정치를 넘어서면 시스템은 빠르게 디스플레이를 페이드아웃fade out해 단색만 표시함으로써 멀미를 방지해야 한다. 이런 문제는 트래킹 지터나 프레임레이트가 낮아진 현상으로 가장 쉽게 알아챌 수 있다. 지연 시간이 낮은 비디오 투과형 시스템의 경우 시스템이 빠르게 현실 세계를 페이드인fade in 시킨다.

18.11 처방

멀미약은 증상을 유발하지 않으면서 점진적으로 높은 수준의 자극에 노출시킴으로써 적응률을 높여줄 수 있다. 하지만 멀미를 최소화하도록 개발된 다양한 약은 심각한 부작용을 일으켜 적용할 수 있는 범위가 굉장히 한정된 것이 현실이다[케사바르츠(Kehsavarz) 등 2014].

생강은 멀미약으로 애용돼왔지만, 효과는 미미하다[래크너 2014]. 대신 점점 심한 자극으로의 점진적인 노출과 함께 긴장 풀기 피드백 훈련이 VR 멀미 민감성을 줄이는 방법으로 활용된다.

멀미에 관한 약물 연구를 보면 대개 플라시보 효과가 큰데, 일반적으로 약물이 주는 효과의 10~40%에 이른다. 멀미를 '경감'하거나 방지하기 위해 판매되는 손목 압박 밴드와 자석은 일부에게 플라시보 효과를 줄 수도 있다.

건강에 미치는 영향: 디자인 지침

VR의 건강상 부작용은 사용자 개인에게도 위험하지만, 주류 매체로 받아들여지는데도 큰 위험 요소다. 건강상의 부작용을 진지하게 받아들이고 문제를 최소화하기위해 모든 조치를 다 취하는 것은 우리 각자에게 달려 있다. VR의 미래가 우리 손에달려 있는 것이다.

3부를 요약한 현업 종사자 지침은 다음과 같이 하드웨어, 시스템 보정, 지연 시간축소, 일반적 디자인, 모션 디자인, 상호작용 디자인, 사용, 멀미 측정 순서로 구성했다.

19.1 하드웨어

- 깜박임이 없는 HMD를 선택한다(13.3절).

- 가볍고 무게중심이 머리 바로 위며 편안한 HMD를 선택한다(14.1절).

- 내부 비디오 버퍼가 없고, 픽셀 응답 시간이 빠르며, 지속이 적은 HMD를 선택한다(15.4.4절).

- 업데이트 속도가 높은 트래커를 선택한다(15.4.1절).

- 정확하고 정밀하며 트래킹에 드리프트 현상이 없는 HMD를 선택한다(17.1절).

- 하드웨어가 지원할 경우 HMD 포지션 트래킹을 활용한다(17.1절). 포지션 트래킹이 되지 않을 경우 센서-눈 오프셋을 산정해 사용자가 고개를 돌릴 때

운동 시차를 추정하도록 한다.

- HMD가 복안식 단서$^{binocular\ cue}$를 잘 전달하지 못할 경우에는 기술적으로 정확하지는 않아도 더 편안하므로 양안 단서$^{biocular\ cue}$를 활용한다(17.1절).

- 가능하다면 무선 시스템을 이용한다. 그렇지 않으면 발에 걸리거나 꼬이는 사고를 줄이기 위해 천장에 고정한 와이어 연결을 고려하자(14.3절).

- 최대 힘을 초과하지 못하는 설정 및 안전 메커니즘을 갖춘 기기를 선택한다 (14.3절).

- 최댓값을 초과하는 음파 진폭을 방지하는 코드를 추가한다(14.3절).

- 여러 사용자가 함께 쓰는 것이라면 이어버드형 이어폰 대신 큰 이어폰을 사용한다(14.4절).

- 전정계 단서가 시각적 모션과 상응하는 한, 모션 플랫폼을 적극 활용한다 (18.8절).

- 사용자가 두 손을 편하게 옆에 내려놓거나 무릎에 얹은 채 필요할 때만 허리 높이로 올리면 되게끔, 시야에 들어올 필요가 없는 핸드 컨트롤러를 선택한다(18.9절).

19.2 시스템 보정

- 의도하지 않은 씬 모션을 줄이기 위해 시스템을 보정하며, 보정이 정확하고 정밀한지 자주 확인한다(17.1절).

- 가상 시야가 HMD의 실제 시야와 늘 일치하도록 한다(17.1절).

- 동공 간 거리를 측정해 이 정보를 시스템 보정에 활용한다(17.2절).

- 서로 다른 사용자가 설정을 각기 다르게 구성할 수 있도록 옵션을 적용한다. 사용자마다 서로 다른 원인으로 부작용을 겪는 경향이 있다(예: 새로운 사용자는 더 작은 시야를 사용하고 능숙한 사용자는 좀 더 복잡한 모션도 신경 쓰지 않을 수 있다. 17.2절).

19.3 지연 시간 단축

- 가능한 한 전체적 지연을 최소화한다(15.4절).

- 지연 시간을 최적화/단축하기 위해 다양한 종류의 지연을 공부하고(15.4절) 지연 시간에 일조하는 다양한 컴포넌트를 측정해 어디에서 최적화가 가장 필요한지 파악한다(15.5절).

- 노이즈가 있는 트래킹 데이터를 매끄럽게 처리할 때 필터링 알고리즘에 의존하지 않는다(다시 말해, 트래커 지터 형상이 없는 정확한 트래커를 선택한다). 트래커 데이터를 매끄럽게 다듬는 과정에서 지연 시간이 발생하기 때문이다(15.4.1절).

- 응답 시간이 빠르고 지속이 짧은 디스플레이를 사용해 모션 블러와 저더 현상을 최소화한다(15.4.4절).

- 테어링tearing 결함 제거보다는 지연 시간 감소가 중요하므로, 수직 동기화 대기는 하지 않는 것(모든 HMD에 공히 적용)을 고려한다(15.4.4절). 렌더링 카드와 씬 콘텐츠에서 허용되는 수준이라면, 적시의 픽셀 켜짐으로 테어링을 줄일 수 있게끔 초고속 렌더링 접근법을 사용한다.

- 파이프라인 구성은 지연 시간을 심각하게 늘릴 수 있으므로 파이프라인을 가능한 한 줄인다(15.4절, 15.5절). 마찬가지로, 일부 멀티 패스multi-pass 적용은 지연을 추가할 수 있으므로 멀티 패스 렌더링에 주의하자.

- 가끔 프레임레이트가 떨어지고 지연 시간이 증가하는 데 주의하자. 일관되지 못한 지연 시간은 지연 시간이 긴 것만큼 (혹은 그보다 더) 나쁘며 사용자가 적응하기 더 힘들어진다(18.1절).

- 지연 시간 보상 기술은 인지되는 사실상의 지연 시간을 줄여주지만, 지연 시간이 클 경우 이런 기술로 조정해서는 안 된다(18.7절).

- ~30ms까지의 지연 시간 보상에는 예측을 이용한다(18.7.1절).

- 예측한 후 포스트 렌더링 기술로(예: 2D 이미지 와핑, 18.7.2절) 예측 오류를 수정한다.

19.4 일반적 디자인

- 두 눈 가까이에 보이는 자극은 이접 운동/초점 조절 충돌을 야기할 수 있으므로 최소화한다(13.1절).

- 양안식 디스플레이라면 2D 오버레이/헤드업 디스플레이를 사용하지 않는다. 3D 포지션 오버레이/텍스트는 사용자에게서 일정 거리를 둔다(13.2절).

- 깜박임 인지율을 줄이기 위해 씬을 어둡게 만드는 것도 고려하자(13.3절).

- 씬의 어디에든 1Hz 이상의 번쩍이는 빛은 피한다(13.3절).

- 부상의 위험을 줄일 수 있게끔 앉아서 하는 경험으로 디자인한다. 일어서거나 걷는 동작을 사용한다면 물리적 보호망을 제공한다(14.3절).

- 오래 걷거나 서있는 경험이라면 실제 앉을 수 있는 곳을 제공하고 가상 세계에 이를 시각적으로 표시해 사용자가 찾을 수 있게 한다(14.1절).

- 경험은 짧게 디자인한다(17.3절).

- 사용자가 트래킹 구역 가장자리, 가상 세계에 시각적으로 표시되지 않는 현실 세계의 물체, 안전지대의 가장자리에 다가가면 서서히 경고 그리드를 비쳐 보이게 한다(18.10절).

- 지연 시간이 늘어나거나 헤드 트래킹 품질이 떨어질 때는 씬을 페이드아웃한다(18.10절).

19.5 모션 디자인

- 최우선순위 목표가 VR 멀미를 줄이는 것이라면(예: 대상 관객이 능숙한 VR 사용자가 아닐 때) 사용자의 실제 머리 모션과 다른 어떤 방식으로도 시점이 움직이지 않게 한다(12장).

- 지연 시간이 높을 때는 빠르게 고개를 움직여야 하는 과제를 넣지 않는다(18.1절).

능동적 및 수동적 모션

- 사용자가 시각적 모션에 맞춰 몸의 균형을 이상하게 유지해야 하는 시각적 모션을 넣지 않도록 유의한다(12.3.3절).

- 사용자가 앉거나 눕도록 디자인해서 자세 불안정을 줄인다(12.3.3절).

- 모든 방위와 모든 모션을 일관되게 만드는 데 지나치게 신경 쓰기보다는 정지 좌표계 단서를 전정계 단서와 일관되게 하는 데 집중한다(12.3.4절).

- 시각을 두 컴포넌트로 나눠, 콘텐츠를 표시하는 컴포넌트 하나와 정지 좌표계를 표시하는 컴포넌트 하나로 구성한다(12.3.4절).

- 배경의 큰 부분이 보일 때와 현실성이 필요치 않을 때는 배경 전체를 전정계 단서와 일치하는 안정된 현실 세계의 정지 좌표계로 넣는 것을 고려한다(12.3.4절).

- 탈것을 타는 경험에는 안정된 조종석을 이용하고, 탈것이 아닌 경험에는 현실과는 다른 안정된 단서를 활용한다(18.2절).

- 여러 사용자에 걸쳐 광범위한 테스트를 수행해(특히 VR이 처음인 사용자) 특정한 적용이나 경험에 어떤 모션이 편안한지 판단한다(16장).

- 직접적인 머리 모션 이외의 방식으로 시점이 움직일 때는 시점을 지면 근처에 두지 않는다(17.3절).

수동적 모션 디자인

- 절대적으로 필요할 때만 수동적으로 시점을 변경한다(12.4.6절).

- 수동적 모션이 필요할 때는 선속도 외의 다른 모션은 어떤 것이든 최소화한다(12.2절, 18.5절).

- 시각적인 위아래 고개 움직임은 절대 넣지 않는다(12.2절).

- 시스템에서 아바타의 머리 포즈에 영향을 줄 수 있다면 사용자 아바타의 머리에 시점을 부착하지 않는다(18.5절).

- 현실 세계의 파노라마 캡처에서는 작고 편안한 모션을 카메라에서 세심하게 조절하고 테스트하지 않는 한, 등속 선운동 외에 카메라를 전혀 움직이지 않는다(18.5절).

- 느린 방위 변경은 빠른 방위 전환만큼 문제가 되지는 않는다(18.5절).

- 가상 가속이 필요할 경우 일정 속도까지 빠르게 속도를 올리고(즉, 점차 속도가 변하는 것보다 즉시 가속되는 편이 낫다.) 이런 가속 발생을 최소화한다(18.5절).

- 사용자가 어떤 모션이 곧 발생할지 알 수 있게끔 선행 지표를 활용한다(18.4절).

능동적 모션 디자인

- 시각 가속은 사용자가 시점을 능동적으로 컨트롤할 때는 덜 문제가 되지만(12.4.6절), 그래도 메스꺼움을 불러올 수 있다.

- 게임패드에서 내비게이션을 위해 아날로그 조이스틱을 사용할 때나 그 외의 조종 기법을 쓸 때는 단계별 속도로 처리하고, 속도가 변하는 구간이 빠르게 진행되도록 하는 것이 가장 좋다(18.5절).

- 가능한 한 가상의 회전 대신 물리적 회전으로 디자인한다(12.2절). 회전 의자 사용을 고려하도록 한다(유선 시스템에서는 문제가 될 수 있다).

- 각 회전에는 덜 사실적이더라도 라체팅 모드를 고려한다(18.6절).

- 굴곡 많은 지형, 계단 등에서 위아래로 시점이 이동하는 데 주의한다(12.2절).

- 3D 멀티 터치에는 환경을 통과해 사람이 움직이기보다는 월드가 하나의 오브젝트라는 점을 암시하는 단서를 추가한다(18.3절).

19.6 상호작용 디자인

- 사용자가 두 손을 편하게 옆에 두거나 무릎에 얹고 가끔씩만 허리 위로 뻗는 식으로 인터페이스를 디자인한다(18.9절).

- 상호작용을 반복적이지 않게끔 디자인해서 반복적 긴장으로 인한 부상의 위험을 줄인다(14.3절).

19.7 사용

안전

- 사용자가 푹신한 원형 난간 같은 물리적 장애물을 통해 안전한 장소 안에 머물도록 강제하는 방법을 고려한다(14.3절).

- 서있거나 걸어 다니는 사용자를 위해 안전 요원이 주의 깊게 사용자를 관찰

하고, 필요할 때는 안정된 자세를 취하게 돕도록 한다(14.3절).

위생

- 사용자에게 HMD 속에 착용할 깨끗한 모자를 제공하는 것과 HMD와 얼굴 사이에 끼울 수 있는 착탈식(청소 가능한) 패드를 제공하는 것을 고려한다 (14.4절).

- 사용하고 난 후와 사용자가 바뀔 때 기기와 렌즈를 닦는다(14.4절).

- 구토용 봉지, 비닐 장갑, 구강 청결제, 음료수, 가벼운 스낵, 청소 도구를 근처에 비치하되, 사용자가 구토할지도 모른다고 생각하지 않게끔 보이지 않게 가려둔다(14.4절).

새로운 사용자

- 신규 사용자에게는 멀미를 일으킬 수 있는 어떤 단서 제시도 보수적으로 접근한다.

- 신규 사용자에게는 시야를 줄여서 보여주는 것을 고려한다(17.2절).

- 시선에 따른 조종을 이용하지 않는 한(28.3.2절), 게이머에게는 "비디오 게임은 잊으십시오. 고개가 향한 방향으로 움직이게 될 것이라고 생각한다면, 그렇지 않습니다. 지금부터 하실 것은 〈콜 오브 듀티 게임〉이 아닙니다." 등의 안내를 한다(17.3절).

- 사용자에게 처음에는 고개를 천천히만 움직이라고 권장한다(18.1절).

- 짧은 세션으로 시작하고 타임아웃(쉬는 시간)을 아주 많이 가진다. 사용자가 적응할 때까지는 오랫동안 세션을 지속하도록 허용하지 않는다(17.2절, 17.3절).

멀미

- 평소 컨디션이 아닌 사람에게는 VR 시스템을 사용하도록 허락하지 않는다 (17.2절).

- 사용자에게 일부 불편을 겪는 사람이 있다는 점을 가볍게 알리고, 불편한 느낌이 오면 '버티지' 말고 바로 그만하라고 경고한다. 부작용에 대해 과도하게 강조하지 않는다(16.1절, 17.2절).

- 언제든 사용자가 참여하지 않으려 하거나 그만하려 할 때 그 의사를 존중한다(17.2절).
- 사용자가 HMD를 착용하거나 벗는 동안에는 시각 콘텐츠를 제시하지 않는다(17.2절).
- 화면 정지, 애플리케이션 끄기, 데스크톱으로 전환 시에는 먼저 화면이 빈 상태가 되도록 하거나 사용자가 눈을 감도록 한다(17.3절).
- 얼굴이 창백해지거나 땀을 흘리는 등의 VR 멀미 초기 증상이 보이는지를 주의 깊게 관찰한다(12장).

적응과 재적응

- VR 사용 후 현실 세계에 더 빨리 재적응할 수 있도록 하기 위해, 사용자의 감각 체계를 다시 보정하는 데 중점을 둔 활동을 제공해서 적극적인 재적응 방법을 활용한다(13.4.1절).
- VR 사용 후 재적응하는 데 따른 불편감을 줄이기 위해, 사용자가 현실 세계에 차츰 재적응하게 만들어서 자연적 감쇄법을 활용한다. 즉, 사용자로 하여금 앉아서 편안하게 눈을 감고 움직임을 자제하게 한다(13.4.1절).
- 사용자에게 VR 사용 후에 최소 30~45분이 지나 모든 후유증이 사라질 때까지는 운전, 중장비 조종, 그 외에 위험을 수반하는 행동을 하지 않도록 안내한다(13.4절).
- 적응을 최대화하기 위해 2~5일 간격을 두고 VR을 사용하게 한다(18.1절).

19.8 멀미 측정

- 가장 쉬운 데이터 수집을 위해 증상 체크리스트와 질문지를 활용한다. 케네디 시뮬레이터 멀미 질문지Kennedy Simulator Sickness Questionnaire가 표준이다(16.1절).
- 자세 안정성 테스트 역시 훈련받은 인력이 테스트를 운용할 때는 상당히 활용하기 쉽다(16.2절).
- 객관적으로 멀미를 측정하기 위해 생리적 측정치의 사용을 고려한다(16.3절).

우리 그래픽 아티스트들은 유리병에 색색깔의 점을 디자인해 눈과 마음이 컴퓨터, 우주선, 분자, 있지도 않고 있을 수도 없는 세계를 보게 하는 마술사다.

– 프레드릭 P. 브룩스 주니어(Frederick P. Brooks, Jr.)[1988]

사람은 수천 년 동안 콘텐츠를 만들어왔다. 혈거인은 동굴 속에 벽화를 그렸다. 고대 이집트인은 그릇부터 피라미드까지 온갖 것을 창조했다. 이런 창작물은 장엄한 것부터 단순한 것까지, 모든 문화권과 시대에 걸쳐 폭넓은 다양성을 자랑하지만 그 목표는 언제나 미의 추구였다. 철학자와 예술가는 즐거움이 유용성과 동일하다고 주장하는데, 이는 VR에 딱 맞는 말이다.

VR은 비교적 새로운 매체며 아직 제대로 이해되지 못한 상태다. 다른 분야 대부분이 VR보다 훨씬 오랜 역사를 자랑하며, 다른 기술은 많은 측면이 VR과 다르지만 그런 분야에서도 배울 수 있는 요소가 굉장히 많다. 콘텐츠 창작을 위해 건축, 도시 계획, 영화, 음악, 미술, 무대 디자인, 게임, 문학, 과학 같은 분야를 공부하면 VR 제작에도 크나큰 도움이 될 수 있다. 6부에서는 특히 VR과 잘 맞는 이런 분야의 일부 개념을 활용한다. VR 경험을 만들어내기 위해서는 스토리, 작용과 반작용, 캐릭터, 소셜 커뮤니티, 음악, 미술 같은 다양한 분야의 다채로운 부분이 모두 합쳐져야 한다. 이런 다양한 부분을 하나로 접목하면서 창의력을 더하면 각 부분을 합한 것보다 더 멋진 경험이 만들어질 수 있다.

6부는 다섯 개 장으로 구성되며 가상 세계의 에셋 제작에 초점을 맞춘다.

20장. 콘텐츠 제작의 개략적 개념 가장 몰입력 있는 VR 경험에 공통되는 콘텐츠 제작의 핵심 개념, 즉 스토리, 핵심 경험, 개념적 완결성, 게슈탈트 이론 등을 다룬다.

21장. 환경 디자인 다양한 종류의 지오메트리에서부터 비시각적 단서에 이르는 환경 디자인을 논의한다. 환경 디자인은 기분 좋은 자극을 만드는 것에 그치지 않는다. 환경 디자인은 행동 유도를 위한 단서, 상호작용 제한, 길 찾기 수행력을 향상시켜준다.

22장. 행동에 대한 영향 콘텐츠 제작이 사용자의 상태와 행동에 어떻게 영향을 주는지 살펴본다. VR에서는 많은 다른 매체처럼 경험을 시스템이 직접 통제할 수 없기 때문에 행동에 대한 영향이 특히 중요하다. 또한 이 장에서는 개인적 길 찾기 보조물, 주의 유도, 하드웨어 선택이 VR 콘텐츠 제작과 행동 양식, 소셜 측면에 어떤 관련을 갖는지도 다룬다.

23장. VR 콘텐츠 제작으로의 전환 VR 제작이 다른 매체보다 어떻게 어려운지 논의한다. 이상적으로 VR 콘텐츠는 VR 프로젝트 시작 단계부터 디자인에 들어가야 한다. 하지만 그럴 수 없을 때는 VR로 기존 콘텐츠를 포팅하는 데 도움이 될 몇 가지 팁을 참고하자.

24장. 콘텐츠 제작: 디자인 지침 이전 네 개 장의 내용을 요약하면서 VR 콘텐츠 제작자를 위한 지침 목록을 제공한다.

콘텐츠 제작의 개략적 개념

가상 세계에 콘텐츠가 없다면 아주 황량할 것이다. 이 장에서는 매력적인 스토리 구성, 핵심 경험에 집중, 월드 일관성의 완결성 유지, 인지 구성의 지각 조직화의 게슈탈트 원칙gestalt principle of perceptual organization 등 일반적인 콘텐츠 제작 관련 조언을 논의한다.

20.1 스토리 경험

우리는 시간 경과에 따른 사용자의 경험 곡선을 고려할 필요가 있다. 가상 세계는 강렬할 수도 있고 사색적일 수도 있으며, 이상적인 경험은 둘 사이를 오가며 작가로 하여금 VR의 다양한 디자인 요소로 스토리를 강조할 수 있게 해준다.

– 마크 볼라스(Mark Bolas)(사적 대화, 2015년 6월 13일)

놀이에서부터 책, 영화, 게임 등의 전통 매체에서까지, 스토리는 관객의 기대에 공명해 매력을 더한다. VR은 경험이 극대화되므로, 다른 어떤 매체보다도 사용자가 이야기의 일부가 되는 몰입감을 느낄 수 있다. 하지만 VR을 통해 이야기를 펼쳐나간다고 자동으로 몰입이 보장되는 것이 아니라, 사용자가 체감할 수 있는 방식으로 잘 구성해야만 한다.

이야기를 전달하기 위해 모든 세부 사항을 다 제시할 필요는 없다. 비어있는 구멍들은 사용자가 각자 상상력을 동원해 메우기 마련이다. 사람들은 기초적인 형태와 모션이라 해도 의미를 부여한다. 그 예로 하이더^{Heider}와 짐멜^{Simmel}[1994]이 만든 2분 30초짜리 동영상에는 선 몇 개와 작은 원, 작은 삼각형, 큰 삼각형이 등장한다(그림 20.1). 원과 삼각형은 서로 선 안팎을 돌아다니며, 가끔 서로 닿기도 한다. 피험자는 "그림에서 일어나는 일을 쓰시오."라는 과제를 받는다. 이 실험에서 한 피험자가 적어낸 이야기는 다음과 같다.

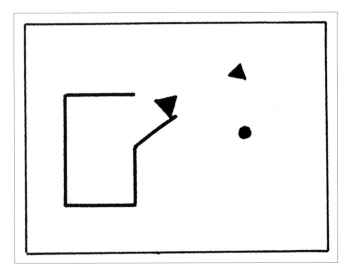

그림 20.1   단순한 도형 애니메이션의 한 장면. 피험자들은 이 애니메이션을 보고서 상당히 정교한 이야기를 만들어냈다. (하이더 와 짐멜[1944])

어떤 남자가 여자를 만나기로 했는데 여자가 다른 남성과 함께 온다. 첫 번째 남자는 따라온 남성에게 가라고 하고, 따라온 남성은 첫 번째 남자에게 가라고 하면서 고개를 젓는다. 그러고는 두 남자가 맞붙어 싸우고, 여자는 방 쪽으로 피해서 망설이다가 마침내 안으로 들어간다. 여자는 첫 번째 남자와 함께 있기 싫은 것이 분명하다. 첫 번째 남자가 여자를 따라 안으로 들어오고, 싸움에 진 두 번째 남성은 방밖의 벽에 기대고 선다. 여자는 두려워져서 방 한구석에 있다가 반대편 구석으로 서둘러 간다….

34명의 피험자 모두가 이야기를 만들어냈고, 그중 33명은 단순한 도형의 움직임을 애니메이션 속 캐릭터로 해석했다. 단 한 명만이 도형이 등장하는 이야기를 적어냈다. 하지만 더욱 놀라운 사실은 모든 피험자가 제출한 이야기가 다 유사성을 띤다는 점이다. 애니메이션 캐릭터를 주인공으로 한 33명의 피험자는 모두 애니메이션의 특정 시점에서 비슷한 사건, 즉 두 캐릭터가 싸우게 되고, 한 캐릭터는 어떤 구조물 속에 갇혀 빠져나오려 애쓰고, 한 캐릭터는 다른 캐릭터를 쫓아간다는 이야기를 상상해냈다.

VR 제작자라면 스토리 경험에서 주관성을 배제할 수 없을 것이다. 사용자는 언제나 주어진 자극을 자신의 가치, 신념, 기억 등의 필터를 통해 왜곡하기 마련이다(7.9.3 절 참조). 하지만 위의 실험은 일부의 경우, 단순한 단서로도 상당히 일관된 해석을 도출할 수 있음을 보여준다. 사용자들이 이야기의 세부 사항을 마음속에서 어떻게 조합해낼지 우리가 정확히 통제할 수는 없지만, 콘텐츠 창작자는 암시를 통해 그 방향을 유도해낼 수 있다. 콘텐츠 창작자는 이야기의 가장 중요한 측면에 초점을 맞추고 제반 사용자가 이를 일관되게 해석하도록 만들어야 한다.

경험적 충실도experiential fidelity란 사용자의 개인적 경험이 VR 창작자가 의도한 경험과 일치하는 정도를 말한다. 경험적 충실도는 더 나은 기술을 통해 향상시킬 수 있지만, 기술에 따라오는 모든 것을 통해서도 향상된다. 예컨대 사용자가 가상 세계에 들어가기 전에 미리 준비시켜서, 제시되는 콘텐츠가 더 큰 영향력을 발휘하도록 기대와 설렘을 줄 수 있다. 경험에 노출시키기 전에 사용자에게 이제 경험할 내용에 대한 배경 이야기를 들려준다. 그러면 기술에서 구현하는 것보다 사용자의 정신이 더 높은 충실도를 덧붙여 수준 높은 경험이 될 수 있다. 사용자가 상상력을 통해 세부 사항을 채워나갈 수 있을 만큼의 단서를 제공한다면 완벽한 리얼리즘은 제공할 필요가 없다. 경험의 모든 부분에 대한 경험적 충실도가 목표가 될 수는 없다는 데 유의하자. 소셜 프리 로밍 월드social free-roaming world는 사용자가 자신의 이야기를 만들어낼 수 있게 하는데, 콘텐츠 창작자는 단순히 사용자가 자신의 개인적 스토리를 만들어 넣을 수 있는 메타 스토리meta-story만 제공해도 될 것이다.

스큐어모피즘skeuomorphism(사물의 모습대로 디자인하는 기법)은 아이디어가 더 이상 기능적 역할을 하지 않더라도 오래되고 익숙한 아이디어를 새로운 기술에 접목하는 것이다[노먼 2013]. 이는 얼리 어답터보다 변화에 저항감이 있는 대다수에게 중요하다. 현실 세계와 일치하게 디자인하면, VR 경험은 학습 곡선이 낮기 때문에 다른 기술보다 더 수용하기 쉬워진다. 새로운 인터페이스와 새로운 예상을 배울 필요 없이, 현실 세계에서와 비슷한 방식으로 상호작용하기 때문이다. 그런 다음 현실 세계의 비유를 스토리에 넣어서, 새로운 방식으로 세계와 상호작용하고 그 속에서 움직이는 법을 차츰 학습하게 한다. 스큐어모피즘 디자인을 통해 점차 변화해야 하겠지만, 보수적인 사용자라도 결국 옛 방식과는 별 관계가 없는 좀 더 마법적인 상호작용

(26.1절 참조)에 열린 자세를 가지게 될 것이다.

2008년 6월 약 50명의 선도적인 VR 연구원이 닥스툴 가상 현실 세미나의 '경험 디자인' 세션에서 훌륭한 경험을 특징짓는 다음 네 가지 주된 속성을 식별했다[린드만(Lindeman)과 벡하우스(Beckhaus) 2009]. 최고의 경험을 만들려면 강력한 스토리텔링과 감각 입력을 통해 다음 개념을 공략하자.

> **강렬한 감정**은 다양한 감정과 극단의 감정을 포괄한다. 여기에는 의식적인 노력 없이 발생하는 기쁨, 흥분, 놀람 같은 강렬한 감정이 모두 포함된다. 강렬한 감정은 사건에 대한 기대, 목표 달성, 어릴 적 꿈을 이루는 것 등에서 온다. 사람은 대부분 논리적 이야기보다는 감정적인 이야기에 끌리고 흥미를 느낀다. 감정을 공략하는 스토리는 기술의 한계에 주의를 기울이지 않게 해준다.
>
> 깊은 **연계감**은 칙센트미하이[2008]가 설명한 몰입 상태를 사용자가 경험하는 순간 일어난다. 몰입한 사용자는 경험에 극도로 집중해서 시공간을 잊게 된다. 사용자는 극히 민감해지며, 인지 감각이 고양돼 집중이 흐트러지지 않는다.
>
> **대규모 자극**은 감각 양상 모두에 큰 자극이 가해질 때 일어난다. 봄 전체에 감각이 충만하며 여러 방식으로 경험을 느끼게 된다. 이때 자극은 스토리와 동일한 방향이어야 한다.
>
> **현실 도피**는 심리적으로 현실 세계를 없애주는 것이다. 현실 세계와 현실의 사람들이 필요 없기 때문이다. 사용자는 현실 세계의 감각 단서나 시간의 흐름에 주의를 기울이지 않을 때 스토리를 완전히 경험할 수 있다.

VR이라고 해서 완전히 격리돼 존재하지는 않는다. 이 점을 지극히 잘 이해하는 곳이 바로 디즈니다. 1990년대 중반 14개월에 걸쳐 약 45,000명이 VR을 매체로 이야기를 전달하는 놀이 기구인 알라딘을 이용했다[파우쉬 등 1996]. 이 놀이 기구의 작가들은 다음과 같은 결론을 내렸다.

- VR이 익숙하지 않은 이들은 기술에 감탄하지 않는다. 기술보다는 전체 경험에 집중하자.
- 사용자를 가상 세계에 몰입시키기 전에 연관된 배경 스토리를 제공한다.
- 스토리는 단순하고 명쾌하게 구성한다.
- 사용자가 왜 여기에 와 있고 무엇을 해야 하는지 등 콘텐츠에 집중한다.

- 수행해야 하는 특정한 목표를 제공한다.
- 완벽한 사실성보다 신뢰성에 집중한다.
- 가장 민감한 사용자도 적응할 수 있는 약한 수준을 유지한다.
- 사용자에게 반응하지 않는 물체와 캐릭터를 뚫고 들어가는 등의 존재감 이탈을 최소화한다.
- 영화와 마찬가지로 VR도 모두를 대상으로 하지만, 콘텐츠는 시장의 일부에만 맞을 수 있으므로 타깃 사용자에 집중한다.

20.2 핵심 경험

핵심 경험이란 사용자가 의미 있는 선택을 통해 의미 있는 피드백을 얻게 되는 중요한 순간순간의 활동을 말한다. 전반적인 VR 경험이 다양한 맥락과 제약을 담고 있을 수 있지만, 핵심 경험만은 변함없이 유지돼야 한다. 핵심 경험은 매우 중요하기 때문에, VR 제작자는 핵심 경험이 즐거워서 사용자가 경험을 계속하고 다시 경험해보고 싶도록 만드는 데 초점을 맞춰야 한다.

이론적인 예로 VR 탁구 게임을 들 수 있다. 전통적인 탁구는 시간이 흐를수록 기량이 느는 단순한 액션으로, 경쟁을 계속하는 것이 핵심 경험이라고 할 수 있다. VR 게임은 장애물을 추가하고, 공을 다른 식으로 튕기면 추가 포인트를 주고, 난이도가 올라가고, 배경 아트가 달라지고, 플레이어에게 티타늄 라켓을 보상으로 주는 등 현실 세계의 탁구를 넘어서는 경험으로 구성할 수 있다. 하지만 탁구공을 친다는 핵심 경험만은 그대로 유지된다. 핵심 경험 자체가 즐겁도록 잘 적용하지 못할 경우, 아무리 근사한 기능을 많이 넣어도 사용자는 몇 분만 지나면 흥미를 잃는다.

게임 외의 진지한 애플리케이션이라 해도 핵심 경험을 재미있게 만들어야만 사용자가 흥미로운 시연 이상으로 받아들이고 시스템 사용을 지속하게 된다. **게임화**gamification는 적어도 일정 부분은 사람들이 재미없게 느끼는 과제를 가져와서 그 과제의 핵심을 재미있고 도전적이며 보상이 되게끔 바꾸는 것이라 할 수 있다.

핵심 경험을 무엇으로 할지 결정해 이를 즐겁게 만드는 데는 창의력이 필요하다. 하지만 그런 창의력이 있다 해도 첫 번째 적용부터 즐거운 핵심 경험으로 탈바꿈시키는 일은 드물다. VR 제작자는 계속해서 핵심 경험을 개선하고, 그 핵심 경험에 집중한 다양한 프로토타입 경험을 구축하고, 실제 사용자를 관찰하며 데이터를 수집해야 한다. 6부에서는 그런 개념을 다룬다.

20.3 개념적 완결성

모두에게 매력적인 스타일이란 없다. 뒤죽박죽인 스타일은 아무도 만족시킬 수 없다…. 하지만 일관성이 부여되면 명확해지고, 명확해지면 즐거움이 나온다.

– 프레드릭 P. 브룩스 주니어(Frederick P. Brooks, Jr.)[2010]

브룩스는 『맨먼스 미신Mythical Man-Month』[브룩스 1995]에서 "개념적 완결성은 시스템 디자인에서 가장 중요하게 고려해야 하는 사항이다."라고 주장한다. VR 콘텐츠 제작에서는 더욱 그렇다. **개념적 완결성**은 일관되고 정연하며 때로 통일된 스타일이라고도 부른다[브룩스 2010].

가상 세계의 기본 구조가 분명히 보이고 자명해서, 사용자가 즉시 이해하고 경험하며 월드를 활용할 수 있어야 한다. 사용자가 능숙해질수록 복잡성을 더할 수도 있지만, 핵심 개념 모델은 그대로 유지돼야 한다.

경험에 중요하지 않은 부가 콘텐츠와 기능은 아무리 좋다 해도 넣지 말아야 한다. 전체의 경험을 통해 하나의 좋은 아이디어가 진행되는 편이 밀접한 관계가 없는 여러 좋은 아이디어를 나열하는 것보다 낫다. 양립할 수 없는 여러 아이디어가 있고 그런 아이디어들의 합이 기존의 주된 콘셉트보다 나을 때는 주된 콘셉트를 다시 고민해서 최고의 아이디어들이 일관되게 담기는 전반적 테마로 구성해야 한다.

최고의 아티스트와 디자이너들은 의식적이거나 무의식적 결정을 내릴 때 일관되게 개념적 완결성을 염두에 둔다. 프로젝트가 복잡해 팀이 필요할 때는 어떻게 개념적 완결성을 지킬 수 있을까? 기본 콘셉트를 통제하도록 감독 한 명에게 권한을 주고 프로젝트의 방향을 잡아줄 뚜렷하고 열정적인 비전을 제시하면 된다.

감독은 주로 전반적 경험의 사용자 역할을 대신하지만, 동시에 프로젝트의 목표를 달성하고 팀이 올바른 요소에 집중하도록 이끈다. 감독은 팀 전체가 내놓는 산출물과 의견을 받아서 콘셉트와 경험이 어때야 할지에 대한 최종 의사 결정을 내린다. 감독은 프로젝트를 정의하는 여러 단계를 이끈다(31장 참조). 하지만 감독은 적용을 어떻게 해야 하는지(32장 참조), 또 사용자에게서 피드백을 어떻게 수집할지(33장 참조) 독단적으로 결정하는 대신, 작업하는 팀에게 제안을 하고 또 팀원의 제안을 받기도 해야 한다. 감독은 자신의 아이디어를 어떻게 적용할지에 대해 이상적이 아니라 해도 언제나 적용 사례를 보여줄 준비가 돼 있어야 한다. 비록 감독의 제안을 받아들여 산출물을 냈다 해도 감독은 작업자와 데이터 수집자에게 공을 돌려야 한다.

작업자와 데이터 수집자는 감독과 직접 대화를 나누며 긴밀히 협력해 올바른 것을 적용하고 측정할 수 있어야 한다. 그러려면 질문과 원활한 커뮤니케이션이 장려돼야 한다. 프로젝트가 진화해가면서 프로젝트의 정의가 변하고 여러 가정이 나올 수 있으므로, 이런 커뮤니케이션은 프로젝트 기간 내내 이뤄져야 한다.

20.4 인지 구성의 게슈탈트 이론

게슈탈트^{gestalt}는 독일어로 '형태'라는 뜻이다. **게슈탈트 심리학**^{gestalt psychology}의 중심 원리는 우리가 물체와 세상을 인지하는 방식을 결정하는 여러 구성 원칙에 따라 우리의 인지가 결정된다는 것이다. 이 원칙은 사람의 마음은 물체의 전체를 그 개별적 부분들을 인지하기 전에 혹은 인지와 동시에 고려한다는 입장으로, 전체란 부분의 총합과는 다르다는 것을 암시한다. 게슈탈트 심리학은 사진과 비교하면 VR에서 더욱 중요한데, 최고의 VR 애플리케이션은 모든 감각을 일관된 경험으로 구성해 하나의 감각만으로는 얻기 힘든 것을 창조하기 때문이다.

게슈탈트 효과는 우리의 두뇌가 특히 전체적 모습을 인식할 때는 점, 선, 폴리곤 같은 단순하고 관계없는 요소들의 집합이 아니라 그 전체적인 형태를 구성해내는 능력이다. 6.2절에서 들었던 예와 우리 모두 경험해봤던 VR 세션들에서 유추할 때, 우리 인간은 존재하지 않는 것들을 보는 패턴 인식 기계라고 볼 수 있다.

인지 구성은 그룹화와 구분 두 가지 과정으로 진행된다. 그룹화는 자극을 하나의 유닛이나 물체로 묶어내는 과정이다. 구분은 하나의 영역이나 물체를 다른 영역이나 물체와 분리하는 과정이다.

20.4.1 그룹화의 원칙

게슈탈트 그룹화는 우리가 어떻게 물체들을 조직화된 패턴으로 자연스럽게 인식해, 개별적 컴포넌트들의 홍수에 질서를 부여하는가를 정리한 규칙이다.

단순성의 원칙에서 형태는 복잡한 모양 대신 가장 단순한 모양으로 인지되는 경향이 있다고 선언한다. 그림 20.2에서 보듯, 3D 물체에 대한 인지는 2D로 영사된 단순한 모양에 따라 달라지는 것을 알 수 있다. 2D 해석이 단순할수록 형체는 2D로 더 잘 인식된다. 고차원적으로 말하자면, 우리는 비현실적 모양에서도 3D 형체를 인지하는 경향이 있다. 그림 20.3의 소화기는 캐릭터성을 살리려고 비현실적으로 구부러뜨린 것이지만, 우리는 이를 추상적인 개별적 컴포넌트 대신 알아볼 수 있는 단순한 물체로 인지한다.

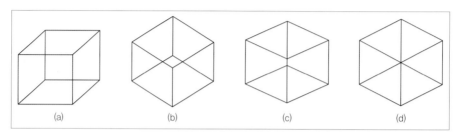

그림 20.2 단순성의 원칙에서 형태는 3D(a)거나 2D(d)거나 가장 단순한 모양으로 인지되는 경향이 있다고 선언한다. (레하(Lehar) [2007])

그림 20.3 메이크VR(MakeVR) 사용자는 소화전을 만들 때(노란색/파란색 지오메트리는 사용자의 3D 커서다.) 단순성의 원칙을 적용한다. (식스센스 제공)

지속성 원칙에서 정렬된 요소들은 하나의 그룹이나 덩어리로 인지되며, 정렬되지 않은 요소들보다 더 연관된 것으로 해석된다고 선언한다. 패턴을 이루는 점들은 서로 긴밀하게 연관된 것처럼 보이고, 선은 가장 부드러운 경로를 따라가는 것처럼 보이는 경향이 있다. 'X'자나 선 두 개가 교차할 때(그림 20.4) 우리는 예각이 있는 부분들 대신 두 개의 부드러운 선을 보게 된다. 우리 뇌는 무의식적으로 단서들을 현실 세계에서 가장 있을 법한 물체 전체로 자동으로 조합해낸다. 그림 20.5처럼, 다른 물체에 일부가 가려진 물체 역시 가리고 있는 물체 뒤로 연결된 형태로 보인다.

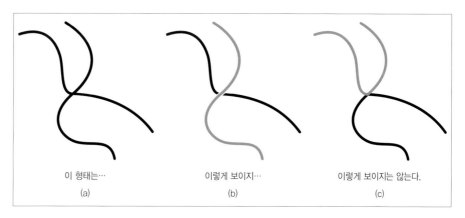

| 이 형태는… | 이렇게 보이지… | 이렇게 보이지는 않는다. |
| (a) | (b) | (c) |

그림 20.4 연속성의 원칙은 요소들은 가장 정렬되거나 부드러운 경로를 따라가는 것으로 인지되는 경향이 있다고 선언한다. (울프 (Wolfe)[2006])

그림 20.5 두 개의 노란색 3D 커서를 연결하고 있는 파란색 지오메트리는 정육면체를 가리더라도 연결된 것으로 인지된다. 왼쪽 커서에서 '관통하는' 부분 역시 정육면체를 통과해서 이어지는 것으로 인지된다. (요가난단(Yoganandan) 등[2014])

근접성의 원칙은 서로 가까이 있는 요소들은 한 형태나 그룹으로 인지된다고 선언한다(그림 20.6). 서로 아주 다른 모양, 크기, 물체라고 해도 가까이 있기만 하면 그룹으로 보인다. 사회는 근접성을 이용해 문자 언어를 창조하는 방식으로 진화했다. 단어는 글자의 그룹으로, 정교하게 한데 모이고 간격을 두고 있기 때문에 단어로 인식된다. 읽기를 배울 때 우리는 단어를 각각의 글자뿐 아니라 글자들이 더 큰 인지 패턴으로 모인 형태를 통해 배운다. 근접성은 그림 20.7처럼 그래픽 UI를 만들 때도 중요하다.

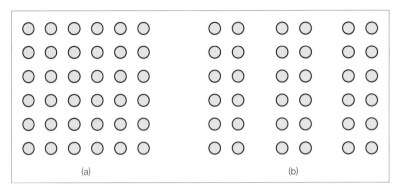

그림 20.6 근접성의 원칙은 서로 가까이 있는 요소들은 한 형태나 그룹으로 인지된다고 선언한다.

그림 20.7 　메이크VR의 패널은 근접성과 유사성의 원칙을 이용해 다양한 사용자 인터페이스 요소들(드롭다운 메뉴 아이콘, 툴 아이콘, 불리언 작업, 적용 옵션)을 하나로 묶어준다. (식스센스 제공)

유사성의 원칙은 서로 비슷한 속성의 요소들은 한 그룹으로 인지된다고 선언한다(그림 20.8). 유사성은 요소의 형태, 색상, 크기, 밝기에 의존한다. 그림 20.9처럼 유사성은 우리가 사실적인 씬이나 추상적인 아트 씬의 물체들을 그룹으로 정리할 수 있게 도와준다.

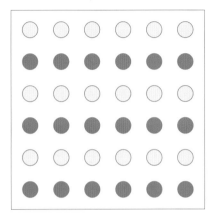

그림 20.8   유사성의 원칙은 서로 비슷한 속성의 요소들은 한 그룹으로 인지된다고 선언한다.

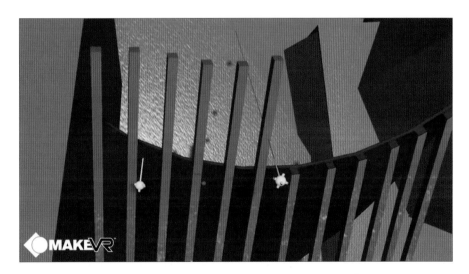

그림 20.9   메이크VR 사용자가 유사성 원칙을 이용해 추상 미술 작품을 구성하고 있다. (식스센스 제공)

폐쇄의 원칙은 물체가 열려 있을 때 그 모양은 물체의 인지 가능한 전체 형태로 인식 되는 경향이 있다고 선언한다(그림 20.10). 우리 뇌는 카니자 착시에서처럼 비어있 는 공간을 상상 속의 선으로 채우는 한이 있더라도, 불완전한 물체와 형태를 인지 가능한 물체 전체의 일부로 인지한다(6.2.2절 참조). 관람자의 형태 인지가 완료되면 폐쇄가 일어난다.

일시적 폐쇄는 영화, 애니메이션, 게임에서 활용된다. 캐릭터가 여정을 시작한 후 갑 자기 다음 씬에서 목적지에 도달하면, 우리의 정신은 두 씬 사이에 존재했을 시간을 메꿔 넣으므로 여정 전체를 다 지켜볼 필요가 없다. 이와 비슷한 개념이 몰입형 게임과 영화에서도 활용된다. 더 짧은 시간 단위에서 사실은 아무 움직임도 일어나지 않거나 디스플레이된 프레임 사이에 화면이 비어있을 때도 분명히 모션이 인지될 수 있다(9.3.6절 참조).

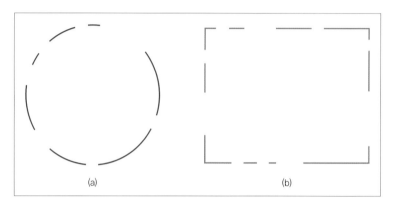

그림 20.10　폐쇄의 원칙은 물체가 열려 있을 때 그 모양은 물체의 인지 가능한 전체 형태로 인식되는 경향이 있다고 선언한다.

공통 운명의 원칙은 함께 움직이는 요소들은 더 크고 복잡한 그룹에 속해 있다 해도 한 형태나 그룹으로 인지된다고 선언한다(그림 20.11). 공통 운명은 움직이는 요소의 그룹만이 아니라 물체의 형태에도 적용된다. 예를 들어 공통 운명은 고개를 움직여 운동 시차가 발생할 때 물체들의 심도를 인식하는 데 도움이 된다(9.1.3절 참조).

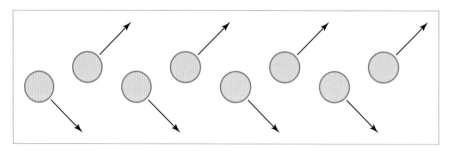

그림 20.11　공통 운명의 원칙은 공통된 방식으로 움직이는 (화살표 방향) 요소들은 하나의 그룹으로 인지되는 경향이 있다고 선언한다.

20.4.2 분리

한 물체를 다른 물체와 따로 떼어 인식하는 것을 분리라고 한다. 어떤 것이 전경에 있고 어떤 것이 배경에 있는지는 종종 **형체−바닥 문제**^{figure-ground problem}라고 한다.

물체는 배경에서 도드라져 보이기 마련이다. 인지 분리의 견지에서 **형체**는 우리의 의식에서 물체 같은 속성이 있는 윤곽의 그룹이다. 배경인 **바닥**은 형체 뒤로 연장된 것으로 인지된다. 형체와 바닥 사이의 가장자리는 형체의 일부로 보인다(소유라고 알려져 있다).

형체는 뚜렷한 형태가 있지만 바닥은 형태와 대조가 덜하다. 형체는 바닥의 일부를 이루는 같은 빛보다 더 밝거나 어두워 보인다. 형체는 더 풍부하고 의미 있게 보이며 쉽게 기억된다. 형체는 '물건'의 특징이 있고 의미를 더 잘 전달하는 반면, 바닥은 의식적인 의미가 덜한 대신 모션 감지를 위한 정지 좌표계의 역할을 하는 안정된 참조물이 된다(12.3.4절 참조). 형체로 인식된 자극은 바닥으로 인식된 자극보다 훨씬 세밀하게 처리된다.

관찰자가 자극을 형체로 볼지, 바닥으로 볼지에 대해서는 다양한 요인이 영향을 미친다. 물체는 볼록한 경향이 있으므로 볼록한 모양은 형체로 인지될 가능성이 더 높다. 씬에서 낮게 있는 영역은 바닥으로 인지될 가능성이 더 높다. 물체를 표현하는 익숙한 모양은 형체로 보일 가능성이 더 높다. 부분적 가림/삽입, 선형 원근법, 양안 시차, 운동 시차 등의 심도 단서는 우리가 형체와 바닥으로 인식하는 데 큰 영향을 미친다. 형체들은 물체와 기표로 인지될 가능성이 높아(25.2.2절 참조) 상호작용할 수 있는 형태라는 단서를 준다.

환경 디자인

사용자가 있는 환경은 VR 경험에서 일어나는 모든 일의 맥락을 정의한다. 이 장에서는 환경 디자이너가 가상 세계를 창조할 때 염두에 둬야 하는 가상 씬과 그 안의 여러 요소에 초점을 맞춘다.

21.1 씬

씬scene이란 공간으로 뻗어나가는 현재의 환경과 그 안에서 활동이 일어나는 곳 전체를 뜻한다.

씬은 배경, 맥락적 지오메트리, 기초 지오메트리, 상호작용성 물체로 나눌 수 있다 (이스트게이트Eastgate 등[2014]의 정의와 유사하다). 배경, 맥락적 지오메트리, 기초 지오메트리는 대략 9.1.2절에서 설명한 조망 공간, 액션 공간, 개인 공간에 대응된다.

> **배경**background은 먼 조망 공간에 있는 씬의 주변 광경이다. 예로는 하늘, 산, 태양이 있다. 배경은 이런 거리에서는 비회화적 심도 단서가(9.1.3절 참조) 존재하지 않기 때문에 단순한 텍스처 박스가 될 수도 있다.

> **맥락적 지오메트리**contextual geometry는 자신이 있는 환경을 정의하게 해준다. 맥락적 지오메트리에는 길 찾기를 돕고 보통 액션 공간에 있는 멀리 떨어진 랜드마크(21.5절 참조)가 포함된다. 맥락적 지오메트리에는 행동 유도성이 없다(즉, 집어 들 수 없다. 25.2.1절 참조). 맥락적 지오메트리는 충분히 멀리 떨어져 있어서 단순한 지오메트리로(즉, 2D 빌보드/텍스처가 나무 같은 복잡한 지오메트리보

다 더 많이 쓰인다.) 구성할 수 있다.

기초 지오메트리fundamental geometry는 근본적 경험 근처에 있는 정적 컴포넌트로 구성된다. 기초 지오메트리에는 테이블, 지시문, 문간 같은 항목이 포함된다. 기초 지오메트리에는 사용자가 벽을 통과해 걸어가는 일을 막거나 뭔가의 위에 물체를 올려놓는 기능을 제공하는 등 행동 유도성이 있는 경우가 흔하다. 이 지오메트리는 개인 공간과 액션 공간에 위치할 때가 가장 많다. 근처에 배치되기 때문에 아티스트는 기초 지오메트리에 집중해야 한다. VR에서는 이런 거리의 3D 세부 묘사가 특히 중요하다(23.2.1절 참조).

상호작용성 오브젝트는 사용자가 상호작용할 수 있는 동적 항목이다(5부에서 자세히 설명한다). 보통 작은 오브젝트로서 사적 공간에 있을 때는 직접 상호작용할 수 있고, 가장 흔하게는 액션 공간에서 간접적으로 상호작용할 수 있다.

모든 오브젝트와 지오메트리의 축소/확대는 서로, 그리고 사용자와 비교해 일관돼야 한다. 예를 들어 멀리 있는 트럭은 3D 공간에서 가까이에 있는 자동차와 비교해 적절하게 크기가 조정돼야 하며, 트럭이 거리 때문에 너무 작게 표현돼서는 안 된다. 적절한 VR 렌더링 라이브러리는 3D 공간에서 눈으로의 투영 변화를 처리할 수 있으며, 아티스트가 이런 세부 사항까지 신경 쓸 필요는 없다. 사실적인 경험을 위해, 사용자가 쉽게 볼 수 있는 표준 사이즈의 친근한 물체를 넣도록 하자(9.1.3절의 상대적/익숙한 크기 참조). 대부분의 나라에서는 종이, 탄산음료 캔, 지폐나 동전, 계단의 높이, 외부 문의 규격이 통일돼 있다.

21.2 색상과 라이팅

색은 세상을 가득 채우고 있으며 이는 너무나 당연하게 여겨지지만, 우리는 옷을 입거나 운전하는 등의 일상생활에서 색을 인지하고 상호작용한다. 우리는 색깔을 감정적 반응(분노는 핏빛, 사랑은 분홍색, 우울한 마음은 파란색)과 특별한 의미(위험은 빨간색, 고귀함은 보라색, 생태는 녹색)에 결부시킨다.

다른 요소도 색상 인지에 영향을 미친다. 예를 들어 둘러싸고 있는 맥락/배경이 물체의 색상에 대한 우리의 인지에 영향을 주기도 한다. 씬 전체를 과장된 색이나 극단적 조명으로 강조하면 가벼운 느낌이 사라지고 색상의 일관성이 떨어지며(10.1.1절 참조) 물체들이 정상적인 조건에서와 다르게 보일 수 있다. 특수한 상황에 맞춰 의도한 것이 아니라면, 콘텐츠 제작자는 사용자들이 오브젝트의 의도된 색상이 무엇인지와 색상 일관성을 인지할 수 있게끔 여러 색상을 사용하고 백색광의 미세한 변이만 넣어야 한다.

색상은 우리가 사물을 더 잘 구분하게 해준다. 예를 들어 밝은 색상은 두드러져서 사용자의 주의를 끈다('두드러진다'는 뜻의 salient는 반사적으로 우리의 주의를 끄는 물리적 속성을 뜻한다. 10.3.2절 참조). 그림 21.1(왼쪽)은 관련 없는 배경을 칙칙한 회색으로 바꿔서 관련성이 높은 물체가 시선을 끌도록 만드는 예다. 그림 21.1(오른쪽)은 색상을 활성화해 시스템에서 오디오 지시를 제공한 다음 잡아야 하는 뇌엽을 강조하는 것을 보여준다.

현실 세계의 화가들은 1,000여 개의 색상 내에서 선택한다는 점에 유의하자(팬톤 매칭 시스템Pantone Matching System에서는 1,200개 정도의 색상을 제공한다). 그렇다고 해서 VR에 1,200개의 픽셀 옵션만 필요하다는 뜻은 아니다. 색깔의 미묘한 변화는 대부분 표면에서 이뤄지는 점진적 변화에서 오는데, 표면에 비치는 조명의 강도 차이를 예로 들 수 있다. 하지만 ~1,000개의 색상이면 씬에 조명을 추가하기 전에는 콘텐츠를 생성하기에 적당하다(1,000개의 색상 표에 완벽하게 일치하지 않는 다른 색을 꼭 사용하려 한다면 이야기는 달라진다).

그림 21.1   색깔은 주의를 끄는 두드러진 요소로 활용된다. 사용자의 눈은 씬에서 색깔이 있는 항목 쪽으로 이끌린다(왼쪽). 시스템에서 오디오 지시를 제공한 다음, 뇌엽과 테이블에 색이 입혀져서 주의를 끌고 상호작용할 수 있음을 강조한다(오른쪽). (디지털 아트폼 제공)

21.3 오디오

8.2절에서 논의했듯, 소리는 우리가 인지하는 데 여러 요소가 영향을 미치는 상당히 복잡한 요소다. 청각 단서는 주위를 의식하게 하고, 감정적 충격을 더하고, 시각

적 주목에 대한 신호를 주고, 시각 시스템과는 별도로 여러 복잡한 정보를 전달하고, 다른 감각 체계를 통해서는 인식할 수 없는 독특한 단서를 제공하는 등 VR뿐 아니라 일상생활에서도 결정적 역할을 한다. 청각 장애인이라 해도 생활의 기술을 상당히 잘 배우기는 하지만, 그러기까지는 소리가 없는 세상에서 상호작용하는 기술을 평생에 걸쳐 배워야 한다. 사용자가 수년간 쌓아온 경험 중 '듣기'라는 감각을 빼앗아 청각 장애인으로 만드는 것이나 마찬가지다.

엔터테인먼트 산업에서는 오디오를 잘 이해하고 있다. 예를 들어 놀랄 만한 시각 효과로 유명한 조지 루카스는 영화를 통한 경험의 50%가 사운드로 이뤄진다고 단언한다. 명작 영화와 마찬가지로 음악 역시 감정을 이끌어내는 데 특히 뛰어나다. 바람에 나뭇가지가 흔들리는 소리와 어우러져 지저귀는 새 소리, 아이들이 저 멀리서 노는 소리, 공업 지대에서 철커덩거리는 기계음 같은 **앰비언트 사운드**^{ambient sound} 효과는 놀라울 만큼 강력한 현실감과 존재감을 선사한다.

영리하게 사운드를 배치하기만 하면 정보도 전달할 수 있어 아주 유용하다. 사운드는 상황을 인식하도록 하는 데 잘 맞고, 시각적 속성과 어디를 보고 있는지에 관계없이 사용자의 주의를 끈다. 사운드가 중요하기는 하지만 지나치면 부담스러울 수 있고, 잘 제시하지 못하면 짜증만 자아낼 수도 있다. 또한 시각은 눈을 감으면 그만이지만 소리는 무시하기도 어렵다. 자주 나오지 않고 지속 시간도 짧은 요란한 경고음은 불쾌함을 유발해서 주의를 끌기 위한 것이므로, 그런 의도로 넣었다면 적절하다. 하지만 그런 소리를 과도하게 사용하면 유용하기보다 금세 신경에 거슬리게 된다.

중요한 정보는 합성하거나 사전에 녹음되거나, 혹은 원격 사용자가 실시간으로 말해서 전달할 수 있다(8.2.3절 참조). 말해주는 정보는 '확인'했음을 알려주는 단순한 인터페이스 같은 것일 수도 있고, 시스템이 정보를 전달하면서 사용자의 말에도 반응하는 언어 인터페이스처럼 복잡한 것도 있다. 그 밖의 말의 예로는 사용자가 목표에 도달하는 데 도움을 주는 단서, 도전이 다가오고 있음을 알려주는 경고, 물체를 설명하는 주석, 컴퓨터가 조종하는 캐릭터에 개성을 부여하는 것 등이 있다.

VR에서는 최소한 환경과 사용자 인터페이스에 대한 기본 정보를 전달하는 오디오가 들어있어야 한다. 햅틱 피드백이 없는 3D 인터페이스에서 사운드는 강력한 피드백 단서가 되며, 이는 26.8절에서 자세히 설명하겠다.

더 사실적인 오디오를 원하거나 청각 단서가 특히 중요할 때는 반사와 두 귀 사이에서 소리가 다르게 들리게끔 처리하는 **가청화**^{auralization}를 활용할 수 있다. 가청화의 결과물은 **공간 오디오**spatialized audio로, 3D 공간의 한 위치에서 소리가 들려오는 듯 인지된다(8.2.2절 참조). 공간 오디오는 길 찾기의 보조 수단 역할을 하고(21.5절 참조), 다른 캐릭터가 어디에 있는지 단서를 제공하고, 사용자 인터페이스의 요소가 어디에 있는지 피드백을 준다. **머리 전달 함수**(HRTF)는 음파가 특정 위치에서 청자의 몸, 가장 크게는 외이에서 어떻게 상호작용하는지 설명하는 공간 필터다. 이상적으로 HRTF는 특정 사용자의 귀를 모델로 사용해야 하지만, 실제로는 일반적인 귀를 모델로 한다. 다양한 방향에서의 여러 HRTF를 합쳐서 귀의 어느 방향에서든 HRTF를 만들 수 있다. 그런 다음 HRTF로 사운드 소스에서 오는 소리를 변조해 사용자에게 사실적인 공간 오디오 단서를 줄 수 있다.

21.4 샘플링과 앨리어싱

앨리어싱aliasing은 별개의 샘플링에 단계별 데이터가 있어서 발생하는 결함이다. 컴퓨터 그래픽에서 앨리어싱은 단계별로 샘플링/렌더링된 픽셀에 지오메트리와 텍스처의 가장자리가 근접해서 발생한다. 포인트 샘플point sample을 나타내는 지오메트리나 텍스처가 픽셀에 투사되거나 투사되지 않아서 일어나는데, 다시 말해 픽셀이 텍스처의 지오메트리 또는 색깔 일부를 표현하거나 그렇지 못한 것이다.

디스플레이에 투영되는 환경의 가장자리는 그림 21.2와 같이 '삐죽삐죽함jaggies', 혹은 '계단staircasing'이라고 불리는 불연속성의 원인이 된다. 그림 21.3처럼 물결무늬 같은 결함도 있다. VR에서는 시점이 움직이고, 양쪽 눈에서 다른 모습을 보도록 렌더링되고, 픽셀이 넓은 시야에 걸쳐 분포하기 때문에 결함 패턴이 계속 동요해서 이런 결함이 더욱 심해 보인다. 보통은 무심코 알아챌 수 없을 정도로만 고개를 살짝 움직여도 삐죽삐죽한 형태와 다른 결함 패턴이 계속 움직이므로 눈길이 가서 주의가 분산된다.

그림 21.2   디스플레이에서 삐죽삐죽한 계단처럼 보이는 것은 물체의 가장자리 표현이다. 이런 결함은 물체의 단계별 샘플링 때문에 일어난다.

그림 21.3   철망 울타리의 왼쪽에서 중앙 부분까지 앨리어싱 결함이 뚜렷이 보인다. VR에서는 보통은 알아채기 힘든 머리의 움직임만으로도 시점이 이동해서 결함 패턴이 계속 움직이기 때문에 이런 결함이 훨씬 도드라진다. (넥스트젠 인터랙션스 제공)

이런 결함은 밉매핑mipmapping, 필터링, 렌더링, 지터드 멀티 샘플링jittered multi-sampling 같은 다양한 안티 앨리어싱anti-aliasing 기술로 줄일 수 있다. 그렇기는 해도, 가능한 모든 시점에서 모든 결함을 완전히 제거해주지는 못한다. 이런 기술 중 일부는 렌더링 시간을 심각하게 늘리기도 해서 지연 시간이 늘어나는 부작용도 있다. 안티 앨리어싱 기술의 사용에 더해, 콘텐츠 제작자는 씬에 높은 빈도로 반복되는 컴포넌트를 넣지 않음으로써 이런 결함을 줄일 수 있다. 하지만 모든 앨리어싱 결함을 제거하기는 불가능하다. 예를 들어 선형 원근법 씬은 지오메트리가 디스플레이에 투영/렌더링될 때 높은 공간 빈도를 기록할 수밖에 없다(안개나 뿌연 효과를 적용하면 결함이 다소 줄기는 한다). 세부 묘사 수준이 다른 모델을 번갈아 사용하면(예: 시점에서 멀어질 때 빈도가 높은 컴포넌트의 지오메트리를 제거) 도움이 되지만, 대신 지오메트리가 시야에 나타났다가 사라지는 것이 튀어 보여 존재감 이탈을 불러온다. 이상적인 해결책은 초고화질 디스플레이를 사용하는 것이지만, 그러기까지는 콘텐츠 제작자가 빈도 높은 컴포넌트의 제작이나 사용을 삼가해서 이런 결함을 최소화하는 것이 최선이다.

21.5 환경적 길 찾기 보조물

길 찾기 보조물은[다큰과 시버트(Sibert) 1996] 사람들이 인지 지도를 형성하고 월드 안에서 길을 찾는 데 도움이 된다(10.4.3절 참조). 길 찾기 보조물은 현재 위치와 가는 방향에 대한 감각을 유지하게 해주고, 목표 지점이 어디에 있는지 알게 해주며, 마음속으로 이런 목표 지점으로 어떻게 갈지 계획을 세우도록 도와준다. 길 찾기 보조물의 예로는 건축 구조물, 표지판, 오솔길, 나침반 등이 있다. 많은 VR 내비게이션 기술이 방향을 잃게 만들기 쉬우므로 길 찾기 보조물이 특히 중요하다. 가상으로 방향을 바꾸면, 전정계 단서와 여타 물리적으로 몸을 돌리는 감각이 없기 때문에 특히 방향 감각을 잃게 된다(예: 손 컨트롤러로 방향을 바꾸지만 실제 몸을 돌리지는 않음). 이렇게 실제로 걷고 발을 딛는 행동이 없기 때문에 거리 판단 역시 부정확해진다.

다행히 VR에서는 현실 세계에서는 불가능한 길 찾기 보조물을 훨씬 더 많이 넣을 수 있다. 길 찾기 보조물은 시각 요소일 때가 가장 많지만 꼭 그럴 필요는 없다. 떠 있는 화살표, 공간 오디오, 햅틱 벨트 모두가 방향을 알려주고 현실 세계에서는 적용하기 어려운 길 찾기 보조물의 예다. 보조물은 사용자가 의식적으로 알아챌 수 있기도 하고 그렇지 않을 때도 있지만, 두 경우 모두 유용하다. 현실 세계와 마찬가지로 VR에서도 사용자가 의식적으로 환경 속의 모든 요소에서 정보를 받아들이기에는 감각 정보가 넘쳐난다. 디자이너는 애플리케이션과 사용자의 목표를 이해해야만 사용자가 길을 찾으려면 어디에 무엇을 넣을지 판단할 수 있다.

그럼 이제부터는 환경적 길 찾기 보조물을 집중적으로 살펴보자. 22.1절은 사적 길 찾기 보조물에 초점을 맞춘다.

환경적 길 찾기 보조물은 가상 세계 안에서 사용자와 독립돼 있는 단서다. 이런 보조물은 주로 씬 자체를 구성하는 데 초점이 맞춰져 있다. 길을 따라 세워진 표지판, 울리는 교회 종소리, 환경 위에 놓인 지도처럼 공공연히 드러나기도 한다. 아니면 건물, 한 방향으로 이동하는 캐릭터들, 해로부터 드리워진 그림자 등과 같이 미묘한 요소가 될 수도 있다. 고속도로 위 차량의 소리는 환경에서 나무처럼 가리는 것이 많을 때 유용한 단서가 된다. VR에서 흔하지는 않지만, 냄새 역시 사용자가 대강의 지역을 구분하는 강한 단서가 될 수 있다. 잘 구성된 환경은 우연히 만들어지는 것이 아니며, 훌륭한 레벨 디자이너라면 많은 사용자가 의식 수준에서 알아채지 못하더라도 미묘하게 활용할 수 있는 환경적 길 찾기 보조물을 넣는다. VR 공간 디자인에서는 사용자가 이해하고 효율적으로 움직이도록 환경에 대한 공간적 이해를 높여주는 방법이 많다.

VR 디자이너라면 물리적 현실의 제약을 뛰어넘는 것을 만들어낼 수는 있지만, VR 이외 분야의 디자이너로부터도 많은 것을 배울 수 있다. VR에서 더 많은 것이 가능하다고 해서 실제 공간을 이해할 필요가 없다거나 공간을 의미 있는 방식으로 구성하지 않아도 된다는 뜻은 아니다. 건축 설계사와 도시 계획가는 사람과 환경의 관계를 통해 수백 년간 길 찾기 보조물을 다뤄왔다. 린치Lynch[1960]는 많은 도시에 다음과 같은 유사성이 있음을 발견했다.

랜드마크는 환경 내 어디에서나 틀림없이 그 형태를 알아볼 수 있는, 주위와 구분되는 고정 단서다. 이는 쉽게 알아볼 수 있고 사용자의 공간 이해를 높여준다. 전체적인 랜드마크는 환경의 어디에서나 볼 수 있는 반면(예: 탑), 지역적 랜드마크는 사용자에게 더 가까운 공간 정보를 제공한다.

가장 강력한 랜드마크는 전략적으로 위치하며(예: 길모퉁이), 밝은색의 빛이나 깜박이며 빛나는 화살표로 경로를 보여주는 식으로 가장 핵심적인 속성(가장 두드러진 특성)을 띨 때가 많다. 하지만 랜드마크가 반드시 명시적일 필요는 없다. 색깔이나 바닥의 조명처럼 좀 더 미묘한 것이어도 된다. 사실, 랜드마크가 과도하면 사용자가 한 장소에서 다른 장소로 이동할 때 씬의 다른 부분에 주의를 기울이지 않아서 공간적 지식을 쌓기 힘들어진다[다큰과 시버트 1996]. 잘 디자인된 자연 환경의 구조와 형태는 조밀하지 않아도 강력한 공간적 단서가 된다.

랜드마크는 지향성을 띨 때도 있는데, 다시 말해 한쪽에서는 인식할 수 있지만 반대쪽에서는 안된다. 랜드마크는 사용자가 새로운 공간에 들어갈 때 방향을 어림잡기 위해 제일 먼저 주의를 기울이는 것이므로 특히 중요하다. 랜드마크는 지면을 걸어가는 것으로부터 해상 이동, 우주 여행에 이르기까지 모든 환경에서 중요하다. 알아볼 수 있는 건물처럼 익숙한 랜드마크는 주변 물체와 비교해 거리를 가늠하는 보조물 역할도 할 수 있다.

지역region('지구' 혹은 '구역'이라고도 함)은 환경에서 암시적이나 명시적으로 서로 구분된 부분들이다. 인지적으로는 서로 다른 시각적 특징으로(예: 조명, 건물의 스타일, 색상) 가장 뚜렷이 구분된다. 루트route('경로'라고도 함)는 두 장소를 연결하는 이동 가능 구간이다. 루트에는 도로, 지도의 연결된 선, 텍스트로 된 지시가 포함된다. 사용자 인도는 채널을 통해 이뤄진다. **채널**channel은 VR 비디오 게임(예: 카 레이싱 게임)에서 자주 활용되며, 열린 공간이 전혀 아닌데도 사용자에게 비교적 열린 환경으로 느껴지게끔 하는 닫힌 루트다. **노드**node는 루트와 지역으로 가는 입구 사이에 있는 교차로다. 노드에는 고속도로 출구, 교차로, 여러 개의 문이 있는 방 등이 있다. 방향을 알려주는 표지판은 노드에서 대단히 유용하다. **가장자리**는 이동을 막거나 우회시키는 지역 사이의 경계선이다. 가장자리의 예로는 강, 호수, 울타리가 있다. 대체로 텅 비어있는 환경에 있으면 많은 사용자가 불안감을 느끼며, 대부분은 길을 잃지 않았다는 안도감을 규칙적으로 받고 싶어 한다[다큰과 피터슨(Peterson) 2014]. 시각적 **난간**

handrail은 건물의 옆면이나 울타리 같은 환경에서 선형으로 표시되는 형체로 내비게이션 가이드로 이용된다. 이런 난간은 심리적으로 이동을 제한하는 기제로 활용돼, 사용자가 한쪽으로 일정 거리를 두고 이동하게 만든다.

씬의 이런 부분은 종종 사용자의 능력에 따라 구분된다. 보행자에게는 경로가 루트고 고속도로는 가장자리가 되는 반면, 운전자에게는 고속도로가 루트다. 비행하는 사용자에게는 경로와 루트가 랜드마크 역할만 할 수도 있다. 이런 목적지는 사용자의 마음속에도 있으며, 지오메트리와 단서는 사용자에 따라, 심지어는 같은 사용자라도 다양한 조건에 따라(예: 걷다가 탈것/비행기를 몰기 시작할 때) 달리 인식될 수 있다.

기하학적 구조물을 구성하는 것만으로는 충분하지 않다. 길 찾기에서는 사용자가 전체적인 테마와 구조적 체계를 이해하는 것이 중요하다. 사용자는 최고의 결과를 내기 위해 구조를 알아야 하며, 사용자가 마음속에서 이런 구조를 명확히 그릴 수 있도록 해야만 단서에 의미를 부여할 수 있고 어떤 전략을 써야 할지에 영향을 미치며 내비게이션 능력이 향상된다. 거리 주소나 이름이 알파벳순이나 가나다순이면 더 이해하기 쉬우며, 격자 패턴으로 구성된 거리를 파악하고 나면 숫자와 알파벳(가나다)순으로 기억하게 된다.

사용자가 월드의 메타 구조에 대한 심상 모델을 구성하고 나면, 모델을 설명하기 위해 사용했던 메타포에 위배되는 것이 나올 때 어리둥절해지므로 이런 위반이 왜 일어났는지 분명한 설명이 뒤따라야 한다. 일생을 맨해튼(격자 모양으로 건물들이 들어선 도시)에서만 살아온 사람이 워싱턴 DC에 가면 이 도시의 특징인 허브 앤 스포크hub-and-spoke(중심에서부터 바퀴살처럼 뻗어나간 모양) 도로 구조를 파악할 때까지 굉장히 헷갈릴 테지만, 일단 파악하고 나면 길 찾기가 쉬워질 것이다. 하지만 메타포에 벗어나는 요소가 많기에 워싱턴 DC는 대부분의 사람들에게 뉴욕보다 훨씬 헷갈린다.

정보나 과학적 시각화 같은 추상적 데이터에 도시 같은 구조물 개념을 더하면 사용자가 더 쉽게 이해하고 해당 공간을 내비게이션할 수 있다[잉그럼(Ingram)과 벤포드 1995]. 단순한 직사각형 그리드나 방사형 그리드 같은 단서를 추가하면 수행력이 향상된다. 어딘가로 향하는 경로 제안을 추가하면 유용하기도 하고 흥미로워진다. 지역에 데이터를 나눠 넣으면 데이터셋의 다양한 부분을 강조할 수 있다. 하지만 개발자는 추상적이거나 과학적인 데이터에 부적절한 구조를 덮지 않도록 주의해야 하는데, 사용자가 인지되는 무엇이든 구조로 받아들여 데이터 자체에는 존재하지 않는 구조를 인지할 수 있기 때문이다. 이런 단서를 추가하기 전에 해당 데이터를 잘 아는 주제 전문가에게 컨설팅을 받도록 하자.

21.5.1 마커, 흔적, 측정

마커marker는 사용자가 배치하는 단서다. 지도를 활용한다면(22.1절 참조) 마커를 환경뿐 아니라 지도에도 배치할 수 있다(예: 색색의 압정). 이러면 사용자가 기존에 있던 어떤 랜드마크가 중요한지 기억하기 쉽다. **빵 부스러기**breadcrumb는 사용자가 환경을 통과해가면서 종종 드롭하는 마커다[다큰과 시버트 1993]. **자취**trail는 사용자가 이동한 경로의 증거로, 해당 경로를 지나간 사람뿐 아니라 다른 사용자에게도 이 장소가 이미 와본 곳이며 이곳에서 다른 곳으로 어떻게 이동하는지 알려준다. 개별적인 방향 단서(발자국 등)로 구성된 자취는 보통 비지향성 단서보다 낫다. 여러 발자취는 많은 이가 오간 경로임을 알려준다. 하지만 발자취가 많으면 시각적으로 빽빽해질 수 있다. 너무 빽빽하게 채워지지 않도록 발자국은 일정 시간이 지나면 사라지게끔 만들면 된다. 때로는 따라간 경로보다 탐색한 영역을 식별하는 편이 낫다.

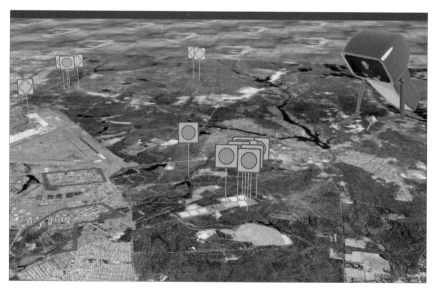

그림 21.4　사용자가 지형에 표시를 넣는 동료를 관찰하고 있다. (디지털 아트폼 제공)

상호성 분석을 통한 데이터 이해와 공간 이해는 종종 환경 내의 마크업과 데이터 셋 특징의 수량화를 요한다. 환경의 특징을 상호작용으로 표시하고, 세고, 측정하게끔 상징적 정보, 텍스트 정보, 숫자 정보를 담은 붓과 막대 같은 다양한 유형의 마크업 툴을 제공할 수도 있다. 사용자는 단순히 나중에 살펴보고자 하는 흥미로운 장소를 표시하고 싶을 수도 있고, 시스템에서 마커가 놓인 수를 자동으로 합산하게 해서 덩어리(예: 종양)에 존재하는 혈관의 수를 세고 싶을 수도 있다. 선분, 표면 영역, 각도를 측정하고 결과 값을 환경에 마크업이 부착된 선으로 배치할 수도 있다. 그림 21.4는 월드 위에 그림을 그리고 막대를 배치한 모습이다. 그림 21.5는 의학 데이터셋에서 벌어진 부위의 둘레를 측정하는 예다.

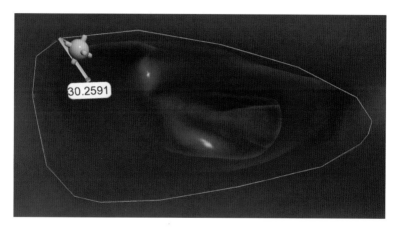

그림 21.5   의학 CT 데이터셋에서 벌어진 부위의 둘레를 측정하는 사용자 (디지털 아트폼 제공)

21.6 현실 세계의 콘텐츠

콘텐츠를 반드시 아티스트가 제작해야 하는 것은 아니다. VR 환경을 만드는 방법 중 하나는 콘텐츠를 구축하는 대신 현실 세계에 이미 있는 것을 재사용하는 것이다. 현실 세계의 데이터 캡처는 상당히 매력적인 경험을 만들어낼 수 있다.

21.6.1   360° 카메라

하나 이상의 특정 시점에서 세계를 360°로 캡처하는 데는 특수 파노라마 카메라를 사용하면 된다(그림 21.6). 이런 방식으로 세상을 캡처할 때 영화 제작자는 콘텐츠 경험이 무엇을 뜻하는지 다시 생각해볼 수밖에 없다. 몰입형 영화의 관객은 '창'을 통해 영화를 구경하는 대신 씬 안에 들어가 그 일부가 된다. 전통적인 영화 제작과 360° 데이터 캡처가 얼마나 다른지 보여주는 예는 사방으로 카메라가 보이지 않게끔 주의 깊게 장비를 배치한다는 점을 들 수 있다. 마찬가지로, 스토리의 일부가 아닌 사람들은 세트장에서 나가거나 물체 뒤에 숨어서 스토리 안에 불쑥 들어오는 일이 없도록 한다. 360° 캡처는 카메라 모션을 지극히 조심해서 컨트롤할 수 있는 사람이 아니라면 멈춰서 해야 한다(18.5절 참조).

그림 21.6   VR 경험 '패트릭 왓슨과 낯선 사람들(Strangers with Patrick Watson)'의 360° 이미지 (© 패트릭 왓슨과 낯선 사람들 / 펠릭스 앤 폴 스튜디오(Félix & Paul Studios))

스테레오스코픽 캡처

입체 360° 콘텐츠 제작은 콘텐츠를 캡처하는 카메라가 제한된 수의 뷰만 제공할 수 있기 때문에 기술적으로 까다롭다. 이런 콘텐츠는 시청자가 고정된 위치에 앉아서 주로 좌우로만 움직일 때 적당하다. 하지만 시청자가 고개를 숙여 아래를 보거나 고개를 갸웃거리면(계속 앞을 보면서 고개를 비틈) 입체 단서를 제시한다는 가정이 유지되지 못하고, 시청자는 이상한 결과를 보게 된다. 위아래 움직임 문제를 해결하는 흔한 방법은 씬의 윗부분과 아랫부분에 왼쪽 눈과 오른쪽 눈이 보는 차이를 넣는 것이다. 이러면 시청자의 위와 아래에 있는 것은 모두 멀리 떨어져 보이는 대신 관람이 훨씬 편해진다. 또 다른 방법은 시청자 밑의 바닥을 편평하게 펴서 아무 심도 단서도 없는 단색으로 만드는 것이다. 아니면 가상의 물체를 시청자의 아래에 배치해 아래에서 현실 세계의 데이터가 보이지 않게 할 수도 있다. 이런 방법은 모두 관심 콘텐츠가 시청자의 위나 아래에 없을 때는 충분히 사용할 만하다.

스테레오 문제의 또 다른 해결책은 캡처한 콘텐츠를 단순히 스테레오로 보여주는 것이다. 이러면 콘텐츠 캡처가 훨씬 쉬워지며 결함도 줄어든다. 심도 정보가 있는 컴퓨터로 생성한 콘텐츠를 씬에 넣을 수도 있지만, 언제나 캡처된 콘텐츠 앞에 나타나도록 해야 한다.

21.6.2 라이트 필드와 이미지 기반 캡처/렌더링

한 장소에서 캡처하면 사용자가 왼쪽이나 오른쪽으로 기울이는 등 머리를 움직일 때 완전 몰입형 VR 경험을 제대로 전달할 수 없다. **라이트 필드**^{light field}란 공간 속 여러 지점을 통과해 지향성으로 흘러오는 빛을 뜻한다. 여러 카메라를 라이트 필드 캡처 및 렌더링 기술과 결합함으로써 원래의 캡처본을 포함해 다양한 장소에서의 여러 시점을 그려낼 수 있다[고틀러(Gortler) 등 1996, 르보이(Levoy)와 한라한(Hanrahan) 1996]. 그런 예로는 밖을 향한 구형 캡처 장비로 정적 씬을 캡처하는 시스템과[드비벡 등 2015] 각각의 퍼펫^{puppet} 주위에 360° 이미지 고리로 된 시퀀스를 캡처하는 스톱 모션 퍼펫 애니메이션을 구현하는 시스템이[볼라스 등 2015] 있다.

21.6.3 진정한 3D 캡처

심도 카메라나 레이저 스캐너는 진정한 의미의 3D 데이터를 캡처해 존재감 면에서 향상된 경험을 주는 대신, 벌어진 틈이나 늘어남 같은 결함(카메라가 볼 수 없는 곳에 색을 보간하는 것) 때문에 씬 자체는 그다지 진짜처럼 보이지 않는 흠이 있다. 여러 심도 카메라에서 사용하는 데이터는 이런 결함 일부를 줄이는 데 활용할 수 있다. 범죄 현장에서는 서드테크의 레이저 스캐너로 데이터를 수집한 다음, 수사관이 현장에 돌아가서 이를 재측정한다. 서드테크의 CEO 닉 잉글랜드^{Nick England}(사적 대화, 2015년 6월 4일)는 모형으로 만든 살인 사건 현장 바닥에 죽은 채로 누워 있는 자기 모습을 HMD로 본 적이 있는데, 당시 유체 이탈과도 같은 충격을 받았다고 말했다.

그림 21.7 서드테크 레이저 스캐너로 캡처한 모형 범죄 현장. 레이저 스캐너가 볼 수 없는 곳에서(예: 피해자의 다리 뒤) 씬 일부에 금이 간 곳과 그림자 같은 결함이 보이기는 하지만, 결과는 상당히 인상적이다. (서드테크 제공)

21.6.4 의료 및 과학 데이터

그림 21.8은 분산형 상호작용 컨설팅을 제공하는 몰입형 의료 환경 아이메딕^{iMedic}의 이미지다[물리니치 등 2011, 제럴드 2011]. 아이메딕은 3D 멀티 터치 인터페이스로 데이터를 '헤집어봄'으로써 체적이 있는 데이터셋을 실시간으로 상호작용하며 탐험할수 있게 해준다(28.3.3절 참조). 시각적 투명도에 대한 복셀^{voxel}(3D 볼륨 픽셀) 맵핑 소스 밀도값 역시 잘 쓰지 않는 손에 드는 가상 패널을 통해 조절할 수 있으므로, 데이터셋에서 어떤 구조를 볼 수 있는지가 실시간으로 변한다.

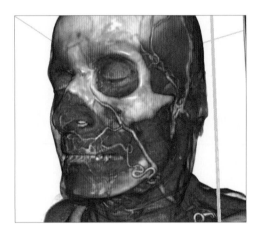

그림 21.8 의학 데이터셋의 실시간 복셀 기반 시각화. 시스템은 사용자가 3D 멀티 터치 인터페이스로 '뒤져봄'으로써 데이터셋을 살펴볼 수 있게 해준다. (디지털 아트폼 제공)

VR 안에서의 데이터 시각화는 과학자가 데이터를 이해할 수 있도록 굉장한 영감을 줄 수 있다. 전통적 디스플레이에서는 구할 수 없는 머리의 운동 시차와 실제 걸음걸이 같은 여러 심도 단서는 과학자들이 데이터에 대해 잘 알고 있거나 그렇다고 자신해왔음에도 불구하고 이전에는 존재 자체를 몰랐던 형태, 돌출, 관계를 더 잘보게 해서 통찰력을 높여준다.

2008년 3월부터 2010년 3월까지 다양한 학과와 조직의 과학자들이 UNC-채플 힐컴퓨터과학과 VR 랩에서 직접 자신의 데이터셋 사이로 걸어 다니는 경험을 했다[테일러 2010](그림 21.9). 이로써 자신의 데이터셋에 대한 이해를 분명히 하는 것 외에도, 여러 과학자가 보통 사용하던 전통적 디스플레이에서는 불가능했던 통찰을 얻을수 있었다. 이들은 구조적 돌출을 더 잘 이해했고, 농축한 재료를 작은 이스트^{yeast}조각 옆에 놓고 보니 새로운 실험에 대한 아이디어가 떠올랐고, 전혀 기대하지 못했던 가지를 뻗는 돌출물과 복잡한 구조를 목격했고, 폐, 비강, 섬유질의 분기되는 구조를 더 쉽게 쫓아가면서 내비게이션할 수 있었으며, 혈전 불균질성을 더 쉽게 확인해 전반적인 분기 밀도를 알 수 있었다. 한 과학자는 "실험을 제대로 하지 못해서 응괴^{clumping}에 대한 답을 찾지 못했던 거군요…. 데이터를 이런 식으로 볼 수 있는 도구가 있는 줄 몰랐습니다."라고까지 말했다. 실험 전에 HMD로 데이터를 볼 수 있었다면 실험 설계를 바로잡을 수 있었을 것이다.

그림 21.9 혈소판(파란색)에서 자라고 있는 섬유소망(녹색)의 이 데이터셋은 해당 분야에 생소한 이에게는 무작위적인 폴리곤들로 보이겠지만, 이런 데이터셋에 친숙한 과학자라면 HMD를 착용하고 데이터셋 사이를 직접 걸어 다님으로써 중요한 통찰을 얻을 수 있다. 이렇게 단순한 렌더링으로도 전통적 도구로는 불가능했던 폭넓은 심도와 상호작용을 통해 더 깊이 이해할 수 있다. (UNC CISMM NIH Resource 5-P41-EB002025 제공, NIH 상 HL094740의 알리사 S. 월버그(Alisa S. Wolberg) 실험실에서 수집한 데이터에서 발췌)

행동에 대한 영향

창작자가 만든 세계 속에 완전히 들어가 있다고 느끼는 VR 사용자는 다른 어떤 매체에서보다 콘텐츠의 영향을 크게 받는다. 이 장에서는 콘텐츠에 결부된 메커니즘을 통해 디자이너가 사용자에게 영향을 줄 수 있는 여러 방식과 함께, 디자이너가 콘텐츠를 만들 때 하드웨어와 네트워킹을 어떻게 고려해야 하는지 논의한다.

22.1 개인적 길 찾기 보조물

22.1.1 지도

지도는 물체와 영역 간의 관계가 생겨나고 테마가 전달되는 공간을 상징적으로 표현한 것이다. 지도의 목적이 반드시 다른 공간으로의 직접적인 매핑을 제공하는 것은 아니다. 묘사를 이해하기에는 추상적인 표현이 더 효과적일 때가 많다. 예를 들어 지하철 노선도는 유관 정보만 보여주고 축척도 일관되지 않을 때가 있지만, 우리가 활용하기에는 적당하다.

지도는 정적이거나 동적일 수 있으며, 내비게이션 전에 보거나 내비게이션 도중에 같이 볼 수도 있다. 동시에 함께 쓰는 지도는 자신이 지도에 배치돼(심리적으로 혹은 기술을 통해) '내가 지금 어디쯤에 있지?' '내가 어느 쪽을 향하고 있지?'라는 질문에 답해준다.

지도에 동적으로 '여기에 있음' 마커가 표시되면, 월드 내 어디에 있는지 알고 싶어

하는 사용자에게 지극히 유용하다. 사용자의 방향을 알려주는 것도 중요하다. 지도에서 화살표나 사용자의 시야를 표시하면 된다.

넓은 환경에서는 전체 환경을 표시하는 맵에서 세부 사항을 보기가 어려울 수 있다. 지도의 축척은 핀치pinch 제스처나 3D 멀티 터치 패턴 등으로 변경할 수 있다(28.3.3절 참조). 사용 중이 아닐 때 지도가 걸리적거리거나 거슬리지 않게끔, 잘 사용하지 않는 손에 놓거나 켜고 끌 수 있는 옵션을 넣는다.

지도는 미니어처 세계World-In-Miniature 패턴의 맵에 들어감으로써 더 효과적으로 한 장소를 찾아가도록 활용할 수도 있다(28.5.2절 참조) 지도상의 점이 가야 할 곳이라면 지도에 '들어갈' 때 지도가 주위 세상이 되는 것이다.

지도의 방위 설정 역시 공간 이해에 큰 영향을 준다. 내비게이션 중의 지도 사용은 공간 지식 추출을 위한 지도 사용과는 다르다. 운전을 하거나 걸을 때 사람들은 낯선 지역에서는 보통 지도를 다른 방향으로 돌려 보고, 정렬이 어긋난 지도는 일부 사람들이 방향을 잘못 판단하는 원인이 된다. 하지만 여행 계획을 짜려고 지도를 볼 때는 보통 지도 방향을 돌려 보지 않는다. 과제에 따라 지도는 앞쪽이 위를 향하거나 북쪽이 위를 향하게 해서 가장 많이 사용한다.

앞이 위를 향하는 지도는 지도의 정보를 사용자가 향하거나 이동하는 방향에 일치하도록 정렬한다. 예를 들어 사용자가 남동쪽으로 이동한다면, 지도의 위 중앙은 남동쪽을 향하게 된다. 이 방법론은 내비게이션을 하면서 자기 중심적으로 찾아갈 때 가장 좋은데[다큰과 세빅(Cevik) 1999], 지도가 자동으로 이동 방향과 정렬되며 지도의 지점들과 환경 속의 해당 랜드마크가 쉽게 매칭되기 때문이다. 시스템에서 자동으로 맵을 정렬하지 않을 때(예: 사용자가 수동으로 맵을 정렬해야 할 때)는 많은 사용자가 지도 사용을 포기하게 된다.

북쪽이 위인 지도는 사용자의 방향과는 독립적이어서, 사용자가 방향을 돌리거나 이동하더라도 지도상의 정보가 회전하지 않는다. 예를 들어 사용자가 북동쪽 방향으로 지도를 들고 있다 해도 지도의 위 중앙은 계속 북쪽이다. 북쪽이 위인 지도는 세상 중심적 과제에 좋다. 북쪽이 위인 지도의 세계 중심적 용법의 예는 (1) 자신이 어디에 있든 관계없이 환경의 전체적인 레이아웃을 익힐 때와 (2) 내비게이션 전에 루트를 계획할 때가 있다. 자기 중심적 과제에서는 자기 중심적 관점을 마음속에서 세계 중심적 관점으로 변환해야 한다.

22.1.2 나침반

나침반은 사용자에게 외부 중심적 방향 감각을 주는 데 도움이 된다. 현실 세계에서 많은 사람은 새로운 장소에 잠시만 있어도 어느 쪽이 북쪽인지 직관적으로 느낀다. 하지만 VR에 가상 방향 전환이 적용될 경우에는 물리적으로 방향을 돌렸다는 단서가 주어지지 않기 때문에 어느 쪽이 어느 방향인지 기억하기가 훨씬 어렵다. 가상 나침반에 쉽게 접근할 수 있다면, 사용자는 가상 방향 전환 후 쉽사리 방향을 파악하고 의도한 이동 방향으로 복귀할 것이다. 나침반은 앞쪽이 위인 지도와 비슷하지만 장소가 아니라 방향만으로 구성된다는 차이가 있다.

가상 나침반은 현실 세계에서처럼 손에 들 수 있다. 손에 나침반을 들고 있으면 직접 나침반 바늘을 환경 속의 랜드마크에 맞춰 들어 정확하게 랜드마크의 방위를 알 수 있다. 현실 세계와는 달리, 가상 나침반은 몸에서 공간을 두고 띄워둘 수 있어 (26.3.3절 참조) 손으로 잡고 있을 필요가 없는데, 이렇게 하면 랜드마크에 나침반을 쉽게 정렬하지 못하는 단점이 있다. 대신 필요할 때 간단히 손으로 잡았다가 놓도록 만들면 된다. 그림 22.1(왼쪽)은 지형 위에 기본 방향을 보여주는 표준 나침반이다.

나침반이라고 해서 꼭 방위 정보를 제공해야 하는 것은 아니다. 가끔 데이터셋 시각화에는 데이터셋에 관계된 방향을 표시하는 입방체 나침반이 사용되기도 한다. 예를 들어 의료 시각화에서는 간혹 입방체의 각 면에 방향의 첫 글자가 들어가서 사용자가 해부도의 클로즈업이 몸 전체에 어떻게 결부되는지 이해하게 해준다. 그림 22.1(오른쪽)이 그런 나침반이다.

그림 22.1 전통적인 동서남북 나침반(왼쪽)과 사람의 CT 데이터셋에 쓰인 의료용 나침반(오른쪽). 의료용 나침반의 A라는 글자는 신체의 앞쪽을 뜻하고, R자는 신체의 오른쪽 옆면을 뜻한다. (디지털 아트폼 제공)

나침반이 사용자를 둘러싸고 눈높이에 배치되면, 사용자는 간단히 고개만 돌려서 (위아래/옆으로) 나침반의 바늘을 랜드마크에 겹쳐 볼 수 있다. 아니면 그림 22.2처럼 나침반을 사용자의 발치에 배치할 수도 있다. 이 경우 사용자가 그저 발을 내려다보면 어느 방향으로 서있는지 알 수 있다. 아래를 봐야만 나침반이 보이므로 시야를 분산시키지 않는다는 장점도 있다.

그림 22.2   사용자의 발 주위를 감싸고 있는 나침반 (넥스트젠 인터랙션스 제공)

22.1.3 여러 길 찾기 보조물

각각의 길 찾기 보조물은 그 자체로는 그리 유용하지 않다. 여러 보조물을 합쳐야만 효과가 커진다. 길 찾기는 사용자에게 제공되는 길 찾기 단서 혹은 보조물의 수와 양에 따라 효과가 달라진다[보우먼 등 2004]. 하지만 길 찾기 보조물을 너무 많이 넣으면 과해지므로, 프로젝트의 목적에 가장 적절한 것을 선택하는 편이 좋다.

22.2 액션의 중심

사용자가 어떤 방향을 볼지 제어할 수 없다는 것은 영화 제작자뿐 아니라 다른 콘텐츠 제작자에게도 새로운 난제다. 로스 앤젤레스의 스타트업 회사인 비저너리 VR^{Visionary VR}은 사용자를 둘러싼 세계를 메인 방향과 보조 관람 방향 등의 여러 구역으로 나눈다(그림 22.3)[랭(Lang) 2015]. 가장 중요한 액션은 메인 방향에서 일어난다. 사용자가 다른 구역을 보기 시작하면 그것이 단서가 돼 씬의 다른 부분을 보기 시작했으며, 해당 방향을 계속 보고 있을 경우 액션과 콘텐츠가 변경된다는 정보가 사용자에게 주어진다. 예를 들어 구역 사이에 빛나는 경계선을 그려 넣고, 사용자가 다른 구역을 보기 시작하면 빛이 어두워지거나 사용자가 다른 구역을 볼 때 시간이 천천히 흐르거나 멈추게 할 수 있다. 구역 역시 사용자가 그 방향을 보는 것을 인지해, 바라볼 때 해당 구역의 액션이 반응한다. 이런 기술은 사용자가 다양한 구역을 보는 순서에 관계없이 씬의 모든 부분을 경험할 수 있게 해준다.

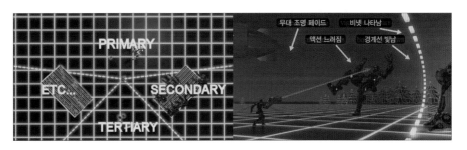

그림 22.3   비저너리 VR은 씬을 다양한 액션 존으로 나눈다. (비저너리 VR 제공)

22.3 시야

디자이너가 시야의 위력을 활용할 수 있는 방법은 여러 가지다(마크 볼라스, 사적 대화, 2015년 6월 13일). 하나는 VR 경험의 특정 부분에서 인위적으로 시야를 제한한 다음 다른 부분에서는 넓어지게 하는 것이다. 영화에서 촬영 감독이 조명이나 색깔을 활용하는 것과 비슷한데, 경험하는 스토리의 순간들에 연관되는 인지 곡선을 통제하는 한 방법이다. 또 한 가지는 시야를 둘러싼 틀의 형태를 둥글게, 비대칭적 형태로 만들면 직사각형일 때보다 더 나은 느낌을 준다. 코 때문에 가려지는 부분이 있다 해도 주변 시야는 자연스러운 느낌을 만들고 싶을 것이다. 그 결과, 아주 폭넓고 감정적 깊이가 있는 수준 높은 콘텐츠를 만들 수 있다. 그 위력은 예상치 못한 방식으로 드러난다. 예를 들어, 가상 캐릭터들은 좁은 시야보다 넓은 시야로 볼 때 존재감이 더 커진다는 일화적 증거가 있다. 넓은 시야에서는 예컨대 캐릭터를 너무 오래 응시하면 안 되고 적당한 거리를 유지해야 하는 등의 사회적 규칙을 따를 필요성이 커진다.

22.4 캐주얼 VR vs. 하이엔드급 VR

다양한 유형의 시스템마다 각각 장점과 단점이 있다. 시스템 유형에 따라 경험은 아주 달라지며, 경험은 주 유형을 타깃으로 디자인돼야 한다(여러 유형을 지원할 수도 있지만, 경험은 한 유형에 최적화돼야 한다). 그럼 유선과 무선, 그리고 모바일과 장소 기반 시스템을 중점적으로 살펴보자. 사용자 입력에 따른 시스템의 세부 내용은 27장에서 다루겠다.

22.4.1 유선 VR vs. 무선 VR

유선과 무선 시스템은 디자이너가 그 장단점을 고려했든 아니든 다른 경험을 낳는다. 예를 들어 사용자가 유선 시스템을 사용하면서 물리적으로 너무 멀리 방향을 돌리면 유선 HMD의 선이 당겨지면서 존재감 이탈이 발생한다. 사용자 경험을 최적화하기 위해, 디자인 시 대상 시스템이 유선인지 무선인지 고려해야 한다.

유선 착석 시스템이라면 콘텐츠를 사용자의 앞에 배치하고, 선이 꼬이지 않게끔 가상 방향 선환이 가능한 인터페이스를 사용해야 한다. 가상 방향 전환을 허용하지 않을 때 이점(멀미 최소화 외에도)은 사용자가 쭉 앞을 향해 있다고 디자이너가 가정할 수 있다는 점이다. 많은 착석 경험은 트래킹되지 않는 손 컨트롤러를 무릎 위에 놓고 있다고 가정해, 컨트롤러와 사용자의 손 표현을 물리적 손의 위치와 가깝게 그릴 수 있다(27.2.2절 참조). 가상 방향 전환을 사용한다면 시각적으로 표시되는 손/컨트롤러는 가상 방향 전환과 함께 돌아가야 한다(예: 컨트롤러와 몸이 의자에 부착돼 있도록 장비를 렌더링).

자유 방향 전환 시스템은 사용자가 현실 세계에서 어느 쪽이 전방인지 신경 쓰지 않고 움직이는 것처럼, 아무 방향이나 쉽게 바라볼 수 있게 해주는 무선 시스템이다. 실제 방향 전환에는 멀미를 유발하지 않고 방향 감각 상실도 불러오지 않는다는 장점이 있다. 회전 의자나 무지향성 트레드밀이 있는 시스템인 경우, 180° 이상 방향을 바꾸고 나면 케이블이 꼬이기 때문에 무선 시스템으로 만들어야 한다.

완전 보행 시스템은 사용자가 일어서서 물리적으로 돌아다닐 수 있다. 완전 보행용 무선 시스템은 노마딕 VR^nomadic VR이라고 한다(드니즈 퀘스넬Denise Quesnel, 사적 대화, 2015년 6월 8일). 완전 보행 시스템은 만족도가 빼어난데, 몰입하고 있지 않은 관찰자가 부상 방지를 위해 사용자를 뒤따라 다닌다. 또한 유선 시스템의 경우 선 꼬임을 방지하고, 사용자의 머리를 케이블이 당기지 않도록 하며, 선이 사용자의 신체에 닿아 존재감 이탈을 유발하지 않도록 해야 한다. 무선 시스템이나 UNC-채플 힐에 서처럼 난간에 선이 부착된 시스템이라 해도 관찰자는 반드시 있어야 한다.

22.4.2　모바일 VR vs. 장소 기반 VR

모바일 VR은 모바일 앱/게임에, 장소 기반 VR은 좀 더 세밀한 고성능 데스크톱 소 프트웨어에 각각 비유할 수 있다. 겹쳐지는 부분이 있기는 하지만, 각각은 (입력 기 기와 비슷한) 특징에서 장점을 취해 디자인이 최적화돼야 한다.

모바일 VR은 모든 장비를 작은 가방에 넣고 언제 어디서든 현실 세계는 필요 없이 즉시 경험에 몰입할 수 있다. 헤드마운트 기기에 휴대폰을 끼워 넣는 형식이 현재 표준 모바일 VR이다. 모바일 VR은 VR 경험을 비행기, 파티, 회의에서 공유할 수 있 으므로 훨씬 사회성이 높고 가볍다.

장소 기반 VR은 서류 가방 이상의 장비가 필요하고 설치하는 데 시간이 걸리며, 거실 이나 사무실에서부터 VR 체험방이나 놀이공원 같은 집 밖의 경험까지 폭넓다[윌리엄 스와 매시오니(Mascioni) 2014]. 장소 기반 VR은 하이엔드 장비와 트래킹 기술을 넣을 수 있 어서 품질이 우수하고 가장 몰입도를 높일 수 있다.

22.5　캐릭터, 아바타, 소셜 네트워크

캐릭터는 컴퓨터가 조종하는 캐릭터(에이전트)거나 아바타일 수 있다. **아바타**는 실제 사용자를 가상으로 표현한 캐릭터다. 그럼 이제 캐릭터를 살펴보고, 캐릭터가 행동 양식에 어떻게 영향을 미치는지 알아보자. 소셜 네트워크의 기술적 적용은 32.3절 에서 논의하겠다. 그림 22.4는 사용자와 아바타로 렌더링한 원격 사용자의 예다.

그림 22.4 　 CAVE 안에서 가상 자동차를 몰면서 원격 사용자가 컨트롤하는 아바타와 이야기를 나누는 사용자 (데일리(Daily) 등 2000])

4.3절에서 언급했듯이, 우리는 자신을 상당히 왜곡해서 인지한다. VR에서는 남에게 보여주고 싶은 삼인칭 관점으로 자신의 모습을 정의하고 디자인할 수 있다. 게다가 오디오 필터와 사전 녹음된 오디오를 활용해 목소리도 변조할 수 있다. 사용자가 자신의 아바타를 개인화하게 해주는 서비스는 2D 가상 세계(예: 세컨드 라이프)뿐 아니라 더 완전히 몰입할 수 있는 세계에서도 큰 인기를 끌어왔다. 엑스박스 아바타 상점에만도 무료 및 유료 아이템이 20,000개나 있다.[1] **캐리커처**는 사람이나 사물의 특징을 과장하고 덜 중요한 특징은 생략하거나 단순화해 만화나 그로테스크한 효과를 만들어내는 것이다. 캐리커처의 만화 같은 렌더링은 재미있고 효과적이며, 매력적이고 존재감을 부각한다. 캐리커처는 특히 아바타에 적합한데, 불쾌함의 골짜기 현상을 피할 수 있기 때문이다(4.4.1절 참조).

9.3.9절에서 논의했듯, 사람은 다른 이들의 움직임을 인식하는 능력이 극히 뛰어나다. 캐릭터 애니메이션의 모션 캡처 기법은 굉장히 매력적이지만, 모션 캡처 데이터를 다양한 속도로 임의로 움직이고 방향을 돌리는 캐릭터와 믹스하기는 어렵다. 간단한 해결책은 로봇 캐릭터처럼 다리를 없애서 걷거나 달리는 애니메이션이 어색해 보이는 일을 아예 피하는 것이다. 그림 22.5는 지면 위에 떠서 움직일 때만 기울어지는 적 로봇의 예다. 다리가 있는 사람 형태의 캐릭터만큼 인상적이지는 않지만,

---

1 http://marketplace.xbox.com/en-US/AvatarMarketplace. 2015년 6월 16일 접속

이런 경우 어색해 보이는 다리 동작 때문에 존재감 이탈이 일어나는 것보다는 낫다.

그림 22.5   다리가 없는 로봇 캐릭터는 캐릭터가 걷거나 달릴 때 사람이 진짜처럼 받아들이는 걸음/달리기를 애니메이션으로 구현
하기가 어려워서 생기는 존재감 이탈을 방지해준다. (넥스트젠 인터랙션스 제공)

캐릭터의 머리 동작은 사회적 존재감 유지에 극히 중요하다[파우쉬 등 1996]. 다행히
HMD 사용은 헤드 트래킹이 필요하기 때문에 이 정보는 (대역폭이 좋다는 가정하에)
다른 사람들이 보는 아바타에 직접 매핑할 수 있다. 눈 애니메이션은 효과를 더해줄
수 있지만, 세 살 아기도 '뽀로로'를 보고 진짜 사람과의 차이를 뻔히 알기 때문에
꼭 필요하지는 않다. 아이 트래킹 없이 아바타의 눈을 움직이면, 캐릭터가 자신에게
주의를 기울이지 않는다고 오해할 위험도 있다.

자연스럽게 주의를 기울이는 느낌을 주려면, 컴퓨터로 컨트롤하는 캐릭터는 먼저
고개를 돌린 다음 몸을 돌려야 한다. 고개를 돌리기 전에 눈을 먼저 돌리는 것도 효
과적이다. 하지만 컴퓨터가 컨트롤하는 캐릭터의 눈이 움직이고 사용자가 컨트롤하
는 아바타의 눈은 움직이지 않는다면, 사용자는 어떤 캐릭터가 사용자의 것이고 어
떤 것이 아닌지 포착할 수 있다. 캐릭터는 손으로 가리키거나 사용자와 봐야 하는
물체 사이에 정렬함으로써 사용자에게 특정 방향을 보도록 부추길 수도 있다.

기술을 통한 원격 소셜 네트워크 활동은 새로운 개념이 아니다. 온라인 2D 가상 세

계처럼, 사람들은 이제 VR 챗 같은 완전 몰입형 소셜 VR에서 시간을 보낸다(그림 22.6). VR 챗의 CEO 제스 주드리^{JesseJoudrey}(사적 대화, 2015년 4월 20일)는 VR로 다른 이들과 대화하고자 하는 열망은 다른 어느 매체의 경우보다 강하다고 주장한다. 예를 들어 누군가 자신의 사적 공간에 방문하면, VR에서는 도와주고자 하는 마음이 더 커진다. 주드리는 커뮤니케이션에서 대면 접촉이 가장 좋은 방식이라고 믿지만, VR은 실제 사람들과 상호작용하는 수단으로서 차선은 된다. 흥미롭게도, 사용자가 자신을 실제와 다른 모습으로 규정하지만 행동 양식까지 바꾸기는 어렵다. 자기도 모르는 사이에 하는 신체 언어는 기초적인 모션만으로 표현해도 숨기기 어렵다. 현실 세계에서 가만히 못 있는 사람들은 VR에서도 부산스럽기 마련이다.

그림 22.6   완전 몰입형 VR에서 소셜 경험의 예 (VR 챗 제공)

VR 콘텐츠 제작으로의 전환

VR 업계가 VR 게임 시스템 개발을 서두르면서, 정작 해야 할 일은 이런 시스템을 흥미롭고 재미있는 환경으로 채우는 일이라는 것을 깨닫는 현상은 흥미롭다. 이 과제는 매체 자체가 기존 비디오 게임보다 훨씬 풍부하고 요구 사항도 많기에 까다롭다. 전통적인 게임에서는 디자이너가 이차원적 비디오 환경을 만들어야 하지만, VR은 특성상 완전히 상호작용이 가능하면서도 풍부한 환경을 만들어내야 하는 것이다.

– 마크 볼라스[1992]

VR 개발은 전통적인 제품이나 소프트웨어 개발과는 아주 다르다. 이 장에서는 VR 콘텐츠를 만들 때 고려해야 할 가장 중요한 요점들을 짚어본다.

23.1 전통적 개발에서 VR 개발로의 패러다임 전환

VR은 다른 어떤 매체와도 다르다. VR을 완전히 이해하고 그 장점을 취하기 위해서는 새로운 표현 예술 매체라는 접근법을 취하는 편이 좋다[볼라스 1992]. VR은 아주 여러 직군에 관련되며, 그래서 다른 직군을 공부하고 이해하는 것이 유용하다. 물론 하나의 직군만으로 충분한 분야는 없으며, 어떤 직군에서는 잘 맞는다 해도 다른 직군에는 맞지 않는 요소도 있다. 이렇게 잘 맞지 않는 것들은 포기할 준비도 해둬야 한다. 다음은 VR 콘텐츠 제작자가 항상 염두에 둬야 할 몇 가지 핵심이다.

사용자 경험에 집중한다. VR은 다른 어떤 매체보다 사용자 경험이 중요하다. 웹사이트 디자인이 안 좋다 해도 사용할 수는 있다. 하지만 VR 디자인이 나쁠 때는 사용자가 신체적 문제를 겪는다. 경험이 아주 매력적이고 몰입돼야만 사람들이 얼굴에 하드웨어를 계속 쓰게 만들 수 있다.

멀미 유발 요소를 최소화한다. 현실에서는 멀미가 흔하지만(예: 뱃멀미 혹은 놀이 기구 멀미), 다른 디지털 매체에서 멀미가 문제 되는 일은 거의 없다. 더 전통적인 디지털 매체가 가끔 멀미의 원인이 되기는 하지만(예: 아이맥스나 3D 영화), 제대로 디자인되지 못한 VR에서 일어날 수 있는 일에 비하면 사소하다(3부).

미학적 요소는 부차적이다. 미학까지 갖추면 좋지만, 프로젝트를 시작할 때 집중해야 할 중요한 다른 난제가 훨씬 많다. 기본 콘텐츠로 시작해 필수 요건을 유지하며 점점 늘려가면서 구축하자. 예를 들어 프레임레이트는 지연 시간을 줄이는 데 절대적이므로 지오메트리를 가능한 한 최적화해야 한다. 사실, 프레임레이트는 너무나 중요하기 때문에 모든 VR 시스템은 HMD의 주사율과 일치하거나 그것을 초과해야 하며, 요건을 충족하지 못할 때는 씬이 페이드 아웃돼야 한다(31.15.3절 참조).

사람의 인지에 대해 공부하자. VR에서 인지는 일반적 디스플레이와 매우 다르다. 영화와 비디오 게임은 다른 각도에서 본다고 해도 경험에 거의 차이가 없다. VR 씬은 사용자가 어디에서 보는지에 따라, 즉 그 시점에 따라 렌더링된다. 심도 단서는 존재감에 중요하고(9.1.3절 참조), 일관되지 못한 감각 단서는 멀미를 유발할 수 있다(12.3.1절 참조). 우리가 현실 세계를 어떻게 인지하는지 이해하는 것은 몰입형 콘텐츠 제작과 직결되는 문제다.

모든 액션을 씬의 한 부분에 넣으려는 욕심은 버리자. 다른 어떤 매체도 사용자를 안에 넣어 완전히 둘러싸지 못한다. 사용자는 언제든 어떤 방향이라도 볼 수 있다. 많은 전통적인 일인칭 비디오 게임은 사용자가 컨트롤러로 주위를 볼 수 있게 하지만, 필요할 때는 시스템이 카메라 시점을 제어한다. 그러나 제대로 된 VR이라면 이런 선택지는 존재하지 않는다. 단서를 제공해 사용자를 중요한 지역으로 인도하기는 하되, 그에 의존하지는 않도록 한다.

과도할 정도로 실험한다. VR의 모범 사례는 아직 표준화되지 못했고(아마 영원히 그럴 수도 있다.) 아직 성숙기에 접어들지도 못해서 알려지지 않은 것이 많으므로, 여러 실험을 해볼 여지가 분명 있다. 한 상황에 맞는 해결책이 다른 상황에서는 그렇지 못할 수도 있다. 목표 사용자층에 맞는 다양한 사람을 모아 테스트를 진행하고, 피험자의 피드백을 기초로 개선해나가자. 그리고 반복 적용하고, 또 수정 적용하면서 수정 적용을 계속 반복한다…(6부).

23.2 기존 콘텐츠 재사용

전통적 디지털 매체는 VR과 아주 다르다. 그렇기는 하지만 일부 콘텐츠를 넣거나 VR로 포팅도 할 수 있다. 2D 이미지나 비디오는 가상 환경에 텍스처 맵을 적용하기가 매우 간단하다. 사실 VR 2D 영화 관람은 큰 인기를 끌고 있다. 웹 콘텐츠나 다른 콘텐츠는 28.4.1절에서 설명하겠지만 2D 표면에 실시간으로 업데이트돼 상호작용할 수도 있다.

유사성이 있기는 하지만 비디오 게임 디자인은 VR 디자인과 아주 다른데, 주로 2D 화면용으로 디자인되고 헤드 트래킹이 되지 않기 때문이다. 우리가 현실 세계를 인지하는 방식과 일치시키기 위해 필요한 헤드 트래킹, 손 트래킹, 정확한 보정 같은 개념은 디자이너가 프로젝트 시작부터 고려해야 하는 VR 경험의 핵심 요소다. 이런 필수적인 VR 요소 중 어떤 것이든 제대로 적용되지 못하면, 우리의 정신은 빠르게 존재감을 거부하고 멀미가 일어날 수 있다. 이런 문제 때문에 기존 게임을 재디자인하고 적절한 부분을 게임 엔진에서 수정하지 않고서 바로 VR로 포팅하는 것은 바람직하지 않다. 적절한 곳에서 에셋을 재사용하고 코드를 리팩토링refactoring하는 것이 올바른 해법이다. 아무튼 올바른 솔루션을 적용하려면 리소스가 투입돼야 하며, 기존 게임을 포팅할 때 코드는 전혀 수정하지 않거나 최소한만 수정하는 사람도 있다. 따라서 다음 정보를 참고하면 게임 포팅에 도움이 될 것이다.

23.2.1 지오메트리 세부 사항

게임은 일반적으로 3D 지오메트리에 텍스처를 과도하게 사용한다. 더 많은 심도 단서, 특히 스테레오 단서와 운동 시차 단서 때문에 텍스처가 분명 2D임이 드러난다. 그런 편평한 판지처럼 된 월드가 꼭 현실처럼 보이지는 않지만, 밋밋한 텍스처는 적어도 멀미를 일으킬 염려는 없다.

또한 많은 표준 비디오 게임 기술과 지오메트리 핵hack은 3D 연산을 단순화해 성능을 높여준다. 게임에서 보이는 단순화된 지오메트리와 화면 공간 기술로 만든 라이팅, 노멀 맵, 텍스처, 빌보드 스프라이트billboard sprite, 셰이더와 그림자(적용에 따라 다름), 그 밖의 3D 착시는 실제로 3D가 아니며, VR로 보면 밋밋하거나 이상해 보인다.

다행히 이런 기술 중 많은 부분이 먼 거리에는 잘 맞지만, 가까운 거리에는 피해야 한다. 가까운 물체들은 가장 그럴듯해 보여야 하므로 세밀한 부분까지 모델링해야 한다. 이런 상세한 물체들은 시점에서 더 멀어질 때 세부 수준이 낮은 모델로 대체하고 지오메트리 핵을 사용할 수 있다. 일부 코드 역시 멀리 있는 물체용이라 해도 VR에서 정확히 보이도록 수정하거나 재작성해야 한다.

23.2.2 헤드업 디스플레이

헤드업 디스플레이(HUD)는 보통 앞쪽 방향 씬에 시각 정보를 덮어 보여준다. 전통적인 비디오 게임에서의 적용은 VR에 특히 문제가 된다. 대부분의 HUD가 씬의 일부가 아니라 화면 공간에 2D 오버레이로 적용되기 때문이다. 심도가 없기 때문에 대부분의 포팅에서는 단순히 왼쪽 눈과 오른쪽 눈에 똑같은 HUD 이미지를 배치해 무한한 양안 심도가 돼버린다. 그러면 중요한 문제인 양안 가림 충돌이 생긴다(13.2절 참조). 즉, 두 눈이 HUD의 동일한 이미지를 볼 때 HUD가 무한 심도로 보이기 때문에 씬 전체가 HUD를 가려야 하는데 그러지 못하는 것이다. 이 문제는 다음 몇 가지 방법으로 해결할 수 있다.

1. 가장 쉬운 해결책은 모든 HUD 요소를 끄는 것이다. 일부 게임 엔진은 사용자가 소스 코드를 수정하지 않고도 이렇게 할 수 있다. 하지만 HUD 정보 중 일부는 진행 상태와 게임 플레이에 중요하므로, 이 해결책은 플레이어에게 혼동을 줄 수 있다.

2. HUD 정보를 텍스처로 그리거나 렌더링해 사용자 앞에 약간의 심도가 있는 투명한 쿼드quad 위에 배치해서(가능하면 내려다봄으로써 정보를 볼 수 있도록 눈높이 아래로 각도를 정해) 다른 지오메트리가 그 앞으로 지나갈 때 가려지도록 한다. 가독성, 씬 오클루전scene occlusion, 초점 조절과 이접 운동 충돌이 일어나되 양안 가림 충돌보다는 비교적 적게 하고 꽤 편안한 값을 찾을 때까지 조정한다. 이런 해법은 상당히 잘 맞아떨어지지만, 다른 지오메트리가 HUD 앞으로 지나갈 때 HUD 정보가 가려진다는 단점은 있다.

3. 서로 다른 HUD 요소들을 분리해 사용자의 몸과 몸에 대응하는 여러 곳(예: 정보 따나 사용자의 발치)에 배치한다. 이상적인 해결책이기는 하지만 게임과 게임 엔진에 따라 상당한 작업량이 투입돼야 할 수도 있다.

23.2.3 조준선

타기팅에 쓰이는 **십자 조준선**은 물체를 조준하거나 선택할 때 쓰이는 시각 단서로, 보통 HUD의 일부로 적용된다. 하지만 VR 조준선의 해결책은 다를 수 있다.

1. 조준선은 위에 설명한 HUD 처리 옵션 2번과 같은 방식으로 적용할 수 있다. 이러면 조준선이 헬멧처럼 작동하며 눈앞의 헬멧 앞에 조준선이 보인다. HUD와 마찬가지로 이 해결책의 난관은 멀리 있는 타깃을 볼 때 조준선이 두 개로 보인다는 점이다. 두 눈이 조준선에 초점을 맞추지 못하기 때문이며, 현실에서 무기의 조준경을 볼 때도 같은 상황이 발생한다. 현실에서 무기를 제대로 조준하려면 한쪽 눈을 감아야 하므로 이 방법은 좀 더 실제와 가까운 해결책이다. 한쪽 눈은(이상적으로는 사용자가 주로 쓰는 눈에 조준선을 배정할 수 있게 시스템이 세팅돼야 한다.) 조준하는 눈으로 설정해 십자 조준선이 바로 타깃에 겹쳐야 한다. 사용자가 무엇을 조준하는지 파악하기 위해서는 어떤 눈을 사용하는지 시스템이 알아야만 눈에서 조준선을 통과하는 레이캐스팅raycasting이 가능하다.

2. 또 한 가지 방법은 조준선을 조준된 것 위에(혹은 바로 앞에) 투영하는 것이다. 사실성은 떨어지고 조준선이 심도를 멀리 건너뛰게 되지만, 이 방법이 더 편안하기도 하고 조준할 때 한쪽 눈을 감아야 한다는 사실을 모른다 해도 덜 혼동되므로 선호하는 사용자도 있다.

23.2.4 손/무기 모델

HUD와 마찬가지로, 데스크톱 게임의 손과 무기는 2D 텍스처나 완전한 3D 오브젝트로 사용자의 바로 앞에 배치된다. 이때 손/무기를 표현하는 2D 텍스처가 밋밋해 보이고 VR과는 잘 맞지 않게 될 것이 자명하다.

사실적이지 않고 처음에는 어느 정도 거슬리기도 하겠지만, 2D 손과 팔을 트래킹되는 핸드헬드 컨트롤러로 직접 조종하는 팔 없는 3D 손으로 대체하면 VR에 상당히 적합하다. 하지만 팔이 없는 손은 문제가 있다. 대부분의 일인칭 데스크톱 비디오 게임에서는 신체가 전부 보일 필요가 없으므로, 사용자가 VR로 포팅된 게임에서 내려다볼 때는 몸이 없거나, 있다 해도 일부만 보인다. 게임에 손이 들어가게 되면 팔은 공중에 떠있게 될 가능성이 높다. 트래킹되는 핸드헬드 컨트롤러는 회전 중심점이 손이 돼야 하며 손의 회전은 팔 전체를 회전시키게 되므로 멈춰 있는 손/팔 모델 전체를 직접 매핑할 수 없다. 게다가 많은 게임 엔진은 손과 무기를 월드의 나머지 부분과 완전히 다르게 적용하므로, 손과 무기가 다른 3D 오브젝트처럼 작동하게 하는 일반화는 아키텍처를 다 고치거나 코드 리팩토링을 하지 않으면 불가능하다. 팔이 꼭 필요하다면 역운동학inverse kinematics이 필요하다.

23.2.5 줌 모드

일부 게임에서는 저격 소총snifer rifle 같은 도구나 무기에 줌 모드를 지원한다. 머리와 함께 줌 렌즈가 움직이면 물리적 시야와 렌더링된 시야에 차이가 생겨서, 가상 세계가 불안정해지고 머리를 움직일 때 멀미가 발생한다(현실에서 돋보기를 착용해도 비슷한 결과가 생긴다. 10.1.3절 참조). 그렇기 때문에 줌은 머리 포즈와 독립적이거나 화면의 작은 부분만(즉, 화면에서 망원 렌즈가 위치한 부분만) 줌인zoom in돼야 한다. 줌이 머리 움직임의 영향을 받고 씬의 많은 부분이 줌인되는 현상을 방지할 수 없다면 줌 기능을 비활성화해야 한다.

콘텐츠 제작: 디자인 지침

가상 세계는 콘텐츠 디자이너가 구축해나가야 할 텅 빈 서판slate으로 시작된다. 앞선 네 개 장과 다음 지침은 새로 만들어낼 세계의 기반을 닦고 세부를 칠해 넣는 데 도움이 될 것이다.

24.1 콘텐츠 제작의 개략적 개념(20장)

스토리 경험(20.1절)

- 즐겁고 도전적이며 보상이 되는 훌륭한 경험을 만들고 다듬는 데 집중한다.

- 모든 것을 일일이 설명하기보다는 스토리의 핵심을 전달하는 데 집중한다. 사용자는 이런 필수적 요소를 일관되게 이해해야 한다. 필수적이지 않은 부분은 사용자가 각자 상상력을 동원해 이야기를 만들기 마련이다.

- 현실 세계의 비유를 통해 세계와 상호작용하고 그 속에서 움직이는 법을 알려준다.

- 힘 있는 스토리를 만들려면 강렬한 감정, 깊은 관여, 많은 자극, 그리고 현실 도피에 집중한다.

- 기술보다는 경험에 집중한다.

- 사용자를 가상 세계에 몰입시키기 전에 연관된 배경 스토리를 제공한다.

- 스토리는 단순하고 명쾌하게 구성한다.

- 사용자가 왜 여기에 와 있고 무엇을 해야 하는지에 집중한다.

- 수행해야 하는 구체적 목표를 제공한다.

- 완벽한 사실성보다 신뢰성에 집중한다.

- 경험은 가장 민감한 사용자라도 적응할 수 있도록 편안하게 유지한다.

- 존재감 이탈을 최소화한다.

- 타깃 사용자층에 집중한다.

핵심 경험(20.2절)

- 핵심 경험의 다양한 맥락과 제약까지도 똑같이 유지한다.

- 핵심 경험을 즐겁고 도전적이며 보상을 주도록 만들어서 사용자가 다시 해 보고 싶게 만든다.

- 핵심 경험이 잘 적용되지 못할 경우, 아무리 근사한 기능을 많이 넣어도 사용자는 몇 분만 지나면 흥미를 잃게 된다.

- 계속해서 핵심 경험을 개선하고, 그 핵심 경험에 집중한 다양한 프로토타입 경험을 구축하고, 실제 사용자를 관찰하며 데이터를 수집한다.

개념적 완결성(20.3절)

- 핵심 개념 모델은 일관돼야 한다.

- 월드의 기본 구조가 분명히 보이고 자명하게 만든다.

- 의도된 경험에 부가적인 콘텐츠와 기능은 넣지 않는다.

- 밀접한 관계가 없는 좋은 아이디어를 나열하기보다는 하나의 좋은 아이디어에 집중한다. 양립할 수 없는 여러 좋은 아이디어가 많다면, 주된 아이디어가 최고의 아이디어들을 일관되게 담는 전반적인 테마를 구성한다.

- 기본 콘셉트를 조절해 프로젝트를 이끌어갈 감독에게 권한을 준다.

- 감독이 프로젝트를 정의하되, 적용이나 데이터 수집을 독단적으로 결정하지는 않는다.

- 감독은 다른 이들이 자신의 아이디어를 적용할 때도 언제나 전적으로 신뢰해야 한다.

- 감독은 제작자 및 데이터 수집가와 늘 대화할 수 있어야 하며, 질문을 독려해야 한다.

인지 구성의 게슈탈트 이론(20.4절)

- 에셋과 사용자 인터페이스를 제작할 때는 그룹화의 게슈탈트 원칙을 활용한다.
- 높은 콘셉트 수준에서 오브젝트를 단순하게 만들고 시간적 폐쇄성을 유지하는 등의 그룹화 게슈탈트 원칙을 활용한다.
- 분리 콘셉트를 활용한다. 지면은 정지 좌표계의 역할을 하고 형태는 상호작용할 수 있는 물체를 강조한다.

24.2 환경 디자인(21장)

씬(21.1절)

- 배경과 맥락적 지오메트리를 단순화한다. 기초 지오메트리와 상호작용성 오브젝트에 집중한다.
- 지오메트리의 비례 축소가 일관되도록 한다. 사실적인 경험을 위해 사용자가 쉽게 볼 수 있는 표준 사이즈의 친근한 물체를 넣는다.

색상과 라이팅(21.2절)

- 색상을 이용해 감정을 이끌어낸다.
- 사용자들이 오브젝트가 무슨 색이어야 하는지 알고 색상을 일관되게 볼 수 있게끔 여러 색상을 사용하고 백색광의 미세한 변이만 넣는다.
- 두드러지는 밝은 색상으로 사용자의 주의를 끈다.
- 특정 오브젝트의 색상을 켰다 껐다 해서 사용할 수 있는 경우와 사용할 수 없는 상태를 보여준다.

오디오(21.3절)

- 모든 방향에서의 상황을 인식하게 하고, 감정적 충격을 더하고, 시각적 주목에 대한 신호를 주고, 시각 시스템과는 별도로 정보를 전달하고, 다른 감각체계를 통해서는 인식할 수 없는 독특한 단서를 제공한다.

- 오디오를 제공하지 않아 아무것도 듣지 못하는 상태를 만들지 않는다.

- 사운드를 과도하게 넣지 않는다.

- 시끄러운 경고음은 가끔씩 주목을 끌 때만 사용한다.

- 환경음 효과를 활용해 사실성과 존재감을 더한다.

- 음악으로 감정을 자극한다.

- 인터페이스에 오디오를 활용해 사용자에게 피드백을 제공한다.

- 햅틱을 활용할 수 없을 때는 색상과 함께 오디오를 활용해 터치를 대체한다.

- 말을 통해 정보를 전달한다.

샘플링과 앨리어싱(21.4절)

- 공간적으로 빈도 높은 시각 요소는 피한다.

환경적 길 찾기 보조물(21.5절)

- 환경적 길 찾기 보조물로 현재 위치와 가는 방향에 대한 감각을 유지하고, 목표 지점이 어디에 있는지 알게 하며, 마음속으로 이런 목표 지점으로 어떻게 갈지 계획을 세울 수 있도록 도와준다.

- 명시적이고 미묘한 길 찾기 보조물을 모두 활용한다.

- 건축 디자인이나 도시 계획가 같은 비VR 디자이너의 작품을 연구한다.

- 랜드마크를 전략적으로 배치한다.

- 환경의 가장 많은 곳에서 볼 수 있는 높은 랜드마크를 제공한다.

- 환경에서 다른 특징의 구역들로 지역을 차별화한다.

- 열린 공간이라는 느낌을 주는 한편, 채널을 이용해 내비게이션을 제한한다.

- 노드에는 표지판을 배치한다.

- 이동을 포기하도록 가장자리를 활용한다.

- 시각적 난간을 이용해 내비게이션 가이드로 쓴다.

- 그리드 패턴 같은 단순한 공간 정리법을 활용한다.

- 월드 구조의 전체적인 메타포 위반을 최소화한다.

- 추상적이거나 과학적인 데이터에 구조를 넣되, 데이터에 부적절한 구조를 덮어 자체에 존재하지 않는 구조를 만들지 않도록 주의한다. 데이터셋에 그런 단서를 넣기 전에 주제 분야 전문가와 상의한다.

- 빵 부스러기, 발자취, 마크업 툴, 사용자가 배치하는 마커, 측정 도구를 적용해 사용자가 환경을 더 잘 이해하고 고민할 수 있게 하는 동시에 다른 사용자와 정보를 공유하도록 한다.

현실 세계의 콘텐츠(21.6절)

- 몰입형 영화에서는 관람객이 씬 안에서 그 일부가 되므로 영화 경험 전체를 다시 고려해야 한다.

- 360° 캡처 시, 스토리의 일부가 아닌 장비와 사람은 카메라에 전혀 잡히지 않도록 한다.

- 360° 카메라 캡처를 위해서는 아래와 위 방향의 입체 단서를 제거한다.

- 라이트 필드나 운동 시차를 발생시키는 진짜 3D 데이터를 캡처한다.

- 과학자들이 자신의 데이터셋 사이를 걸어 다니면서 데이터를 새로운 방식으로 볼 수 있게 해준다.

24.3 영향을 미치는 행동 양식(22장)

개인적 길 찾기 보조물(22.1절)

- 맵에서 필수적인 환경 콘셉트의 이해를 도와주는 추상적 표현을 활용한다.

- 화살표나 시야 마킹으로 '현재 위치'와 방향을 알려주는 지도를 사용한다.

- 넓은 환경에서는 지도가 확대/축소될 수 있게 한다.

- 자기 중심적으로 내비게이션/탐색을 할 때는 앞이 위를 향하는 지도를 사용해 지도의 지점들과 환경 속의 해당 랜드마크를 쉽게 일치시킨다.

- 북쪽이 위를 향하는 지도는 세상을 중심으로 하는 과제에 활용한다(예: 사용자가 (1) 자신이 어디에 있는지와 관계없이 환경의 레이아웃 전체를 익히고자 하고 (2) 내비게이션 전에 루트를 계획하고자 할 때).

- 나침반을 활용해 사용자가 이동 중에 쉽게 방향을 잡을 수 있게 한다.

- 사용자가 손쉽게 잡을 수 있게끔 공중에 떠있거나, 사용자의 눈높이를 둘러싸거나, 발치를 에워싸도록 나침반을 배치한다.

액션의 중심(22.2절)

- 사용자 주위의 씬을 구역별로 나누는 것도 고려하라.

캐주얼 VR vs. 하이엔드급 VR(22.4절)

- 콘텐츠를 만들 때는 시스템이 유선인지 무선인지 고려한다.
- 가상 방향 전환을 적용한 경우, 컨트롤러/손을 상체와 함께 움직인다.
- 유선 시스템에서는 콘텐츠 대부분을 전방을 향해 넣는다.
- 여러 종류의 시스템을 지원한다 해도 하나의 시스템용으로 디자인하고 최적화한다.

캐릭터, 아바타, 소셜 네트워크(22.5절)

- 대역폭이 허용하는 한, 헤드 트래킹 데이터를 아바타 머리에 매핑한다.
- 컴퓨터가 컨트롤하는 캐릭터의 행동과 사용자가 컨트롤하는 아바타의 행동을 구분하게 하려는 의도가 아니라면, 컴퓨터가 컨트롤하는 캐릭터가 아바타와 동일한 방식으로 행동하게 한다(예: 머리 움직임을 유사하게).
- 아바타에 인위적인 눈의 움직임을 넣을 때는 원격 사용자가 딴청을 피우는 것처럼 보일 위험이 있으므로 주의한다.
- 컴퓨터가 컨트롤하는 캐릭터가 자연스럽게 반응하는 것처럼 보이게 하려면 먼저 눈을(적용됐다면), 그다음 머리를, 그다음 몸을 움직이게 한다.
- 사용자가 특정 방향을 쳐다보게 하려면 컴퓨터가 컨트롤하는 캐릭터를 활용해서 사용자와 봐야 할 방향 사이에 서도록 하거나, 캐릭터가 의도한 방향을 쳐다보고, 또는 손으로 가리키도록 한다.
- 비현실적인 경험이라면 캐리커처를 활용해 캐릭터의 가장 중요한 생김새를 과장한다.
- 움직이는 캐릭터라면 어색한 걸음걸이로 인해 존재감 이탈이 발생하는 일을 피할 수 있도록 다리를 넣지 않는 방향을 고려한다.

- 사용자가 자기 아바타를 개인화할 수 있게 해준다.

24.4 VR 콘텐츠 제작으로의 전환(23장)

전통적 개발에서 VR 개발로의 패러다임 전환(23.1절)

- 사람의 인지와 다른 학문을 연구하되, VR과 맞지 않는 개념은 포기할 마음가짐을 갖는다.

- VR은 다른 어떤 매체보다 경험이 중요하므로 사용자 경험에 집중한다.

- 멀미 유발 요인을 최소화한다.

- 자주, 지나칠 만큼 보정한다. 잘못된 보정은 멀미의 주원인이다.

- 미학적 요소는 부차적이다. 대신 기본 콘텐츠부터 시작해 편리한 사용성과 필수 요건 유지에 집중하면서 점차적으로 덧붙여 나간다.

- 모든 액션을 씬의 한 부분에 넣으려는 욕심은 버리자.

- 과도할 정도로 실험한다. VR에는 아직 모르는 부분도 많고, 여러 형태가 있다. 한 상황에 맞는 해결책이 다른 상황에서는 그렇지 못할 수도 있다.

- 머리와 손 트래킹 같은 VR의 핵심 개념을 프로젝트 시작부터 고려한다.

기존 콘텐츠 재사용(23.2절)

- 데스크톱 애플리케이션은 직접 VR로 포팅하기보다 필요한 곳에 에셋을 재활용하고 코드를 리팩토링한다.

- 데스크톱 시스템에는 잘 맞지만 VR에서는 종종 이상해 보이는 지오메트리 핵(예: 텍스처로 심도 표현하기)을 파악한다.

- 데스크톱 헤드업 디스플레이와 조준용 십자선을 그대로 포팅/적용하면 양안 가림 충돌이 일어나므로 아주 주의 깊게 사용한다.

- 데스크톱 2D 손/무기를 3D 모델로 대체한다.

- 트래킹된 핸드헬드 컨트롤러를 이용할 때는 역운동학을 활용할 수 없는 한 팔을 렌더링하지 않는다.

- 줌 모드 사용에 유의한다.

상호작용

이 책에서 상호작용은 일반 커뮤니케이션의 하위 집합으로 정의한다(1.2절 참조). **상호작용**이란 사용자와 VR 애플리케이션 간에 입력 기기와 출력 기기의 중재를 통해 이뤄지는 커뮤니케이션을 말한다. **인터페이스**는 사용자가 상호작용하든 상호작용하지 않든 간에 VR 시스템 측면에서 일어나는 상호작용이다.

VR 상호작용은 처음에는 단순히 우리가 현실 세계와 비슷한 방식으로 가상 세계와 상호작용하는 것처럼 보인다. 하지만 자연스러운 현실 세계의 인터페이스(그리고 할리우드 인터페이스^{Hollywood interface})는 VR에서 예상처럼 잘 맞지 않는 경우가 많다. 가상 세계가 우리가 원하는 만큼 현실 세계를 제대로 모델링하지 못했기 때문이 아니라, 그랬다 하더라도 추상적 인터페이스가 나을 때가 많기 때문이다(예: 가상 세계에서 정보를 검색하고 싶을 때 가상 도서관에 가서 가상 책을 찾아보지는 않을 것이다). 전통적 데스크톱 인터페이스의 기본 개념 중 일부를 몰입형 환경에도 활용할 수는 있지만, 둘 사이에 유사성은 크지 않다. 수준 높은 인터페이스를 만드는 것은 VR에서 가장 큰 난제다.

잘 적용된 상호작용 기술은 성능을 높이고 편안하면서도 사람과 하드웨어가 가진 한계를 숨겨준다. 복잡한 상호작용을 직관적이고 효율적으로 만들어주는 것이 바로 상호작용 디자이너가 할 일이다.

5부는 다섯 개 장으로 구성되며, VR 상호작용 디자인에서 가장 중요한 측면을 개략적으로 다룬다.

25장. **사람 중심의 상호작용** 일반적인 사람 중심의 상호작용 핵심 개념인 직관성, 노면의 상호작용 디자인 원칙, 직접 상호작용 및 간접 상호작용, 상호작용 사이클, 사람의 손을 살펴본다.

26장. **VR 상호작용 개념** 특히 VR 상호작용과 관련 있는 가장 중요한 상호작용 충실도, 고유 감각과 자기 중심적 상호작용, 참고 프레임, 다중 감각 상호작용, VR 상호작용 특유의 난제를 논의한다.

27장. **입력 기기** 입력 기기의 특징과 다양한 입력 기기의 종류에 대한 개요를 제공한다. 모든 VR 애플리케이션에 적합한 단 하나의 입력 기기는 없으며, 의도한 경험에 가장 적합한 입력 기기 선택이 상호작용 최적화를 위해 필수적이다.

28장. **상호작용 패턴과 기법** 몇 가지 상호작용 패턴과 다양한 상호작용 기술의 예제를 설명한다. 상호작용 패턴이란 공통된 사용자 목표를 달성하기 위한 다양한 애플리케이션에 거듭 사용할 수 있는 일반화된 고차원의 상호작용 개념을 말한다. 상호작용 기법은 상호작용 패턴보다 더 구체적이며 기술에 의존한다.

29장. **상호작용: 디자인 지침** 이전 네 개 장의 내용을 요약하면서 애플리케이션의 요구 사항에 크게 좌우되는 상호작용 기술 개발을 위한 지침 목록을 제공한다.

사람 중심의 상호작용

VR에는 다른 방식으로 불가능한 경험을 제공하고 그 결과를 보여줄 수 있는 잠재력이 있다. 하지만 VR 상호작용은 사용자가 목적을 달성하게 해주는 인터페이스에 그치지 않는다. 사용자들이 즐거운 경험을 하고 불만을 가지지 않게끔 직관적인 방식으로 사용하도록 만들어주는 것이기도 하다. VR 시스템과 애플리케이션이 엄청나게 복잡하기는 하지만, VR 애플리케이션이 가상 세계와 그 안에 있는 도구의 작동 방식을 사용자에게 효과적으로 전달해서 사용자가 세련되게 목표를 성취할 수 있도록 하는 것은 디자이너가 풀어야 하는 숙제다.

VR 상호작용에서 가장 중요한 부분은 아마도 상호작용하는 사람일 것이다. 사람 중심의 상호작용 디자인은 사람과 기계 간의 커뮤니케이션에서 사람 쪽에 초점을 맞춰, 사용자의 관점에서 인터페이스를 본다. 수준 높은 상호작용은 사용자가 방금 무슨 일이 일어났는지, 현재 무슨 일이 진행 중인지, 무엇을 할 수 있으며 어떻게 할 수 있는지를 더 잘 이해하게 해준다. 최고의 상호작용은 목표와 니즈를 효과적으로 달성하게 해줄 뿐 아니라, 경험도 매력적이고 즐겁게 만들어준다.

그럼 상호작용 디자이너가 VR 상호작용을 디자인할 때 고려해야 할 일반적인 인간 중심 디자인의 개념을 살펴보자.

25.1 직관성

가상 세계가 어떻게 작동하는가 하는 심상 모델(7.8절 참조)은 거의 언제나 복잡한 사항을 단순화한다. 상호작용할 때 사용자는 개략적인 오브젝트, 액션, 그 결과 간 관계의 기저를 이루는 알고리즘을 알 필요가 없다. VR 인터페이스가 사실적이든 아니든, 직관적이어야 한다는 점은 분명하다. 직관적 인터페이스는 빠르게 이해하고 정확하게 예측할 수 있으며 사용하기 쉬운 것이다. 직관성은 사용자의 마음속에 있지만, 디자이너는 월드와 인터페이스 자체를 통해 심상 모델을 구축하는 데 도움이 될 개념을 전달함으로써 직관력 형성에 도움을 줄 수 있다.

상호작용 메타포는 사용자가 이미 다른 분야에서 습득한 지식을 활용하는 상호작용 개념이다. 상호작용 메타포는 사용자가 상호작용이 어떻게 이뤄지는지에 대해 빠르게 심상 모델을 만들 수 있게 해준다. 예를 들어 VR 사용자는 대부분의 적용에서 두 발로 직접 걷지 않는데도 자신이 환경 속을 '걸어간다'고 생각하는 것이 보통이다 (예: 핸드헬드 컨트롤러로 걸음을 컨트롤할 수도 있다). 이런 인터페이스에서는 사용자가 표면 위 정해진 높이에서 이동한다고 가정하며, 그 높이가 변하면 상호작용이 심상 모델에 들어맞지 않아서 사용자가 어리둥절해한다.

심상 모델은 매뉴얼 제공, 다른 사용자와의 커뮤니케이션, 가상 세계 자체를 통해 사용자 사이에서도 일관성을 보인다. 완전 몰입형 VR에서 사용자는 현실 세계와 차단되며, 매뉴얼을 보거나 다른 이들과 대화를 나눈다는 보장이 없다. 따라서 가상 세계는 경험 외적인 설명 없이도 각 사용자가 마음속으로 사물이 어떻게 작용하는지 일관된 인지 모델을 만들기 위해 필요한 정보를 적절히 또 충분히 투영해줘야 한다. 그렇지 않으면 애플리케이션이 사용자의 심상 모델과 들어맞지 않을 때 문제가 생긴다. 전문가라고 해서 언제나 직접 인터페이스가 어떻게 작동하는지 설명하고 질문에 답하고 실수를 바로잡아줄 수 있다고 예단하면 안 된다. VR 제작자는 너무나 자주 사용자의 모델이 자신이 디자인한 것과 동일하리라고 기대하지만, 제작자와 사용자는 생각이 다를 수밖에 없으므로 그런 일은 드물다. 사용자가 분명히 이해했으며 효과적으로 상호작용하는 것을 확인할 때까지는 끝낼 수 없는 튜토리얼을 넣으면, 심상 모델을 사용자의 마음에 심어줄 수 있다.

25.2 노먼의 상호작용 디자인 원칙

사용자가 VR로 상호작용할 때는 시스템이 어떻게 작동하는지 알아내야 한다. **발견 용이성**은 어떤 것이 무엇을 하고, 어떻게 작동하며, 어떤 작동이 가능한지 탐험해보는 것이다[노먼(Norman) 2013]. 완전 몰입형 VR에서는 사용자가 현실 세계는 보지도 듣지도 못하는 탓에 현실에서 도움을 주고자 하는 사람들에게서 차단되므로 발견 용이성이 특히 중요하다. 필수적인 도구는 일관된 행동 유도, 분명한 기표, 해석하기 쉽고 행동을 이끌어주는 제약, 즉각적이고 유용한 피드백, 분명히 이해할 수 있는 매핑을 통해 인터페이스가 어떻게 작동하는지 알아챌 수 있게 이끌어준다. 노먼이 정의한 이런 원칙을 VR에 어떻게 연관되는지와 함께 요약한 아래 내용을 상호작용 디자인과 개선 시 시작점으로 사용해보자.

25.2.1 행동 유도성

행동 유도성은 어떤 행동이 가능하고 사용자가 무엇과 어떻게 상호작용할 수 있는지 정의한다. 우리는 속성이 물체에 고정된 것이라고 생각하기 마련이지만, 행동 유도성은 속성이 아니며 사용자의 능력과 사물의 속성 간의 '관계'다. 인터페이스 요소는 상호작용을 가능케 하며, 가상의 손은 선택을 가능하게 해준다. 물체와 한 사용자 간의 행동 유도성은 해당 물체와 다른 사용자 간의 관계와 다를 수 있다. 벽에 달린 조명 스위치는 방의 조명을 조종할 수 있게 해주지만, 스위치에 손이 닿는 사람에 한해서만 그렇다. 가상 환경의 어떤 오브젝트는 선택, 이동, 컨트롤 등을 가능하게 해준다. 좋은 상호작용 디자인은 활용한 기술(예: 조명 스위치 지점 근처에서 손을 추적할 수 있는 트래킹 시스템)과 의도된 사용자층에 따라(디자이너가 의도적으로 특정 유형의 사용자는 조명 스위치에 손이 닿지 않도록 해서 협력을 촉진) 바람직한 행동을 쉽게 할 수 있게 만듦으로써 적절한 행동을 유도하는 데 집중한다.

25.2.2 기표

인지되는 행동 유도성도 있지만, 인지되지 않는 것도 있다. 효과를 높이려면 행동 유도가 인지돼야만 한다. **기표**는 오브젝트의 적절한 용도, 구조, 작동, 행동 양식을 사용자에게 커뮤니케이션하는 인지 가능한 표시(신호)다. 좋은 기표는 사용자가 행동 유도에 상응하는 상호작용을 하기 전에 무엇이 가능한지 알려준다.

기표의 예로는 환경에서 무엇에 행동을 할 수 있는지, 어떤 방향으로 제스처해야 하는지, 어느 쪽으로 내비게이션해야 하는지 표시하기 위해 배치된 표지판, 라벨, 이미지를 들 수 있다. 문의 손잡이나 컨트롤러의 버튼이 시각적/물리적 촉감처럼 행동 유도를 직접 표현하는 기표도 있다. 실은 열 수 없는 서랍처럼 모호하거나 행동 유도를 표시하지 않는 기표는 잘못된 방향으로 유도할 수 있다. 이런 잘못된 기표는 보통 실수로 들어가거나 아직 기능이 구현되지 않은 것이다. 하지만 오해로 이끄는 기표라 해도, 사용자가 안 열리는 서랍의 자물쇠를 여는 열쇠를 찾도록 동기를 부여하는 등의 의도가 있을 때도 있다. 이런 경우 콘텐츠 제작자는 그런 반 기표anti-signifier를 잘 알고 사용자가 불만스러워하지 않게 만들어야 한다.

기표는 의도적일 때가 가장 많지만, 위에서 언급한 것처럼 실수로 들어가기도 한다. 의도하지 않은 기표의 예로는 방향을 알리는 표지판이 있다. 현실에서의 예로, 해변에 쓰레기가 널려 있으면 좋지 않은 환경임을 알려주는 우연하고 비의도적인(하지만 유용한) 기표로 작용한다. 우리는 아무렇지 않게, VR에서 기표는 의도적으로 들어가는 것이며 VR 제작자는 실제 존재하지 않는 상태에서 모든 것을 만들어낸다고 생각할 수 있다. 하지만 늘 그렇지는 않다. 비의도적인 VR 기표는 집어 들어 퍼즐에 맞춰야 하는 물체로 보일 수도 있지만, 집어 들어서 던져야 하는 물체로 보일 수도 있다(콘텐츠 제작자는 이런 곤혹스러운 경우에 흔히 맞닥뜨린다). 소셜 VR 경험에서 비의도적인 기표는 흥미로운 장소에 사용자들이 모여 있어, 다른 이들이 이곳을 찾아가 무슨 일이 일어나고 있으며 어떤 행동 유도가 거기에 있는지 알아보는 것을 들 수 있다.

기표는 특정 오브젝트에 부착돼 있지 않을 수도 있다. 기표는 일반적인 정보다. 사용자가 현재 어떤 상호작용 모드를 사용하고 있는지에 따라 혼동을 피할 수 있다.

기표가 어떻게, 왜 만들어졌는지와 관계없이, 기표는 사용자에게 행동이 가능한지 아닌지, 가능하다면 그 행동은 무엇인지 알려주는 중요한 역할을 한다. 잘 전달되고 영리하게 사용된 기표를 통해 기표를 효과적으로 발견할 수 있게끔 하는 것이 좋은 VR 디자인이다.

25.2.3 제약

상호작용 제약은 액션과 행동에 제한을 주는 것이다. 이런 제약에는 논리적, 의미적, 문화적 제한이 있으며 액션을 인도하고 해석을 용이하게 해준다. 그럼 이제 VR 상호작용에 직접 적용되는 물리적 수학적 제약을 중점적으로 알아보자. 프로젝트의 일반적 제약에 대한 개요는 31.10절에서 다룬다.

제약을 잘 사용하면 가능한 액션을 제한해 상호작용 디자인이 실행 가능해지고 정확도와 정밀도, 사용자의 효율성을 높이면서도 상호작용을 단순화할 수 있다[보우먼 등 2004]. VR 상호작용을 단순화하는 데 흔히 활용되는 방법은 인터페이스 작용 뎁스dimension에 제한을 두는 것이다. 개체의 **자유도**degress of freedom(DoF)는 해당 개체에서 가능한 독립적 차원의 숫자다(27.1.2절 참조). 한 인터페이스의 DoF는 입력 기기의 물리적 한계(예: 1 DoF의 물리적 다이얼, 2 DoF의 조이스틱), 가상 물체의 가능한 모션(예: 패널의 슬라이더는 하나의 값을 컨트롤하는 하나의 축만을 따라 움직이도록 제한됨), 혹은 지면으로 제한된 이동에 의해 제한돼서 씬을 더 쉽게 내비게이션하게 해준다.

물리적 제한은 가능한 액션을 제약하며, 이런 제약은 소프트웨어를 통해 시뮬레이션할 수도 있다. 제약은 유용할 뿐 아니라 사실성을 더해주기도 한다. 예를 들어, 가상의 손은 물리적으로 사용자의 실제 손이 물체를 통과하는 것을 간접적으로 막을 수 있다(이러면 시각과 신체 인지 충돌이 일어난다. 26.8절 참조). 하지만 물리 법칙이 늘 사용돼야 하는 것은 아닌데, 물리 법칙으로 인해 상호작용이 더 어려워질 때도 더러 있기 때문이다. 예를 들어, 가상 도구는 사용하지 않을 때 공중에 떠있으면 편리하다.

상호작용 제약은 인지하고 해석하기 편해져서 사용자가 행동을 취하기 전에 적절하게 계획을 세울 수 있게끔 적절한 기표가 활용될 때 더 효과적이고 유용해진다. 효과적인 기표가 없다면 사용자는 어떤 액션이 가능한지 판단할 수 없기 때문에 효과적으로 제한을 받지 못할 수도 있다. 제약의 일관성 역시 학습을 통해 과제 전반에 적용할 수 있으므로 유용하다. 사람들은 변화에 저항하기 마련이며, 새로운 처리 방식이 예전 방식보다 조금만 나을 때는 옛 방식을 유지하는 편이 낫다. 전문가에게는 제약을 없앨 수 있는 옵션을 주면 몇몇 상황에서 유용할 수 있다. 사용자가 지면으로 한정됐을 때 효율적으로 이동하는 것을 증명해 보이고 나면, 고급 비행 기술 사용을 열어주는 것이 그 예다.

25.2.4 피드백

피드백은 사용자에게 액션의 결과나 과제의 현 상태를 알려줘서 상호작용하고 있는 대상의 상태를 이해하게 하고, 향후 액션에도 도움을 준다. VR에서는 반드시 때맞춰 피드백을 줘야 한다. 고개를 움직이는 것처럼 간단한 일에도 즉각적인 시각적 피드백을 주지 않으면, 안정된 세계라는 환상이 깨지고 존재감 이탈이 일어난다(더 심하게는 멀미가 발생하기도 한다). 입력 기기는 사용자의 신체 동작을 캡처해 시각적, 청각적, 햅틱 피드백으로 전환한다. 그와 동시에 몸 안에서 내부적 피드백이 생겨나는데, 이 자기 수용 감각 피드백은 자신의 팔다리와 몸이 어떤 위치에서 어떻게 움직이는지 감지하는 것이다. 하지만 VR에서 모든 종류의 피드백을 다 제공하기는 상당히 어렵다. 햅틱 피드백은 특히 현실에서 진짜 힘이 발생하는 것과 유사한 방식으로 적용하기 어렵다. 26.8절에서는 감각 대체를 통해 강한 햅틱 단서를 어떻게 대체할수 있는지 알아본다. 예를 들어 손이 물체에 부딪히거나 선택될 때 오브젝트가 소리를 내거나, 하일라이트로 처리되거나, 핸드헬드 컨트롤러가 진동하도록 할 수 있다.

피드백은 상호작용에 필수적이기는 하지만, 상호작용을 방해해서는 안 된다. 너무 많은 피드백은 감각을 혼란시켜서 인지하고 이해할 것에 압도당하게 만들기도 한다. 덜 중요한 정보는 튀지 않게 제시되고 필수적인 정보가 언제나 주의를 끌 수 있는 방식으로 우선순위에 따라 피드백을 제공해야 한다. 정보를 머리 기준 프레임의 헤드업 디스플레이에 넣는 대신, 허리 근처나 상체 기준 프레임의 바닥 쪽에 배치해 필요할 때는 정보에 쉽게 접근하되 그 외에는 걸리적거리지 않게 한다. 정보가 헤드업 디스플레이에 항상 보여야 한다면, 사용자 바로 앞에 보이는 것은 무엇이든 가상 세계에 대한 인지도를 줄이므로 가장 필수적인 최소한의 정보만 제공한다. 오디오 경보음이 너무 많거나 심하게는 안내하는 멘트와 겹쳐 들리는 경우, 사용자가 전부 무시하거나 귀기울여 들으려 해도 무슨 소리인지 해독할 수 없게도 된다. 이렇게 과도한 피드백은 애플리케이션 사용을 방해할 뿐 아니라, 짜증도 나고(이래라저래라 끊임없이 참견하는 사람을 떠올려보자.) 적절하지도 않다. 피드백이 너무 많으면 사용자가 자신에게 중요하지 않은 피드백을 _끄거나_ 소리를 줄일 수 있는 옵션을 제공해야 한다.

25.2.5 매핑

매핑은 둘 이상의 사물 간의 관계다. 컨트롤과 그 결과의 관계는 컨트롤, 액션, 의도한 결과를 분명하고 이해할 수 있게끔 매핑할 때 가장 배우기 쉽다. 매핑은 예를 들어 직접 손에 닿지 않는 레버를 스크루드라이버로 밀어 올릴 때처럼 조작하는 물건을 직접 잡지 않을 때도 유용하다.

하드웨어의 상호작용 매핑 기술을 소프트웨어에서 정의하는 것은 VR에서 특히 중요하다. 한 기기가 하나의 기술에는 자연스럽게 매핑되지만 다른 기술에는 매핑이 잘되지 않는 경우도 많기 때문이다. 예를 들어 손을 트래킹하는 기기는 가상의 손 기술과 가리키는 동작에는 잘 맞지만(28.1절 참조), 운전 시뮬레이터에는 잘 맞지 않으며 물리적인 운전대가 더 적절하다.

컴플라이언스

컴플라이언스compliance는 시간과 공간에 걸쳐 있는 감각 피드백을 입력 기기와 매칭시키는 것이다. 컴플라이언스를 유지하면 사용자의 수행력과 만족도가 향상된다. 컴플라이언스는 인지적 결속을 낳아(7.2.1절 참조) 상호작용이 하나의 일관된 물체와 상호작용하는 것처럼 느껴진다. 시각과 전정 기관 컴플라이언스는 멀미를 줄이는 데 특히 중요하다(12.3.1절 참조). 컴플라이언스는 공간 컴플라이언스와 시간 컴플라이언스로 나눌 수 있다[보우먼 등 2004].

공간 컴플라이언스: 직접적인 공간 매핑은 즉시 이해할 수 있다. 예를 들어, 우리는 물체를 집어 들어 옮길 수 있다는 것을 직관적으로 이해하면 그저 물체를 들고 있는 손을 움직인다. 공간 컴플라이언스spatial compliance는 포지션 컴플라이언스, 지향성 컴플라이언스, 널링nulling 컴플라이언스로 구성된다.

포지션 컴플라이언스position compliance는 감각 피드백과 입력 기기의 위치를 동일한 장소에 배치하는 것이다. 공간 컴플라이언스의 예로는 손이 어디에 있는지에 대한 자기 수용 감각이 손이 있는 곳을 눈으로 보는 것과 일치할 때를 들 수 있다. 모든 상호작용 기술에 포지션 컴플라이언스가 필요하지는 않지만, 포지션 컴플라이언스는 직접적이고 직관적인 상호작용을 낳기 때문에 적절하면 언제나 사용해야 한다. 핸드헬드 기기의 물리적 컨트롤이 있는 곳에 배치한 라벨이 포지션 컴플라이언스의 예다. 포지션 컴플라이언스는 사용자가 집어 들고 상호작용할 수 있는 트래킹형 기기에 중요하다. 방금 머리에 HMD를 착용한 사용자가 아직 핸드 컨트롤러는 들지 않은 (혹은 컨트롤러를 내려놓았던) 상황을 생각해보자. 컨트롤러의 위치가 올바르게 보여야만 사용자가 집어 들 수 있다.

지향성 컴플라이언스directional compliance는 세 가지 공간 컴플라이언스 중 가장 중요하다. 지향성 컴플라이언스는 가상 물체가 입력 기기를 조작하는 것과 똑같이 움직이고 회전하는 것이다. 그러면 보이는 것과 몸이 느끼는 바가 상응해 더 직접적인 상호작용이 된다. 따라서 사용자는 물리적 입력에 대한 반응을 효과적으로 예상할 수 있고, 적절한 계획과 실행이 가능해진다.

지향성 컴플라이언스의 예로는 마우스 커서에서 화면으로의 매핑을 들 수 있다. 마우스가 공간적으로 화면에 잘못 위치해도(포지션 컴플라이언스 미비) 손/마우스 움직임이 즉시 화면의 커서와 같은 모양으로 움직여서, 사용자는 커서 자체를 직접 움직이는 느낌을 받게 된다[반 데 비어와 델 C.P. 멜구이조(del C. P. Melguizo) 2002]. 사용자는 마우스가 의도한 대로 활용되면 마우스와 커서의 차이에 대해 생각하지 않는다. 마우스는 보통 편평한 수평 표면에 놓고 화면은 수직으로 세워두지만(즉, 화면은 마우스와 직각을 이룬다.), 우리는 직관적으로 마우스를 앞뒤로 움직이면 커서가 같은 방식으로 위아래로 움직인다는 것을 안다. 이는 둘 다 위아래 방향으로 생각하기 때문이다. 하지만 마우스를 오른쪽으로 $90°$ 돌린 채 조작해볼 경우 위쪽으로 움직이면 커서가 왼쪽으로 가고, 오른쪽으로 움직이면 위로 올라가기 때문에 간단한 조작조차 극히 어려워지는 것을 알 수 있다. VR에서 오브젝트를 움직일 때도 마찬가지로, 손에 잡은 오브젝트의 이동 방향은 멀리 있다 해도 가능한 한 선택된 오브젝트에 직접 매핑돼야 한다. 사용자가 가상 물체를 입력 기기로 회전하려 할 때도 가상 물체는 같은 방향으로 회전해야 한다. 즉, 둘 다 같은 회전축을 중심으로 돌아야 한다[푸피레프(Poupyrev) 등 2000].

널링 컴플라이언스nulling compliance는 기기가 최초 배치로 돌아갈 때, 상응하는 가상 오브젝트 역시 최초 배치로 돌아가야 한다는 것이다[벅스턴(Buxton) 1986]. 널링 컴플라이언스는 절대 장치absolute device(기준에 비교)로는 가능하지만, 상대 장치relative device(자신에 비교)에서는 불가능하다(27.1.3절 참조). 예를 들어 기기가 사용자의 벨트에 부착돼 있을 때는 널링 컴플라이언스가 중요한데, 사용자의 몸이 기억하는 방식으로 기기의 최초 중립적 배치와 그에 상응하는 가상 오브젝트를 기억할 수 있기 때문이다(26.2절 참조).

시간적 컴플라이언스: 시간적 컴플라이언스temporal compliance는 같은 액션이나 이벤트에 대한 서로 다른 감각 피드백이 시간적으로 적절히 동기화돼야 한다는 것이다. 시점 피드백이 전정 기관 단서와 즉시 매칭되지 않으면 멀미가 생길 수 있다(15장 참조). 하지만 멀미와 관계없이도 피드백은 즉시 이뤄져야 하며, 그렇지 않으면 과제를 완수하기도 전에 사용자가 불만을 느낄 수 있다. 액션 전체를 즉시 완료하지 못한다 해도, 문제를 해결하고 있음을 알려주는 어떤 형태의 피드백이든 주어져야 한다. 그런 정보 없이는 사용자가 짜증스러워 할 수 있으며, 과제를 잊어버리고 다른 일을 진행해 연산 자원이 낭비될 수도 있다. 사실, 느리거나 엉성한 피드백은 주의를 분산시키고 거슬리며 불안감을 자극하므로 피드백이 없는 것보다 더 나쁘다. 웹 브라우징 중에 인터넷 연결이 극도로 느려진 경험이 있는 사람이라면 누구나 고개를 끄덕일 것이다.

비공간 매핑

비공간 매핑non-spatial mapping은 공간적 입력을 비공간적 출력으로, 혹은 비공간적 입력을 공간적 출력으로 변환시켜주는 기능이다. 손을 위로 올려 '더'라고 표시하고 손을 아래로 내려 '덜'이라고 표시하는 것과 같은 간접적 공간의 비공간적 매핑도 있다. 또한 개인적, 문화적, 과제 의존적 매핑도 있다. 예를 들어 어떤 사람은 시간이 왼쪽에서 오른쪽으로 흘러가는 것으로 여기는 반면, 몸 뒤쪽에서 앞쪽으로 흘러가는 것으로 여기는 사람도 있다.

25.3 직접 상호작용 vs. 간접 상호작용

다양한 상호작용의 종류는 간접 상호작용에서 직접 상호작용의 연속선상으로 이해할 수 있다. 직접 상호작용이든 간접 상호작용이든 모두 VR에서는 과제에 따라 중요하게 작용한다. 모든 것을 무조건 직접적인 상호작용으로 구현하려 하기보다는 적절하게 양쪽을 활용하고, 적절하지 않은 곳에서는 피하자.

직접 상호작용은 중재 도구와 커뮤니케이션하는 대신 오브젝트와 직접 연관된다는 인상을 준다[허친스(Hutchins) 등 1986]. 가장 직접적인 상호작용은 사용자가 손에 든 물리적 오브젝트와 직접 상호작용하는 것이다. 오브젝트에 직접 영향을 주는 손에 쥐는 도구(예: 칼)가 잘 디자인되면, 사용자가 도구를 이해하자마자 중재하는 도구가 아니라 사용자 몸의 연장인 것처럼 여기므로 아주 약간만 덜 직접적이게 된다. 직접 상호작용의 예는 사용자가 터치 스크린의 가상 물체를 손가락으로 옮기는 것이다. 하지만 손가락을 스크린에서 떼면 가상 물체가 손가락을 따라가지 않는다. VR은 가상 물체를 3D 공간에서 완전한 공간적(지향성과 포지션 모두) 시간적 컴플라이언스에 맞춰 두 손에 직접 매핑하기 때문에 다른 디지털 기술에 비해 더 직접적인 상호작용이 된다. 지향성 컴플라이언스와 시간적 컴플라이언스는 포지션 컴플라이언스보다 더 중요하다. 마우스(터치 스크린에서 손가락으로 커서를 움직이는 것보다는 덜 직접적이지만)는 포지션 컴플라이언스가 없는데도 방향 감각을 전달해준다. 마찬가지로 멀리 있는 물체의 조작 역시 물체를 직접 조작하는 것 같은 느낌을 준다.

간접 상호작용에는 입력과 출력 사이의 인식과 전환이 더 요구된다. 타이핑하거나 음성으로 하는 검색은 간접 상호작용의 예다. 사용자는 검색할 것이 무엇인지 생각하고, 쿼리를 제공하고, 응답을 기다린 다음 그 결과를 해석해야 한다. 쿼리를 생각해야 할 뿐 아니라 말에서 시각 이미지로 변환하는 것도 고려해야 한다. 이런 간접 상호작용에는 직접 상호작용보다 인지력이 더 필요하지만, 그렇다고 직접 상호작용이 언제나 더 나은 것은 아니다. 간접 상호작용이 더 효과적일 때도 있다.

직접 상호작용과 간접 상호작용의 양극단 중간에 준직접 상호작용semi-direct interaction 이 있다. 그 예로는 패널에 부착돼 조명 강도를 조절하는 슬라이더를 들 수 있다. 사용자는 매개 역할을 하는 슬라이더를 직접 조작하지만, 이는 빛을 직접 조절한다고 보기에는 부족하다. 하지만 슬라이더를 잡고 두어 번 앞뒤로 움직여보면, 마음속에서 위로 올리면 밝아지고 아래로 내리면 어두워진다는 매핑이 이뤄지기 때문에 더 직접적으로 느껴진다.

25.4 상호작용 사이클

상호작용은 (1) 목표 형성, (2) 행동 수행, (3) 결과 평가 이렇게 세 단계로 나눌 수 있다[노먼 2013].

실행은 목표와 결과 간의 간극을 메워준다. 이 피드포워드feedforward[1]는 기표, 제약, 매핑, 사용자의 심상 모델을 적절하게 사용함으로써 이뤄진다. 목표 다음에 오는 실행에는 계획, 명시, 수행이라는 세 개의 단계가 있다.

평가는 목표 달성, 조정, 혹은 새로운 목표 생성에 대한 판단을 가능하게 해준다. 이 피드백은 액션의 영향을 인지함으로써 얻게 된다. 평가는 인지, 해석, 비교라는 세 단계로 구성된다.

그림 25.1처럼, 상호작용은 목표에 한 단계, 실행에 세 단계(계획, 명시, 수행), 평가에 세 단계(인지, 해석, 비교) 이렇게 총 일곱 단계로 이뤄진다. 수준 높은 상호작용 디자인은 각 단계의 요건, 의도, 바람을 고려한다. 다음 상호작용의 예를 보자.

1. **목표**를 설정한다. 물어야 하는 질문은 "무엇을 성취하고 싶은가?"다. 예: 막고 있는 바위를 원하는 이동 루트에서 치운다.

2. 액션을 **계획**한다. 액션에 대해 가능한 많은 계획 중 어떤 것을 따를지 결정한다. 질문: "액션 시퀀스의 대안은 무엇이 있으며 무엇을 택할 것인가?" 예: 바위를 치우기 위해 내비게이션해 가거나 먼 곳에서 선택한다.

3. 액션 시퀀스를 **명시**한다. 계획을 세운 뒤라 해도, 액션의 특정 순서는 결정해

---

1 실행 전에 결함을 예측하고 행하는 피드백 과정의 제어를 말한다. - 옮긴이

야 한다. 질문: "시퀀스의 특정 액션은 무엇인가?" 예: 손에서 광선을 발사해 바위와 교차시키고, 잡기 버튼을 누른 다음 새로운 곳으로 손을 움직여서 잡기 버튼을 놓는다.

4. 액션 시퀀스를 **수행**한다. 질문: "지금 액션을 취할 수 있는가?" 결과를 얻으려면 실제로 액션을 취해야 한다. 예: 바위를 이동시킨다.

5. 월드의 상태를 **인지**한다. 질문: "무슨 일이 일어났는가?" 예: 바위는 이제 새로운 장소에 있다.

6. 인지를 **해석**한다. 질문: "이것이 무엇을 뜻하는가?" 예: 바위는 이제 원하는 이동 경로에 있지 않다.

7. 결과를 목표와 **비교**한다. 질문: "이것으로 괜찮은가? 목표가 완수됐는가?" 예: 루트에 장애물이 없어져서 이제 해당 루트를 통과하는 내비게이션이 가능하다.

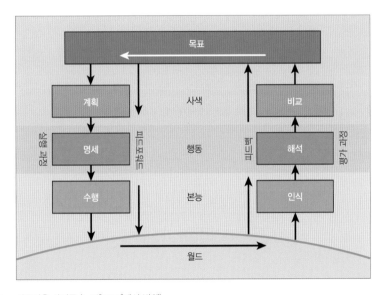

그림 25.1   상호작용 사이클 (노먼[2013]에서 발췌)

상호작용 사이클은 새로운 목표를 설정함으로써 개시될 수 있다(목표에 의한 행동). 사이클 역시 월드에서 일어나는 이벤트로부터 개시될 수 있다(데이터 혹은 이벤트에 의한 행동). 월드에서 개시됐을 때, 목표는 계획됐다기보다는 우연히 주어진다. 우연한 상호작용은 명시적으로 정한 목표보다 덜 정확하고 덜 확정적이지만 심리적 노력이 덜 들어가고 더 편리하다.

이 일곱 단계의 모든 활동이 의식적이다. 목표는 사색적인 경향이 있지만(7.7절 참조) 늘 그런 것도 아니다. 종종 우리는 새로운 것을 마주치거나 장애물에 부딪힐 때까지는 실행이나 평가 단계에 대해 모호하게만 생각하다가, 그런 시점이 오면 의식적인 주의가 필요해진다. 높은 사색적 수준의 목표 설정과 비교에서는 원인과 영향 측면에서 결과를 산정하게 된다. 중간 수준의 명세와 해석은 반쯤 의식적인 행동일 때가 많다. 본능적 수준의 수행과 인지는 실제 액션에 세심하게 주의를 기울이지 않는 한, 보통 자동으로 무의식 수준에서 일어난다.

목표는 알고 있지만, 어떻게 달성하는지는 분명하지 않을 때가 많다. 이를 **실행차**gulf of execution라고 한다. 마찬가지로, 액션의 결과에 대한 이해가 없을 때는 **평가차**gulf of evaluation가 발생한다. 디자이너는 상호작용의 일곱 단계를 생각하고, 상호작용 기술을 만들 때 과제 분석을 수행하고(32.1절 참조), 기표, 제약, 매핑을 활용해 사용자가 효과적인 상호작용의 심상 모델을 만들어낼 수 있게끔 도움으로써 이런 차이를 메울 수 있다.

25.5 사람의 손

사람의 손은 놀라울 만큼 복잡한 입출력 기기로, 다른 물리적 사물과 빠르고 정확하게, 게다가 의식적으로 집중할 필요도 거의 없이 자연스럽게 상호작용한다. 손이라는 도구는 수천 년에 걸쳐 완벽해졌으며 의도한 과제를 효과적으로 수행해낸다. 그림 8.8을 보면 감각 피질의 큰 부분이 두 손에 할당돼 있음을 확인할 수 있다. 그렇다면 최고의 완전한 상호작용 VR 애플리케이션이 손을 사용하도록 한다는 점도 놀랄 일이 아니다. 손을 직관적으로 쓰는 상호작용 기술은 VR 사용자에게 상당한 가치를 더해준다.

25.5.1 양손 상호작용

현실에서는 두 손을 뻗어 물체를 조작하는 것이 자연스럽고 직관적이므로, VR의 3D 인터페이스도 양손을 쓰도록 설계하는 것이 적절하고 직관적이라는 사실은 상식이다[슐타이스(Schultheis) 등 2012]. 직관적으로는 두 손을 쓰는 편이 한 손보다 나을 것 같지만, 두 손을 사용하면 사실 상호작용이 부적절하게 설계돼 한 손을 사용하는 것보다 못할 수 있다[카바시(Kabbash) 등 1994]. 마우스 같은 기기가 수십 년간 쓰여왔음에도 대부분의 컴퓨터 상호작용은 한 손으로 하게 돼 있는 이유도 아마 그래서일 것이다. 3D 시스템을 개발해본 사람이라면 3D 기기 자체로는 뛰어난 성능을 보장할수 없다는 점을 알 것이며, 두 손을 사용할 때도 반드시 양손을 평행으로 쓰지는 않으므로 최선이 될 수는 없다[힝클리(Hinckley) 등 1998]. 실제 사용자로부터 피드백을 받아 디자인을 반복해서 수정 적용하는 과정(6부)은 수준 높은 양손 인터페이스를 만드는 데 필수다.

양손 상호작용 분류

양손 상호작용bimanual interaction은 대칭(두 손이 똑같은 액션을 수행)과 비대칭(두 손이 다른 액션을 수행)으로 구분하는데, 현실 세계에서는 비대칭 과제가 더 흔하다[기아드(Guiard) 1987].

양손 대칭 상호작용은 동기식(예: 두 손으로 큰 물체를 미는 것)과 비동기식(예: 한 번에 한 팔씩 위로 뻗어 사다리 올라가기)으로 세분화할 수 있다. 물체의 양쪽 면을 손으로 잡고 두 손을 벌려 크기를 가늠해보는 것이 양손 동기식 상호작용의 예다.

양손 비동기식 상호작용은 두 손이 한 과제를 달성하기 위해 조율되기는 했지만 다르게 작용할 때 일어난다. **주로 쓰는 손**은 사용자가 섬세한 조작을 수행할 때 선호하는 손이다. **주로 쓰지 않는 손**은 기준틀이 돼서 자기 중심적으로 작업 중인 물체를 배치해 주로 쓰는 손이 편하게(종종 무의식적으로) 작업할 수 있게 하며, 주로 쓰는 손이 한 자세로 고정될 필요가 없게 해준다. 또한 주로 쓰지 않는 손은 과제 조작을 개시하며 조작하는 물체의 전체적 움직임을 담당해 주로 쓰는 손이 편리하고 효율적으로, 정확하게 조작할 수 있게 해준다. 가장 흔한 예로 글쓰기를 들 수 있는데, 잘쓰지 않는 손은 주로 쓰는 손이 글씨를 쓰는 동안 종이의 방향을 움직인다. 감자 껍질을 벗길 때도 마찬가지다. 감자는 잘 쓰지 않는 손으로 잡고 있어야 도마 위에 얹어 놓을 때보다 더 쉽게 깔 수 있다(감자를 잘 고정시킨다 해도 손으로 잡는 것보다는 쉬워지지 않는다). 마찬가지로 VR에서 한 손 상호작용은 잘 쓰지 않는 손이 주로 쓰는 손의 기준틀을 제어하지 않는다면 어색할 수 있다.

양손을 자연스럽게 활용함으로써 사용자는 공간 안에서의 절대 위치뿐 아니라 공간적 관계를 구체화할 수 있다. 양손 상호작용은 두 손이 매끄럽게 협동하며 당면 과제에 따라 대칭 모드와 비대칭 모드를 전환할 수 있도록 디자인해야 이상적이다.

VR 상호작용 개념

VR 상호작용에 난관이 없지는 않다. 현실 세계와는 다른 상호작용을 낳을 수 있는 취사선택을 반드시 고려해야 한다. 하지만 VR 역시 현실 세계보다 엄청난 장점을 갖고 있다. 이 장에서는 VR 상호작용만의 개념, 난제, 혜택을 중점적으로 살펴보자.

26.1 상호작용 충실도

VR 상호작용은 실제를 가능한 한 비슷하게 흉내 내려는 노력에서부터 현실 세계와 전혀 닮지 않은 것까지 다양한 스펙트럼으로 디자인된다. 어떤 목표를 추구할지는 애플리케이션의 목표에 따라 달라지며, 대부분의 상호작용은 스펙트럼의 중간 어디쯤 위치한다. **상호작용 충실도**란 가상 과제에 사용되는 물리적 행동이 그에 상응하는 현실적 과제에 사용되는 물리적 행동과 닮은 정도를 뜻한다[보우먼(Bowman) 등 2012].

상호작용 충실도 스펙트럼의 극단에 있는 **사실적 상호작용**은 VR 상호작용이 우리가 현실 세계에서 상호작용하는 방식과 가능한 한 가까이 작동하는 것이다. 사실적 상호작용은 사용되는 하드웨어에서 가능한 한 최고 수준의 상호작용 충실성 제공을 추구한다. 가상 야구 게임에서 실제 배트를 잡듯 한 손을 다른 손 위에 올리고서 함께 휘둘러 공을 맞힌다면 상호작용 충실도가 높은 것이다. 사실적 상호작용은 VR에서 배운 바를 현실 과제에 그대로 적용할 수 있게 하는 훈련용 애플리케이션에 중요하다. 또한 사실적 상호작용은 시뮬레이션, 외과 수술 애플리케이션, 테라피, 인적 요인 평가에도 중요하다. 이런 애플리케이션에서 상호작용이 사실적이지 않을 때는 적응(10.2절 참조) 등의 문제가 일어나서 훈련하는 현실의 과제에 오히려 부작용을 낳을 수도 있다. 사실적 상호작용 활용의 장점은 사용자가 이미 그 행동을 어떻게 수행하는지 알고 있기 때문에 따로 배울 필요가 거의 없다는 점이다.

상호작용 충실도의 반대쪽 끝에는 현실과 전혀 관련이 없는 **비사실적 상호작용**이 있다. 트래킹되지 않는 컨트롤러의 버튼을 눌러서 눈에서 레이저를 쏘는 것이 바로 상호작용 충실도가 낮은 상호작용 기술의 예다. 낮은 상호작용 충실도가 반드시 단점은 아닌데, 수행력을 높여주고 피로도를 낮추며 재미도 커지기 때문이다.

상호작용 충실도 스펙트럼의 중간에는 사용자가 자연스러운 실제 행동을 하지만 기술적으로 새롭고 강화된 능력을 부여하거나 지능적인 유도를 통해 더 강력하게 만들어주는 **마법적 상호작용**이 있다. 이렇게 마법 같은 초자연적 상호작용은 초인의 능력과 비사실적 상호작용을 통해 사용성과 수행력을 강화함으로써 '더 나은' 상호작용 방식을 추구한다. 사실적이지는 않지만, 마법적 상호작용은 종종 상호작용 메타포(25.1절 참조)를 이용해 사용자가 빠르게 상호작용 작동 방식의 심상 모델을 만들게끔 도와준다. 새로운 마법적 상호작용 기술을 디자인할 때는 상호작용 메타포에서 영감을 떠올리는 것을 고려하자. 멀리 떨어져 있는 물체를 잡기, 손가락을 가리켜서 씬을 가로질러 날아가기, 손에서 화염구 발사하기 등이 마법적 상호작용의 예다. 마법적 상호작용은 상호작용 충실도를 낮춤으로써 사용자 경험을 향상시키고 현실 세계의 한계 극복을 추구한다. 마법적 상호작용은 게임과 추상적 개념 교육에 잘 맞는다.

상호작용 충실도는 다차원적 컴포넌트의 스펙트럼이다. 상호작용 충실도를 위한 프레임워크 분석The Framework for Interaction Fidelity Analysis[맥마한 등 2015]은 상호작용 충실도를 생체 역학적 대칭, 입력 정확도, 대칭 컨트롤이라는 세 가지 개념으로 나눈다.

생체 역학적 대칭이란 가상 상호작용을 위한 신체의 움직임이 그에 상응하는 현실적 과제에 대한 몸의 움직임과 닮은 정도를 뜻한다. 생체 역학적 대칭은 현실에서 자세를 취하고 몸을 움직이는 방식과 닮은 자세와 제스처를 많이 사용한다. 그래서 고유 감각을 많이 느끼게 되므로 사용자가 자기 몸이 환경 안에서 현실 세계의 과제를 수행하는 듯 느낌으로써 존재감이 높아진다. VR 내비게이션에 실제 걷기를 활용하면 우리가 현실에서 걷는 것과 생체 역학적 대칭을 이룰 수 있다. 제자리 걷기는 덜 현실적인 움직임이어서 생체 역학적 대칭 수준이 낮다. 버튼을 누르거나 조이스틱으로 걷는다면 생체 역학적 대칭은 없다.

입력 정확도는 입력 기기가 사용자의 행동을 포착하고 측정하는 정도를 뜻한다. 입력 정확도를 결정하는 세 가지는 정확도, 정밀도, 지연 시간이다. 입력 정확도가 낮은 시스템은 고품질의 입력을 포착하기가 어려우므로 수행력에 큰 영향을 줄 수 있다.

컨트롤 대칭은 상호작용에 대응하는 현실 세계의 과제와 비교해 사용자가 상호작용을 통제할 수 있는 정도다. 충실도 높은 기술은 다른 상호작용 모드 없이도 현실 세계와 같은 컨트롤을 제공한다. 컨트롤 대칭이 낮으면, 완전한 조종을 위해서는 기술을 오가야 하므로 짜증을 유발할 수 있다. 예를 들어 물체의 포지션과 회전을 (6 DoF) 트래킹형 핸드 컨트롤러로 직접 조작할 때는 같은 물체를 여러 해석과 회전 모드를 이용하는 (6 DoF 미만) 게임패드 컨트롤로 조작할 때보다 컨트롤 대칭이 커진다. 하지만 낮은 컨트롤 대칭도 잘만 구현하면 뛰어난 수행력을 보일 수 있다. 예를 들어 비동일 회전(28.2.1절 참조)을 활용하면 손목을 조금 돌리는 동작을 증폭해 수행력이 커질 수 있다.

26.2 고유 감각과 자기 중심적 상호작용

8.4절에서 설명했듯이 고유 감각은 몸과 팔다리의 포즈 및 동작을 신체적으로 감지하는 것이다. 대부분의 VR 시스템이 핸드헬드 기기 외의 촉감을 제공하지 않으므로 고유 감각은 모든 사용자가 가지고 있는 실제 오브젝트인 사람의 몸을 활용하는 데 특히 중요하다[미네 등 1997]. 몸은 자기 중심적 참고 프레임을 제공하며(26.3.3절) 몸의 참고 프레임에 상대적으로 구성된 상호작용은 시각 정보에만 의존하는 기술보다 더 효과적이다. 사실 눈으로 보지 않는 상호작용은 주변 시야에서나 심지어는 디스플레이의 시야 밖에서도 수행할 수 있어 시각적 밀집을 줄일 수 있다. 또한 사용자는 개인 공간 안에서 더 직접적인 감각을 느낄 수 있어, 손으로 물체를 놓는 것이 조금은 덜 직접적인 수단으로 같은 작업을 하는 것보다 더 쉽다.

26.2.1 자기 중심적 상호작용과 세계 중심적 상호작용의 혼합

세계 중심적 상호작용은 환경의 가상 모델을 그 외부에서 보고 조작하는 것이다. 자기 중심적 상호작용에서 사용자는 일인칭 시점으로 세상을 보며, 주로 환경 안에서 상호작용한다. 둘 중 하나를 반드시 선택해야 한다고 생각하지 말자. 이런 자기 중심적 상호작용과 세계 중심적 상호작용을 혼합해 사용자가 자신을 더 작은 맵에서 보고(22.1.1절과 28.5.2절 참조), 월드는 세계 중심적 방식으로 조작하되 자기 중심적 관점으로 보여줄 수도 있다(그림 26.1 참조).

그림 26.1   자기 중심적 관점으로 본 세계 중심적 맵 (디지털 아트폼 제공)

26.3 참고 프레임

참고 프레임은 물체의 위치와 방향에 대한 기준 역할을 하는 좌표계다. 참고 프레임을 이해하는 것은 사용성 높은 VR 상호작용 제작의 기본이다. 이제 VR 상호작용에 구체적으로 연관이 있는 가장 중요한 개념인 참고 프레임을 설명하겠다. 가상 세계의 참고 프레임, 현실 세계의 참고 프레임, 상체 참고 프레임은 몸이나 세계의 회전, 이동, 축소/확대가 없을 때(예를 들어 가상의 몸 동작이나 상체 트래킹, 월드 이동이 없을 때) 모두 일관된다. 그렇지 않을 때는 참고 프레임이 나뉘어진다.

참고 프레임과 이들이 어떻게 서로 연관되는지 추상적으로 생각하기는 어렵지만, 참고 프레임은 자연스럽게 인지되며 몰입 상태에서 다른 참고 프레임과 상호작용할 때 직관적으로 이해할 수 있다. 이 절에서 다룬 참고 프레임은 실제로 경험해보면 이해하기 쉽다.

26.3.1 가상 세계의 참고 프레임

가상 세계의 참고 프레임은 가상 세계의 레이아웃과 일치하며, 사용자가 향한 방향, 위치, 크기와는 관계없이 지리적 방향(예: 북쪽)과 거리(예: 미터)가 포함된다. 넓은 영역에 걸쳐서 콘텐츠를 만들고, 인지 지도를 형성하고, 자신의 위치를 확인하고, 넓은 곳을 이동할 계획을 세울 때(10.4.3절 참조)는 보통 세계 중심적 가상 세계의 참고 프레임 면에서 생각하는 것이 최선이다. 가상 세계 참고 프레임에 상대적으로 작용하는 직접적 손 인터페이스를 넣으면, 사용자의 정확한 내비게이션과 방향 전환이 쉽지 않을 경우 정확한 위치로 손을 뻗기가 어려우므로 이 점에 주의하자.

26.3.2 현실 세계의 참고 프레임

현실 세계의 참고 프레임은 현실의 물리적 공간에 의해 정의되며 (가상이든 실제든) 사용자의 움직임에는 독립적이다. 예를 들어 사용자가 가상으로 앞으로 날아갈 때도 사용자의 몸 자체는 현실 세계의 참고 프레임에 계속 남아있다. 사용자 앞에 놓여 있는 실제의 책상, 컴퓨터 화면, 키보드는 현실 세계의 참고 프레임이다. 고정된 물리적 장소를 제공해, 트래킹되거나 트래킹되지 않는 핸드헬드 컨트롤러를 사용하지 않는 동안 내려둘 수 있도록 해야 한다. 트래킹형 컨트롤러나 기타 트래킹되는 물체가 있을 때는 가상 모델을 실제 컨트롤러와 형태 및 현실 세계 참고 프레임의 위치/방향에 맞춰 제공해(즉, 완전한 공간 컴플라이언스를 만족해) 사용자가 올바로 보고 더 쉽게 집어 들게끔 배려한다.

가상 오브젝트, 인터페이스, 정지 좌표계가 현실 세계의 참고 프레임에 정확하게 맞아 들어가려면 VR 시스템을 잘 보정하고 지연 시간이 낮아야 한다. 이런 인터페이스는 항상 그렇지는 않지만 종종 출력 단서만 제공해 사용자가 물리적 공간에서 안정감을 느끼고 멀미가 줄어들게끔 정지 좌표계를 제공하는 데 도움을 준다(12.3.4절 참조). 자동차 내부, 비행기 조종석(그림 18.1 참조), 또는 비현실적 안정 단서(그림 18.2 참조)도 현실 세계 참고 프레임의 예다. 어떨 때는 현실 세계 참고 프레임의 요소를 통해 입력 정보를 추가할 수 있도록 하는 편이 좋다(예: 가상 조종석에 있는 버튼). 현실 세계 참고 프레임의 큰 장점은 패시브 햅틱(3.2.3절 참조)을 추가해 시각적으로 렌더링된 요소에 매칭되는 촉감을 줄 수 있다는 점이다.

26.3.3 상체 참고 프레임

상체 참고 프레임은 몸의 척추 축에서 전방을 향해 상체에 직각 방향으로 정의된다. 상체 참고 프레임은 자기 팔과 손이 몸의 어디에 위치해 있는지 아는 고유 감각 때문에(8.4절과 26.2절 참조) 상호작용에서 특히 유용하다. 상체 참고 프레임은 또한 몸이 향하고 있는 방향으로 조종하는 데도 유용하다(28.3.2절 참조).

상체 참고 프레임은 프레임이 사용자와 함께 가상 세계에서 이동하며 사용자가 가상으로 이를 해석하거나 크기를 확대/축소해 인지한다는 점에서 현실 세계의 참고 프레임과 비슷하다. 차이점은 상체 참고 프레임에 있는 가상 오브젝트가 몸과 함께 회전하며(가상과 실제 몸이 둘 다 방향을 바꾼다.) 물리적 해석과 함께 움직이는 데 반해 현실 세계 참조 프레임의 물체는 그렇지 않다는 점이다. 상체가 사용자가 앉아있는 의자에 비해 안정돼 있다고 가정할 때는 상체 대신 의자를 트래킹해도 된다. 헤드 트래킹은 되지만 상체나 의자는 트래킹되지 않는 시스템에서는 몸이 언제나 전방을 향하고 있다고 가정한다(즉, 상체 참고 프레임과 현실 세계 참고 프레임이 일관된다). 하지만 물리적으로 몸 방향을 돌리면 시스템이 고개만 돌렸는지 몸 전체를 돌렸는지 판단할 수 없기 때문에 문제가 될 수 있다.

그림 26.2 트래킹되지 않는 핸드헬드 컨트롤러를 상체 기준 프레임에 얹은 정보와 시각적 표현 (넥스트젠 인터랙션스 제공)

손 트래킹이 되지 않을 때는 손 참고 프레임을 상체 참고 프레임과 일관된다고 가정할 수 있다. 예를 들어 트래킹되지 않는 핸드헬드 컨트롤러의 시각적 표시물은 몸과 함께 이동하고 회전해야 한다(핸드헬드 컨트롤러는 종종 무릎에 놓여 있다고 가정한다). VR에서 정보 디스플레이는 머리 참고 프레임보다 상체 참고 프레임에 위치할 때가 더 좋은데, 전통적인 일인칭 비디오 게임에서의 헤드업 디스플레이가 이렇게 처리되기 때문이다. 그림 26.2는 비트래킹형 핸드헬드 컨트롤러와 상체 참고 프레임의 허리 높이에 표시된 여타 정보다.

몸에 연관되는 도구

현실 세계와 마찬가지로 VR의 도구도 몸에 부착해 사용자가 어디를 가든 언제나 손을 뻗어 잡게 할 수 있다. VR에서는 도구를 상체 참고 프레임에 배치하기만 하면 된다. 이러면 도구를 항상 사용할 수 있기 때문에 편리할 뿐더러, 사용자의 몸이 물리적 연상 기호로 작용해 자주 사용하는 컨트롤을 떠올리고 외우기에도 쉽다[미네 등 1997].

도구 항목은 전방 외에 배치해 씬을 볼 때 방해가 되지 않게 해야 한다(예: 사용자가 그저 아래를 내려다보면 옵션이 보이고, 손가락으로 가리키거나 붙잡아서 선택할 수 있게 한다). 경험 많은 사용자는 항목을 끄거나 투명하게 처리할 수 있어야 한다. 물리적 연상 기호의 예로는 머리 위에 위치해 아래로 당길 수 있는 메뉴(28.4.1절 참조), 공구 벨트처럼 허리를 둘러싸고 있는 도구, 사용자의 발치에 표시되는 내비게이션 옵션, 그리고 오브젝트를 어깨 너머로 던지면 삭제되는 것(그리고 어깨 너머로 손을 뻗어 삭제한 물체를 회수하는 것)을 들 수 있다.

26.3.4 손 참고 프레임

손 참고 프레임은 사용자의 양손 위치와 방향에 의해 정의되며, 손에 오브젝트를 쥘 때는 손 중심의 판단이 일어난다. 손 중심 사고는 전화기, 태블릿, VR 컨트롤러를 사용할 때 특히 중요하다. 트래킹형 핸드헬드 컨트롤러의 시각적 표현(27.2.3절 참조)을 손에 배치하면, 감촉이 시각과 일치하기 때문에 존재감이 커진다. 손 참고 프레임에 버튼, 아날로그 스틱, 손가락을 알려주는 라벨을 붙이면 특히 신규 사용자에게 큰 도움이 된다(그림 26.3 참조). 이런 시각 표시물을 켜고 끄는 옵션을 제공해 인터페이스를 사용하지 않을 때나 인터페이스를 다 외운 다음에는 씬을 가리거나 빼곡히 보이지 않도록 한다. 왼손과 오른손은 별도의 참고 프레임으로 간주되지만, 잘 쓰지 않는 손은 특히 핸드헬드 패널을 주로 쓰는 손으로 조작할 때(25.5.1절 참조) 참고 프레임 역할을 할 수 있다(28.4.1절 참조).

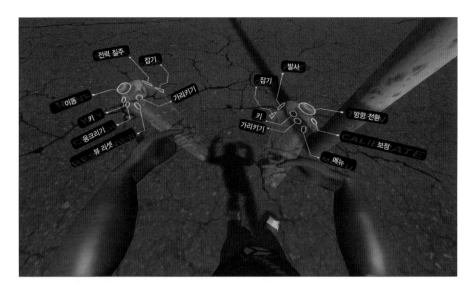

그림 26.3   손에 단순하고 투명한 텍스처를 입히면 물리적 인터페이스를 전달할 수 있다. (넥스트젠 인터랙션스 제공)

26.3.5   머리 참고 프레임

머리 참고 프레임은 두 눈 사이의 점이 기준이며 이마 쪽 직각 방향을 참조한다. 심리학 자료에서 이 참고 프레임은 '키클롭스의 눈cyclopean eye'이라 부르는데, 머리 중심에서 똑바로 뻗은 직선을 결정하는 가상의 기준점이다[코렌 등 1999]. 사람들은 이 직선을 자기 앞쪽 방향이라고 생각하며, 눈이 실제 어디를 보고 있는지와 상관없이 머리의 중심선 근처에 있다. 구현 관점에서 머리 참고 프레임은 헤드마운트 디스플레이 참고 프레임과 같지만, 사용자의 관점에서는 (광시야각을 가정할 때) 디스플레이가 시각적으로 인지되지 않는다. 사용자가 보고 있는 모습을 보여주는 월드 고정식의 부수적 디스플레이는 머리 참고 프레임과 일치한다.

헤드업 디스플레이(HUD)는 종종 머리 기준 프레임에 위치한다. 이런 헤드업 디스플레이 정보는 사용한다 해도, 응시를 통한 선택에서 포인터를 제외하고는 최소화한다(28.1.2절 참조). 사용할 때는 단서를 작게 만들고(인지하고 읽을 수 있을 만큼은 커야 한다.), 짜증스럽거나 주의가 산만해지지 않게끔 시각 단서의 수를 최소화하고, 단서가 너무 주변에 위치하지 않게 하며, 단서가 다른 오브젝트에 적절히 가려지게끔 심도를 넣고(13.2절 참조), 극도의 초점 조절-이접 운동 충돌이 일어나지 않게끔 충분한 거리에 단서를 배치한다(13.1절 참조). 단서를 투명하게 처리하는 것도 유용하다. 그림 26.4는 머리 참고 프레임에서 사용자가 오브젝트를 타기팅할 수 있도록 도와주는 가상 헬멧의 예다.

그림 26.4 머리 참고 프레임의 헤드업 디스플레이. 사용자의 머리가 어느 쪽을 향하든 단서를 항상 볼 수 있다. (넥스트젠 인터랙션스 제공)

26.3.6 눈 참고 프레임

눈 참고 프레임은 안구의 위치와 방향에 의해 정의된다. 눈 참고 프레임에서 방향 부분을 지원하는 VR 기기는 거의 없는데, 눈 트래킹이 필수적이기 때문이다(27.3.2절 참조). 하지만 두 눈의 왼쪽/오른쪽 수평 거리차는 사용하기 전에 사용자마다 동공 간 거리를 측정해 쉽게 판단할 수 있다.

가까이 있는 물체들을 보며(예를 들어 총신으로 조준할 때) 양안 디스플레이를 가정할 때, 눈 참고 프레임은 이마에서 눈까지의 차이 때문에 머리 참고 프레임과는 다르므로 이 점의 고려가 중요하다. 왼쪽과 오른쪽 눈의 차이는 멀리 있는 물체를 바라볼 때 가까이 있는 물체가 이중으로 보이는 결과를 낳는다(반대로 가까이 있는 물체를 보고 있을 때도 멀리 있는 물체가 이중으로 보인다). 따라서 사용자가 멀리 있는 물체와 가까이 있는 물체를 정렬해서 보려고 할 때(예: 타기팅 과제 수행)는 사용자에게 잘 쓰지 않는 눈을 감고 주로 쓰는 눈으로 조준하도록 조언해야 한다(9.1.1절과 23.2.2절 참조).

26.4 말하기와 제스처

말하기와 제스처의 사용성은 명령어의 숫자와 복잡도에 따라 달라진다. 더 많은 명령어를 넣으려면 더 많은 학습이 필요하다. 음성 명령어와 제스처의 수에 제한을 둬서 상호작용을 간단하고 학습이 용이하게 만들자.

음성 인터페이스와 제스처 인식 시스템은 일반적으로 사용자가 볼 수 없다. 가능한 명령어나 제스처 아이콘의 목록 같은 명시적 기표를 사용자의 시야 안에 둬서, 가능한 것에 무엇이 있는지 항상 기억할 수 있도록 한다. 말하기나 제스처 인식은 완벽과는 거리가 멀다. 많은 경우 사용자가 명령어를 확인해 시스템이 액션을 취하기 전에 제대로 이해했는지 검증하도록 하는 편이 좋다. 명령어를 시스템이 이해했는지 알게끔 사용자에게 피드백도 주어져야 한다(예: 해당 명령어가 활성화될 때 기표가 하일라이트로 처리됨).

잘 정의되고 자연스러우며, 이해하기 쉽고 인식하기도 쉬운 제스처/단어 세트를 사용하자. 한 단어나 제스처를 시작하려 한다는 신호를 컴퓨터에 보내기 위해 버튼을 누르는 것(즉, 눌러서 말하기나 눌러서 제스처)도 시스템이 의도치 않은 명령어를 인지하는 상황을 막을 수 있다. 이는 사용자가 시스템 자체만이 아니라 다른 사람과 소통할 때도 마찬가지다(사람들은 무의식적으로 이야기하는 도중 제스처를 취하기 때문에 음성과 제스처 모두에 해당된다).

26.4.1 제스처

제스처는 자세가 하나의 고정된 설정이 되는 몸이나 신체 일부의 움직임이다. 각각은 의도적이거나 그렇지 않거나 어떤 의미를 전달한다. 자세는 제스처의 하위 집합으로 고려된다(즉, 아주 짧은 시간 동안의 제스처나 감지할 수 없는 움직임의 제스처). 동적인 제스처는 하나 이상의 트래킹된 지점으로 구성되는 반면(컨트롤러로 제스처하는 것을 생각하자.) 자세에는 여러 트래킹 포인트가 요구된다(예: 손의 자세).

제스처는 네 가지 유형의 정보를 커뮤니케이션할 수 있다[허멜과 스태퍼스(Stappers) 1998].

공간 정보spatial information는 제스처가 나타내는 공간적 관계다. 이런 제스처로는 조작(예: 밀기/당기기), 표시(예: 가리키거나 경로 그리기), 형태 설명(예: 크기 전달), 기능 설명(예: 비트는 동작으로 나사 비틀기를 설명), 혹은 오브젝트 사용이 가능하다. 이런 직접 상호작용은 구조적 커뮤니케이션의 형태며(1.2.1절 참조) 오브젝트에 직접적이고 즉각적인 효과를 가져오기 때문에 VR 상호작용에 상당히 효과적이다.

상징적 정보symbolic information는 제스처가 나타내는 기호다. 이런 제스처에는 손가락으로 그리는 V자, 손을 흔드는 환영이나 작별 인사, 손가락 욕설 같은 것이 있다. 이런 제스처 모양은 구조적 커뮤니케이션인 반면(1.2.1절 참조), 제스처의 해석은 간접 커뮤니케이션이다(1.2.2절 참조). 상징적 정보는 사람과 컴퓨터의 상호작용과 사람과 사람의 상호작용 모두에 유용하다.

경로적 정보pathic information는 제스처를 사용해서 생각하고 작업하는 과정이다(예: 무의식적으로 손을 쓰면서 이야기하는 것). 경로적 정보는 본능적 커뮤니케이션에서(1.2.1절 참조) 가장 흔하고 사람과 사람 사이의 상호작용에 유용한 간접 커뮤니케이션(1.2.1절 참조)에서도 찾아볼 수 있다.

정서적 정보affective information는 제스처가 나타내는 감정이다. 이런 제스처는 주로 스트레스, 편안함, 열광 같은 기분을 전달하는 신체 언어로 주로 쓰인다. 정서적 정보는 사람 대 사람 상호작용에서 가장 자주 쓰이는 본능적 커뮤니케이션의 한 형태지만(1.2.1절 참조), 35.3.3절에서 논의했듯 드물게 경로적 정보도 인식될 때가 있다.

현실에서 손 제스처는 '좋아', '멈춰', '크기', '조용히', '죽여', '안녕', '가리키기' 같은 제스처로 커뮤니케이션을 강화할 때 자주 쓰인다. 많은 초기 VR 시스템에서는 입력에 장갑을 사용해 이와 비슷한 명령어를 제스처로 표시했다. 제스처의 장점으로는 유연함, 사람 손의 자유도, 손에 기기를 잡고 있을 필요가 없다는 점, 반드시 손을 볼 필요가 없다는(적어도 직접 응시할 필요는 없음) 점 등을 들 수 있다. 제스처는 목소리와 마찬가지로 기억해야 하고, 대부분의 현재 시스템에서 몇 가지 제스처 외에는 인식률이 낮기 때문에 적용이 까다롭다. 장갑을 사용하면 아주 편하지는 않지만, 카메라 기반 시스템에서는 시야에 잡혀야 한다는 문제가 있으므로 그보다 더 일관련 결과를 낳을 수 있다. 눌러서 제스처하는 시스템은 잘못 판정해 입력되는 비율을 극적으로 낮춰줄 수 있다. 사용자가 시스템 자체만이 아니라 다른 사람과 소통할 때 특히 그렇다.

직접적 제스처 vs. 간접적 제스처

직접적 제스처는 즉각적이고 구조적인(1.2.1절 참조) 특징이 있으며 공간적 정보를 전달해, 제스처가 시작되자마자 시스템이 이를 해석하고 응답할 수 있다. 물체를 미는 것이나 손으로 가리켜 선택하는 직접 조작이 직접적 제스처의 예다. **간접적 제스처**는 일정 시간에 걸쳐 좀 더 복잡한 의미를 지칭하므로 제스처를 시작하는 것만으로는 불충분하고, 애플리케이션이 동작의 일정 범위를 해석해야 하므로 제스처 시작부터 지연이 생긴다. 간접적 제스처는 상징적, 경로적, 감정적 정보를 전달한다. 하나의 자세 명령어는 직접적 제스처와 간접적 제스처 중간에 있는데, 시스템이 즉시 응답하지만 구조적이지는 않기 때문이다(자세는 명령어로 해석돼야 한다).

26.4.2 음성 인식

음성 인식은 말을 글자와 의미론적 형식으로 번역한다. 음성 명령은 잘만 적용되면 상호작용 시 고개와 손을 자유롭게 유지하면서 시스템에 명령을 내릴 수 있다는 점 외에도 많은 장점이 있다. 음성 인식에는 제한된 인식 능력을 포함해 중요한 난제가 있는데, 명령 옵션이 늘 분명하지 않고, 말이 계속되면 그중에서 명령을 선별하기 어려우며 배경 소음, 다양한 화자, 다른 이들의 방해 등이 문제가 된다[맥마한 등 2014]. 그럼에도 불구하고 음성은 다중 감각 상호작용(26.6절 참조)에 잘 맞는다. 하네마Hannema[2001]가 설명한 음성 인식의 범주, 전략, 오류를 차례로 살펴보자.

음성 인식의 범주

음성 인식은 종종 다음 범주로 분류된다.

> **불특정 대화자 음성 인식**은 폭넓은 사용자가 말하는 적은 수의 단어를 유연하게 인식한다. 이 유형의 음성 인식은 전화 내비게이션 시스템에 활용되며, VR에서는 사용자에게 단 몇 가지 옵션만 있을 때 적합하다(VR 시스템은 시각적으로 가능한 명령을 보여주므로 사용자는 옵션이 무엇인지 알 수 있다).

> **특정 대화자 음성 인식**은 시스템이 한 사용자의 많은 단어를 인식함으로써 학습

을 통해 특정 사용자의 말을 광범위하게 인지할 수 있다. 이런 유형의 음성 인식은 사용자가 자주 사용하는 개인용 VR 시스템에 잘 맞는다.

적응형 인식은 불특정 대화자 음성 인식과 특정 대화자 음성 인식의 중간 형태다. 이 시스템은 별도의 훈련 과정이 필요 없고, 특정 사용자가 말할 때 그 특성을 스스로 학습한다. 그래서 시스템이 말을 잘못 해석할 때 사용자가 바로 잡아줘야 한다. 사용자가 시스템을 보유하고 있지만 따로 음성 인식 훈련 과정을 진행하기가 귀찮다면 사용 적응형 인식이 좋다.

음성 인식의 전략

위에 열거한 음성 인식의 범주는 각각 다음 전략 중 하나 이상을 활용해 말을 인식한다.

단계/분리 전략은 사전 정의된 어휘 중에서 한 번에 하나의 단어를 인식한다. 이 전략은 한 단어만 사용하거나 연속되는 단어 중간을 충분히 떼어줄 때 잘 맞는다. 예로는 '저장', '취소', '재시작', '멈춤' 같은 명령어가 있다.

연속/연결 전략은 사전 정의된 어휘 중에서 이어지는 단어들을 인식한다. 불연속/분리 전략보다 적용하기가 더 까다롭다.

음성학 전략은 각각의 음소(인지적으로 뚜렷한 작은 단위의 소리. 8.2.3절 참조), 이중 음소(두 개의 인접한 음소의 조합), 삼중 음소(세 개의 인접한 음소의 조합)를 인식한다. 삼중 음소는 조합의 경우의 수가 많아 연산력을 굉장히 많이 사용하기 때문에 시스템 응답 속도가 느려질 수 있어서 사용되는 일이 드물다.

자연적/대화형 전략은 사람이 하는 것과 비슷한 방식으로 문장 안에 있는 단어의 맥락 판단을 시도한다. 그래서 컴퓨터와 말로 하는 자연스러운 대화가 이뤄진다. 이 전략 역시 제대로 구현하기는 어렵다.

음성 인식의 오류

음성 인식이 어려운 데는 여러 가지 이유가 있다. 아래의 흔한 오류 유형을 알아두면, 이런 오류를 최소화하게끔 시스템을 더 잘 디자인할 수 있을 것이다. 음성 인식용 마이크를 사용해도 오류를 줄일 수 있다(27.3.3절 참조).

삭제/거부는 사전 정의된 어휘와 단어가 일치하지 않거나 시스템이 인식에 실패했을 때 발생한다. 이런 종류의 오류는 시스템이 오류를 인식하고 사용자에게 단어를 다시 말해 달라고 요청할 수 있다는 장점이 있다.

대체는 시스템이 단어를 사용자의 의도와 다른 것으로 잘못 인식할 때 일어난다. 오류를 찾아내지 못하면 시스템이 잘못된 명령을 실행할 수도 있다. 이 오류는 감지하기 어렵지만, 전략적으로 신뢰도 계산법으로 활용할 수 있다.

삽입은 의도하지 않은 단어가 인식됐을 때 일어난다. 가장 잦은 경우는 사용자가 혼잣말을 하거나 다른 사람에게 이야기할 때 등, 의도치 않게 시스템에 말을 할 때 일어난다. 대체 오류와 마찬가지로 이때도 의도하지 않은 명령이 실행된다. 사용자에게 버튼을 누르게 하면(예: 눌러서 말하는 인터페이스) 이런 종류의 오류는 급격히 줄어든다.

맥락

사용자가 특정 시점에 하고 있는 일의 맥락을 통해 정확성을 높이고 사용자의 의도에 더 잘 매칭시킬 수 있다. 단어에는 동철이의어(같은 단어가 여러 의미를 갖는 것. 예: 볼륨은 공간의 체적 혹은 오디오 볼륨을 의미할 수 있다.)나 동음이의어(다른 단어가 같은 소리로 발음되는 것. 예: die와 dye)가 있다. 맥락을 읽는 어휘가 방대한 시스템은 때에 맞춰 해당 어휘의 하위 집합을 인식할 수 있어야만 적용할 수 있다.

26.5 모드와 흐름

하나의 애플리케이션에서는 전체적으로 같은 메타포가 적용되는 것이 이상적이지만, 현실적으로 가능하지 않을 때가 많다. 다양한 종류의 과제를 수행하는 복잡한 애플리케이션은 여러 상호작용 기술이 필요할 수 있다. 이런 경우 다양한 기술을 조합해서 사용할 수도 있다. 기술을 선택하는 방법은 손에 든 패널에서 다른 버튼을 누르거나 모드를 선택하는 것처럼 간단할 수도 있고, 순서에 따라 실행돼야 할 수도 있다(예: 특정 선택 이후에만 조작 기법이 나옴). 어떤 모드든, 해당 모드를 사용자가 분명히 알 수 있어야 한다.

또한 모든 상호작용은 잘 통합돼 매끄럽게 흘러가야 한다. 전반적인 시스템 사용성은 애플리케이션이 제공하는 다양한 과제와 기술이 얼마나 매끄럽게 결합됐느냐에 달려 있다. 흐름이 어떤지는 기본 액션의 순서를 생각해보면 알 수 있다. 사람들은 액션을 수행해야 하는 물체보다 먼저 액션에 맞춰 음성 명령을 말할 때가 많지만,

우선 사물을 떠올리는 경향이 있다. 물체는 실체가 있으므로 먼저 떠올리기 쉽지만, 동사는 추상적이고 무언가에 적용하는 것이라고 생각하기 쉽다. 예를 들어, "책을 집어 드시오."라고 생각할 때는 책을 집어 드는 동작보다 책을 먼저 떠올리게 된다. 사용자는 정신적 노력이 덜 들기 때문에 행동-물체 순서보다 물체-행동 순서를 선호한다[맥마한(McMahan)과 보우먼 2007]. 따라서 상호작용 기술을 디자인할 때는 물체에 행하는 액션보다 먼저 행동이 취해지는 물체 선택을 수행하도록 한다(언제나는 아니더라도 대부분 그렇게 하자). 또한 상호작용 기술은 물체 선택과 해당 물체의 조작이나 사용 사이의 전환을 쉽고 매끄럽게 해야 한다.

상호작용의 흐름이 오래 지속될 때는 신경이 분산되지 않아서 사용자가 주된 과제에 완전히 집중할 수 있어야 한다. 이상적으로 사용자는 과제와 과제 사이를 물리적으로(눈, 고개, 손 어떤 것이든), 혹은 인지적으로 오갈 필요가 없어야 한다. 가벼운 모드 전환, 물리적 소품, 다중 감각 기술을 활용해 상호작용의 흐름을 유지하도록 하자.

26.6 다중 감각 상호작용

하나의 감각 입력이나 출력이 모든 상황에서 적절하지는 않다. **다중 감각 상호작용**은 여러 입력 감각과 출력 감각을 결합해 사용자에게 더 풍부한 상호작용을 제공한다. '풋 댓 데어put-that-there' 인터페이스는 음성과 제스처를 효과적이고 자연스럽게 섞은 최초의 인간-컴퓨터 인터페이스로 알려져 있다[볼트(Bolt) 1980]. '풋 댓 데어'가 액션-물체 순서로 돼 있기는 하지만, 26.5절에서 논의했다시피 더 나은 흐름은 먼저 움직일 물체를 선택하는 것이다. 더 나은 적용은 아마도 '댓 무브스 데어that-moves-there' 인터페이스라 불러야 할지도 모르겠다.

다중 상호작용을 선택하거나 디자인할 때는 감각 양상을 결합하는 다양한 방식을 고려하면 도움이 된다. 입력은 특화, 동등, 중복, 동시, 보조, 이동이라는 여섯 가지 조합으로 분류할 수 있다[라비올라 1999, 마틴 1998]. 전문을 뺀 나머지 모든 입력 유형은 다중적이다.

> **특화 입력**은 입력 옵션을 특정 애플리케이션용의 한 양상에 국한시킨다. 특화 입력은 과제에 가장 맞는 양상이 분명 하나일 때 이상적이다. 예를 들어 어떤 환경에서는 물체 선택이 가리키는 행동으로만 수행될 수 있을 것이다.

> **동등 입력**은 어떤 감각을 사용하든 결과가 같다고 해도 무슨 입력을 사용할지

사용자에게 선택권을 주는 것이다. 동등 입력은 사용자의 선호와 관계없는 시스템으로 볼 수 있다. 사용자가 음성이나 패널을 이용해서 똑같은 물체를 만들 수 있는 경우가 그 예다.

중복 입력은 똑같은 정보를 전달하는 입력 둘 이상을 동시에 사용해 하나의 명령을 수행하는 것이다. 중복성은 노이즈와 모호한 신호를 줄여주므로 인식률이 높아진다. 예를 들어, 사용자가 "빨간색 정육면체 선택"이라고 말하면서 손으로 빨간색 정육면체를 가리키거나 "이동"이라고 말하면서 손으로 물체를 직접 움직이는 것을 들 수 있다.

동시 입력은 사용자가 동시에 다른 명령을 내릴 수 있게 해주므로, 사용자가 더 효율적으로 작업할 수 있다. 예로는 사용자가 멀리 있는 물체의 정보를 말로 요청하면서 날아가도록 가리키는 경우가 있다.

보조 입력은 다른 유형의 입력을 합쳐서 하나의 명령으로 만든다. 보조 입력은 다른 감각들이 시간적으로 가깝거나 동시일 때 더 빠른 상호작용을 낳는다. 예를 들어 물체를 삭제할 때, 사용자가 "삭제"라고 말하면서 어깨 너머로 물체를 옮기는 동작을 요구하는 애플리케이션이 이런 경우다. 또한 음성과 제스처를 둘 다 이용해 물체를 배치하도록 하는 '풋 댓 데어' 인터페이스도[볼트 1980] 그런 예다.

이동 입력은 하나의 입력 양상에서 다른 입력 양상으로 정보가 이동할 때 일어난다. 이동은 인식률을 높여주고 상호작용 속도도 높여준다. 사용자가 한 양상을 이용해 과제 일부를 달성하고, 그런 다음 다른 양상이 해당 과제 완료에 더 적합하다고 판단할 수도 있다. 이럴 때는 이동으로 사용자가 처음부터 다시 시작할 필요가 없어진다. 예로는 특정 메뉴를 띄우도록 말로 명령하는데, 말이나 가리키는 동작으로 상호작용할 수 있는 경우가 있다. 혹은 '눌러서 대화' 인터페이스도 그런 예다. 전환은 하드웨어의 신뢰성이 낮거나 어떤 상황에서 잘 작동하지 않을 때 가장 적절하다.

26.7 멀미와 피로 주의

특히 시점을 컨트롤하는 일부 상호작용 기법은 멀미를 유발할 수 있다. 내비게이션 기법을 선택하거나 만들 때, 디자이너는 3부에서 언급한 것처럼 씬 모션과 운동 멀미를 주의 깊게 이해하고 고려해야 한다. 주로 멀미가 우려된다면 시점 변경은 실제 손 동작의 일대일 매핑이나 순간 이동을 통해서만 이뤄져야 한다(28.3.4절 참조).

최근의 HMD가 거의 그렇듯, 오랜 시간 동안 얼굴에 가까이 있는 인터페이스를 보고 있으면 초점 조절-이접 운동 충돌로 인해 불편해하는 사용자도 있다(13.1절 참조). 따라서 얼굴 가까이에 시각 인터페이스를 배치하는 일은 최소화해야 한다. 14.1절에서 언급했듯, 사용자가 한 번에 몇 초 이상 몸 앞쪽으로 높이 두 손을 뻗고 있어야 하는 상호작용은 팔의 피로를 부른다. 손에 아무것도 들지 않아서 무게를 느끼지 않는 시스템이라 해도(27.2.5절 참조) 마찬가지다. 상호작용 설계 시 한 번에 몇 초 이상 허리 위로 두 손을 들고 있는 상황을 최소화해야 한다. 예를 들어 손에서 광선을 쏠 때는 엉덩이 높이 정도면 꽤 편안하다.

26.8 시각과 신체 감각 충돌 및 감각 대체

대부분의 VR 경험에는 햅틱 피드백이 거의 없으며, 있다 해도 현실의 촉감과 비교해보면 상당히 제한적이다. 완전한 햅틱 피드백이 없다는 것은 물체를 만질 수 없는 차원의 문제가 아니다. 손이나 여타 신체 부분은(혹은 물리적 기기는) 막아주는(혹은 제한하는) 물리적 힘이 없기 때문에 물체를 통과해서 계속 움직이게 된다. 그래서 손의 물리적 위치가 시각적 위치와 일치하지 않는다.

사용자는 손이 물체를 아주 약간만 관통할 때 시각적 지오메트리를 통과하지 못하도록 시뮬레이션된 물리 법칙이 VR에서 강제되는 편을 선호한다. 더 깊이 통과하는 일이 발생할 때, 사용자는 손이 물체를 통과하지 못한다는 직관이 깨지더라도 시각적으로 두 손이 실제 위치와 일치하는 편을 선호한다[린드먼(Lindeman) 1999]. 눈에 보이는 손이 깊게 뚫고 들어가는 일을 막으면 VR의 가상 손이 이전에 멈춘 곳에서 보이는 것이, 뚫고 들어간 물체의 부분과 다른 곳에서 갑자기 나타나는 것보다 훨씬 더 헷갈린다. 이럴 때는 비현실적인 상호작용으로 물리적 손과 물리적으로 시뮬레이션된 손이 갈라지도록 그려내는 절충안이 답이다(아래의 '고스팅' 관련 설명 참조).

가상 손이 실제 손과 상당히 떨어져 있는데도, 시각적 표현이 고유 감각을 지배하는 경향 때문에 사용자가 이를 눈치채지 못하는 경우도 있지만[번즈(Burns) 등 2006] 늘 그런 것은 아니다. 손을 왼쪽/오른쪽 그리고 위/아래로 움직일 때는 보통 시각이 고유 감각보다 강하지만, 손을 앞/뒤로 움직일 때는 고유 감각이 더 우세해진다[반 비어스(Van Beers) 등 2002].

감각 대체는 이상적인 감각 단서를 줄 수 없을 때 하나 이상의 다른 감각 단서로 대체하는 것이다. VR에 잘 맞는 감각 대체의 예는 아래 설명을 참고하자.

고스팅ghosting은 물체를 실제 물체와 다른 포즈에 동시 렌더링하는 것이다. 실제 손이 있는 곳과 물리 시뮬레이션에서 손이 있어야 할 곳 둘 다 손을 렌더링 하는 편이 적절한 경우가 있다. 고스팅은 가상 물체를 놓으면 어디에 배치되 는지 알려주는 단서로도 종종 활용된다. 훈련 애플리케이션에서는 사용자가 실제로는 사용할 수 없는 보조 수단으로 고스팅에 의존하게 될 수 있으므로 사용에 각별히 주의해야 한다.

하일라이팅highlighting은 시각적으로 물체의 외곽선을 부각시키거나 색상을 바꾸는 것이다. 하일라이팅은 주로 손이 물체와 교차했다는 것을 보여줘서 선택하 거나 집어 들도록 유도하는 데 쓰인다. 또한 하일라이팅은 손이 가까이에 있 으면 충돌 체크가 아직 일어나지 않았어도 물체를 선택하거나 잡을 수 있다 는 것을 알려주는 데도 활용된다. 그림 26.5는 하일라이팅의 예다.

그림 26.5 게임 〈갤러리: 식스 엘리먼츠(The Gallery: Six Elements)〉에서는 병에 하일라이트가 비춰 잡을 수 있는 물체임을 보여 준다. (클라우드헤드 게임스(Cloudhead Games) 제공)

오디오 단서는 사용자에게 손이 지오메트리와 충돌했음을 알려주는 데 대단히 효과적이다. 이런 오디오는 '땅' 소리나 실제로 녹음한 오디오 트랙처럼 간 단한 것일 수도 있다. 변화가 있는 여러 오디오 파일을 제공하면(예: 가상의 벽에 부딪히거나 적에게 총격을 당했을 때 무작위로 '끙' 앓는 소리를 넣음) 현실감 을 더하고 짜증이 덜어지는 경우도 있다. 표면을 타고 미끄러지는 느낌을 전 달하는 데는 연속해서 닿는 마찰음도 쓰인다. 높이나 진폭 같은 소리의 속성 역시 관통하는 깊이에 따라 달라질 수 있다.

패시브 햅틱(만질 수 있는 정지한 물리적 오브젝트. 3.2.3절 참조)은 가상 내비게이션이 일어날 수 없는 물리 공간으로 가상 세계가 제한돼 있거나(즉, 현실 세계의 기준 프레임과 가상 세계의 기준 프레임이 일관될 때. 26.3절 참조) 트래킹된 물리적 도구가 사용자와 함께 이동할 때(즉, 실제와 가상 오브젝트가 공간적으로 일치할 때. 25.2.5절 참조) 효과적이다. 시각이 고유 감각에 우선할 때가 많으므로 완벽한 공간 컴플라이언스가 언제나 요구되는 것은 아니다[번즈 등 2006]. 리다이렉션된 터치는 가상 공간을 변형시켜 다르게 생긴 가상 물체를 하나의 실제 오브젝트에 매핑해(즉, 손이나 손가락 트래킹이 일대일로 이뤄지지 않게끔) 가상과 실제 오브젝트의 차이를 사용자의 인지 한계치 아래로 내린다[콜리(Kohli) 2013]. 예를 들어 진짜 손이 실제 물체를 더듬을 때, 가상의 손은 약간 다르게 생긴 가상 오브젝트를 더듬을 수 있다.

울림은 입력 기기가 진동하게 만든다. 현실에서 일어나는 촉각과는 다르지만, 울림 피드백은 사용자가 오브젝트와 충돌했음을 알려주는 꽤 효과적인 단서다.

입력 기기

입력 기기는 애플리케이션에 정보를 전달하고 가상 환경과 상호작용하는 데 활용되는 물리적 도구/하드웨어다. 어느 정도 다른 입력 기기 간에도 작동하는 상호작용이 있는가 하면, 일정한 입력 기기만 작용하는 기술도 있다. 따라서 애플리케이션의 상호작용 기술에 가장 잘 맞는 입력 하드웨어를 적절히 선택하는(혹은 반대로, 가능한 입력 하드웨어에 따라 상호작용 기술을 디자인하고 적용하는) 것은 중요한 디자인적 결정이다.

이 장에서는 입력 기기의 일반적 특징을 알아본 다음, 주요 입력 기기의 종류를 설명하겠다.

27.1 입력 기기의 특징

입력 기기는 아주 다양하며, 하드웨어를 선택하고 상호작용을 디자인할 때는 각각의 특징을 고려해야 한다.

27.1.1 크기와 모양

새로운 VR 사용자에게 가장 분명히 보이는 특징은 입력 기기의 기본 형태와 크기다. 형태와 크기는 컨트롤러가 어떻게 보이고 손에 쥔 느낌이 어떨지만 결정하는 것이 아니다. 커다란 핸드헬드 기기는 어깨, 팔꿈치, 손목의 커다란 근육군을 주로 쓰게 하는 반면, 소형 핸드헬드 기기는 손가락의 더 작고 민첩한 근육군을 활용한다(보우먼 등 2004]. 소형 기기는 **악력 사용**도 줄여줄 수 있는데, 비틀기처럼 한 번의 모션으로 완료할 수 없는 과제를 완료하기 위해 물체를 놓았다가 다시 쥐는 반복 동작을 의미한다. 장갑 역시 이런 작은 근육군을 사용하며, 자유로이 다른 아이템을 건드리고 만져볼 수 있다는 장점이 있다.

27.1.2 자유도

입력 기기는 알려진 자유도(DoF) 숫자로 구분할 때도 많다. DoF는 입력 기기를 조작할 수 있는 차원의 개수다(25.2.3절 참조). 1 DoF(예: 아날로그 방아쇠)에서 6 DoF로 완전한 3D 해석(위/아래, 왼쪽/오른쪽, 앞/뒤), 회전(좌우로 기울기, 높낮이, 한쪽으로 기울기), 나아가 더 많은 DoF로 손이나 몸 전체를 트래킹하는 기기까지 있다. 전통적인 마우스, 조이스틱, 트랙볼, 터치패드(위아래가 거꾸로 된 회전 볼이라고 볼 수 있다.)는 2 DoF 기기다. VR 핸드 트래킹에는 최소 6 DoF가 필요하다(손의 여러 지점을 트래킹하려면 6 DoF 이상이 소요된다). 능동적 VR 경험의 대부분에는 6 DoF 이상의 핸드헬드 컨트롤러를 선택하는 편이 적절하다. 내비게이션만 필요하고 직접적 상호작용이 없는 간단한 과제에는 트래킹 없는 핸드헬드 컨트롤러로도 충분하다.

27.1.3 상대적 vs. 절대적

상대적 입력 기기는 현재와 마지막 측정치의 차이를 측정한다. 마우스, 트랙볼, 관성 트래커가 상대적 기기의 예다. 상대적 기기는 시간이 흐름에 따라 움직이며, 따라서 널링 컴플라이언스가 해당되지 않는다(25.2.5절 참조). 제한적이기는 하지만, 닌텐도 위Nintendo Wii는 상대적 기기도 애플리케이션을 주의 깊게 설계하기만 하면 어떤 상황에서는 자연스러운 상호작용과 잘 맞을 수 있다는 점을 증명했다. VR에서 상대적 기기는 보통 절대 측정기보다 업데이트 속도가 높고(예: 1,000Hz) 응답 속도가 빠른(예: 1ms) 관성 측정기(IMU)를 이용한다. **절대 입력 기기**는 과거의 측정치와 관계없이 기준점에 상대적인 포즈를 감지하고 컴플라이언스를 무효화한다. **하이브리드 트래킹 시스템**은 상대적 트래커와 절대적 트래커 둘을 합쳐 양쪽의 장점을 취한다. VR의 머리와 손 트래킹은 절대 측정치를 통해 포즈를 감지해야 한다(상대적 기기는 팔과 손의 물리성에 따른 제약을 모델링해 두 손의 절대 포즈를 추정한다고 주장하기는 한다).

27.1.4 분리형 vs. 내장형

내장형 입력 기기는 사용자가 하나의 동작으로(단일 구성) 모든 자유도를 동시에 컨트롤할 수 있는 반면, **분리형 입력 기기**는 최소한 하나의 자유도는 단일 동작으로 동시에 컨트롤할 수 없게 돼 있다(둘 이상의 분리된 구성). 두 개의 아날로그 스틱이 있는 게임패드가 분리형 기기의 예다. 2차원 이상을 모드 전환을 통해 컨트롤할 수 있는 2D 기기 역시 분리형 기기다. VR 손 트래킹은 내장형이어야 한다.

27.1.5 등적 vs. 등장

등적식isometric **입력 기기**는 실제 움직임이 전혀 혹은 거의 없는 압력이나 힘을 측정한다. **등장식**isotonic **입력 기기**는 중심점으로부터의 편향을 측정하며 저항은 있을 수도 있고 없을 수도 있다. 마우스는 등장식 입력 기기다. 조이스틱은 등장식도 있고 등적식도 있다. 등장식 입력 기기는 포지션 컨트롤에 가장 좋은 반면, 등적식 입력 기기는 내비게이션 속도 등의 속도 컨트롤에 적합하다. 예를 들어 등장식 조이스틱은 가속을 컨트롤할 때 좋다(즉, 잡고 있으면 움직임을 계속할 수 있다).

27.1.6 버튼

버튼은 손가락으로 밀어서 1 DoF를 제어하며, 보통 둘 중 하나(누르거나 누르지 않거나)의 상태를 취하지만 아날로그 값이 있는(아날로그 트리거) 버튼도 있다. 버튼은 모드 변경, 오브젝트 선택, 혹은 액션 개시에 흔히 사용된다. 버튼이 VR 애플리케이션에 유용하기는 하지만, 버튼이 너무 많으면 혼동되거나 오류로 이어질 수 있다. 버튼 기능의 매핑이 불분명하거나 일관되지 못할 때 더욱 그렇다(가상 컨트롤러에 라벨을 부착하면 이 문제에 도움이 된다. 그림 26.3절 참조). 마우스 버튼 세 개 이상을 쓰지 않고 컨트롤하는 직관적인 데스크톱 애플리케이션을 생각해보자.

맨손으로 사용하는 시스템(27.2.5절 참조)과 핸드헬드 컨트롤러에서 버튼 사용을 옹호하는(27.2.2절, 27.2.3절 참조) 사람들 사이에는 논쟁이 뜨겁다. 예를 들어, 마이크로소프트 키넥트와 리프 모션Leap Motion 개발자들은 버튼이 원시적이고 자연스럽지 못한 입력 양식이라고 믿는 반면, 플레이스테이션 무브와 식스센스 스템Stem 개발자들은 버튼이 게임 플레이에 필수불가결한 요소라고 믿는다. 첨예한 논란이 늘 그렇듯, 정답은 '경우에 따라 다르다.'는 것이다[제럴드 등 2012]. 버튼은 간접적으로 어떤 액션이든 발동시킬 수 있게끔 추상화할 수 있지만, 이런 추상화는 사용자와 애플리케이션을 분리시키는 원인이 될 수도 있다. 버튼은 액션이 둘 중 하나로 구성돼 있을 때, 액션이 자주 일어나야 할 때, 신뢰도가 필요할 때, 사용자에게 필수적으로 물리적 피드백이 가야 할 때 가장 효율적이다. 또한 물리적 액션을 단시간 내에 취할 수 있기에(즉, 액션을 등록하기 위해 역동적인 제스처 전체를 모두 완수해야 하는 것은 아니다.) 시간이 민감하게 작용하는 액션에 이상적이다. 제스처는 버튼 누르기보다 더 시간이 걸리고 피로도를 높이는데, 모델링이나 방사선학처럼 명령이 집중돼 있는 과제에서는 특히 그렇다. 추상화가 적절치 않거나 손 전체의 세밀한 트래킹이 요구될 때는 버튼이 없는 자연스러운 손 조작이 사실적 느낌과 존재감을 주는 데 가장 효과적이다.

27.1.7 착용 여부

착용하지 않는 입력 기기는 물리적 하드웨어를 쥐거나 착용할 필요가 없다. 이런 시스템은 카메라 시스템과 함께 구현된다. 따라서 '착용하는' 시간이 따로 필요 없다(하지만 보정은 필요할 수도 있다). 착용하지 않는 시스템은 물리적 기기를 사용자 간에 놀려쓰지 않으므로 위생 문제(14.4절 참조) 또한 줄여준다. 착용하지 않는 것이 늘 디자인의 목표가 될 수는 없으며, 실제로 손에 뭔가를 드는 것이 존재감을 더해줄 수도 있다(3.2.3절 참조). 사격이나 골프 경험을 하는데 컨트롤러를 손에 쥐는 것과 아무것도 쥐지 않는 것의 차이가 어떨지는 고려해봐야 한다.

27.1.8 실제 물체와의 완전한 상호작용

기기가 중간에 개입하지 않으면서 현실 세계를 자연스럽게 접촉하게 해주는 기기도 있다. 맨 손 트래킹 시스템(즉, 카메라 시스템)과 장갑이 가장 흔한 예다. 손에 쥐는 기기와 월드 기반 기기(27.2.1절 참조)는 손이 다른 실제 물체와 완전히 상호작용하기 전에 반드시 손에서 놓아야 한다. 또한 사용자가 손을 뻗어 다시 잡을 수 있게끔 물리적 기기를 트래킹해 가상 세계에 렌더링해야 한다.

27.1.9 기기의 신뢰성

기기의 신뢰성은 입력 기기가 사용자의 개인 공간 전체에서(그리고 사용자가 실제로 움직일 수 있을 때는 더 넓은 공간에서) 얼마나 일관되게 작동하는지의 정도다. 이상적으로 기기는 사용자의 손이 닿는 어디에서든 트래킹 포착이 끊기지 않고 100% 신뢰도를 보여야 한다. 신뢰도가 낮은 기기는 짜증, 피로(예: 손을 몸 앞으로 높이 들고 있어야 함. 14.1절 참조), 인지 부하 상승(예: 사용자가 기기를 어떤 방식으로 들고 있어야 하는지 생각해야 함), 존재감 이탈(4.2절 참조), 성능 저하가 일어날 수 있으므로 신뢰성에 유의해야 한다.

신뢰할 수 없는 트래킹에는 다양한 이유가 있으며, 크게 (1) 구현의 한계, (2) 내재적인 물리적 한계를 꼽을 수 있다. 내재적인 물리적 한계는 최적의 공학적 솔루션/구현에서 최고의 기기로 달성할 수 있는 수준을 뜻한다. 어떤 기기는 엔지니어링 과정에서 아무리 노력한다 해도 신뢰성 100%에 도달할 수 없다. 센서에서 트래킹되는 기기로 시야가 확보돼야 하는 시스템은 손이나 상체 같은 실물에 의해 가려질 수도 있는데, 이럴 때는 시스템이 기기의 포즈를 신뢰도 있게 판단할 방법이 없다(다만 짧은 시간 동안 기기의 상태를 추정할 수는 있다). 이상적으로 VR 기기는 모든 방향과 손 제스처를 처리할 수 있어야 한다(예: 두 손이 센서를 가리거나 주먹을 쥐어도 손가락 트래킹이 이뤄짐).

신뢰도에 대한 또 한 가지 난제는 사용자가 자신의 사적 공간보다 작은 트래킹 범위 안에서 작업을 시도할 때 일어난다. 시야가 제한된 시각 기반 시스템이 그런 예다. 조명 역시 일부 시각 기반 시스템에서는 까다로운 문제인데, 특히 실험실을 벗어나 조명을 통제할 수 없는 환경에서나 여타 통제 수준이 높은 공간에서 그렇다. 손이 향하는 방향이나 특정 방식으로 잡았을 때만 제스처를 인식하는 시스템도 있다. 많은 카메라 기반 손 트래킹 시스템은 손이 카메라에 직각을 이루고 손가락이 보일 때만 포즈와 제스처를 안정적으로 인식할 수 있다.

27.1.10 핵틱 기능

능동적 핵틱은 착용하거나 손에 든 실제 기기에 쉽게 추가할 수 있다. 하지만 기기의 크기에 따라, 또한 월드에도 같은 방식으로 부착됐는지에 따라 핵틱의 정도는 제한될 수 있다(3.2.3절 참조).

27.2 손 입력 기기의 종류

가장 중요한 VR 입력 기기는 사람의 손이며, 지금부터는 다양한 기기가 손을 VR에 어떻게 접목하는지 살펴본다. **입력 기기의 종류**는 상호작용에 결정적인 필수 특징을 공유하는 입력 기기를 묶은 것이다. 이 절에서 설명하는 입력 기기의 종류는 손에 초점을 맞추고 월드 기반 입력 기기, 트래킹되지 않는 핸드헬드 컨트롤러, 트래킹되는 핸드헬드 컨트롤러, 손에 착용하는 기기, 맨손 컨트롤러로 구분된다.

표 27.1은 이 절에서 설명하는 손 입력 기기 유형과 27.3절에서 설명할 기타 입력 기기 유형의 가장 본질적인 특징을 요약한 것이다. 보다시피 공통적으로 장점만 갖춘 하나의 입력 기기 유형은 없지만, 몇 가지 유형을 합쳐 더 많은 장점을 취하는 하이브리드 시스템을 만들 수는 있다. 예를 들어, 맨손 카메라 기반 시스템에 핸드헬드 컨트롤러 트래킹을 결합하는 것이다(동시 사용은 서로 다른 특성 때문에 어려울 수 있으므로, 컨트롤러를 집어 들 때까지는 맨손 시스템만 작동하도록 하는 편이 좋다). 표는 기존의 구현보다 내재된 물리적 제약을 기준으로 했다는 데 유의하자. 업데이트 속도, 지연 시간 등의 기술 명세는 하드웨어와 독립적이므로 여기에 포함하지 않았다(예: 빠른 업데이트 속도는 어떤 기기 유형으로든 적용할 수 있다).

표 27.1 손과 손이 아닌 입력 기기 유형 비교

	자기 수용	일관됨	무릎이나 엄지손 사용 가능	햅틱 기능	제한 없음	물리 버튼	두 손이 현실 세계와 자유롭게 상호작용	일반적 사용도
손 입력 기기 유형								
월드 기반 기기	✓	✓		✓	✓	✓	✓	
트래킹 미지원 핸드헬드 컨트롤러		✓	✓	✓		✓		
맨손	✓				✓		✓	✓
트래킹 지원 핸드헬드 컨트롤러	✓	✓	✓	✓		✓		✓
손에 착용	✓	✓	✓	✓		✓	✓	
손이 아닌 입력 기기 종류								
헤드 트래킹	✓	✓					✓	✓
아이 트래킹							✓	
마이크			✓		✓		✓	✓
전신 트래킹	✓	✓	✓	✓			✓	✓
러닝 머신	✓	✓			✓		✓	

27.2.1 월드 기반 입력 기기

월드 기반 입력 기기는 월드 기반 햅틱과 마찬가지로(3.2.3절 참조) 월드에 제한되거나 고정되게끔 디자인돼, 데스크톱 시스템과의 상호작용에 가장 많이 쓰인다.

키보드와 마우스는 월드 기반 기기로 간주되며 2D 데스크톱 조작이라는 과제에 아주 잘 맞는다. 하지만 이런 입력은 거의 모든 몰입형 애플리케이션의 상호작용에 좋은 방식이 아니다(사용자가 마우스와 키보드를 계속 볼 수 있는 비디오 투과형 증강 현실은 예외일 수 있다).

고착된 장소에 트랙볼과 조이스틱이 탑재된 것도 월드 기반 기기다. 밀기, 당기기, 비틀기, 그리고 모드 변경을 위한 버튼으로 6 DoF까지 제공하는 기기도 있다. 하지만 이런 기기도 손에 편안하게 들고 자유롭게 쓰도록 디자인되지는 않아서 VR에서는 마우스와 마찬가지로 제약을 받는다. 예외도 있지만(예: 의자 팔걸이에 조이스틱을 탑재하거나 물리적 컨트롤 장치가 가상 데스크톱과 정확히 일치하는 환경에서 시뮬레이션하는 데스크톱 환경), 인간 중심 디자인의 관점에서는 이런 기기를 선택할 때 '있기 때문에'나 '다른 사람들도 쓰고 있어서'가 아니라 분명한 이유가 있어야 한다.

VR에 아주 잘 맞는 월드 기반 기기는 핸들바, 운전대, 악셀과 브레이크 페달, 조종석, 자동차 내부 컨트롤 같은 특화된 기기다. 이런 기기는 대부분의 사용자가 이미 이런 기기를 현실 세계에서 사용해봤기 때문에 이동에 특히 좋다. 현실에서 실제로 사용되지 않는 월드 기반 기기라 하더라도 디자인만 잘하면 상당히 효과적이고 존재감을 불어넣을 수 있다. 예를 들어 디즈니의 〈알라딘 매직 카펫 라이드〉는 3 DoF 컨트롤(그림 27.1 참조)로 이동을 위한 직관적 물리 인터페이스를 제공한다. 이런 컨트롤이 효과적인 이유 중에는 사용자가 무엇을 할 수 있으며 지금 무엇을 하고 있는지 느낄 수 있는 물리적 기표, 행동 유도, 피드백이 있다. 이런 기기의 난제는 제작자가 이런 하드웨어를 보유한 사용자층이 얼마나 되는지 추측하기 어렵고, 그로 인해 광범위한 과제에 잘 맞는 기기를 일반화하기 어렵다는 점이다. 따라서 이런 기기는 많은 사람이 같은 기기를 사용하며 특정한 VR 경험용으로 기기를 디자인하고 수정할 수 있는 정해진 놀이공원에서 더 흔히 쓰인다.

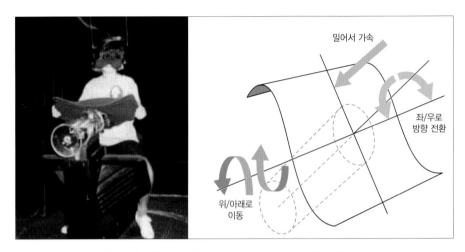

그림 27.1　디즈니 〈알라딘 매직 카펫 라이드〉의 월드 기반 입력 기기와 시점 컨트롤 매핑 (파우쉬 등[1996])

27.2.2 트래킹 미지원 핸드헬드 컨트롤러

트래킹 미지원 핸드헬드 컨트롤러는 버튼, 조이스틱/아날로그 스틱, 방아쇠 등이 있지만 3D 공간에서 트래킹되지 않는 기기다. 조이스틱과 게임패드 같은 전통적 비디오 게임의 입력 기기가 트래킹 미지원 핸드헬드 컨트롤러의 가장 흔한 형태다(그림 27.2). 많은 VR 애플리케이션이 이런 게임 컨트롤러를 지원하기 시작했다. 이런 컨트롤러는 사용자가 계속 컨트롤러를 잡고 있지 않아도 될 때 무릎 위에 편히 얹어둘 수 있어서 마우스와 키보드보다 훨씬 낫다. 많은 게이머는 수년간 사용했기 때문에 버튼이 어디에 있는지 직관적으로 안다. 아날로그 스틱이 달린 컨트롤러는 VR에서 놀라울 만큼 내비게이션에 잘 맞는다(28.3.2절 참조).

트래킹은 되지 않지만, 이런 컨트롤러는 많은 사용자가 하듯 시각적으로 표시된 두 손과 컨트롤러를 대략적인 사용자의 무릎 위치에 배치해, 앉아서 하는 경험에 존재감을 더해줄 수 있다. 시각적으로 표시된 컨트롤러와 손 역시 사용자가 무의식적으로 손과 컨트롤러를 시각적 표시물 쪽으로 움직이게 만드는 것이 확인됐다(앤드루 로빈슨과 지구두르 구나르손, 사적 대화, 2015년 5월 11일). 하지만 사용자가 두 손을 추측된 포지션에서 멀리 움직이면, 사용자가 가상 손이 제자리에 머물러 있는 것을 보게 돼서 존재감 이탈이 일어난다.

그림 27.2   엑스박스 원 컨트롤러는 트래킹 미지원 핸드헬드 컨트롤러의 예다.

27.2.3   트래킹 지원 핸드헬드 컨트롤러

트래킹 지원 핸드헬드 컨트롤러는 보통 6 DoF 기기로(VR 연구 단체에서 수십 년 동안 '마법봉^{wand}'이라고 불러왔다) 트래킹 미지원 핸드헬드 컨트롤러에서 제공하는 기능 역시 담고 있다. 트래킹 지원 핸드헬드 컨트롤러는 현재 대다수의 쌍방향 VR 애플리케이션에서 가장 좋은 선택지다. 트래킹 지원 핸드헬드 컨트롤러는 손 동작에 자연스럽게 직접 매핑되기 때문에 많은 3D 과제에 사용성이 좋다. 컨트롤러를 트래킹하므로 시각적으로 실제 손과 같은 곳에서 보이고(공간과 시간 컴플라이언스. 25.2.5절 참조) 물리적으로 느껴지기도 해서 고유 감각과 수동적 햅틱/감촉 단서를 제공한다. 가상 표현물에 라벨을 붙여서 실제 손이 있는 곳을 그저 쳐다만 봐도 어떤 버튼이 무엇을 하는 용도인지 즉시 알 수 있어(26.3.4절과 그림 26.3 참조), 전통적인 데스크톱과 게임패드 입력보다 큰 장점을 누릴 수 있다. 이런 기기로 시점을 이동할 때는 보통 버튼과 트랙볼, 내장형 아날로그 스틱(그림 27.3 같은 식스센스 스템과 오큘러스 터치 컨트롤러), 두 손으로 날기를 활용한다. 이런 기술은 28.3절에서 자세히 설명하겠다. 이런 기기에는 트랙패드와 능동적 햅틱 같은(예: 진동) 다른 유형의 물리적 컨트롤과 피드백도 추가할 수 있다.

그림 27.3   식스센스 스템(왼쪽)과 오큘러스 터치(오른쪽) 트래킹 지원 핸드헬드 컨트롤러 (식스센스(왼쪽)와 오큘러스(오른쪽) 제공)

트래킹 지원 핸드헬드 컨트롤러는 실제 소품으로 작용할 수 있다는 장점이 있는데, 물리적 접촉을 통해 존재감을 향상시킨다. 이런 컨트롤은 가상 세계와의 커뮤니케이션을 증진시킬 뿐 아니라, 사용자에게 좀 더 굳건한 공간적 관계로 보이기도 한다[힝클리(Hinckley) 등 1988]. 하지만 이런 소품은 먼저 컨트롤러/소품을 내려놓지 않고서는 좌석, 핸들, 조종석의 조종 장치 등 월드에 있는 다른 수동적 오브젝트와 월드 기반 입력 기기를 직접 완전히 접촉하고 만져볼 수 없게 한다는 단점도 있다(27.2절 참조).

트래킹 지원 핸드헬드 기기는 일반적으로 관성, 전자기, 초음파, 혹은 광학(카메라) 기술을 사용한다. 이 기술은 각각 장점과 단점이 있으며, 핸드헬드 트래커는 높은 정확도와 정밀도를 제공하는 여러 기술을 합친 하이브리드 방법론으로 사용되는 것(센서 퓨전)이 이상적이다.

27.2.4 손 착용 기기

손 착용 입력 기기에는 장갑, 최근 인기를 모은 탈믹 랩스Thalmic Labs의 미요Myo(팔에 착용해 손 동작을 측정한다.) 같은 근육 긴장도 센서(근전도 검사기 혹은 EMG 센서)와 반지가 있다.

장갑(그림 27.4)은 이론적으로 시야 유지, 센서의 시야각, 조명 요건처럼 많은 장점이 있어서 손을 편하게 옆으로 늘어뜨리거나 무릎 위에 얹고도 트래킹이 끊기지 않아, 상호작용 기법을 잘 디자인하면 팔의 피로를 덜어줄 수 있으므로(18.9절 참조) 궁극의 VR 인터페이스라고 많은 사람이 믿는다. 맨손과 마찬가지로 장갑 역시 손과 손가락으로 다른 실제 물체와 완전한 상호작용을 할 수 있다는 장점이 있다.

하지만 맨손 시스템과 마찬가지로 손을 완전히 트래킹하는 장갑은 현재까지 나온 형태로는 부족하며, 대중이 이용하게 하려면 극적인 개선이 필요하다. 일관된 손가락 트래킹의 정확도가 부족하기 때문에 아직 몇 가지 제스처 이상을 일관되게 인식하기는 어렵다. 장갑이 손에서 헛돌기 때문에 몇 가지 이상의 제스처를 인식하려면 사용자가 자주 다시 보정해야 한다. 또한 장갑을 끼고 있으면 불편하고 땀이 찰 수도 있다. 게다가 구글 글래스와 비슷하게 사회적으로 장갑 착용에 대한 저항감이 있을 수도 있는데, HMD를 얼굴에 기꺼이 쓰는 사람이라면 다른 사람들이 손에 낀 장갑을 어떻게 볼지 신경 쓰지는 않을 것이다. 이런 난제가 풀린다면 장갑이 VR의 궁극적인 입력 기기로 선택될 수도 있을 것이다.

페이크스페이스 핀치 글러브Fakespace Pinch Gloves는 버튼 같은 기능이 있고 100%에 가까운 인식 일관성을 보여, 완전한 손과 손가락 트래킹 기능이 있는 보통 장갑보다 좋다. 각 손가락 끝마다 전도성 천이 꿰매어져 있고, 둘 이상의 손가락이 접촉하면 회로가 닫혀서 신호가 만들어진다. 이런 단순한 디자인을 통해 많은 핀치(꼬집기) 제스처가 가능해지는데, 둘에서 열 손가락까지 서로 닿는 조합에 더해 별도로 동시에 일어나는 핀치 포즈까지 활용할 수 있다(예: 왼손 엄지가 왼손 검지와, 오른손 엄지가 오른손 검지와 동시에 맞닿는 것). 실제로는 손의 제약과 사용자가 제스처를 암기하고자 하는 의지가 어느 정도인지에 따라 애플리케이션이 이런 제스처 중 일부만 활용하게 되는데, 컨트롤러에 버튼이 너무 많으면 매우 복잡하게 느껴지는 것과 마찬가지 이치다. 핀치 글러브는 28장에서 설명할 많은 기술 사례에 상당히 잘 사용될 수 있다.

아마도 장갑이 갖는 가장 중요한 장점은 라비올라와 젤레즈닉Zeleznik[1999]이 시연한 것과 같이 완전한 손 트래킹과 버튼 시뮬레이션을 핀치 글러브를 활용한 핀치 제스처로 조합할 수 있다는 점일 것이다. 사이버글러브의 사이버터치처럼(그림 27.4와 같지만, 버저가 달려서 촉감을 전달한다.) 햅틱에도 장갑을 활용할 수 있다.

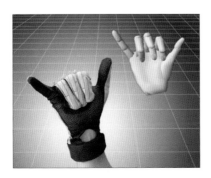

그림 27.4　사이버글러브는 손 착용 기기의 예다. (사이버글러브 시스템스 LLC 제공)

EMG 센서와 반지의 정확도가 높아진다면 이 역시 많은 애플리케이션에 잘 맞을 것이다.

27.2.5 맨손

맨손 입력 기기는 손에 조준된 센서를 통해(월드나 HMD에 탑재됨) 작동한다. 그림 27.5 는 손과 손에 맞춘 뼈대 모델이 사용자에게 보이는 모습이다. 분명한 장점은 사용자의 두 손에 아무 방해가 없다는 것이다. 많은 이들이 맨손 시스템은 이상적인 궁극의 VR 인터페이스가 될 것이라고 믿는다. 현실에서는 맨손이 극히 잘 작동하지만, VR에서 맨손으로 일관된 상호작용을 구현하기는 극히 까다롭다. 풀어야 할 과제에는 촉감의 부재, 센서 앞으로 두 손을 뻗고 있는 데서 오는 피로, 센서 사이를 가리지 않는 시야 요건, 폭넓은 사용자에 대한 일관된 제스처 인식이 있다. 이런 기술적 과제는 센서가 어디에 있는지 신경 쓸 필요 없이 두 손을 무릎에 편하게 얹은 채 작업할 수 있는 등의 사용성 과제에 직결된다. 맨손 입력에는 물리적 버튼을 넣을 수 없는데, 버튼이 필요한 애플리케이션도 있고 필요 없는 애플리케이션도 있다(27.1.6 절 참조).

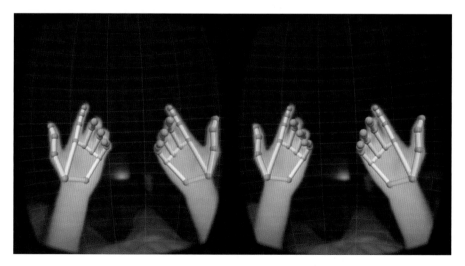

그림 27.5 사용자는 HMD의 심도 카메라로 자기 손을 상세히 볼 수 있다. 여기서는 두 손에 맞는 뼈대 모델도 보인다. (리프 모션 제공)

VR에서 맨손 입력이 효과적으로 작동하도록 하고 사용자의 손을 완전한 3D로 보이게 하는 것은 아주 매력적이며, 트래킹이 일관되게 작동한다면 VR을 사용하는 동안 존재감도 잘 전달될 것이다. 이런 난관이 극복될지, 그리고 폭넓은 사용자에게 받아들여질지는 두고 볼 일이다.

27.3 손이 아닌 입력 기기의 종류

VR 입력이 손을 통해서만 일어날 수 있는 것은 아니다. 그럼 헤드 트래킹, 아이 트래킹, 마이크, 전신 트래킹을 알아보자.

27.3.1 헤드 트래킹 입력

헤드 트래킹은 정확하고 정밀하며 빠를 뿐 아니라 잘 보정돼 있어야만 가상 세계가 안정적으로 보인다. 월드의 안정성은 VR에 필수적이며 잘 작동하는 것으로 간주되지만, 이 장의 중심 주제는 안정성이 아니다. 여기서 **헤드 트래킹 입력**은 그저 가상 환경을 보는 것을 넘어서 피드백을 수정하거나 제공하는 상호작용을 의미한다. 가장 흔한 헤드 트래킹 상호작용의 형태는 바라봐서 조준하는 것이다. 한 가지 방법은 버튼을 누르면 화면 중앙에 조준 십자선이나 포인터가 나타나도록 해서(26.3.5절 참조), 조준선 쪽으로 발사하거나 조준선이 맞춰진 옵션을 선택하도록 하는 것이다. 사용자가 바라보는 방향에서 액션이 일어나게 하고, 캐릭터들을 바라보면 반응하거나 단순히 끄덕이는 제스처로 '예'와 '아니오'를 표시하는 등의 좀 더 미묘한 상호작용도 사용할 수 있다.

27.3.2 아이 트래킹 입력

아이 트래킹 입력 기기는 눈이 바라보고 있는 곳을 트래킹한다. VR의 아이 트래킹 입력은 선택하기(28.1.2절 참조)나 현재의 일부 HMD에 통합된 쌍방향성 아이 트래킹 시스템에서 바라보는 곳에 발사하는 등의 기능 외에는 아직 탐구할 영역이 많은 주제다.

'**미다스의 손 문제**Midas Touch problem'는 사람들이 무언가를 '뜻'하지 않고 사물을 바라볼 때 상호작용이 일어나는 일을 의미한다. 아이 트래킹만으로 상호작용하는 것은 보통 좋은 생각이 아닌데, 아이 트래킹은 다중 입력으로 활용할 때 더 좋다. 예를 들어 머무르는 시간을 통해 신호하는 것보다 중간 단계를 사용해 신호하는 편(예: 버튼 누르기, 눈깜박이기, '선택'이라고 말하기)이 보통 더 좋다. 중간 단계가 있다 해도, 시선으로 잘 작동하는 상호작용 디자인은 하나의 도전이다. 눈과 함께 움직이는 포인터/조준선 형태의 간단한 피드백은 시각적 뚜렷함이 아주 높을 때 시야의 일부 관람을 방해해 걸리적거릴 수 있다. 눈의 단속 운동 역시 포인터가 의도치 않은 방식으로 흔들리거나 건너뛰게 만들 수 있다. 이런 문제는 버튼을 누르고 있을 때만 포인터가 나타나게 하고 빈도수가 높은 모션은 필터링함으로써만 줄일 수 있다.

아이 트래킹은 캐릭터를 바라보면 반응하는 방식처럼 특화된 과제와 미묘한 상호작용에 더 효과적일 수 있다. 다음 지침은 아이 트래킹 상호작용 디자인 시 고려하면 좋을 사항이다[쿠마(Kumar) 2007].

- **눈의 자연스러운 기능 유지:** 우리 눈은 보기 위해 있으며, 상호작용 디자이너는 자연스러운 눈의 기능을 유지해줘야 한다. 다른 목적으로 눈을 사용하면 시각 채널에 과부하가 온다.

- **대체보다는 증강:** 일반적으로 기존 인터페이스를 아이 트래킹으로 대체하는 것은 부적절하다. 대신 이미 구현한 것에 어떻게 기능을 추가해 새로 인터페이스를 만들어낼지 고민하자. 응시는 사용자가 씬의 특정 오브젝트나 영역에 관심을 기울이고 있다는 맥락과 정보를 시스템에 제공할 수 있다.

- **상호작용 디자인에 집중:** 아이 트래킹 자체보다 전반적인 경험에 집중한다. 상호작용의 단계 수, 걸리는 시간, 오류/실패의 결과, 인지 부하, 피로를 고려한다.

- **눈 움직임의 해석 향상:** 응시 데이터에는 노이즈가 많다. 어떻게 눈 움직임을 필터링하고, 응시 데이터를 분류하고, 응시 패턴을 인식하고, 다른 입력 양상을 고려하는 것이 최선일지 고민하자.

- **적절한 과제 선택:** 모든 문제를 응시로 풀려고 하지 말자. 아이 트래킹이 모든 과제에 적절한 것은 아니다. 응시를 선택하기 전에 과제와 시나리오를 고려하자.

- **능동적 응시보다 수동적 응시 사용:** 응시를 더 수동적으로 활용해 눈이 원래의 기능을 더 잘 유지하는 방법을 고민하자.

- **다른 상호작용에 응시 정보 활용:** 사용자가 어디에 주의를 기울이고 있는지 시스템이 이미 알고 있는 바를 활용해 응시가 아닌 상호작용에 맥락을 제공하자.

보통은 쌍방향성이 아니지만, 아이 트래킹 정보로 웹사이트 디자인이 향상되는 것과 마찬가지로 콘텐츠 제작자에게도 사용자의 관심을 가장 끄는 것이 무엇인지 단서를 줌으로써(10.3.2절의 '주의력 맵' 관련 설명 참조) VR 사용성을 크게 향상시킬 수 있다.

27.3.3 마이크

마이크는 물리적 소리를 전자 신호로 변환하는 어쿠스틱 센서다. 헤드셋의 마이크 사용은 주변 소음을 제거/감소시키는 노이즈 캔슬링 기능을 포함하는 음성 인식용으로 특별히 디자인됐다. 마이크는 HMD를 착용해 눈으로 마이크를 볼 수 없을 때도 쉽게 위치를 조정할 수 있어야 한다. 마이크를 입 앞에 가까이 댈수록 정확성이 높아진다. 마이크는 편안하고 가벼워야 한다.

혼잣말을 하거나 다른 사람의 음성이 섞여 들어가는 음성 인식 오류를 막기 위해 (26.4.2절 참조) 눌러서 말하기$^{push-to-talk}$ 인터페이스를 사용하자. 핸드헬드 컨트롤러를 활용한다면 눌러서 말하기 버튼이 컨트롤러에 있어야 한다.

27.3.4 전신 트래킹

전신 트래킹은 머리와 손을 넘어 다른 곳까지 트래킹한다. 전신 트래킹은 자기 화신을 보는 듯한 착시뿐 아니라 사회적 존재감의 착각도 크게 더해줄 수 있다(4.3절 참조). 많은 특징을 트래킹하면 상호작용도 강화된다(예: 공을 찰 수 있도록 구현된 게임).

VR 전신 트래킹은 보통 영화계에서 사용되는 모션 캡처 슈트^{suit}로 이뤄진다. 전자기 센서, 역반사 마커, 관성 센서 같은 다양한 기술을 활용하는 여러 슈트가 있다. 마이크로소프트 키넥트 같은 심도 카메라는 이론적으로 전신을 트래킹할 수 있지만, 여러 카메라를 사용하지 않고서는 전신을 캡처하기 힘들다. 어쨌든 해상도가 높지 않고 몸의 상당 부분이 시야에 나타났다 사라졌다 하더라도, 마이크로소프트 키넥트 같은 전신 카메라 캡처 시스템을 이용하면 대단히 매력적인 경험을 만들어낼 수 있다. 그림 27.6은 실시간으로 캡처한 현실 세계와 그 결과로 HMD에 표시되는 점군 데이터$^{point-cloud data}$를 보여준다.

자신의 몸을 봄　　　　현실 세계 인지　　　　사회적 상호작용 있음

그림 27.6 심도 카메라는 사용자가 자신의 몸, 현실 세계, 그리고 현실 세계의 다른 사람들을 볼 수 있게 해준다. (다소 시스템 (Dassault Systèmes), iV 랩 제공)

상호작용 패턴과 기법

상호작용 패턴은 공통된 사용자 목표를 달성하기 위한 다양한 애플리케이션에 거듭 사용할 수 있도록 일반화된 고차원의 상호작용 개념이다. 여기서 다루는 상호작용 패턴은 개략적인 수준에서 일반적인 VR 상호작용 개념에 대한 공통된 접근법이다. 상호작용 패턴은 많은 시스템 아키텍트에게 친숙한 소프트웨어 디자인 패턴(32.2.5절 참조)과 다르다는 점에 유의하자. 사용자의 관점에서 설명한 상호작용 패턴은 대체로 구현에 따라 다르며, 사용자와 가상 세계 및 인지되는 오브젝트 간의 관계/상호작용 면에서 기술된다.

상호작용 기법은 상호작용 패턴보다 더 구체적이며 기술에 의존한다. 유사한 상호작용 기법들은 같은 상호작용 패턴으로 묶었다. 예를 들어 걷는 패턴(28.3.1절 참조)은 사실적 걷기부터 제자리 걷기에 이르기까지 여러 걷는 상호작용 기법을 다룬다. 가장 좋은 상호작용 기법은 높은 수준의 행동 유도, 기표, 피드백, 매핑으로 이뤄져(25.2절 참조) 사용자에게 즉각적이고 유용한 심상 모델을 제공한다.

상호작용 패턴과 상호작용 기법의 구별은 여러 이유에서 중요하다[세딕(Sedig)과 파슨스(Parsons) 2013].

- 기존 상호작용 기법과 이름 및 특징이 기억해두기에는 너무 많고, 앞으로도 많은 기법이 더 개발될 것이다.

- 더 넓은 상호작용 패턴 아래 상호작용 기법들을 정리하는 편이 더 쉽고, 구체적인 세부 사항을 신경 쓰기보다는 개념적 활용도와 고차원의 디자인적 판단에 집중하도록 할 수 있어 디자인 가능성 탐구에 고려하기 적절하다.

- 폭넓은 패턴 이름과 개념이 상호작용 개념을 이야기하기에 더 쉽다.

- 개략적인 그룹화로 시스템적 분석과 비교가 더 쉬워진다.

- 특정 기법이 맞지 않을 때는 같은 패턴에 있는 다른 기법을 탐구해보는 편이 더 쉽고, 특정 상호작용 기법이 왜 의도한 대로 작동하지 않았는지 이해하기 더 좋다.

상호작용 패턴과 상호작용 기법 둘 다 실험, 사용 제안과 주의점, 혁신적인 새 디자인의 시작점이 될 개념 모델을 제공한다. 상호작용 디자이너는 이런 패턴과 기법을 잘 이해해야만 필요 사항과 혁신할 기준에 따라 탄탄한 선택지를 갖게 된다. 다만, 최고의 상호작용 패턴이나 기법이 존재한다는 생각의 덫에 걸려서는 안 된다. 각각의 패턴과 기법마다 애플리케이션의 목표와 사용자의 유형에 따라 강점과 약점이 존재한다[윙그레이브(Wingrave) 등 2005]. 서로 다른 기법을 구분하고 취사선택하는 능력은 수준 높은 상호작용 경험을 만드는 데 필수적이다.

이 장에서는 VR 상호작용 패턴을 선택, 조작, 시점 컨트롤, 간접 컨트롤, 복합 패턴으로 나눴다. 이 장에서 정리한 상호작용 패턴과 각각의 상호작용 기법은 표 28.1에 정리돼 있다. 처음 네 가지 패턴은 순서대로 사용되거나(예: 사용자가 테이블로 이동해서 테이블 위의 툴을 선택한 다음, 해당 툴로 테이블 위 다른 물체를 조작) 복합 패턴으로 합쳐질 수 있다. 연구원과 전문가들이 유용성을 입증한 상호작용 기법은 더 폭넓은 패턴의 맥락 안에서 설명했다. 이런 기법은 예일 뿐이며, 다른 많은 기법이 존재하므로 모두 기재하면 목록이 끝도 없이 길어질 것이다. 이런 패턴과 기법을 설명하는 것은 독자들이 직접 사용해보고 확장하며, VR 상호작용의 완전히 새로운 방식을 만들어내는 영감을 받도록 하기 위해서다.

표 28.1 이 장에서 정리된 상호작용 패턴. 상호작용 기법의 더 구체적인 예는 각 상호작용 패턴에 설명돼 있다.

- 선택 패턴(28.1절)
  - 손 선택 패턴
  - 가리키기 패턴
  - 이미지 면 선택 패턴
  - 입방체 기반 선택 패턴
- 조작 패턴(28.2절)
  - 직접적인 손 조작 패턴

- ○ 프록시 패턴
- ○ 3D 툴 패턴
- 시점 컨트롤 패턴(28.3절)
  - ○ 걷기 패턴
  - ○ 조종 패턴
  - ○ 3D 멀티 터치 패턴
  - ○ 자동 패턴
- 간접 컨트롤 패턴(28.4절)
  - ○ 위젯과 패널 패턴
  - ○ 비공간적 컨트롤 패턴
- 복합 패턴(28.5절)
  - ○ 손 가리키기 패턴
  - ○ 월드 인 미니어처 패턴
  - ○ 다중 감각 패턴

28.1 선택 패턴

선택은 명령이 적용될 하나 이상의 오브젝트 지정, 조작 과제의 시작 표시, 이동할 지점 명시가 포함된다[맥마한 등 2014]. VR에서는 오브젝트 선택이 눈에 띨 필요가 없는 데, 특히 대부분의 오브젝트가 사용자로부터 멀리 있을 때는 더 그렇다. **선택 패턴**에는 손 선택 패턴, 가리키기 패턴, 이미지 면 선택 패턴, 볼륨 기반 선택 패턴이 있다. 애플리케이션과 과제에 따라 각각 장점이 다르다.

28.1.1 손 선택 패턴

연관 패턴

직접적인 손 조작 패턴(28.2.1절 참조)과 3D 툴 패턴(28.2.3절 참조)

설명

손 선택 패턴은 현실 세계의 상호작용을 흉내 내어 직접 오브젝트를 만지는 패턴으로, 사용자는 직접 손을 뻗어 오브젝트를 건드린 다음 잡기를 발동한다(예: 컨트롤러의 버튼 누르기, 주먹 쥐기, 음성 명령 내리기).

용도

손 선택은 사실적인 상호작용에 이상적이다.

한계

생리적으로 완전히 사실적인 손 선택의 구현은 팔을 뻗을 수 있는 범위(사적 공간) 안의 물체로 한정되므로(팔을 뻗을 수 있는 거리와 손목을 돌릴 수 있는 범위가 정해져 있다.), 사용자는 먼저 선택하려는 오브젝트 가까이로 이동해야 한다. 사용자마다 키와 팔 길이가 달라서 어떤 사람은 개인 공간 가장자리에 위치한 오브젝트를 선택하기 가 불편할 수 있다. 가상 손과 팔은 종종 관심 물체를 가릴 수 있고, 가리는 범위도 커서 작은 아이템을 선택하기에 불편하다. 비현실적 손 선택 기법에는 이런 제한이 없다.

상호작용 기법의 예

사실적인 손: 사실적인 손은 자기 자신이 눈에 보이는 느낌을 주는 대단히 매력적인 방 법이다(4.3절 참조). 이상적으로는 팔 전체를 트래킹해야 하지만, 손과 함께 머리 혹 은 상체를 트래킹할 경우 역운동학으로 사용자가 보통은 눈치채지 못하는 팔 포즈 의 차이를 상당히 유사하게 그려낼 수 있다. 그림 28.1(왼쪽)은 병을 잡고 있는 사용 자의 관점을 예로 보여준다.

그림 28.1   사실적인 손과 팔(왼쪽), 어느 정도 사실적인 팔 없는 손(가운데), 그리고 추상적인 손(오른쪽) (클라우드헤드 게임스(왼 쪽), 넥스트젠 인터랙션스(가운데), 디지털 아트폼(오른쪽) 제공)

사용자를 모델링하고(예: 팔 길이 측정) 측정한 팔 길이에 맞춰 편안한 범위 안에 오 브젝트를 배치하는 것이 이상적이다. 하지만 디지털 아트폼은 10세에서 성인까지는 몸 사이즈의 전체 범위에 합당한 하나의 팔 길이 값을 적용한 설정의 준몰입형 환경에서 불만을 토로하지 않는다고 보고했다.

비현실적 손: 손이 꼭 진짜처럼 보일 필요는 없으며, 손과 팔을 진짜처럼 보이게 하면 상호작용이 제한될 수 있다. **비현실적 손**은 진짜를 흉내 내는 대신 손쉬운 상호작용에 중점을 둔다. 종종 팔 없이 손만 사용해(그림 28.1 가운데) 손 뻗는 범위를 늘리거나 줄일 수 있게 해서 상호작용이 더 쉽게 디자인하기도 한다. 팔이 없으면 처음에는 이상해 보이지만, 사용자는 빠르게 이를 수용한다. 손 자체도 꼭 진짜 손처럼 보일 필요는 없다. 추상적 애플리케이션에서 사용자는 추상적인 3D 커서를 받아들이며(그림 28.1 오른쪽), 그러면서도 오브젝트를 직접 선택하는 느낌은 변함없다. 이런 손 커서는 시야 가림 문제도 줄여준다. 손을 투명하게 만들어도 가림 현상을 줄일 수 있다(여러 오브젝트를 렌더링할 때 올바른 투명도를 정하기는 기술적으로 까다로워질 수 있다).

고고 기법: **고고**[go-go] **기법**은[푸피레프(Poupyrev) 등 1996] 한 손이 사적 공간을 넘어 멀리 뻗어갈 수 있도록 해서 비현실적 손을 확장한 개념이다. 팔을 뻗은 범위의 2/3 안에 있을 때는 가상의 손이 실제 손에 직접 매핑되고, 더 멀리 뻗어갈 때는 손이 비선형적으로 '뻗어나가서' 환경의 먼 곳까지 손이 닿을 수 있다. 이 기법은 가까이 있는 오브젝트는 대단히 정확하게 선택할(그리고 조작할) 수 있으면서 멀리 있는 오브젝트에도 쉽게 닿을 수 있다. 고고 기법에서는 팔 길이와 높이의 물리적 측면이 중요하므로, 이 기법을 활용할 때는 팔 길이 측정을 고려해야 한다[보우먼 1999]. 팔 길이 측정은 애플리케이션을 시작할 때 사용자에게 몸 앞으로 두 손을 뻗어 달라고 요청하는 것만으로 간단히 이뤄질 수 있다. 보우먼과 하지스[1997]는 무한대까지 뻗을 수 있게 하는 속도 컨트롤(가속) 옵션 등 고고 기법의 확장을 설명하고, 이런 확장법을 가리키기 기법과 비교한다. 서로 다른 방식의 손 회전(28.2.1절 참조)은 위치 대신 조작에 중점을 둔다는 점에서 확대/축소 회전 외에는 모두 유사하다.

28.1.2 가리키기 패턴

연관 패턴

위젯과 패널 패턴(28.4.1절 참조)과 손 가리키기 패턴(28.5.1절 참조)

설명

가리키기 패턴은 선택에서 가장 근본적이고 자주 이용되는 패턴이다. **가리키기 패턴**은 레이캐스팅을 원거리까지 연장하고, 처음으로 교차되는 오브젝트를 사용자가 조종하는 방아쇠를 통해 선택할 수 있다. 가리키기는 거의 머리(예: 시야 중앙의 조준 십자선)나 손/손가락으로 이뤄진다.

용도

가리키기 패턴은 사실적인 상호작용이 필요하지 않는 한, 일반적으로 손 선택 패턴보다 낫다. 사적 공간을 넘어선 곳에서의 선택이나 작은 손 동작이 필요할 때 특히 그렇다. 원격 선택에서 속도가 중요할 때는 가리키기가 빠르지만[보우먼 1999], 잘 안 쓰는 손에 쥔 패널에 있는 컴포넌트를 주로 쓰는 손으로 가리킬 때처럼 가까이 있는 오브젝트를 정확히 선택할 때(28.4.1절 참조)도 자주 쓰인다.

한계

가리키기 선택은 보통 사실적인 상호작용이 필요할 때는 적절하지 않다(레이저 포인터나 리모콘이 모델링됐다면 예외가 될 수 있다).

간단히 구현하면 멀리 있는 작은 오브젝트를 선택할 때 어려움이 생긴다. 손으로 가리키기는 손떨림 때문에 부정확해질 수 있다[보우먼 1999]. 아래에 설명한 오브젝트 잡아채기와 정밀 모드 가리키기로 이 문제를 완화할 수 있다.

상호작용 기법의 예

손으로 가리키기: 손 트래킹이 가능하다면 손이나 손가락에서 뻗어나가는 레이캐스팅을 이용한 손으로 가리키기가 선택에 가장 흔히 활용된다. 그런 다음 사용자는 관심 항목을 정확하게 선택했는지 신호한다(예: 버튼을 누르거나 다른 손으로 제스처).

고개로 가리키기: 손 트래킹이 안 될 때는 고개로 가리키는 선택이 가장 흔히 쓰이는 선택 방식이다. **고개로 가리키기**는 시야 중앙에 작은 포인터나 조준선을 그려서 사용자가 관심 오브젝트에 시선을 맞춘 다음 해당 오브젝트를 선택한다는 신호를 보내도록 구현된다. 이 신호에는 버튼 누르기가 가장 흔히 쓰이지만 버튼이 없을 때는 해당 항목에 **머무르기 선택**dwell selection, 즉 포인터를 오브젝트 위에 정해진 시간 동안 유지하는 선택 방식도 자주 쓰인다. 머무르기 선택은 선택할 오브젝트를 보면서 기

다려야 하고, 관심 가는 오브젝트를 바라볼 때 실수로 선택이 일어날 수도 있어서 이상적이지는 않다.

시선 응시 선택: **시선 응시 선택**은 아이 트래킹을 통해 구현되는 가리키기의 형태다 (27.3.2절 참조). 사용자는 그저 흥미로운 항목을 바라본 다음, 바라본 물체를 선택한 다는 신호를 보낸다. 일반적으로 시선 응시 선택은 선택 기법으로 좋지는 않은데, 주된 원인은 27.3.2절에서 논의했던 미다스의 손 문제 때문이다.

오브젝트 스내핑: **오브젝트 스내핑**object snapping은[한(Haan) 등 2005] 선택 레이캐스팅이 가장 높은 점수의 오브젝트 쪽으로 꺾여(구부러져서) 선택을 일으키므로 점수 기능이 있 는 오브젝트에 작동한다. 이 기법은 선택할 수 있는 오브젝트가 작고 움직일 때 잘 맞는다.

정밀 모드 가리키기: **정밀 모드 가리키기**precision mode pointing는[카퍼(Kopper) 등 2010] **컨트롤/디 스플레이**(C/D) **비율**에 의해 정의된 대로 손의 회전 매핑을 포인터에 맞춰 축소하는 비동일 구조성 회전 기법이다. 그 결과 정밀한 포인터 컨트롤이 가능한 '슬로우 모 션 커서'가 된다. 커서 주위 영역을 확대/축소하는 데 줌 렌즈를 사용해 더 작은 오 브젝트를 볼 수도 있다(하지만 줌은 디스플레이에서 확대되는 영역이 작지 않은 한, 머리의 포즈에 영향을 받아서는 안 된다. 23.2.5절 참조). 사용자는 핸드헬드 기기의 스크롤 휠로 줌의 정도를 조절할 수 있다.

양손으로 가리키기: **양손으로 가리키기**는 가까운 손에서 선택이 비롯되고 먼 쪽 손으로 레이캐스팅이 연장된다[미네 등 1997]. 이러면 두 손이 가까이 있을 때보다 서로 거리가 멀고 360° 정도 빠르게 회전할 때 정밀도가 높아진다(한 손 포인터의 완전한 360° 회 전은 손이 가진 생체적 제약 때문에 어렵다). 양손 간의 거리 역시 포인터의 길이를 조절 하는 데 쓰일 수 있다.

28.1.3 이미지 면 선택 패턴

다른 이름

오클루전과 프레이밍

연관 패턴

월드 인 미니어처 패턴(28.5.2절 참조)

설명

이미지 면 선택 패턴은 눈의 포지션과 손의 포지션을 조합해 선택한다[피어스(Pierce) 등 1997]. 이 패턴은 씬과 손이 사용자 앞의(혹은 눈에) 2D 이미지 면으로 투영되는 것으로 생각할 수 있다. 사용자는 그저 눈과 원하는 오브젝트 사이에 한 손이나 두 손을 위치한 다음, 오브젝트가 손과 눈에 정렬될 때 선택 신호를 보내면 된다.

용도

이미지 면 기법은 원거리 직접 접촉을 시뮬레이션하므로 사용하기 쉽다[보우먼 등 2004]. 이런 기법은 오브젝트가 눈에 보이는 한 어떤 거리에서도 잘 작동한다.

한계

이미지 면 선택은 한쪽 눈으로 하는 편이 잘 작동하므로 사용자들은 이 기법을 사용할 때 한쪽 눈을 감아야 한다(혹은 단안식 디스플레이를 사용한다). 이미지 면 선택을 자주 사용하면 눈앞으로 손을 높이 들어야 하기 때문에 팔의 피로가 유발된다. 손 선택 패턴과 마찬가지로, 손을 투명 처리하지 않으면 물체를 가리는 일도 잦다.

상호작용 기법의 예

헤드 크러셔 기법: 헤드 크러셔head crusher **기법**(그림 28.2)은 사용자가 엄지와 집게 손가락을 2D 이미지 면에서 원하는 오브젝트 주위에 놓는다.

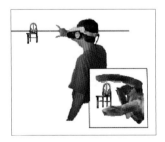

그림 28.2 헤드 크러셔 선택 기법. 확대한 그림은 의자를 선택할 때 사용자의 시야에 잡히는 모습이다. (피어스 등[1997])

스티키 핑거 기법: 스티키 핑거sticky finger **기법**은 좀 더 제스처가 쉬워, 2D 이미지 면에서 사용자의 손가락 밑에 있는 오브젝트가 선택된다.

손바닥 올리기 기법: 손바닥 올리기 기법에서는 사용자가 손을 펼치고 원하는 물체 밑에 손바닥을 위치시켜 손바닥 위에 보이는 오브젝트를 선택한다.

손 프레임 기법: 손 프레임 기법은 두 손으로 2D 이미지의 오브젝트를 감싸는 두 모서리를 만들어 보여서 선택한다.

28.1.4 볼륨 기반 선택 패턴

연관 패턴

3D 멀티 터치 패턴(28.3.3절 참조)과 월드 인 미니어처 패턴(28.5.2절 참조)

설명

볼륨 기반 선택 패턴은 공간에서 입체(예: 박스, 구체, 원뿔)를 선택할 수 있게 해주며, 선택되는 데이터의 유형에는 독립적이다. 선택할 데이터는 체적(복셀), 점 데이터군, 지오메트리 표면, 심지어 데이터가 없는 공간일 수도 있다(예: 새로운 데이터로 해당 공간이 채워지는 것을 따라감). 그림 28.3은 선택 박스를 어떻게 사용해 의학 데이터셋에서 공간 볼륨을 잘라낼 수 있는지 보여준다.

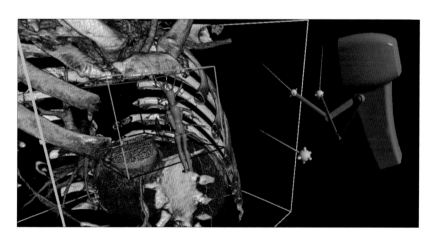

그림 28.3   오른쪽의 파란색 사용자/아바타는 스내핑, 넛징(nudging), 선택 박스 수정을 통해 의학 데이터셋 안의 공간 볼륨을 잘라낸다(녹색 아바타 앞의 회색 박스). 중앙 근처의 녹색 아바타가 안에 있는 데이터를 검토하려고 데이터셋 안으로 들어가고 있다. (디지털 아트폼 제공)

용도

볼륨 기반 선택 패턴은 사용자가 아직 정의되지 않은 데이터셋을 3D 공간에서 선택하거나 기존 데이터셋에서 공간을 잘라낼 필요가 있을 때 적절하다. 이 패턴은 지오메트리 표면이 없을 때(예: 의학 CT 데이터셋) 데이터 선택을 가능하게 해주는 반면, 다른 많은 선택 패턴/기법에는 지오메트리 표면이 필요하다(예: 가리키기는 오브젝트 표면과 레이캐스팅이 교차해야 한다).

한계

볼륨 공간 선택은 좀 더 흔한 여타 선택 패턴의 단일 오브젝트 선택보다 까다로울 수 있다.

상호작용 기법의 예

원뿔을 드리우는 플래시라이트: **원뿔을 드리우는 플래시라이트**는 가리키기를 사용하지만, 레이캐스팅 대신 원뿔 캐스팅이 사용된다. 그래서 레이캐스팅을 통한 표준의 가리키기보다 작은 오브젝트를 손쉽게 선택할 수 있다는 장점이 있다. 원하는 것이 단일 오브젝트라면 원뿔의 중심선에서 더 가까운 오브젝트나 사용자에게서 가장 가까운 오브젝트가 선택된다[리앙(Liang)과 그린(Green) 1994]. 이 기법의 변형이 조리개aperture 기법이며[포스버그(Forsberg) 등 1996], 사용자가 손을 가까이나 멀리 가져감으로써 선택 볼륨의 범위를 조절할 수 있다.

양손 박스 선택: **양손 박스 선택**은 두 손으로 스내핑과 넛징을 통해 박스의 포지션, 방향, 형태를 정한다. 스냅snap과 넛지nudge는 비대칭 기법이며, 한 손은 선택 박스의 포지션과 방향을 컨트롤하고 다른 손은 박스의 모양을 컨트롤한다[요가난단 등 2014]. 스냅과 넛지 메커니즘 모두 잡기와 변형이라는 두 단계의 상호작용이 있다. 잡기는 박스의 위치와 방향에 영향을 준다. 변형은 박스의 형태를 변경한다.

스냅은 선택 박스를 즉시 손으로 가져오며 사용자의 팔 길이 안에 있는 관심 부분에 빠르게 액세스하도록 디자인된 것이다. 스냅은 절대 상호작용 기법으로, 스냅을 개시할 때마다 박스의 위치/방향이 다시 지정된다. 따라서 스냅은 박스의 최초 포즈를 정하고 팔 길이 안에 편안하게 배치하는 데 집중한다.

넛지는 선택 박스를 점진적으로 정확하게 조정하고 컨트롤하게 해준다. 넛지는 선택 박스의 현재 포지션, 방향, 최초로 잡을 때의 배율을 유지함으로써 사용자에게서 가깝거나 멀어도 선택 박스가 작동하지만, 그 후의 박스 모션은 손에 고정된다. 일단 손에 부착되고 나면 박스는 위치와 방향이 최초 상태에 상대적으로 움직이며, 그 때문에 넛지는 박스 포즈가 상대적으로 변하는 것으로 여겨진다. 그런 다음 버튼을 누른 채 다른 손으로 동시에 변형할 수 있다.

28.2 조작 패턴

조작은 하나 이상의 오브젝트의 포지션, 방향, 배율, 형태, 색상, 텍스처 같은 속성을 변경하는 것이다. 조작은 보통 선택 다음 일어나는데, 먼저 물체를 집어 들어야 던질 수 있는 것과 마찬가지다. **조작 패턴**에는 직접적인 손 조작 패턴과 프록시 패턴, 3D 툴 패턴이 있다.

28.2.1 직접적인 손 조작 패턴

연관 패턴

손 선택 패턴(28.1.1절), 손 가리키기 패턴(28.5.1절), 3D 툴 패턴(28.2.3절)

설명

직접적인 손 조작 패턴은 우리가 현실에서 두 손으로 물체를 조작하는 방식과 일치한다. 오브젝트를 선택한 다음에는 오브젝트가 손에 부착돼 놓을 때까지 함께 움직인다.

용도

손으로 직접 위치와 방향을 정하는 것은 다른 조작 패턴들보다 더 효율적이고 사용자의 만족도가 높다는 것이 증명됐다[보우먼과 하지스 1997].

한계

손 선택 패턴처럼(28.1.1절), 간단한 적용은 사용자가 손을 뻗을 수 있는 범위에 제약을 받는다.

상호작용 기법의 예

비동일 회전: 일부 쥐는 형태는 특정 각도를 넘어서는 회전이 필요하며, 쥘 때의 동작

낭비 때문에 성능을 저하시킬 수 있다[자이(Zhai) 등 1996]. 작은 손목 회전으로 3D 회전 범위보다 큰 컨트롤이 가능한 비동일성 회전을 활용하면[푸피레프 등 2000] 쥐는 동작을 줄일 수 있다. 비동일성 회전은 큰 물리적 회전을 더 작은 가상 회전으로 매핑함으로써 정밀성을 더해주기도 한다.

고고 기법: 고고 기법(28.1.1절)은 모드 변경 없이 조작과 선택을 함께 하는 데 활용할 수 있다.

28.2.2 프록시 패턴

연관 패턴
직접적인 손 조작 패턴(28.2.1절)과 월드 인 미니어처 패턴(28.5.2절)

설명
프록시proxy는 원격 오브젝트를 표현하고 직접 매핑되는 로컬 오브젝트(실제 혹은 가상)다. **프록시 패턴**은 원격 오브젝트를 조작하는 대체물로 활용된다. 사용자가 직접 로컬 오브젝트를 조작하면, 원격 오브젝트도 똑같은 방식으로 조작된다.

용도
이 패턴은 원격 오브젝트가 사용자의 손 안에 있는 것처럼, 혹은 오브젝트를 여러 크기로 보고 조작해야 할 때처럼 직관적으로 조작돼야 할 때 잘 맞는다(예: 프록시 오브젝트는 사용자가 월드와 원격 오브젝트에 비례해 크기가 조절될 때도 같은 크기로 유지될 수 있다).

한계
프록시는 방향 컴플라이언스가 부족할 때, 즉 프록시와 원격 오브젝트 사이에 방향 차이가 있을 때는 의도한 대로 조작하기 어렵다(25.2.5절 참조).

상호작용 기법의 예
실제 소품 트래킹: 실제 소품 트래킹tracked physical props은 하나 이상의 가상 오브젝트에 매핑되고 사용자가 직접 오브젝트를 조작하도록 해서 가상 오브젝트 사이의 공간적

관계를 명시하는 데 활용된다(수동적 햅틱의 일종. 3.2.3절 참조). 힝클리 등[1998]은 잘 쓰지 않는 손이 인형의 머리를 잡고 있는 동안 주로 쓰는 손으로 평면 오브젝트나 위치 결정 장치를 잡는 비대칭 양손 3D 신경외과 수술 시각화 시스템을 설명한다 (그림 28.4). 인형 머리는 원격으로 보는 신경학 데이터셋에 직접 매핑되고 평면 오 브젝트는 평면 슬라이싱을 컨트롤해 데이터셋 내부를 볼 수 있다. 위치 결정 장치 는 가상 전극probe을 컨트롤한다. 이런 물리적 프록시는 행동과 과제를 직접 연관시 키고, 자연스러운 양손 상호작용을 용이하게 하며, 사용자가 촉각 피드백을 받을 수 있고, 어떤 훈련도 받지 않고 아주 쉽게 사용할 수 있다.

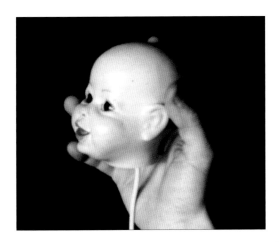

그림 28.4   신경학 데이터셋의 방향을 컨트롤하는 데 쓰이는 물리적 프록시 소품 (힝클리 등[1994])

28.2.3   3D 툴 패턴

연관 패턴

손 조작 패턴(28.2.1절)과 직접적인 손 조작 패턴(28.2.1절)

설명

3D 툴 패턴은 사용자가 두 손으로 중개 역할을 하는 3D 툴을 직접 조작함으로써 월 드 안에 있는 오브젝트를 직접 조작하게 해준다. 3D 툴의 예로는 오브젝트나 오브 젝트의 핸들로 뻗어 오브젝트 모양을 변형할 수 있는 막대가 있다.

용도

3D 툴 패턴은 오브젝트를 손으로 조작하는 능력을 향상시켜준다. 예컨대 스크루드라이버는 큰 회전을 단일 축을 따라 작게 해석해 매핑함으로써 오브젝트를 정밀하게 컨트롤할 수 있도록 해준다.

한계

3D 툴은 오브젝트에 툴을 적용하기 위해 사용자가 먼저 이동해서 적절한 각도로 움직여야 하므로 사용이 좀 더 번거로울 수 있다.

상호작용 기법의 예

핸드헬드 툴: 핸드헬드 툴hand-held tool은 손에 부착된(드는) 것으로 지오메트리와 정해진 행동 양식이 있는 가상 오브젝트다. 이런 툴은 멀리서 오브젝트를 컨트롤하거나(TV 리모콘처럼) 오브젝트에 더 직접적으로 작용하도록 활용할 수 있다. 붓을 이용해서 오브젝트 표면에 칠하는 것이 핸드헬드 툴의 예다. 핸드헬드 툴은 좀 더 직접적이기 때문에 위젯보다 사용하고 이해하기가 더 쉽다(28.4.1절 참조).

오브젝트 부착 툴: 오브젝트 부착 툴은 오브젝트에 부착/배치되는 조작할 수 있는 도구다. 이런 툴은 오브젝트, 툴, 사용자 간의 행동 유도를 표시해주는 더 탄탄한 기표가 된다. 예컨대 오브젝트에 색깔이 있는 아이콘을 배치하고, 사용자가 그저 해당 아이콘을 선택하기만 하면 색깔 있는 큐브가 나타나서 사용자가 오브젝트의 색깔을 선택할 수 있는 식이다. 박스의 모양이 변할 때는 박스 모서리에 조정 툴이 나타날 수도 있다(예: 버텍스 끌어당기기).

지그: 6 DoF 입력 기기는 물리적 제약이 없기 때문에 오브젝트의 정확한 정렬과 모델링이 어려울 수 있다. 정확도를 더하는 한 가지 방법은 지그[19]로 가상의 제약을 더하는 것이다. **지그**는 목수나 기계 기술자가 현실에서 쓰는 물리적 가이드와 비슷하게 사용자가 오브젝트의 버텍스, 가장자리, 면에 부착하는 격자, 자, 그 밖의 참조할 수 있는 형태를 말한다. 사용자는 지그 매개변수(예: 격자 간격)를 조정하고 다른 오브젝트를 지그가 부착된 오브젝트와 비교해 정확한 위치와 방향으로 스냅할 수 있다. 그림 28.5는 지그의 예다. 지그 키트는 더 복잡한 정렬을 위한 다중 지그 스내핑(예: 자를 그리드로 스냅)을 지원한다.

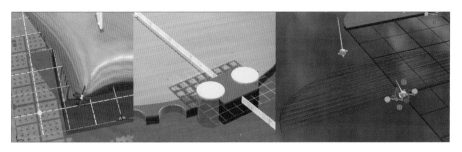

그림 28.5   정밀 모델링에 활용된 지그. 왼쪽 이미지의 파란색 3D 조준선은 사용자의 손을 표현한다. 사용자가 주황색 오브젝트의 아래 왼쪽 모서리를 격자의 지점으로 드래그한다(왼쪽). 사용자가 원통 형태를 15° 각도로 잘라낸다(가운데). 사용자가 정확하게 와이어프레임으로 본 오브젝트를 격자 위로 스냅한다(오른쪽). (디지털 아트폼과 식스센스 제공)

28.3 시점 컨트롤 패턴

시점 컨트롤은 관점을 조작하는 것으로 해석, 방향, 크기가 포함된다. 이동(10.4.3절 참조)은 확대 축소를 허용하지 않는 시점 컨트롤 형태다.

시점을 컨트롤하는 것은 월드 안에서 이동, 회전, 혹은 확대/축소와 같다. 예를 들어 시점을 왼쪽으로 이동하면 월드가 오른쪽으로 이동하는 것과 같고, 자신을 더 작게 축소하면 월드는 더 커진다.

따라서 사용자는 시점이 변화할 때 자신이 월드를 통과해 움직이거나(자기 운동 감각) 월드가 자신을 둘러싸고 움직인다고(월드 모션) 느낀다.

시점 컨트롤 패턴에는 걷기 패턴, 조종 패턴, 3D 멀티 터치 패턴, 자동 패턴이 있다(주의: 이런 패턴의 적용 중 일부는 멀미를 유발할 수 있으며, VR을 처음 사용하거나 씬 모션에 민감한 사용자에게는 적당하지 않다. 많은 경우 3부에서 제안한 기법을 적용해 멀미를 경감할 수 있다).

28.3.1 걷기 패턴

설명

걷기 패턴은 발 움직임을 활용해 시점을 컨트롤한다. VR에서 걷기에는[스타이니케(Steinicke) 등 2013] 실제 걸음부터 앉은 채로 걷는 발 동작 흉내 내기까지 모든 것이 포함된다.

용도

이 패턴은 현실 세계의 운동과 일치하거나 흉내 낸 것이므로 상호작용 충실도가 높다. 걷기는 존재감을 강화하고 내비게이션이 쉬울 뿐 아니라[우소(Usoh) 등 1999] 공간 방향 감각과 움직임의 이해도 쉽게 이뤄진다[챈스(Chance) 등 1998]. 실제 걷기는 작거나 중간 크기인 공간에서 내비게이션에 이상적이며, 이런 이동은 잘만 구현하면 멀미를 유발하지 않는다.

한계

걷기는 빠르거나 먼 거리의 내비게이션이 중요할 때는 적당하지 않다. 먼 거리를 정말 걸어가려면 트래킹되는 공간이 넓어야 하며, 유선 헤드셋 케이블이 엉켜서 헤드셋을 잡아당기기라도 하면 몸이 걸릴 위험도 있다(14.3절 참조). 따라서 관찰자가 걸어 다니는 사용자를 잘 지켜보면서 필요할 때 자세를 안정시켜줘야 한다. 오래 사용하면 피로해질 수 있고, 사용자가 참아낼 만큼의 신체 활동까지 걷는 거리가 제한된다. 유선 시스템을 사용한다면 케이블 엉킴 역시 문제다. 줄이 엉키거나 사용자가 걸려 넘어지지 않게끔 보조원이 선을 잡고 사용자를 따라다니기도 한다.

상호작용 기법의 예

리얼 워킹: 리얼 워킹real walking은 가상 환경의 동작을 실제로 걷는 동작에 매칭시켜, 실제에서 가상으로의 매핑이 일대일로 이뤄진다. 리얼 워킹은 상호작용 충실도가 높아서 많은 VR 경험의 이상적 인터페이스로 자리잡고 있다. 리얼 워킹은 보통 보폭을 직접 측정하지 않는 대신 머리를 트래킹하는데, 시각 단서와 전정계 단서가 더 잘 일치하기 때문에 멀미가 덜 일어난다(그래도 지연 시간과 시스템 오보정으로 인해 멀미가 생기기는 한다). 자기를 표현한 아바타의 발 움직임을 측정하거나 발을 트래킹해 생체역학적 대칭률을 높일 수 있다. 하지만 리얼 워킹은 그 자체로 트래킹되는 실제 공간에 가상 세계를 제한시킨다.

리다이렉트 워킹: 리다이렉트 워킹redirected walking은[라자크 등 2001] 사용자가 VR 공간에서 물리적으로 트래킹되는 공간보다 더 넓은 곳을 걸어 다닐 수 있게 해준다. 이와 함께 회전과 해석으로 사용자의 진짜 동작과는 다른 여분이 생겨 사용자를 트래킹되는 공간의 가장자리에서(혹은 물리적 장애물로부터) 멀리 인도한다. 이상적으로 이런 여분은 인지할 수 있는 한계치 아래여서 사용자가 옮겨졌다는 사실을 인식하지 못해야 한다.

제자리 걷기: 제자리 걷기에는 여러 형태가 있지만[벤트(Wendt) 2010], 모두 물리적으로 같은 지점에서 걷는 동작을 취하는데(예: 다리를 들어올림) 가상에서는 움직이게 된다. 제자리 걷기는 트래킹되는 영역이 아주 작고 안전이 중요한 고려 사항일 때 잘 맞는다. 제자리 걷기의 가장 안전한 형태는 사용자가 앉아있는 것이다. 이론적으로 사용자는 제자리에서 어떤 거리든 걸어갈 수 있다. 하지만 이동 거리는 사용자가 기꺼이 취하고자 하는 물리적 노력에 제한을 받는다. 따라서 제자리 걷기는 짧은 이동만 필요한 작거나 중간 크기인 환경에 잘 맞는다.

휴먼 조이스틱: 휴먼 조이스틱human joystick은[맥마한 등 2012] 중앙 구역에 상대적인 사용자의 포지션을 활용해 수평 방향과 가상 이동 속도를 정의하는 2D 벡터를 생성한다. 사용자는 그저 앞으로 걷는 것으로 속도를 조절한다. 휴먼 조이스틱은 트래킹되는 공간이 아주 작아도 된다는 이점이 있다(그래도 제자리 걷기보다는 큰 공간이 트래킹된다).

러닝 머신 걷기와 뛰기: 물리적으로 걷고 달리는 행동을 시뮬레이션하는 다양한 종류의 러닝 머신이 있다(3.2.5절 참조). 실제로 걷는 것만큼 사실적이지는 않지만, 러닝 머신은 시점 조절에 상당히 효과적이고 자기 운동감을 주며, 걸어갈 수 있는 거리에 제한이 없다. 전방을 향한 시각적 모션에 맞춰 발의 방향을 돌릴 수 있도록 하는 기술이 지원돼야 한다. 그렇지 않을 경우, 방향 컴플라이언스와 시간 컴플라이언스가 되지 않는 러닝 머신 기술(25.2.5절 참조)은 러닝 머신을 쓰지 않는 것만 못한 결과를 낳을 수 있다. 특히 물리적으로 달릴 필요가 있을 때는 안전용 하네스가 있는 러닝 머신이 이상적이다.

28.3.2 조종 패턴

설명

조종 패턴은 발을 움직이지 않고서 계속 시점 방향을 컨트롤하는 것이다. 보통 사용자들이 물리적으로 위아래를 볼 수 있기 때문에 시점의 높낮이 조절은 컨트롤러가 아니라 데스크톱 시스템에서 처리된다.

용도

조종은 물리적인 노력 없이 먼 거리를 이동해야 할 때 적당하다. 탐험할 때 시점 컨트롤 기법은 지속적인 컨트롤을 허용하거나, 최소한 움직임이 시작된 후 중단할 수 있게 해줘야 한다. 이런 기법은 또한 인지 부하가 최소화돼 사용자가 공간 지식 획득과 정보 수집에 집중할 수 있어야 한다. 조종은 표면 약간 위로 이동이 제약돼 있을 때, 가속/감속이 최소화됐을 때(18.5절 참조), 현실 세계의 고정 좌표계 단서가 제공될 때(12.3.4절, 18.2절 참조) 가장 좋다.

한계

조종은 걷기 패턴보다 생체 역학적 대칭을 덜 부여한다. 많은 사용자가 조종 시 멀미 증세를 보고한다. 가상 방향 전환은 실제 방향을 바꿀 때보다 더 방향 감각을 잃게 한다.

상호작용 기법의 예

기울임을 통한 내비게이션: 기울임을 통한 내비게이션은 사용자를 기울인 방향으로 이동시킨다. 기울이는 정도는 보통 속도에 매핑된다. 이 기법의 한 가지 장점은 손 트래킹이 필요 없다는 점이다. 속도가 변화하면(예: 가속) 동작 멀미가 심해질 수 있다.

응시를 통한 조종: 응시를 통한 조종은 사용자를 바라보는 방향으로 이동시킨다. 보통 응시 방향을 향한 이동의 시작과 끝은 사용자가 손에 쥔 버튼이나 조이스틱으로 컨트롤한다. 이 방식은 이해하기도 쉽고 초보자나 전방이 바라보는 방향과 동일한 일인칭 비디오 게임에 익숙한 이들에게 잘 맞는다. 하지만 조그만 머리 동작에도 이동 방향이 바뀌기 때문에 방향 감각을 잃기 쉽고, 사용자가 이동하면서 다른 방향을 볼 수도 없기 때문에 불만을 느낄 수 있다.

상체를 통한 조종: 상체를 통한 조종은 (상체를 트래킹하지 않을 때는 의자를 통한 조종이라고도 한다.) 넓은 지형을 이동할 때 활용되며, 바라보는 방향과 이동 방향이 분리된다. 현실 세계에서는 우리가 늘 고개를 향한 방향으로 걸어가지는 않기 때문에 응시를 통한 조종보다 상호작용 충실도가 더 크다. 상체나 의자를 트래킹하지 않는 경우에는 일반적인 전방을 조종 방향으로 간주한다. 이 기법은 사용자가 전방이 어디인지, 혹은 상체나 의자가 트래킹되지 않을 때 전신이 어디를 향하고 있는지에 대한 심상 모델을 구체적으로 갖고 있지 않을 때는 더 멀미를 유발할 수 있다. 따라서 시각 단서를 제공해 사용자가 전방이 어딘지에 대한 감각을 유지하도록 하면 좋다(그림 18.2).

한 손으로 날기: 한 손으로 날기는 사용자를 손이나 손가락이 가리킨 방향으로 이동시킨다. 속도는 머리에서 손까지의 수평 거리로 결정된다.

두 손으로 날기: 두 손으로 날기는 사용자가 두 손 간의 벡터 값으로 판단되는 방향으로 이동하며, 속도는 두 손 간의 거리에 비례한다[미네 등 1997]. 손 간격이 최소한일 때는 동작이 멈추는 '데드 존dead-zone(무감대)'으로 간주된다. 이런 식으로 빠르게 두 손을 모아 재빨리 동작을 멈출 수 있다. 뒤로 날아가기는 양손의 위치를 서로 바꾸면 되므로, 한 손으로 날기보다 두 손으로 날기가 더 쉽다(손이나 기기를 어색하게 회전해야 하는 단점은 있다).

듀얼 아날로그 스틱 조종: 듀얼 아날로그 스틱(조이스틱 혹은 아날로그 패드라고도 함) 조종은 넓은 지형 위를 조종할 때 아주 잘 맞는다(전진/후진, 왼쪽/오른쪽). 대부분 왼쪽 스틱은 2D 해석(위/아래로 밀기는 몸과 시점을 앞/뒤로 해석하고, 좌/우로 밀기는 몸과 시점을 좌/우로 해석한다.), 오른쪽 스틱은 좌/우 방향 조종(왼쪽으로 밀면 몸과 보는 방향이 왼쪽으로 회전하고, 오른쪽으로 밀면 몸과 보는 방향이 오른쪽으로 회전한다.)이라면 표준의 일인칭 게임 컨트롤을 사용해야 한다. 이런 매핑은 놀라울 만큼 직관적이고 전통적인 일인칭 비디오 게임과 일관된다(즉, 게이머라면 이미 이런 컨트롤이 어떻게 작동하는지 알고 있으므로 학습 곡선이 완만하다).

가상 회전은 일부 사용자에게 방향 감각 상실과 멀미를 일으킬 수 있다. 이 때문에 디자이너는 경험을 디자인할 때 콘텐츠를 일관되게 전방을 향하도록 해서 가상 회전이 필요 없도록 유의해야 한다. 시스템이 무선이고 상체나 의자를 트래킹할 경우, 사용자가 물리적으로 360° 회전할 수 있으므로 가상 회전이 필요 없다.

월드 기반 조종 장치: 비행기 조종간이나 운전대 같은 월드 기반 조종 기기(27.2.1절 참조)는 월드를 통과하는 조종에 자주 사용된다. 이런 기기는 물리적 장치를 능동적으로 조종하는 감각 때문에 시점 컨트롤에 상당히 효과적일 수 있다.

가상 조종 장치: 물리적 조종 장치를 사용하는 대신 가상 조종 장치를 사용할 수도 있다. 가상 조종 장치는 환경을 통과해 내비게이션할 때 사용되는 현실의 조종 장치를 시각적으로 표현한 것이다(경험 안에서 물리적 실체가 존재하지는 않는다). 예를 들어 사용자가 앉아있는 가상 차량을 조종하는 데 가상 운전대가 사용될 수 있다. 가상 장치는 소프트웨어에서 쉽게 변경할 수 있기 때문에 물리적 장치보다 더 유연하다. 하지만 가상 장치는 자기 수용 감각 피드백이 없기 때문에 조종하기가 더 어렵다(햅틱

기능이 있는 핸드헬드 컨트롤러에서 약간의 햅틱 피드백을 제공할 수는 있다).

28.3.3 3D 멀티 터치 패턴

연관 패턴

월드 인 미니어처 패턴(28.5.2절)과 볼륨 기반 선택 패턴(28.1.4절)

설명

3D 멀티 터치 패턴은 두 손을 사용해 월드의 포지션, 방향, 크기를 동시에 조작하게 해준다. 터치 스크린에서 하는 2D 멀티 터치와 비슷하게, 3D 멀티 터치를 통한 해석도 한 손이나(모노매뉴얼 상호작용) 두 손으로(동시 바이매뉴얼 상호작용) 공간을 잡아서 움직이기를 통해 일어난다. 2D 멀티 터치와 한 가지 다른 점은, 3D 멀티 터치를 사용하는 가장 흔한 방법은 각 손으로 공간 잡기를 번갈아 해서 손으로 '걷기' 동작을 한다는 것이다(밧줄을 당기는 것과 비슷한데, 두 손은 보통 서로 더 멀리 벌어져 있다). 월드의 확대/축소는 양손으로 공간을 잡아서 두 손을 멀리 떼거나 가까이 붙임으로써 이뤄진다. 월드 회전은 양손으로 공간을 잡아서 한 점을 중심으로 회전해 이뤄진다(보통은 한 손이나 두 손 사이의 중간점이 된다). 해석, 회전, 확대/축소는 모두 한 번의 양손 제스처로 동시에 수행할 수 있다.

용도

3D 멀티 터치는 에셋 제작, 추상적 데이터 조작, 과학적 데이터셋 보기, 혹은 임의의 관점에서 크거나 작은 관심 영역을 빠르게 살펴보기 같은 비현실적 상호작용에 잘 맞는다.

한계

3D 멀티 터치는 사용자가 지면 위에 제한돼 있지 않을 때는 부적절하다. 작고 미묘한 차이만으로도 시스템의 사용성에 영향을 줄 수 있기 때문에 3D 멀티 터치는 구현하기 까다롭다. 제대로 구현하지 못한다면 3D 멀티 터치는 사용하기에 부담스러울 수 있다. 잘 구현한 경우에도 익히기 어려워서 어떤 사용자는 몇 분이나 걸리기도 한다. 초보 사용자의 경우에는 똑바로 세워 두고, 확대/축소에 제한을 두고, 회전을 비활성화하는 등의 제약을 추가하는 편이 좋다. 확대/축소가 활성화되고 디스플

레이가 모노스코프^{monoscope} 방식일 때(혹은 심도 단서가 거의 없을 때)는 근처에 있는 작은 오브젝트와 멀리 떨어져 있는 큰 오브젝트를 구별하기가 어렵다. 따라서 사용자가 월드와 그 안에 있는 자신에 대한 심상 모델을 만들어서 유지하도록 도와주는 시각 단서가 있으면 도움이 된다.

상호작용 기법의 예

디지털 아트폼의 양손 인터페이스: 디지털 아트폼은 1990년대 메입스^{Mapes}와 모셸^{Moshell} [1995]의 연구와 멀티젠–패러다임^{Multigen-Paradigm}의 스마트씬^{SmartScene} 인터페이스를[호면(Homan) 1996] 기반으로 한 THI^{Two-Handed Interface}(양손 인터페이스)라는 원숙한 3D 멀티 터치 인터페이스를 구축했다. 그림 28.6은 시점을 조작하는 그림이다. 확대/축소와 회전은 두 손의 중간 지점 정도에서 일어난다. 월드 회전은 지구본의 양쪽 면을 잡고 돌리는 것과 비슷하게 양손으로 공간을 잡아서 두 손 사이의 중간 지점을 중심으로 공전해 이뤄진다. 월드를 한 손에 부착하는 것과는 다르다는 점에 유의해야 하는데, 한 손으로 회전시키면 상당한 멀미를 일으킬 수 있기 때문이다. 해석, 회전, 확대/축소는 모두 한 번의 양손 제스처로 동시에 수행할 수 있다. 멀티 유저 환경에서 다른 사용자의 아바타들은 자신이 확대/축소됨에 따라 커지거나 작아지는 것처럼 보인다.

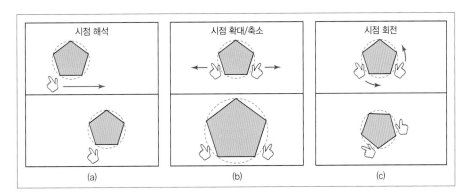

그림 28.6   디지털 아트폼의 양손 인터페이스를 이용한 해석, 확대/축소, 회전 (믈리니치 등[2011])

한 번 배우기만 하면 이렇게 월드를 오브젝트로 취급하는 구현은 내비게이션과 선택/조작 과제가 사이사이에 자주 배치될 때 잘 맞는데, 시점 컨트롤과 오브젝트 컨트롤은 서로 다른 버튼을 누른다는 것 외에는 거의 비슷하기 때문이다(예: 하나의 상호작용 메타포만 익히면 되고, 기술들을 번갈아 사용할 필요가 없어 인지 부하가 줄어든다).
그래서 사용자는 관심 월드와 오브젝트를 포지션, 회전, 확대/축소 작업을 통해 가
장 편안한 포즈에 있는 개인 공간에 배치할 수 있다. 디지털 아트폼은 이를 '자세와
접근posture and approach'이라고 칭한다(보우먼 등[2004]이 '매뉴버링maneuvering'이라고 부른
것과 비슷하다). 자세와 접근은 팔의 피로를 줄여주며(14.1절 참조), 사용자는 몇 시간
동안 시스템을 활용해도 피로를 보고하지 않았다[제럴드 등 2013]. 게다가 손동작은 원
래 같은 방식으로 반복되지 않고, 마우스처럼 평면에 고정해서 사용하는 것도 아니
므로 반복성 긴장 장애를 유발하지 않는다.

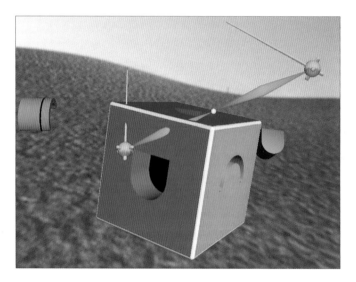

그림 28.7　양손 커서와 커서들을 연결하는 축. 두 커서 중간의 노란색 점은 회전과 확대/축소가 일어날 지점이다. (슐타이스
(Schultheis) 등[2012]).

축: 확대/축소하고 회전하는 기준점의 심상 모델을 구축하고 시각화하는 것은 새로
운 사용자에게는 어려운 일인데, 심도 단서가 없을 때는 더욱 그렇다. 양손을 연결
하는 지오메트리로(발라크리슈난Balakrishnan과 힝클리[2000]는 시각 결합이라고 부른다.) 이
뤄진 '축'(그림 28.7)과 회전 및 확대/축소의 중심을 시각적으로 표시하면, 사용자가
액션을 계획하는 데 도움이 되고 학습 과정에도 속도가 붙는다. 사용자는 축의 중
심점을 확대/축소하고 회전하고자 하는 지점에 그저 배치하고, 양손으로 버튼을 누
르고, '당기기 및 확대/축소'로 자신을 그쪽으로 당기고(혹은 지점과 월드를 사용자 쪽
으로 '당기기 및 확대/축소'하고) 동시에 해당 지점에서 회전을 선택할 수도 있다. 회전

및 확대/축소의 중심을 시각화하는 데 더해, 연결되는 지오메트리는 지오메트리와 비교해 두 손이 어디에 있는지에 대한 정보도 제공한다.

28.3.4 자동 패턴

설명

자동 패턴은 수동적으로 사용자의 시점을 변경한다. 여기에 흔히 쓰이는 방법론은 컴퓨터가 컨트롤하는 탈것에 앉아있거나 순간 이동하는 것이다.

용도

사용자가 다른 개체가 컨트롤하는 탈것의 수동적 관찰자 역할을 할 때, 혹은 환경의 자유로운 탐험이 중요하지도 않고 가능하지도 않을 때(예: 오늘날의 몰입형 영화용으로 설계된 카메라의 한계로 인한 상황) 쓰인다.

한계

이 기법의 특성인 수동성은 방향 감각 상실을 일으키고 때로는 멀미를 유발할 수 있다(구현에 따라 다르다). 이 패턴이 단지 사용자의 움직임과 관계없는 카메라 컨트롤에만 사용되는 것은 아니다. VR 애플리케이션은 일반적으로 이동 방향과 독립적으로 보는 방향을 바꾸도록 허용하므로 사용자는 시점 이동이 일어나지 않더라도 주위를 마음대로 둘러볼 수 있다. 그렇지 않으면 심각한 멀미가 유발된다.

상호작용 기법의 예

멀미 경감: 이 기법을 이용해 이동 속도와 방향의 항상성을 유지하면 멀미를 크게 줄일 수 있으며(속도를 일정하게 유지. 18.5절 참조), 월드 안정 단서 제공(18.2절 참조), 선행 지표 생성(18.4절 참조)을 통해 사용자가 어떤 동작을 예상해야 할지 알 수 있다.

수동적 탈것: 수동적 탈것은 사용자가 타거나 들어가서 자신이 컨트롤하지 않는 일정 경로를 이동하는 가상 오브젝트다. 기차, 자동차, 비행기, 엘리베이터, 에스컬레이터, 무빙 워크 등이 수동적 탈것의 예다.

대상 기반 이동과 루트 계획: 대상 기반 이동은[보우먼 등 1998] 사용자가 수동적으로 해당 위치로 이동하기 전에 원하는 목표나 장소를 선택할 수 있게 해준다. **루트 계획**은[보우먼 등 1999] 현재 위치와 목표 사이를 수동적으로 이동하기 전에 능동적으로 경로를 특정할 수 있다. 루트 계획은 맵에 경로를 그리거나 마커를 놓으면 시스템이 이를 이용해 매끄러운 경로를 만들어내는 것으로 구성된다.

순간 이동: 순간 이동은 어떤 동작도 없이 새로운 장소로 배치되는 것이다. 순간 이동은 먼 거리나 월드와 월드 사이를 이동할 때, 멀미 경감이 최우선적 과제일 때 가장 적합하다. 즉시 위치가 변하는 것보다는 씬을 페이드아웃했다가 페이드인하는 편이 사용자를 덜 놀라게 한다. 하지만 그저 순간 이동하게 되면 공간적 방향 감각이 줄어드는 단점이 있으므로, 사용자가 새로운 장소로 순간 이동했을 때 자기 위치를 잘 알지 못하게 된다[보우먼과 하지스 1997].

28.4 간접 컨트롤 패턴

간접 컨트롤 패턴은 중재 도구를 통해 오브젝트, 환경, 혹은 시스템을 수정할 수 있게 해준다. 간접 컨트롤은 선택, 조작, 시점 컨트롤보다 더 추상적이다. 간접 컨트롤은 분명한 공간 매핑이 존재하지 않거나 환경의 한 양상을 직접 조작하기 어려울 때 이상적이다. 사용 예로는 전체 시스템 컨트롤, 명령 내리기, 모드 변경, 비공간적 매개변수 변경 등이 있다.

이미 설명한 기법들은 주로 무엇을 해야 하고 어떻게 해야 하는지 설명했지만, 간접 컨트롤은 일반적으로 무엇이 돼야 하는지만 명시하고 어떻게 하는지는 시스템이 결정한다. 간접 컨트롤은 컨트롤하는 것에 직접 연결돼 있지 않으므로, 컨트롤의 모양과 크기 같은 기표, 시각적 표현과 라벨링, 내재된 조종 구조의 분명한 행동 유도성이 극히 중요하다.

간접 컨트롤 패턴에는 위젯과 패널 패턴, 비공간적 컨트롤 패턴이 있다.

28.4.1 위젯과 패널 패턴

연관 패턴

손 선택 패턴(28.1.1절), 가리키기 패턴(28.1.2절), 직접적인 손 조작 패턴

설명

위젯과 패널 패턴은 VR 간접 컨트롤의 가장 흔한 형태로, 보통 2D 데스크톱 위젯과

패널/윈도우 메타포를 따른다. **위젯**widget은 사용자 인터페이스의 지오메트리 요소다. 위젯은 사용자에게 정보만 제공하거나 사용자가 직접 상호작용할 수도 있다. 가장 단순한 위젯은 정보만 제공하는 한 개의 라벨이다. 이런 라벨은 다른 위젯의 기표 역할을 할 수도 있다(예: 버튼의 라벨). 많은 시스템 컨트롤은 일차원적 과제이므로, 풀다운 메뉴, 라디오 버튼, 슬라이더, 다이얼, 선형/원형 메뉴 같은 위젯으로 구현될 수 있다. **패널**은 여러 위젯이 담겨 있는 구조며 다른 패널을 넣을 수도 있다. 손쉽게 다루려면 패널 배치가 중요하다. 예를 들어 오브젝트 위에, 월드에 떠있는 형태로, 탈것 안에, 디스플레이에, 손이나 입력 기기에, 혹은 몸 근처 어딘가(예: 늘 허리를 둘러싸고 있는 반원형 메뉴)에 패널을 배치할 수 있다.

용도

위젯과 패널은 직접 오브젝트와 상호작용하기 어려운 복잡한 과제에 유용하다. 위젯은 보통 가리키기 패턴을 통해 활성화되지만(28.1.2절 참조), 다른 선택 옵션과 결합될 수도 있다(예: 정해진 볼륨 안에서 오브젝트의 속성 선택). 위젯은 직접적인 오브젝트 조작보다 정확도가 높다[맥마한 등 2014]. 패널을 디자인할 때는 게슈탈트 인지 조직 개념을 이용해서(20.4절 참조) 포지션, 색상, 모양을 통해 위젯 간의 관계를 강조한다. 예를 들어 비슷한 기능의 위젯들은 가까이 모아둔다.

한계

위젯과 패널은 직접적인 매핑만큼 분명하고 직관적이지 않으며, 익히는 데 더 오랜 시간이 걸릴 수 있다. 패널과 위젯의 배치는 사용성에 큰 영향을 미친다. 패널이 개인 공간 안이나 적절한 기준 프레임에 부착되지 않을 경우(26.3절 참조) 위젯을 사용하기가 어려울 수도 있다. 위젯이 너무 높이 위치하면 몇 초 이상 걸리는 행동을 취할 때도 팔의 피로(14.1절 참조)가 올 수 있다. 위젯이 몸이나 머리 앞에 있을 때는 시야를 가려서 짜증스러울 수도 있다(패널을 반투명하게 만들면 이런 현상이 감소하기는 한다). 사용자의 얼굴을 향해 있지 않을 때는 위젯의 정보를 보기가 어려워진다. 패널이 너무 넓어도 사용자의 시야를 가릴 수 있다.

상호작용 기법의 예

2D 데스크톱 통합: 많은 패널이 2D 데스크톱 시스템의 윈도우를 그대로 조정한 것이다(그림 28.8 왼쪽). 데스크톱 메타포를 사용할 때의 장점은 상호작용 스타일이 익숙

해서 사용자들이 즉시 어떻게 사용하는지 이해한다는 것이다. **2D 데스크톱 통합**은 기존 2D 데스크톱 애플리케이션을 텍스처 맵과 가리키기 마우스 컨트롤을 통해 환경에 가져오는 것이다. 그림 3.5의 시스템 역시 선택한 창의 헤더^{header}를 더블 클릭해 창을 작은 큐브 형태로 최소화하는 등 데스크톱 메타포를 제공한다(큐브를 더블 클릭하면 다시 커진다). 이런 기존의 WIMP(윈도우 아이콘 마우스 포인터) 애플리케이션을 가져오는 것은 일반적으로 3D 상호작용의 관점에서 이상적이지 않지만, 이렇게 함으로써 기존의 가상 세계에서 나가야만 접근할 수 있던 소프트웨어 액세스가 가능해진다. 예를 들어, 기존 2D 계산기 앱을 사용자의 '벨트'에 큐브로 부착해 사용할 수 있게 해주는 것이다. 그러면 사용자가 큐브를 선택해 더블 클릭하기만 하면 존재감 이탈의 우려 없이 계산기 도구를 사용할 수 있다.

그림 28.8   여러 위젯이 있는 핸드헬드 패널의 세 가지 예. 왼쪽 패널에는 표준 아이콘과 무전기 버튼이 있다. 가운데 패널에는 버튼, 다이얼, 고리 메뉴와 파이 메뉴 모두로 쓸 수 있는 회전 메뉴가 있다. 오른쪽 이미지에는 사용자가 색상을 선택할 수 있는 컬러 큐브가 있다. (식스센스와 디지털 아트폼 제공)

고리 메뉴: **고리 메뉴**는 회전식 일차원 메뉴로, 중앙 지점 정도에 집중적으로 여러 옵션이 디스플레이된다[리앙과 그린 1994, 쇼(Shaw)와 그린 1994]. 옵션은 중앙 위치에 원하는 옵션이 올 때까지 손목을 돌리거나 포인터가 회전해 원하는 항목으로 가도록 해서 선택한다(그림 28.8 가운데). 고리 메뉴는 유용하기는 하지만, 회전을 많이 해야 할 때는 팔목에 무리가 올 수 있다. 비동일 회전(28.2.1절 참조)을 활용하면 손목을 조금 돌리는 동작을 더 큰 메뉴 회전에 매핑할 수 있다.

파이 메뉴: **파이 메뉴**(마킹 메뉴라고도 한다.)는 원형 안에 조각 모양의 메뉴 항목들이 들어있으며, 거리가 아니라 방향을 기준으로 선택이 이뤄진다. 파이 메뉴의 단점은 전통적인 메뉴보다 공간을 많이 차지한다는 점이다(텍스트 대신 아이콘을 사용하면 공간을 덜 차지할 수 있다). 전통적 메뉴와 비교한 파이 메뉴는 더 빠르고 오류가 적어서 신뢰도가 높으며, 각 옵션까지의 거리가 똑같다는 것이 장점이다[캘러핸 1988]. 하지만

가장 중요한 장점은 사용 경험이 쌓일수록 흔히 사용하는 옵션을 몸으로 기억하게 된다는 점일 것이다. 즉, 파이 메뉴는 사용자에게 무엇을 할 수 있는지 보여주고 어떻게 하는지 지시하는 자기 설명적 제스처다. 그래서 초보 사용자가 지향성 제스처를 하는 데 능숙해진다. 예를 들어 원하는 파이 메뉴 옵션이 아래 오른쪽 사면에 있다면, 사용자는 파이 메뉴를 개시하는 방법을 배운 다음 손을 아래 오른쪽으로 가져가게 된다. 어느 정도 사용하고 나면 사용자들은 파이 메뉴를 쳐다보거나 메뉴가 눈에 보이지 않더라도 과제를 수행할 수 있게 된다. 지연 시간 후에 파이 메뉴를 띄워, 메뉴가 뜨면서 씬을 가리는 일이 없도록 빠르게 액세스하는 능숙한 사용자를 배려하는 파이 메뉴 시스템도 있다. 이는 사용자가 파이 메뉴가 뜨기도 전에 메뉴 요소를 정하기 때문에 '미리 표시mark ahead'라고 부르기도 한다[쿠르텐바크(Kurtenbach) 등 1993].

옵션의 수를 늘리기 위해 계층적 파이 메뉴를 사용할 수 있다. 예를 들어 오브젝트의 색상을 빨간색으로 바꾸기 위해 사용자는 (1) 수정할 오브젝트를 선택하고 (2) 버튼을 눌러 속성 파이 메뉴를 띄우고 (3) 손을 오른쪽으로 가져가 '색상'을 선택하면 '색상' 파이 메뉴가 뜨거나 (4) 손을 아래로 내리고 버튼에서 손을 떼서 빨간색을 선택할 수도 있다. 사용자가 흔히 오브젝트의 색상을 빨간색으로 바꿔야 했다면, 그저 손을 오른쪽으로 가져간 다음 오브젝트를 선택하고서 아래로 내리면 파이 메뉴가 개시된다는 것을 금방 배우게 된다.

겝하르트Gebhardt 등[2013]은 다양한 VR 파이 메뉴 선택 방법론을 비교하고, 손 투영(해석)이나 손목 돌리기 회전과 비교해 사용자가 가리키기를 선호하고 시간도 덜 걸린다는 점을 발견했다.

컬러 큐브: 컬러 큐브는 사용자가 색상을 선택하는 3D 공간이다. 그림 28.8(오른쪽)은 3D 컬러 큐브 위젯으로, 색상 선택 픽puck은 평면에서 2D로 손으로 이동시킬 수 있고 평면은 안과 밖으로 이동할 수 있다.

손가락 메뉴: 손가락 메뉴는 메뉴 옵션이 부착된 손가락으로 구성된다. 엄지를 다른 손가락에 맞대는 제스처를 이용해 다양한 옵션을 선택할 수 있다. 한 번 익히고 나면 사용자는 메뉴를 볼 필요가 없고, 간단히 적절한 손가락에 엄지를 가져다 대기만 하면 된다. 이로써 오클루전도 방지되고 피로도 역시 낮아진다. 자주 쓰지 않는 손으로 메뉴를 선택하고(최대 네 개까지), 그다음 자주 쓰는 손으로 해당 메뉴의 네 개 항목 중 하나를 선택한다.

더 많은 옵션이 필요한 복잡한 애플리케이션에는 TULIPThree-Up, Labels In Palm 메뉴(손가락 세 개, 손바닥에는 라벨 표시)를 사용할 수 있다[보우먼과 윙그레이브 2001]. 자주 쓰는 손에는 한 번에 세 개의 메뉴 옵션이 들어가고, 새끼손가락에는 '더 보기' 옵션이 들어간다. '더 보기' 옵션을 선택하면 나머지 세 개 손가락의 옵션이 새로운 옵션으로 대체된다. 다음 옵션을 손바닥 위에 배치함으로써 사용자는 '더 보기' 옵션을 선택할 때 나올 옵션을 알 수 있다(그림 28.9).

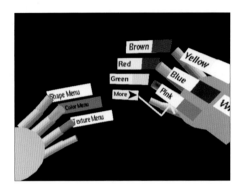

그림 28.9   일곱 개 손가락과 오른손 손바닥으로 된 TULIP 메뉴 (보우먼과 윙그레이브(Wingrave)[2001])

머리 위 위젯과 패널: 머리 위 위젯과 패널은 사용자의 한참 위에 배치되며 주로 쓰지 않는 손을 뻗어 위젯이나 패널을 끌어내려 액세스한다. 패널을 놓으면 다시 이전 위치로 돌아가 시야에서 사라진다. 특히 새로운 사용자를 위해서는 패널을 위에 띄워 보여줄 수도 있지만, 패널이 몸에서 어디에 위치하는지 익히고 나면 쳐다보지 않고도 고유 감각을 통해 패널의 위치를 감지할 수 있으므로 보이지 않게 처리한다. 미네 등[1997]은 사용자들이 시야 밖 위에 있는(위 왼쪽, 위 가운데, 위 오른쪽) 세 개 옵션 중 하나를 쉽게 선택할 수 있음을 발견했다.

가상 핸드헬드 패널: 위젯이나 패널이 환경의 어딘가에 부착돼 있다면 찾기 힘들 수도 있다. 그렇다고 화면 공간에 고정해두면 씬을 가릴 수도 있다. 한 가지 해법은 버튼만 누르면 항상 사용할 수 있는(더불어 꺼둘 수도 있는) 장점이 있는 **가상 핸드헬드 패널**을 사용하는 것이다. 패널을 손에 부착하면 월드 공간 내 패널의 많은 문제를 크게 덜 수 있다(예를 들어, 패널의 글자를 읽기 어렵거나 다른 오브젝트를 가릴 때 인지적 노력을 들이지 않고도 직관적으로 방향을 바꾸고 움직일 수 있다). 패널은 자주 쓰지 않는 손에 부착해야 하며, 보통 주로 쓰는 손으로 가리켜서 패널과 상호작용해야 한다(그림 28.8). 이런 인터페이스는 패널을 포인터 쪽으로 가져가고 포인터도 패널 쪽으로 가

져가는 '두 배의 민첩성double dexterity'을 제공한다.

물리적 패널: 가상 패널은 물리적 피드백을 주지 못하므로 정확하게 이동하기가 어렵다. **물리적 패널**은 현실 세계의 트래킹되는 표면으로, 사용자가 들고 다니면서 트래킹되는 손가락, 오브젝트, 혹은 스타일러스 펜을 통해 상호작용한다. 물리적 패널을 사용하면 터치했을 때 표면이 물리적 제약으로 작용하기 때문에 위젯을 빠르고 정확하게 조작할 수 있다[스토클리(Stoakley) 등 1995]. 물리적 패널의 단점은 사용자가 들고 다니다가 지칠 수 있고, 내려놓았다가 잃어버릴 수 있다는 점이다. 패널을 내려놓을 수 있는 진짜 탁자나 여타 장소를 마련해두면, 이런 문제를 줄이면서 사용자가 가상으로 이동할 때도 패널을 함께 가지고 갈 수 있다. 또 다른 옵션은 패널을 팔에 걸 수 있도록 스트랩으로 고정하는 것이다[왕(Wang)과 린드먼(Lindeman) 2014]. 아니면 들고 다니는 패널 대신 팔과 (혹은) 손의 표면을 활용할 수도 있다.

28.4.2 비공간적 컨트롤 패턴

연관 패턴

복합 감각 패턴(28.5.3절)

설명

비공간적 컨트롤 패턴은 공간적 관계 대신 설명을 통해 전체 액션을 수행할 수 있게 해준다. 이 패턴은 말과 제스처를 통해 흔히 적용된다(26.4절 참조).

용도

옵션이 시각적으로 제시될 수 있을 때(예: 제스처 아이콘이나 말을 텍스트로 변환하는 TTS)와 적절한 피드백이 제공될 수 있을 때 사용한다. 이 패턴은 선택할 옵션 수가 적을 때와 눌러서 말하기나 눌러서 제스처하기 위한 버튼이 있을 때 가장 좋다. 손이나 고개를 움직이면 과제에 방해가 될 때는 음성을 이용한다.

한계

제스처와 액센트는 사용자마다 크게 다를 뿐더러 같은 사용자라 하더라도 달라질 수 있다. 정확도와 일반성 사이에 취사선택을 해야 할 때가 많은데, 더 많은 제스처와 단어를 인식할수록 정확도와 인식률이 떨어진다(26.4.2절 참조). 각 제스처나 단어 정의는 변하지 않는 속성을 기반으로 하고 서로 독립적이어야만 시스템과 사용자 모두 사용하기가 더 쉽다. 시스템의 음성 인식은 많은 사용자가 있거나 소음이 심할 때는 문제가 된다. 중요한 명령어에는 확인 단계가 필요하며, 이는 사용자에게 번거로운 일이다.

완벽히 작동하는 시스템을 가정한다 해도, 사용자에게 너무 많은 옵션을 제공하면 압도되거나 혼동할 수 있다. 일반적으로는 간단하고 기억하기 쉬운 몇 가지 옵션만 인식하는 것이 최선이다.

제스처에 크게 의존하면, 특히 제스처를 자주, 그리고 허리 높이 위로 취해야 할 때 피로가 유발된다. 또한 소리 내어 말하기에는 적당하지 않은 장소도 있고(예: 도서관), 컴퓨터와 대화하기를 어색해 하는 사용자도 있다.

상호작용 기법의 예

음성 메뉴 계층: 음성 메뉴 계층은[다큰 1994] 상위 메뉴 옵션을 선택하고 나면 하위 메뉴가 뜨는 전통적 데스크톱 메뉴와 비슷하다. 메뉴 옵션을 사용자에게 시각적으로 표시해 사용자가 어떤 옵션이 있는지 분명히 알 수 있어야 한다. 음성 인식에 대한 더 자세한 사항은 26.4.2절을 참고하자.

제스처: 제스처(26.4.1절 참조)는 비공간적 명령어에 잘 맞는다. 제스처는 직관적이고 기억하기 쉬워야 한다. 예를 들어 엄지를 올려서 확인하고, 집게 손가락을 들어 '옵션 1'을, 집게와 중지를 들어 '옵션 2'를 선택하는 것 등이 좋다. 선택할 수 있는 제스처 옵션을 보여주는 시각적 기표를 사용자에게 제시해야 하며, 제스처를 익히는 과정의 사용자에게는 꼭 알려줘야 한다. 시스템은 제스처가 인식됐을 때 언제나 사용자에게 피드백을 제공해야 한다.

28.5 복합 패턴

복합 패턴은 둘 이상의 패턴을 더 복잡한 패턴으로 합친 것이다. 복합 패턴에는 손으로 가리키기 패턴, 월드 인 미니어처 패턴, 다중 감각 패턴이 있다.

28.5.1 손으로 가리키기 패턴

연관 패턴

가리키기 패턴(28.1.2절), 직접적인 손 조작 패턴(28.2.1절), 프록시 패턴(28.2.2절)

설명

손으로 선택하기(28.1.1절)는 닿는 범위에 한계가 있다. 가리키기(28.1.2절)는 멀리 있는 오브젝트를 선택하는 데 사용할 수 있으며 손 동작이 그다지 필요 없다. 하지만 가리키기는 특성상 방사상으로 적용되기 때문에(즉, 주로 사용자 주위로 원호를 그리는 회전을 통해 위치가 정해진다.) 종종 (과제에 따라) 공간적으로 오브젝트를 조작하는 데는 좋지 않다[보우먼 등 2004]. 따라서 가리키기는 선택에 더 잘 맞고, 조작하기에는 가상 손이 더 낫다. **손으로 가리키기 패턴**은 가리키기와 직접적인 손 조작 패턴이 합쳐져서 멀리 있는 오브젝트를 가리키기로 먼저 선택한 다음, 손에 잡고 있는 듯 조작하게 된다. 사용자의 진짜 손 역시 원거리 오브젝트의 프록시로 생각될 수(렌더링될 수도) 있다.

용도

오브젝트가 사용자의 개인 공간 너머에 있을 때는 손으로 가리키기 패턴을 이용한다.

한계

이 패턴은 일반적으로 높은 상호작용 충실도를 요구하는 애플리케이션에는 부적당하다.

상호작용 기법의 예

HOMER: HOMER^{Hand-centered Object Manipulation Extending Ray-casting}(레이캐스팅 연장 손 중심 오브젝트 조작) 기법은[보우먼과 하지스 1997] 가리키기로 선택한 다음 손이 오브젝트로 점프해, 사용자가 오브젝트를 손에 든 것처럼 직접 위치를 잡고 회전할 수 있게 해준다. 확대/축소 HOMER 기법은[윌크스(Wilkes)와 보우먼 2008] 손을 움직이는 속도에 따라 오브젝트의 움직임을 조정한다(즉, 손의 속도에 따라 오브젝트가 해석된다). 빠른 손 모션은 전체적인 조작을, 느린 손 모션은 더 정밀한 조작을 가능하게 해서 오브젝트 배치에 유연성을 준다.

늘여서 잡기: 늘여서 잡기는[미네 등 1997] 오브젝트의 방향을 사용자의 손 방향에 매핑한다. 잡기 시작할 때 사용자로부터 오브젝트의 거리에 따라 해석이 조정된다(오브젝트가 멀리 있을수록 조정 요인도 커진다).

조정된 월드 그랩: 조정된 월드 그랩scaled world grab은 사용자를 더 크게 확대하거나 환경을 더 작게 축소함으로써, 선택된 오브젝트에서 원래는 멀리 있는 가상의 손이 사적 공간에서 오브젝트를 직접 조작할 수 있게 해준다[미네 등 1997]. 확대/축소가 두 눈 가운데 지점에서 일어나므로, 사용자는 종종 확대/축소가 일어난다는 사실을 깨닫지 못한다. 동공 간 거리가 동일한 방식으로 확대/축소되는 경우, 입체 단서는 똑같이 유지된다. 마찬가지로 가상의 손이 적절히 확대/축소된다면 손의 크기는 변하는 것처럼 보이지 않는다. 눈치챌 수 있는 것은 축소된 환경에 비해 더 큰 움직임으로 매핑되는 실제 고개 움직임으로 인해 일어나는 머리의 운동 시차다.

28.5.2 월드 인 미니어처 패턴

연관 패턴

이미지 면 선택 패턴(28.1.4절), 프록시 패턴(28.2.2절), 3D 멀티 터치 패턴(28.3.3절), 자동 패턴(28.3.4절)

설명

월드 인 미니어처(WIM)는 상호작용성 라이브 3D 맵으로, 월드를 중심으로 하는 미니어처 그래픽 표현에 사용자가 몰입해 있는 것이다[스토클리(Stoakley) 등 1995]. 자신을 표현하는 아바타 혹은 '인형'은 사용자의 움직임과 일치해 월드 안에 자기 자신이 있는 모습을 객관적으로 볼 수 있다. 인형의 머리에서 뻗어나가는 투명한 관람 원뿔이 사용자가 바라보는 방향과 함께 사용자의 시야를 보여줘서 유용하다. 사용자가 자신의 작은 아바타를 움직일 때 가상 환경 또한 움직인다. 사용자가 WIM에서 프록시 오브젝트를 움직일 때 역시 오브젝트를 둘러싼 가상 환경 또한 움직인다. 여러 WIM을 만들어 다양한 관점에서 월드를 볼 수 있으며, VR에서 이는 3D CAD 윈도잉 시스템과 같다.

용도

WIM은 자신과 주변 환경을 외부에서 봄으로써 상황 인식에 도움을 준다. WIM은 빠르게 사용자 정의 프록시를 정의하고 빠르게 이동하는 데도 유용하다.

한계

단순한 구현으로는 초점이 완전한 가상 세계가 아니라 WIM에 맞춰지기 때문에 혼동을 줄 수 있다.

WIM 회전은 방향 컴플라이언스(25.2.5절 참조)가 부족해지므로 적용이 까다롭다. WIM 안에 있는 프록시를 해석하고 회전하면, WIM을 보면서 주위를 둘러싼 월드가 다른 각도로 보여져서 혼동을 줄 수 있다. 이런 난관 때문에 WIM의 방위를 큰 월드의 방위에 직접 연결하면 혼동을 덜 수 있다(전방이 위로 향하는 맵, 22.1.1절 참조). 하지만 이러면 사용자가 큰 월드 공간에서 방향을 다시 잡을 때 특정 관점으로 고정할 수 없게 된다(예: 사용자가 다른 위치에서 과제를 수행하면서 다리를 계속 보고 있는 것). 고급 사용자를 위해 전방이 위로 고정된 관점을 켜고 끌 수 있는 옵션을 제공해야 한다.

상호작용 기법의 예

부두 인형 기법: 부두 인형 기법voodoo doll technique은 사용자가 임시로 '**인형**'이라고 부르는 원거리 오브젝트의 손에 들 수 있는 미니어처 프록시를 만들어냄으로써 이미지 면 선택 기법(28.1.3절 참조)을 활용한다[피어스 등 1999]. 인형은 쌍으로 선택하고 이용할 수 있다(각 인형마다 서로 다른 오브젝트나 씬의 오브젝트들을 묶어서 대표한다). 잘 쓰지 않는 손에 든 인형(보통 부분적 WIM으로 여러 오브젝트를 대표한다.)은 참조용 기준틀 역할을 하고, 주로 쓰는 손에 든 인형(보통 단일 오브젝트를 대표한다.)은 참고용 인형에 해당하는 월드 오브젝트의 위치와 방향을 정의한다. 이로써 사용자는 빠르고 쉽게 큰 월드 속에서 서로에 대한 오브젝트의 위치와 방향을 빠르고 쉽게 정할 수 있다. 예를 들어, 사용자는 먼저 잘 쓰지 않는 손으로 테이블을 선택한 다음 주로 쓰는 손으로 램프를 선택해 테이블 위에 램프를 놓을 수 있다. 이제 사용자는 테이블 인형 위에 램프 인형을 놓기만 하면 된다. 큰 가상 세계의 테이블은 움직이지 않고, 램프는 테이블에 상대적으로 배치된다.

자신의 아바타 속으로 이동: WIM에서 자신의 아바타를 움직임으로써 사용자의 자기중심적 시점을 바꿀 수 있다(즉, 프록시로 자신의 시점을 컨트롤한다). 하지만 인형의 방향을 시점에 매핑하면 심각한 멀미와 방향 감각 상실을 겪을 수 있다. 멀미와 혼동을 줄이기 위해 인형의 포즈를 자기 중심적 시점과 독립적으로 만들 수 있다. 그런 다음 인형 아이콘을 풀어놓거나 사용자가 명령을 내리면, 자동 시점 컨트롤 기법 (28.3.4절 참조)을 통해 시스템이 자동으로 사용자를 WIM 안으로 애니메이션/내비 게이션하거나 순간 이동시켜 사용자가 인형이 '되도록' 한다[스토클리 등 1995]. 이러면 사용자가 맵과 완전한 크기의 환경 사이를 인지적으로 오가야 하는 문제를 피할 수 있다. 즉, 사용자는 인형 속에서 세계 중심적인 시점으로 생각하거나 더 큰 주위 세 계를 바라보게 되지만, 둘을 동시에 인지하지는 않게 되는 것이다. 실제 적용에서 사용자는 아바타 상태와 원래 상태를 오갈 때 환경의 크기가 변하는 것을 인지하지 못하며, 다만 새로운 장소로 옮겨갔다고 느낀다. 여러 WIM을 사용하면 각 WIM이 다른 먼 공간으로 가는 포털로 작용한다.

뷰박스: 뷰박스viewbox는[믈리니치 등 2011] 볼륨 기반 선택 패턴(28.1.4절 참조)과 3D 멀티 터치 패턴(28.3.3절 참조)을 함께 사용하는 WIM이다. 볼륨 기반 선택을 통해 가상 세 계의 일부를 캡처한 다음, 박스 안의 공간이 실시간 사본 역할을 하도록 참조된다. 그런 다음 뷰박스를 선택해 다른 오브젝트처럼 조작할 수 있다. 뷰박스는 손이나 몸 (예: 상체 근처에서 툴 벨트처럼 작동)에 부착할 수 있다. 또한 사용자는 공간 안으로 손 을 뻗어 큰 주위 공간을 조작하는 것과 마찬가지 방식으로 3D 멀티 터치를 통해 해 당 공간을 조작할 수 있다(예: 해석, 회전, 확대/축소). 뷰박스는 참고 틀이기 때문에 어 떤 공간에서 일어나는 오브젝트 조작이든 다른 공간에서도 일어난다(예: 한 공간에서 표면을 칠하면 양쪽 공간 모두에서 칠해진다). 오브젝트가 참조 틀이기 때문에, 뷰가 반 복적 성질을 띠지 않도록 주의를 기울이지 않으면 다른 뷰박스 안에 무한대의 뷰박 스가 보일 수 있다.

28.5.3 다중 감각 패턴

설명

다중 감각 패턴은 여러 감각/운동 입력을 합친 것이다(예: 가리키며 말하기). 26.6절 에서 다양한 양상을 상호작용에 어떻게 결합하는지 분류했다.

용도

다중 감각 패턴은 과제에 여러 감각이 요구될 때, 입력 오류 감소가 필요할 때, 혹은 하나의 입력 양상으로는 필요한 것을 전달할 수 없을 때 적당하다.

한계

다중 감각 기법은 여러 시스템/기술을 하나의 일관된 인터페이스로 접목해야 하며 여러 지점에서 오류가 일어날 위험이 있기 때문에 구현이 어려울 수 있다. 이 기법은 잘 구현하지 않으면 사용자가 혼동을 느낄 수도 있다. 상호작용을 가능한 한 단순하게 유지하려면, 꼭 사용해야 할 이유가 있지 않은 한 다중 감각 기법은 사용하지 말아야 한다.

상호작용 기법의 예

몰입형 '풋 댓 데어': 다중 감각 패턴의 전형적인 예는 가리키기 패턴('그것'과 '거기'를 선택)과 음성을 통한 비공간적 컨트롤 패턴('두다'를 선택)을 결합한 **풋 댓 데어**put-that-there 인터페이스다[볼트 1980]. 닐리Neely 등[2004]은 '풋 댓 데어' 스타일의 몰입형 구역 정의를 구현했다. 이 기법으로 사용자는 가리키며 말하기를 통해 지형의 폴리곤으로 된 구역의 버텍스들에 이름을 붙이고 정의할 수 있다. 예를 들면 '애플 타깃 구역을 여기(가리키는 제스처)에서 여기(가리키는 제스처)… 그리고 여기(가리키는 제스처)에 생성'하는 것이다. 그림 32.2는 이 시스템의 아키텍처 블록 다이어그램이다.

단일 오브젝트 조작을 위해서는 액션을 명시하기 전에 오브젝트를 선택하는 **댓 무브스 데어**that-moves-there 인터페이스(26.6절 참조)가 더 효율적이다(26.5절 참조).

자동 모드 전환: 사람은 시야 중앙에 손이 있을 때 이를 알고, 필요할 때는 아무 노력 없이도 손을 시야에 가져올 수 있다. 모드 전환은 이런 장점을 취한다. 예를 들어, 손을 시야 중앙으로 가져오면 애플리케이션이 이미지 면 선택 기법(28.1.3절)으로 전환되고, 주변 시야로 가져가면 가리키기 선택 기법(28.1.2절)으로 전환될 수 있다(레이 포인터ray pointer의 근원이 눈에 보일 필요는 없기 때문이다).

상호작용: 디자인 지침

현실 세계에서 하나의 도구로 모든 문제를 다 해결할 수 없는 것과 마찬가지로, 모든 VR 애플리케이션에 범용적으로 가장 좋은 단일 입력 기기, 개념, 상호작용 패턴, 혹은 상호작용 기법은 존재하지 않는다. 일반적으로 다른 유형의 과제들에도 같은 상호작용 메타포를 사용하는 것이 더 낫지만, 늘 그럴 수 있는 것도 아니고 적절하지도 않다. 상호작용 디자이너는 새로운 상호작용을 선택, 수정, 생성할 때 수행하는 과제의 특성을 고려해야 한다.

29.1 인간 중심의 상호작용(25장)

직관성(25.1절)

- 인터페이스를 직관적으로 만드는 데 집중한다. 즉, 빠르게 이해하고 정확하게 예측하고 쉽게 사용할 수 있도록 디자인한다.

- 상호작용 메타포(사용자가 이미 다른 분야에서 습득한 지식을 활용하는 개념)를 이용해 사용자가 인터페이스 작동 방식에 대한 심상 모델을 빠르게 형성하게 한다.

- 사용자가 사물의 작동 원리에 대한 일관된 개념 모델을 형성하는 데 필요한 모든 것을 가상 세계 안에 포함한다(예: 월드 튜토리얼). 사용자는 외부적 설명에 의존할 필요가 없어야 한다.

노먼의 상호작용 디자인 원칙(25.2절)

- 인간 중심 디자인을 실천하고 잘 알려진 일반 원칙을 따라 사용자가 상호작용 작동 방식에 대해 단순화된 심상 모델을 형성하도록 돕는다. 여기에는 일관된 행동 유도, 분명한 기표, 해석하기 쉽고 행동을 이끌어주는 제약, 분명히 이해할 수 있는 매핑, 즉각적이고 유용한 피드백이 포함된다.

행동 유도(25.2.1절)

- 행동 유도는 오브젝트의 특성이 아니라 오브젝트와 사용자 간의 관계라는 점을 기억하자. 행동 유도는 제공되는 오브젝트에 따라서만 달라지는 것이 아니라 사용자에 따라서도 달라진다. 행동 유도는 다양한 능력의 사용자에 따라 다르게 작용할 수 있다.

기표(25.2.2절)

- 기표를 통해 행동 유도를 인지할 수 있게 하자. 좋은 기표는 사용자가 상호작용하기 전에 무엇이 가능한지 알려준다.
- 상호작용 모드의 현재 상태를 사용자에게 분명히 보여주자.

제약(25.2.3절)

- 적절한 곳에는 가능한 액션에 한계를 두고 정확도와 효율성을 높일 수 있는 제약을 추가한다.
- 사실성을 더하는 방향으로 제약을 활용한다(예: 사용자가 벽을 통과해 이동하지 못하게 한다).
- 중력과 같은 현실 세계의 법칙이 늘 적절하리라고 가정하지 않는다. 예를 들어, 사용자 주위 공간에 툴을 떠있게 하면 잡아서 사용하기가 더 쉽다.
- 기표를 현명하게 사용해 사용자들이 제약에 대해 잘못 가정하지 않도록 한다. 사용자가 무엇을 할지 모른다면 사실상 제약을 받고 있는 것이다.
- 제약을 일관되게 넣어 과제 전반을 통해 학습할 수 있도록 한다.
- 능숙한 사용자인 경우 고급 상호작용을 위해 제약을 제거할 수 있도록 허용하는 방향도 고려한다.

피드백(25.2.4절)

- 햅틱이 불가능할 때는 대체 피드백을 활용한다. 예를 들어, 오브젝트를 만져야 한다는 점을 알리기 위해 오디오와 하일라이트 처리를 이용한다.

- 사용자에게 너무 많은 피드백을 쏟아 붓지 않는다.

- 정보를 머리 기준 프레임의 헤드업 디스플레이에 넣는 대신, 허리 부근이나 상체 기준 프레임의 바닥 쪽에 배치하는 방향을 고려한다.

- 머리 기준 프레임의 헤드업 디스플레이를 사용해야 할 경우, 디스플레이에는 최소한의 정보만 제시한다.

- 위젯, 도구, 인터페이스 단서를 켜고 끌(보이게/안 보이게) 수 있는 기능을 제공한다.

매핑(25.2.5절)

- 수행력과 만족을 최대화하기 위해 방향성 컴플라이언스, 널링 컴플라이언스, 시간적 컴플라이언스를 유지한다.

- 방향성 컴플라이언스가 있는 매핑 제작에 우선 집중해(감각 피드백의 방향이 인터페이스 기기의 방향과 일치해야 한다.) 사용자가 물리적 입력에 상응하는 모션을 예상할 수 있도록 한다.

- 완전한 직접 상호작용을 위해서는 포지션 컴플라이언스가 유지돼야 한다(즉, 가상 오브젝트의 포지션이 기기의 물리적 포지션과 일치해야 한다).

- 포지션 컴플라이언스가 적절치 않을 때는 널링 컴플라이언스를 이용한다(기기를 원래 위치로 돌려놓으면 가상 오브젝트도 원래의 위치로 돌아가야 한다).

- 몸이 기억하는 행동의 이점을 취할 수 있도록 널링 컴플라이언스를 이용한다.

- 컴플라이언스를 유지하기 위해 상대 입력 기기보다는 절대 입력 기기를 선택한다.

- 상호작용 결과를 즉시 연산할 수 없을 때(즉, 시간적 컴플라이언스가 부족할 때)는 사용자에게 문제가 처리되고 있다는 것을 알려주는 즉각적인 피드백을 제공한다.

- 비공간적 매핑을 위해서는 흔히 받아들여지는 메타포를 사용한다(예: 위는 더 많이, 아래는 더 적게).

직접 상호작용 vs. 간접 상호작용(25.3절)

- 팔이 닿는 범위를 늘여주는 도구를 활용해 사용자가 직접 상호작용하는 듯한 느낌을 준다.

- 적절한 상황마다 직접 상호작용, 준직접 상호작용, 간접 상호작용을 알맞게 활용한다. 모든 것을 직접적인 상호작용으로 구현하려고 하지는 말자.

상호작용 사이클(25.4절)

- 상호작용을 디자인하거나 개선하려면, 노먼의 일반적인 무의식 과정을 구분한 상호작용의 일곱 단계를 활용한다.

- 어떤 단계가 빠졌는지, 혹은 어떤 단계가 잘못돼 상호작용이 어려운지 생각해본다. 그다음 각 단계에 적절하게 기표, 제약, 매핑, 피드백을 더하거나 수정한다.

- 과제 분석에 상호작용의 일곱 단계를 활용해서 구현의 바탕으로 삼는다.

사람의 손(25.5절)

- 적절한 곳에는 양손 상호작용을 지원한다.

- 양손을 사용하는 것만으로 인터페이스가 나아질 것이라 여겨서는 안 된다. 양손 인터페이스는 적절하게 디자인하지 않으면 사용하기 어렵다.

- 양손 상호작용에는 한 손 상호작용보다 사용자로부터의 피드백이 더욱 필수적이다.

- 잘 쓰지 않는 손을 기준 프레임으로 삼아서, 주로 쓰는 손을 고정된 위치에 둘 필요 없이 정확하게 작업할 수 있도록 한다.

- 양손 상호작용은 매끄럽게, 과제에 따라 대칭과 비대칭을 적절히 오갈 수 있도록 디자인한다.

29.2 VR 상호작용 개념(26장)

상호작용 충실도(26.1절)

- 훈련용 애플리케이션, 시뮬레이션, 외과 수술용 애플리케이션, 요법, 인적 요소 평가를 위한 사실적 상호작용의 사용을 고려한다.

- 성능 향상과 피로도 최소화를 위해서는 사실적이지 않은 상호작용의 사용을 고려한다.

- 사용자 경험을 향상시키고, 현실 세계의 한계를 극복하고, 추상적 개념을 가르치는 데는 마술 같은 상호작용을 활용한다.

- 상호작용 메타포를 영감의 원천으로 생각한다. 사실적 상호작용이 최우선 목표가 아닌 한, 직관적이고 유용한 마술 같은 기법을 활용한다.

자기 수용 감각과 자기 중심적 상호작용(26.2절)

- 모든 사용자가 가지고 있는 실제 오브젝트인 사람의 몸을 활용한다.

- 머리 및 손 트래킹에 더해, 가능할 때마다 상체 트래킹으로 고유 감각을 최대한 활용한다. 아니면 의자 회전을 트래킹해 상체 회전을 추정할 수 있다.

- 흔히 사용하는 도구를 몸에 상대적으로 배치해서 사용자가 시각적으로 주의가 분산되지 않고도 이용할 수 있도록 몸이 기억하는 방식의 장점을 취한다(도구가 사용자의 시야 안에 들어오지 않아도 된다).

- 자기 중심적 시점이 작용하지 못하는 외부 중심적 시점을 취하지 않는다. 외부 중심적 경험을 디자인할 때 해도 자기 중심적 직관의 장점을 취한다.

참고 프레임(26.3절)

- 사용자가 넓은 영역에 걸쳐 콘텐츠를 생성해야 할 때, 환경의 인지적 지도를 형성해야 할 때, 전체적인 자기 위치를 판단해야 할 때, 넓은 범위에서의 이동을 계획할 때 외부 중심적 가상 세계의 기준틀에서 사고하고 상호작용할 수 있도록 해준다.

- 가상 세계 기준틀에 직접적인 인터페이스를 배치할 때는 쉽고 정확한 내비

게이션이 뒷받침되지 않고는 손 뻗기가 어색하므로 주의한다.

- 사용자가 공간에서 안정감을 느끼고 멀미가 줄어들게끔 현실 세계의 기준틀에 정지 좌표계(예: 자동차 내부, 조종석, 비현실적 단서)를 그려 넣는다.

- 사용자가 물리적 기기를 내려놓을 장소를 제공하고, 이런 오브젝트를 현실 세계의 기준틀에 렌더링해 쉽게 보고 집어 들 수 있게 한다.

- 정보, 인터페이스, 도구는 몸에 상대적으로 배치되도록 상체 기준틀에 놓는다.

- 고급 사용자인 경우 상체, 손, 고개 기준틀에서 항목을 켜고 *끄*거나 안 보이도록 숨길 수 있게(그러나 사용할 수는 있게) 허용한다.

- 트래킹되지 않는 컨트롤러는 상체 기준틀에 손 컨트롤러의 시각적 표시를 배치하고, 트래킹 지원 핸드헬드 컨트롤러는 손 기준틀에 배치한다.

- 버튼, 아날로그 스틱, 손가락을 가리키는 손 기준틀에 기표를 배치해, 어떤 역할을 하는지 분명히 보이게 한다. 그리고 사용자가 이를 켜고 끌 수 있게 해준다.

- 머리 기준틀에서는 입력에 헤드 트래킹이 사용될 경우 포인터를 제외한 다른 단서를 최소화한다.

말하기와 제스처(26.4절)

- 어떤 음성 명령이나 제스처 명령이 제공되는지 알려주는 분명한 시각적 기표(예: 단어나 손 아이콘 목록)를 활용한다. 선택한 옵션은 하이라이트 처리되게 해서 피드백을 제공한다.

- 중대한 오류를 방지하기 위해, 중요한 명령어는 사용자가 확인하는 단계를 거치게 한다.

- 잘 정의되고, 자연스러우며, 사용자가 기억하기 쉽고, 시스템이 인식하기 쉬운 소수의 단어나 제스처만 사용한다.

- 같은 공간에 한 명 이상이 있을 때는 눌러서 말하기 및 눌러서 제스처 기능을 사용해 실수로 의도하지 않은 명령어가 입력되지 않게 한다.

- 즉각적인 시스템 반응을 위해 직접적이고 구조적인 제스처를 사용한다.

- 사용자가 보유한 시스템이 있어서 해당 시스템의 훈련 과정을 진행하고자

하면 화자 의존적 인식을 활용하고, 그렇지 않을 때는 적용형 인식을 활용한다.

- 맥락에 따라 인식시킬 단어의 하위 집합만 허용해 오류 발생 가능성을 줄인다.

모드와 흐름(26.5절)

- 여러 상호작용 모드를 사용할 때는 사용자가 현재 어떤 모드에 있는지 분명히 알도록 한다.
- 액션-오브젝트 순서보다는 오브젝트-액션(혹은 선택-조작) 순서를 사용한다.
- 오브젝트 선택과 해당 오브젝트의 조작이나 사용의 전환이 쉽고 매끄럽게 이뤄지도록 한다.
- 상호작용의 흐름이 강화되게끔 주의 분산을 최소화하고, 주된 과제에 완전히 관심을 집중할 수 있도록 한다.
- 사용자가 과제와 과제 사이를 물리적으로(눈, 고개, 손 어떤 것이든), 아니면 인지적으로 오갈 필요가 없도록 상호작용을 디자인한다.
- 가벼운 모드 전환, 물리적 소품, 다중 감각 기술을 활용해 상호작용의 흐름을 유지한다.

다중 감각 상호작용(26.6절)

- 하나의 감각이 과제에 최적이며 다른 감각을 넣을 이유가 없을 때는 특화된 단일 입력 감각을 활용한다. 그저 감각을 추가하기 위한 목적으로 추가해서는 안 된다.
- 사용자의 선호가 뚜렷이 나뉠 때는 상응하는 입력 모드의 병용을 고려한다.
- 노이즈와 모호한 신호를 줄이기 위해 중복 입력 모드를 활용한다.
- 동시 입력 모드를 이용해 사용자가 두 가지 상호작용을 동시에 수행하게 함으로써 효율성을 높인다.
- '풋 댓 데어put-that-there'나 '댓 무브스 데어that-moves-there' 유형의 인터페이스를 위해서는 보조 입력 모드를 활용한다.

- 한 입력 기기의 신뢰도가 떨어질 때는 입력 모드 전환을 허용해, 실패가 발생한 다음 사용자가 처음부터 다시 시작할 필요가 없도록 한다.

멀미와 피로 주의(26.7절)

- 멀미를 일으킬 수 있는 시점 컨트롤 기법에는 특히 주의를 기울인다. 3부를 꼼꼼히 읽고 19장의 지침을 따라 건강상의 부작용을 최소화하자.

- 멀미가 주된 우려 사항일 때(예: VR을 처음 쓰는 사용자나 일반 관객)는 진짜 손 동작의 일대일 매핑이나 순간 이동만 사용한다.

- 사용자가 한 번에 몇 초 이상 몸 앞쪽으로나 높이 두 손을 뻗고 있어야 하는 상호작용은 만들지도 활용하지도 않는다. 무릎 위나 옆구리 쪽에서 편안하게 상호작용을 수행할 수 있도록 시선 유지가 필요 없는 기기를 사용한다.

시각과 신체 감각 충돌 및 감각 대체(26.8절)

- 손이 오브젝트를 얕게 관통할 때 물리적 제약을 강제해 손이 물체 표면을 통과하지 못하게 한다. 깊게 관통할 때는 물리적 제약을 넣는 대신, 손이 가상 오브젝트를 통과하도록 허용한다.

- 하나의 물리적 손에 대해 두 개의 가상 손을 그려서, 하나는 오브젝트를 관통하고 다른 하나는 뚫지 못하게 하는 방법을 고려한다.

- 손이 오브젝트 근처에 있을 때는 해당 오브젝트를 하일라이트 처리해 선택할 수 있다는 점을 알린다.

- 충돌했다는 것을 알리기 위해 오디오를 이용한다.

- 가능할 때마다 수동적 햅틱이나 진동 촉각 햅틱을 활용한다.

- 옮기기를 배우는 것이 중요하지 않을 때는 고스팅을 활용해 새로운 위치에 놓을 수 있다는 것을 표시한 다음, 사용자가 배치를 확정하게 한다.

29.3

입력 기기(27장)

입력 기기의 특징(27.1절)

- 상호작용 기법을 기기에 일치시키고, 기기를 상호작용 기법에 일치시킨다. 다양한 기기의 특징과 범주를 익혀서 프로젝트에 가장 좋은 것이 무엇인지 판단할 수 있도록 한다.

- 가능한 한 6 DoF 기기를 사용하고 나서, 적절할 때 소프트웨어에서 자유도를 줄인다.

- 사용자의 개인 공간 전체에서 작동하고, 시야 확보가 필요 없고, 다양한 조명 조건에서도 사용할 수 있으며, 어떤 손을 쓰든 작동하는 입력 기기를 선택한다.

- 둘 중 하나를 선택할 때, 자주 액션이 일어나야 할 때, 즉각적인 반응과 신뢰성이 필요할 때, 추상적 상호작용이 적절할 때, 버튼을 누르고 놓는 감각의 물리적 피드백이 중요할 때는 버튼을 사용한다.

- 너무 많은 버튼으로 사용자에게 혼동을 주지 않는다.

- 사실적 느낌과 존재감이 중요할 때는 맨손 시스템, 장갑, 그리고 가상 오브젝트에 해당하는 햅틱 기기를 사용한다.

손 입력 기기의 종류(27.2절)

- 무엇을 사용해야 할지 모르겠거나 선호 사항이 뚜렷하지 않을 때는 트래킹되는 핸드헬드 컨트롤러로 시작한다. 이는 현재 대다수의 쌍방향 VR 애플리케이션에 가장 좋은 선택지다.

- 공공 장소의 놀이 기구라면, 특정 경험에 최적화된 월드 기반 기기 같은 맞춤형 인터페이스 구축을 고려한다.

- 컨트롤러의 가상 표현물에 라벨을 부착해 컨트롤러의 각 부분이 어떤 작용을 하는지 표시한다.

- 사용자가 가상 기기를 늘 잡고 있어야 할 때는 트래킹 지원 핸드헬드 컨트롤러를 사용해서 물리적 촉감을 통해 존재감을 강화한다.

- 장갑이 완전한 핸드 트래킹만을 위한 것이라고 가정하지 말자. 물리적 컨트롤러를 잡고 있을 필요 없이 손가락을 맞댐으로써 버튼의 장점을 그대로 취할 수 있는 핀치 글러브 사용을 고려한다.

손이 아닌 입력 기기의 종류(27.3절)

- 아이 트래킹이 가능하다고 해서 과도하게 사용하지는 않는다. 특수한 과제에는 미묘한 방식으로 응시를 활용한다(예: 쳐다보면 가상 캐릭터가 반응하도록 한다).

- 응시 상호작용을 디자인할 때는 눈의 자연스러운 기능을 유지하고, 대체보다는 증강하고, 상호작용 디자인에 중점을 두고, 눈 움직임의 해석을 향상시키고, 적절한 과제를 선택하고, 능동적 응시보다 수동적 응시를 사용하고, 다른 상호작용에 응시 정보를 활용한다.

- 음성 인식용으로 특별히 설계된 마이크를 사용한다.

29.4 상호작용 패턴과 기법(28장)

선택 패턴(28.1절)

- 상호작용이 사실적일 필요가 없을 때는 가리키기 패턴이나 이미지 면 선택 패턴을 사용한다.

손 선택 패턴(28.1.1절)

- 상호작용이 사실적이어야 할 때는 손 선택 패턴을 사용한다.

- 상호작용 충실도를 높이려면 오브젝트 선택에 사실적인 가상의 손을 사용한다.

- 중간 수준의 상호작용 충실도를 위해서는 팔이 없는 두 손을 사용해 개인 공간을 조금 넘은 곳까지(즉, 가까운 액션 공간) 뻗을 수 있도록 한다.

- 개인 공간과 중간 범위의 행동 공간에서는 고고 기법 사용을 고려한다.

가리키기 패턴(28.1.2절)

- 더 정확히 컨트롤되는 가리키기를 위해서는 정밀 모드 사용을 고려한다.
- 작은 오브젝트 선택에는 오브젝트 스내핑과 함께 가리키기 사용을 고려한다.
- 머무르기 선택은 다른 방식으로 신호를 제공할 수 없거나 특별히 사용할 이유가 있지 않는 한 택하지 않는다.
- 그래야 할 이유가 있지 않는 한, 오브젝트 선택에는 아이 트래킹을 이용하지 않는다.

이미지 면 선택 패턴(28.1.3절)

- 멀리서 쉽게 터치하게 하려면 이미지 면 선택을 사용한다. 하지만 사용자가 오브젝트를 자주 선택해야 하면 팔의 피로가 올 수 있으므로 사용하지 않는다.

볼륨 기반 선택 패턴(28.1.4절)

- 지오메트리 표면이 없는 데이터/공간을 선택할 때는 볼륨 기반 선택 패턴을 사용한다.
- 초보 사용자에게는 볼륨 기반 선택을 요구하지 않게끔 유의한다.

조작 패턴(28.2절)

직접적인 손 조작 패턴(28.2.1절)

- 그러지 말아야 할 이유가 없는 한, 직접적인 손 조작 패턴이 다른 조작 패턴보다 더 효율적이고 만족스러우므로 이 패턴을 사용한다.
- 상호작용 충실도를 높이려면 선택과 조작 모두에 가상의 손을 사용한다.
- 비동일 회전을 사용해 쥐는 동작을 줄이고 성능과 정확도를 높이는 방법을 고려한다.

프록시 패턴(28.2.2절)

- 원격 오브젝트를 직관적으로 조작하거나 사용자가 월드 안에서 자신의 크기를 확대/축소해야 할 때는 프록시 패턴을 사용한다.
- 액션과 과제 간에 직접적인 유사성이 있을 때는 트래킹되는 물리적 소품을

사용한다. 이런 소품은 훈련을 전혀 하지 않고도 쉽게 사용할 수 있는 인터페이스로 작용해 자연스러운 양손 상호작용을 가능하게 하고, 사용자에게 촉각 피드백을 제공한다.

3D 툴 패턴(28.2.3절)

- 오브젝트를 손으로 더 잘 조작할 수 있도록 3D 툴 패턴을 사용한다.
- 오브젝트에 부착된 툴을 이용해 이런 툴로 오브젝트를 어떻게 조작하는지 분명히 알 수 있게끔 기표를 사용한다.
- 정확한 모델링이 가능하게 하고 복잡도를 줄이려면 제약, 스내핑, 단계별 조작을 사용자가 컨트롤할 수 있게 지그를 사용한다.

시점 컨트롤 패턴(28.3절)

- 시점 컨트롤 기법을 선택하고, 디자인하고, 적용할 때는 특히 VR을 처음 쓰는 사용자를 위해 멀미와 부상에 세심한 주의를 기울인다. 3부를 참고하자.

걷기 패턴(28.3.1절)

- 생체 역학적 대칭성이 높고 높은 존재감이 필요할 때, 피로가 문제가 안 될 때, 발이 걸리거나 물리적으로 충돌하거나 넘어질 우려를 제거한 경우 걷기 패턴을 사용한다.
- 물리적으로 트래킹되는 공간이 넓거나 가상으로 걸을 수 있는 공간보다 넓을 때, 공간적 이해와 멀미 최소화가 모두 중요할 때는 실제 걷기를 사용한다.
- 물리적으로 트래킹되는 공간이 가상으로 걸을 수 있는 공간보다 작을 때는 리다이렉트 걷기를 사용한다.
- 물리적으로 트래킹되는 공간이 작거나 안전이 우려될 때는 제자리 걷기를 사용한다.
- 걷기/달리기에 어마어마한 거리가 필요할 때는 러닝 머신을 사용한다.

조종 패턴(28.3.2절)

- 멀미가 주된 우려 사항이 아닐 때, 상호작용 충실도가 중요하지 않을 때, 가

속/감속을 최소화할 수 있을 때, 현실 세계의 안정성 단서를 제공할 수 있을 때는 조종 패턴을 사용한다.

- 조종은 가능한 한 단순하게 만들어 인지 부하를 최소화하고, 사용자가 공간 지식 획득과 정보 수집에 집중할 수 있도록 한다.

- 시각 단서를 제공해 사용자가 어디가 앞쪽인지 알게 한다.

- 상체/의자 트래킹이 가능하고 시스템이 무선일 때는 가상 회전을 사용하지 않는 법을 고려한다.

- 가상 회전이 필요하고 사용자가 지면으로 제약될 때는 듀얼 아날로그 스틱을 사용한다.

3D 멀티 터치 패턴(28.3.3절)

- 상호작용 충실도가 높을 필요가 없는 애플리케이션은 에셋 제작, 추상적 데이터 조작, 과학적 데이터셋 보기, 혹은 임의의 관점에서 크거나 작은 관심 영역을 빠르게 살펴보기 같은 비현실적 상호작용에 3D 멀티 터치를 사용한다.

- 초보 사용자의 경우에는 제약(예: 똑바로 세워두고, 확대/축소에 제한을 두고, 회전을 비활성화한다.) 추가를 고려한다.

- 회전 및 확대/축소의 중심을 시각적으로 표시한다.

자동 패턴(28.3.4절)

- 환경의 자유로운 탐험을 원하지 않거나 가능하지 않을 때는 자동 패턴을 사용한다.

- 먼 거리나 월드와 월드 사이를 이동할 때, 효율이 중요할 때, 멀미를 최소화해야 할 때는 순간 이동을 사용한다. 공간적 방위를 유지해야 한다면 사용하지 않는다.

- 공간적 방위 유지가 주된 우려 사항이라면 매끄러운 전환을 활용한다.

- 수동적으로 사용자를 이동시킬 때는 가능한 한 시각적 속도를 일정하게 유지하고 안정된 현실 세계의 참고 단서(예: 조종석)를 제공하거나 선행 지표를 제공한다.

간접 컨트롤 패턴(28.4절)

- 공간적 매핑이 적절하지 않거나 무엇이 어떻게 처리되는지 그 세부 사항이 사용자에게 중요하지 않을 때는 간접 컨트롤 패턴을 사용한다. 사용 예로는 전체 시스템 컨트롤, 명령 내리기, 모드 변경, 비공간적 매개변수 변경 등이 있다.

- 간접 컨트롤은 컨트롤의 모양과 크기 등의 기표, 시각적 표현과 라벨링, 내재된 조종 구조의 분명한 행동 유도성을 제공한다.

위젯과 패널 패턴(28.4.1절)

- 오브젝트와 직접 상호작용하기 어려운 복잡한 과제에는 위젯과 패널을 사용한다.

- 적절할 때는 풀다운/팝업 메뉴, 라디오 버튼, 체크박스처럼 잘 알려진 2D 상호작용 메타포를 사용한다.

- 패널을 디자인할 때는 게슈탈트 인지 조직 개념을 이용해 포지션, 색상, 모양을 통해 위젯 간의 관계를 강조한다. 예를 들어 비슷한 기능의 위젯들은 가까이 모아둔다.

- 위젯과 패널은 사용자가 접근하기 쉬운 방식으로 배치한다(예: 잘 쓰지 않는 손이나 상체 기준틀에 배치).

- 흔히 사용되는 명령어는 파이/마킹 메뉴를 이용해 제스처를 익힐 수 있도록 하고, 이런 제스처를 몸이 기억하도록 한다.

- 파이/마킹 메뉴에는 가리키는 동작의 투영이나 기울이기를 사용한다.

- 핀치 제스처를 사용할 수 있을 때는 메뉴 옵션을 손가락에 배치한다.

- 패널이나 위젯들을 머리 위에 배치해 사용자가 필요할 때 끌어당겨 사용하는 방식을 고려한다.

- 패널을 잘 쓰지 않는 손에 배치해 켜고 끌 수 있게 하고, 위젯은 패널 위에 놓아 주로 쓰는 손으로 컨트롤하는 방법을 고려한다.

- 정확성을 요구하는 2D 과제에는 사용자가 잘 쓰지 않는 손으로 들고 있거나 팔에 부착하는 물리적 패널의 사용을 고려한다.

비공간적 컨트롤 패턴(28.4.2절)

- 공간적 관계 대신 설명을 통해 전체 액션을 수행할 때는 비공간적 컨트롤 패턴을 사용한다.

- 직관적이고 기억하기 쉬운 현실 세계의 단어와 제스처를 사용한다. 옵션의 개수를 적고 간단하게 유지한다.

- 고급 사용자가 아니라도 어떤 옵션이 있는지 알 수 있게끔 기표(예: 제스처 아이콘이나 음성 명령 단어 목록)를 제공한다.

- 항상 어떤 형태든 피드백을 제공한다.

- 속도보다 정확성이 더 중요할 때는 확인 명령을 넣는다. 확인 과정은 빠르게 진행되며 정확도를 요구하지 않도록 한다. 예로는 물리 버튼을 누르거나 '확인'이라고 말하는 것 등이 있다.

- 실수로 의도하지 않은 명령어가 입력되지 않도록 눌러서 말하기 및 눌러서 제스처 기능을 사용한다.

- 손이나 고개 동작이 과제에 방해가 될 경우 음성 컨트롤을 이용한다.

- 여러 사람이 같은 물리 환경 안에 있거나 소음이 많을 때는 음성 인식에 의존하지 않게끔 유의한다.

복합 패턴(28.5절)

손으로 가리키기 패턴(28.5.1절)

- 높은 상호작용 충실도가 요구될 때는 멀리 있는 오브젝트 선택에 손으로 가리키기 패턴을 사용하되, 손에 쥔 것을 조작하는 방식으로 한다.

월드 인 미니어처 패턴(28.5.2절)

- 상황 인지, 사용자 정의 프록시의 빠른 정의, 빠른 이동을 위해서는 월드 인 미니어처 패턴을 사용한다.

- 월드 인 미니어처에서는 전방이 위로 향하는 맵과 상응하도록 해서, 맵의 방위가 월드 방위와 일치하는 방법을 고려한다. 적절할 때는 이 기능을 끌 수 있도록 한다.

- 멀미를 줄이기 위해, 월드 인 미니어처에 있는 사용자의 인형을 사용자의 동작에 직접 매핑하지 않는다. 그 대신, 사용자가 명령할 때 인형의 시점으로 애니메이션/내비게이션하거나 순간 이동을 한다.

다중 감각 패턴(28.5.3절)

- 과제에 여러 측면이 요구될 때, 입력 오류 감소가 필요할 때, 혹은 하나의 모드로 필요한 것을 달성할 수 없을 때는 다중 감각 패턴을 사용한다.

- 다중 감각 기법은 사용해야 할 이유가 있을 때만 활용한다. 사용할 때는 상호작용을 가능한 한 단순하게 만든다.

- 각 기법이 특정 상황에서만 사용 가능하고, 그런 상황이 사용자에게 분명할 때는 자동 모드 전환을 고려한다.

반복 적용 디자인

디자인적 사고는 문제 해결을 위한 해결 중심 접근법이며, 완벽을 기하기 위해 끝없이 반복 적용하면서 변화하는 길을 헤쳐나간다. 명확한 아이디어, 프로토타이핑, 구현, 적절한 솔루션을 배워나가는 과정을 통해 제품의 목표를 향해 가는 것이다.

– 제프 고델프(Jeff Gothelf)와 조쉬 세이든(Josh Seiden)[2013]

지금까지 우리는 인지의 심리적 기제, VR 멀미, 콘텐츠 제작, 상호작용 같은 배경지식을 알아봤다. 하지만 이런 메커니즘이 완전히 파악되지도 않았을 뿐더러, VR 프로젝트의 목표와 디자인에 따라 아주 달라지는 것도 사실이다. 게다가 현실 세계 또는 우리가 어떻게 세계를 인지하고 그와 상호작용하는지에 대한 가정이 VR에서도 늘 통하지는 않는다. VR 경험을 디자인하면서 단순히 수치만 찾아보거나 첫 시도부터 완벽한 경험을 만들어내리라 기대할 수는 없다. VR 디자인은 2D 데스크톱이나 모바일 애플리케이션보다 아주 까다롭고, VR에 대해서는 알려진 바나 표준도 별로 없다. VR 디자인에는 지속적인 디자인 수정, 프로토타이핑, 실사용자의 피드백을 통한 반복 적용이 필수다. 사실, 많은 VR 경험 디자인은 처음 의도한 대로가 아니라 '우연한 발견'에서 비롯된다(앤드루 로빈슨과 지구두르 구나르손, 사적 대화, 2015년 5월 11일). 지금부터는 가능한 한 빠르고 효율적으로 이상적인 경험을 구축하는 데 도움이 되는 반복 적용 디자인iterative design 개념을 중점적으로 다루겠다.

유니티와 기타 새로운 개발 플랫폼 덕분에 VR 경험은 몇 년 전과 비교하면 아주 짧은 시간 안에 만들 수 있다. 경험 많은 디자이너라면 이제 프로그래밍 경험이 없더라도, 간단한 VR 경험은 말 그대로 몇 시간 안에 뚝딱 만들어낼 수 있다. 버튼 클릭 몇 번으로 쉽게 수정할 수 있고, 기본적인 프로그래밍 기술만 있다면 다른 이들이 구축해둔 에셋과 행동 양식을 적용할 수도 있다. 간단한 VR 경험을 빠르게 구축하고 수정할 수 있기 때문에 기본적인 개별 컴포넌트의 프로토타이핑에는 하루 정도면 충분할 때도 많다. 하지만 기초 단계를 넘어가면 디자이너는 프로그래머이거나, 간단한 프로토타이핑과 테스팅을 위한 기초 프로그래밍 기술을 배우거나, 아니면 프로그래머와 팀을 이뤄 작업해야 한다. 그렇다고 해서 매력적인 VR 경험을 제작하는 데 반드시 전문 프로그래머가 필요하다는 뜻은 아니다. 고급(혁신적) 기능이나 행동 양식 접목, 소프트웨어 아키텍처의 이해, 깔끔한 코드 작성은 제대로 하려면 시간이 꽤 걸리며, 효율적인 코드를 짜고 이를 유지 관리하는 일도 필수적이다.

정의-구현-학습 사이클

VR 디자인에서는 전반적으로 상세하게 하나의 프로세스가 정해져 있지도 않고 그럴 수도 없지만, 프로젝트 정의, 프로토타입 구축, 사용자로부터의 학습, 그리고 이전 아이디어의 지속적인 개선으로 이뤄지는 **반복 적용 디자인**에 대해서는 대체로 동의가 이뤄져 있다. 이런 단계를 주의 깊게 고려하는 것이 사용자 경험을 최적화하고 편안한 VR을 만드는 데 결정적이다.

6부에서는 반복 적용 디자인 철학을 논한 다음, 다음과 같은 반복 적용 디자인의 세 단계(그림 VI.1)를 요약한다.

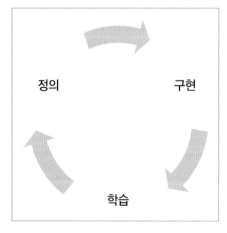

그림 VI.1 모든 VR 개발에 적용되는 개략적 반복 적용 프로세스

1. **정의 단계**: 이 단계에서는 "우리가 만드는 것은 무엇인가?"라는 질문에 대한 답을 구하며, 여기에는 개략적인 비전으로부터 요건 목록까지 모든 것을 포함해야 한다.

2. **구현 단계**: 이 단계에서는 "어떻게 만드는가?"에 대해 답한 후 구축을 진행한다.

3. **학습 단계**: 이 단계에서는 "어떤 것이 잘 맞고 어떤 것이 작동하지 않는가?"라는 질문에 답한다. 이 답을 통해 다시 정의 단계로 돌아가 무엇을 만들어야 하는지를 다듬는다.

인지적으로 이 단계들은 순서대로 행해지지만, 서로 긴밀히 결합돼 병렬로 일어날 때가 많다. 세 단계 안에서도 다양한 세부 단계들이 더 큰 반복 적용 프로세스에 들어갈 수 있다. 이런 개별 단계는 프로젝트에 따라, 그리고 프로세스의 라이프 사이클에 따라 사용될 수도 있고 그렇지 않을 수도 있다. 같은 프로젝트의 반복 적용에 걸쳐서도 단계가 일관되지 않을 때가 많다. 따라서 VR 디자인 프로세스의 순서를 공식화하거나 심지어 각 개별 프로세스를 정형화하려는 노력조차 한계가 있을 뿐더러 지나치게 복잡해질 수 있다. 그 대신 주된 세 단계 각각에서 프로세스 개념의 기본 개요를 설명하겠다. 세부 내용은 프로젝트의 목표와 팀의 선호도에 따라 달라진다.

각 장의 개요

6부는 전반적인 반복 적용 프로세스와 더불어 VR 경험 제작에 적용되는 구체적인 상세 프로세스를 설명하는 다섯 개 장으로 구성된다.

30장. 반복 적용 디자인 철학　먼저 VR 디자인에 필수적인 중요 개념을 살펴본다. VR에 적용되는 반복 적용 디자인은 특히 예술, 과학, 사람 중심 디자인, 반복 적용, 프로젝트 명세, 경험을 만들어내는 팀에 좌우된다.

31장. 정의 단계　VR 애플리케이션 아이디어를 어떻게 만들어내고 정의하는지 논의한다. 또한 프로젝트의 다양한 측면을 정의하는 15가지 방법을 설명한다.

32장. 구현 단계　아이디어를 구체적인 최초의 프로토타입으로 실제 구현하고 나서 최종 사용자에게 출시할 더 다듬어진 경험으로 만드는 방법을 살펴본다.

33장. 학습 단계 핵심 연구 개념을 설명하고 대표 사용자로부터 정성적 피드백 구하기, 좀 더 객관적/정량적인 데이터 수집, 건설적 접근법을 통한 디자인 개선, 그리고 다른 구현과의 공식적인 비교(테스트) 방법을 설명한다.

34장. 반복 적용 디자인: 디자인 지침 반복 적용 프로세스를 요약하면서 VR 제작자가 흥미진진한 경험으로 진행하도록 도와줄 지침 목록을 제공한다.

반복 적용 디자인 철학

디자인에는 여러 의미가 모두 긴밀히 연결돼 있다. **디자인**이란 오브젝트, 프로세스, 행동을 만들어내는 것을 말한다. 수준 높은 디자인은 사용성, 효과, 효율, 우아함, 즐거움, 의미 전달에 초점을 맞춘다[브룩스(Brooks) 2010]. 이 책에서 디자인은 정보 수집부터 목표 설정, 출시, 프로덕트 개선/지원까지 VR 경험의 모든 개발 측면을 망라한다.

30.1 예술이자 과학으로서의 VR

VR은 상식, 경험 법칙, 문화적 메타포, 창의적이고 혁신적인 사고 등을 기반으로 풍성하고 새로운 경험을 창조한다는 점에서 예술의 한 형태다. 또한 현실 세계의 여러 규칙을 벗어던질 수 있는 새로운 세계를 만들어낸다는 점에서도 예술로 볼 수 있으며, 혁신은 VR의 기본이다. 알고리즘 세트를 최적화하는 것만으로 수준 높은 VR 경험이 만들어지지는 않는다. 창작의 배후에 있는 사람들이 잘못된 것을 완벽하게 디자인하는 것이 아니라, 올바른 것들을 디자인하기로 결정하는 과정이 반드시 필요하다. VR 디자이너는 사실적인 것이든 마법 같은 것이든 상관없이 무엇이 유용한지 알아내려 애써야 한다.

또한 VR은 어떤 것이 잘 작동하리라는 우리의 직관이 실제로 맞지 않을 때가 많다는 점에서 과학이라 볼 수 있다. 우리는 사용자를 통해 아이디어를 시험하고, 데이터를 수집하고, 그 데이터를 분석해 경험을 어떻게 개선할지 결정해야 한다. 프로그래밍 면에서 반복 적용 디자인은 여러 적용을 빠르게 테스트하고, 이전 아이디어를 계속 개선해나가는 것을 뜻한다. 의미 있는 질문에 대한 수준 높은 답을 더 빨리 얻을수록 점점 더 나은 경험 쪽으로 다가갈 수 있다.

30.2 인간 중심 디자인

VR 프로젝트 진행의 척도는 사용자 경험이다. 경험이 개선됐다면 진전이 이뤄지고 있는 것이다. 코드 라인 수 같은 전통적인 소프트웨어 개발 측정 기준은 VR 진행률에 사용돼야 하는 척도와 매우 다르며, VR에서는 대체로 무용지물이라 할 수 있다. 두어 시간 만에 적용할 수 있는 잘 작동하는 상호작용 기법이 몇 달에 걸쳐 작성했지만 맞다고 느껴지지 않는 수천 라인의 코드보다 훨씬 가치 있다. 빼어나게 만들어낸 해법이라 해도 사람에게 맞지 않는다면 소용없는 것이다.

엉망으로 만든 VR은 사용자가 비정상적으로 수행한다고 판정해 시스템의 괴상한 요구에 적응하라고 요구한다. 사용자가 가상 세계의 비인간적인 기대에 부응하지 못한다면 그것은 디자인의 문제다. 인간 중심 디자인적 오류는 프로젝트 외부인이 경험해볼 때만 발견되는 경우가 많다. 따라서 프로젝트 초반부터 실사용자에게서 피드백을 받는 것이 대단히 중요한데, 반복 적용 과정 초반에 발견해 고칠 수 있는 많은 사소한 인간 중심 디자인 오류가 출시가 임박해서 발견되면 전체 프로젝트가 실패로 돌아갈 수도 있다.

30.3 반복 적용을 통한 지속적 발견

VR 디자인의 핵심 개념은 언제나 발견이 이뤄져야 한다는 것이다. **지속적 발견**은 디자인과 개발 과정 동안 사용자를 참여시키는 계속되는 프로세스다[고델프와 세이든 2013]. 발견의 목표는 사용자가 무엇을 하고 싶어 하는지, 왜 하고 싶어 하는지, 어떻게 하면 최선인지 이해하는 것이다.

복잡한 시스템을 구축할 때 모든 것을 사전에 알거나 합리적으로 개선하려 들면, 예산도 초과하고 기한도 늦어지는 재앙을 낳을 수 있다[브룩스 2010]. 팀이 프로젝트 시작 단계에서 질문에 대한 답을 아직 알지 못하기 때문만이 아니라, 자신이 모른다는 사실 자체를 모르기 때문이기도 하다. 질문은 최초에 고려하지 못했던 질문으로 이어지게 된다. 이전에는 고려조차 하지 않았던 것을 발견할 때 종종 새로운 통찰과 디자인적 돌파구가 나온다.

반복 적용은 VR 외 시스템보다 VR 시스템 개발에서 더 중요하다[윙그레이브와 라비올라 2010]. VR의 가능성은 현실에서 무엇이 가능한지를 넘어서 확장되지만, 하나만 잘 못해도 심각한 결과를 초래할 수 있다. VR에 대해 모든 것이 알려져 있다 하더라도 VR 경험에 포함될 수 있는 요인과 요인들의 조합이 기하급수적으로 늘어날 수 있다. 따라서 미리 알 수 있는 것은 아주 적으며, 모든 프로젝트는 각기 독특해진다.

프로젝트가 마무리될 때까지 기다렸다가 모두 잘 작동하는지 기다릴 여유는 없는 것이다(팁: 저자라면 기다리지 않을 것이다). 학습, 변화, 혁신은 말미에 하기보다 처음에 하는 편이 비용이 덜 들고, 필요할 때 빠르게 적용할 수 있는 옵션도 많다. 그렇다면 질문은 반복 적용 디자인을 사용해야 하는지가 아니라, 어떻게 가장 빠르고 효과적으로 반복 적용할 수 있는지가 될 것이다. 답은 빠른 프로토타이핑, 그리고 전문가와 대표 사용자로부터 가능한 한 빠르게 자주 피드백을 받는 것이다.『린 스타트업The Lean Startup』[리스(Ries) 2011]에서 주장하듯, 빨리 그리고 자주 실패해야 한다. 실패할 때마다 무엇을 더 잘할 수 있을지 배운다. 실패는 탐구, 창의력, 혁신에 필수적이다. 실패가 자주 일어나지 않는다면 충분히 혁신하지 못하고 있는 것이며, 중대한 발견이 일어나기 어렵다. 배움의 기회가 될 리스크가 없는 안전한 VR 경험을 만들어내기는 상당히 쉽다. 하지만 동시에 지루하고 흥미롭지 않은 경험으로 이어지는 지름길이기도 하다.

프로젝트 개시 당시 모든 것을 알고 있다 해도, 시간이 흐르면서 변화가 일어나기 마련이다. 삶, 사업, 기술적 발전을 보면 어제 중요했던 것이 오늘은 더 이상 중요하지 않게 되는 것이 현실이다. 현실이 계획에 걸림돌이 된다면 늘 현실을 중시해야 한다. VR 프로젝트에서 특히 마주치게 되는 또 다른 난관은 애플리케이션의 한 부분이 변화할 때 이런 변화가 단독으로 일어나는 경우는 드물다는 것이다. 항상 추정, 기술, 사업상의 변화를 모색하자. 그다음 적응형 계획을 통해 필요할 때 변화를 넣는다.

VR이 처음인 사람(여기에는 사업 개발 팀부터 프로그래머까지 팀의 모두가 포함된다.)에게 발견을 위한 첫걸음은 사용자 입장이 돼 폭넓은 기존 VR 경험을 해보면서 어떤 것이 잘 맞고 어떤 것이 맞지 않는지 적어보는 것이다. 그런 다음 새롭거나 수정된 아이디어의 프로토타입을 만들고 사용자로부터 피드백을 받음으로써 새로운 통찰을 얻는다. 사실, 이 부분이 기획과 사전 분석보다 더 중요하다. 며칠 동안 생각하고 고민하고 논쟁하는 것보다 형편없는 프로토타입이라도 만드는 편이 훨씬 가치가 있다. 특히 VR 프로젝트 초기에는 팀원들이 마음 놓고 실험해보게끔 실패를 받아들이는 문화를 조성하는 것이 중요하다. 이런 실험이 창의성과 혁신을 북돋워서 효과적인 VR로 이어진다. 실제 애플리케이션으로부터의 피드백과 측정치가 이론에 기반한 의견보다 우선이다.

결국 VR 경험의 성패는 팀의 결정에 달려 있는 것이 아니라 경험하는 소비자에게 달려 있는 것이다. 팀이 사용자의 입장에서 무엇이 결과로 이어질지 일찍 발견할수록, 무작위적 선택을 반복 적용하기보다 성공을 향한 방향으로 한 걸음 나아갈 수 있다.

30.4 한 가지 길만 고집하지 않는다 – 프로세스는 프로젝트에 의존한다

어떤 영역에서든 단 한 가지 디자인 과정이 모든 프로젝트에 적절할 수는 없다. VR에서는 특히 그렇다. VR 연구가 수십 년간 이어졌음에도 이 분야에서는 계속해서 학습과 변화가 이어지고 있으며, 아직(어쩌면 영영) 표준화된 프로세스가 정립되지 않았다. VR에는 광범위한 산업과 애플리케이션이 포함된다. 예를 들어 조립 라인의 자동화 훈련 시스템을 만드는 것은 몰입형 영화 제작 프로세스와는 아주 다를 것이다. 같은 프로젝트 안에도 많은 요인이 있고, 그에 따라 해당 시기에 가장 적절한 프로세스가 결정된다. 현재의 팀 규모, 다가오는 데드라인, 프로젝트 진행 정도 등이 모두 그런 요인이다. 알지 못하는 것이 너무 많기 때문에, 그리고 알려진 것도 제각각이기에 프로젝트마다 무엇이 가장 적절한지는 다 다르며, 프로젝트가 결과물에 다가갈수록 그 '적합한' 방법도 변화할 수 있다.

VR 프로젝트의 다양한 수요를 감안할 때 미리 프로세스를 정의할 필요가 있을까? 혼돈에 질서를 부여할 방법이 분명 있을 것이며, 그렇지 않다면 융화된 최종 애플리케이션에 도달하지 못할 것이다. 어떤 시점이 되면 진행을 위한 승인을 받아야 한다. 스케줄과 예산을 초과할 수도 없다. 소비자 만족은 지켜져야 한다. 이런 단계들이 이뤄지려면 어떤 형태로든 프로세스가 있어야 한다. 하지만 무턱대고 프로세스만 따라도 곤란하다. 다양한 프로세스와 각각의 장단점 이해를 통해 팀은 여러 프로세스 중에서 적절한 것을 선택하고 필요한 대로 접목시킬 수 있다.

개별 팀원들과 팀 간의 커뮤니케이션이 공식 프로세스를 지키는 것보다 우선이며, 변화에 대한 적응이 계획을 따르는 것에 우선한다[라만(Larman) 2004]. 그렇다고 해서 프로세스와 계획을 무시하라는 뜻이 아니다. 개인으로부터의 계속되는 입력과 팀 간의 커뮤니케이션, 적절한 변화가 더 중요하다는 것이다. 좋은 프로세스는 이런 일을 막는 것이 아니라 지원한다.

물론 프로세스의 주된 목표는 가장 중요한 문제를 식별하고 우선순위를 정하는 것이며, 팀이 초점을 맞출 부분을 분명히 하는 것이다. 또한 좋은 프로세스는 쉽고 빠르게 예외를 인정한다. 모든 규칙은 적절할 때는 깰 수 있는 것이다. 프로젝트에 어떤 프로세스가 맞는지는 경험에 따라 결정하는 것이 가장 좋다. 이 책에서 몇 가지 일반적 지침을 제공하고는 있지만, 특정 프로젝트에 어떤 프로세스가 가장 적절한지 결정하는 규칙이나 알고리즘은 없다. 어떤 프로세스로 시작해야 할지 분명치 않다면, 무엇이든 고른 다음 일단 진행해보자. 프로젝트를 반복 적용하는 것과 마찬가지로 프로세스도 사용하면서 개선해나가고 배울 점을 적용하며 반복해서 다듬는 것이다. 프로세스에 집착하지 말고, 잘 맞지 않을 때는 기꺼이 폐기해야 한다.

30.5 팀

VR은 특성상 여러 직군에 걸쳐 있고, 팀원 사이의 커뮤니케이션은 VR 개발에 극히 중요하다. 팀의 커뮤니케이션은 대화, 스케치, 화이트보드, 폼보드, 인조 벽, 인쇄물, 포스트잇, 프로토타입 데모 등을 통해 남들과 작업을 공유하는 것을 포함한다[고델프 와 세이든 2013]. 대화를 뺀 나머지 모든 방법은 목소리가 큰 평소 말이 없던 팀원들의 의견을 공평하게 듣는 데 도움이 된다. 이런 구조적 커뮤니케이션 형태는 비공식적이고 가능한 한 다듬어지지 않도록 유지하는 것이 중요하다. 좀 더 공식적인 문서화는 앞서서가 아니라 사후에 이뤄져야 한다. 이런 커뮤니케이션은 무엇이 업데이트됐는지 쉽게 판단할 수 있도록 수정하기 쉬워야 한다. 커뮤니케이션을 최대한 보장하기 위해 팀 규모는 작게 유지한다. 따라서 개인이 여러 역할을 맡을 가능성이 높다. 프로젝트가 더 큰 조직의 일부로 개발되고 있다면 그룹을 더 작은 팀 단위로 쪼갠다.

팀의 노력은 종종(늘 그런 것은 아니다!) 들어오는 의견/관점의 범위가 개인 수준보다 넓기 때문에 더 크고 나은 결과를 낳는다. 하지만 디자인을 위원회가 결정할 수는 없는 일이다. 협동 디자인이라 해도 한 명의 권한 있는 감독(20.3절 참조)이 의견을 잘 듣되, 고차원적인 결정에서는 최종 의사 결정권자로서 이끌어야 한다(여기에 대한 한 가지 예외 사항은 페어 프로그래밍pair programming(짝 코딩)과 비슷하게 두 명으로 팀이 이뤄질 경우다). 이런 감독은 함께 일하는 팀과 더불어 사업/재무 측 인력으로부터 완전히 신뢰를 받아야 한다. 감독은 프로젝트 전체의 개념 설계를 분명히 이해해야 한다. 감독이 모든 것이 어떻게 연결되는지 이해할 수 없다면, 디자인이 지나치게 복잡해지거나 단순화될 수 있다.

대단히 중요한 디자인 철학에 대한 논의는 팀 전체가 참여해야 한다. 개개인이 다른 팀원이 하는 일을 알고 있을 뿐 아니라 다른 팀원의 작업에 어느 정도 적극적으로 관여해야 한다. 즉, 모두가 비평가의 역할만이 아니라 창작자의 역할을 겸해야 하는 것이다. 구축된 제품을 다듬는 최종 결정을 내리기 전에 팀 전체가 프로토타입과 사용자 피드백을 통해 올바른 디자인적 결정을 내리는 데 참여해야 한다. 그러면 개인이 자기가 만든 부분에 애착을 가져서 그런 부분을 포기하지 못하는 일도 방지할 수 있다.

팀원 중 일부는 분야 전문가지만 VR에 대한 경험은 적어서 현재의 기술로 무엇이 가능하고 어떤 한계가 있는지 모를 수도 있다. 또 VR 전문가지만 문제 분야에 대해서는 잘 이해하지 못하는 팀원도 있을 수 있다. 전통적인 디자인 배경을 가진 이들은 VR 적용에서의 난제를 이해해야 한다. 프로그래밍을 해온 이들은 다른 팀원들로부터 배우고, VR 경험이 있는 외부인이나 타 분야 종사자, 사용자의 피드백 같은 제안에 열린 자세를 가져야 한다. 팀의 누군가가 자신이나 다른 직군의 아이디어에 대해 닫힌 마음을 갖고 있다면, 그 자신 역시 매혹적인 VR 경험을 만들어내는 데 장애물이 될 수 있다(여러 분야가 관여해야 하는 VR의 특성상 더욱 그렇다). 해당 팀원에게는 태도 변화를 요구하고, 그런 고집을 꺾지 않는다면 다른 팀원들에게까지 암처럼 번져가기 전에 가능한 한 빨리 프로젝트에서 제외시켜야 한다('암'이라는 표현을 사용한 것은 이런 태도가 VR 프로젝트를 끝장낼 수 있기 때문이다).

정의 단계

프로젝트 **정의 단계**는 시작이기도 하지만, 구현과 학습 단계에서 많은 것을 발견하게 되므로 마지막 단계까지 계속된다. 정의 단계의 모든 부분은 고객이나 사용자의 관점에서 설명해야 하며 누구든 이해할 수 있어야 한다. 그래야만 다양한 관점을 고려할 수 있다.

모든 세부 사항을 하나하나 생각한 다음에야 착수하는 '정보 과다로 인한 분석 불능analysis paralysis'에 빠지지 않도록 주의하자. 정의 단계 시작에서 너무 많은 시간을 쓰면, 현재의 기술로 정의한 사항이 가능하지 않거나 궁극적으로 고객이 원하는 것이 아닐 경우 프로젝트 기간만 줄어들게 된다. 대부분의 경우 너무 상세한 내용까지 정의하기보다는 프로젝트의 일반적 개요만 정의하고 시작하는 것이 가장 좋다. 개발자(예: 일인 독립 개발자)가 구현 단계부터 시작하는 '발사 후 조준' 전략을 선택할 때도 있다. 또 분석과 정의가 더 중요할 때도 있다(예: VR 시스템이 기존 시스템과 절차에 접목돼야 하는 지휘 통제 애플리케이션). 언제 구현을 시작할 지 알려면 충분한 때를 판단할 수 있는 경험이 필요하다. 구현 단계로 넘어갈 준비가 끝났는지 확신이 들지 않는다면 다음 단계를 진행하는 편이 낫다. 정의 단계는 세부 사항을 더 채워 넣을 필요가 있을 때 언제나 다시 손댈 수 있다.

이 장에서는 정의 단계의 몇 가지 개념을 논의한다. 각 개념은 개연성에 따라 일어날 순서를 가정해 정리했지만, 반복 적용 디자인의 특성상 이런 순서는 프로젝트의 필요에 따라 결정하는 것이 좋다. 모든 프로젝트에서 이런 개념을 다 활용하지는 않겠지만, 더 많은 개념을 사용하고 다듬어갈수록 프로젝트의 성공률도 올라간다. 이 모든 개념에 대해 프로젝트가 '무엇'인지 정의하는 것만 중요한 것이 아니라, 그런 결정이 '왜' 내려졌는지가 더 중요하다. 그럼으로써 팀이 향후 반복 적용 과정에서 각 요소를 유지할지, 변경할지, 아니면 아예 삭제할지 합리적으로 판단할 수 있다.

31.1 비전

피라미드, 대성당, 로켓은 기하학, 구조 이론, 혹은 열역학 덕분이 아니라 이런 것을 착안한 이들이 마음속으로 처음 그린 그림, 바로 비전 덕분에 존재하는 것이다.

– 유진 퍼거슨(Eugene Ferguson),
엔지니어링과 마음의 눈(Engineering and the Mind's Eye)[1994]

모든 위대한 공학적 업적이 그렇듯, VR 프로젝트도 어디에선가 누군가가 시작해야 한다. 전체적 비전은 무엇인가? 무엇을 성취하려 하는가? 왜 하는 것인가? 이 모든 답을 정하는 것이 비전이다. 리소스가 무제한으로 주어진다면 무엇을 이룰 수 있을까?

초기 비전은 대체로 추측에 불과하다. 프로젝트가 완료되기까지는 최종 해법이나 우려점이 무엇인지조차 알 수 없다. 알 수 없는 것이 이렇게 많을 때 어떻게 프로젝트를 정의할 수 있을까? 바로 추측을 통해서다! 정교하게 표현한 추측이 무언의 혹은 모호한 모델보다 낫다[브룩스 2010]. 추측은 팀이 드러난 가정에 대해 생각하게 해주고 디자인에 대해 아주 세심하게 생각하게 해준다. 추측은 더 많은 것을 배워가면서 목표를 더 잘 정의하는 반복 적용 여정의 시작점이다. 문제와 그 해결책 형성은 둘 간의 정보 교환이 일어나면서 함께 진화한다[돌스트(Dorst)와 크로스(Cross) 2001].

지능적이고 정보에 기반한 추측은 현실 세계와 그 사람들에 기반하는 것이다. 다음 절에서 설명하겠지만, 정제된 추측은 다른 이들과의 대화에서 시작된다.

31.2 질문

언뜻 창의적 자유만 있으면 모든 것이 더 쉬울 것처럼 생각된다. 하지만 프로젝트에서 이 단계가 가장 난관일 때가 많다. 사실, 브룩스[2010]는 "디자인에서 가장 어려운 부분은 무엇을 디자인할지 결정할 때다."라고 말한 바 있다. 다행히 VR 프로젝트는 고립된 존재물이 아니다. 더 큰 그림 안에서 프로젝트가 어떻게 맞아 들어갈 것인지 배경과 맥락을 이해하면 프로젝트 정의에 도움이 된다.

가장 중요한 때는 아이디어의 개념화 동안 다른 이들의 피드백을 받는 것이다. 혁신적 아이디어, 새로운 상호작용을 만드는 것, 경험, 그리고 훨씬 나은 결과는 사람들이 정말 원하는 것에 초점을 맞춰 목표를 다시 고려하는 과정에서 생겨난다. 사람들이 정말 원하는 것이 무엇인지 판단하는 최고의 방법은 사람들과 대화를 통해 많은 질문을 던지는 것이다. 하지만 무엇을 원하는지 묻기가 그리 간단하지는 않다. 사람들이 원한다고 생각하는 것은 정말 원하는 것이 아닐 때가 많기 때문이다. 컨설턴트로서 저자는 고객에게 가장 좋은 서비스는 자신이 무엇을 원하는지 발견하도록 하는 것이라는 점을 깨달았다. 사람들이 원하는 바를 그대로 말하리라 기대하지 말고, 사람들이 원한다고 독자들이 가정하는 바가 옳으리라고도 가정하지 말자. 그러려면 올바른 질문이 필수적이다.

이 단계에서 물어야 할 가장 중요한 질문은 대부분 '왜'로 시작한다. "사람들은 드릴을 사려는 것이 아니라, 구멍을 사고 싶어 한다."라는 말은 원하는 목표가 실제로 무엇인지 충분히 파고든 것이 아니다. 왜 고객이 구멍을 사고 싶어 하는가? 선반을 설치하고 싶기 때문이다. 왜 고객이 선반을 설치하고 싶어 하는가? 편리하게 책을 꽂아 두고 싶기 때문이다. 왜 고객이 선반에 편리하게 책을 꽂아 두고 싶어 하는가? 아마 정보를 잘 정리해서 보관하고 해당 정보에 편리하게 접근하고 싶은데, 지금 있는 책꽂이에 불만이 있기 때문일 것이다. 이때 창의적인 해결책은 선반과 완전히 다른 것일 수 있다. 마찬가지로, 소비자는 HMD를 사고 싶어 하는 것이 아니다. 소비자는 특정 과제에 대한 효과적인 훈련을 원하거나, 사업상 고객을 더 끌어모으고 싶어 할 수도 있다. VR 데모는 잠재 고객이 직접 상점으로 가서 VR 기술과는 별 관계 없는 상품을 구입하게끔 설득력 있게 만들어야 한다.

계속 '왜'라는 질문을 하는 것과 더불어, 배경과 맥락을 이해하기 위한 개략적인 질문의 몇 가지 유용한 예를 들어본다.

- 영감/동기는 무엇인가? 기존 시스템(현실 세계의 시스템이나 구형 VR 시스템)을 대체하고 싶은 것인가? 아니면 완전히 새로운 경험을 만들고자 하는 것인가?
- 의사 결정권자는 누구인가? 주요 이해 당사자와 의도하는 수혜자는 누구인가?
- 시스템이 어디에 배포될 것인가? 기업의 사무실인가, 테마파크인가, 아니면 가정인가?
- VR 프로젝트가 더 큰 비전의 일부인가? 프로젝트가 완전히 새로운 계획인가, 아니면 기존 프로젝트의 일부인가? VR 프로젝트가 다른 프로젝트와 어

떻게 연관되는가? 더 큰 비전이나 프로젝트에 직접적으로 속하지 않더라도, 그런 연관 관계는 중요할 수 있다.

- 프로젝트가 조직의 소소하거나 중요한 역할에 속하는가? 조직에는 어떤 영향을 미치는가?

- 대상 조직이나 커뮤니티의 문화적, 사회적, 정치적 측면은 어떤가? 군사 분야라면 대중문화 분야와는 아주 다를 것이다.

- 프로젝트가 사용자 외에 누구에게 영향을 주는가?

- 얼마나 많은 사용자가 시스템을 이용하게 되는가? 장소는 얼마나 많은가?

- 일단 배포한 후에는 얼마나 오래 유지할 계획인가? 단일 프로젝트인가, 아니면 완료 후 추가 작업이 (성공한다는 가정하에) 예상되는가?

- 희망하는 결과는 무엇인가? 성공은 어떻게 측정하는가?

- 리소스와 그 한계는 무엇인가? 예산 범위는 어떠하며 프로젝트가 완료돼야 하는 기간은 언제까지인가?

맥락을 더 잘 이해하게 되면 더 상세한 질문도 뒤따라야 한다. 특히 엔터테인먼트 애플리케이션이 아닐 경우 분야 전문가와의 대화가 필수적이다. 분야 전문가 한 명의 수준 높은 의견이 100가지 두서없는 의견보다 더 가치 있을 때가 많다(물론 향후 고객이 될 수도 있으므로 더 폭넓은 비전문가가 유용하기도 하다). 전문 분야에 관련된 질문을 미리 정해 전문가의 시간을 낭비하지 않도록 준비하자.

질문 외에 직접 눈으로 확인하는 것도 도움이 된다. 직접 현장으로 가서 내부인을 만나면, 여러분에게는 낯선 세상에 대해 설명을 들을 수 있다. 현장에서 직원이든 고객이든 다양한 사람들에게 무슨 일을 하는지, 그 이유는 무엇인지, 어떻게 하면 더 좋아질 수 있을지 물어보자. 이야기만 듣는 데 그치지 말고, 사람들의 행동을 주의 깊게 관찰하고 메모하자. 행동이야말로 좋은 정보다. 다른 이의 입장이 돼보면 이해할 것이다. 다른 이에게만 질문하는 것이 아니라 자신에게도 질문을 던지자. 현재 어떻게 과제를 수행하고 있는가? 목표가 어떤 주제에 대해 사람들을 교육하는 것이라면, 현재 해당 주제에 대해 사람들은 어떻게 배우고 있는가? 이들이 더 효과적으로 배우지 못하게 막는 장애물은 무엇인가?

31.3 평가와 타당성

프로젝트의 목표에 대해 더 배워갈수록, 한 발 물러서서 VR이 올바른 해결책인지 평가할 필요가 있다. VR은 모든 직군을 아우를 가능성이 있으며 폭넓은 애플리케이션에 유용하지만, 그렇다고 해서 VR이 모든 문제에 이상적인 해결책인 것은 아니다. 기술이 아직 완벽과 거리가 먼 현재로서는 모든 문제에 VR이 이상적 도구가 아니라는 점은 분명하다.

VR 프로젝트를 평가하고 이를 통해 타당성을 평가하기 위한 질문의 예를 들면 다음과 같다.

- 프로젝트에서 어떤 결과를 달성해야 성공으로 간주할 수 있는가?
- 어떤 기능을 지원해야 하는가? VR 이외의 기술이 오늘날의 VR 기술보다 더 잘 지원할 수 있을까?
- 환경, 조직, 문화와 같은 현실 세계의 맥락에 VR 솔루션이 잘 맞을 것인가?
- 기존 솔루션 및 VR 외 솔루션의 경쟁 우위는 무엇이 있는가? 대안과 장단점은 무엇인가?
- 기대되는 수익, 비용 절감, 기타 추가 혜택은 무엇인가?
- 프로젝트 개발 외적인 간접 비용으로는 무엇이 있는가? 예를 들어 선적 비용이나 배포 비용, 사용자 훈련 비용, 마케팅 및 세일즈 비용, 유지 보수 비용 등이 여기에 해당한다.
- 주어진 예산, 시간, 기타 리소스 안에서 프로젝트가 가능한가?

이런 질문에 대한 답이 '네/아니오'로 딱 떨어지는 경우는 드물다. 현실 세계와 VR을 병용하는 것이 최적일 때도 많다(예: 전통적 교육 방식에 시뮬레이터 연습을 포함시킨다).

31.4 개략적 디자인 고려 사항

디자인 고려 사항의 끝에는 사용자 경험이 놓여 있으며, 다양한 디자인 옵션의 맥락을 고려하는 것이 중요하다. 디자인은 다음 세 가지 관점에서 생각하면 유용하다[볼라스 1989, 1992].

가상 환경을 이용한 디자인design with virtual environments은 VR을 이용해 기존 문제 해결을 돕거나 새로운 발명품을 만드는 데 초점을 맞춘다. 예를 들어 과학 데이터 시각화나 자동차 디자인처럼 VR이 디자인의 도구로 이용될 때는 애플리케이션의 요구 사항을 주의 깊게 고려하는 것이 디자인의 원동력이 될 수 있다. 잘만 되면 VR은 현실 세계의 문제를 조사하고 해결하는 과정에서 인간의 지능을 증폭해줄 수 있다(예: 복잡한 패턴을 더 쉽게 매칭하고 인지하게 해준다). 이런 접근에서 VR 시스템은 다른 도구와 매체를 대체하는 것이 아니라 보완해서 통찰력을 극대화한다.

가상 환경을 위한 디자인design for virtual environments은 VR 시스템 자체의 하드웨어와 소프트웨어를 개선하는 데 초점을 맞춘다. 이런 접근법을 통해 디자이너는 경험을 제공하는 데 사용되는 기술의 행동 유도성을 주의 깊게 고려해야 한다. 예를 들어, 입력 기기의 특징과 분류를 고려하면(27장 참조) 디자이너가 특정 하드웨어를 선택하고 수정하고 업그레이드하는 데 도움이 된다. 다양한 상호작용 패턴과 기술을 고려하면(28장 참조), 기존 적용을 개선하고 새로운 상호작용 메타포를 개발하는 데 도움이 된다.

가상 환경의 디자인design of virtual environments은 완전히 합성된 환경, 즉 가상 세계의 창조에 초점을 맞춘다. 이 접근법은 예술적 매체와 엔터테인먼트 애플리케이션에 잘 맞는다. 4부는 콘텐츠 제작에 초점을 맞춘다.

31.5 목적

목적은 개략적인 공식적 목표와 얻을 것으로 예상되는 혜택 및 사업적 소득이다. 혜택/성과에 초점을 맞춤으로써 팀은 사용자가 신경 쓸지 신경 쓰지 않을지 모를 기능 적용보다 비전과 문제 해결을 작업 방향으로 삼게 된다. 기능은 적용하기 더 쉽기 때문에 엔지니어들이 선호하는 경향이 있지만 사용자가 신경 쓰는 부분은 아니다. 또한 엔지니어들은 세부 사항까지 관리받는 것을 싫어한다. 따라서 엔지니어는 가장 잘하는 일, 즉 자신들이 만든 기능을 사용해 문제를 해결하도록 둬서 목적을 달성하게 하는 것이 가장 좋다. 팀은 구축되고 테스트하는 기능의 가치를 통해 통찰을 얻게 된다. 어떤 기능이 프로젝트가 목적을 향해 가는 데 방해가 된다면 변경하거나 제거하거나 대체해야 한다.

목적에서 설명하는 혜택은 시간 및 비용 절감, 수익 창출, 안전 위험성 감소, 사용자 생산성 향상 등을 주로 다룬다. 목적은 31.15절에서 설명한 요건과 다르다는 점에 주의하자. 요건은 좀 더 구체적이고 기술적일 때가 많다(예: 지연 시간과 트래킹 요건).

수준 높은 목적에는 SMART, 즉 구체적Specific이고, 측정 가능하고Measurable, 달성 가능하고Attainable, 관련 있고Relevant, 시간 제한적인Time-bound 속성이 들어있어야 한다.

구체적: 목적은 분명하고 모호하지 않아야 한다. 정확히 무엇을 기대하는지 선언한다. 목적은 또한 왜 중요한지 그 이유도 명시해야 할 수 있다.

측정 가능: 목적은 목표, 그리고 궁극적으로는 성공을 향한 진전이 객관적으로 판단될 수 있게끔 사실에 의거해야 한다. 이는 측정과 테스트가 일어나는 학습 단계(33장 참조)에도 필수적이다.

달성 가능: 목적은 어느 정도 타당성이 있어야 한다. 여기서는 어떻게 할지에 대한 설명은 중요하지 않고, 어떤 방식으로든 해낼 수 있다는 믿음이 중요하다.

유관성: 목적은 중요해야 한다. 직접적으로 최종 결과에 영향을 주어야 한다는 뜻이 아니라, 최종 결과에 영향을 미치는 다른 목적들을 보조할 수 있어야 한다는 뜻이다.

시간 제한: 목적에는 언제 완료할지 날짜를 밝혀야 한다.

목적의 예는 다음과 같다. "VR 훈련 시스템을 2016년 1월 1일에 배포할 것이며, 세 번의 훈련 세션을 마친 후에는 X절에서 정의한 바와 같이 생산성이 30% 향상될 것이다." 30%의 생산성 목표는 사용자 테스트를 통해 시스템 완성 전까지 도달할 수 있는 수치다.

목적을 길게 목록으로 나열하면 상당히 공격적이 될 수 있다. 첫 발표부터 여러 항목의 공격적 목표를 달성하는 경우는 드물며, 그럴 수도 없다. 최초 발표에서 달성해야 할 목적을 우선순위에 두고, 나머지 목적은 차후 발표를 위해 아껴두자. 각각의 목적을 50% 달성하는 것보다는 우선순위의 상위 50% 목적을 달성한 제품 발표가 낫다.

31.6 핵심 인력

초기 단계에서 중요한 것은 핵심 인력을 찾아서 배치하는 것이다. **핵심 인력**이란 프로젝트의 성공을 위해 필수적인 사람을 말한다. 핵심 인력은 이해 당사자, 파트너, 고객이나 스폰서, 정부 기관, 고객, 분야 전문가, 최종 사용자, 마케팅 전문가, 사용성 전문가, 컨설턴트, 사업 개발자, 엔지니어 등이 될 수도 있다. 핵심적인 인력이 비전에 동의하고 프로젝트를 진심으로 아끼며 성공에 전력하는 것이 필수적이다. 올바른 핵심 인력을 찾고 배치하는 일은 그 자체로 엄청난 임무다. 여기에는 투자자에 대한 피칭pitching, 사업 제안서 작성, 고객의 니즈 평가, 추천 요청, 팀에 합류할 이들의 채용 등이 포함될 수도 있다.

핵심 인력을 채용하는 데는 두 가지 경로가 있다.

> **비전에 공감하는 인력 채용**: 비전에 의해 영감을 받고 성취할 수 있을 것이라 믿는 핵심 인력을 찾고, 이들이 프로젝트에 맞지 않는 사람이면 다른 다음 후보를 찾는다. 적합하지 않은 후보에게 시간을 낭비하지 말자. 이 방식은 엔터테인먼트 경험을 제작하거나 팀에 다른 인력을 채용할 때 가장 흔히 밟는 길이다. 원래 비전을 만들어냈던 개인이나 소규모 그룹이라고 해서 추후 참여한 핵심 인력의 의견을 듣지 않아도 되는 것은 아니다.

> **필요 사항을 해결하기 위한 도움**: 애로 사항을 식별하고 문제를 해결하며 기존의 필요 사항을 만족시킬 길을 찾는다. 업계에서 흔히 이런 방법을 쓰는데, 예를 들어 비용 절감이나 직원 훈련에 더 좋은 방법을 찾을 때 그렇다. 개인의(특히 의사 결정권자의) 특정한 문제 해결을 어떻게 도울 수 있는지 보여줄 때 핵심 인력의 회의적 시각을 바꾸는 데도 중요한 역할을 한다.

두 경우 모두 많은 발표와 제안을 준비해야 한다. 아무리 적합한 인재라 해도, 그들이 여러분의 프로젝트에 관심이 없을 수 있다는 사실을 인정하자. 이들이 하는 말을 귀기울여 듣고(참여하고 싶지는 않더라도 귀한 정보를 줄 수는 있다.) 다음 후보를 물색한다. 이런 사람을 쫓아다니느라 시간을 낭비하지 말자.

31.7 시간과 비용

프로젝트 경험이 아주 많은 사람이라 해도 정확하게 추정하기란 극히 어렵다. 초기 추정이 정확하리라 기대해서는 안 된다. 그렇기 때문에 종종 계약을 협상할 때 최초 평가와 적용 타당성을 분리하는 편이 타당하다. 계약은 또한 마일스톤과 함께 작성해, 각 마일스톤 시점마다 더 많은 것을 배우고 추정 내용을 전제하면서 계약을 재협상할 수 있다는 예상하에 마일스톤에 도달할 때마다 고객이 추가 지불을 하도록 할 수도 있다. 프로젝트가 지연될 때 추가 팀원을 투입하는 것은 좋은 선택이 아닌데, 브룩스의 법칙에서도 '지연된 소프트웨어 프로젝트에 인력을 추가하면 지연이 악화된다.'고 명시하고 있다[브룩스 1995]. 시간, 예산, 품질은 협상의 대상이 될 수 없을 때가 많으므로, 프로젝트가 예상보다 오래 걸릴 때는 프로젝트 범위를 줄일 필요도 있다.

플래닝 포커planning poker는 개발 노력을 평가하는 게임이다[콘(Cohn) 2005]. 구현을 위한 계획 단계에서 하는 것이 가장 좋기는 하지만, 프로젝트 초기에 아직 잘 정의되지 않았으므로 추정이 충분히 다듬어지지 않았다는 점을 감안하고 개략적으로 해볼 수도 있다. 팀이 테이블에 둘러앉아 특정 과제를 말하고, 모든 플레이어는 과제를 완수하기까지 걸릴 것으로 예상되는 시간을 적는다. 비밀리에 카드에 예상 시간을 적은 다음, 플레이어들이 카드를 뒤집어 놓고 오른쪽부터 차례로 앞면을 보여준다. 모든 추정이 동일한 일반적 범위 내에 있다면 평균값을 취한다. 플래닝 포커는 투표 시스템으로, 짧은 예상치가 세 장이라 해도 더 긴 추정치 한 장을 이기지 못한다. 평균에서 매우 동떨어진 이상치가 있다면 이런 이상치를 논의한다. 이상치를 낸 사람이 다른 팀원들이 고려하지 못한 무언가를 생각했을 수도 있기 때문이다.

최초 개발 추정치는 종종 400%까지 빗나가고[라스무손 2010], 개발자는 자기 능력을 과신하는 경향을 알고 있다 해도 능력 이상을 발휘하리라고 자신하기 마련이다. 적용 과정에서 프로젝트에 대한 이해가 높아질수록 추정치는 더욱 정확해진다(그림 31.1). 더 나은 추정치를 판단하는 한 가지 방법은 최초 추정치와 비교해 과제에 걸린 시간 비율을 추적하는 것이다. 향후 과제를 추정할 때 누적된 비율을 최초 과제 추정치에 곱해 정확성을 높일 수 있다. 예를 들어, 5일이 걸릴 것으로 예상한 과제에 실제로 15일이 걸렸다면 비율은 3이 된다. 향후 과제에 5일이 걸릴 것으로 추정했다면 역시 15일이 소요될 가능성이 높으며, 10일 소요를 예측한 과제는 30일이 걸릴 가능성이 높다.

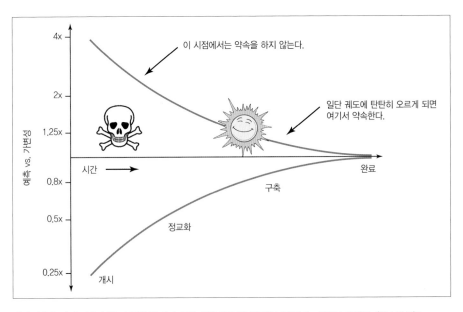

그림 31.1   개발 예측은 시작 단계에서는 부정확할 때가 많다. 예측에서 네 배 정도 벗어나는 경우도 흔하다. (라스무손(Rasmusson)[2010])

31.8 리스크

리스크 식별은 프로젝트에 영향을 줄 수 있어 해당 위험을 완화하기 위한 적절한 행동이 필요한 위험을 인식하는 것이다. 모든 가능한 리스크를 팀과 브레인스토밍한 후, 리스크를 (1) 팀이 영향력을 갖거나 컨트롤할 수 있는 리스크, (2) 팀이 영향력을 갖거나 컨트롤할 수 없는 리스크, 이렇게 두 그룹으로 나누자. 프로젝트를 지속할 가치가 있는지 판단하려면 팀의 통제권 밖에 있는 리스크를 이해하는 것이 필수다. 일단 이런 리스크를 이해하고 나면 지도부는 전적으로 헌신하기로(혹은 프로젝트를 종료하기로) 결정해야 한다. 그러면 팀이 컨트롤 가능한 리스크를 최소화하는 데 집중할 수 있다.

VR 프로젝트에서는 알려지지 않은 것이 너무 많고 기술이 매우 빨리 향상되기에 리스크를 인지하는 것이 특히 중요하다. 프로젝트의 규모와 기간이 커질수록 리스크는 기하급수적으로 늘어난다(그림 31.2). 2년짜리 프로젝트라면 프로젝트 시작 당시에는 존재하지도 않았던 신생 스타트업에 기회를 빼앗길 수도 있다. 리스크를 최소화하기 위해 프로젝트는 가능한 한 짧은 시간 안에 만들어야 한다. 그렇다고 해서 대형 프로젝트에 착수하면 안 된다는 뜻은 아니다. 대형 프로젝트를 더 작은 하위 프로젝트로 나누면 된다. 더 소규모인 프로젝트를 성공적으로 완수하고 나면 새로운 계약과 확장본을 만들 수 있다.

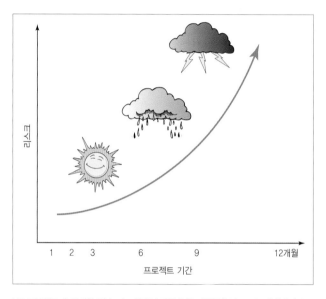

그림 31.2   VR 프로젝트가 실패할 리스크는 시간이 흐를수록 기하급수적으로 늘어난다. (라스무손(Rasmusson)[2010])

31.9 추정

추정assumption은 팀의 한 명 이상이 진실이라 믿고 있는 바의 개략적인 선언이다[고델프와 세이튼 2013]. 사람이 만들어낸 모든 것은 창작자가 그런 가정이 있는지 없는지를 의식 수준에서 깨닫든 그렇지 않든 가정에서부터 시작한다. VR 프로젝트라고 다를 것도 없다.

명시적으로 추정을 찾고 선언하면 팀원들이 공통의 시작점에서 프로젝트에 착수할 수 있다. 팀이 모여 프로젝트 설명을 잘 살펴보고 추정을 분석하도록 하자. 팀은 공유하고 있다고 생각한 추정이 실제로는 서로 다르다는 점을 발견하게 될 것이다. 추정은 확신이 들지 않아도 과감하고 정확하게 목록화한다. 잘못된 명시적 추정이 모호한 추정보다 훨씬 낫다. 잘못된 추정은 테스트할 수 있지만 모호한 추정은 테스트할 수 없기 때문이다[브룩스 2010].

추정의 예로는 타깃 사용자가 누구인가, 사용자의 욕구는 무엇인가, 가장 큰 난제는 무엇인가, 해당 경험에 중요한 VR 요소는 무엇인가 등을 들 수 있다. 추정 목록은 상당히 길 수 있다. 하지만 모든 추정을 테스트할 수는 없으므로 가장 리스크가 큰 것으로 기재된 추정부터 우선적으로 테스트한다.

31.10 프로젝트의 제약

현실 세계와 가상 세계의 프로젝트에는 디자인을 통해 피해야 하는 제약이 있다. 프로젝트의 제약은 넓은 소스에서 올 수 있다. 예를 들어 제한된 하드웨어 기능(예: 트래킹은 일정 범위 안에서만 신뢰할 수 있다.), 수용 가능한 지연 시간의 최대치(예: 30ms면 예측하기 충분한 낮은 수준이다.), 혹은 예산/시간 제약(구현의 복잡도에 제한을 준다.)이 제약이 될 수 있다. 제약의 관리/조절은 한 사람이 책임져야 하며, 팀 전체에게 투명하게 공개돼야 한다.

프로젝트의 제약은 처음에는 할 수 있는 일을 막는 장애물처럼 보일 것이다. 평범한 경험을 구축할 때는 그럴지 몰라도, 특수한 목적의 디자인보다 제약이 거의 없는 일반 용도의 디자인(예: 사용자를 월드 안에 넣고 날아다니게 하는 것)이 더 쉽다. 하지만 수준 높은 경험을 위해서는 특수한 용도의 디자인이 더 쉬운데, 문제 정의가 이미 시작됐고 제약을 발견하는 과정에 더 가깝기 때문이다. 기존에 있는 제약을 찾으면 선명하고 초점을 정확히 맞춰서 더 효과적으로 수준 높은 경험을 구축할 수 있다. 제약은 피드백의 기반이 되고(즉, 제약을 통해 집중적으로 물어야 할 것을 알아낼 수 있다.) 팀에 도전 과제를 부여해 신선한 창작의 자극제가 된다.

31.10.1 제약의 유형

명확하게 기재된 프로젝트의 제약은 디자인 공간을 좁혀가는 데 크게 도움이 될 수 있다. 제약을 목록화할 때는 다음을 고려하자[브룩스 2010].

실제 제약은 변할 수 없는 진짜 장애다. 예로는 물리적 장애물, 팀의 통제권 밖에 있는 규칙, 특정 컨트롤러의 버튼 수, 트래킹되는 공간의 볼륨이 있다.

리소스 제약은 현실 세계에서 공급의 한계다. 어떤 프로젝트든 채워야 하거나 예산을 지원해야 하는 부족한 자원이 최소 하나는 있기 마련이다. 자금, 데드

라인, 사용자가 보유해야 하는 최소한의 하드웨어 사양, 시스템의 전체 지연 시간, 모바일 VR의 배터리 지속 시간이 그런 예다. 가능한 모든 리소스 제약을 나열하고 나면, 늘 새로 추가될 수 있기 때문에 우선순위를 배정한다. 우선순위가 낮은 제약은 잘못 인식된 제약으로 옮길 수도 있다(아래 설명 참조). 리소스 제약 관리는 팀 전체에게 투명하게 공개하며, 한 사람이 이를 확실히 통제한다.

이전 제약은 한때 실제 제약이었으나 더 이상 그렇지 않은 제약이다. 이런 현상은 멈추지 않는 기술 발전 덕분에 규칙이 변해 생긴다. 예로는 더 나은 트래킹, 더 빠른 CPU, 컨트롤러의 버튼 수 증가, 신뢰도 있게 감지되는 제스처 수 증가가 있다.

잘못 인지된 제약은 실제적 제약으로 생각했으나 그렇지 않은 경우다. 종종 우리 삶에 깊이 들어와 있어 제약으로 취급한다는 사실조차 깨닫지 못한다. VR은 많은 현실 세계의 규칙이 VR에 적용되지 않기 때문에 잘못 인지된 제약으로 가득하다. 디자이너는 사용자에게 벽을 통과하거나 현실 세계에서보다 훨씬 먼 거리까지 손을 뻗도록 허용할 수 있다.

간접적 제약은 실제 제약의 부산물이다. 간접 제약은 무엇을 어떻게 달성해야 한다는 가정에 기반한 것이므로, 이런 제약은 반드시 실제 제약일 필요는 없다. 간접 제약을 실제 제약으로 본다면 해결책이 막혀버리기 때문에 이를 구분하는 것이 중요하다. 한 씬에 들어가는 폴리곤 수는 간접 제약이다. 진짜 제약은 폴리곤을 렌더링할 때 최적화되는 프레임레이트다.

의도적인 인위적 제약은 디자인 범위를 좁히고 사용자 경험을 향상시키기 위해 디자이너가 추가하는 것이다. VR 경험에 제약을 추가하면 상호작용이 크게 개선될 수 있다. 상호작용 제약 추가가 얼마나 위력적인지는 25.2.3절에서 살펴보자.

31.10.2 제약 퍼즐

그림 31.3은 네 개의 직선으로 처음부터 끝까지 펜을 떼지 않고 아홉 개의 점을 모두 연결해보는 퍼즐을 보여준다.

그림 31.3 디자인 퍼즐. 네 개의 직선으로 처음부터 끝까지 펜을 떼지 않고 아홉 개의 점을 모두 연결하자. 그림 31.5에 해답이 있다.

해답을 찾아낼 수 없다면 위 목록의 요점에 따라 제약을 명확히 열거하는 연습을 해보자. 명확히 모든 종류의 제약을 열거하고 나면 해답을 찾게 될지도 모른다. 그 렇지 못하다면 다시 잘못 인지된 제약이 있는지 주의 깊게 살펴보자. 해답을 찾지 못했었는데 잘못 인지한 제약을 찾아냈다면 축하한다! 해답 중 하나를 보지 않고서 이 문제를 풀어낼 수 있는 사람은 극소수에 불과하다. 명확하게 제약을 적은 것(특 히 잘못 인지했던 제약)이 도움이 됐는가? 대부분이 이 퍼즐을 풀지 못하는 이유는 제 약에 대해 따로 시간을 두고 생각해보지 않기 때문이다. 이제 세 개의 직선으로 처 음부터 끝까지 펜을 떼지 않고 아홉 개의 점을 모두 연결해보자(힌트: 가장자리 네모 를 벗어나보자). 그림 31.7에 정답이 있다.

이제 세 개의 직선으로 처음부터 끝까지 펜을 떼지 않고 아홉 개의 점을 모두 연결 하되, 사각형을 넘어가지 않도록 해보자. 불가능하다고 생각한다면, 제약 목록으로 돌아가서 무엇이 변했는지 업데이트하자. 그림 31.8에 정답이 있다.

이제 하나의 직선으로 아홉 개의 점을 모두 연결해보자. 문제 자체에 내재된 제약이 아니라 문제 해결에 사용한 도구에 의해 제약을 받을 수도 있다는 점에 유의하자. 사람들이 보통 이런 퍼즐을 푸는 데 사용하는 도구의 제약을 열거한 다음 다시 답 을 찾아보자. 그림 34.1에 정답이 있다.

31.11 페르소나

사용자마다 VR 시스템 사용 능력이 아주 다르기 때문에 이를 일반화하기는 어려 우며, 따라서 전체 인구를 위한 디자인 역시 어렵다[윙그레이브 등 2005, 윙그레이브와 라비올 라 2010]. 그래서 좀 더 특정한 사용자를 타깃으로 삼는 편이 디자인하기가 더 쉬워진다. 이럴 때 페르소나persona가 도움이 된다.

페르소나란 VR 애플리케이션을 사용할 사람의 모델을 말한다. 페르소나를 명확히 정의함으로써 사용자를 분명히 정하면 디자인/엔지니어링의 편의 위주로 디자인 돼 사용자가 그저 시스템에 적응할 수밖에 없는 상황을 방지할 수 있다. 애플리케이션이 이런 페르소나를 중심으로 정의되고 디자인돼야 할 뿐 아니라, 학습 단계(33장 참조)에서 대표 사용자를 대상으로 피드백을 수집할 수 있다.

먼저 메모 카드를 사분면으로 나눈다. 단순한 스케치와 이름을 왼쪽 위 사분면에 적는 것으로 시작한다. 위 오른쪽 사분면에는 그 사람에 대한 기본 설명을 넣는다. 이 사람이 겪을 다양한 종류의 난관을 아래 왼쪽 사분면에 채워 넣는다. 그런 다음 이 사람이 VR과 관련해서는 어떤지 아래 오른쪽 사분면에 써넣는다. 그림 31.4는 사용할 만한 예제 템플릿이다. 타깃 사용자 범위 전체를 대표하게 될 때까지 3~4개의 캐릭터를 만든다.

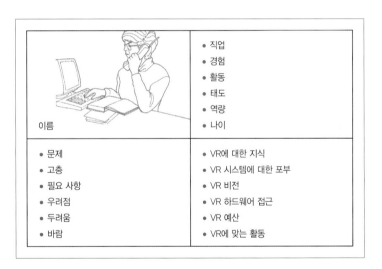

그림 31.4   페르소나 템플릿

이후 재적용 사이클 동안 실제 사용자에 대해 더 알아가면서 페르소나를 평가하고 수정해야 한다. 페르소나가 특별히 중요하다면(예: 치료 애플리케이션) 인터뷰(33.3.3 절 참조) 또는 설문지(33.3.4절 참조)를 통해 데이터를 수집해야 한다.

31.12 사용자 시나리오

사용자 시나리오^{user story}는 애자일^{agile} 개발 방법론에서 나온 것으로, 고객이 보고 싶어 하는 기능의 짧은 콘셉트나 설명을 뜻한다[라스무손(Rasmusson) 2010]. 디자이너가 너무 세세한 내용을 적어 넣지 못하게끔 작은 인덱스 카드에 작성되는 경우가 많다. 이런 기능을 실제로 구현할 필요가 있을지는 알 수 없다. 사용자의 관점에서 작성해야 하며, 고객과 여러 팀원이 함께 써야 한다.

사용자 시나리오는 "〈사용자 유형〉으로서 나는 〈어떤 이유〉로 〈어떤 목표〉를 원한다."라는 양식으로 적는다. 즉 누가, 무엇을, 왜라는 세 가지를 정의하는 것이다. 사용자 시나리오는 요건과 제약으로 바뀔 때가 많다. 큰 시나리오는 더 작고 관리 가능한 시나리오들로 쪼갠다. 목록을 살펴보며 정리하고, 중복되는 항목은 빼고, 비슷한 항목은 하나로 합치고, 액션 아이템이나 할 일 목록으로 바꾼다.

이상적으로 사용자 시나리오는 빌 웨이크^{Bill Wake}가 만든 약어 INVEST에 들어맞아야 한다[웨이크 2003]. 즉 독립적이고^{Independent}, 협상 가능하고^{Negotiable}, 가치 있고^{Valuable}, 추정 가능하고^{Estimable}, 소규모이고^{Small}, 테스트 가능한^{Testable}이라는 조건에 부합해야 한다.

독립적인 사용자 시나리오는 다른 사용자 시나리오와 겹치지 않을 때 개발하기가 더 쉽다. 즉, 시나리오를 어떤 순서로든 구현할 수 있고, 한 시나리오대로 만들고 수정할 때 다른 시나리오가 영향을 받지 않는 것이다. VR에서는 상호작용이 다른 상호작용에 영향을 줄 때가 많기 때문에 어려운 과제가 될 수 있다.

협상 가능한 사용자 시나리오는 수정할 수 있는 개략적인 설명이다. VR 컴포넌트는 우리가 잘 맞을 것이라 생각하는 것이 늘 잘 들어맞지는 않기 때문에, 그리고 무엇이 잘 작동하는가 하는 점은 사용자가 해당 구현 내용을 실제로 사용해볼 때만 판단할 수 있기 때문에 수정 가능해야만 한다.

가치 있는 사용자 시나리오는 특히 사용자에게 가치를 주는 것에 초점을 맞추고 누구든 이해할 수 있는 말로 작성돼야 한다. 빼어나게 구현된 프레임워크라 할지라도 사용자에게 아무런 가치가 없다면 쓸모없는 것이다.

추정 가능한 사용자 시나리오는 구현 내용을 추정할 수 있게끔 이해하기가 쉬운 것이다. 시나리오가 너무 복잡하다면 좀 더 이해하기 쉬운 추정 시나리오로 쪼갠다.

소규모 사용자 시나리오는 빠른 구현이 가능하다. 시나리오가 빠르게 구현할 수 없을 정도로 크다면 더 작은 여러 시나리오로 나눠야 한다.

테스트 가능한 사용자 시나리오는 간단한 시험으로 구현된 시나리오가 잘 들어 맞는지 분명히 판단할 수 있게끔 작성된 것이다.

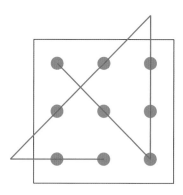

그림 31.5 　그림 31.3의 답. 점들을 둘러싼 사각형을 제약으로 잘못 인지했다는 점을 깨닫고 나면, 사각형을 벗어나는 답안을 생각해낼 수 있다. 이제 세 개의 직선으로 모든 점을 연결하는 법을 생각해보자(그림 31.7에서 해답을 볼 수 있음).

31.13 스토리보드

스토리보드storyboard는 경험을 시각적 형태로 그려낸 초안이며, 프로젝트에 긴밀하지 않게 관련된 지점들을 보여주는 데 특히 좋다. 그림 31.6 같은 것이 바로 스토리보드다.

전통적 소프트웨어 스토리보드는 상호작용보다는 스크린샷들로 구성돼, 경험보다 목업mock-up을 보여주는 것이 일반적이다. 스토리보드는 사용자가 오브젝트와 경험 간의 상호작용을 볼 수 있고 화면 레이아웃의 세부 사항을 신경 쓰지 않고도 상호작용을 빠르게 스케치해 전달할 수 있으므로 VR에 더 유용하다.

하지만 스토리보드는 VR의 비선형적 특성상 동영상 스토리보드보다 VR 스토리보드가 더 어려울 수 있다. VR은 많은 경우 스토리보드 칸 그림 사이에 여러 연결이 존재할 수 있다.

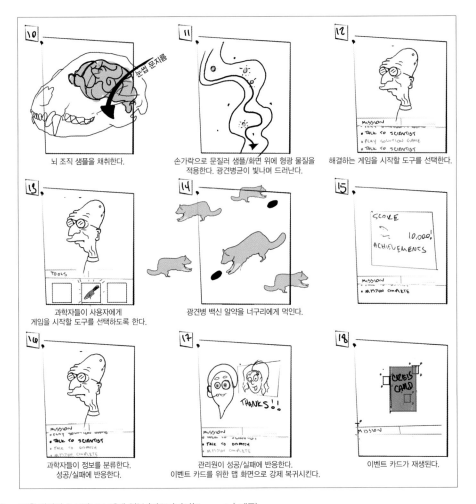

그림 31.6   교육 게임의 스토리보드 예제 일부 (지오미디어(Geomedia) 제공)

31.14   범위

프로젝트를 정의할 때는 무엇을 하지 않을지 명시적으로 선언하는 것이 무엇을 한다는 선언만큼이나 도움이 된다[라스무손 2010]. 관련자 모두 기대치를 분명히 설정하고, 중요한 부분에 팀이 집중할 수 있기 때문이다(표 31.1 참조). **범위**scope에 들어가는 것으로 정의된 항목은 협의 대상이 아니고 반드시 완료해야 한다. 팀은 차후 릴리즈에 포함될 수도 있고 아닐 수도 있는 범위 밖 항목은 신경 쓰지 말아야 한다.

표 31.1 무엇이 범위 안이고 밖인지 정의하면 모든 관련자가 무엇을 해야 하고 하지 말아야 하는지를 분명히 알 수 있다.

범위 내
양손 트래킹
레이 선택
아바타 구현
핸드헬드 패널
범위 밖
서기와 걷기 트래킹
네트워크 환경
음성 인식
컬러 미세 조정
미해결
이동 기술
패널에 포함할 위젯/툴

31.15 요건

요건requirement이란 기능, 성능, 품질처럼 고객과 그 외 핵심 인력의 기대치를 전달해주는 서술을 의미한다. 각 요건은 애플리케이션에서 처리해야 하는 단일 요소다. 요건은 가정, 제약, 사용자 시나리오 같은 정의 단계의 다른 부분에서 나온다. 정의 단계의 다른 부분과 마찬가지로 요건 정의에도 고객과 그 외의 핵심 인력이 적극적으로 관여해야 한다. 요건은 구현을 명세하지 않는다.

요건은 다음을 통해 도움을 준다.

- 요건은 고객과 계약자 간, 그리고 여타 관련자 간의 상호 이해를 전달한다. 요건은 프로젝트 관련자 모두가 쉽게 이해할 수 있는 언어로 작성해야 한다.

- 요건은 프로젝트의 목표를 더 명확한 설명으로 정리하고, 이해하고, 분해할 수 있도록 도와준다.

- 요건은 디자인 명세 입력 역할을 한다(32.2절 참조).

- 요건은 시스템이 기대대로 작동하는지 판단하는 근거로 사용할 수 있다(33장 참조).

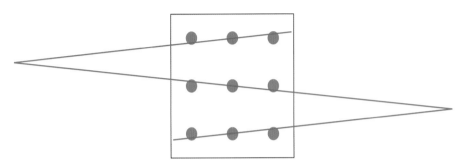

그림 31.7   그림 31.3에서 제시된 퍼즐의 세 개의 직선만 사용해 연결하는 해답. 이제 세 개의 직선으로 아홉 개의 점을 모두 연결하되, 사각형을 넘어가지 않도록 해보자(그림 31.8에서 해답을 볼 수 있음).

요건 문서는 명료함을 잃지 않으면서도 가능한 한 간략해야 한다. 긴 요건 문서는 결국 해당 문서를 쓴 사람 외에는 누구도 잘 읽지 않게 되며, 다양한 그룹에서 여러 섹션을 나눠 쓰기 때문에 다 읽은 사람은 하나도 없을 수도 있다. 문서를 완전히 다 읽지 않으면 핵심 인력이 프로젝트 전반을 분명히 이해하지 못하기 때문에 중대한 문제가 될 수 있다.

개별 요건 각각은 완전하고 검증 가능하며 간략하되, 혁신과 변화의 여지가 있어야 한다. 요건은 프로젝트가 진행되는 내내 변경되고 명확해질 수 있는데, 최초에 일부 요건이 잘못 정의되거나 다른 요건이 발견될 수 있기 때문이다. 모든 요건을 다 적어둔 다음에야 일을 진행하겠다고 하면, 영영 작업에 착수할 수 없을 것이다. 애자일 선언문에는 "프로젝트가 시작될 때 가능한 모든 요건을 진술하려는 시도는 성공할 수도 없고, 상당한 지연을 야기한다."라고 적혀 있다[팔(Phal) 등 2007]. 변경이 필요할 때는 고객 및 여타 핵심 인력과 협력한다.

31.15.1 품질 요건

품질 요건(비기능 요건이라고도 함)은 시스템이나 애플리케이션의 전반적인 수준이나 특징을 정의한다. 품질 요건은 서비스 품질이나 품질 관리를 위한 정의라고도 생각할 수 있다. 품질 요건은 사용성, 심미성, 보안성, 신뢰성, 유지 보수성 등 솔루션에 제약이나 제한을 가할 수 있다. 일반적인 품질 요건에는 아래 설명과 같은 시스템 요건, 태스크 수행력 요건, 사용성 요건이 있다.

시스템 요건은 정확도, 정밀도, 신뢰도, 지연 시간, 렌더링 시간처럼 사용자와 관계없는 시스템 부분을 설명한다.

> **정확도**란 상태가 얼마나 올바른지를 말한다(사실에 가까운 정도). 일관되게 시스템 오류를 낸다면 편향되고 정확도가 낮은 것이다. 예를 들어 사용자가 한 방향으로 움직이면, 트래킹되는 지점이 예상치 못하게 다른 방향으로 잘못 움직여서 트래커 시스템의 왜곡이 일어나 정확도가 낮아진다.

> **정밀도**는 동일한 결과를 얻는 재현성과 반복성이다. 트래킹이 좋지 않아 떨리거나 흔들리는 트래킹 도구는 정밀도가 낮고, 이로 인해 작은 오브젝트나 메뉴 항목을 선택하기가 어려워진다.

> **신뢰도**는 시스템의 어떤 부분이 일관되게 작동하는 정도를 뜻하며(27.1.9절 참조), 적중률이나 실패율로 측정될 때가 많다. 예컨대 트래킹 시스템은 10분에 1회 이상 트래킹이 끊겨서는 안 된다.

> **지연 시간**은 시스템이 사용자의 행동에 반응하는 데 걸리는 시간이다(15장 참조).

> **렌더링 시간**은 시스템이 프레임 하나를 렌더링하는 데 걸리는 시간이다. 요건에는 어떤 단일 프레임이든 렌더링 시간이 15ms를 넘지 않아 프레임이 중복되지 않아야 한다고 돼 있을 수 있다.

태스크 수행 요건은 상호작용의 효율성에 초점을 맞춘다. **태스크 수행력**은 완료 시간, 수행 정확도, 수행 정밀도, 훈련 전이[training transfer]처럼 사용자가 과제를 수행하는 효율성을 측정한 수치다.

> **완료 시간**은 과제를 얼마나 빨리 완료하는가를 표시한다. 보통 사용자가 과제를 완료하기까지 걸리는 평균 시간으로 측정한다.

> **수행 정확도**는 사용자의 의도가 결과적으로 정확한 정도를 말한다. 조작 혹은 내비게이션 과제는 거리가 멀어져서 원하는 포지션이나 경로가 늘어날수록 정확도가 내려간다.

> **수행 정밀도**는 사용자가 유지할 수 있는 컨트롤의 일관성이다. 기술에서 허용하는 섬세한 컨트롤로 생각할 수 있다[맥마한 등 2014]. 좁은 경로를 따라 이동할 수 있게 해주면 이동이 정확해진다.

> **훈련 전이**는 애플리케이션을 통해 습득한 지식과 기술을 현실 세계로 얼마나 효

과적으로 전환할 수 있는가를 뜻한다. 훈련 전이는 자극과 상호작용이 현실 세계와 얼마나 일치하는가 같은 여러 요인에 영향을 받는다[블리스(Bliss) 등 2014].

사용성 요건은 애플리케이션의 품질을 편리함과 실용성의 측면에서 본 것이다. 흔한 사용성 요건으로는 학습 용이성, 사용 용이성, 편안함이 있다[맥마한 등 2014].

학습 용이성은 초보 사용자가 애플리케이션이나 상호작용 기법을 쉽게 이해하고 사용하기 시작할 수 있는 것을 뜻한다. 학습 용이성은 초보자가 일정 수행 수준에 도달하거나 사용해가면서 수행 특징을 습득하는 데 걸리는 시간을 주로 측정한다.

사용 용이성은 애플리케이션이나 기술이 사용자의 관점에서 얼마나 간단한지를 의미하며, 사용자가 해당 기술을 활용할 때 드는 심리적 부하의 크기에 관련된다. 사용 용이성은 주로 주관적인 자기 보고를 통해 측정하지만, 심리적 부하 측정도 사용된다.

편안함은 신체적 상태로서 멀미, 피로, 통증이 없는 것을 말한다. 다양한 입력 기기와 상호작용 기법은 저마다 사용자의 편안함에 영향을 미칠 수 있으며, 조그만 변경만으로도 큰 영향을 미칠 수 있다. 사용자의 편안함은 몇 분 이상 오래 지속되는 경험에서 특히 중요하다. 사용자의 편안함은 일반적으로 자기 보고에 의존한다.

31.15.2 기능적 요건

기능적 요건은 시스템의 어떤 부분이나 사용자가 할 수 있는 어떤 것을 명세하며 입력, 행동 양식, 출력을 포함할 때가 많다. 기능적 요건은 보통 품질 요건보다 프로젝트 명세에 따라 달라진다. 상세한 기능 요건은 과제 분석(32.1절 참조)과 용례(32.2.3절 참조)에서 발전하는 경우가 많다. 기능 요건의 예를 들면 다음과 같다.

- 컴퓨터가 컨트롤하는 캐릭터는 가장 짧은 경로로 정해진 위치까지 내비게이션하며, 모든 경로는 (1) $-20°$에서 $20°$ 사이의 경사며 (2) 폭은 0.8m보다 넓다.

- 선택 가능하도록 표시된 모든 오브젝트는 사용자가 손을 오브젝트 위로 직접 교차하고 잡기 버튼을 눌러서 직접 선택할 수 있다.

- 사용자는 지오메트리가 이동 면 위 0.2m와 2.4m 사이 높이에 있을 때는 수평으로 0.2m보다 가까운 지오메트리로 내비게이션할 수 없다.

31.15.3 공통적 VR 요건

아래에서 살펴볼 목록은 완전 몰입형 VR 애플리케이션 모두가 고려해야 하는 요건들이다. 이 요건은 프로젝트 후반에 최적화가 난관이 될 수 있으므로 개발 초기부터 달성하고 유지해야 한다(예: 씬 복잡도를 줄이려면 새로운 아트 에셋이 필요할 수 있다). 이런 요건을 맞추지 못하면, 소프트웨어가 자동으로 즉시 문제를 인지하고 씬 및 렌더링 복잡도를 줄임으로써(예: 라이팅 알고리즘을 더 간단하게 전환) 문제 해결을 시도한다. 그리고 덜 복잡한 배경을 유지해야 하는데, 복잡한 배경과 단순한 배경을 오가면 변동하는 지연 시간 때문에 멀미가 유발되고 적응이 어려워지기 때문이다 (18.1절 참조). 그럼에도 요건을 충족시키지 못할 때는 씬을 페이드아웃시키거나 더 단순한 씬으로 변환하고, 가능하면 비디오 투과형을 활용한다(요건에서 비디오 투과형을 이룰 수 있다는 가정하에). 개발 과정 중에 씬 페이드아웃을 적용하면 개발자들은 불만스러워할 수 있지만, 문제 해결이라는 동기에 집중함으로써 품질을 보장하도록 유도한다.

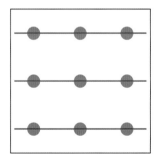

그림 31.8 더 이상 필요 없는 제약을 제거한 그림 31.3의 해답. 새로운 문제 제시문에서는 선들이 모두 연결돼 있어야 한다는 언급이 없었다. 이제 하나의 줄로 아홉 개의 점을 모두 통과하도록 그려보자(그림 34.1에서 해답을 볼 수 있음).

시스템의 전체 지연은 30ms 이하로 떨어지지 않는다. 이 요건이 유지되지 못할 때 씬은 자동으로 페이드아웃된다.

최소 프레임레이트는 HMD의 주사율과 같다(HMD에 따라 60~120Hz). 이 요건이 유지되지 못할 때 씬은 자동으로 페이드아웃된다.

헤드 트래킹이 끊기면 스크린이 페이드아웃된다. 이 요건이 유지되지 못할 때 씬은 자동으로 페이드아웃된다.

사용자가 조작하지 않은 어떤 카메라/시점 모션도 1초 이상 가속을 주지 못한다. 이런 모션은 발생한다 해도 아주 드물어야 한다.

입력 기기는 99.99% 이상의 신뢰도를 유지한다. 그 이하로 떨어지면 사용자의 불만을 초래한다. 100Hz에서 10,000번마다 트래킹 판독이 손실되면, 10초에 한 번씩 트래킹이 끊기는 것이다.

구현 단계

구현 단계는 디자인과 적용이 일어나는 단계다. 이 단계는 논란의 여지는 있지만 VR 경험 제작에서 가장 중요한 부분이다. 구현 단계가 없다면 다른 단계들은 그저 꿈이나 이론에 불과하며, 구현 단계만이 어쩌면 그저 그런 것이라 할지라도 무언가를 사용하고 경험할 수 있게 해준다. 또한 구현 단계는 대부분의 작업이 일어나는 단계이기도 하다. 다행히 VR 경험의 구현은 경험이 제대로 정의되고 피드백을 얻기만 하면 다른 소프트웨어 제작과 여러 면에서 유사하다. 똑같은 로직, 알고리즘, 엔지니어링 관행, 디자인 패턴이 사용되지만 한 가지 큰 차이라면 하드웨어 작업에 더 중점을 둔다는 점이다. 해당 시스템용으로 디자인한 하드웨어에 완전히 접근할 수 없는 제작자는 VR 애플리케이션을 개발하면 안 되는데, VR 경험은 특정 소프트웨어에 아주 긴밀하게 결합되기 때문이다.

구현 단계는 주로 기존 도구, 하드웨어, 코드를 이용해 다양한 조각들이 조화롭게 돌아가도록 연결하는 과정으로 구성된다. 유니티나 언리얼 엔진 같은 개발 도구가 폭넓은 VR 세계를 구축하는 데 아주 효율적이라는 것이 입증됐으므로 대부분의 VR 프로젝트가 그렇다. 하지만 몇몇 경우, 프로젝트를 아예 처음부터 만들어야 할 때도 있다. 예를 들어 진짜 실시간 시스템이 필요할 때, 특화된 기능의 사내에서 사용하는 코드가 이미 있을 때, 혹은 특화된/최적화된 알고리즘이 필요할 때(예: 볼류메트릭 렌더링volumetric rendering)는 그 편이 더 나을 수도 있다. 하지만 그러지 않을 제대로 된 이유가 없을 때는 기존 프레임워크와 도구를 기본으로 사용해야 한다. 변화에 대한 저항 때문에 효율적 기술을 배척하는 것은 핑계라 할 수도 없다. 개발자라면 현대적 툴 사용법을 배울 때 들여야 하는 노력이 그 혜택에 비해 아주 작다는 것을 알게 될 것이다.

이 장에서는 과제 분석, 디자인 명세, 시스템 고려 사항, 시뮬레이션, 네트워크 환경, 프로토타이핑, 최종 제작, 납품을 다룬다.

32.1 과제 분석

과제 분석task analysis이란 사용자가 어떻게 과제를 완수하는지 그 물리적 행동과 인지적 과정 양쪽 면을 분석하는 것을 말한다. 과제 분석은 사용자를 이해하고, 사용자가 현재 어떻게 과제를 수행하는지 배우고, 사용자가 무엇을 하고자 하는지 판단함으로써 이뤄진다. 과제 분석은 사용자의 행동 설명에 체계와 구조를 부여하며, 이로써 행동이 서로 어떻게 들어맞는지 더 쉽게 설명할 수 있다.

과제 분석 과정은 복잡하고 파편화됐으며, 수행하기 어렵고, 이해하고 사용하기도 어렵게 변모해왔다[크리스탈(Crystal)과 엘링턴(Ellington) 2004]. 과제 분석의 목적은 시스템적으로 '더 쉽고 분명하게' 소통하고 사고할 수 있게 해주는 과제들로 구성돼야 한다. 과제 분석의 결과가 방대한 문서화로 인해 이해하기 어렵다면 그 분석은 실패한 것이다. 과제 분석은 특화된 프로세스나 상징을 따로 배울 필요 없이 단순하게 유지해야 한다. 과제를 분석하는 이유는 부분적으로 상호작용이 어떻게 이뤄지는지 소통하기 위한 것이며, 특정 형태의 과제 분석 도표를 보는 법을 따로 배우지 않고도 누구나 그 결과를 이해할 수 있어야 한다.

32.1.1 과제 분석의 적기

첫 번째 과제 분석은 과제가 어떤 것이며 어떻게 수행되는지 알아보려 할 때 실시한다. VR 애플리케이션의 목표가 현실 세계의 행동을 모사하는 것이라면(예: 훈련용 애플리케이션), 과제 분석은 현실 세계에서 수행되는 실제 과제로 시작해야만 어떤 과제를 수행해야 할지 이해하고, 활동의 적절한 설명을 문서화하고, 프로세스를 개선할 방법을 찾을 수 있다. 완전한 과제 분석 없이 구축한 애플리케이션은 가상 환경 속 과제가 단순화돼, 현실 세계에 비해 타당성이 떨어질 수 있다[블리스 등 2014]. 아니면 과제 분석을 어떤 현실 세계의 과제와도 다르게 만들어주는 새로운 마법적 VR 상호작용 기술을 만들어내는 데 이용할 수도 있다.

과제 분석은 디자인 명세 정의에 도움이 되며(32.2절 참조), 다시 디자인해야 하는 부분을 일찍 발견하게 해준다. 과제 분석은 단순히 과제가 무엇인지를 정확히 파악하는 것을 넘어서 서로 다른 과제 사이의 관계, 정보의 흐름, 사용자의 결정에 따른 과제 순서의 변화까지 알게 해준다. 이런 것을 이해함으로써 과제의 우선순위를 정하고 사용자가 개입할 필요 없이 자동화할 수 있는 것은 무엇인지 판단할 수 있다. 과제 분석을 하지 않으면 디자이너가 원하는 기능을 추측에 의존하거나 잘못 해석하는 바람에 엉성한 디자인이 나오기도 한다. 평가 계획과 확인 기준 역시 과제 분석에 의존한다. 과제 분석은 여러 목적으로 활용될 수 있다. 그중 하나는 새로운 상호작용 기술의 이해, 수정, 제작이다. 기술을 하위 과제 요소들로 분해하면 기술 전체보다 이런 하위 과제 요소를 비교할 수 있으므로 분석이 필수다. 그런 다음 하위 과제 요소를 다른 기술에서(다른 곳에서 이미 사용되고 있는 것이나 새로운 방법론에서) 사용되는 컴포넌트로 대체할 수 있다.

또한 과제 분석은 개발의 후반 단계에서 현재의 적용이 디자인(의도)했던 솔루션에서 얼마나 벗어났는지 판단해 그 결과가 무엇인지 알아보는 데도 사용할 수 있다. VR 개발의 모든 측면과 마찬가지로 과제 분석은 유연하게 반복 적용해, 제작의 최종 단계 이전까지는 언제든 수정이 이뤄질 수 있도록 해야 한다.

32.1.2 과제 분석 방법

과제 분석 방법은 굉장히 많다. 여기서 소개하는 단계는 대표 사용자 파악, 과제 도출, 정리와 구조화, 대표 사용자와의 리뷰, 그리고 반복 적용을 일반화한 것이다.

대표 사용자 파악

실제 과제 분석은 처음에 팀에서 하지만, 대표 사용자를 관찰하고 면담하는 것이 중요하다. 31.11절에서 논의한 페르소나에 일치하는 이들을 찾아서 분석이 사용자 인구의 활동을 대표하는지 확인해야 한다. 분석이 전체 사용자 인구를 대표하게 하려면 한 명 이상을 찾아야 한다. 이 절차에는 시간이 많이 걸리므로, 외부 인력에게 이런 사람을 찾도록 해서 팀은 자신이 잘하는 일에 집중하도록 하자.

과제 도출

과제 도출은 인터뷰, 질문지, 관찰, 문서의 형태로 정보를 수집하는 것이다[개버드(Gabbard) 2014].

인터뷰(33.3.3절 참조)는 사용자, 분야 전문가, 대표 선도자들과 대화를 나눠서 사용자의 니즈와 기대에 대한 통찰을 얻기 위해 활용한다. 질문지(33.4절 참조)는 보통 이미 사용되고 있거나 운용상의 요소가 겹치는 인터페이스를 평가하는 데 사용된다. 관찰은 전문가가 현실 세계의 과제를 수행하는 것, 혹은 VR 사용자가 프로토타입을 시범 사용하는 것을 지켜보는 것이다(형성적 사용성 평가formative usability evaluation 와 유사함. 33.3.6절 참조). 문서 리뷰는 과제의 특성을 기술 명세, 기존 컴포넌트, 혹은 과거 레거시 시스템에서 유래한 것으로 식별하는 것이다.

정보를 효율적으로 수집하려면 그 과정을 계획적으로 구성해야 한다. 현재 가장 관련 깊은 활동에 집중해 무엇을 해야 할지에 대한 대략적인 설명으로 시작한다. 그리고 상호작용 사이클의 여러 단계를 주의 깊게 생각해보는 것부터(25.4절 참조) 시작하면 좋다. '어떻게'라는 질문을 통해 과제를 더 상세한 하위 과제로 나눠보자(그렇다고 너무 세세하게 들어갈 필요는 없으니 충분한 선에서 끝내자). '왜'라는 질문으로 더 고차원적인 과제 설명과 맥락을 얻는다. '왜'라는 질문과 더불어 전에 무슨 일이 일어났는지, 그리고 다음에는 무슨 일이 일어나는지를 묻는 것 역시 순차적 정보를 얻는 데 도움이 된다. 대화를 나누는 이에게 생생한 묘사를 활용해 수준 높은 정보를 수집한다.

정리와 구조화

과제 분석의 가장 흔한 형태는 계층적 과제 분석hierarchical task analysis이며, 과제를 충분한 상세 수준에 도달할 때까지 더 작은 하위 과제로 나눈다. 계층으로 정리된 과제 밑의 각 노드는 하나의 하위 과제를 나타낸다. 각 하위 과제는 질문에 대해 디자이너가 내놓아야 할 해답으로 생각할 수 있으며, 하위 과제들은 해당 질문에 대해 가능한 답들이다. 이를 통해 사용자가 어떻게 액션을 수행할지 세부적으로 이해할 수 있기 때문에 좋은 시작점이 된다. 개략적인 과제 설명은 더 상세한 수준으로 나눈 과제 설명의 상단에 들어간다. 과제의 순서는 왼쪽에서 오른쪽으로 정리한다. 이 과정에 완벽을 기하려고 너무 노력하거나 올바른 방법이 따로 있다고 생각할 필요는 없다. 반복 적용 디자인의 모든 것이 그렇듯이, 반복 적용하는 가운데 더 나은 방향으로 나아가기 마련이다. 상세 사항은 프로젝트에 따라 달라질 것이며, 사용자 활동을 네모로, 시스템 활동은 원으로, 그리고 네모와 원 사이의 관계는 화살표로 표시하는 등 자신만의 스타일을 사용해도 좋다.

계층적 과제 분석에는 계층으로 인해 과제에 대한 설명에 제한이 가해진다는 제약이 있다. 계층도, 표, 플로우 차트, 계층적 분해, 상태 전이 도표 외에도 적절한 곳에 메모를 사용할 수 있다. 과제 분석에는 행동 유도 정의와 상응하는 기표, 제약, 피드백, 매핑이 포함될 수도 있다(25.2절 참조). 여러 번 수행되는 활동을 위해서는 활동을 패턴으로 일반화해 이름을 붙인다. 그런 다음 해당 유형의 활동을 다른 위치에 있는 단일 노드에서 대표할 수 있다. 과제가 일반 패턴에서 유래했다면, 두 번째 이름 및 차이를 설명하는 메모를 넣는다.

사용자 리뷰

데이터를 정리해 구조화한 다음에는 정보를 얻어낸 사용자와 이해한 바를 검증하는 리뷰를 진행해야 한다.

수정 적용

과제 분석은 사용자가 무엇을 할 수 있어야 하는가에 대한 디자인의 근거를 제시한다. 이런 분석은 구현 단계의 다른 단계에 피드되고, 이런 구현 단계의 여러 세부 단계는 각 단계에서 얻은 교훈과 함께 다시 과제 분석의 개선에 활용된다. 반복 적용 디자인의 모든 것이 그렇듯이 과제 분석도 변하므로, 무엇이 바뀌었는지 분명히 알 수 있게끔 최신 변경 내용을 문서화하자. 다양한 색상을 사용해도 이런 변경을 알기 쉽다.

32.2 디자인 명세

디자인 명세는 애플리케이션이 현재 혹은 향후 어떻게 만들어지고 어떻게 작동하는지 세부 사항을 설명한 것이다. 디자인 명세는 프로젝트 정의와 구현의 중간 단계며, 프로토타이핑과 긴밀하게 얽혀 있거나 동시에 진행될 때도 많다. 사실, 많은 경우 디자인을 하는 사람이 프로토타이핑도 상당 부분 처리한다.

디자인 명세 작업은 단지 정의 단계에서 만든 내용을 만족시키기 위해서가 아니라 이전에 알지 못했던 가정, 제약, 요건, 그리고 과제 분석의 상세 내용을 도출하기 위해 수행된다. 두서없는 **초반 명세**는 최종 솔루션에 집중하기 전까지의 초기 디자인 단계와 완전히 다른 탐구 과정이다[브룩스 2010]. 새로운 것들이 발견되면서 관련된 정의 문서 역시 적절히 업데이트돼야 한다.

VR 애플리케이션 구축에서 가장 흔히 쓰이는 도구는 여기서 설명할 스케치, 블록 다이어그램, 사용례, 클래스, 소프트웨어 디자인 패턴 등이 있다.

32.2.1 스케치

스케치는 완성된 작품이 아니라 예비적 아이디어 탐구용으로 손으로 빠르게 그린 그림이다. 스케치는 예술의 영역에 속하며, 컴퓨터로 만들어낸 렌더링과는 아주 다르다. 빌 벅스턴Bill Buxton은 저서 『사용자 경험 스케치Sketching User Experiences』[벅스턴 2007]에서 좋은 스케치의 특징을 다음과 같이 설명한다.

> **빠르고 시기 적절하게:** 스케치에는 너무 많은 노력을 기울이지 말아야 하며, 필요할 때 빠르게 만들어낼 수 있어야 한다.

> **저렴하고 일회용으로:** 스케치는 비용 부담 없이, 개선을 위해 선택될지 신경 쓰지 않고 만들 수 있어야 한다.

> **많이:** 스케치는 단독으로 존재해서는 안 된다. 동일하거나 유사한 콘셉트로 많은 스케치를 만들어서 다양한 아이디어를 탐구해야 한다.

> **제스처 스타일을 뚜렷하게:** 스타일은 자유롭고 열린 느낌을 전달해 보는 사람이 더 이상 바꾸기 어려운 최종 형태라고 느끼지 않아야 한다. 스케치와 컴퓨터 렌더링을 구분할 수 있는 한 가지 예로는 가장자리가 정확하고 딱 맞아떨어지는가, 완벽하게 정리돼 있는가를 들 수 있다.

> **세부는 최소한으로:** 세부 묘사는 최소한으로 해서 보는 이가 빠르게 전하고자 하는 콘셉트를 알아채야 한다. 스케치가 묻지도 않은 질문에 대한 답을 담고 있어서는 안 된다. 충분한 정도 이상까지 진행하면 스케치에 플러스가 아니라 마이너스 요소가 된다.

> **적절한 정도로 세련되게:** 세부 묘사는 디자이너의 마음에서 정한 수준에 일치해야 한다.

> **제안적이고 탐험적으로:** 좋은 스케치는 정보를 주입하기보다는 제안적이며, 프리젠테이션이라기보다 논의를 낳는다.

> **모호성:** 스케치는 모든 것을 특정해서는 안 되며, 스케치를 하는 사람을 포함해 누가 보더라도 새로운 방식으로 관계를 볼 수 있어야 한다.

그림 32.1은 CCP 게임스의 앤드류 로빈슨^{Andrew Robinson}이 VR 게임 〈이브 발키리^{EVE Valkyrie}〉의 초기 단계를 위해 그린 스케치로, 이 모든 특징을 담고 있다.

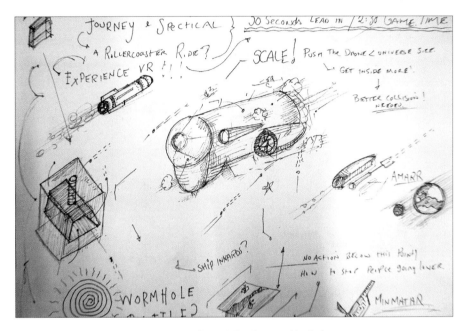

그림 32.1   VR 게임 〈이브 발키리〉의 초기 단계 스케치의 예 (CCP 게임스 앤드류 로빈슨 제공)

32.2.2 블록 다이어그램

블록 다이어그램은 다양한 시스템 컴포넌트의 상호 연결을 보여주는 개략적인 도해다. 박스는 컴포넌트를 표시하며, 컴포넌트를 연결하는 화살표는 컴포넌트 간의 입력과 출력을 보여준다. 블록 다이어그램은 세부 사항을 결정하지 않고 컴포넌트 간의 전체적인 관계를 보여주는 데 사용된다. 그림 32.2는 다양한 소프트웨어와 하드웨어 컴포넌트가 있는 멀티 모드 VR 시스템의 블록 다이어그램이다.

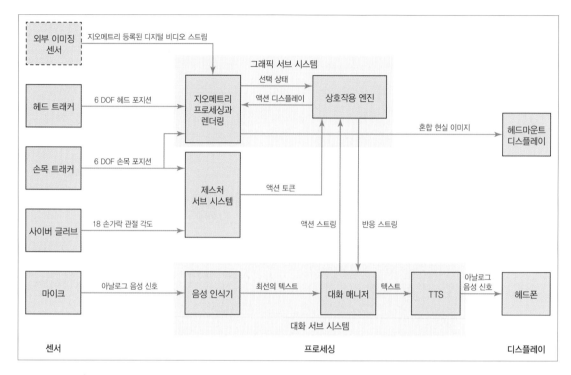

그림 32.2   HRL 랩에서 개발한 멀티 모드 VR 시스템의 블록 다이어그램 (닐리(Neely) 등[2004]에서)

32.2.3 사용례

사용례use case는 목표에 도달하기 위한 사용자와 시스템 간의 상호작용을 정의하는 데 도움이 되는 단계들로 구성된다. 사용례를 통해 개발자는 구현하기 더 쉬운 상호 작용을 찾아서 명확히 정의할 수 있게 된다. 상호작용의 복잡도가 커질수록 명확한 사용례의 필요성도 커진다. 사용례는 종종 사용자 시나리오(31.12절 참조)에서 시작 할 때가 많지만 좀 더 공식적이고 상세해서 개발자가 구현에 더 가까이 갈 수 있다. 사용례는 과제 분석에서도 나올 수 있다(32.1절 참조).

사용례 시나리오는 구체적인 상호작용의 예와 함께 사용례의 단일 경로로 이뤄진다. 사용례에는 여러 시나리오가 있을 수 있는데, 즉 사용례는 특정한 목표와 관련된 가 능한 시나리오들의 모음이다.

사용례 작성의 표준 방식이라 할 만한 것은 따로 없다. 시각적 다이어그램을 선호하 는 이가 있는가 하면, 텍스트 방식을 좋아하는 사람도 있다. 다음과 같은 양식이 있다.

- 사용례의 명칭

- 의도된 결과

- 설명

- 전제 조건

- 주된 시나리오

- 대안 시나리오

시나리오를 계층적으로 보여주면 개략적인 동시에 더 상세하게도 볼 수 있어 유용하다. 또한 더 상세한 세부 사항이 필요할 때 세부 사항을 채워 넣을 수도 있다. 여러 색깔이나 다양한 폰트로 구분해서 구현해야 하는 것, 이미 구현/테스트 단계에 있는 것, 주된 경로와 그 대안의 차이, 단계에 배정된 인력을 알아보기 쉽게 하는 것도 좋다.

사용례는 단독으로 존재할 필요는 없다. 사용례는 기존 사용 사례를 확장할 수도 있다. 더 큰 규모의 사용 사례에서 여러 차례 계속 활용되는 공통 단계가 있다면, 큰 규모의 사용례를 여러 사례로 나눌 수도 있다. 이런 더 작은 사용례는 적절한 때는 더 큰 사용 사례 안에 포함될 수도 있다. 이러면 사용자 상호작용이 전체 경험 전반에서 일관되게 유지되는 데도 도움이 된다. 예를 들어 가리키는 선택 기술은 여러 선택과 조작을 요하는 더 큰 규모의 사용례의 일부인 작은 사용례에 들어갈 수 있다. 동일한 가리키는 사용례가 자동 이동 기술의 일부로(그쪽으로 이동할 오브젝트를 선택한 다음 시스템에서 어떻게든 그 위치로 이동시킴) 활용될 수도 있다.

32.2.4 클래스

디자인 명세가 발전할수록 디자인이 실제로 코드에서 어떻게 구현될지 더 분명히 할 필요가 생긴다. 이전 단계에서 얻은 정보를 가져온 후 해당 정보를 일반적인 구조로, 기능성은 클래스로 설명하고 구현할 수 있는 테마로 정리하면 된다. **클래스**는 데이터와 메서드를 모은 템플릿이다. 데이터는 이전 단계에 수집한 명사와 속성에 상응하며, 메서드는 동사와 행동 양식에 상응한다.

프로그램 **오브젝트**는 클래스가 인스턴스화된 것이다. 클래스는 실행 가능한 프로그램으로 컴파일되지 않아도 그 자체로 존재하는 반면(예: 가상 환경이 존재하지 않을 때도 클래스는 존재한다.), 오브젝트는 실행 가능한 프로그램에 포함된 클래스에 의해 정의된 방식으로 체계화된 정보를 대표한다. 프로그램 오브젝트의 예로는 지면에 있어 집어 들 수 있는 돌처럼 가상 환경에서 인지할 수 있는 가상 오브젝트가 있다.

현실 세계에서 클래스의 비유를 찾자면 주택의 청사진을 생각하면 된다. 청사진은 집을 설명하는 클래스라고 할 수 있지만 그 자체가 집은 아니다. 건설 인부들이 청사진을 인스턴스화해 진짜 집으로 만드는 것이다. 청사진은 몇 채의 집을 짓는 데든 쓸 수 있다. 마찬가지로 클래스는 가상 환경 내에서 무엇이 오브젝트로 인스턴스화될 수 있는지 정의한다. 예를 들면, 가상 환경에 존재하는 특정 상자로 인스턴스화될 수 있는 박스 클래스가 있다. 이 박스 클래스는 여러 번 인스턴스화돼 환경 안에 여러 박스 오브젝트를 생성할 수 있다. 클래스는 어떤 특징이 가능한지 정의할 수도 있으며, 박스 오브젝트는 이런 가능한 특징 중 어떤 것이든 띌 수 있다. 예를 들어 환경 안의 서로 다른 박스 오브젝트의 색깔이 서로 다를 수 있는 것이다.

클래스와 오브젝트가 물리적인 사물을 대표할 필요는 없다. 또한 속성, 행동 양식, 상호작용 기법을 표현할 수도 있다. 간단한 예로는 컬러 클래스가 있다. 해당 컬러 클래스의 오브젝트를 인스턴스화하면 빨간색, 녹색, 파란색 같은 특정 색상이 될 수 있다. 그런 다음 이런 컬러 오브젝트는 다른 오브젝트와 함께 개별 박스에 연결돼 박스가 어떻게 보이는지 설명한다.

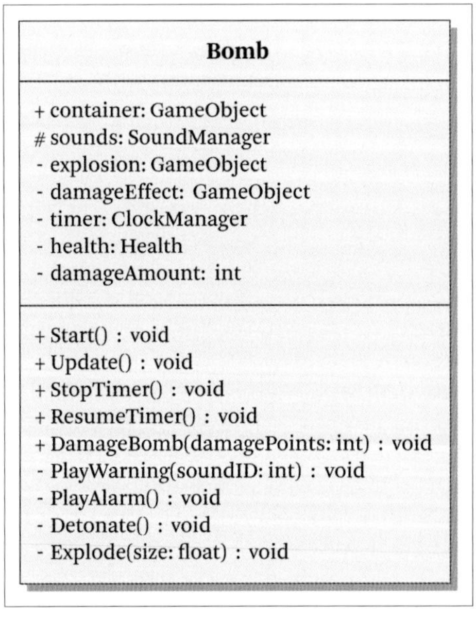

그림 32.3   클래스 다이어그램의 예

클래스 다이어그램은 클래스와 함께 그 속성과 메서드를 설명하고, 그런 다음 클래스 간의 관계를 설명한다. 클래스 다이어그램은 직접 무엇이 적용돼야 하는지(혹은 이미 적용돼 있는지) 선언한다. 그림 32.3은 단일 클래스로 구성된 이런 다이어그램의 예다.

32.2.5 소프트웨어 디자인 패턴

소프트웨어 **디자인 패턴**은 소프트웨어 아키텍처에서 흔히 일어나는 문제를 해결하는 데 사용하는 일반적이고 재사용 가능한 개념적 솔루션이다. 시스템 아키텍처와 프로그래머의 관점에서 설명되며, 적용 구조는 클래스와 오브젝트 간의 관계와 상호작용으로 설명된다. 디자인 패턴은 실험을 통해 입증돼서 다른 개발자에게 유용하게 활용돼온 콘셉트를 사용하고, 다른 개발자와 소통할 수 있는 공통의 언어를 제공함으로써 개발 속도를 높여준다.

VR용의 일부 공통 패턴은 오브젝트를 인스턴스화하는 팩토리factory(예: 사용자가 비슷한 많은 오브젝트를 제작할 수 있도록 함), 서로 다른 소프트웨어 라이브러리를 연결하는 어댑터(예: 다양한 HMD를 지원하는 하나의 방식을 제작), 한 유형에는 하나의 오브젝트만 존재하도록 보장하는 싱글턴(예: 하나의 씬 그래프나 월드의 계층적 구조), 동적으로 오브젝트에 행동 양식을 덧붙이는 장식자(예: 이전에 지원하지 않던 사운드를 오브젝트에 부착), 이벤트가 발생할 때 오브젝트에 정보를 전달하도록 하는 옵저버(예: 시스템의 일정 부분에서 사용자가 버튼을 눌렀는지 알 수 있게 해주는 회신)가 있다.

32.3 시스템 고려 사항

32.2.1 시스템 취사선택과 의사 결정

프로젝트의 다양한 취사선택을 고려하다 보면 복잡하게 서로 얽힌 요인들의 상호작용과[브룩스 2010] 어떻게 적용해야 할지를 새로 이해할 수 있다. 장단점을 분명히 이해하면 팀이 하드웨어, 상호작용 기술, 소프트웨어 디자인, 그리고 개발에서 초점을 맞춰야 할 부분을 정하는 데 도움이 된다. 이런 결정은 하드웨어의 적정성/가용성, 구현할 수 있는 시간, 상호작용 충실도, 대표 사용자의 멀미 취약성 같은 여러 요인에 따라 달라진다. 표 32.1은 VR 경험을 디자인하고 구현할 때 취해야 하는 공통적인 결정 사항을 보여준다. 이런 시스템적 결정 대부분은 프로젝트 초기에 이뤄져야 한다. 판단이 잘못된 것으로 드러날지라도, 반복 적용 초기에 그 사실이 빠르게 분명히 드러나기 때문에 그에 따라 변경할 수 있다.

표 32.1   VR의 공통 결정 사항과 선택의 예

결정	선택의 예
손 입력 하드웨어	없음, 리프 모션, 식스센스 STEM
참여자 수	싱글 유저, 멀티 플레이어, 대규모 멀티 플레이어
시점 컨트롤 패턴	걷기, 조종하기, 월드 인 미니어처, 3D 멀티 터치, 자동화
선택 패턴	손 선택, 가리키기, 이미지 면, 볼륨 기반
조작 패턴	직접적인 손 조작, 프록시
리얼리즘	현실 세계 캡처, 만화풍 세계
벡션	없음, 짧은 동안의 자기 모션, 선형 모션만 있음, 능동적, 수동적
강도	편안함, 두근거림
감각 단서	시각, 청각, 햅틱, 모션 플랫폼
자세	앉기, 서기, 걸어 다니기

여러 옵션을 지원하는 편이 맞을 때도 있다. 하지만 '보통' 옵션을 만들어 모든 것을 지원한다 해도 최적의 옵션을 제공하는 것은 아니므로 너무 많은 옵션을 지원하려 들지 말자. 대신 각 옵션에 가장 적절한 다양한 메타포와 상호작용을 적용하자. 하나의 옵션으로 시작해서 그것에 최적화한 다음 부차적인 옵션, 기능, 지원을 추가하는 편이 훨씬 낫다.

32.3.2   다양한 하드웨어 지원

일부 하드웨어는 특징이 비슷하기도 하지만, 특징이 서로 아주 다른 하드웨어도 있다(27장 참조). 사용자가 모두 같은 하드웨어에 똑같이 접근할 수 있는 것은 아니므로, 같은 클래스의 다양한 하드웨어를 지원하면 사용자층을 넓힐 수 있다. 다행히 특정 하드웨어를 사용할 때도 경험이 바뀌는 정도는 미미할 때가 많다. 예를 들어 소니 플레이스테이션 무브^{Sony PlayStation Move}는 식스센스 스템 컨트롤러와 동일한 클래스의 입력 기기다(둘 다 6 DoF의 트래킹형 핸드헬드 컨트롤러다). 둘을 모두 지원하려면 추가 코드가 필요하지만, 핵심 상호작용 기술은 똑같다. 하드웨어가 비슷하다는 이유만으로 하나의 하드웨어 테스트가 같은 클래스에 속한 모든 하드웨어에 적용된다고 가정해서는 안 된다. 서로 다른 하드웨어는 모두 테스트하고, 필요하면 최적화해야 한다.

하나의 경험에 여러 하드웨어 클래스를 지원하는 것은 위험한 선택이다. 다양한 입력 기기 유형을 자유롭게 오가도록 지원하기가 어렵고, 어떤 입력 기기에도 최적화되지 못하는 결과를 낳을 때가 많다. 일부 입력 기기 유형만의 장점을 모두 취하고 그 독특한 특징에 의존하는 경험이라면, 다른 입력 기기 유형을 지원하지 말아야 한다. 예를 들어, 소니 플레이스테이션 무브와 식스센스 스템은 마이크로소프트 키넥트나 리프 모션과는 상당히 다르다. 다만 모든 사용자가 접근할 수 있고 사용하는 모든 하드웨어용 하이브리드 시스템으로 여러 입력 기기 유형의 장점을 취하도록 디자인된 경험이라면 예외가 될 수 있다.

다양한 하드웨어 클래스를 지원해야 한다면, 핵심 상호작용 기술은 각각에 대해 독립적으로 최적화해야만 독특한 특성의 장점을 취할 수 있다. 트래킹형 핸드헬드 컨트롤러는 맨손 시스템과 다른 상호작용과 경험을 선사하기 때문이다.

32.3.3 프레임레이트와 지연 시간

프로젝트 시작부터 진행 기간 내내 최소한 HMD의 주사율에 해당하는 프레임레이트를 유지해야 한다(31.15.3절 참조). 그러지 않고 나중에 최적화하려면 더 어려워진다(예: 낮은 폴리곤 수의 에셋을 다시 제작하는 등). 다행히 씬의 복잡도가 합리적이라고 가정할 때, 오늘날의 하드웨어 수준으로는 비교적 쉽게 만들 수 있다. 프레임레이트는 새로운 에셋을 추가하고 코드 복잡도가 높아질 때 주의 깊게 관찰해야 한다. 가끔 프레임레이트가 떨어지는 것만으로도 사용자는 불편함을 느낀다. 일관적인 지연 시간은 낮은 지연 시간만큼이나 중요하다(15.2절 참조).

일부 렌더링 알고리즘/게임 엔진은 여러 패스를 수행해 특수 효과를 추가한다. 그래서 높은 프레임레이트에 도달하더라도 하나 이상의 추가 지연 프레임이 생길 수 있다. VR 제작자는 프레임레이트에 의존해서는 안 되며, 지연 시간 측정기로 전체 지연 시간을 측정해야 한다(15.5.1절 참조). 18.7절에서 논의했듯 예측과 와핑을 이용해 지연의 부작용을 다소 줄일 수 있지만, 30ms 이내 범위의 지연 시간에만 효과가 있다.

32.3.4 멀미 지침

개발자라면 자신은 VR 멀미를 겪지 않는다 해도 VR의 부작용을 신경 써야 한다. 학습 단계에서 피드백을 기다리면 반복 적용 프로세스가 엄청나게 느려질 수 있고, 구현 과정에서 문제가 해결되지 않으면 완전한 재디자인/재구현이 필요할 수도 있다. 프로그래머는 다른 팀원과 똑같이 건강상의 부작용과 이를 완화하는 방법을 이해해야만 한다.

32.3.5 보정

적절한 시스템 보정은 필수적이며, 개발자와 사용자 양쪽이 쉽고 빠르게 보정할 수 있는(자동화할 수 없는 경우) 도구를 만들어야 한다. 보정의 예로는 동공 간 거리, 렌즈 왜곡 정정 매개변수, 트래커-눈 오프셋 등이 있다. 설정이 정확하지 않을 때는 고개를 돌리는 동안 씬 모션이 일어나 멀미를 유발하게 된다. HMD 보정 오류의 다양한 원인과 그 영향에 대한 상세한 설명은 홀로웨이[1997]를 참고하자.

32.4 시뮬레이션

시뮬레이션은 좀 더 전통적인 애플리케이션보다 VR에서 더 까다로울 수 있다. 그럼 이런 난관 중 일부를 알아보고 그 해결책을 찾아보자.

32.4.1 렌더링을 위한 시뮬레이션 분리

시뮬레이션은 렌더링과 비동기로 실행돼야 한다[브라이슨(Bryson)과 조한(Johan) 1996, 테일러 등 2010]. 씬의 일부가 느리게 업데이트된다 해도 머리 움직임에서 일어나는 렌더링 결과가 HMD 주사율과 30ms의 지연율 이하라면 괜찮다. 예를 들어 충돌하는 은하계의 과학 시뮬레이션은 원격 슈퍼 컴퓨터에서 초당 한 번의 업데이트로 실행할 수도 있다. 이렇게 느리게 동적으로 데이터가 업데이트되면 사용자에게 또렷한 화면이 보이지만, 그럼에도 실시간으로는 사용자가 데이터의 정적 측면을 볼 수 있다(예: 사용자가 움직이지 않는 데이터 쪽으로 고개를 돌릴 때).

사실적인 물리 시뮬레이션에서는 보통 시뮬레이션을 빠른 업데이트 속도로 연산해야 한다. 특히 물리 시뮬레이션이 햅틱을 렌더링하는 데 사용될 때는 더 그런데(3.2.3절 참조), 햅틱은 1,000Hz 미만의 속도로 업데이트된다고 해도 물체가 견고하지 않게 느껴지는 결과를 낳기 때문이다. 더 높은 속도일 때 물체가 더 견고하게 느껴진다[샐리즈베리(Salisbury) 등 2004].

32.4.2 물리적 다툼

사람의 상호작용과 물리 시뮬레이션을 VR에서 하나로 합치기는 극히 어려운데, 오브젝트 시뮬레이션이 실제 손이 있는 곳과 '충돌하기' 때문이다. 물리 시뮬레이션이 실제 손이 있는 곳과 모순되는데, 이러면 사람의 입력과 시뮬레이션이 '다투거나' 연산한 포즈와 실제 손 포즈 사이를 오가기 때문에 오브젝트 지터(빠르게 앞뒤로 움직임) 현상이 보일 수 있다. 이럴 때 간단한 해결책은 다툼을 없애는 것이다. 즉, 오브젝트가 어디에 있는지 동시에 결정하는 두 개의 별개 법칙을 사용하지 않는 것이다.

가장 흔한 해결책은 사용자가 오브젝트를 집어 들 때 해당 오브젝트에 대한 물리 시뮬레이션을 멈추는 것이다. 그래도 오브젝트는 정적이지 않은 여타 오브젝트(예: 배트로 공을 칠 때)의 힘을 적용받을 수 있다. 이렇게 손에 든 오브젝트에 대한 물리 법칙 적용이 빠지면 오브젝트가 정적인 오브젝트(예: 벽이나 큰 책상)를 통과해 이동할 수 있게 되는데, 이런 정적 오브젝트는 움직이지 않고 손에 든 오브젝트에 힘을 전달할 수 없기 때문이다(다만 26.8절에서 논한 것처럼 컨트롤러의 진동 같은 감각 대체를 적용할 수는 있다). 비록 현실과는 다르지만, 이 접근법이 지터링과 비현실적 물리 법칙 적용보다는 존재감 이탈을 덜 일으킨다.

또 다른 방법은 손에 든 오브젝트가 다른 오브젝트를 관통할 때 손 포지션을 무시하는 것이다. 이 방법도 얕게 뚫고 지나갈 때는 잘 맞지만, 깊이 관통할 때는 그렇지 않다(26.8절 참조). 관통하는 깊이를 제어할 수 없기 때문에(즉, 대부분의 VR 시스템이 물리적 제약을 제공하지 않는다.) 일반적으로 좋은 선택은 아니다.

32.4.3 오브젝트 지터링

사용자의 개입이 없는 물리 시뮬레이션에서도 오브젝트 지터링이 일어날 수 있다. 예를 들어 사용자가 건드리지 않은 지면의 오브젝트도 가끔 흔들리는 듯이 보인다. 이런 현상은 반올림/수치 근사법numerical approximation이나 비선형적 행동 양식에 선형 추정을 사용하는 등의 여러 가지 이유로 발생할 수 있다. 예를 들어 시뮬레이션에서 오브젝트가 떨어져 있는 거리를 과다 측정해 오브젝트가 지면을 뚫고 들어가는 듯이 보이게 된다. 그런 다음 시뮬레이션이 공에 힘을 가해, 지면 바로 위로 밀어 올린다. 그러면 이번에는 중력이 작용해 오브젝트가 표면 바로 아래로 밀고 들어가고, 이런 사이클이 반복된다. 간단한 해결책은 오브젝트의 움직임이 최솟값에 도달하면 움직임을 0으로 압축하도록 적용하는 것이다. 하지만 이러면 오브젝트가 최솟값에 도달할 때 가끔 갑자기 멈추는 듯이 보이게 된다. 이때 조금 관통하는 상태를 허용하면 충돌 반응이 일어나 도움이 된다. 그러나 이때도 최솟값을 너무 크게 설정하면 오브젝트가 다른 오브젝트를 관통하는 것처럼 보인다. 모션이 일정 한계치보다 내려가면 더 강하게 감쇄시키는 등의 더 명쾌한 해결책을 적용할 수도 있다.

순전히 물리에 기반한 시뮬레이션에 헝겊 인형 캐릭터처럼 뒤로 끌리는 모션으로 해결책을 적용하면, 지터링처럼 보이는 불안정성이 야기될 수도 있다. 따라서 물리적인 헝겊 인형을 사용할 때는 시뮬레이션에서 캐릭터의 뼈대를 직접 컨트롤하는 대신, 시뮬레이션 결과를 단순화하는 코드를 거치는 하이브리드 솔루션을 적용할 때 더 부드럽고 그럴듯한 모션을 만들 수 있다.

32.4.4 비행하는 오브젝트

사람의 입력과 시뮬레이션을 섞었을 때 극히 큰 힘이 오브젝트들을 빠르게 저 멀리 날아가도록 만드는 일도 자주 있다. 진짜 손이 물체를 다른 오브젝트의 표면을 지나가도록 세게 밀었다가 놓을 때 이런 일이 생길 수 있다. 그러면 물리 시뮬레이션이 이 동작을 이어받아 오브젝트가 즉시 해당 표면 쪽으로 움직이도록 큰 힘을 적용함으로써 이를 상쇄한다. 손이 오브젝트에 너무 깊이 관통해 들어가면, 힘이 커져서 물체가 비현실적인 방식으로 아주 멀리 날아가게 된다. 이런 상황을 발견하고 표준의 물리 효과 공식 이용과 다르게 처리하려면 특화된 코드가 필요할 수도 있다. 예를 들어, 오브젝트가 하나의 오브젝트 안으로 던져지면 오브젝트는 먼저 가장 가까운 표면 쪽으로 움직인 다음 물리 엔진이 이어받게 된다.

마찬가지로, 서로 가까이 붙어있는 오브젝트 여러 개를 물리적으로 시뮬레이션할 때 동시 인스턴스화가 일어날 수 있다. 인스턴스화 때문에 문제가 빠르게 악화돼 오브젝트들이 우주까지 날아가게 된다. 이런 시나리오는 상당히 혼란스럽고, 자동으로 감지해 교정하기도 어렵다(데이빗 콜로디, 사적 대화, 2015년 5월 4일). 따라서 디자이너는 가능한 한 물리적으로 시뮬레이션되는 여러 오브젝트가 상호작용하는 일을 피해야 하며, 특히 오브젝트들이 닫힌 공간에 있거나 서로 가까이 붙어있을 때는 더욱 그렇다(예: 작은 구덩이에 들어있는 벽돌 더미나 원형으로 연결돼 있는 여러 개의 상자).

32.5 네트워크 환경

여러 사용자가 같은 가상 공간에 있는 네트워크화된 VR 시스템은 싱글 유저 시스템의 난점을 넘어서는 엄청난 난관을 해결해야 한다. 본질적으로 협동형 VR 시스템은 분산형 실시간 데이터베이스며, 여러 사용자들이 이 데이터베이스가 모든 사용자에게 늘 똑같다는 예상하에 실시간으로 이를 변경시키는 것이다[딜레이니 등 2006a].

32.5.1 네트워크 환경의 이상

네트워크 일관성network consistency은 어떤 시점에서든 모든 사용자가 똑같이 공유된 정보를 늘 인지하도록 하는 것을 이상적인 목표로 삼는다[코티에(Gautier) 등 1999]. 불행히도 완벽한 일관성은 네트워크 지연 시간, 패킷 손실, 그리고 진정한 서비스 품질 유지의 어려움 때문에 성취가 불가능하다. 하지만 네트워크 일관성의 난관과 위반을 제대로 이해하면 수준 높은 공유 경험의 이상적 제작에 다가갈 수 있다.

네트워크 일관성은 동기화, 인과성, 동시성으로 나눌 수 있다[딜레이니 등 2006a].

- **동기화**는 일관된 개체 상태와 이벤트 타이밍을 모든 사용자에게 유지해주는 것이다. 이상적으로는 모든 시계가 동기화돼 있어야 한다.

- **인과성**(정렬이라고도 한다.)은 이벤트의 일관된 순서를 모든 사용자에게 유지하는 것이다. 이상적으로 각 컴퓨터의 모든 이벤트는 어떤 컴퓨터에서 발생하든 간에 그 순서가 정확히 이뤄져야 한다.

- **동시성**은 같은 개체들에 다양한 사용자에 의해 행해지는 이벤트가 동시에 일어나는 것이다. 오브젝트 소유권/컨트롤 문제는 해결돼야 한다. 이상적으로 공유 오브젝트에 대해서는 충돌이 없어야 한다.

위 세 가지 난관 중 어느 하나라도 어기면, 사용자들의 월드 상태가 일관되지 못하게 되며 존재감 이탈이 생긴다. 네트워크 환경만의 문제는 다음과 같다.

- **차이**divergence란 다양한 사용자들에게 서로 달라지는 개체의 시공간적 상태를 말한다. 차이 나는 오브젝트는 사용자가 이런 오브젝트와 일관되지 못하도록 상호작용하게 만들며, 때로 비일관된 행동 양식으로 이어져 오브젝트 상태 차이를 더 키운다. 물리 시뮬레이션이 서로 다른 컴퓨터에서 실행될 때 일어나는 시뮬레이션의 차이가 그 예다.

- **인과성 위배**는 이벤트의 순서가 바뀌어 결과가 원인보다 먼저 일어나는 것으로 보이는 현상이다. 원격 사용자가 공을 놓기 전에 공이 튀는 것처럼 보이는 것이 인과성 위배다.

- **기대 위반**(의도 위반이라고도 한다.)은 기대했거나 의도한 효과와 다른 동시적 이벤트에서 나오는 결과다. 기대 위반은 원격 사용자가 오브젝트의 색상을 바꾸는 것과 거의 같은 시간에 현장 사용자가 같은 오브젝트의 색상을 변경할 때 일어난다. 이때 현장 사용자가 바뀔 것으로 기대하는 것과는 다른 색상으로 변한다.

네트워크 VR 시스템은 일관성을 갖춰야 할 뿐 아니라 쉽게 사용할 수 있고 그럴듯해야 한다. 반응성과 인지되는 지속성은 네트워크 시스템 구축과 관련해 사용자 경험의 두 가지 주된 원인이다.

- **반응성**은 시스템이 사용자의 액션을 등록하고 반응하는 데 걸리는 시간이다. 동기화, 인과성, 동시성은 모든 사용자에게 지연을 추가하면 쉽게 달성할 수 있지만, 대신 반응성이 낮아진다. 이상적으로 사용자는 다른 컴퓨터의 확인을 기다릴 필요 없이 현장에 있는 것처럼 모든 네트워크 오브젝트와 상호작용할 수 있어야 한다.

- **인지되는 지속성**은 모든 개체가 눈에 띄는 지터링이나 포지션 점프 없이 그럴듯한 방식으로 행동하며 사운드가 매끄러워야 한다.

35.5.2 메시지 프로토콜

컴퓨터 간의 커뮤니케이션은 패킷(packet)을 통해 일어난다. 패킷은 컴퓨터 네트워크를 따라 이동하는 형식화된 데이터 조각이다. 정보 전달에 이용된 패킷의 유형은 성능과 동기화에 큰 영향을 미칠 수 있다.

UDP(사용자 데이터그램 프로토콜)는 최상의 방식으로 가동하는 최소한의 무접속 전송 모델이다. 패킷은 전송, 정렬, 복제에 대한 보장 없이 단순히 목적지로 보내진다. 예를 들어 수신 컴퓨터로 들어오는 패킷이 너무 많아 과부하가 발생할 경우 패킷을 받지 못할 수도 있다. UDP는 낮은 지연율이 최우선 과제일 때, 업데이트가 자주 일어날 때, 각 업데이트가 필수적이지 않을 때(예: 최근 패킷을 받지 못하면 월드의 상태가 곧 업데이트된다.) 사용해야 한다. UDP를 사용할 때는 예를 들어 계속해서 업데이트되는 캐릭터 포지션과 오디오가 있다.

TCP(전송 제어 프로토콜)는 추가 지연 시간이 있기는 하지만 신뢰할 수 있는 양방향성의 정렬된 바이트 스트림 모델이다. TCP는 수신하는 컴퓨터가 송신하는 컴퓨터에 해당 패킷을 성공적으로 받았다고 승인함으로써 작동한다. 또한 정보는 각 패킷에 포함돼, 패킷이 수신된 순서가 송신된 순서와 일치하는지 보장한다. TCP는 상태 정보가 한 번만(혹은 가끔씩) 송신되므로, 수신하는 컴퓨터가 월드의 상태를 송신 측에 일치시킬 수 있을 때 사용해야 한다. TCP를 쓰는 경우는 일회성 이벤트가 일어나고 수신측 컴퓨터가 해당 일회성 이벤트를 기반으로 월드의 상태를 업데이트해야 할 때를 예로 들 수 있다.

멀티캐스트는 일대다 혹은 다대다 그룹 통신 배포로 정보가 한 번에 한 주소 대신 동시에 그룹 주소로 보내지는 것이다. 클라이언트가 멀티캐스트 채널을 구독하기만 하면 구독을 취소할 때까지 업데이트를 받는다. 멀티캐스트는 이론적으로 잘 작동하지만, 멀티캐스트가 잘 작동하지 못하게 만드는 기술적 난제들이 있어 네트워크 하드웨어에 어떻게 적용됐는지에 따라 네트워크 과부하를 일으킬 수 있다(개발자가 통제할 수 없는 부분일 때가 많다). 진정한 네트워크 멀티캐스팅('IP 멀티캐스팅'이라고도 부름)이 이상적이지만, 모든 상용 라우터가 이를 지원하지는 않으므로(혹은 차단돼 있으므로) 네트워크상의 애플리케이션 레이어가 진정한 멀티캐스팅을 시뮬레이션하게끔 구축될 때가 많다. 하지만 애플리케이션 레이어링 접근법은 효율적이지 않다. 따라서 가능한 한 애플리케이션 레이어링 멀티캐스팅보다 네트워크 멀티캐스팅을 사용해야 한다.

35.5.3 네트워크 아키텍처

가상 세계 연결에는 여러 가지 방법이 있다. 하지만 **네트워크 아키텍처**는 보통 피어 투 피어, 클라이언트 서버, 혹은 하이브리드 아키텍처로 설명된다.

피어 투 피어 아키텍처는 개별 컴퓨터 사이에서 정보를 직접 전송한다. 각 컴퓨터는 자신의 월드 상태를 유지하고 이상적으로 다른 모든 컴퓨터의 월드 상태와 매칭시켜야 한다. 진정한 피어 투 피어 아키텍처에서 모든 피어는 동등한 역할과 책임을 갖는다. VR에서 피어 투 피어 아키텍처의 가장 큰 장점은 빠른 반응성이다. 피어 투 피어 아키텍처의 난제 중 하나는 사용자들이 서로를 볼 수 있게끔 가상의 현장 피어를 찾는 것이다. 따라서 하이브리드 아키텍처는 사용자들을 연결하는 중앙화된 서버가 있는 네트워크 방식의 가상 환경에 자주 사용된다.

클라이언트 서버 아키텍처는 각 클라이언트가 먼저 서버와 통신한 다음 서버가 클라이언트에 정보를 배포하도록 구성된다. 완전한 **권한이 있는 서버**가 모든 월드 상태, 시뮬레이션, 클라이언트로부터 들어오는 입력 처리를 제어한다. 그래서 반응성과 지속성을 희생하는 대신(로컬 시스템이 반응성과 지속성을 모사하는 편법을 쓸 수는 있다. 32.5.4절 참조) 모든 사용자의 월드가 일관돼진다. 밸브 등이 보여주듯, 권한이 있는 클라이언트 서버 모델은 제한된 수의 사용자에게는 잘 맞는다[밸브 2015]. 더 큰 규모의 지속되는 월드에 맞추려면 여러 서버를 사용해 연산과 대역폭 요구 사항을 줄여야 하며, 동시에 서버 크래시server crash를 방지하기 위해 중복 서버를 제공해야 한다.

일부 네트워크 아키텍처는 위 아키텍처 중 어느 것에도 딱 들어맞지 않는다. **하이브리드 아키텍처**는 피어 투 피어와 클라이언트 서버 아키텍처의 요소들을 활용한다.

권한이 없는 서버는 실질적으로 클라이언트 서버 모델을 따르지만, 서버가 클라이언트 사이에서만 메시지를 전달하므로 많은 면에서 피어 투 피어 모델과 같다(즉, 서버는 메시지를 변경하거나 이런 메시지의 추가 처리를 수행하지는 않는다). 주된 장점은 구현이 쉽고 다른 모든 사용자가 알 수 있다는 것이다. 단점은 시스템이 동기화되지 않고 클라이언트가 권한 있는 시스템의 통제를 받지 않기 때문에 속임수가 가능하다는 것이다.

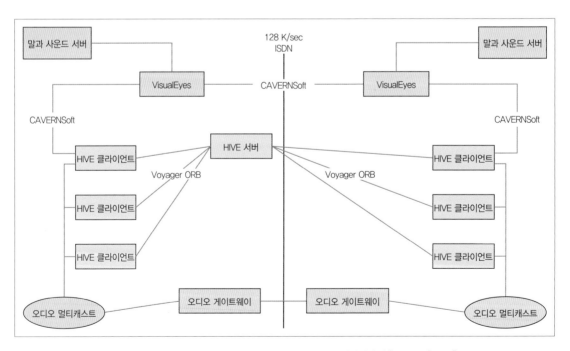

그림 32.4 중앙화된 서버와 오디오가 여타 데이터와 분리된 네트워크 아키텍처의 예 (데일리 등[2000])

슈퍼 피어super-peer는 가상 공간의 구역에서 서버 역할도 하고 사용자 간에 변경할 수 있는 클라이언트다(예: 사용자가 로그 오프할 때). 순수한 클라이언트 서버 아키텍처보다 슈퍼 피어가 갖는 가장 큰 장점은 피어 간의 리소스 이질성(예: 대역폭, 프로세싱 파워)이 크다는 것이다. 하지만 슈퍼 피어 네트워크도 구현하기는 까다롭다.

하이브리드 아키텍처는 일부 데이터(예: 음성) 전송에 피어 투 피어를 활용하면서 중요한 데이터는 서버를 활용해 지속적인 월드를 유지한다. 그림 32.4는 서버(HIVE 서버, 하워드 등 1998), 오디오 멀티캐스트, 피어 투 피어 분산형 지속성 메모리 시스템(CAVERN소프트, 리Leigh 등 1997)을 혼합해 사용하는 VR 시스템용 분산형 디자인 리뷰의 예를 보여준다.

32.5.4 결정론과 로컬 추정

대역폭에 의해 어떤 패킷이 보내지고 수신될지 제한되므로, 간단한 구현으로는 원격으로 컨트롤되는 개체들이 단계적으로 업데이트되는 것으로 보이게 된다. 즉, 잠깐 멈춰 있다가 새로운 패킷을 받으면서 새로운 장소로 순간 이동하는 것처럼 보이는 것이다. 이런 단절은 액션이 결정적일 때, 비결정적일 때, 혹은 부분적으로 결정적일 때에 따라 줄일 수 있다. 비결정적 액션은 사용자가 오브젝트를 잡을 때, 그리고 액션이 일어나는 컴퓨터에서 수신되는 패킷에 의해 알 수밖에 없는 비결정적 원격 액션 같은 사용자 상호작용을 통해 발생한다. 결정적 액션은 로컬에서 연산돼야 하며, 이런 경우 패킷을 송신하거나 수신할 필요가 없다.

원격 개체의 부분적으로 확정적인 액션(예: 사용자가 방향을 조종하는 것)은 인지되는 연속성을 만들어내기 위해 렌더링된 모든 프레임을 추정할 수 있다. **추측 항법**(데드 레코닝dead reckoning)이나 외삽법은 가장 최근 패킷을 받은 정보에 의해, 상태가 정의되는 위치에 있는 동적 개체가 어디에 있는지 추정한다. 새로운 패킷이 수신되면 새로운 진짜 정보true information로 상태가 업데이트된다. 추정된 상태와 업데이트된 상태의 차이가 너무 커지면, 개체는 즉시 새로운 위치로 순간 이동하는 것처럼 보인다. 이런 단절은 추정된 위치와 새로운 패킷에 의해 정의된 새로운 차이 사이를 보간해 줄일 수 있다. 밸브의 소스Source 게임 엔진은 외삽법과 보간을 둘 다 이용해 빠르고 매끄러운 게임 경험을 제공한다[밸브 2015]. 매끄러움과 개체 지연 시간 사이에서 취사선택을 해야 하지만, 이런 형태의 지연 시간은 로컬 사용자의 헤드 트래킹과 프레임레이트가 다른 사용자와 관련이 없으므로 멀미를 유발하지 않는다.

32.5.5 **네트워크 트래픽 축소**

네트워크 트래픽 축소는 종종 어떤 아키텍처나 통신 프로토콜을 사용했든 네트워크로 이뤄진 환경을 최적화하는 데 필요한 요소가 된다. 특히 더 많은 사용자에 맞춰 늘린 환경에서는 더욱 그렇다. 데이터 압축 등의 일반적 기술 외에도, 정보가 필요할 때만 패킷을 송신하는 것으로써 네트워크 트래픽을 극적으로 감소시킬 수 있다[딜레이니 등 2006b].

네트워크 트래픽을 감소시키는 한 가지 방법은 로컬의 진짜 상태와 원격의 추정된 상태(예: 데드 레코닝에 의해 추정된 개체의 포지션) 간의 차이를 연산하는 것이다. 예를 들어 사용자가 다른 방향으로의 이동이나 조종을 시작/정지할 때 차이가 발생한다. **차이 필터링**은 어느 개체에서나 차이가 일정 한계치에 도달할 때만 패킷을 송신한다.

연관성 필터링은 각 개별 컴퓨터에 기준에 따라 정보의 하위 집합만 내보낸다. 흔한 방법은 개별 서버들이 가상 공간의 일부를 컨트롤해(예: 셀로 이뤄진 그리드 구조에서 개별 서버가 각 셀을 컨트롤함) 패킷이 근처 사용자에게만 패킷을 보내도록 하는 것이다. 많은 사용자가 좁은 장소에 있어서 일어나는 서버 과부하는 문제가 될 수 있다. 이 문제는 한 구역 안의 사용자 수에 따라 셀 크기가 변하는 동적인 그리드/셀 사이즈를 이용하면 해결할 수 있다(후^{Hu} 등 2014).

애니메이션 또한 대역폭 요구 사항을 줄이는 데 활용할 수 있다. 예를 들어 사용자가 움직일 때 아바타의 실제 관절을 들어오는 네트워크 패킷에 따라 매 프레임 업데이트하기보다는 다리를 애니메이션으로 처리하는 편이 적절하다(싱글 유저 시스템조차 다리는 애니메이션으로 처리하는 경우가 많다). 사용자의 신호(예: 손 흔들기)를 먼저 해석해 대략적인 신호를 보낸 다음, 각 클라이언트에서 재현하는 데 제스처 인식을 활용할 수 있다.

오디오는 다른 업데이트보다 자릿수나 대역폭이 더 필요하며[데일리 등 2000], 많은 사용자가 동시에 얘기하려 할 때는 특히 문제가 된다(제스 주드리^{Jesse Joudrey}, 사적 대화, 2015년 4월 20일). 스트레스 테스트^{stress test}는 많은 사용자가 같은 서버를 통해 동시에 말하도록 해서 빠르게 수행할 수 있다. 특화된 오디오를 지원하면 각 사용자의 오디오 스트림이 독립적으로 유지돼야 하므로, 모든 오디오를 지향성이 있는 대화에 하듯이 한 서버의 단일 스트림으로 그대로 합치기는 불가능하다. 특화된 오디오를 사용한다면 모든 오디오가 한 서버를 통과하게 하기보다는 피어 투 피어를 사용해서 보내는 것이 더 낫다. 실현 가능하다면 멀티캐스팅을 활용해 사용자들이 자동으로 가상 이웃에게서 오디오 스트림을 받고 취소할 수 있도록 해야 한다. 연관성 필터링을 이용해 근처의 사용자에게만 오디오를 송신할 수 있다. 대역폭이 낮고 그에 따라 품질이 낮은 오디오 역시 멀리 떨어져 있거나 대체로 앞을 향하지 않은 사용자에게 배정될 수 있다[팬(Fann) 등 2011]. 원하는 가상/증강/혼합 현실의 수준에 따라, 애플리케이션에서 팀원 채널이나 중요한 공지 채널에 가입하는 옵션을 제공할 수도 있다.

32.5.6 동시 상호작용

둘 이상의 사용자가 동시에 같은 오브젝트와 상호작용하는 것은 네트워크 환경에서는 극히 어려운 일이며, 가능한 한 절대 피해야 한다. 한 번에 한 명의 사용자만 오브젝트를 소유해 다른 사용자는 해당 오브젝트와 상호작용하지 못하도록 해야 한다. 이를 위해 토큰을 사용하면 되는데, **토큰**은 한 번에 한 명의 사용자만 소유할 수 있는 공유 데이터 구조다. 사용자는 오브젝트와 상호작용하기 전에 먼저 다른 사용자가 소유하고 있지는 않은지 확인할 수 있게끔 토큰을 요청해야 한다. 이러면 오브젝트와 상호작용을 시도할 때 응답이 지연되므로 상호작용이 어려워진다. 이 지연 시간을 줄이는 한 가지 방법은 사용자가 오브젝트에 다가가면 그쪽으로 손을 뻗거나 오브젝트를 선택하기 전에 키를 요청하는 것이다[로버트(Roberts)와 샤키(Sharkey) 1997].

32.5.7 네트워크 물리 시뮬레이션

네트워크 물리 시뮬레이션은 같은 액션의 여러 표현이 시공간적으로 다른 물리적 장소에 일어날 수 있기 때문에 하나의 컴퓨터에서 실행되는 물리 시뮬레이션보다 난이도가 높다(32.3절 참조). 이론적으로, 동일한 공식과 코드를 이용하면 다양한 컴퓨터에서도 동일한 결과가 발생해야 한다. 하지만 클라이언트 간의 사소한 차이들(예: 반올림 오류나 타이밍의 차이)이 시간이 흐름에 따라 물리 시뮬레이션의 차이를 가져온다. 한 컴퓨터에서 공이 한 방향으로 굴러가는데 다른 컴퓨터에서는 다른 방향으로 굴러갈 수도 있고, 결국 공이 환경에서 완전히 다른 부분에 있게 되는 것이다. 그래서 권한 있는 서버나 하나의 컴퓨터가 시뮬레이션을 소유해야 한다. 다른 컴퓨터도 시뮬레이션을 추정하지만, 32.5.4절에서 설명했듯이 소유한 컴퓨터가 정기적으로 업데이트를 송출해 현재 상태를 교정한다.

32.6 프로토타입

프로토타입은 미적 측면이나 완성도에 과도하게 신경 쓰지 않고 도달할 수 있는 가장 단순한 구현이다. 프로토타입은 팀에 사용자가 말하는 내용뿐 아니라 실제 무엇을 하는지를 관찰하고 측정할 수 있게 해주므로 유익하다. 프로토타입이 논쟁을 앞서며, 이런 프로토타입을 이용한 측정치가 의견에 우선한다.

미니멀 프로토타입은 의미 있는 피드백을 받기 위해 필요한 최소한의 작업으로 구축한다. 특정 과제나 경험 중 작은 일부에 대한 질문에 답을 찾을 때 일시적으로 시야를 좁혀 살펴봐도 괜찮기 때문이다. 초기 단계에서 팀은 세부 사항에 대해 논쟁할 필요가 없다. 대신 가능한 한 빠르게 작동하는 '무언가'를 만들어낸 다음 그 위에 추가 기능을 넣거나 수정하고, 기본 프로토타입에서 배운 바에 의해 필요한 것을 처음부터 새로 만들어내면 된다.

각 프로토타입마다 분명한 목표가 있어야 하며, 그 목표를 달성하기에 필수적인 기초 기능만 구축하고 목표에 필수적이지 않은 요소는 뺀다. 필수적이지 않은 세부 사항은 나중에 넣거나 다듬을 수 있다. 좋게 보이려 애쓰면서 이 프로토타입이 흉하고 미완성이며 준비되지 않았다는 느낌은 버리자. 처음부터, 혹은 다섯 번째 시도 만에 잘 작동할 수 없으리란 것을 예상하고 처음에는 비교적 손쉬운 목표로 여겨졌던 것에서 예기치 못한 많은 어려움을 겪을 수 있다는 것을 받아들이자. 이런 어려움을 발견하는 것이 바로 프로토타입이 필요한 이유며, 이런 문제는 가능한 한 일찍 발견하는 것이 좋다. 빠르게 나쁜 아이디어를 배척하고 최고의 기본 개념과 상호작용 기술을 찾을수록 한정된 자원으로 수준 높은 경험을 만들어낼 수 있다.

또한 최소한의 노력으로 빠르게 프로토타입을 구축하면, 해당 프로토타입을 버리든 말든 신경 쓰지 않을 수 있다는 심리적 혜택도 있다. 빠른 반복 적용과 많은 프로토타입은 하나에 몰두하지 않는 태도를 낳으므로 개발자가 애써 만든 것을 없애버리는 박탈감도 느끼지 않게 된다.

프로토타입은 무엇을 성취하려 하는가에 따라 큰 차이가 있는 여러 형태로 만들어진다. 예를 들어 새로운 상호작용 기술의 특정 측면이 잘 맞는지 알아보는 프로토타입은 전반적인 콘셉트를 대중 시장에서 어떻게 판단할지를 알아보는 것과 상당히 다를 것이다.

32.6.1 프로토타입의 형태

현실 세계의 프로토타입은 그 어떤 디지털 기술도 사용하지 않는다. VR 시스템을 이용하는 대신 팀원이나 사용자들이 역할을 직접 맡는다. 여기에는 실제 소품이나 레이저 포인터 같은 현실 세계의 도구도 포함된다. 이런 프로토타입은 종종 자발적으로 만들어서 테스트된다는 장점이 있다. 단점으로는 조건을 통제할 수 없음, 정량적 데이터 수집이 어려움, 시뮬레이션된 액션과 VR 액션의 불일치, 고차원적 구조/로직으로의 피드백 한계를 꼽을 수 있다.

오즈의 마법사 프로토타입 Wizard of Oz prototype은 기본적으로 작동하는 VR 애플리케이션인데, 소프트웨어 대신 커튼 뒤에(혹은 HMD 뒤편에) 있는 사람 '마법사'가 시스템 응답을 제어한다. 마법사는 보통 사용자가 말로 자기 의도를 선언한 다음 키보드나 컨트롤러로 명령을 입력한다(예: 어디로 이동할지 선언하거나 음성 인식 시스템을 시뮬레이션한다). 잘만 된다면 이런 종류의 프로토타입은 놀랍도록 흥미진진하며 사용자는 시스템을 사람이 제어한다는 것조차 깨닫지 못할 수 있다. 이런 종류의 프로토타입에서는 특정한 적용에서 데이터 수집이 불가능하지만, 대략적인 피드백은 얻을 수 있다.

프로그래머 프로토타입은 프로그래머나 프로그래머 팀이 만들어서 평가하는 프로토타입이다. 프로그래머들은 빠르게 코드를 수정할 수 있게끔 시스템을 계속 경험한다. 그래서 대부분의 프로그래머가 자연스럽게 조작하고, 때로는 소규모 실험을 하루 만에 해내는(예: 변수 값이나 로직 선언문을 변경해 예상대로 작동하는지 본다.) 것이다.

팀 프로토타입은 팀에서 애플리케이션을 직접 구현하지 않는 이들을 위해 만든다. 문제를 가까이에서 보며 작업하는 이들은 전체적인 경험을 평가하기 어렵기 때문에 다른 이들의 피드백이 큰 도움이 된다. 또한 집단적 순응 사고와 지금 만드는 VR 경험이 세상에서 제일 뛰어나다고 실제와는 달리 착각하는 일을 줄여준다. 팀 프로토타입은 품질 보증 테스트에 사용된다. 프로토타입에 피드백을 제공하는 팀원에는 컨설턴트를 통한 전문가 평가 수행처럼(33.3.6절 참조) 팀 외부 인원이 포함될 수도 있다. 프로토타입의 개념을 이해하고 있는 다른 프로젝트를 맡은 다른 팀 역시 여기에 잘 맞는다.

이해 당사자 프로토타입은 주로 전반적 경험에 초점을 맞춰 진지하게 만든, 어느 정도 다듬은 프로토타입이다. 이런 프로토타입은 사실 VR에서 그리 많이 쓰이지 않는데, 실제 프로덕트와 가까운 정도로 높은 수준의 충실도가 기대돼 최종 프로덕트가 어떨지 더 완전히 이해하도록 도와준다. 하지만 대부분의 이해 당사자는 진전을 확인하고 싶어 하므로, 프로덕트가 최종화될 때까지 기다리지는 말자. 시장 수요, 사업적 필요 사항에 대한 이해, 경쟁 등에 대한 이들의 피드백은 대단히 가치 있다.

대표 사용자용 프로토타입은 피드백을 위해 가능한 한 사용자에게 보여줘야 하는 것을 디자인해서 구축한 프로토타입이다. 이전에 VR을 경험해보지 못한 사용자는 적응할 기회를 갖지 못했으므로 VR 멀미 테스트에 이상적이다. 이런 프로토타입은 33장에서 설명했듯이 주로 데이터 수집을 위해 활용된다. 초점은 목표하는 바에 맞는 데이터를 가장 잘 수집할 수 있도록 프로토타입을 구축하는 것이어야 한다.

마케팅 프로토타입은 회사/프로젝트가 긍정적인 관심을 끌 수 있게끔 구축하며 오프라인 만남, 회의, 박람회, 혹은 다운로드를 통해 공개한다. 전체 경험을 다 전달하지는 않을 수도 있지만 충분히 다듬어야 한다. 이런 프로토타입은 마케팅 외에도 많은 사용자가 짧은 기간 안에 피드백을 제공한다는 부차적인 장점이 있다.

32.7 최종 제작

최종 제작final production은 디자인과 기능이 최종화돼 팀이 산출물을 다듬는 데 집중할 수 있는 시점에 시작된다. 최종 제작이 시작됐다면 이제 가능성 탐구는 그만두고 기능 추가도 멈춰야 할 때다. 그런 아이디어는 차후 산출물을 위해 남겨둔다. VR 애플리케이션 개발에서 가장 큰 난관은 이해 당사자들이 탄탄한 데모를 경험한 후 흥분해서 가능성을 상상해보고 새로운 기능을 요청할 때다. 팀은 언제나 새로운 정보에 열려 있어야 하지만, 주어진 시간과 예산의 제약하에서 한계가 어디까지인지도 잘 인식하고 분명히 할 수 있어야 한다. 일부 제안은 추가하기 쉬울 수도 있지만(예: 오브젝트 색상 변경), 보기에는 간단한 시스템의 일부를 수정할 때 다른 부분에 영향을 미칠 위험이 있을 때도 많다. 또한 기능 추가는 프로젝트의 다른 측면에 쏟을 시간과 노력을 빼앗기도 한다. 이해 당사자들이 추가 기능을 원할 때, 팀은 새로운 기능에 관련해 어떤 것을 취사선택해야 하는지, 다른 기능에 지연이 있는지도 분명히 알려야 한다.

32.8 출시

배포deployment는 애플리케이션이 온라인 상태로 계속 제공되며 매주 업데이트되는 것부터 팀원들이 현장에서(혹은 여러 현장에서) 완전한 시스템 설치를 제공하는 것까지 다양한 범위를 통칭한다.

32.8.1 데모

데모^{demo}(프로토타입이나 더 완전하게 제작된 경험)는 VR의 '생명줄'이라 할 수 있다. 결국 대부분의 사람은 문서, 계획, 보고서에 관심이 없으며 오로지 결과물만 경험해보고 싶어 한다. 또한 최종 회의에서 어떻게 작동했는지, 잘되지 않은 이유는 무엇인지에 대한 설명을 듣는 데도 관심이 없다. 타인에게 진전이 이뤄지고 있으며 팀이 무언가 가치 있는 것을 만들고 있다는 확신을 주는 것은 다름 아닌 VR 경험이다.

콘퍼런스, 오프라인 모임, 여타 이벤트는 팀이 만든 것을 자랑하는 시간이다. 데모 스케줄을 잡는 것은 실제 일이 이뤄지고 제대로 처리되게끔 진짜 책임감을 부여하기에 좋다. 최악의 경우, 데모가 재앙 수준임이 드러나더라도 팀은 이를 통해 다음에는 더 잘하리라는 큰 각오를 다질 수도 있다.

시연장으로 이동하기 전에 늘 장비가 갖춰져 있는 곳과는 다른 방에서 데모를 설치해보면서 챙긴 물건들 중에 빠진 장비는 없는지 확인해본다. 빠진 장비가 기본적인 것이 아니라면 챙긴 짐을 가지고 또 다른 방에서 다시 설치하면서 필요한 모든 것을 챙겼는지 재확인한다. 그런 다음 모든 장비의 예비 부품을 챙긴다. 가능하기만 하다면, 데모가 실제 진행될 공간에 최소 하루 전에 방문해서 나중에 놀랄 일이 없도록 실연해본다. 그리고 데모 당일에는 일찍 도착해 모든 것이 제대로 작동하는지 확인한다.

사내 데모 연습도 필수적이다. VR로 무엇이 가능한지에 대한 기대로 가득한 현장에서는 이해 당사자나 유명인이 언제 들러서 여러분의 제품을 보고 싶어 할지 알 수 없다. 데모를 보고 싶어 하는 사람이라면 누구든 언제나 들어와서 시스템을 테스트하도록 해야 한다는 것이 아니라, 단지 중요한 사람이 현장에 나타날 수 있으니 준비해두라는 뜻이다. 팀의 시간도 중요하고 데모가 주의를 분산시킬 수 있으므로, 데모는 프로젝트에 직접적인 가치를 전달하지 않는다면 드물게 써야 한다. 현장 데모와 장비의 준비 및 업데이트는 한 명이 책임을 져서, 중요한 누군가가 나타났을 때 시스템이 가까스로 작동하는 이상의 상태를 보장하자. 데모 행사의 스케줄 책임은 이런 책임자가 질 수도 있고, 다른 사람에게 맡겨도 된다.

32.8.2 현장 인스톨

프로젝트 출시에는 **현장 인스톨**onsite installation이 포함될 수 있으며, 이때 팀에서 한 명 이상이 고객사 현장으로 가서 시스템과 애플리케이션을 설치한다. 이럴 때 인스톨이 부드럽게 진행되리라고 단정하지 말자. 여러 하드웨어가 관여되는 복잡한 인스톨에는 디버깅, 보정, 개발뿐 아니라 심지어 전기/강력 테이프까지 준비해야 할 수 있다. 전자기 간섭과 고객의 시스템과 호환되지 않는 접속/케이블로도 문제가 일어날 수 있다. 또한 시스템 사용과 유지 관리를 위해 스태프를 훈련시켜야 할 수도 있다. 여러분에게는 분명한 것이 다른 이들에게는 보이지 않을 수도 있다. 따라서 계약 시 지원과 업데이트를 포함하는 것도 좋다.

32.8.3 지속적 배포

현장 인스톨과 대조되는 방식이라 할 수 있는 **지속적 온라인 배포**는 온라인 업데이트를 자주 제공한다. 애자일 방법론은 새로운 실행 파일이 고객에게 매주 단위로 제공될 것을 권장한다. 그렇게 할 경우 팀이 무엇이 중요하고 무엇을 책임져야 하는지에 집중하게 되고, 데이터 수집의 기회가 많아지므로 가치가 있다(이 상황에서는 고객의 하위 집단에 하나의 변경을 보여주는 A/B 테스팅이 가장 흔히 쓰인다. 33.4.1절 참조).

학습 단계

모든 삶은 하나의 실험이다. 더 많이 실험할수록 더 나아진다.

– 랄프 왈도 에머슨(Ralph Waldo Emerson)

학습 단계는 무엇이 잘 작동하고 무엇이 그리 잘 작동하지 않는지 계속 발견해가는 것이다. VR은 다른 어떤 기술보다 제작물과 이를 타인이 어떻게 경험하는지 배우려는 노력이 필수적이다.

VR에서 무엇이 잘 작동하는지, 또 특정 애플리케이션을 어떻게 개선할 수 있을지 배우는 형태에는 여러 가지가 있을 수 있다. 간단히 코드에서 값을 변경해 즉시 결과를 확인하며 배울 수도 있는데, 프로그래머들은 하루에도 수백 번 이런 일을 한다. 혹은 공식적인 실험 설계, 개발, 수백 명의 사용자를 통한 테스트와 분석 때문에 수행하는 데 몇 달이 걸릴 수도 있다. 코드 테스팅만큼 빠르지는 않지만 빠른 피드백, 데이터 수집, 실험 쪽을 지향한다. 이를 통해 팀이 신속하게 아이디어가 목표에 얼마나 잘 부합하는지 배우고, 필요하면 즉시 진로를 수정할 수 있다. VR 전문가, 주제 전문가, 사용성 전문가, 실험 설계 전문가, 통계 전문가를 활용해 학습 효과를 극대화할 수 있게 올바른 일들을 해나가는 것이 좋다. 문제를 일찍 발견할수록 수정하는 데도 비용이 덜 든다. 최종 배포에 다가가서 문제를 발견하면 프로젝트 전체가 실패로 돌아갈 수도 있다. 학습/연구 과정은 자신의 연구 수행만이 아니라 다른 이들의 연구 내용을 이해함으로써 프로젝트에 필요한 사항을 적용할 수 있게 해주며, 또한 맹목적으로 받아들이는 것이 아니라 영리하게 질문을 던지게 해준다는 점을 이해하자.

반복 적용 디자인의 다른 단계와 마찬가지로 학습 단계도 프로젝트가 진행되면서 진화한다. 최초의 학습은 비공식적으로 시스템을 시연하고 팀원들이 일반적인 피드백을 제공하는 것으로 이뤄진다. 나중에는 더 세련된 데이터 수집과 분석 방법론을 적용할 수 있지만, 그 부분은 이 책의 범위를 넘어선다. 독자들은 프로젝트에 가장 직접적으로 적용되는 개념만 사용하도록 하자. 모든 프로젝트가 모든 개념을 다 사용하지는 않기 때문이다. 하지만 이 모두를 알아두면 도움이 될 것이다.

33.1 커뮤니케이션과 태도

학습에는 효과적인 커뮤니케이션이 반드시 필요하다. 여기에는 팀원 간의 소통뿐 아니라 사용자와의 커뮤니케이션도 포함된다. 효과적인 학습과 커뮤니케이션은 건설적인 비판을 찾고 이에 반응하는 태도에 크게 좌우된다. 자기 작업에 대한 비판을 받아들이는 데 문제가 있는 사람은 VR을 크게 발전시키지 못할 것이다. 지속적인 개선에 대한 긍정적인 사고방식과 태도가 필수적이며, 경험을 제작하는 이들이 보지 못하는 문제를 다른 이들이 지적한 결과를 분석할 때 종종 최고의 돌파구가 찾아지기 마련이다.

시스템을 시연하고 피드백을 요청할 때는 실패를 맞닥뜨리더라도 자신과 팀원, 사용자에 대해 긍정적으로 생각해야 한다. **실패** 역시 배우는 과정이므로 두려워하지 말자. 물론 목표는 성공하는 것이지만, 성공하더라도 그 이유를 제대로 알지 못할 때가 많다. 실패에 대한 올바른 태도를 가지면 실패의 원인을 알아내서 그런 문제가 다시 발생하지 않도록 보장할 수 있다.

사용자와 커뮤니케이션할 때 학습 효과를 극대화하려면 다음이 필수적이다.

- 사용자나 이들의 의견/VR 애플리케이션 상호작용을 비난/과소 평가하지 않는다. 감정적으로 이들을 차단해 효과적인 피드백을 막기 때문이다.

- 적극적으로 난관을 조사해서 프로젝트를 어떻게 개선할 수 있을지 판단한다.

- 다른 이들이 하는 것은 부분적으로 정확하다고 간주한 다음, 이를 정정하고 더 나아갈 수 있는 제안을 제공한다.

- 이미 알고 있는 문제를 누군가 지적할 때는 이를 알아채준 것에 감사하고 계속 문제점을 찾아 달라고 격려한다.

- '실패' 같은 단어를 사용하는 대신 '배움'에 대해 말한다.

사용자와 효과적으로 커뮤니케이션할 수 있다는 부가적인 혜택도 있지만, 피드백을 주는 이들이 소속감을 느끼고 기여한다는 뿌듯한 느낌을 줘서 프로덕트가 대중에 공개될 때 팬/전도사의 역할을 할 수 있다. 이런 커뮤니티 참여는 크라우드 펀딩 캠페인(예: 킥스타터)에 필수적이다.

33.1.1 VR 제작자는 독특한 사용자

VR 경험을 만들 때 VR 제작자, 특히 프로그래머가 흔히 저지르는 실수는 자기들에게 작동하는 것이 다른 이들에게도 작동하리라 간주하는 것이다. 하지만 VR에서는 그렇지 않다. 프로그래머들은 기대되는 모든 행동을 취하지 않고 아주 특수한 방식으로 시스템을 이용할 때가 많다. 또한 프로그래머는 감각 충돌에 이미 적응해 아직 적응하지 못한 사용자처럼 멀미를 겪지 않을 수도 있다.

프로그래머가 사용자의 의견이 중요하지 않다고 확신하는 것은 아니다. 사실, 이들은 피드백을 수집해야 한다는 사실을 자각하고 있으면서도 정기적인 사용자와의 커뮤니케이션은 불편한 일로 여기고, 우선순위를 높게 두지 않는 것뿐이다. 대부분의 프로그래머는 가끔 자신의 작업을 자랑하고 싶어 하지만, 이런 데모는 충분히 자주 이뤄지지 않고 수준 높은 데이터가 수집되는 방식으로 되지 않으며 의견을 충분히 진지하게 듣지 않아서 변화를 낳지 못한다.

프로그래머의 시간은 소중하며, 프로그래머가 데모를 보여주고 데이터를 수집하는 일로 계속 방해받아서는 안 된다는 것도 사실이다. 따라서 다른 팀원이 사용자로부터 데이터를 수집하도록 하는 것이 답이다. 그렇기는 해도 프로그래머가 최소한 가끔은 데이터 수집에 참여해 피드백을 좀 더 진지하게 받아들이도록 해야 한다. 자신이 만들어낸 작업물이 어떻게 제대로 작동하지 않는지 직접 관찰하는 것에 비해, 작동하지 않는다는 보고 내용을 보거나 들을 때 저항감이 더 크기 때문이다.

33.2 개념 조사

조사^research에는 많은 형태가 있고 그만큼 정의도 다양하다. 조사의 한 가지 정의는 새로운 정보를 얻으려는 체계적 방법론과 논리적으로 사고하기 위한 지속적 노력이다.

대표 사용자에게 무엇이 효과가 있을지 제대로 이해하기 위해 연구를 수행하는 VR 팀이 얼마나 될까? 다시 말해, 얼마나 많은 VR 전문가들이 사무실, 회의, 콘퍼런스에서 표준의 VR 데모를 시연하는 것과 별도로 외부 피드백을 수집할까? 안타깝게도 이런 일은 아주 드물다. 그래서 매력적인 VR 경험을 만드는 데 필요한 수많은 것들이 아직 알려져 있지 않고, 프로젝트의 성공을 최적의 길을 찾아내 추구하는 것이 아닌 운에 맡기는 것이다.

그럼 이제 효과적으로 연구를 설계, 수행, 해석하는 데 유용한 배경 개념을 알아보자.

33.2.1 데이터 수집

데이터 수집은 VR에서 특정되고 수량화되며 비교될 수 있는 측면에 효율성을 가져다준다. 데이터 수집은 자동 데이터 캡처와 평가하는 사람의 관찰, 이렇게 두 가지가 합쳐지는 경우가 많다. VR에서 흔히 수집하는 데이터에는 완료까지의 시간, 정확도, 성과/성취, 발생 빈도, 사용한 리소스, 공간/거리, 오류, 몸/트래커 모션, 지연 시간, 존재감 이탈, 벽이나 기타 지오메트리와의 충돌, 생리 측정치, 선호도 등이 있다. 분명 VR에 유용한 측정치는 많다. 따라서 팀은 하나의 측정치에만 의존하기보다 다양한 종류의 데이터를 수집해야 한다.

데이터는 정성적 데이터와 정량적 데이터로 나눌 수 있다. 각자 디자인의 강점과 약점에 대해 저마다의 통찰을 제공하므로 둘 다 중요하다.

정량적 데이터quantitative data(수치 데이터라고도 함)는 수량에 대한 정보로, 수치로 직접 측정하고 표시할 수 있는 정보다. 정량적 데이터는 상대적으로 적은 훈련으로도 사용할 수 있으며 신뢰할 수 있는 정보가 나오는 도구(예: 설문지, 간단한 물리적 측정 기기, 컴퓨터, 바디 트래커)로 가장 잘 모을 수 있다. 정량적 데이터 분석에는 요약, 비교, 데이터에 의미 부여를 하는 다양한 방법론이 사용되며, 보통 수치로 나타내기에 통계 측정 계산법이 활용된다. 일반적으로 실험적 접근법(33.4절 참조)은 정량적 데이터 수집에 중점을 둔다.

정성적 데이터qualitative data는 좀 더 주관적이며, 편향이 들어있고 다양한 사람에 의해 서로 다르게 해석될 수 있다. 이런 데이터에는 해석, 느낌, 태도, 의견이 포함된다. 이런 데이터는 언어(말이든 문서든) 및 관찰에 의해 수집되는 경우가 많다. 정성적 데이터는 직접 수치로 측정할 수 없지만, 요약하고 해석해서 분류한 다음 코드화할 수 있다. 건설적 접근법(33.3절 참조)은 정성적 데이터에 크게 의존한다.

정량적 및 정성적 접근법 모두 더 나은 VR 경험을 개발하는 데 유용하다. 사실, 두 종류의 데이터를 같은 사람에게서 수집할 때가 많다. 먼저 개략적인 이해를 얻기 위해 정량적 데이터를 수집하고 나서, 정성적 데이터를 통해 더 객관적으로 연구에 들어갈 수도 있다. 정성적 데이터에만 집중하는 팀이라 해도 정량적 연구의 핵심 개념을 기본적으로 이해하면 정성적 데이터와 그 결론이 편향됐는지 이해하기도 쉽다.

33.2.2 신뢰도

신뢰도는 비슷한 조건의 실험, 테스트, 측정에서 일관되게 같은 결과가 나오는 정도를 뜻한다. 신뢰도는 어떤 결과가 한 번 발견됐을 때는 그것이 우연히 일어난 것일 수도 있기 때문에 중요하다. 사용자, 세션, 시간, 실험, 운이 서로 다른데 비슷한 결과가 나온다면, 테스트하는 제품에 일관된 특징이 있으리라는 자신감을 가질 수 있다.

측정치를 절대 완전히 신뢰해서는 안 된다. 신뢰성에 영향을 미치는 두 가지 요인은 안정적 특징과 불안정적 특징이다[머피(Murphy)와 데이빗쇼퍼(Davidshofer) 2005]. **안정적 특징**은 신뢰도 있게 개선되는 요인이다. 이상적으로는 측정되는 사물이 안정돼 있다. 예를 들어 서로 다른 사용자가 상호작용 기술을 이용하는 과제에 일관된 수준의 성과를 보인다면 해당 기술은 안정적이다. **불안정적 특징**은 신뢰도를 손상시키는 요인이다. 여기에는 사용자의 상태(건강, 피로도, 동기, 감정적 상태, 지시를 분명하게 이해함, 기억/주의력의 변동, 성격 등)와 기기/환경 속성(작동 온도, 정밀성, 읽기 오류 등)이 포함된다.

관찰 점수는 단일 측정치에서 구한 값이며 안정적 특징과 불안정적 특징 모두의 기능이다. **트루 스코어**true score는 무한대의 측정값에서 평균을 취할 때 나오는 값이다. 많은 측정치를 활용하면 추정치가 좋아지기는 하지만, 트루 스코어는 절대 정확히 알 수 없다. 예컨대 참가자를 반복적으로 테스트해 학습 효과를 측정할 때는 신뢰도가 높아야 하며, 학습 대 우연의 결과가 동시에 존재하므로 관찰 점수일 가능성이 높다. 신뢰도 값은 33.5.2절에서 설명했듯 –1에서 1 사이의 값을 취하는 연관성 계수로 표현되는 일이 잦다[글라이너(Gliner) 등 2009].

33.2.3 타당성

신뢰할 수 있는 측정치는 지속적으로 측정해서 나오지만, 잘못된 것을 측정할 수도 있다. **타당성**은 어떤 개념, 측정치, 혹은 결론의 근거가 탄탄하고 실제 애플리케이션에 상응하는 정도를 뜻한다. 연구를 수행할 때 실제로 측정하고 비교하고 있다고 생각하는 것을 정말 측정하고 비교하는지, 결론은 타당한지, 그리고 결과가 관심 분야에 적용되는지 확실히 하려면 타당성이 중요하다.

타당성에는 전반적으로 많은 요인이 작용하며, 연구원들은 타당성을 더 세분화해 특정 유형으로 나눠야 한다. 하지만 연구원들은 타당성의 여러 유형을 조직화해 이름을 붙이는 데 동의하지 못하고 있다. 일반적으로 타당성은 다음과 같이 표면적 타당성, 구성 타당성, 내적 타당성, 통계적 결론 타당성, 외적 타당성으로 나눌 수 있다.

표면적 타당성

표면적 타당성은 일반적으로 개념, 수단, 결론이 적정하다는 직관적이고 주관적인 인상이다. 표면적 타당성은 연구원들이 데이터를 수집할 때 제일 먼저 고려하는 것이다.

구성 타당성

구성 타당성은 평가되는 개념적 변수(구성)를 실제로 측정하는 정도를 뜻한다. 측정한다고 주장하는 가상의 품질을 포착한다면 구성 타당성이 높은 것이다. 더 풀어 설명하자면, 구성 타당성이 높은 수단은 구성의 모든 측면을 충분히 포괄하고, 같은 구조의 다른 수단과 연관되며, 구조와 관련 없는 변수에 영향을 받지 않고, 동시적이고 앞으로 일어날 측정치, 행동 양식, 성능을 정확히 예측한다. 구성 타당성을 확인할 때는 전문가와 초보자가 어떤 과제를 수행하도록 해서 둘의 차이를 측정하는 도구를 흔히 활용한다.

데이터 수집의 목표는 사용자의 수행 능력, 사용자의 선호도, 일반화된 상호작용 기술의 일부 측면, 혹은 사용성 문제 분석을 위한 특정 적용의 측정이 될 수 있다. 테스트 초반에는 버그와 미비점이 있기 마련이다. 시스템 미비로 인해 연구원은 무엇을 측정하는지에 주의를 기울여야 한다. 많은 경우 관심사는 특정 구현이 아닌데, 이미 알려진 문제는 곧 수정되기 때문이다. 오히려 제작자의 수정 목록에 이미 있는 버그와는 관계없는 일반적인 사용자의 선호도, 성취도, 인지에 대해 더 묻기 마련이다. 의도가 시스템 결함에 있지 않은데, 이를 측정한다면 구성 타당성을 위배하는 것이다. 연구원들은 현재의 구현에서 작동하지 않는다는 이유만으로 어떤 개념이 일반적으로 효과적이지 않다는 결론을 내리지 않도록 유의해야 한다.

내적 타당성

내적 타당성은 관계가 무작위적인 정도를 뜻한다. 내적 타당성은 실험 설계의 견실함과 독립적 변수 혹은 개입으로 의존적인 변수가 변하는 것으로 결론지을 수 있는가

하는 영향력에 따라 좌우된다. 독립적 변수의 영향을 외부적 환경의 영향으로부터 분리할 수 없을 때, 이런 영향은 혼동스럽다고 칭한다(33.4.1절 참조). 내적 타당성은 다음과 같은 여러 교란 조건에 의해 위협받거나 훼손될 수 있다.

이력history은 테스트 전과 테스트 후 사이에 조작된 변수 외의 어떤 것이 발생할 때 일어나는 무관한 환경적 사건이다. 예를 들어 데이터 수집이 여러 날에 걸쳐 수행될 때, 어떤 세계적 사건이 일어나서 의견 자체나 잘 수행하려는 동기 의식을 바꿀 수도 있다.

성숙은 시간이 흐르면서 참가자가 겪는 개인적 변화다. 이런 변화는 테스트 내용과 무관한 변화에 기인할 수도 있다. 예를 들어 참가자가 피곤해지거나 아프거나, VR 멀미에 저항이 생길 수도 있다.

계측은 측정 도구나 관찰자의 채점 방식 변화에 의해 일어난다. 예를 들어 반응 시간이나 생체 측정치를 재는 도구의 보정이 틀어질 수 있다. 참가자를 평가하는 관찰자가 시간의 흐름에 따라 기준이 변화하거나, 심하게는 다른 관찰자가 올 수도 있다. 보정, 지침 제공, 관찰자 훈련은 계측 편향을 줄이는 데 중요하다. 세션과 세션 사이에 방의 환경, 하드웨어 설치, 소프트웨어 모두 변하지 않아야 한다.

선택 편향은 무작위적이 아닌 과제나 참가자가 그룹을 직접 선택하는 데서 발생한다. 선택 편향은 무작위적으로 참가하는 그룹을 배정해 해결할 수 있다. 참가자들이 그룹을 직접 선택할 때는 서로 다른 조건을 알지 못하게 함으로써 편향을 줄일 수 있지만, 완전히 제거할 수는 없다. 시스템 테스트에 자원하는 팬이라면 분명 일반 타깃 인구보다 더 VR 경험을 좋아하는 경향이 있을 것이다.

감축(폐기율이라고도 함)은 참가자의 이탈을 뜻한다. 한 그룹의 감축이 다른 그룹과 다를 때는 타당성 문제가 생긴다. 이는 VR 멀미 때문에 참가자들이 이탈할 때 주요한 문제가 된다. 한 가지 조건이 한 그룹에 멀미를 더 심하게 유발한다면 해당 그룹은 참가자를 더 잃게 된다. 중간에 포기하지 않는 피험자는 멀미에 내성이 높을 가능성이 있다. 따라서 이런 결과는 연구하는 요인보다 멀미 내성에 연관된 특성 때문일 수도 있다.

재검사 편향은 동일한 개인으로부터 두 번 이상 데이터를 수집할 때 일어난다. 첫 번째 시도가 일종의 연습으로 작용해 후속 테스트에서는 더 개선된 수행력을 보일 수 있다. 이런 결과는 조작상의 변수 때문이라기보다 연습 덕분일 수도 있다.

통계적 회귀는 점수의 높낮이에 따라 피험자가 미리 선택될 때 일어난다. 높거나 낮은 점수를 받는 것은 대부분 운 때문이다. 이후의 테스트에서 점수는 최초 점수가 진짜 평균 점수와 다르기 때문에 평균으로 회귀하는 경향이 있다. 변화가 일어나는 것이 회귀 때문인지 테스트하는 요인 때문인지 판단할 방법은 없다. 피험자 선택은 여러 테스트가 일관되고 신뢰성 있는 결과를 보이지 않는 한 이전 점수에 따라 이뤄져야 한다.

요구 특성은 피험자들이 가설을 추측할 수 있는 단서다. 피험자들은 (의식적으로든 무의식적으로든) 좋은 모습을 보이고, 정치적으로 올바르게 보이고, 혹은 실험이 좋게 혹은 나쁘게 보이게끔 자신의 행동 양식을 수정할 수 있다.

플라시보 효과는 실험 조건 자체가 결과를 낳는 것이 아니라 실험이 결과를 낳는다고 피험자가 '기대'할 때 발생한다. 예를 들어 실험 전에 케네디 시뮬레이터 멀미 질문을 하면(16.1절 참조), 실험 후 보고에서 멀미 점수가 높아지는 결과가 나온다[영 등 2007]. 혹은 피험자가 한 상호작용 기술을 다른 기술보다 더 나은 것으로 여긴다면, 해당 상호작용의 메커니즘보다는 그 믿음 때문에 결과가 일어나는 것일 수 있다.

실험자 편향은 실험자가 피험자를 다르게 취급하거나 다르게 행동할 때 일어난다. 실험자가 피험자에게 한 가지 조건하에서 더 잘 수행하도록 격려하는 데서 생기는 분명한 편향일 수 있지만, 의도하지 않은 경우가 더 많다. 실험자는 편향되지 않도록 마음먹을 수도 있지만, 자신의 신체 언어와 목소리 톤이 한 가지 조건에 대한 선호를 보인다는 것을 깨닫지 못할 수도 있다. 실험자의 편향을 최소화하는 방법은 실험자가 조건을 모르게 하고(예: 조건을 무작위화하고 피험자가 무엇을 보는지 실험자가 볼 수 없게 함), 순진한 실험자를 활용하고(즉, 조건들을 직접 보더라도 그 차이를 알지 못하는 보조원을 고용함), 실험자가 피험자와 함께 하는 시간을 최소화하는 것(예: 지시와 데이터 수집을 컴퓨터가 하도록 함) 등이 있다.

통계적 결론 타당성

통계적 결론 타당성은 데이터에 대한 결론이 통계적으로 올바른 정도를 뜻한다. 통계적 결론 타당성에 흔히 위협이 되는 것들을 살펴보면 다음과 같다.

위양성 반응false positive은 실제로는 아무런 차이가 없는데도 우연히 일어난 결과다 (예: 평범한 동전을 던져서 여러 번 연달아 앞면만 나올 수도 있다). 실험을 다시 수행해보면 차이점이 발견되지 않을 수도 있다.

낮은 통계적 검증력은 대부분 샘플 크기가 충분히 크지 않아서 생긴다. **통계적 검증력**은 정말 영향력이 보였을 때 연구에서 이런 효과를 감지할 가능성을 뜻한다. 연구원들이 범하는 흔한 실수가 실제로는 조건 사이에 차이가 있지만 연구원들이 충분한 통계적 검증력을 확보하지 못해 이를 발견하지 못했을 때 조건 사이에 차이가 없다고 주장하는 것이다. 두 가지가 정의된 범위 값 안에서 가깝다는 것을 보여주는 기술은 있지만, 사실 한 실험으로 두 가지가 정말 똑같은지 증명할 수는 없다(실험 결과는 일정한 개연성 안에서 다를 수 있다는 것을 보여준다).

잘못된 데이터 가정은 데이터의 속성을 잘못 가정한 것이다. 다양한 통계 테스트는 서로 다른 가정하에 이뤄진다. 예를 들어 많은 테스트는 데이터가 정규 분포를 보일 것이라 가정한다(33.5.2절 참조). 이런 가정이 유효하지 못할 때는 실험이 잘못된 결과로 이어질 수 있다.

피싱(데이터 마이닝이라고도 함)은 다양한 여러 가정을 통한 데이터 검색을 뜻한다. 많은 변수를 분석할 때 차이가 발견되면 이런 결과는 무작위적으로 발생했을 수 있다. 예를 들어 서로 다른 100개의 동전을 각각 열 번씩 던지면 이런 동전 중 한 가지 이상에서 열 번 모두 윗면이 나올 수도 있지만, 이것은 반드시 동전의 양면 무게 차이 때문이 아니라 그저 운의 작용일 수 있다. 다양한 통계적 수정을 이용해 여러 번의 테스트에서 차이가 발견될 가능성 증가를 상쇄할 수 있다.

외적 타당성

외적 타당성은 연구의 결과가 다른 설정, 다른 사용자, 다른 시간, 다른 설계/적용으로 일반화할 수 있는 정도를 뜻한다. 한 상호작용 기술이 다른 기술보다 나아서 생기는 결과는 실험실의 특정 환경 설정, 사용자 유형, VR 시스템 사양(예: 시야각, 자유도, 지연 시간, 소프트웨어 환경 설정)에만 적용될 수 있다. 1990년대의 일부 VR 연구 결과는 사용자가 달라졌고(예: 연구자와 소비자) 기술도 변화했기 때문에 현재에 반드시 적용되지는 않는다. 1990년대 당시는 100ms 이상의 지연 시간도 수용 가능한 것으로 여겨졌다. 오늘날 이런 수치는 전혀 수용할 수 없는 수준이다. 오늘날의 연구자들은 건별로 이전 시대의 결과를 고려할지 혹은 그런 실험 중 일부를 다시 실행해야 할지 현명하게 판단해야 한다.

시스템 설계나 적용에서 뭔가 변경되면, 이전에는 신뢰할 수 있던 결론이 더 이상 적용될 수 없기도 한다. 예를 들어 테스트 중인 시스템에는 한 상호작용 기술이 다른 상호작용 기술보다 뛰어날 수 있지만, 그렇다고 해서 다른 하드웨어를 사용하는 시스템에도 그런 것은 아니다. 이상적으로는 실험 결과가 다른 하드웨어 형태, 다른 버전의 디자인과 소프트웨어, 그리고 일정 범위의 조건에도 중복 적용될 것이다. 하지만 많은 경우 하드웨어가 변경되거나 중요한 디자인 변경이 일어났다면 실험을 다시 수행해야 한다. 비슷한 결과가 나온다면 디자인이 더 탄탄하다는 자신감을 주게 되고, 심지어 아직 테스트하지 않은 특정 조건에도 적용될 것이다.

물론 서로 다른 기술이 모든 상황과 모든 하드웨어에 일반적으로 적용될 수는 없다. 서로 다른 입력 기기는 27장에서 논의했듯 특성이 서로 아주 다르다. 최소한의 컴퓨터 사양(예: CPU 속도와 그래픽 카드 성능) 역시 테스트에 따라 결정돼야 한다. 전통적인 데스크톱과 모바일 시스템에서는 멀미의 위험 때문에 더욱 그렇다(3부). 결과의 외적 타당성이 높다 해도, VR 애플리케이션은 타깃 하드웨어로 광범위하게 테스트를 거치지 않고서 출시하면 안 된다.

33.2.4 민감도

측정치는 일관적이고(신뢰도 있고) 관심사의 구성을 제대로 반영할 수 있지만(타당성), 사용에 따른 민감도를 충분히 반영하지는 못할 수 있다. **민감도**는 둘 간에 충분히 차별화되는지 측정하는 능력으로, 실험 방법이 미치는 영향이 존재하지 않을 때도 그 영향을 정확히 감지할 수 있는 능력이다. 수치가 여러 수준의 개별적 변수를 구분할 수 있는가? 그렇지 않다면 민감도를 늘릴 수 있는 방법을 찾자.

33.3 건설적 접근법

건설적 접근법은 세계에 대한 절대적이거나 객관적인 진실을 측정하려 하는 대신에 경험과 이런 경험에 대한 회고를 통해 이해, 의미, 지식, 아이디어를 구축하는 것이다. 이 접근법은 정성적 데이터에 더 중점을 두고 데이터가 수집된 전체 맥락을 강조한다. 이 접근법을 사용하는 연구의 질문은 결과에 제한을 두지 않되 요약과 분석에 유용할 만큼 구조가 잡혀 있다.

그럼 이제 VR 경험을 더 잘 이해하고 이런 경험을 개선할 수 있도록 데이터를 수집하는 다양한 방법론을 알아보자.

33.3.1 미니 회고

미니 회고$^{mini-retrospective}$는 어떤 것이 잘됐고 어떤 것은 개선이 필요한지 팀이 논의하는 짧은 집중적 토론이다. 이런 회고는 짧게 자주 수행해야 한다. 매주 30분간 미니 회고를 하는 편이 월간으로 반나절간 회고를 진행하는 것보다 낫다.

회고는 건설적이어야 한다. 조나단 라스무손은 『애자일 마스터$^{The\ Agile\ Samurai}$』[라스무손 2010]에서 회고의 기본 방향성을 이렇게 밝힌다.

> 무엇을 발견하든지, 우리는 모두가 당시 지식을 총동원해 기술과 능력을 쏟아 붓고 주어진 자원을 활용해 눈앞의 상황에서 최선을 다했다는 것을 이해하고 진심으로 믿는다. 다시 말해 마녀 사냥은 삼가야 한다.

이상적으로 미니 회고는 향후 반복 적용의 테마가 되며 팀이 개선하고자 하는 아이디어로 기록된다.

33.3.2 데모

데모는 사용자에게서 피드백을 얻는 가장 흔한 형태다. 데모는 타인의 관심사가 일반적으로 어떤 느낌인지 알아내기에 훌륭한 시작점이다. 데모는 의도한 관객과 긴밀하게 소통하기 위해, 실제 사용자를 이해하기 위해, 신선한 아이디어를 받기 위해, 프로젝트를 마케팅하기 위해 종종 주어져야 한다. 가장 중요하게, 데모는 팀이 향해 가야 하는 것을 제시하고 진전이 이뤄짐을 보여줘야 한다.

하지만 팀은 데모 제시와 데이터 수집을 구분해야 한다. 데모는 만들기도 쉽고 기본적인 피드백도 제공하지만, 데이터에 집중하는 접근법과 결합하지 않는다면 데이터 수집에는 가장 취약한 방식이다. 데모는 대부분 프로젝트의 마케팅용으로 만든다. 그렇기 때문에 데모를 통해 수집된 데이터는 보통 데이터 품질이 높지 않다. 여기에는 데이터 수집이 우선순위가 아니고, 사용자가 솔직한 의견을 제시하지 않을 때가 많고(즉, 예의를 차린다.), 피드백은 거의 항상 기록보다는 기억에 의해 작성되고, 많은 사용자 때문에 혼란스럽고, 데이터를 수집하기보다는 질문에 응답하고, 데모를 제시하는 이들과 결과 보고에 편향이 있는 등 여러 요인이 작용한다. 데모의 목적이 정말 데이터 수집일 때는 구조적 인터뷰와 설문지를 사용해 덜 편향된 데이터를 수집할 수 있다.

데모에서는 대중용 데모가 엄청나게 잘못된 방향으로 갈 때 가장 큰 깨달음을 얻을 수 있다. 이런 유형의 학습은 고통스럽기 짝이 없다. 하지만 회사/팀이 이런 재난을 견뎌내기만 하면, 이런 교훈은 팀이 다음에는 품질 수준에 맞는 작품을 구축하고 일을 제대로 해내서 다시는 창피한 일이 없도록 단호한 액션을 취하게 해준다.

33.3.3 인터뷰

인터뷰는 실제 사람이 묻는 일련의 열린 질문이며, 설문지보다 더 유연하고 쉽게 답할 수 있다. 인터뷰는 VR을 경험한 직후의 사람에게 즉시 수행할 때 최고의 데이터를 얻게 된다. 인터뷰를 사람이 직접 수행할 수 없을 때는 전화나 (더 나쁘게는) 텍스트 형태로 수행할 수 있다.

인터뷰는 추천서와 다르다. 추천서는 사람들이 정말로 좋아한다고 보여주기 위한 마케팅 자료다. 하지만 인터뷰는 배우기 위해 수행하는 것이다. 이를 위해 인터뷰가 제대로 진행되고 편향이 줄어들게끔 설계된 인터뷰 지침을 사전에 만들어둬야 한다. 부록 B는 VR 경험을 전반적으로 개선하기 위해 만든 간단한 인터뷰 지침의 예다. VR 경험의 좀 더 특정한 측면을 개선할 수 있는 인터뷰를 위해서는 좀 더 구체적인 질문을 포함해야 한다.

아래는 인터뷰를 통해 고품질의 정보를 얻기 위한 팁이다.

교감 형성: 능숙한 인터뷰어는 의도에 맞는 질문을 하기 전에 인터뷰하는 피험자를 파악하고 빠르게 친분을 맺는다. 개인마다의 스타일, 민족성, 성별, 연령의 차이로 인해 교감이 줄어들면 덜 솔직한 답이 나올 수 있다. 예를 들어 교수 등 권위 있는 사람이 인터뷰를 수행하면 어떤 피험자는 솔직한 생각을 대답하지 않기도 한다. 31.11절의 설명처럼 인터뷰어와 페르소나를 기준으로 의도된 소비자층을 일치시키도록 노력하자.

자연스러운 환경에서 수행: 인터뷰어가 부자연스럽거나 실험실처럼 겁을 주는 환경에서 인터뷰를 수행하면 피험자가 반응을 잘 보이지 않을 수도 있다. 많은 게임 실험실에는 거실처럼 꾸민 방이 있다. 또한 인터뷰 대상자가 인터뷰어가 있는 현장으로 오게 하는 대신, 인터뷰 대상자가 있는 곳으로 팀이 가는 방법도 있다.

시간: 데모/인터뷰당 한 세션에 30분 이상 소요하지 않는다. 인터뷰를 연달아 잡아서 시간 제한을 둔다. 여러 사람을 인터뷰하는 것이 한 사람에게 심층적으로 물어보는 것보다 낫다. 좀 더 유용한 의견을 가진 이들이 있다면, 이들과 후속 인터뷰를 진행하면 된다.

33.3.4 질문지

질문지는 피험자가 서식이나 컴퓨터로 응답하도록 하는 서면 질문이다. 질문지는 관리하기 더 쉽고 더 사적인 응답을 제공한다. 질문지는 설문조사와 다른데, 설문조사의 목적은 전체 인구에 대한 추론을 내리는 것이며 주의 깊은 샘플링 절차가 필요하다는 데 주의하자. 설문조사는 보통 VR 애플리케이션의 평가에는 적절하지 않다.

피험자가 정의 단계에서 만들어낸 페르소나와 닮은 타깃 인구에 들어맞는지 판단하려면 배경 정보 질문이 유용할 수 있다. 역으로, 이런 정보는 피험자들이 직접 참여했을 때 페르소나를 더 잘 정의하는 데 쓰일 수도 있다. 또한 이 정보는 폭넓은 사용자가 피드백을 제공하도록 하고, 피험자 간의 수행력을 비교할 때 피험자를 매칭시키고, 수행력의 연관성을 살피도록 해준다.

16.1절에서 설명한 케네디 시뮬레이터 멀미 질문지는 VR 연구에 흔히 쓰이는 질문지의 예다.

폐쇄형 질문은 동그라미를 치거나 체크 표시를 해서 선택하는 답안이 정해져 있다.

리커트 척도 Likert scale는 특정 주제에 대한 선언이 담겨 있으며 피험자들은 '전혀 그렇지 않다.'부터 '매우 그렇다.'까지 동의 정도를 구분해서 표시한다. 옵션은 긍정 입장과 부정 입장이 동수가 되게끔 균형이 잡혀 있다.

부분 개방형 질문은 피험자들이 동그라미를 치거나 체크 표시를 할 수 있는 여러 답을 담고 있지만, 동시에 기재된 옵션이 적절하지 않다고 느낀다면 다른 응답이나 추가 정보를 기입할 수 있는 옵션을 제공한다.

개방형 질문은 경험에 대해 기대하지 못한 더 정성적인 데이터와 정보를 얻을 수 있어 대단히 유용하다. 하지만 옵션에 동그라미를 치거나 박스에 체크 표시를 하는 이상의 인지적 노력을 기울여야 하기 때문에 일부 피험자는 이런 질문에 답하려면 더 용기를 내야 한다.

식스센스 메이크VR 애플리케이션 평가에 쓰인[제럴드 등 2013] 질문지의 예를 부록 A에서 볼 수 있다. 이 질문지에는 케네디 시뮬레이터 멀미 질문지, 리커트 척도, 배경/경험 질문, 개방형 질문이 포함돼 있다.

33.3.5 포커스 그룹

포커스 그룹focus group은 인터뷰와 비슷하지만 그룹으로 진행된다. 그룹으로 구성하면 개별 인터뷰보다 효율이 높아지고, 참가자들이 서로의 아이디어를 기반으로 더 수준 높은 아이디어를 이끌어내도록 촉진하는 효과도 있다. 전통적으로 포커스 그룹은 소비자가 새로운 상품을 어떻게 인식하고 반응할지 판단하거나 선거 운동을 개선하기 위해 정보를 모으는 데 활용돼왔다. VR에서는 피험자들이 보통 프로토타입 데모를 이용해보고 피드백을 제공한다. 목표는 기존 접근법을 개선하기 위한 사고를 촉진하고 아이디어를 끌어내서 새로운 경험과 상호작용을 만들어내는 것이다. 포커스 그룹은 피드백을 활용해 새로운 콘셉트를 알아보고, 질문을 더 잘 다듬고, 더 구조화된 접근법을 통해 데이터 수집을 개선할 수 있기 때문에 VR 디자인의 초기에 대단히 유용하다.

효과적인 포커스 그룹의 훌륭한 예로는 디지털 아트폼이 미 국립 보건원National Institute of Health에서 수행한 '신경과학 교육을 위한 모션 컨트롤 게이밍'[믈리니치 2013]이 있다. 포커스 그룹은 5학년 학급 둘로 이뤄졌다. 주제 전문가인 웨이크 포레스트 의대Wake Forest School of Medicine의 앤 M. 파이퍼 박사Ann M. Peiffer, PhD가 뇌졸중과 그 원인에 대한 기본 개념을 설명한 다음, 각 어린이는 개별적으로 다양한 뇌엽으로 구성된 뇌의 가상 3D 퍼즐을 맞췄다. 아이들이 트래킹형 핸드헬드 컨트롤러로 가상 뇌엽을 잡을 때, 게임에 들어간 오디오와 비디오는 해당 뇌엽이 무엇을 컨트롤하는지 설명했다. 다음 레벨에서는 가상 캐릭터가 뇌졸중에 대해 불평하며 해당 증세를 연기했다. 그런 다음 어린이는 적절한 뇌엽에 '약'을 주사해 캐릭터를 '치료'했다. 시간 제약과 점수는 과제 완수에 대한 학생들의 동기가 됐다.

학습 효율을 판단하기 위해 테스트 전과 테스트 후에 데이터를 수집했을 뿐 아니라, 팀은 어린이들에게서 게임을 어떻게 개선할 수 있을지와 차기 게임 아이디어에 대한 질문을 받았다. 어린이들은 좀비와 뇌졸중에 의해 야기되는 증상에 대한 개념을 내놓았다. 좀비가 플레이어에게 다가올 때, 학생들은 좀비에게 부족한 것이 무엇인지 빠르게 판단한 다음 좀비에게 던질 올바른 뇌엽을 집어 들고, 좀비가 플레이어에게 닿기 전에 적절한 '약'을 먹여 치료해야 한다. 이 게임 콘셉트는 어린이들의 의견 없이는 절대 구상되지 못했을 것이다. 디지털 아트폼은 현재 이 포커스 그룹의 결과를 활용한 VR 타이틀을 개발 중이다.

33.3.6 전문가 평가

전문가 평가는 사용자 경험을 개선하기 위해 사용자의 관점에서 사용성 문제를 전문가가 식별하는 시스템적 접근법이다. 제대로 이뤄지면 전문가 평가는 시스템 사용성을 개선할 수 있는 가장 효과적인 방법론이다.

그럼 이제 VR 사용성 전문가들이 고품질의 데이터를 수집해 최초 적용을 이상적인 솔루션 쪽으로 이끌어가는 데 가장 효율적이고 효과적이라는 것을 발견한 방법론의 개요를 살펴보자. 그림 33.1처럼 다양한 종류의 평가를 연속적으로 사용할 때 가장 좋은 결과가 나온다. 각 평가 요소에서 나온 정보는 다음 평가 요소에 입력돼 VR 경험의 효율적이고 비용 효율적인 디자인, 평가, 개선을 낳는다[개버드 2014]. 이런 방법론은 보통 시스템의 여러 측면에 활용되며 프로젝트의 다양한 단계에서 수행된다.

그림 33.1   전문가 평가 방법론의 진행

전문가 지침 기반 평가

전문가 지침 기반 평가(경험적 평가라고도 한다.)는 상호작용들(기존의 것이나 진보한 것이나)을 비교해 잠재적 사용성 문제를 식별함으로써 지침을 세운다[개버드 2014]. 그런 다음 식별된 문제를 디자인 개선을 위한 권고로 활용한다. 이런 과정은 개발 사이클 초기에 이뤄져야만 문제가 디자인의 다른 측면에 영향을 미치기 전에 바로잡을 수 있다.

이상적으로는 여러 VR 사용성 전문가가 프로토타입에 대해 독립적인 평가를 수행하는 것이 좋다. 여러 평가자가 참여하면 이런 평가자에게 소요되는 비용을 넘어서는 정성적/정량적 데이터가 나온다. 일반적 VR 사용성은 전문가에 의해 가장 효율적으로 평가될 수 있으므로, 대표 사용자는 이 유형의 평가에 관여시키지 않는다. 평가에서는 각 사안의 심각성에 따라 점수를 매기고 왜 문제가 되는지 설명해야 한다. 각 전문가가 개별적으로 애플리케이션을 평가한 후, 결과를 합쳐서 중대한 사용성 문제 수정을 우선순위에 놓고 후속적인 정형 평가를 설계하기 위해 순위를 매긴다.

안타깝게도 전통적인 2D 인터페이스 지침은 VR에 적절하지 않으며, VR만을 위해 잘 정립된 지침은 존재하지 않는다. 이런 종류의 평가를 위한 것은 아니지만, 이 책의 3부와 5부에 소개된 많은 지침을 사용할 수 있다. 또한 오큘러스 모범 사례 가이드[오큘러스 모범 사례 가이드 2015], 조셉 개버드Joseph Gabbard의 사용성 특징 분류[개버드 1997], 넥스트젠 인터랙션스의 내부 문서 같은 지침도 있다.

형성적 사용성 평가

전문가 지침 기반 평가에서 가능한 한 많은 사용성 문제를 발견해 해결하고 나면, 이제는 형성적 사용성 평가formative usability evaluation를 진행할 차례다. **형성적 사용성 평가**는 디자인의 형성적이고 진화하는 단계 동안 애플리케이션과 사용자가 상호작용하는 데서 수집한 중대한 실증적 증거에 의해 문제를 진단하는 것이다. 목표는 대표 사용자 관찰을 통해 사용성, 학습, 수행력을 평가하고 정제하고 개선하고 탐구하는 것이다[개버드 2014, 하트슨(Hartson)과 파일라(Pyla) 2012]. 이 과정은 디자인/개발 과정 내내 문제를 반복해서 식별함으로써 팀이 계속 과제를 다듬고 상호작용을 미세 조정할 수 있게 함으로써 애플리케이션을 개선시킨다. 이 방법론은 맥락에 따른 VR 상호작용에 대한 탄탄한 이해에 크게 의존하기 때문에 VR 사용성 전문가가 수행해야 한다(즉, 단순히 사전 정의된 항목들을 평가하는 것으로는 부족하다). 잘 수행되면 이런 평가는 VR 상호작용의 사용성에 상당히 효율적이고 효과적일 수 있다.

그림 33.2는 형성적 사용성 평가 사이클이다. 먼저 사용자 과제 시나리오(과제 분석에서 가져올 수 있다. 32.1절 참조)를 식별된 모든 과제, 정보, 워크플로우를 활용하고 탐구하기 위해 만든다. 사용자가 시스템과 상호작용할 때, 이들은 명시적으로 행동, 생각, 목표를 말로 '소리 내어 표현한다[하트슨과 파일라 2012].' 평가자들은 문제뿐 아니라 강점을 식별하기 위해 정성적이고 정량적인 데이터를 수집한다. 그런 다음 이 데이터를 잘 작동하는 기능 유지에 중점을 두고 개선하기 위한 제안과 함께 분석하고 요약한다. 또한 이 정보는 다음 형성적 사용성 평가 적용을 위한 사용자 과제 시나리오를 개선하는 데도 사용할 수 있다.

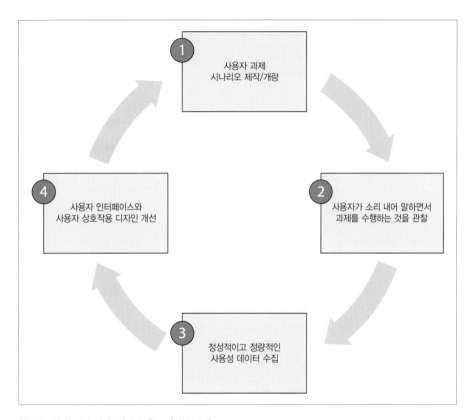

그림 33.2　형성적 사용성 평가 사이클 (개버드[2014]에서 발췌)

평가 결과에서 가장 유용한 것 중 하나가 중요 사건 목록이다[하트슨과 파일라 2012]. **중요 사건**은 긍정적이든 부정적이든 사용자의 과제 수행 능력 및 만족도에 중대한 영향을 주는 이벤트를 뜻한다. 여기에는 시스템 크래시/오류, 과제 완료 불가, 사용자의 혼동/방향 감각 상실, 트래킹 상실, 갑작스러운 불편감 발생 등이 있다. 이런 중요 사건은 사용성을 극히 훼손하고 애플리케이션 품질, 유용성, 명성에 대한 부정적 인식을 유발할 수 있다. 따라서 이런 문제를 가능한 한 빨리 식별하고 수정하는 것이 수준 높은 경험 제작에 필수적이다.

수집하는 기타 데이터로는 정확성과 정밀도, 과제 완료 소요 시간, 오류 수, 성능, 학습 목표 성취가 있다. 이런 데이터는 동기를 주고 타깃 데이터 수집을 위해 설계된, 사용자가 볼 수 있는 점수를 통해 측정할 수 있다.

형성적 평가의 최종 단계 동안 평가자는 관찰만 하면서, 시스템과 어떻게 상호작용할지 힌트를 주지 않아야 한다. 이러면 거의 언제나 상호작용 방법을 가르쳐줄 사람이 없을 때 시스템을 학습하면서 생길 수 있는 문제점들이 드러난다. 최종 경험을 할 때 대부분의 사용자는 상호작용 방법을 설명해줄 사람이 없을 것이다. 그래서 이 평가를 거치고 나서 기표, 지시, 튜토리얼이 만들어질 때가 많다.

비교 평가

비교 평가(총괄적 평가라고도 함)는 둘 이상의 잘 구성된 완료 혹은 완료 직전의 시스템, 애플리케이션, 방법론, 혹은 상호작용 기술을 비교해 어느 쪽이 더 유용하거나 비용 효율적인지 판단한다. 비교 평가에는 여러 조건을 비교할 수 있는 정량적 데이터 수집에 사용할 수 있는 일관된 사용자 과제들(형성적 사용성 평가에서 빌려오거나 개선한 것)이 필요하다.

여러 독립적 변수를 평가하면 다양한 기술의 장단점을 판단하는 데 도움이 된다. 평가자는 대표 사용자가 과제를 수행하도록 함으로써 몇 개의 정제된 최고의 디자인을 비교해 그중 어느 것이 더 큰 프로젝트에 적용하거나 고객에게 출시하기에 최적인지 판단한다. 비교 평가는 새로운 시스템이 이전에 사용하던 시스템과 비교해 어떤지 요약하는 데도 쓰인다(예: VR 훈련 시스템이 전통적인 훈련 시스템보다 더 높은 생산성을 낳는가?). 하지만 잘못된 결론을 도출할 수 있는 타당성 위협 요소(33.2.3절 참조)에 유의해야 한다.

33.3.7 사후 검토

사후 검토는 사용자의 구체적 행동에 중점을 둔 사용자 디브리핑debriefing(보고)이다. 팀원이 사용자의 행동에 대해 무슨 일이 일어났는지, 어째서 발생했는지, 어떻게 개선할 수 있을지 등의 이야기를 나누는 것이다. VR 경험 동안 실제로 화면/비디오 캡처 기술로 손쉽게 녹화한 사용자의 과제 수행 동영상을 보면서 의논하는 방식이 유용하다. 소프트웨어에서 지원한다면 쌍방향에서 컨트롤할 수 있는 삼인칭 시점으로 액션을 관찰하는 것도 다른 관점에서 행동을 볼 수 있게 해준다.

33.4 과학적 방법론

과학적 방법론은 관찰과 실험에 기반해 계속되는 반복 적용 프로세스다. 일반적으로 관찰로 시작돼 질문으로 이어진다. 이런 질문은 이어서 테스트 가능한 예측, 즉 가설로 바뀐다. 이런 가설은 추가적인 관찰을 포함한 다양한 방식으로 테스트될 수 있다. 가장 강력한 테스트는 실증적 데이터를 수집하도록 주의 깊게 컨트롤하고 재현한 실험에서 온다. 테스트 결과에 신뢰를 더하려면 결과가 여러 번 재현돼야 한다. 경험의 결과는 해답보다는 질문으로 이어질 때가 더 많다. 테스트 결과에 따라 가설을 정제, 변경, 확장, 기각해야 할 수도 있다. 이런 예측, 테스트, 개선은 여러 번 반복할 수 있다.

실험은 질문에 대답하고 새로운 해석을 내리기 위한 체계적 조사다. 대부분 VR 애플리케이션 제작을 위한 실험은 연구원들이 경험 제작보다 과학적 연구에 더 관심을 가지고 수행하는 대규모의 연구 방법론보다 덜 형식적이다. 엄격한 과학적/학술적 실험은 종종 VR 애플리케이션 제작에서 수행하는 실험보다 과도하며, 이런 공식적 실험은 이 책에서 집중하는 부분이 아니다. 하지만 공식적 실험의 기본 개념을 이해하는 것은 더 기본적이고 비공식적인 실험을 설계하는 데 도움이 되므로 VR에 유용하게 적용할 수 있다. 완벽한 실험을 수행할 수 없다 해도(그리고 수개월간 계획한다 해도 완벽해지기는 어렵다.), 최소한 생길 수 있는 함정을 팀이 인지하게는 된다. 또한 공식적인 실험 접근법을 이해하면 연구 논문을 이해하고 그 결과를 해석/설명하는 데도 도움이 된다.

33.4.1 실험적 디자인 개요

그럼 이제 과학적 방법론 단일 적용의 기본을 알아보자.

문제 탐구

문제 탐구의 첫걸음은 무엇을 연구하는지를 이해하는 것이다. 다른 이로부터 배우고(애플리케이션을 이용해보거나, 연구 보고서/논문을 읽거나, 이야기를 나눔으로써), 직접 시도해보고, 다른 이들이 기존 VR 애플리케이션과 상호작용하는 것을 관찰하고, 이전에 논의된 건설적 접근법과 정의 및 구현 단계에서 논의된 다양한 콘셉트를 통해 이해할 수 있다.

질문 구성

일단 전반적인 문제를 파악한 후에는 다음 질문을 하고 대답하는 것으로 시작해보자.

- 팀이 배우고자 하는 것이 구체적으로 무엇인가?
- 무엇이 잘 작동하거나 그렇지 않은지에 대해 피드백을 제공하는 신호는 무

엇인가?

- 이런 질문에 응답할 수 있는 가장 빠르고 효율적인 방법은 무엇인가?

가설 진술

위의 질문에 대한 답을 찾는 동시에 목록화한 가정과 요건 같은 이전 과정의 문서화는 가설화할 수 있는 더 구체적인 질문으로 이어진다. **가설**은 테스트하고 위조할 수 있는 두 가지 변수 간의 관계에 대한 예측성 선언이다. 예를 들어 "상호작용 기술 X는 상호작용 기술 Y보다 과제 Z를 완료하는 데 시간이 덜 걸린다."라는 선언이 가설이다.

팀이 기본 실험적 디자인으로 광범위한 경험을 쌓을 때까지(혹은 팀에 이미 여러 실험을 수행한 경험을 쌓은 선임 연구원이 있을 때) 실험은 한 번에 하나의 가설만 테스트해야 한다. 복잡성이 더해지면 잘못된 가정을 세우고, 잘못된 통계적 테스트를 선택하고, 훨씬 많은 피험자/세션을 넣고, 결과를 잘못 해석하는 등 심각한 리스크를 떠안을 수 있다.

변수 판단

실험을 수행하려면 다양한 변수를 먼저 정확하게 정의해야 한다.

독립 변수는 실험자가 바꾸거나 조작할 수 있는 입력이다. 독립 변수의 예로는 사용하는 입력 기술 선택이 있다(예: 28.1.2절에서 설명한 오브젝트 스내핑 대 정밀 모드 가리키기).

종속 변수는 측정되는 출력이나 응답이다. 독립 변수 조작의 결과인 종속 변수 값은 통계적으로 비교해 차이가 있는지 판단한다. 종속 변수의 예로는 과제 완료에 걸리는 시간, 반응 시간, 내비게이션 수행 능력이 있다.

교란 요인confounding factor은 종속 변수에 영향을 미칠 수 있으며 독립 변수와 종속 변수 간의 관계 왜곡으로 이어질 수 있는 독립 변수 이외의 변수들이다. 예를 들어 한 피험자 그룹을 오전에 연구하고 다른 그룹을 저녁에 연구한다면, 꼭 연구하는 요소 때문이 아니라 피로도 때문에 한 그룹이 다른 그룹보다 수행 능력에 차이를 보일 수 있다.

내적 타당성에 대한 위협을 인지하고 이를 고려하면(33.2.3절 참조) 잠재적인 교란 요인을 찾는 데 도움이 된다. 이런 교란 요인이 문제로 판단되고 나면, 이런 요인을 상수로 설정해 제거할 때가 많다. 통제 변수(상수 변수라고도 함)는 해당 변수가 종속 변수에 영향을 주지 않도록 실험에서 상수로 유지한다.

피험자 내 혹은 피험자 간 설계 결정

모든 실험에서 반드시 내려야 하는 결정은 피험자 내로 설계할 것인지, 아니면 피험자 간으로 설계할 것인지를 선택하는 것이다. 둘 다 장단점이 있다.

피험자 내 설계within-subjects design(반복 측정이라고도 함)는 모든 피험자가 각 조건을 다 경험하는 것이다. 피험자 내 설계는 각 피험자가 모든 조건을 경험하고 개인 내의 변동이 적기 때문에 피험자 수가 적어도 된다는 장점이 있다. 인원 모집, 스케줄 작성, 훈련 등에 시간이 덜 들기 때문에 더 효율적인 데이터 수집이 이뤄진다. 피험자 내 설계의 단점은 조건의 차이가 무엇을 측정할지 의도한 것 때문이라기보다 잔류 효과carryover effect 때문일 수도 있다는 것이다. **잔류 효과**는 한 가지 조건을 경험한 효과가 이후 조건을 다시 테스트할 때 편향으로 작용하는 것이다. 학습/훈련, 피로, 멀미 등이 그 예다. 잔류 효과에서 오는 편향을 줄이는 한 가지 방법은 피험자들이 서로 다른 조건을 경험하는 순서를 바꿔 균형을 잡는 것이다(예: 절반의 피험자는 먼저 조건 A를 경험한 후 B를 경험하고, 나머지 절반은 조건 B 다음에 A를 경험한다).

피험자 간 설계between-subjects design(두 개의 변수만 비교할 때는 A/B 테스트라고도 함)에서는 각 피험자가 한 가지 조건만 경험한다. 장점은 피험자의 시간이 덜 들고 탈퇴율이 낮으며 잔류 효과가 없다는 것이다. 그리고 주된 단점은 다양한 조건에 맞춰 다른 피험자가 필요해서 피험자 수가 많아지며 개인 간 변동이 크다는 것이다.

준비 조사 시행

실험 전체를 완전히 시행하는 데는 상당한 비용이 든다. 실험에 결함과 잘못된 가정이 들어있다면 연구 전체가 무효화될 수 있다. **준비 조사**pilot study란 더 완전한 규모의 실험을 위해 시험 삼아 소규모로 시행되는 예비 실험을 말한다. 이런 예비 조사는 타당성 여부를 판단하고, 예기치 못한 난관을 발견하고, 실험 설계를 개선하고, 시간과 비용을 절감하고, 통계적 검증력, 영향의 규모, 샘플 사이즈를 추정할 수 있도록 도와준다.

실험 수행

연구원들이 실험 설계가 탄탄하다는 확신을 갖게 되면 이제 모든 피험자로부터 완전한 데이터 수집을 진행할 때다. 일단 데이터 수집이 시작되고 나면, 교란 요인이 될 수 있고 실험 결과를 무효화할 수 있기 때문에 실험자는 조건을 바꿔서는 안 된다.

데이터 분석, 결론 도출, 반복 적용

모든 데이터를 수집하고 나면 다음은 실험 디자인에서 정의한 통계 분석(33.5.2절 참조)을 수행한다. 설계에서 정확하게 정의돼 있다면 결과가 발견되든 아니든 모호성은 없게 된다. 하지만 실험자는 실험을 개선할 방법을 찾고 더 탐구하고 실험할 새로운 질문을 위한 통찰을 얻을 수 있다. 이 과정은 반복 적용 방식으로 계속된다.

33.4.2 진짜 실험 vs. 유사 실험

진짜 실험은 내적 타당성에 대한 주요 위험을 제거하기 위해 피험자를 무작위 그룹으로 배정해야 한다. 무작위 배정 때문에 두 피험자 그룹의 차이는 운에 따르게 된다. 진짜 실험은 원인과 결과의 관계를 판단하기에 적합하다.

피험자의 조건별 무작위 배정이 되지 않으면 **유사 실험**이 된다. 피험자를 무작위적으로 그룹 배정하지 않는 예로는 피험자가 어떤 그룹에 들어갈지 스스로 선택하는 것이 있다(피험자들이 두 그룹의 조건 차를 알지 못하더라도 그렇다). 무작위 배정이 아니기 때문에 유사 실험에는 교란 요인이 포함될 가능성이 더 높다. 그 결과, 원인과 결과의 관계를 다투기가 더 어려워진다. 유사 실험에는 무작위적 피험자 배정이 어려울 때 진짜 실험보다 설정하기가 더 쉽다는 장점이 있기는 하다.

33.5 데이터 분석

33.5.1 데이터 이해

데이터를 늘 분명히 해석할 수 있는 것은 아니다. 데이터 수집은 거의 항상 더 나아간 질문으로 이어진다. 어떤 경우에는 조건, 사용자, 데이터가 수집된 방식의 차이 때문에 데이터가 서로 모순되기도 한다.

패턴 탐색

하나의 측정치가 전체 그림을 보여주는 일은 거의 없다. 마찬가지로 한 명의 사용자로부터 얻은 데이터만 해석해서는 사용자 간의 변이가 클 수 있기 때문에 위험하다. 대신 여러 사용자들에 존재하는 패턴을 찾자. 또한 패턴 찾기가 잘못된 결론으로 이어지는 경우도 있으므로 이렇게 발견된 패턴이 진리라고 간주하지 않도록 주의하자(33.2.3절 참조).

이상치 주목

이상치outlier는 다른 관찰과 비교해 이례적인 관찰 내용이다. 이상치를 발견했을 때는 먼저 이런 이상치가 왜 발생했는지 알아보지 않고 자동으로 기각하지 말자. 이런 이상치가 시스템 오류 때문에 발생했는가? 그렇다면 오류를 수정해야 한다는 것을 알려주는 가장 중요한 표시일 수 있다! 때로 이런 이상치가 더 전형적인 데이터보다 더 많은 통찰을 제공할 수도 있다.

다양한 조건과 신호를 통한 검증

개별 실험의 결과가 일반적인 진리일 경우는 드물다는 점을 알아야 한다(33.2.3절 참조). 디자인, 적용, 하드웨어가 변함에 따라 이런 변화가 실험 결과에 어떻게 영향을 줄 수 있는지 고려해야 한다. 실험이 아주 구체적인 상황을 위한 것이었다면 조건을 다양화해 실험을 다시 시행한다.

33.5.2 통계적 개념

이 책은 통계 분석의 세부적인 내용을 다루지 않지만, 이 절에서는 모든 팀원이 통계의 기본을 이해하고, 서로 소통할 수 있고, 잘못된 가정을 찾아내고, 데이터를 잘못 요약하거나 해석할 공산을 줄이고, 다른 이들의 VR 연구와 기술 논문을 더 잘 이해할 수 있게끔 기본적 내용을 설명하겠다. 팀에서 최소한 한 명은 통계 분석을 잘해야 한다. 통계 전문가일 때도 있지만, 일반적으로는 수학을 잘하고 통계 소프트웨어 툴을 사용한 경험이 있는 프로그래머나 심리학자일 때가 많다.

측정 유형

변수에는 다양한 측정 단위의 유형이 있고, 데이터 해석은 이런 유형의 속성에 따라 달라질 수 있다. 변수 단위의 종류는 범주형, 순서형, 간격, 비율 변동이 있다.

범주형 변수(명목 변수라고도 한다.)는 가능한 각 값이 상호 배제적 라벨이나 이름을 갖는 가장 기본적인 측정 형태다. 명목 변수에는 함축된 순서나 값이 없다. 성별(남성인가, 여성인가?)은 명목 변수의 예다.

순서형 변수는 상호 배제적이고 순위가 있지만, 계급 사이의 간격이 다 똑같지는 않다. 순서형 변수의 예로는 "얼마나 많이 VR을 사용해봤습니까? A) 전혀 없음 B) 1~10번 C) 11~100번 D) 100번 이상"이라는 설문의 대답이 있다.

간격 변수는 순서가 있고 간격이 일정한 것으로, 값 간의 차이에 의미가 있는 것이다. 간격 변수에는 원래 절대 영점이 없다. 화씨나 섭씨 온도 혹은 하루의 시간이 간격 변수의 예다.

비율 변수는 간격 변수와 마찬가지지만 절대 영점이 포함돼 있는 것이다. 그래서 부분이나 비율이 의미를 갖게 된다. 비율 변수의 예로는 사용자 수, 존재감 이탈 수, 완료 횟수가 있다.

표 33.1 적합한 통계적 계산은 측정하는 변수의 유형에 따라 달라진다. 체크 표시는 해당 측정치 유형에 수학적 계산 사용이 적합하다는 것을 뜻한다.

	범주	순서	간격	비율
횟수와 퍼센티지	✓	✓	✓	✓
중간값, 모드, 사분위			✓	✓
더하기와 빼기		✓	✓	✓
평균 편차와 표준 편차			✓	✓
곱하기와 나누기				✓

표 33.1은 어떤 측정 유형을 사용했는지에 따라 값을 수학적으로 조작하고 통계적으로 요약하는 방법을 보여준다. 비율 변수가 아닌 데이터에 부적절한 계산을 적용하지 않도록 주의하자. 예를 들어 간격 데이터를 곱하거나 나누는 것, 혹은 순서형 데이터에 더하기/빼기를 적용하는 것이 흔히 저지르는 실수다.

기술 통계

기술 통계descriptive statistics는 데이터셋의 주된 특징을 요약한 것이다. 기술 통계에서 가장 흔하고 유용한 몇 가지 개념을 소개하면 다음과 같다.

평균: 평균은 데이터의 경향성을 담은 데이터셋의 가운데를 나타낸다. 평균은 어떻게 계산하느냐에 따라 다른 값이 나올 수 있다. 평균에는 산술 평균, 중간값, 최빈값이라는 세 가지 유형이 있다.

산술 평균mean은 데이터셋의 모든 값을 고려하고 똑같은 가중치를 준다. 산술 평균은 평균의 가장 흔한 형태다. 산술 평균은 드물게 나타나는 극솟값이나 극댓값(즉, 이상치)에 과도한 영향을 받을 수 있으며, 데이터가 범주형이거나 순서형일 때는 적절하지 않다.

중간값median은 순서가 있는 데이터셋의 가운데 있는 값이다. 중간값은 데이터가 높거나 낮은 값으로 치중돼 있거나 하나 이상의 이상치가 있을 때 산술 평균보다 적절하다. 예를 들어 값 1, 1, 2, 3, 100의 산술 평균은 21.4이지만 중간값은 2다. 이 경우 중간값 2가 데이터의 중앙 쏠림 경향을 더 잘 대표하는 평균값으로 고려될 수 있다. 또한 중간값은 데이터가 순서대로 나열돼 있을 때 가장 적당하다.

최빈값mode은 데이터셋의 값에서 가장 자주 나타나는 것이다. 최빈값은 데이터가 범주형일 때 가장 적당하다.

데이터 분산: 히스토그램histogram은 데이터의 분산을 그래픽으로 나타낸 것이다. 그림 33.3은 피험자들이 일곱 개의 순차적 응답 중 하나를 선택해 응답한 결과의 히스토그램이다. 측정치가 순차적이지 않을 때, 값을 먼저 빈bin(일련의 간격)에 배치한 다음 각 빈 안의 개수가 디스플레이되도록 한다.

일부 데이터는 샘플 수가 늘어날수록 **정규 분포**normal distribution라는 히스토그램에 가까워진다(그림 33.4). 정규 분포(종형 곡선 혹은 가우스 함수라고도 함)는 폭과 높이에는 차이가 있지만 수학적으로 잘 정의되고 데이터 분석에 유용한 속성을 띤다. 많은 통계 실험에서는 데이터가 정규 분포라고 가정한다.

어떤 실험에서든 수집된 데이터에는 항상 변동이 있기 마련이다. 데이터셋의 **분산**(변동성이라고도 함)은 데이터가 얼마나 넓게 흩어져 있는지를 나타낸다. 분산 측정 통계로는 범위, 사분위수 범위, 평균 편차, 변동량, 표준 편차가 있다. 이 모든 측정치는 언제나 0이거나 그보다 크고, 0 값은 데이터셋 안의 모든 값이 똑같다는 것을 뜻한다. 분산이 더 클수록 데이터가 더 넓게 분포한다는 의미다.

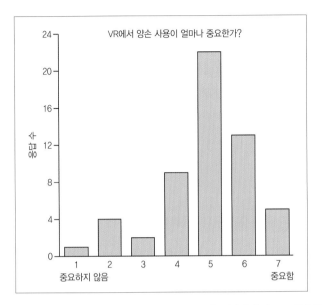

그림 33.3   VR에서 양손 사용의 중요성을 VR 전문가에게 묻는 질문지의 응답 히스토그램 (넥스트젠 인터랙션스 제공)

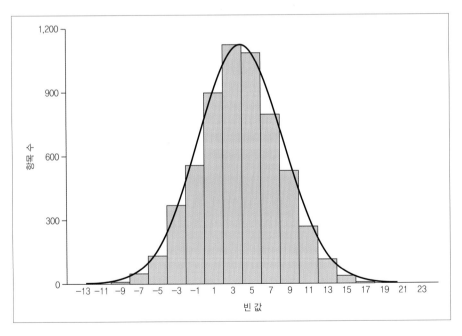

그림 33.4   대략 정규 분포를 보이는 데이터의 데이터셋

범위는 단순히 데이터셋의 최솟값과 최댓값이다. **사분위수 범위**는 데이터의 중간 50% 범위를 뜻한다. 사분위수 범위는 자동으로 이상치를 제거하고 대부분의 데이터가 어디에 위치하는지 더 잘 알게 해주므로 총범위보다 선호될 때가 많다.

평균 편차(절대 편차라고도 함)는 값이 평균적으로 전체 데이터셋의 산술 평균과 얼마나 차이가 나는지를 뜻한다. **변동량**variance 역시 비슷하지만 산술 평균에서 산술적인 이차 거리를 뜻한다. **표준 편차**는 변동량의 제곱근으로, 분산에서 가장 흔히 쓰는 값이다. 표준 편차는 여러 가지 이유로 유용한데, 그중 하나는 원본 데이터의 유닛이라는 점이다(평균 편차와 마찬가지다). 또 다른 장점은 데이터가 정규 분포라는 가정 하에서 산술 평균으로부터의 ±1 표준 편차는 데이터의 68%를 담게 되며 ±2의 표준 편차에는 데이터의 95%가 포함된다는 점이다. 예를 들어 VR 훈련 과제를 완료하는 데 평균 47초가 걸리고 표준 편차는 ±8초라면, 이는 68%의 사용자가 39~55초 사이에 과제를 완료하고 95%의 사용자는 31~63초 사이에 완료한다는 뜻이다.

연관

연관은 둘 이상의 속성이나 측정치가 서로 다른 경향의 정도를 뜻한다. 연관성 값은 -1~1 사이에 분포한다. 연관성이 0이라면 어떤 연관도 없다는 의미다. 연관성이 1이라면 완벽한 양의 연관이 있어, 한 값이 올라가면 다른 값도 항상 올라간다. 마찬가지로 한 값이 올라갈 때 다른 값이 늘 내려간다면 음의 연관이 있는 것이다. -1~1 사이의 값은 한 값이 변화할 때 다른 값이 변화하는 경향이 있지만 항상 그렇게 되지는 않는다는 뜻이다. 이때 연관성이 인과 관계를 증명하는 데 충분한 것은 아니라는 점에 유의해야 한다. 데이터의 연관성에는 다른 이유도 있을 수 있다.

통계적 유의성과 실질적 유의성

통계적 유의성이란 실험의 통계적 결과가 우연이 아니며 이에 따라 결과에는 근원적인 원인이 있다는 신뢰(보통 95%의 신뢰도가 사용된다.)를 말한다. 동전을 열 번 던져서 매번 앞면이 나온다면 동전의 앞면이 나오게 만든 어떤 사건이나 속성이 있으리라는 상당한 확신을 가질 수 있다. 하지만 동전을 몇 번 던지고 몇 번 앞면이 나오든 운에 의해 일어났을 가능성이 있다. 실험의 p 값p-value은 결과에 내재적으로 참인 것 때문이 아니라 운에 의해 일어난 결과일 개연성을 표시한다. 0.05보다 낮은 p 값(95% 신뢰도에 해당함)은 보통 통계적으로 의미 있다고 간주된다.

통계적 유의성이 있다고 해서 반드시 프로젝트의 다음 반복 적용에 영향을 줄 정도로 중요하다는 뜻은 아니다. **실질적 유의성**('임상적 의의'라고도 함)은 결과가 실제에서 관건이 될 정도로 중요한 결과를 의미한다. 예를 들어 VR 과제를 완료하기까지의 시간은 어떤 조건에서 통계적으로 0.1초 더 짧을 수도 있다. 하지만 평균 완료 시간이 10분이라면 −0.1의 시간 개선은 실질적 유의성을 띠지 않아서 아마도 신경 쓸 가치가 없을 것이다. 0.1초의 개선이 0.15초의 시스템 지연 시간 단축에서 온다면 이는 실질적 유의성이 있다고 하겠다.

반복 적용 디자인: 디자인 지침

VR에 대해 잘 모르는 점이 너무 많기 때문에 다른 어떤 매체보다 반복 적용 디자인이 더욱 중요하다. 모든 유형의 VR 프로젝트에 범용되는 상세하고 전체적인 단 하나의 VR 디자인 프로세스를 찾아내거나 만들어낼 수 있다고 기대하지는 말자. 대신, 다양한 프로세스에서 가장 적절하게 사용할 수 있는 것을 배우자. 프로젝트 정의, 애플리케이션 개발, 사용자로부터의 배움에 있어 지속적인 반복 적용에 집중하자.

34.1 반복 적용 디자인 철학(30장)

사람 중심의 디자인(30.2절)
- 사용자 경험에 집중한다.
- 코드 작성 같은 전통적 소프트웨어 개발법을 포기한다.

반복 적용을 통한 지속적 발견(30.3절)
- 이미 알고 있는 것은 버리고 모든 것을 처음부터 합리적으로 개선한다.
- 전문가와 대표 사용자로부터 가능한 한 빠르게 자주 피드백을 받는다.
- 일찍, 그리고 자주 실패해 가능한 한 빠르게 많은 것을 배운다.

- 반복 적용 초기에 실패가 일어나지 않는다면 혁신을 더욱 추구한다.

- 항상 추정, 기술, 사업상의 변화를 모색한다. 그리고 나서 필요할 때 변화를 넣는다.

- 사용자의 입장이 돼서 폭넓은 VR 경험을 해본다.

- 며칠 동안 생각하고 고민하고 논쟁하는 것보다 형편없더라도 작동하는 프로토타입을 만드는 편이 훨씬 가치 있다.

- 특히 VR 프로젝트 초기에는 마음 놓고 실험해보게끔 실패를 받아들이는 문화를 만든다.

- 실제 애플리케이션으로부터의 피드백과 측정치를 이론에 기반한 의견보다 우선시한다.

한 가지 길만 고집하지 않는다 – 프로세스는 프로젝트에 의존한다(30.4절)

- 팀원과 팀원 간의 커뮤니케이션이 공식 프로세스를 지키는 것보다 우선이다.

- 변화에 대한 반응을 계획을 따르는 것보다 우위에 둔다.

- 어떤 프로세스를 사용해야 할지 분명치 않다면 무엇이든 고른 후에 진행해본다. 그런 다음 이를 개선하거나 프로세스를 변경한다.

- 프로세스에 집착하지 않는다. 잘 맞지 않을 때는 기꺼이 폐기한다.

팀(30.5절)

- 커뮤니케이션을 극대화하기 위해 팀 규모를 작게 유지한다.

- 팀 규모가 커지기 시작하면 더 작은 팀들로 나눈다.

- 모두가 팀 철학에 반드시 동참하도록 한다.

- 모든 팀원은 비평가가 아니라 적극적인 공동 제작자가 돼야 한다.

- 다른 팀원으로부터 배우고 VR 경험이 있는 외부인이나 타 분야 종사자, 사용자의 피드백 같은 제안에 열린 자세를 갖는 문화를 만든다.

- 어떤 팀원이 자기 아이디어 외에는 완고한 태도를 보인다면 그런 태도에 대해 경고하고, 변화가 보이지 않으면 가능한 한 일찍 프로젝트에서 제외시킨다.

- 폭넓은 의견과 관점을 수집하되 위원회에서 의사 결정을 하지는 않는다.
- 의견을 잘 듣되 고차원적인 결정에 대해서는 최종 의사 결정권자로서 권한 있는 감독을 배정한다.
- 한 사람만으로(감독이) 모든 것이 어떻게 연결되는지 이해하기가 너무 어렵다면 디자인이 지나치게 복잡한 것이다. 디자인을 단순화하자.

34.2 정의 단계(31장)

- 첫 번째 적용에서는 정의 단계에 너무 많은 시간을 쓰지 않는다.
- 모든 세부 사항을 하나하나 생각한 다음에야 착수하는 정보 과다로 인한 분석 불능에 주의한다.
- 구현 단계로 이행해야 할지 확실치 않다면 구현 단계로 옮겨간다. 나중에 정의 단계로 돌아오면 된다.
- '어떤' 결정을 내리는지 문서화하는 동시에 해당 결정을 내린 '이유'도 문서화한다.

비전(31.1절)

- 프로젝트의 어떤 측면을 알 수 없다면 추측한다. 논리정연한 추측이 무언의, 혹은 모호한 모델보다 낫다.

질문(31.2절)

- 모든 팀원, 이해 당사자, 대표 사용자, 다른 팀, 사업 개발자, 마케터, 전문 컨설턴트를 포함한 여러 사람에게서 의견을 받는다.
- 다른 이들이 자신이 무엇을 원하는지 여러분에게 솔직히 말하리라 기대하지 말자. 질문을 던짐으로써 이들이 무엇을 원하는지 깨닫도록 돕는다.
- '왜'라고 질문한다.
- 고객이 원하는 것은 HMD가 아니라 경험 및 그 결과임을 기억한다.
- 프로젝트의 VR적 측면 이상을 이해한다. 즉, 프로젝트의 배경과 맥락을 이해한다.

평가와 타당성(31.3절)

- VR이 모든 문제에 맞는 해결책이라고 가정하지 않는다.
- VR과 현실 세계 둘이 합쳐져서 구성된 프로젝트를 고려한다.

개략적 디자인 고려 사항(31.4절)

- 디자인 시 가상 환경을 '이용'할지, 가상 환경만을 '위한' 것인지, 아니면 가상 환경과 '연관된' 것을 제작할지 결정한다.

목적(31.5절)

- 기능이 아니라 혜택과 결과에 집중한다.
- 목적을 정할 때는 구체적이고, 측정 가능하고, 달성 가능하고, 관련 있고, 시간 제한적인 속성을 의미하는 SMART 기준을 활용한다.

핵심 인력(31.6절)

- 모든 핵심 인력은 비전에 동의하고 프로젝트를 진심으로 아끼며 성공에 전력해야 한다.
- 여러분이 아무리 잘 맞는 인재라고 생각하더라도, 그와 상관없이 사람들이 관심을 갖지 않을 수 있다는 사실을 이해한다. 이들이 하는 말에 귀 기울인 후 다른 사람을 물색하자. 이런 사람을 쫓아다니느라 시간을 낭비하지 않는다.

시간과 비용(31.7절)

- 계약을 협상할 때는 최초 평가와 적용 타당성을 분리한다.
- 서로 동의한 마일스톤에 도달해야만 추가 지급이 이뤄지는 마일스톤 활용을 고려한다.
- 브룩스의 법칙 '지연된 소프트웨어 프로젝트에 인력을 추가하면 지연이 악화된다.'를 기억한다.
- 개발 노력을 추정할 때는 플래닝 포커 게임을 한다.
- 개발자가 자기 능력을 과신하는 경향이 있다는 점을 알고 있다고 하더라도,

능력 이상을 예상한다는 점을 이해한다.

리스크(31.8절)

- 명확한 리스크 식별이란 프로젝트에 영향을 줄 수 있어 해당 위험을 완화할 수 있는 적절한 행동을 취해야 하는 위험을 인식하는 것을 말한다.
- 통제할 수 있는 리스크 최소화에 집중한다.
- 리스크를 줄이기 위해 프로젝트를 가능한 한 짧게 구성한다. 프로젝트가 대규모라면 작은 하위 프로젝트들로 나눈다.

가정(31.9절)

- 모든 팀원이 공통된 출발점에서 시작할 수 있게끔 명시적으로 가정을 찾고 선언한다.
- 추정은 확신이 들지 않더라도 과감하고 정확하게 목록화한다. 잘못된 추정은 테스트할 수 있지만, 모호한 추정은 테스트할 수 없다.
- 가장 리스크가 큰 가정을 먼저 테스트할 수 있게끔 가정들에 우선순위를 매긴다.

프로젝트의 제약(31.10절)

- 제약의 관리/조절은 한 사람이 책임지고, 팀 전체에게 투명하게 공개되도록 한다.
- 디자인 복잡계^{design space}를 좁힐 수 있게끔 제약을 명시적으로 목록화한다.
- 제약을 실제 제약, 리소스 제약, 폐기된 제약, 잘못 인지된 제약, 간접 제약, 의도적인 인위적 제약으로 나눈다.
- 잘못 인지된 제약을 모두 나열함으로써 틀을 벗어나서 사고한다. 그림 34.1은 그림 31.8의 답이다.

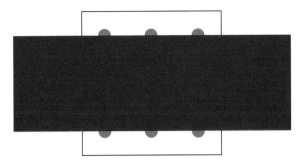

그림 34.1 그림 31.8에서 제시된 하나의 직선만 사용해 아홉 개의 점을 모두 연결하는 문제의 해답. 이 문제에서는 직선의 두께에 제약을 둔 적이 없다.

페르소나(31.11절)

- 모든 사람을 일반화하면 VR 경험 구축이 어려워진다. 디자인이 용이하도록 대상의 페르소나를 정한다.

- 실제로 시스템을 사용하는 이로부터 더 많은 것을 배우면서 후반 반복 적용 단계에서 페르소나를 검증하고 수정한다.

- 페르소나가 특히 중요한 애플리케이션(예: 치료용 애플리케이션)에서는 인터뷰와 질문지를 이용해 데이터를 수집한다.

사용자 시나리오(31.12절)

- "〈사용자 유형〉으로서 나는 〈어떤 이유〉로 〈어떤 목표〉를 원한다."라는 양식으로 사용자 시나리오를 적는다.

- INVEST 방식으로 독립적이고, 협상 가능하고, 가치 있고, 추정 가능하고, 소규모이고, 테스트 가능한 사용자 시나리오를 만든다.

스토리보드(31.13절)

- 완전 몰입형 VR 화면이 인지적으로 멀어질 때 화면 레이아웃 세부 사항에 대한 걱정 없이 사용자에게 스토리보드 직접 상호작용을 보여준다.

- 스토리보드를 선형적 구성으로 제한하지 않는다. 스토리보드의 프레임들은 다양한 방식으로 연결될 수 있다.

범위(31.14절)

- 어떤 것을 한다는 선언에 더해, 팀이 중요한 것에 집중할 수 있게끔 무엇을 하지 않을지도 명시적으로 선언한다.

요건(31.15절)

- 요건은 고객의 기대를 전달하므로, 요건 정의에도 고객과 그 외 핵심 인력이 적극적으로 관여하도록 한다.
- 요건은 프로젝트 관련자 모두가 쉽게 이해할 수 있는 언어로 작성해야 한다.
- 각 요건은 애플리케이션에서 처리해야 하는 단일 요소여야 한다.
- 요건 각각은 완전하고 검증 가능하며 간략하되, 혁신과 변화의 여지가 있어야 한다.
- 프로젝트가 시작될 때 가능한 모든 요건을 진술하려는 시도는 성공할 수도 없고, 상당한 지연을 야기한다.
- 변경이 필요할 때는 고객 및 파트너들과 협력한다.
- 지연 시간이 한계치를 넘어서거나 트래킹이 끊어질 때 스크린이 페이드아웃하는 등의 공통 요건을 포함한다.

34.3 구현 단계(32장)

- VR 하드웨어에 완전한 접근이 안되는 제작자는 VR 애플리케이션을 개발하지 않도록 한다.
- 그러지 않을 이유가 없을 때는 기본적으로 기존 프레임워크와 도구를 사용한다.

과제 분석(32.1절)

- 과제 분석은 사용자의 행동 설명에 체계와 구조를 부여하며, 이로써 행동이 서로 어떻게 들어맞는지 더 쉽게 설명할 수 있다.
- 어떤 과제를 수행해야 할지 이해하고, 활동의 적절한 설명을 문서화하고, 프로세스를 개선할 방법을 찾기 위해 과제 분석을 활용한다.

- 목표가 현실 세계의 행동을 재현하는 것이라면(예: 훈련용 애플리케이션) 아직 만들어지지 않은 VR 과제가 아니라 현실 세계의 과제부터 시작한다.
- 이전에 만들어둔 페르소나에 들어맞는 사용자를 물색해서 대표 사용자를 찾는다.
- 사용자, 분야 전문가, 대표 선도자들과의 인터뷰를 통해 사용자의 니즈와 기대에 대한 통찰을 얻는다.
- 질문지를 관리하고, 전문가의 행동을 관찰하고, 기존 문서를 검토하고, VR 사용자들이 프로토타입을 써보는 것을 관찰한다.
- 상호작용 사이클의 각 단계를 주의 깊게 생각한다.
- 과제를 하위 과제들로 나누기 위해 '어떻게'라는 질문을 한다.
- '왜'라는 질문으로 더 고차원적인 과제 설명과 맥락을 얻는다.
- 전에 무슨 일이 일어났는지, 이후에는 무슨 일이 일어나는지 물어서 순차적 정보를 얻는다.
- 정보를 제공하는 이들과 대화를 나눌 때는 생생한 묘사를 통해 수준 높은 정보를 수집한다.
- 과제 분석을 위한 완벽한 방법이 있다는 생각은 하지 말자.
- 과제를 정리해 구조화한 다음에는 정보를 얻어낸 사용자와 이해한 바를 검증하는 리뷰를 진행한다.

디자인 명세(32.2절)

- 디자인 명세의 초기 단계에서는 최종 해법에 집중해서 전력을 다하기 전에 여러 디자인을 탐구해본다.

스케치(32.2.1절)

- 좋은 스케치란 것은 시기 적절하게, 큰 비용을 들이지 않고 일회성으로, 많이, 제안적이고 탐색적으로, 어느 정도 모호하게 그려야 한다. 또한 스케치는 제스처가 뚜렷한 스타일로, 적절한 정도로 세련되게, 세부 사항은 최소한으로 만든다.

블록 다이어그램(32.2.2절)

- 세부 사항을 결정하지 않고 컴포넌트 간의 전체적인 관계를 보여주기 위해 블록 다이어그램을 사용한다.

사용례(32.2.3절)

- 사용례^{use case}를 정의해 구현하기 쉬운 방식으로 상호작용을 식별하고 명확히 하며 정의하는 데 도움을 준다.

- 사용례를 계층적으로 보여줘서 개략적인 동시에 더 상세하게도 볼 수 있도록 한다. 필요하면 상세 사항을 채워 넣는다.

- 여러 색깔이나 폰트로 구분해서 이미 구현/테스트된 것, 주된 경로와 그 대안, 단계별로 배정된 담당자를 쉽게 확인할 수 있도록 한다.

클래스(32.2.3절)

- 이전 단계의 일반적 구조와 기능 정보를 테마로 정리한 다음, 이런 테마를 클래스로 바꾼다.

- 클래스 다이어그램을 이용해 개발자가 구현해야 하는 것들을 선언한다.

소프트웨어 디자인 패턴(32.2.5절)

- 소프트웨어 디자인 패턴을 재사용해 소프트웨어 아키텍처에서 흔히 일어나는 문제를 해결한다.

시스템 고려 사항(32.3절)

시스템 취사선택과 의사 결정(32.3.1절)

- '보통' 옵션을 만들면 하나에도 최적의 옵션을 제공하지 못하므로 너무 많은 옵션을 지원하려 들지 말자. 대신 각 옵션에 적절한 다양한 메타포와 상호작용을 적용하자.

- 하나의 옵션 지원으로 시작하고 최적화한 다음 부차적인 옵션을 추가한다.

다양한 하드웨어 지원(32.3.2절)

- 다양한 하드웨어 클래스를 지원하려고 시도하면, 경험이 어떤 기기에도 최적화되지 못하는 결과를 낳을 때가 많다.

- 다양한 하드웨어 클래스를 지원해야 한다면, 핵심 상호작용 기술은 각각에 대해 독립적으로 최적화해야만 독특한 특성의 장점을 취할 수 있다.

프레임레이트와 지연 시간(32.3.3절)

- 처음부터 HMD의 주사율과 같거나 높은 프레임레이트를 유지한다.

- 새로운 에셋을 추가하고 코드 복잡도가 높아질 때 프레임레이트를 유의해 관찰한다. 가끔 프레임이 떨어지는 것만으로도 사용자에게는 불편을 초래한다.

- 지연 시간을 판단할 때 프레임레이트에만 의존하지 않는다. 지연 시간 기준으로는 처음부터 끝까지의 지연 시간을 측정한다.

멀미 지침(32.3.4절)

- 프로그래머 자신은 멀미를 겪지 않는다 하더라도, 팀의 다른 누구에게든 건강상의 부작용을 일으킬 수 있다는 점을 존중하는 것이 중요하다.

- 멀미를 유발하는 문제 해결을 학습 단계까지 미루지 않는다.

보정(32.3.4절)

- 보정을 쉽게 만들거나 혹은 자동화한다. 올바른 보정은 필수다.

시뮬레이션(32.4절)

렌더링에서 시뮬레이션 분리(32.4.1절)

- 시뮬레이션과 비동기로 렌더링을 실행한다.

- 느린 시뮬레이션 업데이트는 낮은 지연율로 머리 모션 렌더링이 일어나는 한 용인할 수 있다.

- 사실적인 물리 시뮬레이션에서는 빠른 업데이트 속도를 이용한다.

물리 효과 다툼(32.4.2절)

- 물리 효과 다툼의 해결책은 다툼을 없애는 것이다. 오브젝트가 어디에 있는지 동시에 판단하는 두 개의 별개 법칙을 사용하지 않는다.

- 오브젝트를 사용자가 집어 들 때는 오브젝트에 시뮬레이션된 힘 적용을 멈춘다.

오브젝트 지터링(32.4.3절)과 비행하는 오브젝트(32.4.4절)

- 오브젝트 지터링과 먼 공간으로 오브젝트가 날아가는 일을 막기 위해 물리 효과 '속임수'를 사용한다.

- 가능한 한 물리적으로 시뮬레이션되는 여러 오브젝트가 상호작용하는 일을 피해야 하며, 특히 오브젝트들이 닫힌 공간에 있거나 서로 가까이 붙어있을 때는 더욱 그렇다(예: 작은 구덩이에 들어있는 벽돌 더미나 원형으로 연결돼 있는 여러 개의 상자).

네트워크 환경(32.5절)

이상적 네트워크 환경(32.5.1절)

- 차이, 인과율 충돌, 기대 위반을 최소화하는 동시에 반응성과 인지된 일관성은 최대화한다.

메시지 프로토콜(32.5.2절)

- 낮은 지연율이 최우선 과제일 때, 업데이트가 자주 일어날 때, 각 업데이트가 필수적이지 않을 때는 UDP를 사용한다. UDP를 사용할 때는 예를 들어 계속해서 업데이트되는 캐릭터 포지션과 오디오가 있다.

- 상태 정보가 한 번만(혹은 가끔씩) 송신돼서 수신하는 컴퓨터가 월드의 상태를 송신 측에 일치시킬 수 있을 때는 TCP를 사용한다.

네트워크 아키텍처(32.5.3절)

- 빠른 반응성을 위해서는 피어 투 피어 네트워크를 이용한다.

- 모든 사용자의 월드를 일관되게 보장하려면 완전한 권한이 있는 서버를 한

대 이용한다.

- 피어 투 피어 아키텍처와 클라이언트 서버 아키텍처 양쪽의 장점을 취하려면 하이브리드 아키텍처를 이용한다.

확정과 로컬 추정(32.5.4절)

- 일부 확정적 액션을 위해서는 데드 레코닝dead reckoning을 이용해 원격으로 컨트롤되는 개체들의 현재 위치를 추정한다.
- 새로운 네트워크 패킷을 받을 때 오브젝트들이 새로운 위치로 점프하는 듯 보이는 인지적 비연속성을 줄이기 위해 보간을 이용한다.

네트워크 트래픽 축소(32.5.5절)

- 네트워크 트래픽을 줄이기 위해, 로컬local과 트루true 상태의 차이를 연산해서 차이가 일정 한계치를 넘어설 때만 업데이트를 보낸다. 연관성 필터링을 함께 이용해 각 컴퓨터에 유관 정보만 보낼 수 있다.
- 많은 사용자가 동시에 말하도록 해서 오디오 스트레스 테스트를 수행한다.
- 연관성 필터링을 이용해 근처의 사용자에게만 오디오를 송신한다.
- 필요할 경우 더 멀리 있거나 일반적인 앞쪽을 향하고 있지 않은 사용자에게 더 낮은 대역폭을 배정한다.
- 계속 업데이트하기보다는 가능할 때마다 애니메이션을 사용한다.

동시 상호작용(32.5.6절)

- 한 번에 한 플레이어만 소유할 수 있는 오브젝트 토큰을 활용해 사용자들이 동시에 똑같은 오브젝트와 상호작용하는 일을 막는다.

네트워크 물리 효과(32.5.7절)

- 네트워크상에서 물리 효과를 시뮬레이션할 때, 하나의 권한 있는 컴퓨터가 시뮬레이션을 소유하게끔 한다(다른 컴퓨터 역시 시뮬레이션을 추정할 수는 있다).

프로토타입(32.6절)

- 프로토타입에 대한 사용자의 의견만이 아니라, 사용자가 취하는 행동을 통해 배운다.

- 미니멀 프로토타입, 즉 의미 있는 피드백을 받기 위해 필요한 최소한의 작업으로 시작한다.

- 가능한 한 빠르게 작동하는 무언가를 만들어낸 다음 미니멀 프로토타입에 추가 기능을 넣거나 수정하고, 혹은 처음부터 새로 만들어낸다.

- 각 프로토타입마다 분명한 목표를 둔다.

- 미니멀 프로토타입을 구축할 때 좋아 보이려는 시도는 포기한다. 처음 몇 번의 시도에서는 잘되지 않을 것이라고 예상하자.

프로토타입의 형태(32.6.1절)

- 첫 번째 단계로 팀원들이 역할을 맡는 현실 세계 프로토타입을 고려한다(예: 실제 소품과 디지털 기술을 이용한 형태).

- 오즈의 마법사 프로토타입을 이용해 눈에 보이지 않는 팀원이 워크스테이션에서 명령어를 입력하도록 한다.

- 대표 사용자 프로토타입이 가능한 한 빨리 작동하도록 해서 가능한 한 많은 초보 사용자에게서 피드백을 받는다.

- 목표하는 바에 맞는 데이터를 가장 잘 수집할 수 있도록 프로토타입을 구축하는 데 집중한다.

최종 제작(32.7절)

- 최종 제작이 시작됐다면 이제 가능성 탐구는 그만두고 기능 추가도 멈춰야 한다. 그런 아이디어는 차후 산출물을 위해 남겨둔다.

- 이해 당사자들의 피드백을 열린 자세로 받아들이되, 주어진 시간과 예산의 제약하에서 한계가 있다는 것도 분명히 한다. 취사선택이 필요하며, 새로운 기능을 추가할 때는 다른 기능에 지연이 생길 수 있다.

출시(32.8절)

데모(32.8.1절)

- 시연장으로 이동하기 전에 늘 장비가 갖춰져 있는 곳과는 다른 방에서 데모를 설치해보면서 챙긴 물건 중에 빠진 장비는 없는지 확인해본다.

- 그다음에는 모든 장비의 예비 부품을 두 개씩 챙긴다!

- 데모 장소에는 하루 전에 도착해, 당일 아침에 모든 것이 제대로 작동하는지 확인한다.

- 프로젝트에 가치를 더해줄 수 있는 중요한 사람이 올 때를 대비해 사내 데모를 준비해둔다. 그렇다고 해서 누구든 언제라도 데모를 경험할 수 있어야 하는 것은 아니다. 데모 시연은 프로젝트에 전념할 수 있는 귀한 자원을 소모한다.

- 사내 데모를 유지 관리하고 업데이트하는 한 명의 책임자를 둔다. 데모 스케줄 관리를 책임지는 사람을 한 명(데모 유지 관리자여도 됨) 둔다.

현장 인스톨(32.8.2절)

- 비전문가인 VR 소비자에게서 설치가 매끄럽게 진행될 것이라고 기대하지 않는다.

- 여러 하드웨어가 있는 복잡한 인스톨에는 보정, 소스 코드 수정뿐 아니라 전기/강력 테이프도 준비한다. 전자기 간섭이나 고객의 시스템과 호환되지 않는 접속/케이블로도 문제가 일어날 수 있다.

- 시스템 사용과 유지 관리에는 스태프 훈련 서비스를 제공한다. 여러분에게 분명한 것이 이들에게는 보이지 않을 수도 있다.

- 계약 시 지원과 업데이트를 포함한다.

지속적 배포(32.8.3절)

- 온라인 배포 시에는 매주 단위 빌드 제공을 고려한다. 이러면 팀이 무엇이 중요한지에 대해 책임지고 집중할 수밖에 없을 뿐더러, 데이터 수집의 기회도 많아진다.

34.4 학습 단계(33장)

- VR 전문가, 주제 전문가, 사용성 전문가, 실험 설계 전문가, 통계 전문가를 활용해 학습 효과를 극대화한다.
- 빠른 피드백, 데이터 수집, 실험 쪽을 지향한다. 이를 통해 팀이 아이디어가 목표에 얼마나 잘 부합하는지를 신속하게 배우고, 즉시 진로를 수정할 수 있다.

커뮤니케이션과 태도(33.1절)

- 프로젝트의 성공과 여러분의 커리어가 여기에 달려 있는 것처럼 비평을 적극적으로 구한다. 사실이 그렇기 때문이다!
- 건설적인 비판에 대한 긍정적 태도를 갖는다.
- 자신과 팀원, 사용자에 대해 긍정적으로 생각한다.
- 실패를 배우는 과정으로 생각하고 두려워하지 않는다.
- 사용자나 그들의 의견/상호작용을 비난/과소 평가하지 않는다.
- 적극적으로 난관을 조사해 프로젝트를 어떻게 개선할 수 있을지 판단한다.
- 다른 이들이 하는 것은 부분적으로 정확하다고 간주한 다음, 이를 정정하고 더 나아갈 수 있는 제안을 제공한다.
- 이미 알고 있는 문제를 누군가 지적할 때는 이를 알아채준 것에 감사하고 계속 문제점을 찾아 달라고 격려한다.

VR 제작자는 독특한 사용자(33.1.1절)

- 여러분에게 맞는 것이 다른 이에게도 모두 맞으리라고 가정하지 않는다. 온갖 경우를 모두 체험해볼 수도 없으며 여러분은 멀미에 강해졌을 수도 있기 때문이다.
- 피드백을 더 진지하게 받아들이게끔 프로그래머는 적어도 가끔 데이터 수집에 참여해야 한다.

연구 콘셉트(33.2절)

데이터 수집(33.2.1절)

- 한 가지 유형의 데이터 수집에만 집착하지 않는다. 사용할 수 있는 측정치는 많다.

- 더 많은 객관적인 정량적 데이터를 수집하기에 앞서 먼저 정성적 데이터를 수집해 개략적인 이해를 쌓는다.

신뢰도(33.2.2절)

- 절대 하나의 측정치에 의존하지 않는다.

- 다양한 피험자, 세션, 시간, 실험을 통해 측정해서 연구에 어느 정도 일관된 특징이 있다는 신뢰를 얻는다.

- 많은 측정치를 활용하면 추정치가 좋아질 수는 있지만, 정확한 점수는 절대 추정할 수 없다는 점을 기억한다.

타당성(33.2.3절)

- 측정하고 비교한다고 생각하는 것을 측정하고 비교하도록 확실히 해둔다.

- 이상적으로 측정치는 구성의 모든 측면을 충분히 포괄하고, 같은 구조의 다른 측정치와 연관되며, 구조와 관련 없는 변수에 영향을 받지 않고, 다른 측정치, 행동 양식, 성능을 정확히 예측해야 한다.

- 측정 의도가 시스템 결함에 있지 않은데, 이를 측정한다면 구성 타당성을 위배하는 것이다.

- 현재의 구현에서 작동하지 않는다는 이유만으로 어떤 개념이 일반적으로 효과적이지 않다는 결론을 내리지 않는다.

- 주의 깊게 내적 타당성에 대한 위협을 고려함으로써 잘못된 결론이 나올 확률을 줄인다. 예를 들어 조건 배정을 무작위적으로 하고, 데이터 수집 세션 간의 설정을 동일하게 유지하고, 연습 효과를 제거하고, 피험자가 가설을 유추할 수 있게 하는 단서를 모두 제거하고, 실험자가 실험 조건을 모르게 하는 것이다.

- 잘못된 결론을 내릴 확률을 줄이기 위해 통계적 결론 타당성에 대한 위협을

파악한다. 예를 들어 통계적 결과가 운에 따른 것일 수 있으며, 결과를 찾지 못했다고 해서 결과가 없다는 뜻이 아니고, 데이터에 대한 가정은 유효하지 않을 수 있으며, 데이터 마이닝은 우연히 무언가를 발견할 가능성을 늘린다.

- 발견이 다양한 설정, 다른 사용자, 다른 시간대, 다른 디자인/구현에서도 똑같을 것이라고 가정하지 않는다.

- 하드웨어가 변경되거나 중요한 디자인 변경이 일어났다면 데이터를 다시 수집한다.

민감성(32.2.4절)

- 존재하는 영향을 발견할 가능성을 높이기 위해 테스트하는 민감도를 높인다.

건설적 접근법(33.3절)

미니 회고(33.3.1절)

- 어떤 것이 잘됐고 어떤 것은 개선이 필요한지에 대해 팀이 짧게 집중적으로 토론하는 미니 회고를 수행한다.

- 긴 회고를 가끔 하는 것보다는 짧고 일관된 미니 회고를 여러 번 하는 편이 낫다.

- 모든 팀원을 존중하고, 회고가 마녀 사냥이 절대 되지 않도록 한다.

- 향후 반복 적용의 테마가 되며 팀이 개선하고자 하는 아이디어 기록에 집중한다.

데모(33.3.2절)

- 사용자 데이터 수집(주된 목표가 학습임)과 데모 시연(주된 목표가 마케팅임) 사이의 차이를 구분한다. 피드백을 받기 위해 데모에만 의존하지 않는다.

인터뷰(33.3.3절)

- 인터뷰는 VR을 경험한 직후의 사람에게 즉시 수행할 때 최고의 데이터가 나온다.

- 인터뷰가 제대로 진행되고 편향이 줄어들게끔 설계된 인터뷰 지침을 사전에

만들어둔다.

- 앞서 만들어둔 페르소나를 기준으로 의도된 소비자층을 인터뷰어와 일치시키도록 노력한다.
- 편안하고 자연스러운 설정에서 인터뷰를 진행한다(예: 거실처럼 꾸민 방).
- 인터뷰당 30분 이상 소요하지 않는다. 인터뷰를 연달아 잡아서 시간 제한을 둔다. 좀 더 유용한 의견을 가진 이들이 있다면 이들과 후속 인터뷰를 진행하면 된다.

질문지(33.3.4절)

- 관리 용이성과 개인정보 보호가 중요할 때는 질문지를 사용한다.
- 피험자가 이전에 만든 페르소나에서 정의된 타깃 인구에 맞는지 판단하고, 페르소나를 더 잘 정의하고, 폭넓은 사용자가 피드백을 제공하도록 하고, 피험자 간의 수행력을 비교할 때 피험자를 매칭시키고, 수행력의 연관성을 살피도록 배경 정보를 묻는다.

포커스 그룹(33.3.5절)

- VR 디자인의 초기에 포커스 그룹을 이용해 새로운 콘셉트를 알아보고, 질문을 잘 다듬고, 데이터 수집 프로세스를 개선한다.
- 그룹으로 구성하면 개별 인터뷰보다 효율이 높아지고, 참가자들이 서로의 아이디어를 기반으로 더 수준 높은 아이디어를 촉진하게 되는 효과도 있다.

전문가 평가(33.3.6절)

- 제대로 이뤄지면, 전문가 평가는 시스템 사용성을 개선하고 이상적인 솔루션으로 반복 적용해나갈 수 있는 가장 효과적이고 비용 효율적인 방법론이다.
- 프로젝트 초기에 전문가 지침 기반 평가를 시작해서 문제가 디자인의 다른 측면에 영향을 미치기 전에 그것을 바로잡는다.
- 디자인 형성과 발달 단계 중에는 형성적 사용성, 학습, 성능, 탐구 평가를 수행해 사용성을 평가하고 정제하고 개선한다.
- 형성적 사용성 평가는 VR 상호작용의 맥락에 따라 달라지기 때문에 VR 사

용성 전문가가 수행해야 한다(즉, 단순히 사전 정의된 항목들을 평가하는 것으로는 부족하다).

- 중요한 사건에 특히 주의를 기울여서 이런 사건의 원인이 되는 문제를 고치는 데 가장 높은 우선순위를 둔다.

- 사용자가 분명히 알 수 있는 점수 시스템을 설계해서 동기 유발 효과와 동시에 타깃 데이터 수집률도 높인다.

- 형성적 사용성 평가의 최종 단계 동안 평가자는 관찰만 하면서, 시스템과 어떻게 상호작용할지에 대한 힌트를 주지 않아야 한다.

- 둘 이상의 잘 형성된 완료 혹은 완료 직전의 구현을 비교할 때는 비교 평가를 사용한다. 최종 적용을 위해 최선의 기술을 선택하고 새로운 시스템이 이전 시스템보다 나은지 테스트할 때는 이 방법이 유용하다(예: 새로운 VR 훈련 시스템이 전통적 훈련보다 생산성이 더 높은가?).

사후 검토(33.3.7절)

- 사용자가 VR 경험 동안 취한 구체적인 행동을 강조하며 디브리핑을 한다.

- 무슨 일이 일어났는지, 어째서 발생했는지, 어떻게 개선할 수 있을지를 토의한다.

- 사용자와 함께 일인칭과 삼인칭으로 촬영된 화면을 보면서 사용자가 취한 행동을 논의한다.

과학적 방법론(33.4절)

- 정식 실험을 수행하지 않는다 해도 좀 더 비공식적인 실험 설계, 다른 이들이 수행한 연구의 이해, 데이터 수집에서 일어날 수 있는 위험 인지, 결과의 제대로 된 해석을 위해 기본을 배운다.

- 문제 탐구의 첫걸음은 무엇을 연구하는지를 이해하는 것이다. 다른 이로부터 배우고(애플리케이션을 이용해보거나, 연구 보고서/논문을 읽거나, 이야기를 나눔으로써), 직접 시도해보고 다른 이들이 기존 VR 애플리케이션과 상호작용하는 것을 관찰하고, 건설적 접근법과 정의 및 구현 단계에서 논의된 다양한 콘셉트를 통해 이해한다.

- 일단 전반적인 문제를 파악한 후에는 개략적인 질문과 대답으로 시작한다.

- 두 변수 사이의 관계를 예측하는 방식으로 가설을 정확하게 기술한다.

- 교란 요인에 주의한다. 교란 요인을 찾기 위해 내적 타당성에 대한 위협을 고려한다. 일단 찾아내고 나면 교란 요인을 통제 변수인 상수로 설정한다.

- 소수의 피험자만 있고 잔류 효과(예: 학습, 피로, 멀미)가 최소화되고 피험자 균형을 잡을 수 있게끔 주제 내 디자인을 이용한다.

- 많은 피험자가 있고 가용 시간이 짧으며 잔류 효과가 우려될 때는 주제 간 디자인을 이용한다.

- 좀 더 공식적이고 철저한 실험을 수행하기 전에는 항상 비공식적인 파일럿 연구를 수행해 타당성 여부를 판단하고, 예기치 못한 난관을 발견하고, 실험 설계를 개선하고, 시간과 비용을 절감하고, 통계적 검증력, 영향의 규모, 샘플 사이즈를 추정한다.

- 무작위 배정이 어려울 때는 교란 요인의 위험을 안은 진짜 실험 대신 유사 실험을 고려한다.

데이터 분석(33.5절)

데이터 이해(33.5.1절)

- 처음 데이터를 볼 때 패턴 찾기로 시작하되, 패턴 찾기가 잘못된 결론으로 이어지는 경우도 있으므로 이렇게 발견된 패턴을 반드시 진리로 여기지 않도록 주의한다.

- 이상치가 더 전형적인 데이터보다 더 많은 통찰을 제공할 수도 있으므로 이상치에 관심을 기울인다. 이상치는 오류를 수정하라고 알려주는 중요한 신호다.

- 한 번의 실험 결과가 일반적인 진리인 경우는 드물다. 단 한 번의 실험을 기반으로 최종 결정을 내리지 말고, 변경 사항이 결과에 어떤 영향을 미칠지 고려한다.

통계적 개념(33.5.2절)

- 같은 수준에서 대화를 나누고, 잘못된 가정과 오류를 줄이고, 다른 이들의 연

구를 이해할 수 있게끔 모든 팀원이 기본 통계적 개념에 친숙해야 한다.

- 팀에서 최소한 한 명은 통계 분석을 잘해야 한다.

- 측정 유형에 주의를 기울이고 각각에 적절한 계산만 수행한다. 예를 들어, 간격 데이터에 곱하기를 하거나 순서 데이터에 더하기를 해서는 안 된다.

- 평균을 낼 때 이상치가 있거나 순서 데이터처럼 데이터가 왜곡돼 있을 때는 중앙값을 사용한다. 데이터가 항목형일 때는 최빈값을 사용한다.

- 히스토그램으로 데이터를 시각화해서 데이터의 분산을 직관적으로 이해할 수 있게 한다.

- 통계적 유의성과 실제 중요성의 차이를 이해한다. 통계적 유의성이 반드시 의미 있는 것은 아니다.

시작되는 미래

세상을 바꿀 수 있다고 생각할 만큼 제정신이 아닌 사람들이야말로 세상을 바꾼다.

– 스티브 잡스(Steve Jobs)

지금까지 VR의 대략적인 개요에 초점을 맞추고 가장 중요한 개념을 하나씩 상세히 살펴봤다. 책을 끝까지 독파했다 하더라도 단지 시작점으로 여기는 것이 좋다. 책에 수록된 참고 자료에 훨씬 상세한 정보가 담겨 있고, 이런 자료 역시 지난 수년간 이뤄진 VR 연구에서는 빙산의 일각일 뿐이다. 여기에 더해 신경과학, 인간 생리학, 휴먼-컴퓨터 상호작용, 사람의 수행력, 인적 요인 등도 알아야 한다. 이렇게 공부해야 할 주제의 목록은 계속 늘어난다. 그렇다고 해서 모든 것을 다 알아야 한다는 뜻은 아니다. VR 분야와 많은 애플리케이션의 기회는 활짝 열려 있다. 더 이상 새로운 가능성을 찾을 수 없는 포화 상태에 마주칠 걱정은 전혀 없다. 그리고 아마도 포화 상태는 절대 오지 않을 수도 있다.

저자를 가르쳤던 헨리 푸치스Henry Fuchs 교수는 IEEE 가상 현실 키노트에서 "지금 우리에게는 세상을 바꿀 기회가 주어졌습니다. 놓치지 맙시다!"라고 연설했다(푸치스, 2014). 그 미래가 지금 여기에 누구나 손만 뻗으면 되도록 주어졌으니 뒤처지지 말자. 미래의 모습을 만들어나가기 위해 원하는 어떤 방식으로든 VR 기술을 사용하는 것은 독자 여러분에게 달려 있다.

7부는 미래를 살펴보는 두 개 장으로 구성되며, 실제 VR 애플리케이션 제작을 시작하는 기본 단계를 소개한다.

35장. VR의 현 상태와 미래 VR이 현재 어디에 와 있으며 어디까지 발전할 것인지 논의한다. VR 문화, 새로운 진화 언어, 새로운 간접 및 직접 상호작용 방식, 표준과 오픈소스, 새로 부상하는 하드웨어, AR과 VR의 통합 등의 주제를 다룬다.

36장. 시작 VR 애플리케이션 구축을 어떻게 시작할지 설명하는 짧은 장이다. 과제들의 스케줄을 제시해서 누구나 시간이 없더라도 새로운 가상 세계를 빠르게 만들 수 있도록 했다.

VR의 현 상태와 미래

2015년에는 저가의 소비자 VR 기술이 전문가용 VR/HMD 시스템을 앞서가고 있다. 두어 해 전만 해도 무제한의 예산을 들이고도 현재 누구나 살 수 있는 가격대에 나오는 해상도, 시야각, 낮은 지연 시간, 가벼운 무게, 좋은 품질의 시스템을 구입할 수 없었다. 게다가 누구나 사용할 수 있고 사용법도 상당히 쉬운 툴이 있다. 누구나 VR이 가는 방향을 정의하는 데 일익을 담당할 수 있는 VR의 민주화가 일어난 덕분이다. VR은 더 이상 학계나 기업만을 위한 도구가 아니다. 최고의 VR 기술과 경험은 포춘지 500대 기업이든 독립 개발자 팀이든 상관없이 누구나 만들어낼 수 있다.

이 장에서 설명한 도전 과제 중 몇몇은 이후 몇 년과 그 후까지 가장 큰 기회의 문을 열어줄 것이다. 또한 VR이 이미 밟아가는 길과 VR의 미래를 예상하는 것과 관련해서 흥미로운 가능성도 알아보자.

35.1 대중에게의 VR 판매

VR이 흥미로운 산업이고 많은 이가 이를 알고 있는 것은 맞지만, 일반 대중이 구매하는 단계는 아직 아니다. 대신 VR은 혁신가들이 신기한 기술로 여겨서 구매하고 있다. 하지만 대다수에게 중요한 것은 기술 자체가 아니다. 미래에는 스토리, 감정, 장점을 전달하는 방식이 매력적이어야만 더 폭넓은 소비자에게 닿을 수 있다. 그렇다면 대중에게 더 매력적으로 다가가 VR을 원하게 하려면 어떻게 해야 할까?

- 다른 기술로는 할 수 없는 방식의 엔터테인먼트 경험을 통해?

- 네트워크로 연결된 월드들을 통해 사회적 공유를 더 용이하게 증진함으로써?

- 사람들의 니즈를 충족시켜 삶의 편이를 가져다줌으로써?

- 몰입형 헬스 케어와 신체적/심리적 경험을 통한 삶의 질 향상을 통해?

- 비용 절감과 수익성을 증가시켜서?

- 아직 구상하지도 못한 새로운 창업 벤처를 통해?

이 중 어느 것에 중점을 두더라도 분명 훌륭한 일이 될 것이다. 각각은 많은 사람의 삶을 바꾸는 데 큰 역할을 할 것으로 보인다.

35.2 VR 커뮤니티 문화

어떤 방식으로는 VR 문화가 이미 형성되고 있다. VR 행사 현상을 생각해보자.[1] 2012년 자칭 내성적이라는 칼 크란츠Karl Krantz는 소수의 지역 VR 전문가와 애호가들이 VR 회합을 가지고 자신들의 작품을 공유하자는 의미에서 연락을 취하기 시작했다. 오늘날 칼은 VR계의 유명인사가 됐다. 칼의 지역 회합이 2,000명 이상으로 커지기도 했지만, 그가 제시한 누구나 VR 경험을 대중에게 보일 수 있도록 하는 쇼케이스 모델이 전 세계로 퍼져나갔기 때문이기도 하다. 모든 주요 도시의 VR 애호가 수백 명이 정기적으로 모여서 자신이 만든 가상 월드를 공유하고 최신 VR 트렌드를 논의한다. VR 이외의 오프라인 모임은 행사에 몇 명 이상 모으는 데도 애를 먹지만, VR 모임에는 계정을 설정하고 장소를 찾고 날짜를 잡은 후 트위터나 이메일을 보내기만 하면 사람들이 구름처럼 모여든다. 샌프란시스코 베이 지역에서만 해도 매달 다양한 VR 모임이 열리기 때문에 이 모두를 챙겨보기도 힘들다. 대중 매체는 VR을 비사회적인 모습으로 그리고 있지만, 이런 모임은 VR이 보통은 내향적인 사람들을 열정적인 대화에 빠져들게끔 하는 사회적 윤활제임이 증명됐다.

오큘러스 CEO 브렌든 이리브Brendan Iribe와 페이스북 CEO 마크 주커버그Mark Zuckerburg는 언젠가 VR 사용자가 10억 명을 넘을 것이라고 주장한다[주커버그 2014, 홀리스터 2014]. 그렇게 되려면 진일보한 획기적 기술을 대중이 받아들일 수 있게끔 전폭적인 문화적 변화가 요구된다. 실제 이런 일이 일어날 것인가? 사람과 기술 모두가 진화하면

---

1 북미 지역의 VR 모임을 알아보려면 http://vr.meetup.com을 방문해보자.

서 어느 시점에는 분명히 일어날 것이 분명하다. 문제는 지금으로부터 5년 후가 되느냐, 50년 후가 되느냐. 다시 말해, 부유하고 관심을 가진 소수만이 누리는 닐 스티븐슨Neal Stephenson의 『스노 크래시Snow Crash』(가상 세계의 개념을 처음으로 대중에게 소개한 SF 소설, 극소수의 인간만이 가상 세계인 메타버스로 접속하고 아바타 역시 차등적으로 만들어진다.)가 될 것인가, 아니면 VR이 더 빠르게 다양한 이들에게 널리 퍼질 것인가의 문제가 된다. 메타버스에 수억 명이 접속할 수는 없다 해도, 다양한 형태의 VR은 더 작은 그룹에게 분명 이익을 가져다줄 것이다.

누가 VR을 사용하는가와 관계없이 가상 세계 안에서도 규칙의 문화적 패턴, 계층, 사회적 제약이 분명 형성될 것이다. 그중 일부는 코드로서 경험에 심어지겠지만, 대부분의 사회적 문화적 구조는 현실 세계에서 그렇듯이 자연스럽게 진화할 것이다. 어떤 행동이 무례하게 간주되고 어떤 행동이 예의 있게 여겨질까? 허용할 수 없는 행동에 대한 벌은 무엇이 될 것인가? 정부와 같은 개체가 형성돼 공공선을 위해 법을 강제하게 될 것인가? 답은 시간이 알려주겠지만, 이런 질문은 VR의 미래에 대해 중요한 함의를 담고 있으며 새로운 월드를 설계할 때 고려돼야 한다.

35.3 커뮤니케이션

이 책은 VR의 핵심이 어떻게 해서 커뮤니케이션에 있는지에 대한 논의로 시작했다 (1.2절 참조). 그럼 VR의 커뮤니케이션이 어떻게 현재 대부분의 VR 애플리케이션에서 처리하듯 오브젝트 간의 상호작용을 넘어 다음 단계로 넘어갈 수 있을지 알아보자.

35.3.1 새로운 진화 언어

언어는 반드시 단어로 만들어질 필요가 없으며 어떤 형태의 커뮤니케이션 형태를 취하는 것이든 언어가 된다(예: 신체 언어). **진화 언어**generative language(미래 기반 언어라고도 함)는 기술적 언어descriptive language와 대조적으로 '새로운 미래 창조, 비전 창조, 새로운 가능성을 보지 못하도록 막는 것들을 제거하는 힘'이 있다[자프론(Zaffron)과 로건(Logan) 2009]. 짧게 말해, 진화형 언어는 우리가 세계를 인식하는 방식 자체에 변화를 가져온다. VR은 말로는 완전히 설명할 수 없으며 실제 경험을 통해서만 완전히 전달할 수 있는 새로운 경험을 만들기 때문에 새로운 형성적 언어라고 생각할 수 있다. VR의 언어는 분명 전통적인 언어만으로, 우리의 과거 경험에서, 혹은 현재의 이해도로는 만들어낼 수 없는 것들을 가져다줄 것이다.

35.3.2 상징적 커뮤니케이션

직접 커뮤니케이션이 VR 상호작용에 항상 최고의 방식인 것은 아니다. 간접적 **상징적 커뮤니케이션**은 추상적 심볼(예: 텍스트)을 이용해 오브젝트, 아이디어, 개념, 수량 등을 표시하는 것이다[보우먼 등 2004]. 현실 세계에서 우리가 간접적 상징을 어떻게 사용하는지 생각해보자. 상징적 커뮤니케이션은 정보를 효율적으로 정확하고 간략하게 전달할 수 있게 해주고, 마음속으로든 현실에서든 명료한 사고 방법을 제공하며 (예: 종이와 화이트보드), 시간이 지나도 지속되는 구조적 데이터를 가능하게 해준다.

VR에서 상징적 출력은 상당히 쉽고 꽤 효과적으로 활용된다. 하지만 상징적 입력은 그리 분명치 않다. 28.4.1절에서 설명한 몇 개만으로 된 옵션에 잘 맞는 위젯과 패널 상호작용 외에, 좀 더 일반화된 입력에 상징적 입력이 쓰이는 경우는 거의 없다. 효과적이고 효율적이며 세련된 방식으로 입력 데이터를 상징적으로 넣을 뚜렷한 방법은 아직 없다.

새로운 위젯이 발명된다면 확실히 도움이 될 것이다. 날짜 입력에는 2D 태블릿 터치 스크린의 터치 휠 인터페이스를 고려하자. 이런 위젯은 터치 스크린에 아주 잘 어울리지만 마우스/키보드 인터페이스에는 그리 좋지 않다. VR만을 위한 상징적 입력 기술이 필요하다. 그리고 그런 기술을 넘어서야 한다. 이론적으로 말, 제스처, 코드 키보드chord keyboard, 핀치 입력은 상징적 입력에 이상적이다. 하지만 이런 이론적 개념이 VR에서 잘 돌아가게 하는 데는 여러 가지 실제적인 난관이 있다.

음성 인식은 통제된 조건에서는 잘 작동한다. 하지만 많은 이들이 동의하다시피, 전화기를 통해 음성 프롬프트voice prompt 시스템에 이야기하는 것은 큰 불만을 야기할 수 있다. 시스템이 말을 완전히 인식한다 해도 여전히 심각한 도전 과제가 남아있다. 의미론적으로 구문을 나누고 이해하는 데 더해, 말해지는 단어의 맥락("그것을 왼쪽에 놓으세요."를 생각해보자.), 개인정보 보호 문제 때문에 이런 시스템을 꺼리는 일부 사람들, 다른 이들을 방해한다는 인식, 기계에 대고 말하는 어색함 등이 풀어야 할 숙제다. 대화 인식이 VR에서 더 흔해질지는 두고 봐야 한다.

제스처 역시 음성 인식과 비슷한 난관이 있다. 이 경우는 오류율뿐 아니라 피로도 문제가 된다. 손 전체를 더 잘 트래킹하면 분명 도움이 되며 마이크로소프트 키넥트의 예에서 볼 수 있듯이 크고 역동적인 제스처가 필요하지 않게 된다. 카메라 기반 시스템은 시야 유지의 문제 때문에 내재된 대체로 풀 수 없는 물리적 문제로 인해 신뢰도가 있을지, 혹은 이를 우회할 수 있을지 두고 봐야 한다. 제스처 인식이 더 개선되고 사용자가 하드웨어 착용의 불편함을 수용함에 따라 장갑이 더 흔해질 수도 있다. 수화 인식 시도는 계속 있었지만 손가락 트래킹이 대체로 부정확하고 신뢰할 수 없어 실패해왔다. 하지만 제스처 인식이 계속 개선되면서 수화가 그야말로 유용한 상징적 입력이 될 수도 있다. 숫자 입력은 우리가 이미 손가락으로 세는 법을 잘 알고 있기 때문에 인식할 제스처의 수가 적고 배우기도 쉬워서 좋은 시작점이 될 수 있다. 시스템은 숫자 입력 시작과 항목 삭제 등 0~9까지의 숫자보다 더 많은 제스처를 인식해야 하지만 많이 필요하지는 않다.

많은 도전 과제는 기술적 능력과 관계없다. 늘 최고의 디자인이 선택받는 것은 아니다. 스마트폰 숫자판이 처음에는 12자리로 구성돼 각 버튼으로 알파벳 또는 숫자를 선택해서 누를 수 있었던 것을 생각해보자(혹은 사용자가 사전의 단어를 몇 글자 누르면 자동 완성이 되는 기능을 생각해보자). 오늘날 스마트폰은 아직도 열 손가락을 위해 설계된 QWERTY 키보드 터치 인터페이스를 통한 상징적 입력을 활용하고 있지만, 이제는 한두 손가락만으로 이용된다. 손가락이 화면 위에 유지되는 스와이프 패턴 인식이 더 효율적이지만, 이 인터페이스는 분명 이상적이지 않다. 스마트폰 산업처럼 VR 내에서 더 나은 상징적 입력으로 이행하는 데는 시간이 걸릴 것이며, 최적이 아닌 경로를 따라 진화할 것이다. 매체 디자인에 대한 이런 느린 반응은 VR에서도 마찬가지임이 이미 증명됐는데, 대부분의 VR 위젯이 그저 데스크톱 위젯을 복제하는 것을 보면 알 수 있다.

터치는 상징적 입력에서 대단히 중요하다. 햅틱은 가상 키보드의 키를 누를 때와 같은 피드백을 전달하는 데 도움이 될 것이다. 코드(기기) 키보드의 버튼은 내재적으로 버튼의 느낌과 물리적 피드백을 제공한다. 이런 느낌은 트래킹형 핸드헬드 컨트롤러에 쉽게 접목할 수 있다. 핀치 글러브 역시 두 손가락을 맞대면 터치 감각을 제공해준다. 하지만 복잡하고 새로운 입력 패턴을 학습하는 데 꽤 오랜 시간이 걸리고, 학습하기도 어렵다. 신뢰도 있는 상징적 입력의 가치가 충분하고 그에 대한 수요가 생긴다면, 아마 사용자도 (초창기 타자기를 사람들이 기꺼이 배웠듯) 변화의 고통을 받아들이게 될 것이다.

35.3.3 가상 인간과 공감 형성

공상 과학에서는 사람과 닮은 자연스러운 컴퓨터 개체와 사람이 함께 살아가며 상호작용하는 미래, 심지어 이런 인공 개체와 감정적 교류까지 할 수 있을 정도로 발전하는 모습을 예언해왔다. 이제 이런 예측은 현실이 돼가고 있다. USC의 ICT(크리에이티브 테크놀러지 연구소) 연구원들은 쌍방향 소셜 스킬과 관계/신뢰 형성 능력을 갖춘 사람과 비슷한 개체를 개발했다. 시스템은 심리 요법 애플리케이션에서 사용자의 감정 상태를 감지해 적절하게 반응하는 방식으로 작동한다(그림 35.1). 사람이 제어하는 가상 인간이 아니라 컴퓨터가 제어하는 가상 인간과 상호작용한다고 믿는 사람은 자신을 드러내는 데 두려움이 더 적고, 긍정적인 정보만 드러내려 하는 인상 관리도 적고, 슬픈 감정을 더 강하게 보이며, 기꺼이 노출하는 것으로 관찰자들이 기록했다[루카스 등 2014]. 완전 몰입형 VR 안에 이런 시스템을 결합하는 데는 분명 난관이 있지만(예: 얼굴 절반이 HMD에 가려진 상태에서 센서가 어떻게 감정 전달을 감지할 것인가?), 완전 몰입형 VR에 이런 기능이 완전히 적용되는 것은 시간 문제일 뿐이다. 완전 몰입형 VR에서 가상 인간은 화면 크기에 구애받지 않고 실제에 더 가까운 크기로 진짜처럼 보이며, 공상 과학 소설가들이 그린 것과 같은 진짜 개체처럼 사용자와 상호작용한다. 이런 변화가 종국에는 어떤 방향으로 갈지는 모르지만, VR에 인공지능 개체를 결합해서 현실의 사람들이 전통적인 사람 대 사람 커뮤니케이션에서 겪는 장애물을 극복하는 결과를 낳을 수 있다.

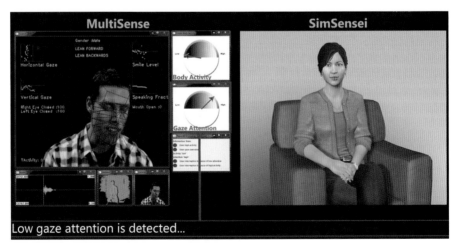

그림 35.1　컴퓨터가 제어하는 가상 인간(오른쪽)이 사용자(왼쪽)의 상태를 감지하고 그에 적절하게 반응함으로써 사용자와 공감을 쌓는다. (USC 크리에이티브 테크놀러지 연구소 제공. 대표 연구원: 알버트 (스킵) 리조와 루이 필립 모렌시)

35.3.4 두뇌 대 두뇌 커뮤니케이션

뉴로일렉트릭스Neuroelectrics와 여타 기관의 연구원들은 최근 개인이 운동이나 주변 감각 시스템의 중계 없이 직접 두뇌 대 두뇌brain-to-brain 커뮤니케이션으로 정보를 전달하는 개념 증명 실험을 수행했다(그림 35.2)[그라우 등 2014]. 이진법으로 인코딩된 단어 스트림이 사람의 두뇌 대 두뇌 인터페이스를 구현한 발신 피험자와 수신 피험자의 원격 정신으로 전달됐다. 이 실험은 한 피험자가 자원해 운동 이미지 제어 뇌파계(EEG)의 변화를 캡처하고, 정보를 인코딩하고, 인도에서 인터넷을 통해 프랑스에 있는 원격 피험자에게 보냄으로써 이뤄졌다. 이 정보는 신호로 변환돼 신경 항법 조절neuronavigate을 통해 로봇을 이용한 안내경두개 자기자극법(TMS)을 활용한 의식적 섬광 인지로 피험자에게 전달됐다.

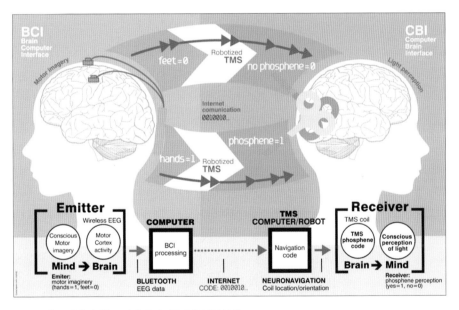

그림 35.2   그라우 등[2014]이 설명한 두뇌 대 두뇌 커뮤니케이션 시스템

이 결과는 의식적 두뇌 대 두뇌 커뮤니케이션 기술 개발을 위한 시범이 됐다. 더 완전히 개발된 적용은 인지적, 사회적, 의료적 신경과학과 의식에 대한 과학적 연구에 새로운 연구의 장을 열어줄 것이다. 장기적으로는 생각만으로 사람의 감각적 VR 경험을 수정할 수 있는 가능성도 있다. 이런 커뮤니케이션 기술은 분명 VR 기술에만이 아니라 더 엄청난 영향을 줄 것이다.

35.3.5 완전한 신경 입력 및 출력

《매트릭스》3부작 시리즈처럼 표준화된 연결을 통한 직접적 신경 입력이 가능하려면 수년은 더 기다려야 할 것이다. 이런 이행은 아주 조금씩, 처음에는 신경 입력과 출력이 위에 설명한 뉴로일렉트릭스에서와 같이 이뤄질 것이다.

시각 디스플레이는 매직 리프사에서 하듯이 레이저가 망막에 이미지를 그려넣는 가상 망막 디스플레이를 통해 두뇌에 더 가까워질 것이다[쇼벤게르트(Showengerdt) 등 2003]. 시각 디스플레이는 증강 현실부터 시작해서 종국적으로 콘택트 렌즈가 될 테지만, 나중에는 월드 위에 이미지를 그릴 뿐 아니라 현실 세계를 완전히 가리는 기능도 갖출 것이다. 그다음 단계는 눈 속에 들어가는 프로젝터나 망막에 직접 신호를 보내는 형식이 될 것이다. 사실, 여러 회사에서 이미 직접적인 망막 자극을 향해 가기 시작했다. 60 '픽셀' 매트릭스 디스플레이를 제공하는 간단한 망막 시뮬레이터가 이미 맹인 환자들에 대한 이식에 성공해 (전극이 심어진 안경에 탑재된 디지털 카메라에서의 매핑을 통해) 기본적인 형태, 동작, 심지어 현실 세계의 글자/단어까지 볼 수 있게 해준다[다 크루즈 등 2013].

망막을 넘어서 소세포와 거대 세포에서 위둔덕superior colliculus과 외측 슬상핵에 전달하는 데까지 가면(8.1.1절 참조), 간단한 이미지의 2D 표시로는 감당할 수 없을 만큼 복잡해진다. 시각 피질로 어떻게 직접 전달할 것인가 하는 문제는 지금으로서는 예측하기 어렵지만, 시각적 신호의 개념을 완전히 재구상해야 할 것이다.

가상 전정 기관 입력 역시, 멀미를 줄이는 데 유용하게끔 정확하고 정밀하게 구현하기는 상당히 어려울 것이다. 오늘날에도 전정 기관에 대한 인공적 입력은 존재하지만 아주 원시적인 형태여서, 멀미와 균형 감각 상실을 줄이기보다 오히려 가중시키는 형편이다. 하지만 전정 기관에 혹은 전정핵에 더 직접적인 통제를 가할 수 있다면 언젠가는 실현할 수 있을 것이다.

헤드폰의 형태가 이미 대체로 귀 안으로 숨겨지도록 변했기에 아마도 직접적인 오디오 입력을 만들 동기는 더 적을 것이다. 하지만 수요가 있다면, 오디오는 시각에 비해 대역폭도 적게 요구하며 더 단순화할 수 있기 때문에 다른 감각 입력보다는 구현하기 쉬울 것이다.

가상 세계와 현실 세계에서 오브젝트를 조종하는 신경 입력은 완전히 다른 이야기다. 이미 장애인 인구로부터 이런 기능에 대한 수요가 존재한다. 그리고 근전도 신호에 의해 조종되는 인공 기관도 이미 있다. 이런 기술이 증강 현실과 가상 현실까지 확장되는 것은 쉽게 상상할 수 있을 것이다. 사실, 매년 샌프란시스코에서 열리는 '뉴로게이밍 콘퍼런스 앤 엑스포Neurogaming Conference and Expo'에만 가봐도 생각만으로 제어하는 기본적 VR 인터페이스를 사용해볼 수 있다.

35.4 표준과 오픈소스

표준을 논란거리로 보는 이도 있다. 한 극단에는 어떤 표준이든 혁신을 가로막는다고 말하는 사람이 있는 반면, 모든 것을 표준화하려는 사람도 있다. 사실 표준은 현명하게 사용하기만 하면 모두의 삶을 단순화하고, 그룹 간 커뮤니케이션을 용이하게 하고, 여러 플랫폼 지원 개발을 장려하고, 소비자가 더 객관적으로 경쟁 제품을 비교할 수 있게 해주는 단순한 도구일 뿐이다. 또한 표준은 업계 선두 주자들이 정기적으로 만나고 협업하며 연구 결과를 서로 업그레이드하는 촉매가 돼서 혁신을 방해하는 것이 아니라 오히려 증진시킬 수 있다. 표준이 혁신을 막고 있다면 자동차 산업, 게임 산업, 인터넷, 심지어 VR 역시 지금 여기에 와 있지 못했을 것이다.

표준을 정의할 때 상호운용성만을 일컫는다고 생각하는 것은 잘못이며, 업계 내부의 주된 갈등 요소가 될 때가 많다. 추구해야 할 필요가 있는 다른 핵심 표준도 있으며, 상호운용성은 퍼즐의 일부일 뿐이다. 표준은 품질 기대치, 기본 언어, 건강과 안전, 심지어 공통 목표 설정까지 도움을 준다.

정확하고 일관된 용어 역시 표준이 유용한 영역 중 하나다. 예를 들어 대부분의 사람은 시야를 말할 때 수평 시야인지 대각선 시야인지(다른 요인도 많다.) 명시하지 않고 말한다. 마찬가지로 지연 시간 역시 제대로 정의돼 있지 않다. 많은 사람의 믿음과는 달리, 지연 시간은 프레임레이트나 주사율의 단순 반대 개념이 아니다(15.4절 참조). 더욱이, 래스터raster 디스플레이에서 지연 시간은 어떤 액션이 일어난 후 프레임의 가장 위 왼쪽 첫 번째 픽셀(래스터 스캔의 시작점)이 디스플레이될 때까지 걸린 시간일까, 프레임의 중앙 픽셀이 디스플레이되기까지의 시간일까(60Hz 디스플레이에서 8ms의 차이)? 아니면 픽셀의 반응 시간일까? 사용하는 기술에 따라 픽셀 반응은 목표 강도의 100%에 완전히 도달할 때까지 수십 밀리 초까지는 아니라 해도 수 밀리 초 정도는 걸릴 수 있다. 픽셀 반응이 즉시라 해도, 픽셀이 일정 시간 지속될 때는 어떻게 될까? 지연 시간은 픽셀이 처음 나타날 때까지의 시간일까, 눈에 보이는 평균 시간에 도달할 때까지의 시간일까? 이런 세세한 차이도 지연 시간을 논할 때는 큰 차이를 빚는다. 부정확한/비표준화된 정의로 인한 이런 차이를 합치면

20ms까지 쉽사리 차이가 날 수 있다.

이런 것들은 VR에서 가장 기본적인 요소지만 업계 주자마다 서로 차이가 크며, 이 것이 소비자의 오해와 실망에 한 몫을 하고 있다. 표준의 중요성은 벤더 간의 호환 성과 공통성에만 적용되는 것이 아니라 사람과 아이디어 간의 상호운용성에도 적 용된다.

35.4.1 오픈소스

오픈소스란 일반적으로 소프트웨어에 적용되는 라이선스 클래스를 의미한다. 모두 가 주어진 프로젝트를 자유롭게 사용하고 모두에게 투명하게 공개함으로써 기여할 수 있도록 하는 방식이다[슈나이더 2015]. 오픈소스로 출시된 것은 그 시점부터 즉시 다 른 이들이 같은 코드를 이용할 권리가 생기며 비용을 청구하지 않는다. 아이디어를 처음부터 다시 작성해 오픈소스계 밖에서 판매할 수 있지만, 기존 코드의 수정 내역 은 투명하게 무료로 공개해야 한다.

오픈소스의 상호운용성

1990년대 러스 테일러$^{Russ\ Taylor}$는 오픈소스로 VR 기기에 독립적인 망 투명 시스 템$^{Network-Transparant\ System}$인 VR 페리퍼럴 네트워크(VRPN) 개발을 이끌었다[테일러 등 2001a]. 이후 VRPN은 VR 기기를 VR 애플리케이션에 연결하는 데 가장 자주 활용되 는 소프트웨어 라이브러리로 자리매김했다. 러스는 이런 성공의 이유를 '누구도 신 경 쓰지 않는 것만 표준화할 수 있다.'는 점이라고 주장한다[테일러 등 2001b]. VR 제작 자들은 다양한 기기를 동일한 애플리케이션에 사용할 수 있는 VR 기기 연결의 표준 방식을 마련하고 싶어 하지만, 이를 어떻게 확립할 것인가에 대한 상세한 수준까지 는 신경 쓰지 않는다.

OSVR(오픈소스 VR)은 레이저^{Razer}와 센식스^{Sensics}가 보유하고 유지 관리하는 합작품 이다. 공식 조직이나 비영리 조직이 아니라 레이저와 참여한 벤더사들이 날인한 라 이선싱 계약에 의해 정의된 플랫폼이다. OSVR은 250여 상용 하드웨어 개발자, 게 임 스튜디오, 연구 기관이 참여하고 있다.

러스는 현재 누구나 자유로이 자기 시스템을 구축하거나 기존 시스템을 수정할 수 있는 오픈소스 소프트웨어와 하드웨어 디자인을 포함한 OSVR 플랫폼의 주요 개발 자로 일하고 있다.

35.4.2 플랫폼 전용/사실상의 표준

사실상의 표준de facto standard은 대중의 수용 혹은 시장의 압력으로 인해 사용하는 사람의 수가 많아서 지배적인 지위에 도달한 시스템이나 플랫폼을 말한다. 예를 들어 마이크로소프트 Xbox와 PC는 다이렉트X를 사실상의 표준으로 사용한다. 마찬가지로 밸브에는 스팀 OS가 표준이다. AMD는 리퀴드VR^{LiquidVR} 플랫폼, 엔비디아는 게임웍스 VR^{GameWorks VR}이 있다. 자사 제원에 호환되는 다양한 하드웨어에 맞기 때문에 플랫폼이기는 하지만 개방형 표준은 아니다.

35.4.3 개방형 표준

개방형 표준open standard은 '일반 대중에게 제공되며 협력과 합의 중심의 과정을 통해 개발 및 승인되고 유지 관리되는 표준'이다[ITU-T 2015].

개방형 표준의 핵심은 폭넓은 개인이 동일한 투표권하에 협력하고 동의하는 것이다. 개인의 기여는 충분한 그룹 토의와 합의 없이는 넣을 수도 없고 뺄 수도 없다. 크로노스 그룹^{Khronos Group}의 오픈소스 플랫폼은 최종 스펙이 회원의 투표를 통해 결정된다. 균형 잡히고 동등한 투표권 없이는 많은 참여자가 협업을 원치 않거나 더 작은 팀을 힘으로 눌러서 큰 혁신을 놓칠 수 있다.

모든 VR 작업이 한 회사가 통제하는 하나의 플랫폼으로 움직이지 않는 한, 가장 효율적인 개방형 표준은 공식적인 비영리 단체가 후원하는 것이 되고 모두가 동등한 권리를 지니며 환영받을 것이다. 그렇지 않다면, 모두의 노력이 분산되고 신뢰가 사라질 것이다. 비영리 조직은 개발이 개방적이고 투명하게 이뤄지도록 강제하기 위해 있다[메이슨(Mason) 2015].

주목할 개방형 표준 조직

크로노스 그룹은 비영리 표준 조직의 좋은 사례로, 이들의 작업은 로열티와 라이선스 요금 없이 사용할 수 있다. 오픈GL, 오픈CL, 웹GL 등은 모두 크로노스 그룹의 산출물이다. 참여하려면 연회비를 내고, 결정에 대해 투표하고, 표준을 적용한다.

ITA^{Immersive Technology Alliance}(http://www.ita3d.com)는 2009년 당시 다른 이름으로 창립됐던 공식적인 비영리 기업이다. 대표 이사 닐 슈나이더^{Neil Schneider}는 멘트 투 비씬(MTBS, http://mtbs3D.com)을 만들기도 했다. MTBS는 오큘러스 리프트의 산실이자 존 카맥^{John Carmack}과 파머 러키^{Palmer Luckey}가 처음 만난 곳이기도 하다. ITA는 몰

입형 기술의 성공을 위해 매진하며, 더불어 표준과 업계 성장에 관련된 자체 작업 그룹을 운영하고, 정기적으로 시그래프SIGGRAPH, 크로노스 그룹, 온오프 회합 조직 (예: SVVR) 등의 외부 조직과 협업한다. 또한 전문가들이 언론으로부터 차단된 안전한 환경에서 서로 공유하고 배울 수 있게끔 비밀 유지 서약을 맺는 전용 커뮤니티 '이머스드 액세스Immersed Access'(http://www.immersedaccess.com)를 출시하기도 했다. 이머스드 액세스에서는 OSVR, 오큘러스, 밸브, 기타 플랫폼 영역에 대한 비공식 논의를 펼치고 있다.

35.5 하드웨어

3D 프린팅이 대중화되면서 새로운 VR 하드웨어 개발은 이제 정기적으로 이뤄지고 있다. HMD는 가볍고 시야각도 넓어지고 있다. 머리와 손 양쪽의 하이브리드 트래킹 정밀도와 정확도도 개선되고 있다. 매직 리프는 초점 조절과 이접 운동 충돌 문제를 해결했다고 주장한다. 수많은 기업들이 몸 전체 트래킹에서 개선을 이뤄내고 있다. 조만간 외골격 슈트exoskeleton가 만들어져 더 나은 촉감을 제공하고, 사람의 힘을 슈퍼맨처럼 증강시킬지도 모르겠다.

선도적인 VR 기업(오큘러스, 밸브, 소니, 식스센스)은 지금 모두 낮은 가격대로(최소한 이전의 프로급 시스템에 비해서는 그렇다.) 트래킹형 핸드헬드 컨트롤러 옵션을 만들어 내고 있다. 이런 컨트롤러는 현재 대다수의 완전 몰입형 VR 경험과의 상호작용에 대해 최고의 방식이다(사용자가 이런 기기를 많이 보유하지 않고 있어서 이런 애플리케이션이 아직은 비교적 적기는 하다). VR에서 손이 없는 것은 현실 세계에서 손이 마비된 것만큼 큰 문제는 아니다. 이런 종류의 손 입력 기기가 더 보급되면 개발자도 상호작용에 더 좋고 혁신적인 방법론을 만들어낼 것이다. 일정 시점이 오면, 대부분의 VR 경험은 완전히 수동적인 것을 빼고는 사용자가 손으로 상호작용할 수 있게 될 것이다.

6 DoF의 손 입력 기기라 해도 현재의 손 입력은 각 손가락이 거의 트래킹되지 않는 '벙어리 장갑' 스타일의 인터페이스로 제한된다고 설명돼 왔으며, 손가락이 트래킹된다 하더라도 정확히 트래킹되는 경우는 거의 없고 100% 신뢰도에는 절대 미치지못한다. 틴달Tyndall은 TSSG 및 넥스트젠 인터랙션스와 협업해 이전에 외과 수술 훈련에 활용됐던 극히 정확한 글러브 기술의 상용화를 진행 중이다. 목표는 이전 글러브에서 부딪혔던 중대한 문제를 극복하는 소비자 가격대의 VR 글러브를 만드는 것

이다. 그림 35.3은 이 글러브의 프로토타입이다.

그림 35.3   틴달/TSSG VR 글러브의 초기 프로토타입 (틴달과 TSSG 제공)

35.6 AR과 VR의 접점

증강 현실(AR)과 가상 현실(VR)에는 많은 차이가 있지만, 둘이 공통점을 보이는 유사한 특성도 많다. 경험 자체는 매우 다를 수 있지만(VR은 사용자를 다른 세상으로 이동시키는 반면, 증강 현실은 현장에 무언가를 더해 넣는다.), 양쪽에 같은 하드웨어를 사용할 수 있다. 예를 들어 1990년대부터 카메라가 현실 세계를 캡처해 비투과형 HMD에 VR 경험을 가져오고 있다(증강 가상의 한 형태. 3.1절과 그림 27.6절 참조). 그러므로 AR과 VR의 접목은 연구 관점에서 그다지 새롭지 않지만, 주류의 관심을 끄는 면으로는 새로운 주제다. 반면, 미래의 광학 투과형 HMD는 개별 픽셀을 불투명하게 만들어 디지털 이미지가 현실 세계의 전부나 일부를 완전히 가릴 수 있다.

시작

미래를 예언하는 가장 좋은 방법은 미래를 직접 만드는 것이다.

– 앨런 케이(Alan Kay)

VR 기술은 빛의 속도로 발전하고 있다. 2011년에만 해도 학계, 기업 연구소, 공상과학 커뮤니티를 제외하고는 대부분이 VR은 말도 안 되는 농담이라고 생각했다. 현재로 돌아오면 수천의 독립 개발자, 스타트업, 포춘 500대 기업이 VR 선두 주자를 노리며 VR 경험을 만들어내고 있다. 메시지는 분명하다. 경쟁력을 갖추고 싶은 기업이라면, 완벽한 프로젝트 기획을 써내려가는 것은 타 기업에 비해 뒤처질 위험도 있을 뿐더러 시간 낭비 요소이기도 하다. 지난 주에 겨우 프로토타입을 완성하고 최초의 데모에서 피드백을 바로 어제 받았을 경우가 비일비재하다. 그러므로 프로젝트 정의 단계에서는 시간을 좀 쓰자. 하지만 무언가를 만들어내기 전에 최초 계획 단계에서는 한 달이 아니라 며칠만 쓰도록 한다. 아니면 아예 바로 구축 단계로 들어가도 좋다. 소프트웨어 개발 경험이 없다는 것은 변명이 되지 않는다. 현재 기본 프로토타입은 마우스를 가져가서 클릭하기만 하면 되는 간단한 툴로도 만들 수 있다. 콘텐츠가 꼭 새로울 필요는 없다. 지금은 시작 단계일 뿐이다. 주위를 둘러보며 실험해본 다음 몇 가지를 수정하고 실험한다. 그런 다음 정의 단계로 돌아가서 몇 가지 아이디어를 종이에 스케치한다. 결국 예산이 없는 십대가 친구와 가족이 감탄할 만한 기본 VR 경험을 구축할 수 있다면, 미래를 바꾸고자 하는 성인도 그렇게 할 수 있다. 기본 계획을 세우고, 하드웨어에 몇 십만 원을 쓰고, 프로토타입 경험을 만들고(혹은 동료나 친구와 함께 작업하고), 이런 프로토타입을 지인에게 시연해 피드백을 구하지 못한다면 VR 시류의 선도자가 될 수는 없다. 이런 준비가 돼 있다면, **새로**

운 현실의 세계에 어서 합류하자!

주당 몇 시간만 투자하는 정도로 VR 경험을 구축할 수 있는 사람에게 합리적인 스케줄을 살펴보자. 생활을 조정할 수 있거나 상사를 설득해 VR 구축에 전념할 수 있다면 제약 요인은 아마도 하드웨어 배송 시간 정도일 것이다. 소프트웨어 개발 경험이 있다면 일주일 안에 이런 스케줄을 금방 만들 수 있다. 그러므로 변명은 그만두고 **일에 착수하자!**

- 1주차

  - 지역의 VR 모임을 찾아서 참여한다(http://vr.meetup.com). 데모를 이용해 보고 가능한 한 많은 사람과 대화한다. VR 경험 개발을 진지하게 생각하는 이들과 친분을 쌓는다. 이들의 연락처를 수집한다.

  - HMD를 주문한다.

- 2주차

  - 하드웨어 배송을 기다리는 동안 유니티(Pro 버전의 경우 143,250원의 연회비를 내면 개인이나 기업에서 자유롭게 사용할 수 있다.) 혹은 다른 개발 도구를 다운로드한다.

  - 비VR 튜토리얼을 온라인에서 검색해 따라 하면서 핵심 툴의 사용법을 익힌다(개발자가 될 의향이 없다 하더라도 기본은 알아야 한다).

- 3주차

  - HMD가 도착하면 HMD의 사용 지시서를 따른다. 그리고 제조사의 기본 데모를 사용해본다.

  - 다양한 VR 경험도 찾아서 다운로드한다. 마음에 드는 것과 마음에 들지 않는 것을 기록한다.

- 4주차

  - 유니티나 선택한 툴을 이용해 텍스처 매핑된 면, 공중에 떠있는 정육면체, 광원을 추가한다(독자를 위해 최초 정의 단계를 정한 것일 뿐이다).

  - 애플리케이션을 빌드하고 HMD를 착용한 다음 주위를 둘러본다.

  - HMD를 벗고 씬을 수정한다. 빌드하고 HMD를 착용한 다음 어떻게 바뀌었는지 살펴본다.

- 축하한다. 이제 가장 기본적인 정의 및 구현을 해냈다. 아마도 두어 시간 만에 실험과 반복 적용이 끝난 것이다. 지금 시점에서는 엉망인지 아닌지 가 중요하지 않다. 빠르게 학습하는 것이 관건이다.
  - 그럼 좀 더 반복해서 적용해보자!
- 5주차
  - 시도해본 경험과 직접 구축한 첫 번째 씬에서 마음에 들거나 마음에 들지 않았던 것을 기반으로 첫 번째 프로젝트의 기본 콘셉트를 적는다. 창의적 이 되자.
  - 요건, 제약, 과제 분석 같은 상세한 사항은 아직 걱정하지 말자. 나중에 처 리하면 된다.
- 6주차
  - 기본 콘셉트에 맞춰 몇 가지 기능만 빌드한다. 아트는 아직 걱정할 필요가 없다. 이것은 아이디어를 테스트하는 프로토타입임을 기억하자.
  - 친구, 가족, 그리고 모임에서 만난 이들에게 보여준다. 무엇이 잘됐고 무 엇이 잘되지 않았는지에 대해 피드백을 받는다.
- 7주차 이후
  - 반복 적용한다. 반복 적용한다. 반복 적용한다. 각 반복 적용마다 언제든 매 단계를 확장하거나 처음부터 완전히 시작한다. 그런 다음 7주차 과정 을 반복한다.

축하한다. 여러분은 이제 VR 제작자로서 VR 혁명에 기여할 준비를 마쳤다! 여기가 끝이 아니 라 단지 시작일 뿐임을 잊지 말자.

예제 설문지

이 부록에서는 넥스트젠 인터랙션스가 디지털 아트폼 및 식스센스와 협력해 메이크VR(이전 명칭은 스튜디오 인 모션Studio-In Motion) 평가에 사용했던 예제 설문을 보여준다[제럴드 등 2013]. 이 설문은 애플리케이션에서 사용자당 평균 두 시간에 걸쳐 성castle을 만든 다음 배포됐다. 설문에는 케네디 시뮬레이터 멀미 질문지(16.1절 참조), 리커트 척도(33.3.4절 참조), 이전 경험, 그리고 어떤 것이 잘 구현됐으며 개선할 점은 무엇인지를 묻는 자유형 설문이 포함된다.

스튜디오 인 모션 질문지 1/4 페이지

시뮬레이터 멀미 질문지

실험을 시작했을 때와 비교해서 현재 몸 상태가 똑같이 좋은가요? ☐ 예 ☐ 아니오
아니라면 아래 공백에 어떤 불편이 있는지 간단하게 설명해주세요.

다음 각 증상에 대해 '없음'부터 '심각함'까지로 단계를 구분해서 지금 느끼는 상태에 동그라미를 치세요.

1. 전반적인 불편함	없음	약간	어느 정도	심각함
2. 피로(지친 느낌이나 몸의 탈진)	없음	약간	어느 정도	심각함
3. 두통	없음	약간	어느 정도	심각함
4. 눈의 긴장(눈의 피로감이나 시림)	없음	약간	어느 정도	심각함
5. 초점을 맞추기 어려움	없음	약간	어느 정도	심각함
6. 침 분비 증가	없음	약간	어느 정도	심각함
7. 진땀	없음	약간	어느 정도	심각함
8. 메스꺼움(울렁임)	없음	약간	어느 정도	심각함
9. 집중하기 어려움	없음	약간	어느 정도	심각함
10. 머리가 무거움(부비강 압력)	없음	약간	어느 정도	심각함
11. 시야가 흐릿함	없음	약간	어느 정도	심각함
12. 어지러움(눈 뜨고 있을 때)	없음	약간	어느 정도	심각함
13. 어지러움(눈 감고 있을 때)	없음	약간	어느 정도	심각함
14. 현기증(주위가 빙빙 도는 듯한 느낌)	없음	약간	어느 정도	심각함
15. 속 울렁임(잠깐 메스꺼운 느낌)	없음	약간	어느 정도	심각함
16. 트림	없음	약간	어느 정도	심각함

위 문항 중 어느 것이든 약간, 어느 정도, 혹은 심각함에 표시했다면 시스템을 사용하기 전에 같은 증상을 느꼈는지, 그렇다면 시스템을 사용한 다음에는 얼마나 상태가 나빠졌는지 설명해주세요.

실험이 끝난 다음 최소한 30분간은 자동차를 운전하지 말아야 합니다.

스튜디오 인 모션 질문지   **2/4 페이지**

리커트 척도

아래 각 문항에 대해 각각 하나에만(전혀 그렇지 않다, 그렇지 않다, 모르겠다, 그렇다, 매우 그렇다) 표시해주세요.

	전혀 그렇지 않다	그렇지 않다	모르겠다	그렇다	매우 그렇다
인터페이스를 익히기 쉬웠다.	☐	☐	☐	☐	☐
인터페이스를 익히고 나니 내비게이션이 사용하기 쉽고 직관적이었다.	☐	☐	☐	☐	☐
인터페이스를 익히고 나니 오브젝트 조작이 쉽고 직관적이었다.	☐	☐	☐	☐	☐
인터페이스를 익히고 나니, 인터페이스의 기술적 측면보다 창의적 측면에 집중할 수 있었다.	☐	☐	☐	☐	☐
나는 새로운 인터페이스가 마우스와 키보드 인터페이스보다 좋다.	☐	☐	☐	☐	☐
오브젝트/씬을 내가 원하는 대로 만들어낼 수 있었다.	☐	☐	☐	☐	☐
집에서 시스템을 이용해보겠다.	☐	☐	☐	☐	☐
시스템을 친구들에게 추천하겠다.	☐	☐	☐	☐	☐
전반적으로 경험이 즐거웠다.	☐	☐	☐	☐	☐

인구 통계 정보

1. 나이와 성별

    나이 _____

    성별 _____

배경/경험

각 문항에 대해 해당하는 곳에 체크하세요.

1. 보통 한 주에 얼마나 많이 컴퓨터를 사용하시나요?
   나는 컴퓨터 사용 시간이 … 미만이다.
   - ☐ 1. 1시간
   - ☐ 2. 2시간
   - ☐ 3. 5시간
   - ☐ 4. 10시간
   - ☐ 5. 20시간
   - ☐ 6. 40시간
   - ☐ 7. 40시간 이상

2. 지난 2년 동안 주 단위로 가장 많이 비디오 게임을 플레이한 시간은 어느 정도인가요?
   하나만 선택하세요.
   나는 일주일에 게임 플레이 시간이 … 미만이었다.
   - ☐ 1. 1시간
   - ☐ 2. 2시간
   - ☐ 3. 5시간
   - ☐ 4. 10시간
   - ☐ 5. 20시간
   - ☐ 6. 40시간
   - ☐ 7. 40시간 이상

3. 컴퓨터 애플리케이션을 제어하기 위해 3D 공간에서 양손을 사용하지 않는(예: 키보드, 마우스, 터치스크린을 사용하지 않는) 시스템을 얼마나 사용해보셨나요?
   오늘 이전에 자유로운 3D 공간 인터페이스를 사용해본 것은…
   - ☐ 1. 사용한 적 없다.
   - ☐ 2. 한 번
   - ☐ 3. 두 번
   - ☐ 4. 5~10번
   - ☐ 5. 11~20번
   - ☐ 6. 20~100번
   - ☐ 7. 학교, 직장, 놀이를 위해 거의 매일

4. CAD(컴퓨터를 이용한 디자인) 소프트웨어(예: 마야, 3D 스튜디오, 스케치업)를 얼마나 사용해보셨나요?
   오늘 이전에 CAD를 사용해본 것은…
   - ☐ 1. 사용한 적 없다.
   - ☐ 2. 한 번
   - ☐ 3. 두 번
   - ☐ 4. 5~10번
   - ☐ 5. 11~20번
   - ☐ 6. 20~100번
   - ☐ 7. 학교, 직장, 놀이를 위해 거의 매일

주관식 질문

1. 이 시스템에서 무엇이 가장 마음에 들었나요?

2. 시스템 사용에 익숙해지기까지 시간이 얼마나 걸렸나요?

3. 만들고 싶은 것을 만들 수 있었나요?

4. 시간이 좀 더 주어졌다면 더 흥미로운 씬을 만들 수 있었다고 생각하시나요?

5. 이 시스템에서 마음에 들지 않은 점은 무엇인가요?

6. 시스템 개선을 위한 제안이나 아이디어가 있으면 적어주세요.

7. 시스템 사용 시 피로감이 있었나요? 그랬다면 몸의 어느 부분에 피로감이 들었는지 적어주세요.

8. 이 시스템을 구매하는 데 소비자가 얼마를 지불하리라 생각하시나요?

9. 다른 의견이 있으면 자유롭게 적어주세요.

APPENDIX

인터뷰 지침 예제

이 부록은 VR 애플리케이션을 경험한 후 사용자에게서 정성적 피드백을 수집하는 데 활용하는 인터뷰 지침의 예다(넥스트젠 인터랙션스 제공).

인터뷰 질문 지침

인터뷰 준비. 비디오 카메라와 마이크를 켠다.
비디오와 사운드가 제대로 녹화되는지 테스트한다.

서면 질문지. 질문지 끝부분에 응답을 길게 쓸 수 있는 부분을 마련한다.

일반적 코멘트. 자유로이 생각과 논의를 적어넣을 수 있는 주관식 질문

건강. "몸 상태가 어떤가요? 좋지 않다면, 증상이 언제 시작됐는지와 무엇 때문에 안 좋아졌는지를 알려주세요."

프레젠테이션. "오디오 단서, 시각 단서, 그리고 여타 감각 단서에 대한 코멘트를 남겨주세요. 보거나 듣고 느끼기에 좋지 않은 것이 있었는지요?"

참여와 존재감. "가상 세계에 들어가 있는 느낌이 들었나요? 경험을 관람하고/관찰하는 느낌이었나요, 아니면 경험의 일부로 녹아들어간 느낌이었나요? 몰입감을 깨는 구체적인 문제나 사건이 있었나요?"

이해와 직관. "경험이 이해 가능했나요? 무엇을 하는 것인지 분명했나요? 구체적으로 이해하기 어려운 것으로는 무엇이 있었나요?"

시간 사용. "시스템을 더 사용하고 싶으셨나요? 아니면 세션이 너무 길거나 피로했나요?"

사용 용이성과 난이도. "과제들이 상호작용하기에 쉽거나 어려웠나요? 시스템 사용 난이도에 대해 코멘트할 내용이 있으신가요? 구체적으로 개선할 수 있는 것으로는 무엇이 있을까요?"

빠진 기능과 아이디어. "경험하고 싶었는데 할 수 없는 것은 무엇이었나요? 향후 버전에 포함되면 유용할 것으로 생각되는 것은 무엇이 있나요?"

다른 코멘트와 제안. "시스템과 경험을 개선하는 데 도움이 될 만한 의견이 있으면 자유롭게 적어주세요."

참여에 대한 감사. 향후 이벤트에 참여하고 싶은지, 추가 피드백을 전달하고 싶은지를 묻는다. 연락처 정보를 수집한다.

용어 사전

(기기의) 신뢰도 입력 기기가 사용자의 개인 공간 전체에서 얼마나 일관되게 작동하는지의 정도(27.1.9절)

(디스플레이) 응답 시간 한 픽셀이 의도된 강도의 일정 비율에 도달하는 데 걸리는 시간(15.4.4절)

(연구의) 신뢰도 비슷한 조건의 실험, 테스트, 측정에서 일관되게 같은 결과가 나오는 정도(33.2.2절)

(인지적) 등록 근접한 자극 변화가 신경계 안에서 처리되게끔 암호화되는 과정(10.1절)

24시간 주기 자연의 24시간 주기로, 생체적으로 반복된다(9.2.3절).

2D 데스크톱 통합 기존 2D 데스크톱 애플리케이션을 텍스처 맵과 가리키기 마우스 컨트롤을 통해 환경에 가져오는 위젯과 패널 패턴의 한 형태(28.4.1절)

2D 와프 새로 희망하는 관람 매개변수에 따른 참조 이미지에서의 픽셀 선택 혹은 재투영. 실질적 지연 시간을 줄이는 데 활용할 수 있다(타임 와핑이라고도 한다)(18.7.2절).

3D 멀티 터치 패턴 월드의 포지션, 방향, 크기를 동시에 조작할 수 있게 해주는 시점 컨트롤 패턴(28.3.3절)

3D 툴 패턴 사용자가 두 손으로 중개 역할을 하는 3D 툴을 직접 조작함으로써 월드 안에 있는 오브젝트를 직접 조작할 수 있게 해주는 조작 패턴(28.2.3절)

CAVE 바닥과 벽에 입체적으로 시점이 수정된 이미지가 디스플레이되는 물리적 방 안에서 사용자가 상호작용하는 리얼리티 시스템. CAVE는 동굴형 자동 가상 환경Cave Automatic Virtual Environment의 약어다(3.2.1절).

HOMER 기법(레이캐스팅 연장 손 중심 오브젝트 조작법) 가리키기로 선택한 다음 손이 오브젝트로 점프해, 사용자가 오브젝트를 손에 든 것처럼 직접 위치를 잡고 회전할 수 있게 해주는 가리키기 손 패턴의 한 형태(28.5.1절)

INVEST 독립적이고Independent, 협상 가능하고Negotiable, 가치 있고Valuable, 추정 가능하고Estimable, 소규모이고Small, 테스트 가능한Testable 각각의 속성을 나타내는 영단어

들의 첫 글자를 딴 사용자 시나리오의 품질 설명(31.12절)

p 값 결과에 내재적으로 참인 것 때문이 아니라 운에 의해 일어난 결과의 개연성 (33.5.2절)

SMART 목적의 수준을 설명하는 데 쓰는 약어로, 구체적이고Specific, 측정 가능하고Measurable, 달성 가능하고Attainable, 관련 있고Relevant, 시간 제한적인Time-bound 속성을 뜻한다(31.5절).

TCP(전송 제어 프로토콜) 추가 지연 시간이 있기는 하지만 신뢰할 수 있는 양방향성의 정렬된 바이트 스트림 모델(32.5.2절)

UDP(사용자 데이터그램 프로토콜) 최상의 방식으로 가동하는 네트워크 커뮤니케이션을 위한 최소한의 무접속 전송 모델(32.5.2절)

VR 멀미 멀미의 특정 원인과 관계없이 VR 사용이 원인인 멀미(3부)

VR 후유증 VR을 사용한 다음 일어나는 부작용이지만 VR을 사용하는 도중에는 겪지 않는 것들(13.4절)

가리키기 패턴 레이캐스팅을 원거리까지 연장하고, 처음으로 교차되는 오브젝트를 사용자가 조종하는 방아쇠를 통해 선택하는 패턴(28.1.2절)

가상 세계 참고 프레임 가상 세계의 레이아웃과 일치하며, 사용자가 향한 방향, 위치, 크기와는 관계없이 지리적 방향(예: 북쪽)과 거리(예: 미터)가 포함되는 참고 프레임(26.3.1절)

가상 조종 장치 내비게이션할 때 사용되는 현실의 조종 장치를 (물리적 실체가 존재하지는 않더라도) 시각적으로 표현한 것(28.3.2절)

가상 핸드헬드 패널 언제나 잘 쓰지 않는 손으로 버튼을 클릭할 수 있는 위젯과 패널 패턴의 형태(28.4.1절)

가상 현실(VR) 컴퓨터로 생성된 디지털 환경이 마치 실제인 것처럼 이를 경험하고 상호작용할 수 있는 것(1.1절)

가상 환경 인위적으로 만들어낸 현실. 가장 순수한 가상 현실에는 현실 세계에서 캡처한 콘텐츠가 없다(3.1절).

가설 테스트하고 위조할 수 있는 두 가지 변수 간의 관계에 대한 예측성 선언(33.4.1절)

가장자리 이동을 막거나 우회시키는 지역 사이의 경계선(21.5절)

가청화 반사와 두 귀 사이에서 소리가 다르게 들리는 것을 시뮬레이션한 사운드 렌더링(21.3절)

가치 자동으로 어떤 것이 좋은지 나쁜지, 옳은지 그른지를 판단하는 맥락적인 심리적 필터(7.9.3절)

간격 변수 순서대로 간격이 균등한 값을 취하는 변수로, 원래 절대 영점이 없다(33.5.2절).

간상세포 주로 낮은 조도에서의 시야를 맡으며, 중심와 및 맹점을 제외한 망막 첫 레이어 전체에 분포하는 수용체(8.1.1절)

간접 상호작용 입력과 출력 간의 인지적 변환이 필요한 상호작용(25.3절)

간접적 제스처 시간의 흐름에 따라 복잡한 의미를 표시하는 제스처. 간접적 제스처의 시작만으로는 시스템이 즉각 응답을 시작하기에 부족하다. 상징적, 경로적, 감정적 정보를 전달한다(26.4.1절).

간접 커뮤니케이션 같은 중재자를 통한 둘 이상의 개체 연결. 언어라고 하면, 우리가 일반적으로 떠올리는 구어와 문어, 수화, 그리고 속으로 하는 생각이 포함된다(1.2.2절).

간접 컨트롤 패턴 중재 도구를 통해 오브젝트, 환경, 혹은 시스템을 수정하는 컨트롤을 제공하는 상호작용 패턴의 세트. 위젯과 패널 패턴, 비공간적 컨트롤 패턴이 있다(28.4절).

감각 근접 자극을 통해 원격 자극을 자세히 알아볼 수 있게 해주는 기초적인 과정(7.2절)

감각 대체 이상적인 감각 단서를 줄 수 없을 때 하나 이상의 다른 감각 단서로 대체하는 것(26.8절)

감각 순응 자극을 감지하는 민감성의 변경(10.2.1절)

감각 충돌 이론 모든 감각 양상에서 (주로 시각과 전정 기관) 들어오는 정보가 서로 맞지 않고 우리가 기대한 심상 모델과 일치하지 않는 방식으로 환경이 바뀌는 데서 동작 멀미가 올 수 있다는 멀미 이론(12.3.1절)

감독 주로 전반적 경험의 사용자 역할을 대신하는 역할을 하지만, 동시에 프로젝트의 목표를 달성하고 팀이 올바른 것들에 집중하도록 이끄는 프로젝트의 리드 디자이너(20.3절)

감정 프로세스 의식에서 강력하게 데이터를 처리하는 정서적 측면으로, 생리적이고 심리적으로 본능적이며 행동적 반응을 낳는다(7.7.4절).

감지 시력 빈 곳에 사람이 감지할 수 있는(0.5아크 초) 가장 작은 자극을 넣어 측정하는 시각의 절대 시력. 최소 가시력이라고도 한다(8.1.4절).

감축 피험자가 연구에서 빠져나가서 생기는 내적 타당성에 대한 위협. 폐기율이라고도 한다(33.2.3절).

개념적 완결성 일관되고 정연하며 때로는 통일된 스타일(20.3절)

개방형 표준 일반 대중에게 제공되며 협력과 합의 중심의 과정을 통해 개발되고 승인되며 유지 관리되는 표준(35.4.3절)

객관적 현실 의식 있는 개체가 관찰하는 바와 관계없이 존재하는 그대로의 세계(6장)

객체 관련 운동 자극 간의 공간적 관계의 변화(9.3.2절)

객체 속성 시간이 흘러도 불변하는 경향이 있는 객체의 특징(10.1절)

거대 세포 과도 응답과 큰 수용 영역이 특징인 시각 시스템의 큰 뉴런들로, 모션 감지, 시간 관리/시간 분석, 심도 인지가 최적화된다(8.1.1절).

거울 뉴런 행동이 수행되거나 똑같은 행동이 목격될 때 비슷한 방식으로 반응하는 뉴런. 사람에게 존재하는지 증명되지 않았다(10.4.2절).

건강의 부작용 리얼리티 시스템이나 그 애플리케이션이 메스꺼움, 눈의 피로, 두통, 현기증, 부상, 전염병 등과 같이 사용자의 건강을 해치는 모든 문제(3부)

건설적 접근법 세계에 대한 절대적이거나 객관적인 진실을 측정하려 하는 대신 경험과 이런 경험에 대한 회고를 통해 이해, 의미, 지식, 아이디어를 구축하는 것(33.3절)

걷기 패턴 발 움직임을 활용해 시점을 컨트롤하는 시점 컨트롤 패턴(28.3.1절)

게슈탈트 그룹화 우리가 어떻게 물체들을 조직화된 패턴과 물체들로 자연스럽게 인식해 개별적 컴포넌트들의 홍수에서 질서를 부여하는가에 대한 규칙(20.4.1절)

게슈탈트 심리학 인지는 우리가 물체와 세상을 어떻게 인식하는지 결정하는 여러 구성 원칙에 의존한다는 이론. 사람의 마음은 물체의 전체를 그 개별적 부분들을 인지하기 전에나 동시에 고려한다는 입장으로, 전체는 부분의 총합과 다르다는 것을 암시한다(20.4절).

게임화 사람들이 재미없게 느끼는 과제를 가져와서 그 과제의 핵심을 재미있고 도

전적이며 보상을 주는 것으로 바꾸는 것(20.2절)

결정 숙고하고 고려한 다음 도달한 결론과 결심(7.9.3절)

경계 위험, 어려움, 혹은 인지 작업이 일어나는 데 대비해 주의를 기울이고 집중 상태를 유지하는 것으로, 사건이 자주 일어나지 않고 오랜 기간 유지할 때가 많다(10.3.2절).

경고용 그리드 트래킹 가장자리나 물리적 위험 요소에 다가갈 때 사용자에게 제시되는 시각적 패턴(18.10절)

경사 흐름 망막 이미지의 다양한 부분이 서로 다른 속도로 지나가는 현상으로, 관찰자와 가까운 곳에서는 빠르게, 먼 곳에서는 느리게 움직인다(9.3.3절).

경험적 충실도 사용자의 개인적 경험이 VR 창작자가 의도한 경험과 일치하는 정도(4.4.2절, 20.1절)

계측 측정 도구나 관찰자의 채점 방식 변화에 의해 일어나는 내적 타당성에 대한 위협(33.2.3절)

계층적 과제 분석 과제를 충분한 상세 수준에 도달할 때까지 더 작은 하위 과제로 나누는 과제 분석(32.1.2절)

고개로 가리키기 선택하는 레이캐스팅이 '키클롭스의 눈'으로부터 연장되는 가리키기 패턴의 하나. 사용자에게는 보통 시야 중앙의 작은 포인터나 조준선으로 제시된다(28.1.2절).

고고 기법 두 팔이 물리적으로 닿을 수 있는 범위의 2/3를 넘어서는 지점까지 갈 때 가상의 손이 비선형적으로 뻗어가기 시작하는, 비사실적으로 손을 연장하는 손 선택 패턴과 직접 손 조작 패턴의 한 형태(28.1.1절)

고리 메뉴 중앙 지점에 여러 옵션이 집중적으로 디스플레이돼 있는 회전식 1D 메뉴로 구성된 위젯과 패널 패턴의 한 형태(28.4.1절)

고스팅 물체를 실제 물체와는 다른 포즈로 동시에 렌더링하는 것(26.8절)

고유 감각 팔다리와 전신에 있는 감각으로 근육, 힘줄, 관절낭의 수용기에서 오는 전신의 자세와 운동 감각(8.4절)

고정 흥미로운 항목에 집중하기 위해 잠시 멈추는 것(10.3.2절)

고정적 눈 움직임 사람이 고개를 똑바로 유지한 채 한 방향을 보고 있을 때 원추세포와 간상세포의 탈색을 방지해 시야를 유지하게 해주는 눈의 작은 움직임. 상시 미동, 미세환속 운동, 안구 흐름으로 분류할 수 있다(8.1.5절).

공간 오디오 3D 공간의 어디에서 소리가 들려오는지 감지하게 해준다(3.2.2절, 21.3절).

공간 컴플라이언스 직접적 공간 매핑. 포지션 컴플라이언스, 지향성 컴플라이언스, 널링nulling 컴플라이언스로 구성된다(25.2.5절).

공통 운명의 원칙 함께 움직이는 요소들은 더 크고 복잡한 그룹에 속해 있다 하더라도 한 형태나 그룹으로 인지된다는 게슈탈트 원칙(20.4.1절)

과제 도출 인터뷰, 설문지, 관찰, 문서의 형태로 정보를 수집하는 것(32.1.2절)

과제 분석 물리적 행동과 인지적 과정 양쪽 면에서 사용자가 어떻게 과제를 완수하거나 그렇게 진행되는지를 분석한다(32.1절).

과제와 관련 없는 자극 우리가 관여하고 있는 과제와 관계가 없어서 주의를 분산시키고 수행력을 떨어뜨릴 수 있는 정보(10.3.2절)

과학적 방법론 관찰과 실험에 기반한 계속되는 반복 적용 프로세스며 예측, 테스트, 개선으로 이뤄진다(33.4절).

관찰자 서있거나 걸어 다니는 사용자를 잘 지켜보면서 필요할 때 자세를 안정시켜주는 사람(14.3절)

관찰 점수 단일 측정치에서 구한 값이며 안정적 특징과 불안정적 특징 모두의 기능이다(33.2.2절).

광민감성 발작 깜박임에 의해 유발되는 간질 발작(13.3절)

광학적 흐름 망막 위 시각적 움직임의 패턴으로, 사람과 장면 간의 상대적 움직임에 의해 망막에 맺히는 물체, 표면, 가장자리의 움직임 패턴(9.3.3절)

광학투과형 HMD 컴퓨터로 생성된 단서를 활성화해 시야에 얹어주는 HMD. 증강 현실 경험에 이상적이다(3.2.1절).

교란 요인 종속 변수에 영향을 미칠 수 있으며 독립 변수와 종속 변수 간의 관계 왜곡으로 이어질 수 있는 독립 변수 이외의 변수(33.4.1절)

구성 타당성 평가되는 개념적 변수(구성)를 실제로 측정하는 정도(33.2.3절)

구심성 감각 수용기에서 안쪽에 있는 중앙 신경계로 이동하는 신경 자극(7.4절)

구조적 커뮤니케이션 이 세상의 물리학으로, 설명이나 수학적 표현이 아니라 사물 그

자체. 예를 들어 손에서 튕기는 공이나 컨트롤러를 둘러싼 사람 손의 형태(1.2.1절)

구현 단계 반복 적용 디자인 과정에서 구체적인 디자인과 적용이 일어나는 단계(6부, 32장)

권한 없는 서버 실질적으로 클라이언트 서버 모델을 따르지만, 서버가 클라이언트 사이에서만 메시지를 전달하므로 많은 면에서 피어 투 피어 모델과 같은 네트워크 서버(32.5.3절)

권한 있는 서버 모든 월드 상태, 시뮬레이션, 클라이언트로부터 들어오는 입력 처리를 제어하는 네트워크 서버(32.5.3절)

그림자/음영 한 물체가 지면에서 얼마나 높이 떨어져 있는지 알려주는 회화적 심도 단서(9.1.3절)

근접 자극 실제 감각 기관에 닿는 원격 자극의 에너지(7.1절)

근접성 원칙 서로 가까이 있는 요소들은 한 형태나 그룹으로 인지된다는 게슈탈트 원칙(20.4.1절)

기능적 요건 시스템의 어떤 부분이나 사용자가 할 수 있는 어떤 것을 명시한 요건(31.15.2절)

기대 위반 기대했거나 의도한 효과와 다른 동시적 이벤트에서 나오는 결과(32.5.1절)

기술 통계 데이터셋의 주된 특징을 요약한 값(33.5.2절)

기억 주관적 현재에 의식적으로 재연되는 과거의 경험(7.9.3절)

기울임을 통한 내비게이션 사용자가 기울이는 방향으로 이동하게 되는 조종 패턴의 한 형태(28.3.2절)

기초 지오메트리 근본적 경험에 추가되는 개인 공간과 행동 공간 안의 정적 컴포넌트. 제한적인 행동 유도성이 있다(21.1절).

기표 오브젝트의 적절한 용도, 구조, 작동, 행동 양식을 사용자에게 커뮤니케이션하는 인지 가능한 표시(신호)(25.2.2절)

길 찾기 실제로 신체적인 움직임은 전혀 없이 움직임을 이끄는 생각만으로 이뤄지는 내비게이션의 정신적 요소(10.4.3절)

길 찾기 보조물 사람들이 인지 지도를 형성하고 월드 안에서 길을 찾는 데 도움이 되는 단서. 환경적 길 찾기 보조물이나 개인적 길 찾기 보조물로 분류할 수 있다

(21.5절).

깜박임 번쩍임이나 시각적 강렬함의 교차가 반복되는 것. VR 멀미를 일으킬 수 있다(9.2.4절).

나이브 탐색 위치를 모른 채 특정 대상을 탐색하는 것(10.4.3절)

나침반 사용자에게 외부 중심적 방향 감각을 주는 데 도움이 되는 개인적 길 찾기 보조물(22.1.1절)

난간 건물의 옆면이나 울타리 같은 환경에서 선형으로 표시되는 형체로, 내비게이션 가이드 및 심리적 이동 제약으로 이용된다(21.5절).

내비게이션 의도한 장소까지 코스나 경로를 판단하고 유지하는 것. 길 찾기와 이동으로 구성된다(10.4.3절).

내적 타당성 관계가 무작위적인 정도(33.2.3절)

내적 표상 외부 자극으로 존재할 수도, 존재하지 않을 수도 있는 감각 지각의 형태를 취하는 심상 모델의 형태로 구축되는 사고(7.9.4절)

냄새 공기 중의 냄새 분자가 코에 높이 분포한 후각 수용체의 특정 위치에 결합할 때 냄새를 인지하게 되는 능력(8.6절)

널링 컴플라이언스 상응하는 입력 기기가 최초 배치로 돌아갈 때 가상 오브젝트의 최초 배치에 매칭되는 것. 절대 입력 기기로는 가능하지만 상대 입력 기기로는 되지 않는다(25.2.5절).

네트워크 아키텍처 사용자와 가상 세계가 어떻게 연결되는지 설명하는 모델. 피어 투 피어, 클라이언트 서버, 하이브리드 아키텍처로 설명될 수 있다(32.5.3절).

네트워크 일관성 어떤 시점에든 모든 사용자가 똑같이 공유된 정보를 늘 인지하도록 하는 네트워크의 이상적인 목표. 동기화, 인과성, 동시성으로 나눌 수 있다(32.5절).

노드 루트와 지역으로 가는 입구 사이에 있는 분기점(21.5절)

노마딕 VR 줄에 연결되지 않아 완전한 보행이 가능한 시스템(22.4절)

눈 벌어짐 눈이 더 먼 곳을 보기 위해 서로 먼 쪽으로 회전하는 것(8.1.5절, 9.1.3절)

눈속임 그림 마치 입체처럼 보이는 진짜 같은 2D 그림을 이용하는 미술 기법(2부)

눈 참고 프레임 안구의 위치와 방향에 의해 정의되는 참고 프레임(26.3.6절)

눈 트래킹 입력 기기 눈이 바라보고 있는 곳을 트래킹하는 입력 기기 유형(27.3.2절)

늘여서 잡기 손에서 물체로의 방향 매핑은 일대일이지만 사용자로부터 오브젝트의 거리에 따라 해석이 조정되는 손으로 가리키기 패턴의 한 형태(28.5.1절)

능동적 재적응 VR 사용의 후유증을 줄이고자 감각 체계를 보정하기 위한 일상적 활동을 하는 것이다(13.4.1절).

능동적 터치 보통 손가락과 손으로 물체를 적극적으로 만져보는 것(8.3.3절)

다중 감각 패턴 여러 감각/운동 입력을 합친 복합 패턴(8.3.3절)

다중 상호작용 여러 입력 감각과 출력 감각을 결합해 사용자에게 더 풍부한 상호작용을 제공하는 것(26.6절)

단속성 운동 장면의 여러 부분이 중심와에 들어오도록 눈이 수의적/불수의적으로 빠르게 움직이는 것이며, 시각적으로 훑어보기에 중요하다(8.1.5절).

단속 운동 억제 단속성 운동 직전과 도중에 시야가 줄어드는 것(8.1.5절)

단순성 원칙 형태는 복잡한 모양 대신 가장 단순한 모양으로 인지되는 경향이 있다는 게슈탈트 원칙(20.4.1절)

단시궤적 공간에서 양쪽 눈에 맺히는 각 이미지에 양안 시차가 없는 표면(9.1.3절)

단안식 디스플레이 한쪽 눈에 하나의 이미지를 보여주는 디스플레이(9.1.3절)

대기 원근법 대기 중에 산란되는 빛의 입자 때문에 대조가 뚜렷한 물체가 탁한 물체보다 더 가까워 보이는 회화적 심도 단서. 공기 원근법이라고도 한다(9.1.3절).

대상 기반 이동 사용자가 수동적으로 해당 위치로 이동하기 전에 원하는 목표나 장소를 선택할 수 있게 해주는 자동 패턴의 한 형태(28.3.4절)

대표 사용자 프로토타입 대상 사용자층의 피드백을 받기 위해 설계된 프로토타입(32.6.1절)

더블 버퍼 디스플레이 프로세서가 그리는 데 여유(버퍼)를 둔 렌더링 시스템이며, 두 번째 버퍼는 디스플레이에 데이터를 피드한다(15.4.4절).

데모 프로토타입이나 더 완전하게 제작된 경험을 보여주는 것(32.8.1절)

독립 변수 실험자가 바꾸거나 조작할 수 있는 통제되는 실험적 입력(33.4.1절)

돌(doll) 오브젝트나 오브젝트들의 손에 드는 미니어처 프록시(28.5.2절)

돌출 맵 장면의 부분들이 어떻게 두드러져 주의를 포획하는지 표시한 시각적 이미지(10.3.2절)

동공 간 거리(IPD) 두 눈 사이의 거리(17.2절)

동기화 (네트워킹) 일관된 개체 상태와 이벤트 타이밍을 모든 사용자에게 유지해주는 것(32.5.1절)

동기화 지연 파이프라인으로 연결된 컴포넌트들의 통합 때문에 일어나는 지연(15.4.5절)

동등 입력 어떤 감각을 사용해도 결과가 같을 때라 하더라도 무슨 입력을 사용할지 사용자에게 선택권을 주는 것(26.6절)

동시성 (네트워킹) 같은 개체들에 다양한 사용자에 의해 행해지는 이벤트가 동시에 일어나는 것(32.5.1절)

동시 입력 양식 둘 이상의 입력 종류를 동시에 사용해 다른 명령을 내릴 수 있는 옵션(26.6절)

동영상 오버랩 현상 다른 동영상 위에 겹쳐서 보여주는 동영상에 주의를 기울이고 있을 때 한 동영상의 사건은 쉽게 따라갈 수 있지만 두 영상 모두의 사건을 다 쫓아가지는 못하는 현상(10.3.1절)

두려움에 기반한 거리 단서 높다는 느낌이 더 커져서 두려움을 유발하는 상황(9.1.3절)

두서없는 초반 명세 최종 솔루션에 집중하기 전까지의 초기 디자인 단계와는 완전히 다른 탐구 과정(32.2절)

두 손으로 날기 사용자가 두 손 간의 벡터 값으로 판단되는 방향으로 이동하며, 속도는 두 손 간의 거리에 비례하는 조종 패턴의 한 형태(28.3.2절)

듀얼 아날로그 스틱 조종 표준의 일인칭 슈팅 게임 컨트롤을 활용해 지형을 내비게이션하는 조종 패턴의 한 형태(28.3.2절)

듀얼 적응 둘 이상의 상호 충돌하는 감각 환경이 자주 번갈아가며 바뀐 다음 발생하는 인지 적응(10.2.2절)

등 경로 두정엽으로 이어지는 LGN에서의 신경 경로며, 이 부위는 사물의 위치를 판단하는 등의 역할을 한다. '어디', '어떻게', 혹은 '행동' 경로라고도 부른다(8.1.1절).

등장식 입력 기기 중심점으로부터의 편향을 측정하며 저항은 있을 수도 있고 없을 수도 있는 입력 기기(27.1.5절)

등적식 입력 기기 실제 움직임이 전혀, 혹은 거의 없는 압력이나 힘을 측정하는 입력

기기(27.1.5절)

디스플레이 지연　신호가 그래픽 카드에서 나와 그래픽 카드 출력에 정의된 강도의 퍼센티지로 픽셀이 변하기까지 걸리는 시간(15.4.4절)

디자인　생성된 오브젝트, 프로세스, 행동. VR 경험의 정보 수집에서부터 목표 설정, 출시, 프로덕트 개선/지원까지 모든 개발 측면을 망라한 것(30장)

디자인 명세　애플리케이션이 현재 혹은 향후 어떻게 만들어지고 어떻게 작동하는지에 대한 세부 사항(32.2절)

디자인 패턴 (소프트웨어)　소프트웨어 아키텍처에서 흔히 일어나는 문제를 해결하는 데 사용하는 일반적인 재사용 가능한 개념적 솔루션(32.2.5절)

라이트 필드　공간 속 여러 지점을 통과해 지향성으로 흘러오는 빛(21.6.2절)

라체팅　별개의, 혹은 즉각적인 가상의 방향 전환(18.6절)

래스터 디스플레이　왼쪽에서 오른쪽으로, 위에서 아래로 가로 주사선을 순차적으로 주사해 픽셀을 스캔하는 디스플레이(15.4.4절)

랜드마크　환경 내 어디에서나 틀림없이 그 형태를 알아볼 수 있는 주위와 구분되는 정적 단서(21.5절)

러닝 머신　실제로는 한 자리에 머무는 데도 걷거나 뛰는 느낌을 주는 기기. 양방향성 러닝 머신과 무지향성 러닝 머신으로 구분할 수 있다(3.2.5절).

렌더링　컴퓨터 친화적인 포맷에서 사용자 친화적인 포맷으로 데이터를 변환해 현실감을 부여하는 것. 시각 렌더링, 청각 렌더링(가청화), 햅틱 렌더링이 있다(3.2절).

렌더링 시간　프레임레이트의 역으로, 파이프라인으로 구축되지 않은 렌더링 시스템에서는 렌더링 지연에 해당한다(15.4.3절).

렌더링 지연　새로운 데이터가 그래픽 파이프라인으로 들어와서 해당 데이터로부터 새로운 프레임이 완전히 그려지기까지 걸리는 시간(15.4.3절)

루트　두 장소를 연결하는 이동할 수 있는 구간. 경로라고도 한다(21.5절).

루트 계획　현재 위치와 목표 사이를 수동적으로 이동하기 전에 능동적으로 경로를 특정하는 것(28.3.4절)

리다이렉트 워킹　사용자가 회전과 해석 이득을 통해 VR 공간에서 물리적으로 트래킹되는 공간보다 더 넓은 곳을 걸어 다닐 수 있게 해주는 걷기 패턴의 한 형태

(28.3.1절)

리얼리티 시스템 완전한 감각 경험이 구현된 하드웨어와 구동 체제. 이런 시스템의 역할은 사용자가 실제 세계와 상호작용하는 것처럼 직관적으로 애플리케이션 콘텐츠와 잘 소통할 수 있도록 해주는 것이다(3.2절).

리얼 워킹 가상 환경의 동작을 실제로 걷는 동작에 매칭시키는 걷기 패턴의 한 형태 (28.3.1절)

리커트 척도 특정 주제에 대한 서술을 제시하고 피험자들이 '전혀 그렇지 않다.'부터 '매우 그렇다.'까지의 동의 정도를 표시하는 방식(33.3.4절)

립 싱크 화자의 입술 움직임과 말하는 음성 사이의 동기화(8.7절)

마법적 상호작용 사용자가 자연스러운 실제 행동을 하지만 새롭고 강화된 능력을 부여하거나 지능적인 유도를 통해 더 강력하게 만들어주는 VR의 초현실적 상호작용. 상호작용 충실도의 중간으로 간주된다(26.1절).

마스킹 다른 자극이 일어나서 하나의 자극을 인식하지 못하거나 덜 정확하게 인식하게 되는 것(9.2.2절)

마이크 물리적 소리를 전자 신호로 변환하는 어쿠스틱 센서를 활용하는 입력 기기 유형(27.3.3절)

마커 사용자가 배치하는 단서(21.5절)

마케팅 프로토타입 회사/프로젝트에 대한 긍정적인 관심을 끌 수 있게끔 구성하며 오프라인 만남, 회의, 박람회, 혹은 다운로드를 통해 공개하는 프로토타입(32.6.1절)

맛 혀에서 느끼는 물질의 화학적 감각. 미각 인지라고도 한다(8.6절).

망막 눈의 뒷면 안쪽을 덮고 있는 여러 겹의 신경망으로, 광자 입력을 처리한다(8.1절).

망막 상 유동 시각 자극을 보고 있을 때 이에 상대적인 망막의 운동(8.1.5절)

망상 활성화계 각성 상태를 강화해주는 두뇌의 부분(10.3.1절)

매핑 둘 이상의 사물 간의 관계(25.2.5절)

맥락적 지오메트리 사용자가 안에 있는 환경의 맥락, 일반적으로 액션 공간. 행동 유도성이 없다(21.1절).

맨손 입력 기기 손에 조준된 센서를 통해 작동하는 입력 기기 유형(월드나 HMD에 탑재됨)(27.2.5절)

맹점　망막에서 혈관이 눈 밖으로 연결되는 지점으로, 감광 수용체가 없어서 눈의 작은 영역에서는 아무것도 보이지 않는다(하지만 이런 맹점을 우리는 인지하지 못한다)(6.2.3절).

머리 모션 예측　사후 처리되는 HMD 시스템에서 흔히 쓰이는 지연 보상 기법이다(18.7.1절).

머리 위 위젯과 패널　잘 쓰지 않는 손을 위로 뻗어 위젯이나 패널을 끌어내림으로써 액세스하는 위젯과 패널 패턴의 형태(28.4.1절)

머리 전달 함수(HRTF)　음파가 특정 위치에서 청자의 몸, 가장 크게는 외이에서 어떻게 상호작용하는지 설명하는 공간 필터(21.3절)

머리 참고 프레임　두 눈 사이의 점이 기준이며 이마 쪽 직각 방향을 참조하는 참고 프레임. ‘키클롭스의 눈’을 참고한다(26.3.5절).

머무르기 선택　정해진 시간 동안 물체에 포인터를 고정하는 방식의 선택(28.1.2절)

멀미　실제(물리적이거나 시각적이거나)와 분명한 움직임에 노출되는 데 연관된 부작용 증상과 바로 관찰할 수 있는 징후(3부, 12장)

멀미 통합 모델　멀미의 다섯 가지 주된 이론 모두와 일관된 동작 인지와 멀미를 아우르는 모델(12.4절)

멀티캐스트　일대다 혹은 다대다 그룹 통신 배포로 정보가 한 번에 한 주소가 아니라 동시에 그룹 주소로 보내지는 것(32.5.2절)

메타 프로그램　맥락에서 자유롭고 모든 상황에 적용되는 가장 무의식적인 종류의 심리적 필터(7.9.3절)

명도　표면의 반사율로, 빛을 소량만 반사하는 물체는 어두워 보이고 빛을 다량 반사하는 물체는 밝게(희게) 보이는 현상. 백색도라고도 한다(8.1.2절).

명백한 지향　한 사건에 대해 최적으로 인지되는 중요한 정보를 향해 감각 수용기가 물리적으로 향하는 것(10.3.2절)

모바일 VR　모든 장비를 작은 가방에 넣고 언제 어느 곳에서든 현실 세계는 필요 없이 즉시 경험에 몰입할 수 있는 VR 시스템(22.4.2절)

모션 스미어　움직이는 물체에서 남겨지는 인지적 연속성의 흔적(9.3.8절)

모션 플랫폼　몸 전체를 움직여서 실제의 움직임과 중력을 느끼게 해주는 하드웨어 기기. 이런 모션은 방위, 진동, 가속, 덜컹이는 감각을 전달할 수 있다. 액티브와 패시브로 분류할 수 있다(3.2.4절).

목적 개략적인 공식적 목표와 얻을 것으로 예상되는 혜택 및 사업적 소득(31.5절)

몰입(flow) 사람이 활동이나 과제에 완전히 집중하게 되는 심리적 상태(10.3.2절)

몰입(immersion) VR 시스템과 애플리케이션이 광범위한, 일치하는, 둘러싸고 있는, 생생한, 쌍방향의 플롯을 알 수 있는 방식으로 사용자의 감각 수용기에 전달되는 객관적 정도(4.1절)

무주의 맹시 주의를 기울이지 않아서 한 물체나 사건을 인지하지 못하는 것으로, 직접 목격하고 있을 때도 일어날 수 있다(10.3.1절).

무지향성 트레드밀 물리적으로 이동하는 시뮬레이션이 가능한 트레드밀. 액티브 무지향성 트레드밀과 패시브 무지향성 트레드밀이 있다(3.2.5절).

물리적 패널 현실 세계의 트래킹되는 표면으로, 사용자가 들고 다니면서 트래킹되는 손가락, 오브젝트, 혹은 스타일러스 펜을 통해 상호작용한다(28.4.1절).

미니멀 프로토타입 의미 있는 피드백을 받기 위해 필요한 최소한의 작업으로 구축한 프로토타입(32.6절)

미니 회고 팀이 무엇이 잘됐고 무엇이 개선이 필요한지를 논의하는 짧은 시간의 집중적 토론(33.3.1절)

미다스의 손 문제 사람들이 무언가를 '의미'하지 않고 사물을 바라볼 때 상호작용이 일어나는 일(27.3.2절)

미래 영향 거리 단서 거리가 향후 관찰자에게 개인적으로 어떤 영향을 미칠 것인지에 대한 심리적 믿음. 그런 단서에는 의도한 행동과 두려움이 포함된다(9.1.3절).

민감도 둘 사이가 충분히 차별화되는지 측정하는 능력으로, 실험 방법이 미치는 영향이 존재하지 않을 때도 그 영향을 정확히 감지할 수 있는 능력(33.2.4절)

바닥 형체 뒤로 연장된 것으로 인지되는 배경(20.4.2절)

바인딩 자극에 의해 일관된 물체에 대해 우리가 의식적인 인지를 결합하고 만들어 내는 과정(7.2.1절)

반고리관 삼축 자이로스코프 역할을 해서 주로 각속도를 측정하는 전정계의 기관(8.5절)

반복성 긴장 장애　오랫동안 반복되는 물리적 활동을 수행해서 생긴 근골격 및 신경계의 부상(14.3절)

반복 적용 디자인　여러 적용을 빠르게 테스트하고, 이전 아이디어를 계속 개선해나가는 것. 정의 단계, 구현 단계, 학습 단계로 구성된다(6부, 30.1절).

반복적인 인지 처리　생리적 자극이 인지로, 또 행동의 결과로서의 자극으로 이어지는 계속 진화하는 프로세스(7.5절)

발견 용이성　어떤 것이 무엇을 하고, 어떻게 작동하며, 어떤 작동이 가능한지 탐험해 보는 것(25.2절)

밝기　시야에 있는 한 구역을 비추는 빛의 강도(8.1.2절)

밝기 항상성　물체의 밝기 인지는 눈에 도달하는 빛의 양보다는 물체의 반사율과 주변 자극의 강도에 더 좌우된다는 것(10.1.4절)

방향 컴플라이언스　입력 기기의 회전과 방향성 운동에 매칭되는 부차적 피드백(25.2.5절)

배경　먼 조망 공간에 있는 씬의 주변 광경(21.1절)

배열 시력　두 개의 줄 정렬이 어긋난 것을 인지하는 능력(8.1.4절)

버튼　손가락 하나로 눌러서 컨트롤하는 1 DoF의 입력 기기. 아날로그 값이 있는 버튼도 있지만, 보통 한 개나 두 개의 상태를 취한다(27.1.6절).

범위　데이터셋의 최솟값과 최댓값(33.5.2절)

범주형 변수　가능한 각 값이 상호 배제적 라벨이나 이름을 갖는 가장 기본적인 측정 형태. 명목 변수라고도 한다(33.5.2절).

벡션　실제 인지할 수 있는 방식으로 움직이지 않을 때 자신이 움직이는 듯한 착각(9.3.10절)

변동량　산술 평균에서 산술적인 이차 거리(33.5.2절)

변동 비율　순서대로 간격이 균등한 값을 취하는 변수로, 원래 절대 영점이 없다(33.5.2절).

변위율　머리를 돌린 각도에 대해 환경 변위가 이뤄진 각도의 비율(10.1.3절)

변화농　청각 자극의 물리적 변화를 청자가 눈치채지 못하는 것(10.3.1절)

변화맹　디스플레이의 한 항목이 한 순간에서 다음 순간으로 변할 때 이를 눈치채지

못하는 것(10.3.1절)

변화맹 맹시 변화맹이 있다는 것을 인지하지 못하고, 사실은 변화를 감지하지 못하는데도 잘 감지한다고 믿는 것(10.3.1절)

보조 입력 양식 다른 유형의 입력을 합쳐서 하나의 명령으로 만드는 것(26.6절)

복부 경로 측두엽으로 이어지는 LGN에서의 신경 경로로, 이 부위는 사물의 정체를 인지하는 등의 역할을 한다. '무엇' 경로라고도 한다(8.1.1절).

복안식 디스플레이 각 눈에 두 개의 서로 다른 이미지를 보여서 입체 영상의 느낌을 주는 디스플레이(9.1.3절)

복합 패턴 둘 이상의 패턴을 더 복잡한 패턴으로 합친 상호작용 패턴 세트. 손으로 가리키기 패턴, 월드 인 미니어처 패턴, 다중 감각 패턴이 있다(28.5절).

본능적 커뮤니케이션 어떤 감정과 행동에 대한 합리적 묘사가 아니라 자동적 감정과 본능적 행동의 언어. 사람에게는 늘 본능적 커뮤니케이션이 제시되며, 이런 커뮤니케이션은 구조적 커뮤니케이션과 간접 커뮤니케이션의 중간에 있다(1.2.1절).

본능적 프로세스 운동 신경과 긴밀히 연결돼 생사의 갈림길에서 도움이 되는 반사적 방어 메커니즘(7.7.1절)

볼륨 기반 선택 패턴 공간에서 입체를 선택할 수 있게 해주며 선택되는 데이터의 유형에는 독립적인 선택 패턴(28.1.4절)

부각 주변에서 두드러져 보이게 하며 사람의 주의를 붙드는 것(10.3.2절)

부동 범위 위치 항상성이 인지되는 변위율의 범위(10.1.3절)

부두 인형 기법 이미지 면 선택 기술을 이용해 잠시 인형을 만들어내는 월드 인 미니어처 패턴의 한 형태(28.5.2절)

부분적으로 열린 질문 여러 답을 동그라미나 v 표시로 체크하고 나서 다른, 혹은 추가 정보를 채워넣을 수 있는 옵션을 주는 질문(33.3.4절)

부작용 적응한 자극이 제거된 다음 원래의 자극에 대한 인지가 변하는 것(10.2.3절)

북쪽이 위를 향하는 지도 사용자의 방향과는 독립적이어서 사용자가 방향을 돌리거나 이동하더라도 지도상의 정보가 회전하지 않는 지도(22.1.1절)

분리 한 물체를 다른 물체와 분리해서 인식하는 것(20.4.2절)

분리 시력 근접한 자극 사이에서 최소 각도 거리를 분간하는 것으로, 두 개의 자극을 두 개로 인지하는 것이라고 보면 된다. 분해능, 해상도 예민성이라고도 한다 (8.1.4절).

분리형 입력 기기 최소한 하나의 자유도는 단일 동작으로 동시에 컨트롤할 수 없게 돼 있는 (둘 이상의 분리된 구성) 입력 기기(27.1.4절)

분산 데이터셋이 얼마나 흩어져 있는지 설명하는 통계. 분산의 측정에는 범위, 사분 위수 범위, 평균 편차, 변동량, 표준 편차가 있다. 변동성이라고도 한다(33.5.2절).

불안정적 특성 신뢰도를 떨어뜨리는 요인(33.2.2절)

불쾌함의 골짜기 컴퓨터로 생성한 캐릭터가 사람 수준의 리얼리즘에 가까워지되 충분한 수준이 아닐 때 드는 불편하고 으스스하며 혐오스러운 느낌(4.4.1절)

뷰박스 볼륨 기반 선택 패턴과 3D 멀티 터치 패턴을 함께 사용하는 월드 인 미니어처의 한 형태(28.5.2절)

블록 다이어그램 다양한 시스템 컴포넌트 간의 상호 연결을 보여주는 개략적 도해 (32.2.2절)

비공간 매핑 공간적 입력을 비공간적 출력으로, 혹은 비공간적 입력을 공간적 출력으로 변환시켜주는 기능(25.2.5절)

비공간적 컨트롤 패턴 공간적 관계 대신 설명을 통해 전체 액션 수행을 제공하는 간접 컨트롤 패턴(28.4.2절)

비교 평가 둘 이상의 잘 구성된 완료 혹은 완료 직전의 시스템, 애플리케이션, 방법론, 혹은 상호작용 기술을 비교해 어느 쪽이 더 유용하거나 비용 효율적인지 판단하는 것. 총괄적 평가라고도 한다(33.3.6절).

비동일 회전 컨트롤/디스플레이 비율이 1보다 크거나 작은 손에서 오브젝트로의 회전 매핑(28.2.1절)

비디오 투과형 HMD 카메라에서 실시간으로 월드를 캡처해 비투과형 HMD에 디스플레이해 보여주는 HMD(3.2.1절)

비생체 접촉 매개물 같은 기기를 사용하는 여러 사용자에게 질병을 옮길 수 있는, 병원체가 서식할 수 있는 물리적 무생물체(14.4절)

비투과형 HMD 실제 세계의 모든 신호를 차단하는 HMD. 완전 몰입형 VR 경험에 이상적이다(3.2.1절).

비현실적 상호작용 컨트롤러의 버튼을 눌러 눈에서 레이저를 쏘는 것처럼 현실과 관련이 없는 VR 상호작용(즉, 상호작용 충실도가 낮음)(26.1절)

비현실적 손 가상 손이나 두 손에 상응하는 3D 커서로 진짜를 흉내 내는 대신 손쉬운 상호작용에 중점을 둔 손 선택 패턴의 한 형태(28.1.1절)

빛 적응 밝은 곳에서 빛에 대한 민감성이 줄어드는 것(10.2.1절)

빵 부스러기 사용자가 환경을 통과해가면서 종종 드롭하는 마커(21.5절)

사분위수 범위 데이터의 중간 50% 범위

사색적 프로세스 사색적 프로세스는 기초적인 의식적 사고부터 자신의 사고와 느낌을 생각하고 검토하는 고차원적 과정까지 다양하다(7.7.3절).

사실상의 표준 대중의 수용 혹은 시장의 압력으로 인해 사용하는 사람의 수가 많아서 지배적인 지위에 도달한 시스템이나 플랫폼(35.4.2절)

사실적인 손 팔 전체가 붙어있는 사실적인 모습으로 두 손이 보이는 손 선택 패턴의 한 형태(28.1.1절)

사용례 목표에 도달하기 위한 사용자와 시스템 간의 상호작용을 정의하는 데 도움이 되는 단계들(32.2.3절)

사용례 시나리오 구체적인 상호작용의 예와 사용례의 단일 경로(32.2.3절)

사용성 요건 애플리케이션의 품질을 편리함과 실용성의 측면에서 본 요건(31.15.1절)

사용 용이성 애플리케이션이나 상호작용 기술이 사용자의 관점에서 얼마나 간단한지를 나타내는 정도. 사용자가 해당 기술을 활용할 때 필요한 심리적 부하(31.15.1절)

사용자 스토리 고객이 보고 싶어 하는 기능의 짧은 콘셉트나 설명(31.12절)

사이버 멀미 컴퓨터로 생성된 가상 세계에 몰입한 결과 시각적으로 유발된 멀미(3부)

사적 공간 자연스럽게 팔을 뻗은 상태에서 조금 넘어가는 범위(눈으로부터 약 2미터까지)(9.1.2절)

사후 검토 무슨 일이 일어났는지, 어째서 발생했는지, 어떻게 개선할 수 있을지를 판단하기 위해 사용자의 구체적 행동에 중점을 둔 사용자 디브리핑(33.3.7절)

삭제 세계의 일부에만 선별적으로 관심을 기울임으로써 들어오는 감각 정보의 특정 측면은 누락하는 것(7.9.3절)

산술 평균 데이터셋의 모든 값을 고려하고 똑같은 가중치를 주는 가장 흔한 평균의 형태(33.5.2절)

살펴보기 환경에서 유관한 자극을 능동적으로 추적하는 것으로, 어떤 특징이나 특징의 조합을 감각 세계에서 샅샅이 뒤지는 것(10.3.2절)

상대적/익숙한 크기 망막에 투영된 물체가 더 멀리 있을 때는 시각도를 덜 차지하게 하는 회화적 심도 단서(9.1.3절)

상대적 입력 기기 현재와 마지막 측정치의 차이를 감지하는 입력 기기(27.1.3절)

상징적 커뮤니케이션 추상적 심볼(예: 텍스트)을 이용해 오브젝트, 아이디어, 개념, 수량 등을 표시하는 것(35.3.2절)

상체를 통한 조종 사용자가 상체가 향하는 방향으로 지형 위를 이동하게 되는 조종 패턴의 한 형태. 상체 트래킹이 되지 않을 때는 의자를 통한 조종이라고도 한다(28.3.2절).

상체 참고 프레임 몸의 척추 축에서 전방을 향해 상체에 직각 방향으로 정의되는 참고 프레임(26.3.3절)

상향식 처리 인지의 시작점이 되는 원격 자극에 기반한 처리. 데이터 기반 처리라고도 한다(7.3절).

상호작용 사용자와 VR 애플리케이션 간에 입력과 출력 기기의 중재를 통해 이뤄지는 커뮤니케이션(5부)

상호작용 기법 상호작용 패턴보다 더 구체적이며 기술에 의존하는 상호작용 스키마의 설명(28장)

상호작용 메타포 사용자가 이미 다른 분야에서 습득한 지식을 활용하는 상호작용 개념(25.1절)

상호작용 사이클 목표 형성, 행동 수행, 결과 평가의 반복적 프로세스(25.4절)

상호작용성 오브젝트 사용자가 상호작용할 수 있는 동적 항목. 사적 공간에 있을 때는 직접 상호작용할 수 있고, 가장 흔하게는 액션 공간에서 간접적으로 상호작용할 수 있다(21.1절).

상호작용 충실도 가상 과제를 위한 물리적 행동이 그에 상응하는 현실적 과제의 물리적 행동과 닮은 정도. 생체 역학적 대칭, 입력 정확도, 대칭 컨트롤로 구성된다(4.4.2절, 26.1절).

상호작용 패턴 공통된 사용자 목표를 달성하기 위한 다양한 애플리케이션에 거듭 사용할 수 있는 일반화된 고차원의 상호작용 개념(28장)

상황적 속성 객체 속성보다 더 변화 가능한 오브젝트의 속성(10.1절)

새로고침 시간 디스플레이 주사율의 반대로, 자극 발생 불일치와 동일하다(15.4.4절).

색각 파장 하나를 기준으로 같은 휘도 자극들을 구분하는 능력(8.1.3절)

색상 항상성 친숙한 물체는 조명이 변하더라도 비교적 변함없는 색으로 인지되는 것(10.1.4절)

생리적 측정 심박수, 눈깜박임 수, 심전도(EEG), 울렁임, 피부 전도율 같은 사용자의 생리적 속성을 객관적으로 측정한 것(16.3절)

생체 시계 주기적으로 작용하는 신체의 메커니즘으로, 각 기간이 시계의 초침 이동 역할을 해서 시간의 경과를 감지하게 해준다(9.2.3절).

생체 역학적 대칭 가상 상호작용을 위한 신체의 움직임이 그에 상응하는 현실적 과제에 대한 몸의 움직임과 닮은 정도(26.1절)

생체 운동 인지 사람의 동작을 감지하는 능력(9.3.9절)

섀도잉 받아들이는 언어 입력을 반복하는 행동으로서, 다른 대화들 사이에 종종 일어난다(10.3.1절).

선택 패턴 선택이 가능한 상호작용 패턴. 손 선택 패턴, 가리키기 패턴, 이미지 면 선택 패턴, 볼륨 기반 선택 패턴이 있다(28.1절).

선택 편향 무작위적이 아닌 과제나 참가자가 그룹을 직접 선택하는 데서 발생하는 내적 타당성에 대한 위협(33.2.3절)

선택 명령이 적용될 오브젝트를 명시하기 위한 하나 이상의 오브젝트를 지정하고, 조작 과제의 시작을 표시하고, 혹은 이동해갈 지점을 명시한다(28.1절).

선택맹 결과가 자신이 이전에 선택한 것이 아님을 눈치채지 못하는 것(10.3.1절)

선행 지표 사용자가 잠시 후 시점이 어떻게 변할지 신뢰도 있게 예측하게끔 도와주는 단서. 멀미 경감에 도움이 된다(18.4절).

성숙 시간이 흐르며 피험자의 개인적 변화에 의해 일어나는 내적 타당성에 대한 위협(33.2.3절)

세계 중심적 상호작용 환경의 가상 모델을 그 외부에서 보고 조작하는 것(26.2.1절)

세계 중심적 판단　다른 단서와 비교해 현 단서가 어디에 있는지 감각하는 것. 물체 관련 판단이라고도 한다(9.1.1절).

소리 세기 항상성　소리의 원천으로부터 청자가 멀어져서 귀에 들리는 소리의 크기가 줄어들어도 원천의 소리 세기는 그대로 인지되는 것(10.1.5절)

소세포　시각 체계에서 지속적인 반응, 작은 수용 영역, 색 민감성이 특징인 작은 세 포들로 국지적인 형태, 공간 분석, 색각, 텍스처 감지에 최적화된 뉴런(8.1.1절)

소음성 난청　커다란 소리에 노출되거나 좀 더 낮은 소리에 장시간 노출될 때 생기는 소리 민감성 감소 현상(14.3절)

손가락 메뉴　메뉴 옵션이 손가락에 부착되는 위젯과 패널 패턴의 한 형태(28.4.1절)

손 가리키기 패턴　가리키기 패턴과 직접적인 손 조작 패턴이 합쳐져서 멀리 있는 오 브젝트를 가리키기로 먼저 선택한 다음, 손에 잡고 있는 듯 조작하는 복합 패턴 (28.5.1절)

손바닥 올리기 기법　사용자가 손을 펼치고 원하는 물체 밑에 손바닥을 위치시켜 손바 닥 위에 보이는 오브젝트를 선택하는 이미지 면 선택 패턴의 한 형태(28.1.3절)

손 선택 패턴　현실 세계의 상호작용을 흉내 내어 직접 오브젝트를 만지는 상호작용 패턴으로, 사용자는 직접 손을 뻗어 오브젝트를 건드린 후에 잡는 행동을 발동한 다(28.1.1절).

손으로 가리키기　선택하는 레이캐스팅이 손이나 손가락으로부터 연장되는 가리키기 패턴의 하나(28.1.2절)

손 착용 입력 기기　장갑, 근긴장도 센서, 반지처럼 손에 착용하는 입력 기기 유형 (27.2.4절)

손 참고 프레임　두 손의 위치와 방향에 의해 정의되는 참고 프레임(26.3.4절)

손 프레임 기법　두 손으로 2D 이미지 면의 원하는 오브젝트를 감싸는 두 모서리를 만들어 선택하는 이미지 면 선택 패턴의 한 형태(28.1.3절)

수동적 탈것　사용자가 타거나 들어가서 자신이 컨트롤하지 않는 일정 경로를 이동 하는 가상 오브젝트로 이뤄진 자동 패턴의 형태(28.3.4절)

수렴　더 가까운 곳을 보기 위해 두 눈이 안쪽으로 회전하는 것(8.1.5절, 9.1.3절)

수직 동기화　새로고침 컨트롤러가 디스플레이에서 이미지 스캔을 시작하기 직전에

발생하는 신호(15.4.4절)

수행 정밀도 사용자가 유지할 수 있는 컨트롤의 일관성(31.15.1절)

수행 정확도 사용자의 의도가 결과적으로 정확한 정도(31.15.1절)

순간 이동 사용자가 어떤 동작도 없이 새로운 장소에 배치되는 자동 패턴의 한 형태 (28.3.4절)

순서형 변수 유형이 상호 배제적인 순위가 있는 계급이지만, 계급 사이의 간격이 다 똑같지는 않다(33.5.2절).

슈퍼 피어 가상 공간의 구역에서 서버 역할도 하고 사용자 간에 변경할 수 있는 네 트워크 클라이언트(32.5.3절)

스냅 (선택) 사적 공간 안에 있는 관심 지역에 빠르게 액세스할 수 있도록 손으로 박 스를 가져오는 양손 박스 선택 기술의 한 단계(28.1.4절)

스케치 완성된 작품이 아니라 예비적 아이디어를 탐구하는 용도로 손으로 빠르게 그린 그림(32.2.1절)

스큐어모피즘 아이디어가 더 이상 기능적 역할을 하지 않더라도 오래되고 익숙한 아 이디어를 새로운 기술에 접목하는 것(20.1절)

스토리보드 경험을 시각적 형태로 그려낸 초기 형태(31.13절)

스트로빙 망막에 자극이 유지되기 때문에 시간 간격을 두고 일어나는 여러 자극을 동시에 일어나는 것처럼 인지하는 것(9.3.6절)

스티키 핑거 기법 사용자가 손가락을 2D 이미지 면에서 원하는 오브젝트 주위에 놓 는 이미지 면 선택 패턴의 한 형태(28.1.3절)

시각 검색 자극 장에서 한 특징이나 물체를 찾는 것. 특징 검색이나 연결 검색 어느 것이든 될 수 있다(10.3.2절).

시각-물리 충돌 시각 단서가 상응하는 고유 감각 및 촉감과 매칭되지 않는 데서 발 생하는 감각 충돌. 존재감 이탈과 혼동으로 이어질 수 있다(26.8절).

시각 포착 한 곳에서 소리가 들려오는데 시각적 동작이 일어나는 곳에서 들리는 것 으로 위치를 잘못 판단하는 착각. 복화술 효과라고도 한다(8.7.1절).

시간 메움 착각 자극이 비어있는 기간과 똑같은 시간만큼 자극으로 메워진 기간이 인지되는 현상(9.2.3절).

시간 인지 특정 조건하에서 조작하거나 왜곡할 수 있는 한 개인의 연속적으로 변화하는 인지나 경험(9.2절)

시간적 적응 실제 일이 일어난 후에 우리가 인지할 때까지 얼마나 지연되는지의 변화치(10.2.2절)

시간적 컴플라이언스 상응하는 행동이나 사건과 감각 피드백의 시간적 일치(25.2.5절)

시간적 폐쇄 사건 사이의 시간을 우리 마음이 채워 넣는 폐쇄성의 원칙(20.4.1절)

시력 시각적 세부에 초점을 맞추는 능력. 종종 시각도로 측정된다. 시력에는 감지 시력, 분리 시력, 줄무늬 시력, 배열 시력, 인식 시력, 입체 시력이 있다(8.1.4절).

시뮬레이터 멀미 시뮬레이션되는 실제 상황이 아니라 시뮬레이션의 결점 때문에 생기는 멀미(3부)

시선 응시 선택 선택하는 레이캐스팅이 눈으로부터 연장되는 가리키기 패턴의 하나 (28.1.2절)

시스템 요건 정확도, 정밀도, 신뢰도, 지연율, 렌더링 시간처럼 사용자와는 관계없는 시스템 부분(31.15.1절)

시스템 지연 트래킹, 애플리케이션, 렌더링, 디스플레이, 컴포넌트 간의 동기화에서 생기는 지연의 합. 지연 보정이 없는 순수 지연과 같다(15.4절).

시야 어떤 시점에 우리가 볼 수 있는 각도치(8.1.1절)

시운동 실제로 움직이는 것이 없는데도 시간과 공간에서 자극이 적절히 대체된 결과 시각적 움직임이 인지되는 것(9.3.6절)

시운동성 안구 반사(OKR) 망막 전체로부터의 시각 입력에 따라 망막 응시 방향을 안정시켜 망막 이미지 미끄러짐을 감소시킨다(8.1.5절).

시점 컨트롤 패턴 사람의 관점을 조작하게 해주는 상호작용 패턴들로 해석, 방향, 크기가 포함된다. 걷기 패턴, 조종 패턴, 3D 멀티 터치 패턴, 자동 패턴이 있다(28.3절).

신경 언어 프로그래밍(NLP) 사람이 감각을 통해 들어오는 자극을 어떻게 처리하는지, 우리가 어떻게 인식하고 소통하고 배우고 행동하는지를 설명하는 심리 모델(7.9절)

신념 세상에서 무엇이 진실이고 팩트인지에 대한 확신(7.9.3절)

신체적 외상 현실 세계를 볼 수도 없고 들을 수도 없기 때문에 현실 세계의 물체들에 부딪힐 위험이 높아져서 VR로 유발되는 부상(14.3절)

실제 소품 트래킹 하나 이상의 시각적 오브젝트에 매핑되고 종종 가상 오브젝트 사이의 공간적 관계를 명시하는 데 활용되는 사용자가 직접 조작하는 오브젝트 (28.2.2절)

실질적 유의성 실행에 영향을 줄 만큼 중요한 실험의 결과. 임상적 유의성이라고도 한다(33.5.2절).

실패 학습할 기회(33.1절)

실행 상호작용 사이클에서 목표와 결과 간의 간극을 메워주는 피드포워드 부분. 계획, 명세화, 수행으로 구성된다(25.4절).

실행차 현 상태와 어떻게 달성하는지 분명하지 않은 목표 사이의 간극(25.4절)

실험 가설, 실증적 데이터, 통계적 분석 사용을 통해 질문에 답하기 위한 체계적 조사(33.4절)

실험자 편향 실험자가 피험자를 서로 다르게 취급하거나 다르게 행동함으로써 생기는 내적 타당성에 대한 위협(33.2.3절)

심도 단서 우리가 자기 중심적인 심도 혹은 거리를 이해하게 해주는 단서. 회화적 심도 단서, 운동 심도 단서, 양안 시차, 안구 운동 심도 단서로 분류할 수 있다 (9.1.3절).

심상 모델 세계 혹은 세계 속의 특정 측면이 어떻게 작용하는지 마음속으로 단순화한 설명(7.8절)

쌍안식 디스플레이 양쪽 눈에 각각 동일한 이미지를 보여주는 디스플레이(9.1.3절)

씬 공간으로 뻗어나가는 현재의 환경과 그 안에서 활동이 일어나는 곳 전체. 배경, 맥락적 지오메트리, 기초 지오메트리, 상호작용성 물체로 나눌 수 있다(21.1절).

씬 모션 현실 세계에서는 보통 일어나지 않을 완전한 가상 환경에서의 시각적 움직임(12.1절)

아바타 실제 사용자를 가상으로 표현한 캐릭터(22.5절)

안구 운동 안구 회전은 세 개의 축 주위에 있는 여섯 개의 외안근이 조절한다. 응시 이동, 고정, 응시 안정 안구 운동으로 분류할 수 있다(8.1.5절).

안구 운동 심도 단서 이접 운동과 초점 조절로 구성되는 미묘한 근거리의 심도 단서 (9.1.3절)

안구 운동 이론 멀미가 장면의 이미지를 망막에서 안정적으로 유지하는 데 필요한 부자연스러운 안구 운동 때문에 일어난다고 선언하는 멀미 이론(12.3.5절)

안구 회전 이득 눈의 회전 속도를 머리 회전 속도로 나눈 비율(8.1.5절)

안구 흐름 일반적으로 관찰자가 눈치채지 못하는 가운데 일어나는 느린 안구 운동 (8.1.5절)

안와 원추세포만이 빽빽하게 모여 있는 망막 중심부의 작은 영역으로, 무언가를 직접 바라보면 상이 아주 또렷이 맺힌다(8.1.1절).

안정적 특성 신뢰도를 증명하는 요인(33.2.2절)

안진 사람이 회전할 때 주기적이고 불수의적으로 안구가 떨리는 것으로 응시를 안정시켜두며, 전정 안구 반사와 시운동성 안구 반사에 의해 유발된다(8.1.5절).

앞이 위를 향하는 지도 지도 정보를 사용자가 향하거나 이동하는 방향에 일치하도록 정렬한 맵(22.1.1절)

애플리케이션 다이내믹 지오메트리^{dynamic geometry}, 사용자 상호작용, 물리 시뮬레이션을 포함해 가상 세계의 렌더링되지 않는 측면(3.2절)

애플리케이션 지연 트래킹 데이터가 렌더링 단계로 보내지기까지 걸리는 시간(15.4.2절)

액티브 모션 플랫폼 컴퓨터 시뮬레이션으로 제어하는 모션 플랫폼(3.2.4절)

액티브 햅틱 컴퓨터가 다이내믹하게 컨트롤하는 인공적 힘(3.2.3절)

앨리어싱 샘플링에 단계별 데이터가 있어서 발생하는 결함(21.4절)

앰비언트 사운드 효과 현실감과 존재감을 대단히 높여주는 은은한 주변음(21.3절)

양성 잔상 원래의 이미지가 더 이상 없는데도 눈에 똑같은 색상이 잠깐 동안 유지되는 착시(6.2.6절)

양손 동기식 상호작용 두 손이 같은 행동을 수행하는 양손 상호작용. 동기식이나 비동기식으로 분류할 수 있다(25.5.1절).

양손 박스 선택 두 손으로 스내핑과 넛징을 통해 박스의 포지션, 방향, 형태를 정하는 볼륨 기반 선택 패턴의 한 형태(28.1.4절)

양손 비동기식 상호작용 두 손이 한 과제를 달성하기 위해 조율되기는 하지만 다르게 작용하는 양손 상호작용(25.5.1절)

양손 상호작용 대칭이나 비대칭으로 분류할 수 있는 양손 상호작용(25.5.1절)

양손으로 가리키기 가까운 손에서 선택이 비롯되고 먼 쪽 손으로 레이캐스팅이 연장 되는 가리키기 패턴의 한 형태(28.1.2절)

양안-가림 충돌 오클루전 단서가 양안 단서와 매칭되지 않는 데서 발생하는 감각 충돌. VR 멀미로 이어질 수 있다(13.2절).

양안 시차 왼쪽과 오른쪽 눈에 보이는 이미지의 위치 차가 자극이 돼서 두 눈이 수평으로 떨어진 정도와 거리 자극이 생기는 것(9.1.3절)

양이 단서 양쪽 귀에서 소리의 위치 판단을 도와주는 양쪽 귀에 다르게 들리는 두 가지 청각 단서. 입체 단서라고도 한다(8.2.2절).

어둠 적응 어두운 조건에서 빛에 대한 민감성이 늘어나는 것(10.2.1절)

역투사 이미 처리한 적 있는 이전 정보를 기반으로 뇌의 더 고차원에서 보내는 피드백(즉, 하향식 처리)(8.1.1절)

연결 검색 특별한 특징의 조합을 찾는 것(10.3.2절)

연관 둘 이상의 속성이나 측정치가 서로 다른 경향의 정도(33.5.2절)

연관성 필터링 각 개별 컴퓨터에 기준에 따라 정보의 하위 집합만 보내서 네트워크 트래픽을 줄이는 기술(32.5.5절)

열린 질문 동그라미나 체크 표시를 할 답이 정해져 있지 않아 응답하는 데 인지적 노력이 더 요구되며 정성적 정보를 얻을 수 있는 질문(33.3.4절)

오브젝트 부착 툴 오브젝트에 부착/배치되는 조작할 수 있는 도구(28.2.3절)

오브젝트 (소프트웨어) 프로그램에서 클래스가 인스턴스화된 것(32.2.4절)

오브젝트 스내핑 선택 레이selection ray가 관심 오브젝트일 가능성이 가장 높은 오브젝트를 낚아채거나 그쪽으로 구부러지는 가리키기 패턴의 연장(28.1.2절)

오즈의 마법사 프로토타입 기본적으로 작동하는 VR 애플리케이션인데, 소프트웨어 대신 커튼 뒤에(혹은 HMD 뒤편에) 있는 사람 '마법사'가 시스템 응답을 제어한다(32.6.1절).

오클루전 가까이 있는 불투명한 물체가 더 멀리 있는 다른 물체를 가리는 가장 강한 심도 단서(9.1.3절)

오픈소스 모두가 주어진 프로젝트를 자유롭게 사용하고 모두에게 투명하게 공개해 기여할 수 있도록 하는 라이선싱(35.4.1절)

완료 시간 과제를 얼마나 빨리 완료하는가(31.15.1절).

완전 보행 시스템 사용자가 일어서서 물리적으로 돌아다닐 수 있는 리얼리티 시스템 (22.4절)

완전 입력 기기 하나의 동작(단일 구성)에서 동시에 모든 자유도의 컨트롤이 가능한 입력 기기(27.1.4절)

왜곡 (심리적) 우리가 환경과 이전 경험의 맥락을 감안해서 들어오는 감각 정보를 수정하는 것(7.9.3절)

외적 타당성 연구의 결과가 다른 설정, 다른 사용자, 다른 시간, 다른 설계/적용으로 일반화할 수 있는 정도(33.2.3절)

외측 슬상핵(LGN) 눈, 시각 피질, 그리고 망상 활성화계에서 시각 피질의 다양한 곳으로 시각 신호를 보내는 전달 기지(8.1.1절)

요건 기능, 성능, 품질 설명 같은 고객 및 그 외 핵심 인력의 기대치를 전달해주는 서술. 애플리케이션에서 처리해야 하는 단일 요소(31.15절)

요구 특성 피험자들이 가설을 추측할 수 있는 단서에서 기인한 내적 타당성에 대한 위협(33.2.3절)

우세안 사물을 볼 때 쓰는 눈(9.1.1절)

운동 시차 원격 자극을 망막에 투영하는 이미지가 거리에 따라 다른 속도로 움직이는 데서 오는 심도 단서(9.1.3절)

운동 심도 단서 망막에서의 이동에 상대적인 심도 단서(9.1.3절)

운동 심도 효과 물체가 움직일 때 3D 구조 형태가 어떻게 인지되는지 설명하는 운동 시차의 특수한 형태(9.1.3절)

운동 일관성 연속적인 이미지에서 점들의 움직임 간의 연관성(9.3.7절)

운동 잔상 30초 이상 반대 방향으로 움직이는 자극을 바라본 후에 운동을 인지하게 되는 착시(6.2.7절)

움켜쥐기 한 번의 모션으로 완료할 수 없는 과제를 완료하기 위해 물체를 놓았다가 다시 쥐는 것(27.1절)

원격 자극 실제 물체와 이벤트가 세계의 먼 곳에 있는 것이다(객관적 현실)(7.1절).

원뿔을 드리우는 플래시라이트 손으로 가리키기를 활용하지만, 레이캐스팅 대신 원뿔

형 선택을 이용하는 체적 기반 선택 패턴의 한 형태(28.1.4절)

원시 시각 경로 시신경 끝에서 위둔덕으로 이어지는 신경 경로. 덮개 시상베개 시스템이라고도 한다(8.1.1절).

원심성 중앙 신경계에서 근육 같은 바깥쪽 반응기로 이동하는 신경 자극(7.4절)

원심성 신경 복사 재구심을 예측하는 두뇌 부위로 가는 원심성 신경과 동일한 신호로, 감각 피드백이 일어나기 전에 중앙 신경계가 반응을 시작하게 해준다(7.4절).

원추세포 주로 강한 조도에서의 색각, 세밀한 시각을 담당하는 망막 첫 번째 층의 수용체(8.1.1절)

월드 고정 디스플레이 고개와 함께 움직이지 않는 출력 기기. 예로는 표준 모니터, 사용자를 둘러싼 CAVE, 비평면 디스플레이 표면, 움직이지 않는 스피커가 있다(3.2.1절).

월드 기반 입력 장치 월드에 제한되거나 고정되게끔 디자인된 입력 기기 유형(27.2.1절)

월드 기반 햅틱 현실 세계에 물리적으로 부착돼 움직이지 않는 단단한 물체와 똑같은 느낌을 주는 햅틱. 적용되는 힘은 세계에 상대적이다(3.2.3절).

월드 인 미니어처(WIM) 상호작용성 라이브 3D 맵으로, 월드를 중심으로 하는 미니어처 그래픽 표현에 사용자가 몰입해 있는 것(28.5.2절)

월드 인 미니어처 패턴 사용자가 상호작용하고 자신의 시점을 컨트롤할 수 있는 월드 인 미니어처를 활용하는 복합 패턴(28.5.2절)

위둔덕 뇌간 바로 위에 있으며 동작에 아주 민감해서 VR 멀미의 주된 원인이 되는 두뇌의 부분(8.1.1절)

위양성 반응 실제로는 아무런 차이가 없는데도 우연히 일어난 결과(33.2.3절)

위젯 사용자 인터페이스의 지오메트리 요소(28.4.1절)

위젯과 패널 패턴 보통 2D 데스크톱 위젯과 패널/윈도우 메타포를 따르는 간접 컨트롤 패턴(28.4.1절)

위치 항상성 눈과 머리가 움직일 때도 물체는 정지한 것으로 인지하는 것(10.1.3절)

위치 항상성 적응 고개를 돌리는 동안 환경이 인지적으로 안정을 유지해주는 보정 프로세스(10.2.2절)

유도 운동 한 물체의 움직임이 다른 물체가 움직이는 듯한 인지를 유도할 때 발생하

는 착시(9.3.5절)

유사성 원칙   서로 비슷한 속성의 요소들은 한 그룹으로 인지된다는 게슈탈트 원칙 (20.4.1절)

유사 실험   피험자의 조건별 무작위 배정이 되지 않은 실험(33.4.2절)

유선 착석 시스템   사용자가 의자에 앉고, 의자와 전선 때문에 물리적으로 완전한 방향 전환이 어려운 리얼리티 시스템. 가상 방향 전환이 가능하지 않다면 디자이너는 사용자가 보통 앞쪽을 향하는 것으로 간주할 수 있다(22.4절).

윤곽 착시   실제로 경계선이 없을 때 경계선을 인지하는 것(6.2.2절)

은밀한 지향   감각 수용기에 변화가 필요 없는, 마음속으로 주의를 기울이는 곳을 바꾸는 것(10.3.2절)

음성 메뉴 계층   상위 메뉴 옵션을 선택하고 나면 하위 메뉴가 뜨는 전통적 데스크톱 메뉴와 비슷한 비공간적 컨트롤 패턴의 음성 형태(28.4.2절)

음성 분할   대화에서 음향 신호가 계속될 때도 각각의 단어를 인지하는 것(8.2.3절)

음성 인식   말을 글자와 의미론적 형식으로 번역하는 시스템(26.4.2절)

음성 잔상   이미지가 실제로 더 이상 놓여 있지 않은 곳에서 반대 색으로 된 이미지가 계속 보이는 착시 현상(6.2.6절)

음소   언어에서 비슷하게 들리는 단어를 인지해 구분할 수 있게 해주는 최소한의 소리 단위(8.2.3절)

음소 복원 효과   음소가 실제 들리지 않을 때도 기대한 음소가 있었던 것으로 들리는 인지 현상(8.2.3절, 9.2.2절)

음폭   음파에서 고점과 저점 사이의 압력차(8.2.1절)

음향 주파수   소리의 압력 변화가 반복되는 혹은 초당 횟수(헤르츠(Hz))(8.2.1절)

응시를 통한 조종   사용자가 바라보는 방향으로 이동하게 되는 조종 패턴의 한 형태 (28.3.2절)

응시 안정 안구 운동   사물을 또렷이 보고, 고개를 움직이면서도 사물이 안정돼 보이게 하는 안구 운동. 전정 안구 반사, 시운동성 안구 반사, 안구진탕으로 분류할 수 있다(8.1.5절).

응시 이동 안구 운동   움직이는 물체를 따라가거나 다른 물체를 쳐다볼 수 있게 해주는 안구 회전. 추적, 단속 운동, 이접 운동으로 분류할 수 있다(8.1.5절).

의식 우리의 마음이 느끼는 감각, 인지, 아이디어, 태도, 느낌의 총체(7.6절)

이동 한 장소에서 다른 곳으로 이동하는 내비게이션의 운동적 구성 요소(10.4.3절)

이력 테스트 전과 테스트 후 사이에 조작된 변수 외의 어떤 것이 발생할 때 일어나는 환경 외적 사건으로 내적 타당성에 대한 위협이 된다(33.2.3절).

이미지 면 선택 패턴 사용자가 손을 한쪽 눈과 원하는 물체 사이에 들고 있을 때 원거리에서 터치하는 것을 시뮬레이션하는 선택 패턴. 오클루전과 프레이밍이라고도 한다(28.1.3절).

이벤트 시간의 흐름에 따라 전개되는 인지적 순간들의 시작과 끝, 혹은 그 연속체가 인지되는 특정 장소에서의 시간 구간(9.2.1절)

이상치 다른 관찰과 비교해 이례적인 관찰 점수(33.5.1절)

이석 기관 삼축 가속계 역할을 해서 선형 가속을 측정하는 전정계의 기관(8.5절)

이전 (입력 양식) 하나의 입력 양상에서 다른 입력 양상으로 정보가 이동하는 것(26.6절)

이접 운동 다양한 심도에 있는 물체들을 양안시로 보거나 그 상태를 유지하기 위해 두 눈이 동시에 서로 반대 방향으로 회전하는 것. 안구 모임과 벌어짐으로 분류할 수 있다(8.1.5절, 9.1.3절).

이해 의식적으로 가능하고 설명할 수 있는 실제의 주관적인 경험. 객체 속성과 상황 속성으로 나눌 수 있다(10.1절).

이해 당사자 프로토타입 반쯤 다듬고 전반적인 경험에 중점을 둔 프로토타입(32.6.1절)

인간 중심 디자인 사람의 욕구, 능력, 행동 양식을 우선시하고서 이런 욕구, 능력, 행동 양식에 맞춰 디자인하는 디자인 철학('들어가며')

인과성 (네트워킹) 이벤트의 일관된 순서를 모든 사용자에게 유지하는 것. 정렬이라고도 한다(32.5.1절).

인과성 위배 이벤트의 순서가 바뀌어서 결과가 원인보다 먼저 일어나는 것으로 보이는 현상(32.5.1절)

인지 감각을 통해 모인 정보를 합치고 거르며, 조직화하고 해석해 이런 감각에 의미를 부여하고 주관적이며 의식적인 경험을 만들어내는 고차원적 과정(7.2절)

인지되는 지속성 모든 개체가 눈에 띄는 지터링이나 포지션 점프 없이 그럴듯한 방

식으로 움직이며, 소리는 매끄럽다고 인지하는 것(32.5.1절)

인지 부하　한 사람이 현재 사용하고 있는 인지 수용량(10.3.1절)

인지 수용량　한 사람이 인지할 수 있는 총량(10.3.1절)

인지 시력　단순한 모양이나 글자 같은 기호를 인식하는 능력(8.1.4절)

인지적 순간　관찰자가 감각할 수 있는 최소한의 심리적 시간 단위(9.2.1절)

인지적 시계　사이 간격 동안 일어나는 심적 프로세스를 기반으로 추론한 시간(9.2.3절)

인지적 연속성　어떤 순간에 세상으로부터 자극의 일부만 우리의 감각 수용기에 닿더라도 연속되고 완전한 것으로 착각하는 것(9.2.2절)

인지적 필터　삭제, 왜곡, 일반화하는 심리적 과정. 깊은 무의식적 처리에서 더 의식적인 처리까지 다양하며 메타 프로그램, 가치, 신념, 태도, 기억, 결정이 포함된다(7.9.3절).

인지적 항상성　조건이 변하더라도 어떤 물체가 불변하는 경향이 있다는 인상을 의식에 가지고 있는 것(10.1절)

인터뷰　실제 사람이 묻는 일련의 열린 질문(33.3.3절)

인터페이스　사용자가 이용하든 그렇지 않든 존재하는 시스템 측면의 상호작용(5부)

일반화　하나 이상의 경험을 기반으로 전체적인 결론을 끌어내는 과정(7.9.3절)

입력　애플리케이션에 영향을 미치는 사용자로부터의 데이터. 눈 위치, 손 위치, 버튼 누름 등이 포함된다(3.2절).

입력 기기　애플리케이션에 정보를 전달하고 가상 환경과 상호작용하는 데 활용되는 물리적 도구/하드웨어(27장)

입력 기기 유형　상호작용에 결정적인 필수 특징을 공유하는 입력 기기를 묶은 것(27.2절)

입력 정확도　입력 기기가 사용자의 행동을 포착하고 측정하는 정도. 정밀도, 정확도, 지연 시간이 포함된다(26.1절).

입체맹　양안 시차만으로 심도 신호를 추출할 수 없는 것(9.1.3절)

입체 시력　두 눈의 양안 시차로 인해 심도의 작은 차이를 감지할 수 있는 능력(8.1.4절)

입체 영상　양쪽 눈에 보이는 분리되고 약간 다른 이미지들을 두뇌가 합쳐서 생생한 심도가 있는 하나의 표상을 형성하는 것. 양안 융합이라고도 한다(9.1.3절).

자극 간 간격 번쩍이는 자극 사이에 비어있는 시간(9.3.6절)

자극 발생 불일치 자극이 발생한 이후부터 다음 자극이 발생할 때까지 경과한 총시간(9.3.6절)

자극 지속 시간 한 자극이나 이미지가 디스플레이되는 시간(9.3.6절)

자기 구현 사용자가 가상 세계 안에서 몸을 갖는다는 것(4.3절)

자기 기반 햅틱 사용자가 착용하거나 들고 이동하는 햅틱. 적용되는 힘은 사용자에 상대적이다. 손에 드는 소품, 부저가 달린 컨트롤러, 외골격이 있는 장갑 등이 있다(3.2.3절).

자기 수용 감각 팔다리의 움직임과 근육 저항 감각을 제공하는 햅틱. 자기 기반 햅틱과 월드 기반 햅틱으로 구성된다(3.2.3절).

자기 중심적 상호작용 사용자가 일인칭 시점으로 보는 환경 안의 상호작용(26.2.1절)

자기 중심적 판단 관찰자에 대해 사물이 어디에 있는가(방향과 거리) 하는 단서를 주는 감각. 주체 관련 판단이라고도 한다(9.1.1절).

자동운동 효과 다른 시각적 신호가 없을 때 멈춰 있는 하나의 점광원point-light이 움직이는 것처럼 보이는 착시(6.2.7절)

자동 패턴 사용자가 아닌 누군가가 시점을 컨트롤하는 시점 컨트롤 패턴(28.3.4절)

자세 몸이나 신체 일부가 멈춰 있는 형태. 제스처의 일부(26.4.1절)

자세 불안정 이론 동물에게 자세 안정성을 유지하는 전략이 부족하거나 아직 배우지 못했을 때 발생하는 멀미를 예측하는 멀미 이론(12.3.3절)

자세 안정성 테스트 멀미를 측정하는 행동 테스트(16.2절)

자연 소멸 VR 후유증을 줄이기 위해 움직임을 최소화하고 눈을 감은 채 쉬는 등 활동을 자제하는 것(13.4.1절)

자유도(DoF) 한 개체 혹은 입력 기기가 조작할 수 있는 독립적 차원의 수(25.2.3절, 27.1.2절)

자유 방향 전환 시스템 사용자가 물리적으로 어떤 방향으로든 쉽게 방향을 돌릴 수 있는 무선 리얼리티 시스템(22.4절)

자취 사용자가 이동한 경로의 증거로, 해당 경로를 지나간 사람뿐 아니라 다른 사용자에게도 이 장소가 이미 와본 곳이라는 점과 이곳에서 다른 곳으로 어떻게 이동하는지를 알려준다(21.5절).

잔류 효과 한 가지 조건을 경험한 효과가 이후 조건을 다시 테스트할 때 편향으로 작용하는 것(33.4.1절)

잘 쓰는 손 사용자가 양손 비동기 상호작용을 활용한 섬세한 조작을 수행할 때 선호하는 손이다(25.5.1절).

잘 쓰지 않는 손 양손 비동기식 상호작용을 할 때 주로 쓰는 손의 작업을 위한 조작 개시, 전체 동작 수행, 참고 프레임 제공에 최적인 손(25.5.1절)

잘못된 데이터 가정 데이터의 잘못 가정된 속성으로 잘못된 결론을 이끌어낼 수 있다 (33.2.3절).

잠재의식 마음속에서 생겨나 우리가 자각하지는 못해도 우리의 감정과 행동에 많은 영향을 미치는 모든 것(7.6절)

장면 개요 관찰자가 있는 환경에 들어있는 것들에 대한 맥락, 혹은 지식(10.3.2절)

장소 기반 VR 서류 가방 이상의 장비가 필요하고 설치하는 데 시간이 걸리며, 거실이나 사무실에서부터 VR 체험방이나 놀이공원 같은 집 밖의 경험까지를 아우르는 VR 시스템(22.4.2절)

재구심 순전히 사람의 행동에 의한 구심성(7.4절)

재실험 편향 같은 피험자에게서 두 번 이상 데이터를 수집하는 결과 생기는 내적 타당성에 대한 위협(33.2.3절)

재적응 비정상적 상황에 적응한 다음 다시 정상적인 현실 세계의 상황에 적응하는 것(13.4.1절).

저더 시각적 움직임이 덜컹이거나 부드럽지 않게 보이는 것(9.3.6절)

적시의 픽셀 수직 동기화 대기 중이 아닐 때는 새로운 시점에서 모든 프레임이 아니라 모든 픽셀을 렌더링해 테어링이 생기지 않는 방식(15.4.4절)

전문가 지침 기반 평가 상호작용을 (기존의 것이든 진보한 것이든) 비교해 잠재적 사용성 문제를 식별함으로써 지침을 세우는 전문가 평가. 경험적 평가라고도 한다 (33.3.6절).

전문가 평가 사용자 경험을 개선하기 위해 사용자의 관점에서 사용성 문제를 전문

가가 식별하는 시스템적 접근법(33.3.6절)

전신 트래킹 머리와 손을 넘어 다른 곳까지 트래킹하는 입력 기기 유형(27.3.4절)

전정계 기계적 운동 감지 역할을 맡는 내이의 미로 같은 기관으로, 균형과 신체 움직임에 대한 입력을 제공한다(8.5절).

전정 안구 반사(VOR) 머리를 움직이는 동안 응시 방향을 안정시키기 위해 전정 기관 입력에 따라 눈을 보정해 회전하는 것(8.1.5절)

전체 시야 물리적으로 눈, 머리, 몸을 돌려서 볼 수 있는 총각도(8.1.1절)

절대 입력 기기 과거의 측정치와 관계없이 기준점에 상대적인 포즈를 감지하고 컴플라이언스를 무효화하는 입력 기기(27.1.3절)

점멸융합 주파수 한계치 시각적으로 인지할 수 있게 되는 깜박임의 주파수(9.2.4절)

정규 분포 폭과 높이에는 차이가 있지만 수학적으로 잘 정의되고 데이터 분석에 유용한 속성을 나타내는 대칭형 분포. 종형 곡선 혹은 가우스 함수라고도 한다(33.5.2절).

정량적 데이터 수량에 대한 정보며, 수치로 직접 측정하고 표시할 수 있는 정보. 수치 데이터라고도 한다(33.2.1절).

정밀 모드 가리키기 컨트롤/디스플레이 비율이 1보다 작아서 커서가 '느려지는' 듯이 보이는 비동일 회전 기술 가리키기 패턴의 한 형태(28.1.2절)

정밀성 동일한 결과를 얻는 재현성과 반복성(31.15.1절)

정성적 데이터 다양한 사람에 의해 서로 다르게 해석될 수 있는 주관적 정보(33.2.1절)

정의 단계 반복 적용 디자인에서 아이디어를 처음 만들어내고, 구현과 학습 단계에서 더 많은 것을 발견함에 따라 다듬어가는 부분(6부, 31장)

정지 좌표계 장면에서 시청자가 고정돼 있다고 간주하고 여기에 비교해 다른 움직임을 판단하는 부분(12.3.4절)

정지 좌표계 가설 멀미가 방향과 동작 단서의 충돌에서 직접 유발되는 것이 아니라, 그런 단서에 담겨 있는 정지 좌표계의 참조 충돌에서 온다는 설명(12.3.4절)

정확도 상태가 얼마나 올바른지의 정도(즉 사실에 가까운 정도)(31.15.1절)

제스처 몸이나 신체 일부의 움직임(26.4.1절)

제약 (상호작용) 액션과 행동에 제한을 주는 것(25.2.3절)

제약 (프로젝트) 프로젝트 디자인 시 피해야만 하는 한계. 프로젝트 제약의 유형에는 실제 제약, 리소스 제약, 폐기된 제약, 잘못 인지된 제약, 간접 제약, 의도적인 인위적 제약이 있다(31.10절).

제자리 걷기 사용자가 물리적으로는 같은 지점에서 걷는 동작을 취하면서 가상에서는 움직이게 되는 걷기 패턴의 한 형태(28.3.1절)

조망 공간 20미터를 넘는 공간으로, 직접 조작할 수 없고 인지 단서가 상당히 일관된 범위(9.1.2절)

조사 새로운 정보를 얻고 이해하는 체계적 방법론(33.2절)

조작 하나 이상의 오브젝트의 포지션, 방향, 배율, 형태, 색상, 텍스처 같은 속성을 변경하는 것(28.2절)

조작 패턴 하나 이상의 오브젝트 조작이 가능한 상호작용 패턴들. 직접 손 조작 패턴, 프록시 패턴, 3D 툴 패턴이 있다(28.2절).

조정된 월드 그랩 사용자를 더 크게 확대하거나 환경을 더 작게 축소해서, 사용자가 사적 공간에서 오브젝트를 직접 조작할 수 있게 해주는 손 가리키기 패턴의 한 형태(28.5.1절)

조종 패턴 발을 움직이지 않고 계속 시점을 조종하는 시점 컨트롤 패턴(28.3.2절)

조준선 물체를 조준하거나 선택할 때 쓰이는 시각 단서(23.2.3절)

존재감 물리적으로 다른 장소에 있을지라도 어떤 공간 안에 '실제로 있는' 느낌. 개인의 신체 일부 혹은 전체가 겪는 현재의 경험이 기술을 통해 생성되고 필터링된다 하더라도, 이런 경험에서 기술이 맡고 있는 역할을 사용자가 완전히 정확하게 알고 인지하지 못하는 심리적 상태 혹은 주관적 인지(4.2절)

존재감 이탈 가상 세계가 빚어내는 환상이 깨지면서, 사용자가 실은 현실 세계에서 HMD를 착용하고 있다는 것을 깨닫는 순간(4.2절)

종속 변수 실험하는 동안 측정되는 출력이나 응답(33.4.1절)

주 시각 경로 시상에서 LGN을 통과해 이동하는 신경 경로. 망막슬 선조 시각 경로라고도 한다(8.1.1절).

주관적 현실 개인이 마음속에서 외부 세계를 인지하고 경험하는 방식(6.1절)

주관적 현재 우리가 계속 의식하는 경험에서 몇 초의 과거. 주관적 현재는 '지금'(현

시점)과 지나가는 시간의 경험으로 이뤄진다(9.2.1절).

주목 장면의 특정 장소나 사물에 어떻게 주의가 기울여지는지에 대한 메타포(10.3.2절)

주사율 디스플레이 하드웨어가 이미지 전체를 스캔하는 초당 횟수(Hz)(15.4.4절)

주의 인지할 수 있는 일부 정보를 눈치채고 집중하며 다른 정보는 버리는 과정(10.3절)

주의력 맵 사용자들이 실제로 무엇을 바라보는지에 대한 유용한 정보를 제공하는 시각적 이미지(10.3.2절)

주의 포획 부각된 것에 갑자기 비자발적으로 주의력이 이동하는 것(10.3.2절)

주체 관련 운동 자극과 관찰자 간의 공간적 관계의 변화(9.3.2절)

준비 조사 더 완전한 규모의 실험을 위해 시험 삼아 소규모로 시행되는 예비 실험 (33.4.1절)

줄무늬 시력 어두운색과 밝은색의 사각형이 가늘게 세로로 번갈아 있는 모양을 구분할 수 있는 능력(8.1.4절)

중복 입력 똑같은 정보를 전달하는 입력 둘 이상을 동시에 사용해 하나의 명령을 수행하는 것(26.6절)

중심축 가설 멀리 있는 점 자극은 고개를 움직이면 인지된 거리가 실제 거리와 달라지는 것처럼 움직이는 것으로 보이는 현상(9.3.4절)

중앙값 순서가 있는 데이터셋의 가운데 있는 값(33.5.2절)

중요 사건 긍정적이든 부정적이든 사용자의 과제 수행 능력 및 만족도에 중대한 영향을 주는 이벤트(33.3.6절)

증강 가상 현실 세계의 내용을 포착해 이런 콘텐츠를 VR로 가져온 결과물(3.1절)

증강 현실(AR) 기존의 현실 세계에 덧붙인 컴퓨터로 생성한 감각 단서(3.1절)

지각 순응 사람의 인지 과정이 변하는 것. 감각 양상 사이, 혹은 한 양상 내의 등록된 차이, 혹은 이 차이에서 유발되는 행동의 오류를 줄이거나 제거하는 인지의 반영구적 변화나 지각과 운동의 조율(10.2.2절)

지그 버텍스, 가장자리, 표면에 부착해 오브젝트를 정밀하게 조작할 수 있도록 해주는 참조 가능하며 조정할 수 있는 제약 도구(28.2.3절)

지도 물체와 영역 간의 관계가 생겨나고 테마가 전달되는 공간을 상징적으로 표현한 것. 전방이 위로 향하는 지도와 북쪽이 위를 향하는 지도가 있다(22.1.1절).

지속 (디스플레이) 디스플레이에서 없어지기 전까지 픽셀이 유지되는 시간(15.4.4절)

지속성 오류 영화의 쇼트^{shot} 사이에 변화가 일어나는데 관객들이 중요한 변화를 알아채지 못하는 것(10.3.1절)

지속성 원칙 정렬된 요소들은 하나의 그룹이나 덩어리로 인지되며, 정렬되지 않은 요소들보다 더 연관된 것으로 해석된다는 게슈탈트 원칙(20.4.1절)

지속 (인지) 자극이 제거된 후에도 양성 잔상이 시각적으로 유지되는 듯한 현상(9.2.2절)

지속적 발견 사용자가 무엇을 하고 싶어 하는지, 왜 하고 싶어 하는지, 어떻게 하면 최선인지 이해하기 위해 디자인과 개발 과정에 사용자를 참여시키는 지속적인 프로세스(30.3절)

지속적 배포 일주일에 한 번 정도로 자주 제공되는 업데이트된 실행 파일(32.8.3절)

지역 환경에서 암시적이나 명시적으로 서로 구분된 부분. '지구'와 '구역'이라고도 한다(21.5절).

지연 보상 기법 실질적 지연 시간을 줄이는 기술. 머리 동작 예측과 포스트 렌더링 지연 시간 감소 등이 있다(18.7절).

지연 시간 시스템이 사용자의 행동에 반응하는 데 걸리는 시간. 움직임을 시작한 때로부터 해당 움직임에 픽셀이 반응한 결과까지 걸리는 순 시간이다. 실질적 지연 시간은 지연 보상 기술을 활용해 순 지연 시간보다 작아질 수 있다(15장).

지연 시간 미터 시스템 지연 측정을 위해 활용하는 기기(15.5.1절)

지터 물체나 월드가 빠르게 흔들리는 것으로, 부정확함 때문에 흔히 생긴다. (부정확한 트래킹으로 인해 생기는) HMD의 트래커 지터는 월드가 흔들린다는 인지를 낳는다(17.1절, 32.4.2절).

지평선에 상대적인 높이 물체가 지평선에 가까울수록 더 멀리 떨어져 있는 것처럼 보이게 만드는 회화적 심도 단서(9.1.3절)

직선 원근법 멀리 물러나는 평행선들이 소실점이라고 하는 한 지점에서 모이는 듯이 보이는 것(9.1.3절)

직접 상호작용 중재 도구와 커뮤니케이션하는 대신 오브젝트와 직접 연관된다는 인상(25.3절)

직접적인 손 조작 패턴 우리가 현실에서 두 손으로 물체를 조작하는 방식과 일치하는 조작 패턴. 오브젝트가 손에 부착돼 놓을 때까지 함께 움직인다(28.2.1절).

직접적 제스처 즉각적이고 구조적인 특징이 있으며 공간적 정보를 전달해, 제스처가 시작되자마자 시스템이 이를 해석하고 응답할 수 있는 제스처(26.4.1절)

직접 커뮤니케이션 두 개체 간에 매개체가 없고 해석이 붙지 않으면서 에너지가 직접 이동하는 것. 구조적 커뮤니케이션과 본능적 커뮤니케이션으로 이뤄진다(1.2.1절).

진동 입력 기기가 진동하는 단순한 형태의 햅틱(26.8절)

진자 안진 고정된 빈도로 고개를 앞뒤로 돌리면 일어나는 안진(8.1.5절)

진짜 실험 내적 타당성에 대한 주요 위험을 제거하기 위해 피험자를 무작위 그룹으로 배정하는 실험(33.4.2절)

진화 언어 기존의(전통) 기술 언어로는 설명할 수 없는 개념을 이용해 세계를 인식하는 방식을 바꿔주는 커뮤니케이션의 한 형태(35.3.1절)

진화 이론 생존을 위해서는 우리 몸의 동작과 우리를 둘러싼 세상의 운동을 제대로 인지해야 하므로 멀미가 생긴다고 설명하는 이론. 독 이론poison theory이라고도 한다(12.3.2절).

질문지 피험자가 서식이나 컴퓨터로 응답하도록 하는 서면 질문(33.3.4절)

찌르기 (선택) 사용자로부터의 거리에 관계없이 박스의 포즈가 점차 조정되는 양손 박스 선택 기술의 한 단계(28.1.4절)

차이 (네트워킹) 다양한 사용자에게 서로 달라지는 개체의 시공간적 상태(32.5.1절)

차이 필터링 어느 개체에서나 차이가 일정 역치에 도달할 때만 패킷을 송신해 네트워크 트래픽을 감소시키는 기술(32.5.5절)

착시 객관적 현실에 존재하지 않는 무언가를 인지하는 것(6.2절)

착용하지 않는 입력 기기 물리적 하드웨어를 쥐거나 착용할 필요가 없는 입력 기기(예 : 카메라 시스템)(27.1.7절)

참고 프레임 물체의 위치와 방향의 기준 역할을 하는 좌표계(26.3절)

채널 열린 공간이 전혀 아닌데도 사용자에게 비교적 열린 환경으로 느껴지게끔 하는 VR 비디오 게임(예: 카 레이싱 게임)에서 자주 활용되는 닫힌 루트(21.5절)

초점 조절 눈이 서로 다른 거리의 물체를 볼 때 망막에 초점이 맞게끔 광학 배율을

변경하는 메커니즘(9.1.3절)

초점 조절-이접 운동 충돌 현실 세계에서 일어나는 것과는 초점 조절과 이접 운동이 일관되지 못하기 때문에 발생하는 감각 충돌. VR 멀미로 이어질 수 있다(13.1절).

촉각 햅틱 사용자의 피부를 통해 전달되는 인위적인 힘. 진동 촉각 시뮬레이션과 전기 촉각 시뮬레이션으로 이뤄진다(3.2.3절).

최빈값 데이터셋에서 가장 자주 나타나는 값(33.5.2절)

최종 제작 디자인과 기능이 최종화돼 팀이 산출물을 다듬는 데 집중할 수 있게 되는 구현 단계의 일부(32.7절)

추적 또렷한 시각을 최대한 유지하고 모션 블러를 방지하기 위해 자발적으로 시각적 타깃을 눈으로 쫓는 것(8.1.5절)

추정 팀의 한 명 이상이 진실이라고 믿고 있는 바의 개략적인 선언(31.9절)

추천 실제 인물이 어떤 점을 좋아한다는 마케팅적 증언(33.3.3절)

추측 항법 가장 최근 수신된 패킷의 외삽법을 기반으로 하는 원격 컨트롤되는 개체의 추정 위치(32.5.4절)

출력 디스플레이의 픽셀이나 헤드폰에서 나오는 음파처럼 사용자가 직접 인지하는 물리적 표현(3.2절)

칵테일파티 효과 같은 방에서 들려오는 다른 많은 대화는 걸러내고 특정 대화에만 청각적 주의를 집중하는 능력(10.3.1절)

캐리커처 사람이나 사물의 특징을 과장하고 덜 중요한 특징은 생략하거나 단순화해서 만화나 그로테스크한 효과를 만들어내는 것(22.5절)

커뮤니케이션 한 물체가 다른 물체와 충돌을 일으키고 그 결과가 발생하는 것에 그치는 정도라도 개체 간에 에너지가 이동하는 것(1.2절)

컨트롤 대칭 상호작용에 대응하는 현실 세계의 과제와 비교해 사용자가 상호작용을 통제할 수 있는 정도(26.1절)

컨트롤/디스플레이(C/D) 비율 손에서 물체나 포인터로의 비등식 회전 매핑의 확대/축소(28.1.2절)

컬러 큐브 사용자가 색상을 선택하는 3D 공간으로 구성된 위젯이나 패널 패턴의 한 형태(28.4.1절)

컴플라이언스 시간(시간적 컴플라이언스)과 공간(공간적 컴플라이언스)에 걸쳐 있는 감각 피드백을 입력 기기와 매칭시키는 것(25.2.5절)

케네디 시뮬레이터 멀미 질문지(SSQ) 시뮬레이터 멀미와 VR 멀미 측정에 가장 흔히 쓰이는 도구(16.1절)

콜 오브 듀티 신드롬 일반적인 일인칭 슈팅 게임처럼 보는 방향, 무기/팔, 전방이 늘 같은 방향으로 맞춰지는 심상 모델. 이 기대가 VR 경험과 일치하지 않으면 멀미를 유발할 수 있다(17.2절).

큐빅 환경 맵 커다란 정육면체의 여섯 면에 씬을 렌더링하는 것(18.7.2절)

크기 항상성 이미지의 크기가 망막에서 변할 때도 물체의 크기는 동일하게 유지되는 인지 경향(10.1.1절)

클라이언트-서버 아키텍처 클라이언트 서버 아키텍처는 각 클라이언트가 먼저 서버에 통신한 다음 서버가 클라이언트에 정보를 배포하도록 구성된다(32.5.3절).

클래스 다이어그램 클래스와 함께 그 속성과 메서드를 설명하고, 그런 다음 클래스 간의 관계를 설명하는 것(32.2.4절)

클래스 (소프트웨어) 데이터와 메서드를 모은 템플릿(32.2.4절)

키클롭스의 눈 머리 중심에서 똑바로 뻗은 직선을 결정하는 가상의 기준점. '머리 참고 프레임' 참조(26.3.5절)

타당성 어떤 개념, 측정치, 혹은 결론의 근거가 탄탄하고 실제 애플리케이션에 상응하는 정도(33.2.3절)

탐험 환경에 대한 지식을 구축하기 위해 공간을 훑어보는 것(10.4.3절)

태도 특정 주제에 대한 가치와 신념 체계(7.9.3절)

태스크 수행력 사용자가 과제를 수행하는 효율성을 측정한 수치. 완료까지 걸리는 시간, 수행의 정확도, 수행의 정밀성, 훈련 전이 같은 방식으로 측정된다(31.15.1절).

테어링 수직 동기화 대기가 없어서 이미지가 비연속적으로 나타나는 시각적 결함(15.4.4절)

텍스처 경사 눈에서의 거리에 따라 텍스처 밀도가 늘어나는 회화적 심도 단서(9.1.3절)

토큰 한 번에 한 명의 사용자만 소유할 수 있는 공유 데이터 구조(32.5.6절)

통계적 검증력 정말 효과가 나타났을 때 연구에서 이런 효과를 감지할 가능성(33.2.3절)

통계적 결론 타당성 데이터에 대한 결론이 통계적으로 올바른 정도(33.2.3절)

통계적 유의성 실험의 통계적 결과가 우연이 아니며, 이에 따라 결과에는 근원적인 원인이 있다는 신뢰를 보여주는 통계적 결론(33.5.2절)

통계적 회귀 점수의 높낮이에 따라 피험자가 미리 선택될 때 일어나는 내적 타당성에 대한 위협(33.2.3절)

통제 변수 종속 변수에 영향을 주지 않도록 실험에서 상수로 유지하는 변수(33.4.1절)

통제 소재 자신에게 통제권이 있다고 믿는 정도. 자신이 내비게이션을 능동적으로 통제해 향후 모션을 기대할 수 있게 하면 운동 멀미가 줄어든다(17.3절).

통증 신체적 위해를 경고하는 불쾌한 감각. 신경성 동통, 통각수용기성 통증, 염증성 통증으로 나눌 수 있다(8.3.4절).

트래킹 미지원 핸드헬드 컨트롤러 버튼, 조이스틱/아날로그 스틱, 방아쇠 등이 있지만 3D 공간에서 트래킹되지는 않는 손에 드는 입력 기기 유형(27.2.2절)

트래킹 지연 트래킹된 신체 부분의 움직임이 트래커 센서에서 동작 정보를 포착해 해당 동작이 애플리케이션이나 VR 시스템의 렌더링 컴포넌트에 입력되는 때까지 걸리는 시간(15.4.1절)

트래킹 지원 핸드헬드 컨트롤러 손에 쥐고 트래킹이 되며(보통 6 DoF), 종종 트래킹 미지원 핸드헬드 컨트롤러가 제공하는 기능이 있는 입력 기기 유형. 마법봉이라고도 한다(27.2.3절).

트루 스코어 무한대의 측정값에서 평균을 취할 때 나오는 값(33.2.2절)

특징 검색 주위의 해당 특징이 없는 요소들로부터 특별한 특징을 찾는 것(10.3.2절)

특화된 입력 양상 과제의 성격과 애플리케이션의 디자인으로 인한 특수한 과제용의 한 가지 입력 유형 제한(26.6절)

팀 프로토타입 팀에서 애플리케이션을 직접 구현하지 않는 이들을 위해 만든 프로토타입(32.6.1절)

파넘 융합 영역 우리가 인지하는 입체 영향에서 앞에는 공간이 감싸고 있고 뒤에는 단시궤적이 있는 것(9.1.3절)

파이 메뉴 원형 메뉴판에 조각 모양의 메뉴 항목이 있고 거리가 아니라 방향을 기준으로 선택이 일어나는 위젯과 패널 패턴의 한 형태. 마킹 메뉴라고도 한다(28.4.1절).

팔의 피로 팔을 쉬지 않고 제스처 인터페이스를 과도하게 사용할 때 팔이 무거워지는 현상(14.1절)

패널 여러 위젯이 담겨 있는 구조며 다른 패널을 넣을 수도 있다(28.4.1절).

패시브 모션 플랫폼 사용자가 제어하는 모션 플랫폼(3.2.4절)

패시브 터치 피험자가 만지는 데 대한 통제력이 없을 때 사물이 피험자의 피부에 닿는 것(8.3.3절)

패시브 햅틱 만질 수 있는 정적인 물리적 물체. 손에 드는 소품(자기 기반 햅틱)이나 더 큰 월드 고정형 물체(월드 기반 햅틱)가 될 수 있다(3.2.3절).

패킷 컴퓨터 네트워크를 따라 이동하는 형식화된 데이터 조각(32.5.2절)

페르소나 VR 애플리케이션을 사용할 사람의 모델(31.11절)

페이드아웃 비디오 투과형 HMD에서 제공되는 기능으로, 가상 세계가 단색이나 현실 세계로 점차 바뀌는 것. 지연 시간이 일정 값을 넘어서거나 트래킹 끊김 및 약화 시 VR 멀미를 줄이기 위해 활용한다(18.10절, 31.15.3절).

편안함 신체적 상태로서 멀미, 피로, 통증이 없는 것(31.15.1절)

평가 목표 달성, 조정, 혹은 새로운 목표 생성에 대한 판단을 가능하게 해주는 상호작용 사이클의 한 부분. 인지, 해석, 비교라는 세 단계로 구성된다(25.4절).

평가차 액션의 결과에 대한 이해 부족(25.4절)

평균 데이터의 경향성을 담은 데이터셋 가운데 값. 더 구체적으로 산술 평균, 중앙값, 최빈값이 있다(33.5.2절).

평균 편차 값이 평균적으로 전체 데이터셋의 산술 평균과 얼마나 차이가 나는지를 나타낸다. 절대 편차라고도 한다(33.5.2절).

폐쇄의 원칙 물체가 열려 있을 때 그 모양은 물체의 인지 가능한 전체 형태로 인식되는 경향이 있다는 게슈탈트 원칙(20.4.1절)

포스트 렌더링 지연 시간 경감 먼저 최종 디스플레이보다 지오메트리를 많이 렌더링한 다음, 디스플레이 과정에서 사용자에게 제시할 적절한 부분 집합을 선택하는 것(18.7.2절)

포지션 컴플라이언스 감각 피드백과 입력 기기 위치의 동일 장소 배치(25.2.5절)

포커스 그룹 인터뷰와 유사하게 아이디어와 피드백을 수집하되, 그룹 단위로 이뤄지

는 건설적 접근법(33.3.5절)

표면적 타당성 일반적으로 개념, 수단, 결론이 적정하다는 직관적이고 주관적 인상(33.2.3절)

표준 편차 변동량의 제곱근이며, 분산에서 가장 흔히 쓰는 값(33.5.2절)

표현적 충실도 VR 경험이 이 지구 상에 있거나 그럴 법해 보이는 장소를 전달하는 정도(4.4.2절)

품질 요건 시스템 또는 애플리케이션의 전체적 품질이나 속성을 정의하는 요건. 비 기능적 요건이라고도 한다(31.15.1절).

풋 댓 데어(put-that-there) 기법 가리키기 패턴('그것'과 '거기'를 선택)과 음성을 통한 비공간적 컨트롤 패턴('두다'를 선택)을 결합한 다중 감각 패턴의 한 형태(28.5.3절)

풍미 폭넓고 뚜렷한 음식의 품질을 결정하는 냄새, 맛, 온도, 질감의 조합(8.6절)

프라임 탐색 이미 위치를 아는 특정 대상을 탐색하는 것(10.4.3절)

프레임 완전한 해상도로 렌더링된 이미지(15.4.3절)

프레임레이트 시스템에서 초당 전체 씬을 렌더링하는 횟수(15.4.3절)

프로그래머 프로토타입 프로그래머나 프로그래머 팀이 만들어서 평가하는 프로토타입(32.6.1절)

프로토타입 미적 측면이나 완성도에 과도하게 신경 쓰지 않고 도달할 수 있는 가장 단순한 구현(32.6절)

프록시 원격 오브젝트를 표현하고 직접 매핑되는 로컬 오브젝트(실제 혹은 가상)(28.2.2절)

프록시 패턴 사용자가 로컬 프록시 오브젝트를 조작하면 원격 오브젝트도 똑같은 방식으로 조작되는 조작 패턴(28.2.2절)

플라시보 효과 실험 조건 자체가 결과를 낳는 것이 아니라 실험이 결과를 낳는다고 피험자가 '기대'할 때 발생하는 내적 타당성에 대한 위협(33.2.3절)

플래닝 포커 개발 노력을 평가하는 카드 게임(31.7절)

피드백(상호작용) 사용자에게 액션의 결과나 과제의 현 상태를 알려주는 것(25.2.4절)

피싱 다양한 여러 가정을 통한 데이터 검색. 데이터 마이닝이라고도 한다(33.2.3절).

피어 투 피어 아키텍처 개별 컴퓨터 사이에서 정보를 직접 전송하는 네트워크 아키텍처(32.5.3절)

피험자 간 설계 각 피험자가 한 가지 조건만 경험하는 실험. 두 개의 변수만 비교할 때는 A/B 테스트라고도 한다(33.4.1절).

피험자 내 설계 모든 피험자가 각 조건을 다 경험하는 것. 반복 측정이라고도 한다(33.4.1절).

하이브리드 아키텍처 피어 투 피어와 클라이언트 서버 아키텍처의 요소들을 활용하는 네트워크 아키텍처(32.5.3절)

하이브리드 트래킹 시스템 상대적 트래커 측정법과 절대적 트래커 측정법을 합쳐서 양쪽의 장점을 취하는 트래킹 시스템(27.1.3절)

하일라이팅 시각적으로 물체의 외곽선을 부각시키거나 색상을 바꾸는 것(26.8절)

하향식 처리 지식에 기반한 처리, 즉 사용자의 경험과 기대가 그가 인지하는 바에 영향을 미치는 처리 과정. 지식 기반 및 개념 기반 처리라고도 한다(7.3절).

학습 단계 무엇이 잘 작동하고 무엇이 그리 잘 작동하지 않는지 계속 발견해내는 반복 적용 디자인 과정의 일부(6부)

학습된 무기력증 적어도 판단을 내리는 개인은 무언가를 할 수 없다고 판단해, 통제력 박탈을 인지함으로써 포기하도록 만드는 것(7.8절)

학습 용이성 초보 사용자가 애플리케이션이나 상호작용 기법을 쉽게 이해하고 사용하기 시작할 수 있는 것(31.15.1절)

한 손으로 날기 사용자가 손가락이나 손이 가리키는 방향으로 이동하게 되는 조종 패턴의 한 형태(28.3.2절)

핵심 경험 사용자가 의미 있는 선택을 통해 의미 있는 피드백을 얻게 되는 중요한 순간순간의 활동(20.2절)

핵심 인력 프로젝트의 성공을 위해 필수적인 사람(31.6절)

핸드헬드 디스플레이 한 손 또는 양손으로 잡으며, 머리/눈과 정렬하거나 정확하게 트래킹할 필요가 별로 없는 출력 기기(3.2.1절)

핸드헬드 증강 현실 핸드헬드 디스플레이를 활용하는 비디오 투과형 증강 현실의 한 형태. 간접 증강 현실이라고도 한다(3.2.1절).

핸드헬드 툴 손에 부착된(드는) 것으로 지오메트리와 정해진 행동 양식이 있는 가상 오브젝트(28.2.3절)

햅틱 가상 물체와 사용자의 몸 사이에 작용하는 물리적 힘의 시뮬레이션. 패시브 햅틱과 액티브 햅틱, 촉각 햅틱과 자기 수용 감각, 자기 기반 햅틱과 세계 기반 햅틱으로 분류할 수 있다(3.2.3절).

행동 공간 비교적 빠르게 움직이고, 남에게 말을 하고, 물건을 건네는 등 공공연한 행동을 할 수 있는 공간(약 2~20미터 사이)(9.1.2절)

행동 유도성 어떤 행동이 가능하고 사용자가 무엇과 어떻게 상호작용할 수 있는지를 나타낸다. 사용자의 능력과 사물의 속성 간의 관계다(25.2.1절).

행동이 의도된 거리 단서 거리 인지에 영향을 미치는 미래 행동의 심리적 요인(9.1.3절)

행동적 프로세스 저장된 신경 패턴과 일치하는 상황에 의해 발동되는 학습된 기술과 직관적 상호작용이며, 대체로 무의식적이다(7.7.2절).

헤드 마운트 디스플레이(HMD) 머리에 다소 꽉 부착하는 시각 디스플레이. 비투과형 HMD, 비디오 투과형 HMD, 광학 투과형 HMD로 분류할 수 있다(3.2.1절).

헤드셋 착용감 HMD가 사용자의 머리에 얼마나 잘 맞는지, 그리고 얼마나 편안하게 느껴지는지를 일컫는다(14.2절).

헤드업 디스플레이(HUD) 일반적인 앞쪽의 씬에 덮어서 보여주는 시각 정보(23.2.2절)

헤드 크러셔 기법 사용자가 엄지 손가락과 집게 손가락을 2D 이미지 면에서 원하는 오브젝트 주위에 놓는 이미지 면 선택 패턴의 한 형태(28.1.3절)

헤드 트래킹 입력 단지 가상 환경을 보는 것을 넘어서, 피드백을 수정하거나 제공하는 상호작용을 일컫는 입력 유형(27.3.1절)

현실 세계 모델 디지털 기술은 전혀 사용하지 않고, 대신 팀원이나 사용자가 현실 세계의 소품이나 도구를 활용해 역할을 하는 프로토타입(32.6.1절).

현실 세계의 참고 프레임 현실의 물리적 공간에 의해 정의되며 (가상이든 실제든) 사용자의 움직임에는 독립적인 참고 프레임(26.3.2절)

현실적 상호작용 VR 상호작용이 우리가 현실 세계에서 상호작용하는 방식과 가능한 한 가까이 작동하는 것(상호작용 충실도가 높음)(26.1절)

현실 환경 우리가 살고 있는 현실 세계(3.1절)

현장 인스톨 팀에서 한 명 이상이 고객사 현장으로 가서 시스템과 애플리케이션을 설치하는 것(32.8.2절)

형성적 사용성 평가 애플리케이션과 사용자의 상호작용 관찰을 통해 수집한 중대한 실증적 증거에 의해 전문가가 문제를 진단하는 것(33.3.6절)

형체 우리의 의식에서 물체 같은 속성이 있는 윤곽의 그룹(20.4.2절)

형체-바닥 문제 어떤 것이 전경에 있고(형체) 어떤 것이 배경에 있는가(바닥)에 대한 것(20.4.2절)

형태소 언어의 문법적 최소 단위로, 각 형태소는 더 작은 독립적 문법 요소로 나눌 수 없는 단어나 의미 있는 단어 일부로 이뤄진다(8.2.3절).

형태 항상성 다른 각도로 봐서 망막에 맺힌 이미지의 형태가 변하더라도 물체들이 그 형체를 유지한다고 인식하는 것(10.1.2절)

호문쿨루스 두뇌에서 여러 신체 부위에 해당하는 감각과 운동 피질의 위치와 비율을 매핑한 것. '두뇌 안의 신체 부분'을 표시한 것이다(8.3절).

확산점 다른 모든 자극이 확장돼서 그쪽으로 전진하는 것처럼 보이는 공간 속의 한 지점(9.3.3절)

회귀 억제 이미 바라보고 있던 무언가를 보기 위해서는 눈을 움직일 가능성이 줄어 드는 것(10.3.2절)

회화적 심도 단서 원격 자극에서 광자가 망막에 투영돼(근접 자극) 2D 이미지가 생기 는 것(9.1.3절)

훈련 전이 애플리케이션을 통해 습득한 지식과 기술을 현실 세계로 얼마나 효과적 으로 전환할 수 있는가(31.15.1절).

훑어보기 중심와에서 흥미로운 항목을 가장 분명히 볼 수 있게끔 이리저리 둘러보 는 것(10.3.2절)

휴먼 조이스틱 어떤 공간의 중앙을 기준으로, 사용자가 서있는 곳의 상대적 위치에 의해 이동 방향과 속도가 정의되는 걷기 패턴의 한 형태(28.3.1절)

히스토그램 데이터의 분산을 그래픽으로 나타낸 것(33.5.2절)

참고 자료

Abrash, M. (2013). Why Virtual Reality Is Hard (and Where It Might Be Going). In *Game Developers Conference*. Retrieved from http://media.steampowered.com/apps/valve/2013/MAbrashGDC2013.pdf 135

Adelstein, B. D., Burns, E. M., Ellis, S. R., and Hill, M. I. (2005). Latency Discrimination Mechanisms in Virtual Environments: Velocity and Displacement Error Factors. In *Proceedings of the 49th Annual Meeting of the Human Factors and Ergonomics Society* (pp. 2221–2225). 164, 184

Adelstein, B. D., Lee, T. G., and Ellis, S. R. (2003). Head Tracking Latency in Virtual Environments: Psychophysics and a Model. In *Proceedings of the 47th Annual Meeting of the Human Factors and Ergonomics Society* (pp. 2083–2987). 184

Adelstein, B. D., Li, L., Jerald, J., and Ellis, S. R. (2006). Suppression of Head-Referenced Image Motion during Head Movement. In *Proceedings of the 50th Annual Meeting of the Human Factors and Ergonomics Society* (pp. 2678–2682). 132, 185

Alonso-Nanclares, L., Gonzalez-Soriano, J., Rodriguez, J. R., and DeFelipe, J. (2008). Gender Differences in Human Cortical Synaptic Density. *Proceedings of the National Academy of Sciences USA*, 105, 14615–14619. DOI: 10.1073/pnas.0803652105.

Anstis, S. (1986). Motion Perception in the Frontal Plane: Sensory Aspects. In K. R. Boff, L. Kaufman, and J. P. Thomas (Eds.), *Handbook of Perception and Human Performance* (Vol. 1). New York: Wiley-Interscience. 131, 133, 185

Anthony, S. (2013, April 2). Kinect-Based System Diagnoses Depression with 90% Accuracy. *ExtremeTech.com*. Retrieved from http://www.extremetech.com/extreme/152309-kinect-based-system-diagnoses-depression-with-90-accuracy

Arditi, A. (1986). Binocular Vision. In K. R. Boff, L. Kaufman, and J. P. Thomas

(Eds.), *Handbook of Perception and Human Performance* (Vol. 1). New York: Wiley-Interscience. 185

Attneave, F., and Olson, R. K. (1971). Pitch as a Medium: A New Approach to Psychophysical Scaling. *The American Journal of Psychology*, 84, 147–166. 100

Azuma, R. T. (1997). A Survey of Augmented Reality. *PRESENCE: Teleoperators and Virtual Environments, 6*(4), 355–385. 130

Azuma, R. T., and Bishop, G. (1995). A Frequency-Domain Analysis of Head-Motion Prediction. In *Proceedings of ACM SIGGRAPH 95* (pp. 401–408). ACM Press. 211

Badcock, D. R., Palmisano, S., and May, J. G. (2014). Vision and Virtual Environments. In K. S. Hale and K. M. Stanney (Eds.), *Handbook of Virtual Environments* (2nd ed.). Boca Raton, FL: CRC Press. 89, 92, 93, 94, 95, 121, 166

Bailey, R. (1995, March 8). Costs Are Dropping for Virtual Reality Systems. *New York Times*. Retrieved from http://www.nytimes.com/1995/03/08/news/08iht-ff.html 27

Balakrishnan, R., and Hinckley, K. (2000). Symmetric bimanual interaction. *Hum anFactors in Computing Systems*, 2(1), 33–40. DOI: 10.1145/332040.332404. 342

Banks, M. S., Kim, J., and Shibata, T. (2013). Insight into Vergence-Accommodation Mismatch. Proc. SPIE, 8735, 873509. DOI: 10.1117/12.2019866. 173

Bhalla, M., and Proffitt, D. R. (1999). Visual-Motor Recalibration in Geographical Slant Perception. *Journal of Experimental Psychology. Human Perception and Performance, 25*, 1076–1096. DOI: 10.1037/0096-1523.25.4.1076. 123

Bliss, J. P., Proaps, A. B., and Chancey, E. T. (2014). Human Performance Measurements in Virtual Environments. In K. S. Hale and K. M. Stanney (Eds.), *Handbook of Virtual Environments* (2nd ed., pp. 749–780). Boca Raton, FL: CRC Press. 397, 402

Bolas, M., Kuruvilla, A., Chintalapud, S., Rabelo, F., Lympouridis, V., Suma, E.,

Barron, C., Matamoros, C., and Debevec, P. (2015). Creating Near-Field VR Using Stop Motion Characters and a Touch of Light-Field Rendering. In *ACM SIGGRAPH Posters*. 248

Bolas, M. T. (1989). Design and Virtual Environments. Master's thesis, Stanford University. 383

Bolas, M. T. (1992). Design and Virtual Environments. In *International Conference on Artificial Reality and Tele-Existence* (pp. 135–141). 261, 383

Bolt, R. A. (1980). "Put-That-There": Voice and Gesture at the Graphics Interface. In *SIGGRAPH* (pp. 262–270). DOI: 10.1145/800250.807503. 302, 303, 354

Botvinick, M., and Cohen, J. (1998). Rubber Hands "Feel" Touch that Eyes See. *Nature, 391*(6669), 756. DOI: 10.1038/35784. 47

Bowman, D. A., and Hodges, L. (1997). An Evaluation of Techniques for Grabbing and Manipulating Remote Objects in Immersive Virtual Environments. In *ACM Symposium on Interactive 3D Graphics2* (pp. 35–38). ACM Press. 327, 332, 344, 351

Bowman, D. A., Kruijff, E., LaViola, J., Jr., and Poupyrev, I. (2004). *3D User Interfaces: Theory and Practice*. Addison-Wesley. Retrieved from http://books.google.com/books?id=JYzmCkf7yNcC&pgis=1 101, 153, 253, 280, 282, 307, 329, 342, 351, 475

Bowman, D. A., McMahan, R. P., and Ragan, E. D. (2012). Questioning Naturalism in 3D User Interfaces. *Communications of the ACM, 55*(9), 78–88. DOI: 10.1145/2330667.2330687. 289, 290

Bowman, D. A., and Wingrave, C. A. (2001). Design and Evaluation of Menu Systems for Immersive Virtual Environments. In *IEEE Virtual Reality* (pp. 149–156). DOI: 10.1109/VR.2001.913781. 348

Bowman, D. (1999). Interaction Techniques for Common Tasks in Immersive Virtual Environments. *Techniques*. 327, 328

Bowman, D., Davis, E., Badre, A., and Hodges, L. Maintaining Spatial

Orientation during Travel in an Immersive Virtual Environment. *Presence: Teleoperators and Virtual Environments*, vol. 8, no. 6, 1999, pp. 618-631. 344

Bowman, D., Koller, D., and Hodges, L. A Methodology for the Evaluation of Travel Techniques for Immersive Virtual Environments. *Virtual Reality: Research, Development, and Applications*, vol. 3, no. 2, 1998, pp. 120 – 131. 344

Brewster, D. (1856). *The Stereoscope: Its History, Theory, and Construction, with Its Application to the Fine and Useful Arts and to Education*. London: John Murray. 15

Bridgeman, B., Van der Heijden, A. H. C., and Velichkovsky, B. M. (1994). A Theory of Visual Stability across Saccadic Eye Movements. *Behavioral and Brain Sciences, 17*(2), 247 – 292. 95

Brooks, F. (1988). Grasping Reality through Illusion: Interactive Graphics Serving Science. In *CHI'88* (pp. 1 – 11). DOI: 10.1145/57167.57168. 223

Brooks, F. P. (2010). *The Design of Design: Essays From a Computer Scientist*. Addison-Wesley. 85, 229, 373, 374, 380, 388, 389, 405, 410

Brooks, F. P., Ouh-Young, M., Batter, J. J., and Jerome Kilpatrick, P. (1990). Project GROPE Haptic Displays for Scientific Visualization. *ACM SIGGRAPH Computer Graphics, 24*(4), 177 – 185. DOI: 10.1145/97880.97899. 25

Brooks, J. O., Goodenough, R. R., Crisler, M. C., Klein, N. D., Alley, R. L., Koon, B. L., Logan, W. C., Ogle, J. H., Tyrrell, R. A., and Wills, R. F. (2010). Simulator Sickness during Driving Simulation Studies. *Accident Analysis and Prevention, 42*, 788 – 796. DOI: 10.1016/j.aap.2009.04.013. 202

Brooks, F. P., Jr. (1995). *The Mythical Man Month: Essays on Software Engineering* (2nd ed.). Addison-Wesley. 229, 385

Bryson, S., and Johan, S. (1996). Time Management, Simultaneity and Time-Critical Computation in Interactive Unsteady Visualization Environments. In *Proceedings of IEEE Visualization '96* (pp. 255 – 262). IEEE Computer Science Press. 189, 413

Burns, E., Razzaque, S., Panter, A. T., Whitton, M. C., McCallus, M. R., and

Brooks, F. P., Jr. (2006). The Hand Is More Easily Fooled Than the Eye: Users Are More Sensitive to Visual Interpenetration Than to Visual-Proprioceptive Discrepancy. *Presence: Teleoperators and Virtual Environments - Special Issue: IEEE VR 2005, 15*(1), 1 – 15. 109, 304, 306

Burton, T. M.W. (2012). Robotic Rehabilitation for the Restoration of Functional Grasping Following Stroke. Dissertation, University of Bristol, England. 103

Buxton, B. (2007). *Sketching User Experiences: Getting the Design Right and the Right Design. Sketching User Experiences*. Focal Press. DOI: 10.1016/B978-012374037-3/50064-X. 405

Buxton, W. (1986). There's More to Interaction Than Meets the Eye: Some Issues in Manual Input. In D. A. Norman and S. W. Draper (Eds.), *User Centered System Design: New Perspectives on Human-Computer Interaction* (pp. 319 – 337). Lawrence Erlbaum Associates. Retrieved from http://www.billbuxton.com/eye.html 283

Callahan, J., Hopkins, D., Weiser, M., and Shneiderman, B. (1988). An Empirical Comparison of Pie vs. Linear Menus. In *Proceedings of the SIGCHI Conference on Human Factors in Computing Systems* (pp. 95 – 100). DOI: 10.1145/57167.57182. 346

Carmack, J. (2015). 2015 GDC – Carmack on Mobile VR (Full Livestream Recording). Retrieved April 20, 2015; from https://www.youtube.com/watch?v=UNAmAxT7-qs 212

Chance, S. S., Gaunet, F., Beall, A. C., and Loomis, J. M. (1998). Locomotion Mode Affects the Updating of Objects Encountered during Travel: The Contribution of Vestibular and Proprioceptive Inputs to Path Integration. *Presence: Teleoperators and Virtual Environments*. DOI: 10.1162/105474698565659. 336

Chen, S. E. (1995). Quicktime {VR}—An Image-based Approach to Virtual Environment Navigation. In *Proceedings of ACM SIGGRAPH 95* (pp. 29 – 38). ACM Press. 212

Clulow, F. W. (1972). *Color: Its Principle and Their Applications*. New York:

Morgan and Morgan. 92

Cohn, M. (2005). *Agile Estimating and Planning*. Prentice Hall. 386

Comeau, C. P., and Brian, J. S. (1961, November). Headsight Television System Provides Remote Surveillance. *Electronics*, 86 – 90. 23

Coren, S., Ward, L. M., and Enns, J. T. (1999). *Sensation and Perception* (5th ed.). Harcourt Brace College Publishers. 86, 87, 88, 90, 91, 92, 93, 94, 98, 124, 125, 126, 128, 129, 131, 133, 134, 135, 136, 139, 140, 142, 148, 149, 296

Costello, P. (1997). *Health and Safety Issues Associated with Virtual Reality: A Review of Current Literature*. JISC Advisory Group on Computer Graphics (AGOCG) Technical Report Series No. 37, Computing Services, Loughborough University. 177, 179, 199

Craig, A. B., Sherman, W. R., and Will, J. D. (2009). *Developing Virtual Reality Applications: Foundations of Effective Design*. Elsevier. DOI: 10.1016/B978-0-12-374943-7.00005-7. 39

Cruz-Neira, C., Sandin, D. J., DeFanti, T. A., Kenyon, R. V., and Hart, J. C. (1992). The CAVE: Audio Visual Experience Automatic Virtual Environment. *Communications of the ACM*. DOI: 10.1145/129888.129892. 34, 62

Crystal, A., and Ellington, B. (2004). Task Analysis and Human-Computer Interaction?: Approaches, Techniques, and Levels of Analysis. In *America's Conference on Information Systems* (pp. 1 – 9). Retrieved from http://aisel.aisnet.org/cgi/viewcontent.cgi?article=1967&context=amcis2004 402

Csikszentmihalyi, M. (2008). *Flow: The Psychology of Optimal Performance. Optimal Experience: Psychological Studies of Flow in Consciousness*. Harper Perennial Modern Classics. 82, 151, 228

Cunningham, D. W., Billock, V. A., and Tsou, B. H. (2001a). Sensorimotor Adaptation to Violations in Temporal Contiguity. *Psychological Science, 12*(6), 532 – 535. 145, 184

Cunningham, D. W., Chatziastros, A., Von Der Heyde, M., and Bulthoff, H. H. (2001b). Driving in the Future: Temporal Visuomotor Adaptation and

Generalization. *Journal of Vision, 1*(2), 88 – 98. 184

Cutting, J. E., and Vishton, P. M. (1995). Perceiving Layout and Knowing Distances?: The Integration, Relative Potency, and Contextual Use of Different Information about Depth. In W. Epstein and S. Rogers (Eds.), *Perception of Space and Motion* (Vol. 22, pp. 69 – 117). San Diego, CA: Academic Press. DOI: 10.1016/B978-012240530-3/50005-5. 111, 112, 122

da Cruz, L., Coley, B. F., Dorn, J., Merlini, F., Filley, E., Christopher, P., et al (2013). The Argus II epiretinal prosthesis system allows letter and word reading and long-term function in patients with profound vision loss. *The British journal of ophthalmology*, 97(5), 632 – 636. 479

Daily, M., Howard, M., Jerald, J., Lee, C., Martin, K., McInnes, D., and Tinker, P. (2000). Distributed Design Review in Virtual Environments. In *Proceedings of the Third International Conference on Collaborative Virtual Environments* (pp. 57 – 63). ACM. Retrieved from DOI: 10.1145/351006.351013. 257, 419, 420

Daily, M., Sarfaty, R., Jerald, J., McInnes, D., and Tinker, P. (1999). The CABANA: A Reconfigurable Spatially Immersive Display. In *Projection Technology Workshop* (pp. 123 – 132). 34

Dale, E. (1969). *Audio-Visual Methods in Teaching* (3rd ed.). The Dryden Press. 12, 13

Darken, R., Cockayne, W., and Carmein, D. (1997). The Omni-directional Treadmill: A Locomotion Device for Virtual Worlds. In *ACM Symposium on User Interface Software and Technology* (pp. 213 – 221). DOI: 10.1145/263407.263550. 42

Darken, R. P. (1994). Hands-Off Interaction with Menus in Virtual Spaces. In *SPIE Stereoscopic Displays and Virtual Reality Systems* (pp. 365 – 371). DOI: 10.1117/12.173893. 350

Darken, R. P., and Cevik, H. (1999).MapUsage in Virtual Environments: Orientation Issues. *Proceedings IEEE Virtual Reality (Cat. No. 99CB36316)*. DOI: 10.1109/VR.1999.756944. 252

Darken, R. P., and Peterson, B. (2014). Spatial Orientation, Wayfinding, and

Representation. In K. S. Hale and K. M. Stanney (Eds.), *Handbook of Virtual Environments* (2nd ed., pp. 467–491). Boca Raton, FL: CRC Press. 153, 244

Darken, R. P., and Sibert, J. L. (1993). A Toolset for Navigation in Virtual Environments. *Proceedings of the 6th Annual ACM Symposium on User Interface Software and Technology UIST93, 2740*, 157–165. DOI: 10.1145/168642.168658. 245

Darken, R. P., and Sibert, J. L. (1996).Wayfinding Strategies and Behaviors in Large Virtual Worlds. *CHI '96*, 142–149. DOI: 10.1145/238386.238459. 242, 243

Davis, S., Nesbitt, K., and Nalivaiko, E. (2014). A Systematic Review of Cybersickness. In *Proceedings of the 2014 Conference on Interactive Entertainment* (pp. 1–9). Newcastle, NSW, Australia: ACM. 196

Debevec, P., Downing, G., M., B., Peng, H., and Urbach, J. (2015). Spherical Light Field Environment Capture for Virtual Reality Using a Motorized Pan/Tilt Head and Offset Camera. In *ACM SIGGRAPH Posters*. 248

De Haan, G., Koutek, M., and Post, F. H. (2005). IntenSelect: Using Dynamic Object Rating for Assisting 3D Object Selection. In *In Virtual Environments 2005* (pp. 201–209). 328

Delaney, D., Ward, T., and McLoone, S. (2006a). On Consistency and Network Latency in Distributed Interactive Applications: A Survey—Part I. *Presence: Teleoperators and Virtual Environments, 15*(2), 218–234. DOI: 10.1162/pres.2006.15.2.218. 415

Delaney, D., Ward, T., and McLoone, S. (2006b). On Consistency and Network Latency in Distributed Interactive Applications: A Survey—Part II. *Presence: Teleoperators and Virtual Environments, 15*(4), 465–482. 420

DiZio, P., Lackner, J. R., and Champney, R. K. (2014). Proprioceptive Adaptation and Aftereffects. In K. S. Hale and K. M. Stanney (Eds.), *Handbook of Virtual Environments* (2nd ed., pp. 835–856). Boca Raton, FL: CRC Press. 175

Dodgson, N. A. (2004). Variation and Extrema of Human Interpupillary Distance. In SPIE *Stereoscopic Displays and Virtual Reality Systems 5291* (pp.

36–46). 203

Dorst, K., and Cross, N. (2001). Creativity in the Design Process: Co-evolution of Problem-Solution. *Design Studies, 22*(5), 425–437. DOI: 10.1016/S0142-694X(01)00009-6. 380

Drachman, D. A. (2005). Do We Have Brain to Spare? *Neurology, 64,* 2004–2005. DOI: 10.1212/01.WNL.0000166914.38327.BB.

Draper, M. H. (1998). *The Adaptive Effects of Virtual Interfaces: Vestibulo-Ocular Reflex and Simulator Sickness.* University of Washington. 97, 98, 107, 144, 175

Duh, H. B., Parker, D. E., and Furness, T. A. I. (2001). An 'Independent Visual Background' Reduced Balance Disturbance Evoked by Visual Scene Motion: Implication for Alleviating Simulator Sickness. In *Proceedings of ACM CHI 2001* (pp. 85–89). 168

Eastgate, R. M., Wilson, J. R., and D'Cruz, M. (2014). Structured Development of Virtual Environments. In Kelly S. Hale and K. M. Stanney (Eds.), *Handbook of Virtual Environments* (2nd ed., pp. 353–389). Boca Raton, FL: CRC Press. 237

Ebenholtz, S. M., Cohen, M. M., and Linder, B. J. (1994). The Possible Role of Nystagmus in Motion Sickness: A Hypothesis. *Aviation Space and Environmental Medicine, 65*(11), 1032–1035. 169

Eg, R., and Behne, D. M. (2013). Temporal Integration for Live Conversational Speech. In *Auditory-Visual Speech Processing* (pp. 129–134). 108

Ellis, S. R. (2014). Where Are All the Head Mounted Displays? Retrieved April 14, 2015, from http://humansystems.arc.nasa.gov/groups/acd/projects/hmd_dev.php 16

Ellis, S. R., Mania, K., Adelstein, B. D., and Hill, M. I. (2004). Generalizeability of Latency Detection in a Variety of Virtual Environments. In *Proceedings of the 48th Annual Meeting of the Human Factors and Ergonomics Society* (pp. 2083–2087). 98, 184

Ellis, S. R., Young, M. J., Adelstein, B. D., and Ehrlich, S. M. (1999). Discrimination of Changes in Latency during Head Movement. In *Proceedings of Human-*

Computer Interaction 99 (pp. 1129–1133). L. Erlbaum Associates, Inc. 184

Fann, C.-W., Jiang, J.-R., and Wu, J.-W. (2011). Peer-to-Peer Immersive Voice Communication for Massively Multiplayer Online Games. *2011 IEEE 17th International Conference on Parallel and Distributed Systems*, 759–764. DOI: 10.1109/ICPADS.2011.99. 421

Ferguson, E. S. (1994). *Engineering and the Mind's Eye*. MIT Press. 380

Foley, J., Dam, A., Feiner, S., and Hughes, J. (1995). *Computer Graphics: Principles and Practice*. Reading, MA: Addison-Wesley Publishing. 32

Forsberg, A., Herndon, K., and Zeleznik, R. (1996). Aperture based selection for immersive virtual environments. In *Proceedings of the 9th Annual ACM Symposium on User Interface Software and Technology*. ACM, New York, NY, USA, 95–96. DOI: 10.1145/237091.237105. 331

Fuchs, H. (2014). Telepresence: Soon Not Just a Dream and a Promise. In *IEEE Virtual Reality*.

Gabbard, J. L. (1997). *A Taxonomy of Usability Characteristics in Virtual Environments*. Virginia Tech. 441

Gabbard, J. L. (2014). Usability Engineering of Virtual Environments. In K. S. Hale and K. M. Stanney (Eds.), *Handbook of Virtual Environments* (2nd ed., pp. 721–747). Boca Raton, FL: CRC Press. 403, 440, 441, 442

Ganel, T., Tanzer, M., and Goodale, M. A. (2008). A Double Dissociation between Action and Perception in the Context of Visual Illusions. *Psychological Science*, 19, 221–225. DOI: 10.1111/j.1467-9280.2008.02071.x. 152

Gautier, L., Diot, C., and Kurose, J. (1999). End-to-End Transmission Control Mechanisms for Multiparty Interactive Applications on the Internet. In *IEEE INFOCOM* (pp. 1470–1479). DOI: 10.1109/INFCOM.1999.752168. 415

Gebhardt, S., Pick, S., Leithold, F., Hentschel, B., and Kuhlen, T. (2013). Extended Pie Menus for Immersive Virtual Environments. *IEEE Transactions on Visualization and Computer Graphics, 19*(4), 644–51. DOI: 10.1109/

TVCG.2013.31. 347

Gibson, J. J. (1933). Adaptation, After-Effect and Contrast in the Perception of Curved Lines. *Journal of Experimental Psychology*. DOI: 10.1037/h0074626. 109

Gliner, J. A., Morgan, G. A., and Leech, N. L. (2009). *Research Methods in Applied Settings: An Integrated Approach to Design and Analysis* (2nd ed.). Routledge. 429, 431

Gogel, W. C. (1990). A Theory of Phenomenal Geometry and Its Applications. *Perception and Psychophysics, 48*(2), 105 – 123. 132

Goldstein, E. B. (2007). *Sensation and Perception* (7th ed.). Belmont, CA: Wadsworth Publishing. 73, 74, 75, 86

Goldstein, E. B. (Ed.). (2010). *Encyclopedia of Perception*. SAGE Publications. 94

Goldstein, E. B. (2014). *Sensation and Perception* (9th ed.). Cengage Learning. 72, 73, 87, 88, 91, 100, 101, 102, 152, 153

Gortler, S. J., Grzeszczuk, R., Szeliski, R., and Cohen, M. F. (1996). The Lumigraph. In *Proceedings of the 23rd Annual Conference on Computer Graphics and Interactive Techniques, SIGGRAPH '96* (pp. 43 – 54). DOI: 10.1145/237170.237200. 248

Gothelf, J., and Seiden, J. (2013). *Lean UX:* (E. Ries, Ed.). O'Reilly Media, Inc. 369, 374, 376, 388

Grau, C., Ginhoux, R., Riera, A., Nguyen, T. L., Chauvat, H., Berg, M., Amengual, J. L., Pascual-Leone, A., and Ruffini, G. (2014). Conscious Brain-to-Brain Communication in Humans Using Non-invasive Technologies. *PloS One, 9*(8), e105225. DOI: 10.1371/journal.pone.0105225. 477, 479

Greene, N. (1986). Environment Mapping and Other Applications of World Projections. *IEEE Computer Graphics and Applications, 6*(11), 21 – 29. 212

Gregory, R. L. (1973). *Eye and Brain: The Psychology of Seeing* (2nd ed.). London:Weidenfeld and Nicolson. 73, 74, 172, 185, 186

Gregory, R. L. (1997). *Eye and Brain: The Psychology of Seeing* (5th ed.). Princeton

University Press. 15, 65

Guadagno, R. E., Blascovich, J., Bailenson, J. N., and Mccall, C. (2007). Virtual Humans and Persuasion: The Effects of Agency and Behavioral Realism. *Media Psychology, 10*(1), 1 – 22. 49

Guardini, P., and Gamberini, L, (2007). *The Illusory Contoured Tilting Pyramid*. Best illusion of the year contest 2007. Sarasota, Florida. http://illusionoftheyear. com/cat/top-10-finalists/2007/. 64

Guiard, Y. (1987). Asymmetric Division of Labor in Human Skilled Bimanual Action: The Kinematic Chain as a Model. *Journal of Motor Behavior, 19*(4), 486 – 517. DOI: 10.1080/00222895.1987.10735426. 287

Hallett, P. E. (1986). Eye Movements. In K. R. Boff, L. Kaufman, and J. P. Thomas (Eds.), *Handbook of Perception and Human Performance* (Vol. 1). New York: Wiley-Interactive. 95, 96, 97

Hamit, F. (1993). *Virtual Reality and the Exploration of Cyberspace*. Sams Publishing. 15, 59

Hannema, D. (2001). *Interactions in Virtual Reality*. University of Amsterdam. 299

Harm, D. L. (2002). Motion Sickness Neurophysiology, Physiological Correlates, and Treatment. In K. M. Stanney (Ed.), *Handbook of Virtual Environments* (pp. 637 – 661). Mahwah, N. J.: Lawrence Erlbaum Associates. 165, 196, 197

Harmon, L. (1973). The Recognition of Faces. *Scientific American, 229*(5), 70 – 84. 59, 60

Hartson, R., and Pyla, P. (2012). *The UX Book: Process and Guidelines for Ensuring a Quality User Experience* (1st ed.). Morgan Kaufmann Publishers Inc., San Francisco, CA, USA. 441

Heider, F., and Simmel, M. (1944). An Experimental Study of Apparent Behavior. *The American Journal of Psychology, 57*, 243 – 259. DOI: 10.2307/1416950. 225, 226

Heilig, M. (1960). Stereoscopic-television apparatus for individual use. US Patent 2955156. 20, 21

Heilig, M. L. (1992). El Cine Del Futuro: The Cinema of the Future. *Presence: Teleoperators and Virtual Environments, 1*(3), 279–294. 21

Hettinger, L. J., Schmidt-Daly, T. N., Jones, D. L., and Keshavarz, B. (2014). Illusory Self-Motion in Virtual Environments. In K. Hale and K. Stanney (Eds.), *Handbook of virtual environments* (2nd ed., pp. 435–465). Boca Raton, FL: CRC Press. 136

Hinckley, K., Pausch, R., Goble, J. C., and Kassell, N. F. (1994). Passive Real-World Interface Props for Neurosurgical Visualization. In *Proceedings of the SIGCHI Conference on Human Factors in Computing Systems Celebrating Interdependence, CHI '94* (Vol. 30, pp. 452–458). DOI: 10.1145/191666.191821. 334

Hinckley, K., Pausch, R., Proffitt, D., and Kassell, N. F. (1998). Two-Handed Virtual Manipulation. In *ACM Transactions on Computer-Human Interaction* (Vol. 5, pp. 260–302). DOI: 10.1145/292834.292849. 287, 315, 333

Ho, C. C., and MacDorman, K. F. (2010). Revisiting the Uncanny Valley Theory: Developing and Validating an Alternative to the Godspeed Indices. *Computers in Human Behavior, 26*(6), 1508–1518. DOI: 10.1016/j.chb.2010.05.015. 51

Hoffman, H. G. (2004). Virtual-reality therapy. *Scientific American, 291,* 58–65. DOI: 10.1038/scientificamerican0804-58. 105

Hollister, S. (2014). OculusWants to Build a Billion-PersonMMOwith Facebook. Retrieved April 8, 2015, from http://www.theverge.com/2014/5/5/5684236/oculus-wants-tobuild-a-billion-person-mmo-with-facebook 474

Holloway, R. (1997). Registration Error Analysis for Augmented Reality. *Presence: Teleoperators and Virtual Environments, 6*(4), 413–432. 164, 198, 413

Holloway, R. L. (1995). *Registration Errors in Augmented Reality Systems*. Department of Computer Science, University of North Carolina at Chapel Hill. 198

Homan, R. (1996). SmartScene: An Immersive, Realtime, Assembly, Verification and Training Application. In *Workshop on Computational Tools and Facilities for the Next-Generation Analysis and Design Environment* (pp. 119–140). NASA Conference Publication. Retrieved from https://archive.org/stream/nasa_techdoc_19970014680/19970014680_djvu.txt 341

Hopkins, A. A. (2013). *Magic: Stage Illusions and Scientific Diversions, Including Trick Photography.* Dover Publications. 15

Houben, M., and Bos, J. (2010). Reduced Seasickness by an Artificial 3D Earth-Fixed Visual Reference. In *International Conference on Human Performance at Sea* (pp. 263–270). 168

Howard, I. P. (1986a). The Perception of Posture, Self Motion, and the Visual Vertical. In K. R. Boff, L. Kaufman, and J. P. Thomas (Eds.), *Handbook of Perception and Human Performance* (Vol. 1). New York: Wiley-Interscience. 98, 137

Howard, I. P. (1986b). The Vestibular System. In K. R. Boff, L. Kaufman, and J. P. Thomas (Eds.), *Handbook of Perception and Human Performance* (Vol. 1). New York: Wiley-Interscience. 107, 109, 137, 164

Howard, M., Tinker, P., Martin, K., Lee, C., Daily, M., and Clausner, T. (1998). The Human Integrating Virtual Environment. In *All-Raytheon Software Symposium.* 418

Hu, H., Ren, Y., Xu, X., Huang, L., and Hu, H. (2014). Reducing View Inconsistency by Predicting Avatars' Motion in Multi-server Distributed Virtual Environments. *Journal of Network and Computer Applications, 40*(1), 21–30. DOI: 10.1016/j.jnca.2013.08.011.420

Hummels, C., and Stappers, P. J. (1998). Meaningful Gestures for Human Computer Interaction: Beyond Hand Postures. In *Proceedings, 3rd IEEE International Conference on Automatic Face and Gesture Recognition, FG 1998* (pp. 591–596). DOI: 10.1109/AFGR.1998.671012. 298

Hutchins, E., Hollan, J., and Norman, D. (1986). Direct Manipulation Interfaces. In D. A. Norman and S. W. Draper (Eds.), *User-Centered System Design: New Perspectives in Human-Machine Interaction* (pp. 87–124). Boca Raton, FL: CRC Press. DOI: 10.1207/s15327051hci0104_2. 284

Ingram, R., and Benford, S. (1995). Legibility enhancement for information visualisation. In *Proceedings Visualization '95* (pp. 209 – 216). DOI: 10.1109/VISUAL.1995.480814. 245

Insko, B. E. (2001). *Passive Haptics Significantly Enhances Virtual Environments*. PhD dissertation, Department of Computer Science, UNC-Chapel Hill. 37

International Society for Presence Research. (2000). The Concept of Presence: Explication Statement. Retrieved November 6, 2014, from http://ispr.info/

ITU-T. (2015). Definition of "Open Standards." Retrieved June 20, 2015; from http://www.itu.int/en/ITU-T/ipr/Pages/open.aspx 482

Iwata, H. (1999).Walking about Virtual Environments on an Infinite Floor. In *IEEE Virtual Reality* (pp. 286 – 293). DOI: 10.1109/VR.1999.756964. 42

Jacob, R. J. K. (1991). The Use of Eye Movements in Human-Computer Interaction Techniques: What You Look at Is What You Get. *ACM Transactions on Information Systems*. DOI: 10.1145/123078.128728. 318

James, T., and Woodsmall, W. (1988). *Time Line Therapy and the Basis of Personality*. Meta Publications. 81

Jerald, J. (2009). *Scene-Motion- and Latency-Perception Thresholds for Head-Mounted Displays*. Department of Computer Science, University of North Carolina at Chapel Hill. 31, 106, 132, 142, 163, 164, 183, 185, 186, 188, 189, 191, 194, 211

Jerald, J., Daily, M. J., Neely, H. E., and Tinker, P. (2001). Interacting with 2D Applications in Immersive Environments. In *EUROIMAGE International Conference on Augmented Virtual Environments and 3d Imaging* (pp. 267 – 270). 35

Jerald, J., Fuller, A. M., Lastra, A., Whitton, M., Kohli, L., and Brooks, F. (2007). Latency Compensation by Horizontal Scanline Selection for Head-Mounted Displays. *Proceedings of SPIE, 6490,* 64901Q – 64901Q – 11. Retrieved from http://link.aip.org/link/PSISDG/v6490/i1/p64901Q/s1&Agg=doi 33, 212

Jerald, J., Marks, R., Laviola, J., Rubin, A., Murphy, B., Steury, K., and Hirsch, E. (2012). The Battle for Motion-Controlled Gaming and Beyond (Panel). In

ACM SIGGRAPH. 309

Jerald, J., Mlyniec, P., Yoganandan, A., Rubin, A., Paullus, D., and Solotko, S. (2013). MakeVR: A 3D World-Building Interface. In *Symposium on 3D User Interfaces* (pp. 197–198). 213, 342, 438, 489

Jerald, J., Peck, T. C., Steinicke, F., and Whitton, M. C. (2008). Sensitivity to Scene Motion for Phases of Head Yaws. In *Symposium on Applied Perception in Graphics and Visualization* (pp. 155–162). ACM Press. Retrieved from http://portal.acm.org/citation.cfm?doid=1394281.1394310 DOI: 1394281.1394310. 132

Jerald, J. (2011), iMedic. *SIGGRAPH 2011: Real-Time Live Highlights*. Retrieved Aug 24, 2015 from https://youtu.be/n-KXs3iWyuA?t=30s. 248

Johansson, G. (1976). Spatio-temporal Differentiation and Integration in Visual Motion Perception. *Psychological Research, 38*(4), 379–393. DOI: 10.1007/BF00309043. 136

Johnson, D. M. (2005). *Simulator Sickness Research Summary*. Fort Rucker, AL: U.S. Army Research Institute for the Behavioral and Social Sciences. 174, 197, 201, 203, 205, 207

Jones, J. A., Suma, E. A., Krum, D. M., and Bolas, M. (2012). Comparability of Narrow and Wide Field-of-View Head-Mounted Displays for Medium-Field Distance Judgments. In *ACM Symposium on Applied Perception* (p. 119). 27

Kabbash, P., Buxton, W., and Sellen, A. (1994). Two-Handed Input in a Compound Task. In *SIGCHI Conference on Human Factors in Computing Systems* (pp. 417–423). DOI: 10.1145/191666.191808. 287

Kant, I. (1781). *Critique of Pure Reason. Critique of Pure Reason* (Vol. 2). Retrieved from http://www.gutenberg.org/files/4280/4280-h/4280-h.htm 10

Kennedy, R. S., and Fowlkes, J. E. (1992). Simulator Sickness Is Polygenic and Polysymptomatic: Implications for Research. *The International Journal of Aviation Psychology*. DOI: 10.1207/s15327108ijap0201_2. 195

Kennedy, R. S., Kennedy, R. C., Kennedy, K. E., Wasula, C., and Bartlett, K. M. (2014). Virtual Environments and Product Liability. In K. S. Hale and K. M. Stanney (Eds.), *Handbook of Virtual Environments* (2nd ed., pp. 505 – 518). Boca Raton, FL: CRC Press. 175

Kennedy, R. S., Lane, N. E., Berbaum, K. S., and Lilienthal, M. G. (1993). A Simulator Sickness Questionnaire (SSQ): A New Method for Quantifying Simulator Sickness. *International Journal of Aviation Psychology*, 3(3), 203 – 220. 163, 195, 196, 197, 207

Kennedy, R. S., and Lilienthal, M. G. (1995). Implications of Balance Disturbances Following Exposure to Virtual Reality Systems. In *Proceedings of the IEEE Virtual Reality Annual International Symposium (VRAIS)* (pp. 35 – 39). IEEE Computer Society Press. 163, 174

Kersten, D., Mamassian, P. and Knill, D. C. (1997). Moving cast shadows induce apparent motion in depth. *Perception*, 26, 171 – 192. 117

Keshavarz, B., Hecht, H., and Lawson, B. D. (2014). Visually Induced Motion Sickness. In K. Hale and K. Stanney (Eds.), *Handbook of Virtual Environments* (2nd ed., pp. 647 – 698). Boca Raton, FL: CRC Press. 169, 175, 213

Kim, Y. Y., Kim, H. J., Kim, E. N., Ko, H. D., and Kim, H. T. (2005). Characteristic Changes in the Physiological Components of Cybersickness. *Psychophysiology, 42*(5), 616 – 625. DOI: 10.1111/j.1469-8986.2005.00349.x. 196

Klumpp, R. G. (1956). Some Measurements of Interaural Time Difference Thresholds. *The Journal of the Acoustical Society of America*. DOI: 10.1121/1.1908493. 101

Kohli, L. (2013). *Redirected Touching*. University of North Carolina at Chapel Hill. 109, 306

Kolasinski, E. (1995). *Simulator Sickness in Virtual Environments*. U.S. Army Research Institute for the Behavioral and Social Sciences, Technical Report 1027. 163, 203, 204

Kopper, R., Bowman, D. A., Silva, M. G., and McMahan, R. P. (2010). A Human

Motor Behavior Model for Distal Pointing Tasks. *International Journal of Human Computer Studies, 68*(10), 603 – 615. DOI: 10.1016/j.ijhcs.2010.05.001. 328

Korzybski, A. (1933). *Science and Sanity—An Introduction to Non-Aristotelean Systems and General Semantics*. European Society for General Semantics. 79

Krum, D. M., Suma, E. A., and Bolas, M. (2012). Augmented Reality using Personal Projection and Retroreflection. *Personal and Ubiquitous Computing, 16*(1), 17 – 26. DOI: 10.1007/s00779-011-0374-4. 35

Kumar, M. (2007). *Gaze-Enhanced User Interface Design*. PhD dissertation, Stanford University. 319

Kurtenbach, G., Sellen, A., and Buxton, W. (1993). An Empirical Evaluation of Some Articulatory and Cognitive Aspects of Marking Menus. *Human-Computer Interaction*. DOI: 10.1207/s15327051hci0801_1. 347

Lackner, J. (2014). Motion sickness: More Than Nausea and Vomiting. *Experimental Brain Research, 232,* 2493 – 2510. DOI: 10.1007/s00221-014-4008-8. 87, 200, 201, 207, 214

Lackner, J. R., and Teixeira, R. (1977). Visual-Vestibular Interaction: Vestibular Stimulation Suppresses the Visual Induction of Illusory Self-Rotation. *Aviation, Space and Environmental Medicine, 48,* 248 – 253. 164

Lang, B. (2015, January 5). Visionary VR Is Reinventing Filmmaking's Most Fundamental Concept to Tell Stories in Virtual Reality. *Road to VR*. 254

Larman, C. (2004). *Agile and Iterative Development: A Manager's Guide*. Addison-Wesley. 376

Laviola, J. (1999). *Whole-Hand and Speech Input in Virtual Environments*. Providence, RI: Brown University Press. 302

LaViola, J. (2000). A Discussion of Cybersickness in Virtual Environments. *ACM SIGCHI Bulletin*. DOI: 10.1145/333329.333344. 166, 174, 175

LaViola, J., and Zeleznik, R. (1999). Flex and Pinch: A Case Study of Whole-Hand Input Design for Virtual Environment Interaction. In *International*

Conference on Computer Graphics and Imaging'99 (pp. 221 – 225). 316

Lawson, B. D. (2014). Motion Sickness Symptomatology and Origins. In K. Hale and K. Stanney (Eds.), *Handbook of Virtual Environments* (2nd ed., pp. 531 – 600). Boca Raton, FL: CRC Press. 163, 197, 200, 207

Lehar, S. (2007). The Constructive Aspect of Visual Perception: A Gestalt Field Theory Principle of Visual Reification Suggests a Phase Conjugate Mirror Principle of Perceptual Computation. Retrieved from http://cns-alumni. bu.edu/~slehar/ConstructiveAspect/ConstructiveAspect.pdf 64, 231

Leigh, J., Johnson, A., and Defanti, T. A. (1997). CAVERN: A Distributed Architecture for Supporting Scalable Persistence and Interoperability in Collaborative *Virtual Environments. Virtual Reality: Research, Development and Applications, 2*(2), 217 – 237. 418

Levoy, M., and Hanrahan, P. (1996). Light Field Rendering. *Proceedings of the 23rd Annual Conference on Computer Graphics and Interactive Techniques - SIGGRAPH '96, 31 – 42.* DOI: 10.1145/237170.237199. 248

Li, L., Adelstein, B. D., and Ellis, S. R. (2006). Perception of Image Motion during Head Movement. In *Proceedings of the ACM Symposium on Applied Perception in Graphics and Visualization* (pp. 45 – 50). Boston, MA: ACM Press. 132

Liang, J., and Green, M. (1994). JDCAD: A Highly Interactive 3D Modeling System. *Computers and Graphics,* 18(4), 499 – 506. 331, 346

Lin, J. J. W., Abi-Rached, H., and Lahav, M. (2004). Virtual Guiding Avatar: An Effective Procedure to Reduce Simulator Sickness in Virtual Environments. In *Conference on Human Factors in Computing Systems, Proceedings* (pp. 719 – 726). Retrieved from http://www.scopus.com/inward/record.url?eid=2-s2.0-4544250250&partnerID=40&md5=e8702da495f6ad516a11210168b1e fd0 210

Lindeman, R., and Beckhaus, S. (2009). Crafting Memorable VR Experiences Using Experiential Fidelity. *Proceedings of the 16th ACM Symposium on Virtual Reality Software and Technology,* 187 – 190. DOI: 10.1145/1643928.1643970. 227

Lindeman, R. W. (1999). *Bimanual interaction, Passive-Haptic Feedback, 3D Widget Representation, and Simulated Surface Constraints for Interaction in Immersive Virtual Environments*. George Washington University. 304

Lindeman, R. W., Sibert, J. L., and Hahn, J. K. (1999). Hand-Held Windows: Towards Effective 2D Interaction in Immersive Virtual Environments. In *IEEE Virtual Reality* (pp. 205–212). DOI: 10.1109/VR.1999.756952. 37, 349

Link. (2015). Link Foundation Advanced Simulation and Training Fellowships. Retrieved April 15, 2015, from http://linksim.org/ 19

Lisberger, S. G., and Movshon, J. A. A. (1999). Visual Motion Analysis for Pursuit Eye Movements in Area MT of Macaque Monkeys. *The Journal of Neuroscience, 19*(6), 2224–2246. 129

Loomis, J. M., and Knapp, J. M. (2003). Visual Perception of Egocentric Distance in Real and Virtual Environments. In L. J. Hettinger and M. W. Haas (Eds.), *Virtual and Adaptive Environments*. Mahwah, NJ: Lawrence Erlbaum Associates. 124

Loose, R., and Probst, T. (2001). Velocity Not Acceleration of Self-Motion Mediates Vestibular-Visual Interaction. *Perception*, 30(4), 511–518. 132

Lucas, G. M., Gratch, J., King, A., and Morency, L. P. (2014). It's Only a Computer: Virtual Humans Increase Willingness to Disclose. *Computers in Human Behavior, 37,* 94–100. DOI: 10.1016/j.chb.2014.04.043. 477

Lynch, K. (1960). *The Image of the City*. MIT Press. 243

Mack, A. (1986). Perceptual Aspects of Motion in the Frontal Plane. In K. R. Boff, L. Kaufman, and J. P. Thomas (Eds.), *Handbook of Perception and Human Performance* (Vol. 1). New York: Wiley-Interscience. 112, 130

Mack, A., and Herman, E. (1972). A New Illusion: The Underestimation of Distance during Pursuit Eye Movements. *Perception and Psychoyphysics, 12,* 471–473. 141

Maltz, M. (1960). *Psycho-Cybernetics*. Prentice-Hall. 48

Mania, K., Adelstein, B. D., Ellis, S. R., and Hill, M. I. (2004). Perceptual Sensitivity to Head Tracking in Virtual Environments with Varying Degrees of Scene Complexity. In *Proceedings of the ACM Symposium on Applied Perception in Graphics and Visualization* (pp. 39 – 47). 184

Mapes, D., and Moshell, J. (1995). A Two-Handed Interface for Object Manipulation in Virtual Environments. *Presence: Teleoperators and Virtual Environments, 4*(4), 403 – 416. 341

Mark, W. R., McMillan, L., and Bishop, G. (1997). Post-rendering 3D Warping. In *Proceedings of Interactive 3D Graphics* (pp. 7 – 16). Providence, RI. 212

Marois, R., and Ivanoff, J. (2005). Capacity Limits of Information Processing in the Brain. *Trends in Cognitive Sciences*. DOI: 10.1016/j.tics.2005.04.010.

Martin, J. (1998). TYCOON: Theoretical Framework and Software Tools for Multimodal Interfaces. In J. Lee (Ed.), *Intelligence and Multimodality in Multimedia Interfaces*. AAAI Press. 302

Martini (1998). *Fundamentals of Anatomy and Physiology*. Upper Saddle River: Prentice Hall. 106

Mason, W. 2015, Open Source vs. Open Standard, an Important Distinction. Retrieved July 2, 2015, from http://uploadvr.com/osvr-may-be-open-source-but-it-is-not-openstandard-and-that-is-an-important-distinction-says-neil-schneider-of-the-ita/ 482

May, J. G., and Badcock, D. R. (2002). Vision and Virtual Environments. In K. M. Stanney (Ed.), *Handbook of Virtual Environments* (pp. 29 – 63). Mahwah, NJ: Lawrence Erlbaum Associates. 96

McCauley, M. E., and Sharkey, T. J. (1992). Cybersickness: Perception of Motion in Virtual Environments. *Presence: Teleoperators and Virtual Environments, 1(3)*, 311 – 318. 207

McGurk, H., and MacDonald, J. (1976). Hearing lips and seeing voices. *Nature*, 264, 746 – 748. 108

McMahan, R. P., and Bowman, D. A. (2007). An Empirical Comparison of Task Sequences for Immersive Virtual Environments. In *IEEE Symposium on 3D*

User Interfaces (pp. 25 – 32). DOI: 10.1109/3DUI.2007.340770. 302

McMahan, R. P., Bowman, D. A., Zielinski, D. J., and Brady, R. B. (2012). Evaluating Display Fidelity and Interaction Fidelity in a Virtual Reality Game. *IEEE Transactions on Visualization and Computer Graphics, 18*(4), 626 – 633. DOI: 10.1109/TVCG.2012.43.337

McMahan, R. P., Kopper, R., and Bowman, D. A. (2014). Principles for Designing Effective 3D Interaction Techniques. In K. M. Stanney and K. S. Hale (Eds.), *Handbook of Virtual Environments* (2nd ed., pp. 285 – 311). Boca Raton, FL: CRC Press. 299, 325, 345, 397, 398

McMahan, R.P., Ragan, E.D., Bowman, D.A., Tang, F., and Lai, C. (2015). FIFA: The Framework for Interaction Fidelity Analysis. TechReport UTDCS-06-15. The University of Texas at Dallas. 290

Meehan, M., Brooks, F., Razzaque, S., and Whitton, M. (2003). Effects of Latency on Presence in Stressful Virtual Environments. In *Proceedings of IEEE Virtual Reality* (pp. 141 – 148). Los Angeles, CA. 184

Meehan, M., Insko, B., Whitton, M., and Brooks, F. P. (2002). Physiological Measures of Presence in Stressful Virtual Environments. *ACM Transactions on Graphics*. DOI: 10.1145/566654.566630. 37

Melzer, J. E., and Moffitt, K. (2011). *Head-Mounted Displays: Designing for the User*. CreateSpace Publishing. 178

Merriam-Webster (2015). Merriam-Webster. Retrieved May 8, 2015, from http://www.merriam-webster.com/ 9

Milgram, P., and Kishino, F. (1994). Taxonomy of Mixed Reality Visual Displays. *IEICE Transactions on Information and Systems, E77-D*(12), 1321 – 1329. 29, 30

Miller, G. A., and Isard, S. (1963). Some Perceptual Consequences of Linguistic Rules. *Journal of Verbal Learning and Verbal Behavior*. DOI: 10.1016/S0022-5371(63)80087-0.102

Miné, M. (2003). Towards Virtual Reality for the Masses: 10 Years of Research at Disney's VR Studio. In *Proceedings of the Workshop on Virtual Environments*

2003 (pp. 11 – 17). DOI: 10.1145/769953.769955. 180

Miné, M., and Bishop, G. (1993). *Just-in-Time Pixels*. Technical Report TR93-005, Department of Computer Science, University of North Carolina at Chapel Hill. 191

Miné, M. R. (1993). *Characterization of End-To-End Delays in Head-Mounted Display Systems*. Technical Report TR93-001, Department of Computer Science, University of North Carolina at Chapel Hill. 187

Miné, M. R., Brooks, F. P., Jr., and Séquin, C. (1997). Moving Objects in Space: Exploiting Proprioception in Virtual Environment Interaction. In *SIGGRAPH* (pp. 19 – 26). ACM Press. 113, 291, 294, 328, 339, 348, 351

Mirzaie, H. (2009, March 16). Stereoscopic Vision. Retrieved from http://www.slideshare.net/hmirzaeee/stereoscopic-vision 121

Miyaura, M., Narumi, T., Nishimura, K., Tanikawa, T., and Hirose, M. (2011). Olfactory Feedback System to Improve the Concentration Level Based on Biological Information. *2011 IEEE Virtual Reality Conference*, 139 – 142. DOI: 10.1109/VR.2011.5759452. 108

Mlyniec, P. (2013). Motion-Controlled Gaming for Neuroscience Education. Retrieved April 14, 2015, from http://sbirsource.com/sbir/awards/146246-motion-controlledgaming-for-neuroscience-education 439

Mlyniec, P., Jerald, J., Yoganandan, A., Seagull, J., Toledo, F., and Schultheis, U. (2011). iMedic: A Two-Handed Immersive Medical Environment for Distributed Interactive Consultation. In *Studies in Health Technology and Informatics* (Vol. 163, pp. 372 – 378). 248, 341, 353

Mori, M. (1970). The Uncanny Valley. *Energy, 7*(4), 33 – 35. DOI: 10.1162/pres.16.4.337. 50

Murphy, K. R., and Davidshofer, C. O. (2005). *Psychological Testing: Principles and Applications*. Pearson/Prentice Hall. 430

Nakayama, K., and Tyler, C. W. (1981). Psychological Isolation of Movement Sensitivity by Removal of Familiar Position Cues. *Vision Research*, 21, 427 –

433, 129

Neely, H. E., Belvin, R. S., Fox, J. R., and Daily, M. J. (2004). Multimodal Interaction Techniques for Situational Awareness and Command of Robotic Combat Entities. In *IEEE Aerospace Conference Proceedings* (Vol. 5, pp. 3297 – 3305). DOI: 10.1109/AERO.2004.1368136. 354, 407

Negroponte, N. (1993, December). VirtualReality: Oxymoron or Pleonasm. *Wired Magazine*. Retrieved from http://archive.wired.com/wired/archive/1.06/ negroponte_pr.html 27

Nichols, S., Ramsey, A. D., Cobb, S., Neale, H., D'Cruz, M., and Wilson, J. R. (2000). *Incidence of Virtual Reality Induced Symptoms and Effects (VRISE) in Desktop and Projection Screen Display Systems*. HSE Contract Research Report. 203

Norman, D. A. (2013). *The Design of Everyday Things, Expanded and Revised Edition. Human Factors and Ergonomics in Manufacturing*. New York: Basic Books. DOI: 10.1002/hfm.20127. 11, 76, 77, 79, 227, 278, 285, 286

Oakes, E. H. (2007). *Encyclopedia of World Scientists*. Infobase Publishing. 22

Oculus Best Practices. (2015). Retrieved May 22, 2015, from https://developer. oculus.com/documentation/ 164, 201, 441

Olano, M., Cohen, J., Miné, M., and Bishop, G. (1995). Combatting Rendering Latency. In *Proceedings of the ACM Symposium on Interactive 3D Graphics* (pp. 19 – 24). Monterey, CA. 187

Pahl, G., Beitz, W., Feldhusen, J., and Grote, K.-H. (2007). *Engineering Design: A Systematic Approach*. Springer. 396

Patrick, G. T. W. (1890). The Psychology of Prejudice. *Popular Science Monthly, 36*, 634. 55

Pausch, R., Crea, T., and Conway, M. J. (1992). A Literature Survey for Virtual Environments: Military Flight Simulator Visual Systems and Simulator Sickness. *PRESENCE: Teleoperators and Virtual Environments, 1*(3), 344 – 363. 205

Pausch, R., Snoddy, J., Taylor, R., Watson, S., and Haseltine, E. (1996). Disney's

Aladdin: First Steps toward Storytelling in Virtual Reality. In *Proceedings of the 23rd Annual Conference on Computer Graphics and Interactive Techniques* (pp. 193–203). ACMPress. DOI: 10.1145/237170.237257. 180, 200, 228, 258, 313

Peck, T. C., Seinfeld, S., Aglioti, S. M., and Slater, M. (2013). Putting Yourself in the Skin of a Black Avatar Reduces Implicit Racial Bias. *Consciousness and Cognition, 22*(3), 779–787. DOI: 10.1016/j.concog.2013.04.016. 48

Pfeiffer, T., and Memili, C. (2015). GPU-Accelerated AttentionMapGeneration for Dynamic 3D Scenes. In *IIEE Virtual Reality*. Retrieved from http://gpu-heatmap.multimodalinteraction.org/AttentionVisualizer/GPU_accelerated_Heatmaps.pdf 150

Pierce, J., Forsberg, A., Conway, M., Hong, S., Zeleznik, R., and Miné, M. R. (1997). Image Plane Interaction Techniques in 3D Immersive Environments. In *ACM Symposium on Interactive 3D Graphics* (pp. 39–44). ACM Press. 329, 330

Pierce, J. S., Stearns, B. C., and Pausch, R. (1999). Voodoo Dolls?: Seamless Interaction at Multiple Scales in Virtual Environments. In *Symposium on Interactive 3D Graphics* (pp. 141–145). DOI: 10.1145/300523.300540. 352

Plato. (380 BC). *The Republic*. Athens, Greece: The Academy.

Pokorny, J., and Smith, V. C. (1986). Colorimetry and Color Discrimination. In K. Boff, L. Kaufman, and J. Thomas (Eds.), *Handbook of Perception and Human Performance* (Vol. 1). New York: Wiley-Interscience. 91

Polonen, M. (2010). *A Head-Mounted Display as a Personal Viewing Device: Dimensions of Subjective Experiences*. University of Helsinki, Finland. Retrieved from http://helda.helsinki.fi/bitstream/handle/10138/19799/aheadmou.pdf?sequence=1 205

Posner, M. I., Nissen, M. J., and Klein, R. M. (1976). Visual Dominance: An Information-Processing Account of Its Origins and Significance. *Psychological Review, 83*, 157–171. DOI: 10.1037/0033-295X.83.2.157. 109

Poupyrev, I., Billinghurst, M.,Weghorst, S., and Ichikawa, T. (1996). The Go-Go Interaction Technique: Non-linear Mapping for Direct Manipulation in VR. In *ACM Symposium on User Interface Software and Technology* (pp. 79–80). ACM

Press. DOI: 10.1145/237091.237102. 327

Poupyrev, I.,Weghorst, S., and Fels, S. (2000). Non-isomorphic 3D Rotational Techniques. In *Proceedings of the SIGCHI Conference on Human Factors in Computing Systems, CHI '00* (pp. 540–547). DOI: 10.1145/332040.332497. 283, 333

Pratt, A. B. (1916). Weapon. US Patent 1183492 18

Proffitt, D. R. (2008). An Action-Specific Approach to Spatial Perception. *Embodiment, Ego-Space, and Action,* 177–200. Retrieved from http://people. virginia.edu/~drp/reprints/Proffitt_2008_CMU_Chapter.pdf 123

Proffitt, D. R., Bhalla, M., Gossweiler, R., and Midgett, J. (1995). Perceiving Geographical Slant. *Psychonomic Bulletin and Review*. DOI: 10.3758/ BF03210980. 123

Prothero, J. D., and Parker, D. E. (2003). A Unified Approach to Presence and Motion Sickness. In L. J. Hettinger and M. Haas (Eds.), *Virtual and Adaptive Environments* (pp. 47–66). Boca Raton, FL: CRC Press. DOI: 10.1201/9781410608888.ch3. 167, 196, 205

Provancher,W. (2014). Creating Greater VR Immersion by Emulating Force Feedback with Ungrounded Tactile Feedback. *IQT Quarterly*, 18–21. 37

Ramachandran, V. S., and Hirstein, W. (1998). The Perception of Phantom Limbs. The D. O. Hebb lecture. *Brain, 121*(9), 1603–1630. DOI: 10.1093/ brain/121.9.1603. 105

Rash, C. E. (2004). Awareness of Causes and Symptoms of Flicker Vertigo Can Limit Ill Effects. *Flight Safety Foundation-Human Factors and Aviation Medicine, 51*(2), 1–6. 174

Rasmusson, J. (2010). The Agile Samurai–How Agile Masters Deliver Great Software. Pragmatic Bookshelf. http://pragprog.com/titles/jtrap/the-agile-samurai. 386, 387, 392, 393, 436

Razzaque, S. (2005). *Redirected Walking*. Department of Computer Science, University of North Carolina at Chapel Hill. 74, 97, 98, 107, 109, 169, 170

Razzaque, S., Kohn, Z., and Whitton, M. (2001). Redirected Walking. In *Eurographics* (pp. 289-294). Manchester, UK. 337

Reason, J. T., and Brand, J. J. (1975). *Motion Sickness*. London: Academic Press. 165, 202

Reeves, B., and Voelker, D. (1993). *Effects of Audio-Video Asynchrony on Viewer's Memory, Evaluation of Content and Detection Ability*. Research report, Stanford University. 108

Regan, D. M., Kaufman, L., and Lincoln, J. (1986). Motion in Depth and Visual Acceleration. In K. R. Boff, L. Kaufman, and J. P. Thomas (Eds.), *Handbook of Perception and Human Performance* (Vol. 1). New York: Wiley-Interscience. 130

Regan, M., Miller, G., Rubin, S., and Kogelnik, C. (1999). A Real-Time Low-Latency Hardware Light-Field Renderer. In *Proceedings of ACM SIGGRAPH 99* (pp. 287-290). ACM Press. 212

Regan, M., and Pose, R. (1994). Priority Rendering with a Virtual Reality Address Recalculation Pipeline. In *Proceedings of ACM SIGGRAPH 94* (pp. 155-162). ACM Press. 212

Reichelt, S., Haussler, R., Fütterer, G., and Leister, N. (2010). Depth Cues in Human Visual Perception and Their Realization in 3D Displays. In *Three Dimensional Imaging, Visualization, and Display 2010* (p. 76900B-76900B-12). DOI: 10.1117/12.850094. 94, 95, 122

Renner, R. S., Velichkovsky, B. M., and Helmert, J. R. (2013). The Perception of Egocentric Distances in Virtual Environments - A Review. *ACM Computing Surveys, 46*(2), 23:1-40. 123, 124

Riccio, G. E., and Stoffregen, T. A. (1991). An Ecological Theory of Motion Sickness and Postural Instability. *Ecological Psychology*. DOI: 10.1207/s15326969eco0303_2. 166

Riecke, B. E., Schulte-Pelkum, J., Avraamides, M. N., von der Heyde, M., and Bülthoff, H. H. (2005). Scene Consistency and Spatial Presence Increase the Sensation of Self-Motion in Virtual Reality. In *Proceedings of the 2nd*

Symposium on Appied Perception in Graphics and Visualization, APGV '05 (pp. 111–118). DOI: 10.1145/1080402.1080422. 137

Ries, E. (2011). *The Lean Startup*. Crown Business. 375

Roberts, D. J., and Sharkey, P. M. (1997). Maximising Concurrency and Scalability in a Consistent, Causal, Distributed Virtual Reality System, Whilst Minimising the Effect of Network Delays. In *Workshop on Enabling Technologies on Infrastructure for Collaborative Enterprises* (pp. 161–166). DOI: 10.1109/ENABL.1997.630808. 421

Robinson, D. A. (1981). Control of Eye Movements. In V. B. Brooks (Ed.), *The Handbook of Physiology* (Vol. II, Part 2, pp. 1275–1320). Baltimore: Williams and Wilkens. 96

Rochester, N., and Seibel, R. (1962). Communication Device. US Patent 3022878. 24

Rolnick, A., and Lubow, R. E. (1991). Why Is the Driver Rarely Motion Sick? The Role of Controllability in Motion Sickness. *Ergonomics*, 34, 867–879. DOI: 10.1080/00140139108964831. 171

Salisbury, K., Conti, F., and Barbagli, F. (2004). Haptic Rendering: Introductory Concepts. *IEEE Computer Graphics and Applications, 24*(2), 24–32. DOI: 10.1109/MCG.2004.1274058. 413

Samuel, A. G. (1981). Phonemic Restoration: Insights from a New Methodology. *Journal of Experimental Psychology. General, 110,* 474–494. DOI: 10.1037/0096-3445.110.4.474. 102

Sareen, A., and Singh, V. (2014). Noise Induced Hearing Loss: A Review. *Otolaryngology Online Journal, 4*(2), 17–25. Retrieved from http://jorl.net/index.php/jorl/article/viewFile/noise_hearingloss/pdf_55 179

Schneider, N. (2015). The Secret Sauce of Standardization, Gamasutra. Retrieved July 2, 2015, from http://www.gamasutra.com/blogs/NeilSchneider/20150121/234683/The_Secret_Sauces_of_Standardization.php 481

Schowengerdt, B. T., Seibel, E. J., Kelly, J. P., Silverman, N. L., and Furness III, T. A. (2003, May). Binocular retinal scanning laser display with integrated focus cues for ocular accommodation. In *Electronic Imaging 2003* (pp. 1–9). International Society for Optics and Photonics. 479

Schultheis, U., Jerald, J., Toledo, F., Yoganandan, A., and Mlyniec, P. (2012). Comparison of a Two-Handed Interface to aWand Interface and a Mouse Interface for Fundamental 3D Tasks. In *IEEE Symposium on 3D User Interfaces 2012, 3DUI 2012, Proceedings* (pp. 117–124). 287, 341, 343

Sedig, K., and Parsons, P. (2013). Interaction Design for Complex Cognitive Activities with Visual Representations: A Pattern-Based Approach. *AIS Transactions on Human-Computer Interaction, 5*(2), 84–133. Retrieved from http://aisel.aisnet.org/cgi/viewcontent.cgi?article=1057&context=thci 323

Sekuler, R., Sekuler, A. B., and Lau, R. (1997). Sound Alters Visual Motion Perception. *Nature*. DOI: doi:10.1038/385308a0. 108

Shakespeare, W. (1598). *Henry IV*. Part 2, Act 3, scene 1, 26–31. 22

Shaw, C., and Green, M. (1994). Two-Handed Polygonal Surface Design. In *Proceedings of the 7th Annual ACM Symposium on User Interface Software and Technology* (pp. 205–212). 346

Sherman, W. R., and Craig, A. B. (2003). *Understanding Virtual Reality*. Morgan Kaufmann Publishers. 9

Sherrington, C. S. (1920). *Integrative Action of the Nervous System*. New Haven, CT: Yale University Press. 108

Siegel, A., and Sapru, H. N. (2014). *Essential Neuroscience* (3rd ed.). Lippincott Williams and Wilkins. 87, 169

Simons, D. J., and Chabris, C. F. (1999). Gorillas in Our Midst: Sustained Inattentional Blindness for Dynamic Events. *Perception, 28*(9), 1059–1074. DOI: 10.1068/p2952. 147

Slater, M. (2009). Place Illusion and Plausibility Can Lead to Realistic Behaviour in Immersive Virtual Environments. *Philosophical Transactions of the Royal*

Society of London. Series B, Biological Sciences, 364(1535), 3549 – 3557. DOI: 10.1098/rstb.2009.0138. 47

Slater, M., Antley, A., Davison, A., Swapp, D., Guger, C., Barker, C., Pistrang, N., and Sanchez-Vives, M. V. (2006a). A Virtual Reprise of the Stanley Milgram Obedience Experiments. *PLoS ONE, 1*(1). DOI: 10.1371/journal. pone.0000039. 49

Slater, M., Pertaub, D. P., Barker, C., and Clark, D. M. (2006b). An Experimental Study on Fear of Public Speaking Using a Virtual Environment. *Cyberpsychology and Behavior, 9*(5), 627 – 633. Retrieved from ⟨Go to ISI⟩:// WOS:000241415100018 49

Slater, M., and Steed, A. J. (2000). A Virtual Presence Counter. *Presence: Teleoperators and Virtual Environments, 9*(5), 413 – 434. 47

Slater, M., and Wilbur, S. (1997). A Framework for Immersive Virtual Environ ments (FIVE): Speculation on the Role of Presence in Virtual Environments. *Presence: Teleoperators and Virtual Environments, 6*(6). 45

Smith, R. B. (1987). Experiences with the Alternate Reality Kit: An Example of Tension between Literalism and Magic. *IEEE Computer Graphics and Applications, 7*(8), 42 – 50. DOI: 10.1109/MCG.1987.277078. 290

So, R. H. Y., and Griffin, M. J. (1995). Effects of Lags on Human Operator Transfer Functions with Head-Coupled Systems. *Aviation, Space and Environmental Medicine, 66*(6), 550 – 556. 184

Spector, R. H. (1990). Visual Fields. In HK Walker, W. Hall, and J. Hurst (Eds.), *Clinical Methods: The History, Physical, and Laboratory Examinations* (3rd ed.). Boston, MA: Butterworths. 90

Stanney, K. M., Kennedy, R. S., and Drexler, J. M. (1997). Cybersickness Is Not Simulator Sickness. In *Proceedings of the Human Factors and Ergonomics Society 41st Annual Meeting* (pp. 1138 – 1142).

Stanney, K. M., Kennedy, R. S., and Hale, K. S. (2014). Virtual Environment Usage Protocols. In K. S. Hale and K. M. Stanney (Eds.), *Handbook of Virtual Environments* (2nd ed., pp. 797 – 809). Boca Raton, FL: CRC Press. 202, 207

Stefanucci, J. K., Proffitt, D. R., Clore, G. L., and Parekh, N. (2008). Skating Down a Steeper Slope: Fear Influences the Perception of Geographical Slant. *Perception, 37*(2), 321 – 323. DOI: 10.1068/p5796. 123

Steinicke, F., Visell, Y., Campos, J., and Lécuyer, A. (2013). *Human Walking in Virtual Environments*. Springer. DOI: 10.1007/978-1-4419-8432-6. 336

Stoakley, R., Conway, M. J., and Pausch, R. (1995). Virtual Reality on a WIM: Interactive Worlds in Miniature. In *ACM Conference on Human Factors in Computing Systems* (Vol. 95, pp. 265 – 272). DOI: 10.1145/223904.223938. 349, 352, 353

Stoffregen, T. A., Draper, M. H., Kennedy, R. S., and Compton, D. (2002). Vestibular Adaptation and Aftereffects. In K. M. Stanney (Ed.), *Handbook of Virtual Environments* (pp. 773 – 790). Mahwah, NJ: Lawrence Erlbaum Associates. 96

Stratton, G. M. (1897). Vision without Inversion of the Retinal Image. *Psychological Review*. DOI: 10.1037/h0075482. 144

Stroud, J. M. (1986). The Fine Structure of Psychological Time. In H. Quastler (Ed.), *Information Theory in Psychology: Problems and Methods* (pp. 174 – 207). Glencoe, IL: Free Press. 124

Sutherland, I. E. (1965). The ultimate display. In *The Congress of the International Federation of Information Processing (IFIP)* (pp. 506 – 508). DOI: 10.1109/MC.2005.274. 9, 23, 30

Sutherland, I. E. (1968). A Head-Mounted Three Dimensional Display. In *Proceedings of the 1968 Fall Joint Computer Conference AFIPS* (Vol. 33, part 1, pp. 757 – 764). Washington, D.C.: Thompson Books. 25

Taylor, R. M. (2010). Effective Virtual Environments for Microscopy. Retrieved April 23, 2015, from http://cismm.cs.unc.edu/core-projects/visualization-and-analysis/advanced-graphics-and-interaction/eve-for-microscopy/ 250

Taylor, R. M. (2015). OSVR: Sensics Latency-Testing Hardware. Retrieved from https://github.com/sensics/Latency-Test/blob/master/Latency_Hardware/

Latency_Tester_Hardware.pdf 194

Taylor, R. M., Hudson, T. C., Seeger, A., Weber, H., Juliano, J., and Helser, A. T. (2001a). VRPN: A Device-Independent, Network-Transparent VR Peripheral System. In *Proceedings of VRST '01* (pp. 55–61). Banff, Alberta, Canada. 481

Taylor, R. M., Hudson, T. C., Seeger, A., Weber, H., Juliano, J., and Helser, A. T. (2001b). VRPN: A Device-Independent, Network-Transparent VR Peripheral System. Retrieved May 15, 2015, from http://www.cs.unc.edu/Research/vrpn/VRST_2001_conference/taylorr_VRPN_presentation_files/v3_document.htm 481

Taylor, R. M., Jerald, J., VanderKnyff, C., Wendt, J., Borland, D., Marshburn, D., Sherman, W. R., and Whitton, M. C. (2010). Lessons about Virtual Environment Software Systems from 20 Years of VE Building. *Presence: Teleoperators and Virtual Environments, 19*(2), 162–178. 413

Treisman, M. (1977). Motion Sickness: An Evolutionary Hypothesis. *Science, 197,* 493–495. DOI: 10.1126/science.301659. 165

Turnbull, C. M. (1961). Some Observations Regarding the Experiences and Behavior of the BaMbuti Pygmies. *The American Journal of Psychology, 74,* 304–308. 140

Ulrich, R. (1987). Threshold Models of Temporal-Order Judgments Evaluated by a Ternary Response Task. *Perception and Psychophysics, 42,* 224–239. 124

Usoh, M., Arthur, K., Whitton, M. C., Bastos, R. R., Steed, A., Slater, M., and Brooks, F. P., Jr. (1999). Walking > Walking-in-Place > Flying, in Virtual Environments. In *SIGGRAPH '99 Proceedings of the 26th Annual Conference on Computer Graphics and Interactive Techniques* (pp. 359–364). DOI: 10.1145/311535.311589. 336

Valve. (2015). Source Multiplayer Networking. Retrieved May 31, 2015, from https://developer.valvesoftware.com/wiki/Source_Multiplayer_Networking 418, 420

Van Beers, R. J., Wolpert, D. M., and Haggard, P. (2002). When Feeling Is More Important Than Seeing in Sensorimotor Adaptation. *Current Biology, 12*(10),

834 – 837. DOI: 10.1016/S0960-9822(02)00836-9. 304

van der Veer, G. C., and Melguizo, M. del C. P. (2002). Mental Models. In A. Sears and J. A. Jacko (Eds.), *The Human-Computer Interaction Handbook: Fundamentals, Evolving Technologies and Emerging Applications* (3rd ed.). Boca Raton, FL: CRC Press. 283

Viirre, E., Price, B. J., and Chase, B. (2014). Direct Effects of Virtual Environments on Users. In K. S. Hale and K. M. Stanney (Eds.), *Handbook of Virtual Environments* (2nd ed., pp. 521 – 529). Boca Raton, FL: Boca Raton, FL: CRC Press. 174

Vorlander, M., and Shinn-Cunningham, B. (2014). Virtual Auditory Displays. In K. S. Hale and K. M. Stanney (Eds.), *Handbook of Virtual Environments* (2nd ed., pp. 87 – 114). Boca Raton, FL: CRC Press. 100

Wake, B. (2003). INVEST in Good Stories, and Smart Tasks. Retrieved April 18, 2015, from http://xp123.com/articles/invest-in-good-stories-and-smart-tasks/ 392

Wallach, H. (1987). Perceiving a Stable Environment When One Moves. *Annual Review of Psychology, 38,* 1 – 27. 96, 143, 144

Wallach, H., and Kravitz, J. H. (1965a). Rapid Adaptation in the Constancy of Visual Direction with Active and Passive Rotation. *Psychonomic Science, 3*(4), 165 – 166. 144

Wallach, H., and Kravitz, J. H. (1965b). The Measurement of the Constancy of Visual Direction and of Its Adaptation. *Psychonomic Science, 2,* 217 – 218. 142, 175

Wang, J., and Lindeman, R. (2014). Coordinated 3D Interaction in Tablet- and HMD-Based Hybrid Virtual Environments. In *ACM Symposium on Spatial User Interaction.* 349

Warren, R. M. (1970). Perceptual Restoration of Missing Speech Sounds. *Science, 167,* 392 – 393. DOI: 10.1126/science.167.3917.392. 102

Warren, W. H., Kay, B. A., Zosh, W. D., Duchon, A. P., and Sahuc, S. (2001).

Optic Flow Is Used to Control Human Walking. *Nature Neuroscience, 4*(2), 213–216. DOI: 10.1038/84054. 154

Webster's New Universal Unabridged Dictionary. (1989). New York: Barnes and Noble Books. 9

Weinbaum, S. G. (1935, June). Pygmalion's Spectacles. *Wonder Stories*. 20

Welch, R. B. (1986). Adaptation of Space Perception. In K. R. Boff, L. Kaufman, and J. P. Thomas (Eds.), *Handbook of Perception and Human Performance* (Vol. 1). New York: Wiley-Interscience. 143, 144, 207

Welch, R. B., and Mohler, B. J. (2014). Adapting to Virtual Environments. In K. S. Hale and K. M. Stanney (Eds.), *Handbook of Virtual Environments* (2nd ed., pp. 627–646). Boca Raton, FL: CRC Press. 143

Welch, R. B., andWarren, D. H. (1986). Intersensory Interactions. In K. R. Boff, L.Kaufman, and J. P. Thomas (Eds.), *Handbook of Perception and Human Performance* (Vol. 1). New York: Wiley-Interscience. 100, 108, 112

Wendt, J. D. (2010). *Real-Walking Models Improve Walking-in-Place Systems*. UNCChapel Hill. 337

Whitton, M. C. (1984). Memory Design for Raster Graphics Displays. *IEEE Computer Graphics and Applications, 4*(3), 48–65. 190

Wilkes, C., and Bowman, D. A. (2008). Advantages of Velocity-Based Scaling for Distant 3D Manipulation. In *ACM Symposium on Virtual Reality Software and Technology* (pp. 23–29). DOI: 10.1145/1450579.1450585. 351

Willemsen, P., Colton, M. B., Creem-Regehr, S. H., and Thompson,W. B. (2009). The Effects of Head-Mounted Display Mechanical Properties and Field of View on Distance Judgments in Virtual Environments. *ACM Transactions on Applied Perception*. DOI: 10.1145/1498700.1498702. 177

Williams, K. (2014). A Wider FOV – A Guide to Virtual Reality Demonstrations. Retrieved April 29, 2015, from http://www.roadtovr.com/wider-fov-special-guide-virtual-realitydemonstrations/180

Williams, K., and Mascioni, M. (2014). *The Out-of-Home Immersive Entertainment*

Frontier: Expanding Interactive Boundaries in Leisure Facilities. Gower Publishing Limited. Retrieved from http://www.amazon.com/Out—Home-Immersive-Entertainment-Frontier/dp/1472426959/ref=sr_1_1?ie=UTF8&qid=1430409256&sr=8-1&keywords=kevin+williams+immersive 256

Wingrave, C. A., and LaViola, J. (2010). Reflecting on the Design and Implementation Issues of Virtual Environments. *Presence: Teleoperators and Virtual Environments, 19*(2), 179–195. 3, 374, 391

Wingrave, C. A., Tintner, R., Walker, B. N., Bowman, D. A., and Hodges, L. F. (2005). Exploring Individual Differences in Ray-Based Selection: strategies and traits. *IEEE Proceedings. VR 2005. Virtual Reality, 2005.* DOI: 10.1109/VR.2005.1492770. 324, 391

Wolfe, J. (2006). Sensation & Perception. Sunderland, Mass.: Sinauer Associates. 232

Wood, R. W. (1895). The "Haunted Swing" Illusion. *Psychological Review.* DOI: 10.1037/h0073333. 16

Yoganandan, A., Jerald, J., and Mlyniec, P. (2014). Bimanual Selection and Interaction with Volumetric Regions of Interest. In *IEEE Virtual Reality Workshop on Immersive Volumetric Interaction.* 233, 331

Yost, W. A. (2006). *Fundamentals of Hearing: An Introduction* (5th ed.). Academic Press. 100

Young, S. D., Adelstein, B. D., and Ellis, S. R. (2007). Demand Characteristics in Assessing Motion Sickness in a Virtual Environment: Or Does Taking a Motion Sickness Questionnaire Make You Sick? In *IEEE Transactions on Visualization and Computer Graphics* (Vol. 13, pp. 422–428). 196, 202, 433

Zaffron, S., and Logan, D. (2009). *The Three Laws of Performance: Rewriting the Future of Your Organization and Your Life.* San Francisco, CA: Jossey-Bass. 475

Zhai, S., Milgram, P., and Buxton, W. (1996). The Influence of Muscle Groups on Performance of Multiple Degree-of-Freedom Input. *Proceedings of the SIGCHI Conference on Human Factors in Computing Systems Common Ground - CHI '96*, 308–315. DOI: 10.1145/238386.238534. 333

Zimmerman, T. G., Lanier, J., Blanchard, C., Bryson, S., and Harvill, Y. (1987). A Hand Gesture Interface Device. In *ACM SIGCHI* (pp. 189–192). DOI: doi:10.1145/30851.275628. 26

Zimmons, P., and Panter, A. (2003). The Influence of Rendering Quality on Presence and Task Performance in a Virtual Environment. In *IEEE Virtual Reality* (pp. 293–294). DOI: 10.1109/VR.2003.1191170. 51

Zone, R. (2007). Stereoscopic Cinema and the Origins of 3-D Film, 1838-1952. Retrieved from http://books.google.ch/books?hl=en&lr=&id=C1dgJ3-y1Zs C&oi=fnd&pg=PP1&dq=origins+cinema+psychological+laboratory&ots=iUS 0TPJ1Vn&sig=SiW0qoxpCEUil0EySZDoZKNH6c 15, 16

Zuckerberg, M. (2014). Announcement to Acquire Oculus VR. Retrieved April 8, 2015, from https://www.facebook.com/zuck/posts/10101319050523971 474

그림 자료 출처

그림 1.1 발췌: 데일 E.(1969) Audio-Visual Methods in Teaching(3판). 드리스덴 출판. 기초: 에드워드 L. 카운츠 주니어[Edward L. Counts Jr.]

그림 2.1 기초: S. R. 엘리스[Ellis, S. R.](2014). 헤드마운트 디스플레이는 모두 어디로 갔는가? 2015년 4월 14일자 http://humansystems.arc.nasa.gov/groups/acd/projects/hmd_dev.php에서 발췌

그림 2.3 영국 국립 미디어 박물관/사진 과학 협회 도서관 제공

그림 2.4 A. B. 프랫[Pratt, A. B.](1916). 무기. 미국

그림 2.5 빙엄턴 대학교, 빙엄턴 대학 도서관 특별 컬렉션 및 대학 자료실 도서관 에드윈 A. 링크와 매리온 클레이튼 링크[Marion Clayton Link] 컬렉션

그림 2.6 S. G. 와인바움[Weinbaum, S. G.](1935년 6월). 피그말리온의 안경. 원더 스토리스 Wonder Stories

그림 2.7 M. 하일리그[Heilig, M.](1960). 개인 사용을 위한 스테레오스코픽 텔레비전 장치

그림 2.8 모튼 하일리그의 기록

그림 2.9 C.P. 코모[Comeau, C.P.]와 J.S. 브라이언[Brian, J.S.] '헤드사이트 텔레비전 시스템, 원격 감시 제공' 일렉트로닉스[Electronics], 1961년 11월 10일, pp. 86-90.

그림 2.10 N. 로체스터[Rochester, N.], R. 사이벨[Seibel, R.](1962). 커뮤니케이션 기기. 미국

그림 2.11 (왼쪽) 톰 퍼니스[Tom Furness] 제공

그림 2.11 (오른쪽) I. E. 서덜랜드[Sutherland, I. E.](1968). 헤드마운트 삼차원 디스플레이. 1968 가을 합동 컴퓨터 콘퍼런스 AFIPS 의사록(Vol. 33, 1부, pp. 757-764). ⓒ ACM 1968. 허가하 게재. DOI: 10.1145/1476589.1476686

그림 2.12 F. P. 브룩스[Brooks, F. P.], M. 우영[Ouh-Young, M.], J. J. 배터[Batter, J. J.]와 P. 제롬 킬패트릭[Jerome Kilpatrick, P.](1990). 과학적 비주얼라이제이션을 위한 프로젝트 GROPE 햅틱 디스플레이. ACM SIGGRAPH 컴퓨터 그래픽, 24(4), 177-185. ⓒ ACM 1990. 허가하 게재. DOI: 10.1145/97880.97899

그림 2.13 NASA/S.S. 피셔[S.S. Fisher], W. 시슬러[W. Sisler], 1988

그림 3.1 발췌: P. 밀그램[Milgram P.]과 F. 키시노[Kishino, F.](1994). 혼합 현실 비주얼 디스플레이 분류. 정보 시스템 IEICE 트랜잭션 E77-D, 1321, 1321-1329. DOI: 10.1.1.102.4646

그림 3.2 발췌: J. 제럴드[Jerald, J](2009) 헤드마운트 디스플레이의 씬 모션과 지연 시간 인지 한계치 채플 힐 노스 캐롤라이나 대학 컴퓨터과학과

그림 3.3 (위 왼쪽) 오큘러스 VR 제공

그림 3.3 (위 오른쪽) 캐스트AR 제공

그림 3.3 (아래 왼쪽) 마린스 매거진[Marines Magazine] 제공

그림 3.3 (아래 오른쪽) J. 제럴드, A. M. 풀러[Fuller, A. M.], A. 라스트라[Lastra, A.], M. 휘튼[Whitton, M.], L. 콜리[Kohli, L.], F. 브룩스[Brooks, F.](2007). 헤드마운트 디스플레이의 수평 주사선 선택에 의한 지연 시간 보상. SPIE 의사록, 6490, 64901Q-64901Q-11. ⓒ 2007 사진 광학 기기 엔지니어 협회. 허가하 게재

그림 3.4 (왼쪽) C. 크루즈-니라[Cruz-Neira, C.], D. J. 샌딘[Sandin, D. J.], T. A. 디팬티[DeFanti, T. A.], R. V. 케넌[Kenyon, R. V.], J. C. 하트[Hart, J. C.](1992). CAVE: 시청각 경험 자동 가상 환경. ACM 커뮤니케이션스. ⓒ ACM 1992. 허가하 게재. DOI: 10.1145/129888.129892

그림 3.4 (오른쪽) M. 데일리[Daily, M.], R. 사르파티[Sarfaty, R.], J. 제럴드, D. 매킨즈[McInnes, D.], P. 팅커[Tinker, P.](1999). CABANA: 재설정 가능한 공간 몰입형 디스플레이. 프로젝션 기술 워크숍(pp. 234-132). 허가하 게재

그림 3.5 J. 제럴드, M. J. 데일리, H. E. 닐리[Neely, H. E.], P. 팅커(2001). 몰입 환경에서 2D 애플리케이션과 상호작용. EUROIMAGE 증강 가상 환경과 제3 이미징 국제 회의(pp. 267-270). 허가하 게재

그림 3.6 D. M. 크럼[Krum, D. M.], E. A. 수마[Suma, E. A.], M. 볼라스[Bolas, M.](2012). 개인용 영사와 역반사를 이용한 증강 현실. 개인용 유비쿼터스 컴퓨팅, 16(1), 17-26. ⓒ 2012 스프링어[Springer]. 스프링어 과학 + 비즈니스 미디어 허가하 게재. DOI: 10.1007/s00779-011-0374-4

그림 3.7 USC 크리에이티브 테크놀러지 연구소 제공

그림 3.8 (왼쪽) 지오미디어 제공

그림 3.8 (오른쪽) 넥스트젠 인터랙션스 제공

그림 3.9 택티컬 햅틱 제공

그림 3.10 덱스타 로보틱스 제공

그림 3.11 이니션 제공

그림 3.12 로잔 EPFL의 VR랩 제공, 햅틱 워크스테이션과 HMD, 2005

그림 3.13 신사투럴리스트 아트 어소시에이션Syntharturalist Art Association 시프츠Shifz 제공

그림 3.14 스위스넥스 샌프란시스코Swissnex San Francisco와 마일린 홀레로Myleen Hollero 제공

그림 3.15 버추익스 제공

그림 4.1 게일 드리난Gail Drinnan/Shutterstock.com 제공

그림 4.2 넥스트젠 인터랙션스 제공

그림 4.3 기초: C. C. 호Ho, C. C., K. F. 맥도먼MacDorman, K. F.(2010). 불쾌함의 골짜기 이론 다시 보기: 성공 지수의 대안 개발과 평가. 인간 행동과 컴퓨터 국제 저널, 26(6), 1508 – 1518. DOI: 10.1016/j.chb.2010.05.015

그림 II.1 Sleeping cat/Sutterstock.com 제공

그림 6.2 레온 D. 하몬Harmon, Leon D.(1973). 얼굴 인식. 사이언티픽 아메리칸, 229(5). ⓒ 2015 네이처 아메리카의 사이언티픽 아메리칸 부서. 허가하 게재

그림 6.4 피보나치 제공

그림 6.5b 피에트로 과르디니Pietro Guardini와 루치아노 감베리니Luciano Gamberini, (2007) 기울이는 피라미드의 윤곽 착시. 2007 최고의 착시 콘테스트. 플로리다 사라소타. 온라인 자료 http://illusionoftheyear.com/cat/top-10-finalists/2007/. 허가하 게재

그림 6.5c S. 레하Lehar, S.(2007). 시각 인지의 건설적 측면: 게슈탈트 시각 구상화 원칙 현장 이론은 인지 연산의 단계 활용 미러 원칙. 허가하 게재

그림 6.6a, b 기초: S. 레하Lehar, S.(2007). 시각 인지의 건설적 측면: 게슈탈트 시각 구상화 원칙 현장 이론은 인지 연산의 단계 활용 미러 원칙

그림 6.9 피터 엔딩PETER ENDING/AFP/게티 이미지 제공

그림 6.12 이미지 저작권 2015 시각과 안과 연구 협회

그림 6.13 MarcoCapra/Shutterstock.com 제공

그림 7.1 기초: S. 라자크Razzaque, S.(2005). 방향 전환 보행Redirected Walking. 채플 힐 노

스 캐롤라이나 대학 컴퓨터과학과. 허가하 게재. 다음을 각색: R. L. 그레고리Gregory, R. L.(1973). 눈과 두뇌: 본다는 것의 심리학(2판)Eye and Brain: The Psychology of Seeing, 2nd ed.. 런던: 와인펠트 앤 니콜슨Weidenfeld and Nicolson. ⓒ 1973 오리온 출판 그룹The Orion Publishing Group. 허가하 게재

그림 7.2 발췌: E. B. 골드스타인Goldstein, E. B.(2007). 감각과 인지(7판)Sensation and Perception, 7th ed.. 캘리포니아 벨몬트: 와즈워스 출판Wadsworth Publishing

그림 7.3 발췌: T. 제임스James, T., W. 우즈몰Woodsmall, W.(1988). 시간선 치료와 성격의 기준Time Line Therapy and the Basis of Personality. Meta Pubns

그림 8.1 기초: S. 코렌Coren, S., L. M. 워드Ward, L. M., J. T. 엔스Enns, J. T.(1999). 감각과 인지(5판)Sensation and Perception, 5th ed.. 하트코트 브레이스 대학 출판

그림 8.2 기초: D. R. 배드콕Badcock, D. R., S. 팔미사노Palmisano, S., J. G. 메이May, J. G.(2014). 시각과 가상 환경. K. S. 헤일K. S. Hale과 K.M. 스태니K.M. Stanney(편집), 가상 환경 핸드북Handbook of Virtual Environments(2판). CRC 프레스

그림 8.3 기초: S. 코렌Coren, S., L. M. 워드Ward, L. M., J. T. 엔스Enns, J. T.(1999). 감각과 인지(5판)Sensation and Perception, 5 ed.. 하트코트 브레이스 대학 출판

그림 8.4 발췌: F. W. 클러로우Clulow, F. W.(1972). 컬러: 원칙과 적용Color: Its principle and their applications. 뉴욕: 모건 앤 모건

그림 8.5 기초: S. 코렌Coren, S., L. M. 워드Ward, L. M., J. T. 엔스Enns, J. T.(1999). 감각과 인지(5판)Sensation and Perception, 5 ed.. 하트코트 브레이스 대학 출판

그림 8.6 발췌: S. 코렌Coren, S., L. M. 워드Ward, L. M., J. T. 엔스Enns, J. T.(1999). 감각과 인지(5판)Sensation and Perception, 5th ed.. 하트코트 브레이스 대학 출판

그림 8.7 발췌: E. B. 골드스타인Goldstein, E. B.(2014). 감각과 인지(9판)Sensation and Perception, 9th ed.. 센게이지 러닝Cengage Learning

그림 8.8 기초: T. M. W. 버튼Burton, T.M.W.(2012). 뇌졸중 이후 잡기 기능 회복을 위한 로보틱 재활Robotic Rehabilitation for the Restoration of Functional Grasping Following Stroke. 영국 브리스톨 대학 논문

그림 8.9 기초: J. 제럴드Jerald, J(2009). 헤드마운트 디스플레이의 씬 모션과 지연 시간 인지 한계치. 채플 힐 노스 캐롤라이나 대학 컴퓨터과학과. 허가하 게재. 다음을 각색: 마티니(1998). 해부학과 생리학 기초Fundamentals of Anatomy and Physiology. 프렌티스

홀, 어퍼 새들 리버

그림 9.1 파올로 지안티[Paolo Gianti]/Shutterstock.com

그림 9.4 기초: D. 커스텐[Kersten, D.], P. 마마시안[Mamassian, P.], D. C. 닐[Knill, D. C.](1997). 그림자가 움직일 때 분명히 심도 있는 모션이 유도된다. 인지[Perception] 26, 171 – 192.

그림 9.5 골킨 그리고리[Galkin Grigory]/Shutterstock.com 제공

그림 9.7 넥스트젠 인터랙션스 제공

그림 9.8 발췌: H. 머자이[Mirzaie, H.](2009년 3월 16일). 입체시[Stereoscopic Vision]

그림 9.9 발췌: S. 코렌[Coren, S.], L. M. 워드[Ward, L. M.], J. T. 엔스[Enns, J. T.](1999). 감각과 인지(5판)[Sensation and Perception, 5th ed.]. 하트코트 브레이스 대학 출판

그림 10.1 T. 파이퍼[Pfeiffer, T.], C. 메밀리[Memili, C.](2015). 동적 3D 씬에서 GPU 가속 주의력 맵 생성. IIEE 가상 현실. 허가하 게재. 'BMW3 시리즈 쿠페', mikepan(CC 라이선스, Share Alike 3.0 http://www.blendswap.com)

그림 12.1 발췌: S. 라자크[Razzaque, S.](2005). 방향 전환 보행[Redirected Walking]. 채플 힐 노스 캐롤라이나 대학 컴퓨터과학과

그림 14.1 제마 VR 제공

그림 15.1 기초: R. L. 그레고리[Gregory, R. L.](1973). 눈과 두뇌: 본다는 것의 심리학(2판) Eye and Brain: The Psychology of Seeing, 2nd ed.. 런던: 와인펠트 앤 니콜슨[Weidenfeld and Nicolson]

그림 15.2 발췌: J. 제럴드[Jerald, J](2009). 헤드마운트 디스플레이의 씬 모션과 지연 시간 인지 한계치 채플 힐 노스 캐롤라이나 대학 컴퓨터과학과

그림 15.3 발췌: J. 제럴드[Jerald, J](2009). 헤드마운트 디스플레이의 씬 모션과 지연 시간 인지 한계치 채플 힐 노스 캐롤라이나 대학 컴퓨터과학과

그림 15.4 기초: J. 제럴드[Jerald, J](2009). 헤드마운트 디스플레이의 씬 모션과 지연 시간 인지 한계치. 채플 힐 노스 캐롤라이나 대학 컴퓨터과학과. 허가하 게재

그림 18.1 CCP 게임즈 제공

그림 18.2 넥스트젠 인터랙션스 제공

그림 18.3 식스센스 제공

그림 20.1 F. 하이더[Heider, F.], M. 시멜[Simmel, M.](1944). 분명한 행동 양식의 실험적 연구. 미국 심리학 저널, 57, 243-259. DOI: 10.2307/1416950

그림 20.2 S. 레하[Lehar, S.](2007). 시각 인지의 건설적 측면: 게슈탈트 시각 구상화 원칙 현장 이론은 인지 연산의 단계 활용 미러 원칙. 허가하 게재

그림 20.3 식스센스 제공

그림 20.4 기초: J. 울프[Wolfe, J.](2006). 감각과 지각[Sensation & perception]. 메사추세츠 선더랜드: 시나우어 어소시에이츠

그림 20.5 A. 요가난단[Yoganandan, A.], J. 제럴드, P. 플리니치[Mlyniec, P.](2014). 체적형 관심 지역의 양손 선택과 상호작용. IEEE 가상 현실 워크숍 몰입형 입체 상호작용. 허가하 게재

그림 20.7 식스센스 제공

그림 20.9 식스센스 제공

그림 21.1 디지털 아트폼 제공

그림 21.3 넥스트젠 인터랙션스 제공

그림 21.4 디지털 아트폼 제공

그림 21.5 디지털 아트폼 제공

그림 21.6 이미지 © 패트릭 왓슨과 낯선 사람들/펠릭스 앤 폴 스튜디오[Félix & Paul Studios]

그림 21.7 서드테크 제공

그림 21.8 디지털 아트폼 제공

그림 21.9 UNC CISMM NIH Resource 5-P41-EB002025 제공, NIH 상 HL094740의 알리사 S. 월버그[Alisa S. Wolberg] 실험실에서 수집한 데이터에서 발췌

그림 22.1 디지털 아트폼 제공

그림 22.2 넥스트젠 인터랙션스 제공

그림 22.3 비저너리 VR 제공

그림 22.4 M. 데일리[Daily, M.], M. 하워드[Howard, M.], J. 제럴드, C. 리[Lee, C.], D. 매킨즈[McInnes, D.], P. 팅커[Tinker, P.](2000). 가상 환경의 분산 디자인 검토. 제3회 국제 가상 환경 협업 워크숍 의사록(pp. 57-63). ACM. © ACM 2000. 허가하 게재. DOI: 10.1145/351006.351013

그림 22.5 넥스트젠 인터랙션스 제공

그림 22.6 VR 챗 제공

그림 25.1 발췌: D. A. 노먼^{Norman, D. A.}(2013). 일상적 사물 디자인 확장 개정판^{The Design} of Everyday Things, Expanded and Revised Edition. 제조의 인적 요인과 인체 공학^{Human Factors and} Ergonomics in Manufacturing. 뉴욕: 베이직 북스. DOI: 10.1002/hfm.20127

그림 26.1 디지털 아트폼 제공

그림 26.2 넥스트젠 인터랙션스 제공

그림 26.3 넥스트젠 인터랙션스 제공

그림 26.4 넥스트젠 인터랙션스 제공

그림 26.5 클라우드헤드 게임스^{Cloudhead Games} 제공

그림 27.1 R. 파우쉬^{Pausch, R.}, J. 스노디^{Snoddy, J.}, R. 테일러^{Taylor, R.}, S. 왓슨^{Watson, S.}, E. 하셀타인^{Haseltine, E.}(1996). 디즈니 알라딘: 가상 현실 스토리텔링으로의 첫걸음. 컴퓨터 그래픽과 상호작용 기술 ACM 시그래프 콘퍼런스 의사록, 242-248. ACM 프레스. ⓒ ACM 1996. 허가하 게재. DOI: 10.1145/237170.237257

그림 27.2 스톡 포토 제공. ⓒ juniorbeep.

그림 27.3 식스센스와 오큘러스 제공

그림 27.4 사이버글러브 시스템스 LLC 제공

그림 27.5 립 모션 제공

그림 27.6 다쏘 시스템^{Dassault Systèms}, iV 랩 제공

그림 28.1 (왼쪽) 클라우드헤드 게임스 제공

그림 28.1 (가운데) 넥스트젠 인터랙션스 제공

그림 28.1 (오른쪽) 디지털 아트폼 제공

그림 28.2 J. 피어스^{Pierce, J.}, A. 포스버그^{Forsberg, A.}, M. 콘웨이^{Conway, M.}, S. 홍^{Hong, S.}, R. 젤레닉^{Zeleznik, R.}, M. R. 미네^{Miné, M. R.}(1997). 3D 몰입 환경의 이미지 면 상호작용 기술. ACM 쌍방향 3D 그래픽 심포지엄(pp. 39-44). ACM 프레스. ⓒ ACM 1997. 허가하 게재. DOI: 10.1145/253284.253303

그림 28.3 디지털 아트폼 제공

그림 28.4 K. 힝클리[Hinckley, K.], R. 파우쉬, J. C. 고블[Goble, J. C.], N. F. 카셀[Kassell, N. F.] (1994). 신경외과 시각화를 위한 패시브 현실 세계 인터페이스 소품. 컴퓨팅 시스템의 인적 요인 SIGCHI 콘퍼런스[CHI], © ACM 1994. 허가하 게재. DOI: 10.1145/191666.191821

그림 28.5 디지털 아트폼과 식스센스 제공

그림 28.6 P. 플리니치, J. 제럴드, A. 요가난단, J. 시걸, F. 톨레도[Toledo, F.], U. 슐세이스[Schultheis, U.](2011). i메딕: 분산형 쌍방향 협진을 위한 양손 몰입형 의료 환경. 건강 기술과 정보 과학 연구(Vol. 163, pp. 372-378). © 2011 IOS 프레스. 허가하 중판

그림 28.7 U. 슐세이스, J. 제럴드, F. 톨레도, A. 요가난단, P. 플리니치(2012). 중요한 3D 과제를 위한 양손 인터페이스와 막대 인터페이스 및 마우스 인터페이스 비교. IEEE 3D 사용자 인터페이스 심포지엄 2012, 3DUI 2012 – 의사록(pp. 117-124). © 2012 IEEE. 허가하 게재. DOI: 10.1109/3DUI.2012.6184195

그림 28.8 식스센스와 디지털 아트폼 제공

그림 28.9 D. A. 보우먼[Bowman, D. A.], C. A. 윙그레이브[Wingrave, C. A.](2001). 몰입형 가상 현실을 위한 메뉴 시스템의 디자인과 평가. IEEE 가상 현실(pp. 149-156). © 2001 IEEE. 허가하 게재. DOI: 10.1109/VR.2001.913781

그림 31.1 기초: J. 라스무손[Rasmusson, J.](2010). 애자일 마스터[The Agile Samurai-How Agile Masters Deliver Great Software]. 프래그매틱 북셸프

그림 31.2 기초: J. 라스무손[Rasmusson, J.](2010). 애자일 마스터[The Agile Samurai-How Agile Masters Deliver Great Software]. 프래그매틱 북셸프

그림 31.6 지오미디어 제공

그림 32.1 CCP 게임스 앤드류 로빈슨 제공

그림 32.2 기초: H. E. 닐리[Neely, H. E.], R. S. 벨빈[Belvin, R. S.], J. R. 폭스[Fox, J. R.], M. J. 데일리[Daily, M. J.](2004). 로봇 전투체의 상황 인지와 명령을 위한 멀티 모드 상호작용 기술. IEEE 항공우주 콘퍼런스 의사록(Vol. 5, pp. 3297-3305). DOI: 10.1109/AERO.2004.1368136

그림 32.4 기초: M. 데일리[Daily, M.], M. 하워드[Howard, M.], J. 제럴드, C. 리[Lee, C.], D. 매킨즈[McInnes, D.], P. 팅커[Tinker, P.](2000). 가상 환경의 분산 디자인 검토. 제3회 국제 가상 환경 협업 워크숍 의사록(pp.57-63). ACM. DOI: 10.1145/351006.351013

그림 33.2 발췌: J. L. 개버드^{Gabbard, J. L.}(2014). 가상 환경의 사용성 설계. K. S. 헤일 ^{K. S. Hale}과 K.M. 스태니^{K.M. Stanney}(편집), 가상 환경 핸드북^{Handbook of Virtual Environments}(2판, pp. 721–747). CRC 프레스

그림 33.3 넥스트젠 인터랙션스 제공

그림 35.1 USC 크리에이티브 테크놀러지 연구소 제공. 대표 연구원: 알버트 리조^{Albert Rizzo}와 루이 필립 모렌시^{Louis-Philippe Morency}

그림 35.2 C. 그라우^{Grau, C.}, R. 지노^{Ginhoux, R.}, A. 리에라^{Riera, A.}, T. L. 응구옌^{Nguyen, T. L.}, H. 쇼바트^{Chauvat, H.}, M. 베르그^{Berg, M.}, G. 루피니^{Ruffini, G.}(2014). 비침습적 기술을 이용한 사람의 의식적 뇌 간 커뮤니케이션. PloS One, 9(8), e105225. DOI: 10.1371/journal.pone.0105225

그림 35.3 틴달^{Tyndall}과 TSSG 제공

찾아보기

VR BOOK

기술과 인지의 상호작용, 가상 현실의 모든 것

발 행 | 2019년 10월 25일

지은이 | 제이슨 제럴드
옮긴이 | 고 은 혜

펴낸이 | 권 성 준
편집장 | 황 영 주
편 집 | 조 유 나
디자인 | 박 주 란

에이콘출판주식회사
서울특별시 양천구 국회대로 287 (목동)
전화 02-2653-7600, 팩스 02-2653-0433
www.acornpub.co.kr / editor@acornpub.co.kr

한국어판 ⓒ 에이콘출판주식회사, 2019, Printed in Korea.
ISBN 979-11-6175-353-9
http://www.acornpub.co.kr/book/vr-book

이 도서의 국립중앙도서관 출판시도서목록(CIP)은 서지정보유통지원시스템 홈페이지(http://seoji.nl.go.kr)와
국가자료공동목록시스템(http://www.nl.go.kr/kolisnet)에서 이용하실 수 있습니다.(CIP제어번호: CIP2019041144)

책값은 뒤표지에 있습니다.